Contratos de
COLABORAÇÃO EMPRESARIAL

O GEN | Grupo Editorial Nacional – maior plataforma editorial brasileira no segmento científico, técnico e profissional – publica conteúdos nas áreas de concursos, ciências jurídicas, humanas, exatas, da saúde e sociais aplicadas, além de prover serviços direcionados à educação continuada.

As editoras que integram o GEN, das mais respeitadas no mercado editorial, construíram catálogos inigualáveis, com obras decisivas para a formação acadêmica e o aperfeiçoamento de várias gerações de profissionais e estudantes, tendo se tornado sinônimo de qualidade e seriedade.

A missão do GEN e dos núcleos de conteúdo que o compõem é prover a melhor informação científica e distribuí-la de maneira flexível e conveniente, a preços justos, gerando benefícios e servindo a autores, docentes, livreiros, funcionários, colaboradores e acionistas.

Nosso comportamento ético incondicional e nossa responsabilidade social e ambiental são reforçados pela natureza educacional de nossa atividade e dão sustentabilidade ao crescimento contínuo e à rentabilidade do grupo.

HUMBERTO THEODORO JÚNIOR
ADRIANA MANDIM THEODORO DE MELLO

Contratos de
COLABORAÇÃO EMPRESARIAL

- A EDITORA FORENSE se responsabiliza pelos vícios do produto no que concerne à sua edição (impressão e apresentação a fim de possibilitar ao consumidor bem manuseá-lo e lê-lo). Nem a editora nem o autor assumem qualquer responsabilidade por eventuais danos ou perdas a pessoa ou bens, decorrentes do uso da presente obra.

- Nas obras em que há material suplementar *on-line*, o acesso a esse material será disponibilizado somente durante a vigência da respectiva edição. Não obstante, a editora poderá franquear o acesso a ele por mais uma edição.

- Todos os direitos reservados. Nos termos da Lei que resguarda os direitos autorais, é proibida a reprodução total ou parcial de qualquer forma ou por qualquer meio, eletrônico ou mecânico, inclusive através de processos xerográficos, fotocópia e gravação, sem permissão por escrito do autor e do editor.

  Impresso no Brasil – *Printed in Brazil*

- Direitos exclusivos para o Brasil na língua portuguesa
  Copyright © 2019 by
  EDITORA FORENSE LTDA.
  Uma editora integrante do GEN | Grupo Editorial Nacional
  Travessa do Ouvidor, 11 – Térreo e 6º andar – 20040-040 – Rio de Janeiro – RJ
  Tel.: (21) 3543-0770 – Fax: (21) 3543-0896
  faleconosco@grupogen.com.br | www.grupogen.com.br

- O titular cuja obra seja fraudulentamente reproduzida, divulgada ou de qualquer forma utilizada poderá requerer a apreensão dos exemplares reproduzidos ou a suspensão da divulgação, sem prejuízo da indenização cabível (art. 102 da Lei n. 9.610, de 19.02.1998). Quem vender, expuser à venda, ocultar, adquirir, distribuir, tiver em depósito ou utilizar obra ou fonograma reproduzidos com fraude, com a finalidade de vender, obter ganho, vantagem, proveito, lucro direto ou indireto, para si ou para outrem, será solidariamente responsável com o contrafator, nos termos dos artigos precedentes, respondendo como contrafatores o importador e o distribuidor em caso de reprodução no exterior (art. 104 da Lei n. 9.610/98).

- Capa: Aurélio Corrêa

- Data de fechamento: 08.04.2019

- **CIP – BRASIL. CATALOGAÇÃO NA FONTE.**
  SINDICATO NACIONAL DOS EDITORES DE LIVROS, RJ.

T355c

Theodoro Júnior, Humberto

Contratos de Colaboração Empresarial / Humberto Theodoro Júnior, Adriana Mandim Theodoro de Mello. Rio de Janeiro: Forense, 2019.

ISBN 978-85-309-8671-1

1. Contratos de distribuição - Brasil. I. Mello, Adriana Mandim Theodoro de. II. Título.

19-56273	CDU: 347.440(81)

Leandra Felix da Cruz – Bibliotecária – CRB-7/6135

AGRADECIMENTOS

Os trabalhos de elaboração deste novo título contaram com a prestimosa cooperação da Professora Helena Lanna Figueiredo, não só na pesquisa doutrinária e jurisprudencial como também em profícuos diálogos e sugestões em torno de melhor posicionamento em face de temas controvertidos no campo dos contratos de distribuição.

Valiosa, também, foi a cooperação da Dra. Aníger Lara Neiva Pires, que se encarregou, com êxito, de conferir as citações doutrinárias e jurisprudenciais, bem como de rever e completar todas as notas de rodapé.

Às duas colegas e amigas, consignamos nosso apreço e nossos melhores agradecimentos.

Fevereiro de 2019

Os Autores

APRESENTAÇÃO

O direito empresarial contemporâneo criou quase um microssistema, a que, na Europa, se deu o título de *Contratos de Distribuição* – integrado à visão maior da *Colaboração Empresarial* – para sistematizar o complexo de negócios jurídicos destinado a cumprir a importante função de intermediar a circulação de produtos e serviços entre os produtores e os consumidores. Este ensaio se ocupa dos principais contratos utilizados nesse segmento do mercado. São eles, o *mandato*, a *comissão*, a *agência e distribuição*, a *corretagem*, a *concessão comercial* e a *franquia*. Abordou-se também a *representação* e a *gestão de negócios*, pela relação que guardam com o tema principal. Cuidou-se, portanto, de uma boa parte do seguimento do direito empresarial modernamente reservado aos *contratos de colaboração*.

Procedeu-se a uma análise histórico-evolutiva das figuras negociais enfocadas, tanto no direito nacional como nas principais legislações estrangeiras, com as quais nosso direito positivo mantém comunhão de princípios e experiência. Mereceram especial atenção os ordenamentos português, francês e italiano.

A jurisprudência de nossos tribunais foi trazida à colação, dedicando-lhe o respeito e o acatamento como fonte moderna de direito reconhecida doutrinária e legalmente.

Humberto Theodoro Júnior
Adriana Mandim Theodoro de Mello

SUMÁRIO

SEÇÃO I: CONTRATOS DE DISTRIBUIÇÃO

1. Introdução 3
2. Nova principiologia do direito dos contratos 5

SEÇÃO II: DO MANDATO

Capítulo I – Da Representação 13

3. Representação 13
4. Representação direta (*contemplatio domini*) e representação imprópria ou indireta 15
5. Espécies de representação 16
6. O núncio 17
7. Poderes do representante 18
8. Procuração 18
9. Efeitos da manifestação da vontade pelo representado 19
10. Contrato consigo mesmo ou autocontratação 20
    10.1. A figura da dupla representação 22
    10.2. A cláusula de mandato cambiário 22
    10.3. O substabelecimento no contrato consigo mesmo 24
11. Prova da qualidade de representante 24
12. Negócio concluído em conflito de interesses 26
13. Requisitos e efeitos da representação 26
14. Representação aparente 27

Capítulo II – Da Representação dos Empresários: Pessoa Física ou Pessoa Jurídica 29

15. Introdução 29
16. Noção de empresa e de estabelecimento 30
17. Administração 31
18. Prepostos 32
19. Gerentes 33

20.	O contabilista	33
21.	Os prepostos e seus poderes de representação do empresário	34

Capítulo III – Da Gestão de Negócios ... 35

22.	Gestão de negócios	35
23.	Efeitos da gestão de negócios	37

Capítulo IV – Do Mandato ... 39

24.	Mandato	39
25.	Classificação	41
26.	Objeto do mandato	42
27.	Procuração e mandato	43
28.	Capacidade para outorgar mandato	45
29.	Capacidade para ser mandatário	46
30.	Substabelecimento	46
31.	Responsabilidade decorrente do substabelecimento	48
32.	Espécies de mandato	49
33.	Efeitos do mandato	53
34.	Obrigações do mandatário	55
35.	Direito de retenção do mandatário	59
36.	Obrigações do mandante	60
37.	Direitos do mandante	64
38.	Extinção do mandato	66
39.	Irrevogabilidade do mandato	74

Capítulo V – Do Mandato Judicial ... 79

40.	O mandato judicial: essencialidade da representação por advogado em juízo	79
41.	A procuração e o substabelecimento	81
42.	Dispensa da procuração	82
43.	Poderes gerais e especiais do advogado	83
44.	Incompatibilidades e impedimentos	84
45.	Revogação e renúncia do mandato	87
46.	Mandato judicial e aplicação do Código de Defesa do Consumidor	88
47.	Jurisprudência do STJ a respeito do mandato judicial	89

SEÇÃO III: DA COMISSÃO

Capítulo I – Noções Gerais ... 95

48.	Origem histórica	95

49.	Vantagens do instituto	97
50.	Conceito	99
51.	Autonomia do comissário	101
52.	Direito anterior	101
53.	Subsistência das regras do Código Comercial	102

Capítulo II – Elementos Identificadores da Comissão 103

54.	Partes	103
55.	Objeto	104
56.	Classificação	106
57.	Comissão não é mais contrato só comercial	107
58.	Forma e prova	108
59.	Direito comparado	110
60.	Contrato de comissão e negócios afins	111
	60.1. Comissão e agência	112
	60.2. Comissão e mandato	113
	60.3. Comissão, concessão comercial e franquia empresarial	116
	60.4. Contrato de comissão e contrato estimatório	117

Capítulo III – Efeitos e Extinção do Contrato de Comissão 119

61.	Extinção do contrato de comissão	119
62.	Os efeitos do contrato praticado pelo comissário com terceiro	120
63.	Relacionamento entre o comissário e o terceiro contratante	122
64.	Relacionamento entre o comitente e o terceiro contratante	124
65.	Faturamento da operação consumada pelo comissário	126
66.	As ações do comitente no direito comparado	127

Capítulo IV Direitos e Obrigações das Partes 131

67.	Deveres do comissário de executar as ordens do comitente	131
68.	Falta de instrução	133
69.	Obrigações do comissário	134
70.	Prejuízos	135
71.	Responsabilidade civil do comissário pela perda ou extravio dos bens sob sua guarda	136
72.	Inocorrência de responsabilidade do comissário pela solvência dos devedores	137

Capítulo V – Comissão *Del Credere* 139

73.	Assunção negocial do risco da insolvência	139
74.	Comissão *del credere*	139
75.	Natureza do pacto *del credere*	140

XII | Contratos de Colaboração Empresarial • *Humberto Theodoro Jr. e Adriana Theodoro de Mello*

76. Remuneração do comissário (*del credere*) 143
77. Forma do pacto *del credere* 143
78. Prestação de contas (*del credere*) 144

Capítulo VI – Responsabilidade do Comissário nas Operações a Prazo 145
79. Concessão de prazo 145
80. Cobrança de créditos a prazo 146
81. Responsabilidade pessoal do comissário por operação a prazo 146

Capítulo VII – A Remuneração do Comissário 149
82. A remuneração do comissário 149
83. Cláusula que anule a expressão econômica da comissão 150
84. Responsabilidade pelo pagamento da comissão 151
85. Outros reembolsos devidos ao comissário 151
86. Interrupção do contrato de comissão por morte do comissário ou por motivo de força maior 151
87. Força maior 152
88. Remuneração do comissário dispensado pelo comitente 153
89. Expiração do contrato de prazo certo 153
90. Prova dos serviços prestados 154
91. Direito do comitente a perdas e danos 154
92. Modificação das condições passadas pelo comitente 155
93. Forma das alterações 155
94. Revogação prematura da comissão 156
95. Direito do comitente de fazer cessar a comissão a qualquer tempo 156
96. Juros no relacionamento entre comitente e comissário 157
97. Direito de preferência 158
98. Direito de retenção em favor do comissário 159
99. Extensão do *jus retentionis* 159

Capítulo VIII – Comissão, Mandato e Agência 161
100. Aplicação subsidiária das regras do mandato 161
    100.1. Prestação de contas 161
101. Inaplicabilidade das regras da agência à comissão 162

SEÇÃO IV: DA AGÊNCIA E DISTRIBUIÇÃO

Capítulo I – Noções Gerais 167
102. Disciplina legal do contrato de agência e distribuição 167
103. Noções introdutórias 168

104.	A representação comercial	169
	104.1. Histórico	172
105.	O contrato de agência no direito brasileiro	177
106.	Conceito de contrato de agência	179
	106.1. Direito comparado	183
107.	Contrato civil ou comercial?	185
108.	Competência internacional: foro de eleição	186
109.	Tentativa de distinguir entre agência e representação	187
110.	Contratos afins	187
	110.1. Agência e mandato	188
	110.2. Agência e comissão	189
	110.3. Contrato de agência e contrato estimatório	190
	110.4. Agência e corretagem	191
	110.5. Agente e viajante ou pracista (contrato de agência e contrato de trabalho)	192
	110.6. Agência e locação de serviços	193
	110.7. Agência e distribuição por conta própria (revenda), ou concessão comercial	194
	110.8. A doutrina de Miguel Reale sobre o agente distribuidor	198
	110.9. Contrato de franquia	199

Capítulo II – Elementos Identificadores da Agência 201

111.	Os elementos essenciais do contrato de agência	201
112.	Natureza jurídica	202
113.	Sujeitos do contrato de agência	204
	113.1. A nomenclatura legal – as partes no contrato de agência	205
	113.2. Obrigatoriedade do registro profissional	206
114.	O objeto do contrato de agência	207
115.	A zona	209
116.	A forma	211

Capítulo III – Requisitos do Contrato 215

117.	Requisitos do contrato de agência (Lei nº 4.886/1965)	215
	117.1. Condições e requisitos gerais da representação	216
	117.2. Indicação dos produtos ou artigos da representação	216
	117.3. Prazo	217
	117.4. Zona de atuação do agente	218
	117.5. Exclusividade, ou não, da agência	218
	117.6. A remuneração do agente	219
	117.7. Restrições à zona concedida	219

117.8. Obrigações e responsabilidades das partes contratantes	220
118. O agente com poderes de representação (parágrafo único do art. 710)....	225
119. A fraude para ocultar relações de emprego.................................	227
120. A exclusividade da representação.................................	228
121. Natureza da exclusividade	230
122. Reciprocidade da exclusividade.................................	231
123. Extensão da exclusividade.................................	232
124. Consequências da violação da exclusividade.................................	233

Capítulo IV – Direitos e Obrigações das Partes 235

125. Deveres do agente e do preponente	235
125.1. Deveres do agente.................................	235
125.2. Informações a cargo do agente	237
125.3. Dever de informação entre as partes (prestação de contas)	237
125.4. Deveres próprios do preponente.................................	239
126. Violação dos deveres do agente	240
127. Outras infrações profissionais do agente comercial	244
128. Respeito aos preços e às condições estabelecidos pelo preponente	244
129. Despesas da agência e distribuição	245
130. Direito à comissão.................................	246
131. Direito do preponente de realizar operações diretas na zona do agente ..	246
132. Princípios éticos e econômicos em jogo no contrato de agência	248
133. A defesa do preponente	249
134. Rescisão indireta.................................	250

Capítulo V – A Remuneração do Agente.................................. 251

135. Aquisição do direito à comissão	251
135.1. Prescrição do direito de cobrar a comissão	252
135.2. Aquisição do direito à comissão quando o negócio não se realiza por fato imputável ao preponente	254
136. Insolvência do terceiro comprador ou recusa da mercadoria por parte deste.................................	255
137. Posição jurídica do comprador.................................	257
138. Abuso de direito.................................	257
139. Rescisão do contrato de agência	257
140. Indenização pela clientela.................................	259
141. Perdas e danos.................................	262
142. Direito de retenção do preponente.................................	263
143. Direito de retenção do agente	264

Sumário | **XV**

Capítulo VI – Extinção do Contrato 265

144. Ruptura do contrato de agência sem culpa do preposto 265
145. Condições a que se sujeita a indenização em favor do agente 267
146. Encerramento do contrato de prazo certo 269
147. Possibilidade de duas indenizações distintas 271
148. Aviso prévio 271
149. Cessação da representação por parte do agente, em razão de força maior 272
150. Morte do agente 273
151. Extinção normal dos contratos 274
152. Extinções anômalas dos contratos 274
153. A resilição como forma natural de pôr fim aos contratos de duração indeterminada 275
154. A denúncia do contrato de agência 277
155. Rescisão por justa causa 279

Capítulo VII – Agência, Mandato, Comissão 281

156. Regras subsidiárias 281
157. Aplicação subsidiária das regras do mandato e da comissão 282
158. Caberia aplicação das regras do contrato de agência ao contrato de concessão comercial? 284
159. Indenizações previstas na legislação especial sobre representação comercial 285

Capítulo VIII – A Distribuição na Atual Economia de Mercado 287

160. Os diversos contratos de distribuição 287
161. Conceito e natureza jurídica dos contratos de distribuição 289
162. O contrato de concessão comercial 291
    162.1. Proteção da rede de distribuição 293
163. Contrato de franquia empresarial 294
164. Características comuns aos principais contratos de distribuição 296
    164.1. Contrato entre profissionais (empresários) 296
    164.2. Contrato de integração 296
    164.3. Controle e dependência econômica 297
    164.4. Autonomia jurídica 298
    164.5. Contrato de colaboração 299
    164.6. Contrato de duração 300
    164.7. Contrato de adesão 301
    164.8. Contrato relacional 306
165. Extinção do contrato atípico de distribuição 307
    165.1. O inadimplemento recíproco no contrato atípico de distribuição 312

166.	Direito comparado	313
167.	A posição da jurisprudência	317
	167.1. A jurisprudência sobre abuso de direito	322
168.	Rescisão por violação do contrato de concessão comercial	325
169.	Inaplicabilidade das Leis n°ˢ 4.886/65 e 6.729/79 aos contratos de distribuição em geral	327
170.	A sistemática do Código Civil	336
171.	Liminares de natureza cautelar ou antecipatória	338
172.	Conclusões	339

Capítulo IX – A Concessão Comercial na Revenda de Veículos Automotores 343

173.	A concessão comercial no ramo dos veículos automotores (Lei n° 6.729, de 28.11.79)	343
174.	A regulamentação da concessão comercial contida na Lei n° 6.729/79	344
175.	A extinção do contrato de concessão comercial regulado pela Lei n° 6.729/79. Hipóteses do art. 22	347
176.	A Lei n° 6.729/79 e a denúncia vazia da concessão de prazo indeterminado	349
177.	Efeitos da denúncia unilateral da concessão comercial	357

SEÇÃO V: FRANQUIA

Capítulo I – Noções Gerais 363

178.	Evolução histórica do comércio: do artesanato à distribuição	363
	178.1. A explosão do comércio	365
	178.2. A função da distribuição	366
	178.3. A motivação econômica do contrato de franquia	367
179.	Tipicidade ou atipicidade do contrato de franquia	372
180.	Definição legal	374

Capítulo II – Características e Elementos do Contrato de Franquia 377

181.	Características do contrato de franquia	377
	181.1. Sistema ou contrato?	377
	181.2. Contrato de distribuição	378
	181.3. Contrato de integração e dominação econômica	379
	181.4. Controle e autonomia jurídica	381
	181.5. Contrato de colaboração: interesse comum	383
	181.6. Contrato de duração	383
	181.7. Direito de uso de marca ou patente	384

181.8. Tecnologia (*know-how* ou *savoir-faire*) 384

181.9. Dever de assistência 386

181.10. A remuneração direta ou indireta 387

181.11. A distribuição exclusiva ou semiexclusiva de produtos ou serviços 388

181.12. Atividade profissional 389

182. Classificação 389

183. Objeto 390

184. Forma 393

184.1. Documentos de vínculo entre as partes 393

Capítulo III – A Circular de Oferta de Franquia 395

185. A circular de oferta de franquia (COF) 395

186. Informações relevantes da circular de oferta de franquia 397

187. Descumprimento do dever de entregar a circular de oferta de franquia ao franqueado 402

188. Circular de oferta de franquia que veicula informações falsas ... 405

Capítulo IV – Extinção do Contrato e Responsabilidades 409

189. Extinção da franquia 409

189.1. Extinção do contrato em razão do advento de seu termo final 411

189.1.1. A cláusula de duração do contrato 412

189.1.2. Critérios econômicos de fixação do prazo 414

189.1.3. Efeitos do implemento do termo final 415

189.2. Extinção pela denúncia unilateral do contrato de prazo indeterminado 418

189.2.1. O aviso prévio 420

189.2.2. Consequências da inobservância ou insuficiência do aviso prévio 421

189.2.3. Prorrogação do contrato por intervenção do Judiciário 423

189.3. Extinção do contrato em razão do inadimplemento 425

189.3.1. Inexecução de múltiplas prestações pelas partes 426

189.4. Extinção pela inexecução involuntária decorrente da impossibilidade superveniente da prestação 427

189.5. Extinção pela onerosidade excessiva 427

190. A responsabilidade civil do franqueador pelos danos decorrentes da extinção do contrato 428

190.1. Fontes da obrigação de indenizar 428

190.2. Tipificação do exercício abusivo do direito de não renovar o contrato de prazo determinado ou de resilir o contrato de prazo indeterminado 429

190.3. Amortização efetiva dos investimentos 433

190.4. A ausência de motivação da denúncia 433

190.5. Os danos indenizáveis 435

190.6. A posição da jurisprudência 436

190.7. Conclusões 439

190.8. A existência de um dever objetivo de indenizar os danos advindos do fim do contrato 440

Capítulo V – A Clientela 443

191. A clientela no contrato de franquia 443

191.1. Natureza jurídica da clientela 443

191.2. A proteção da clientela 444

191.3. Como se forma a clientela? 444

191.4. A captação da clientela no contrato de franquia 445

191.4.1. A clientela do franqueado 446

191.4.2. Crítica: a clientela não é atributo exclusivo da empresa franqueada 448

191.4.3. A clientela do franqueador 450

191.4.4. A posição intermediária 452

191.5. A clientela e a equação econômica do contrato de franquia 455

Capítulo VI – Franquia, Representação Comercial e Concessão Comercial 457

192. Impossibilidade de se aplicar analogicamente as leis de representação comercial e concessão comercial para a responsabilização do franqueador 457

192.1. Analogia 457

192.2. Analogia e contratos típicos e atípicos 459

192.3. Representação comercial e franquia 460

192.3.1. Direito estrangeiro 462

192.4. Aplicação analógica da Lei nº 6.729/79 466

192.4.1. Distinção essencial entre a franquia empresarial e a concessão comercial 470

Capítulo VII – Jurisprudência sobre o Contrato de Franquia 473

193. Jurisprudência sobre franquia 473

193.1. Responsabilidade do franqueador, por inadimplemento contratual 473

193.2. Responsabilidade solidária entre franqueadora e franqueada 477

193.3. Ausência de responsabilidade da franqueadora por dívidas da franqueada.. 478

193.4. Indenização pelo fundo de comércio... 479

193.5. Descumprimento da cláusula de exclusividade e de territorialidade 479

193.6. Questões envolvendo o uso de marca... 480

193.7. Inadimplemento do pagamento dos *royalties*.............................. 481

193.8. Possibilidade de rescisão ou resilição unilateral do contrato de franquia... 481

193.9. Impossibilidade de rescisão do contrato pelo franqueado em razão do insucesso da franquia 481

193.10. Validade da cláusula de eleição de foro 483

193.11. Legalidade de cláusula que estipula aquisição mínima de material didático pela franqueada e determina uma "quarentena" para após a extinção do contrato... 483

193.12. Questões trabalhistas 484

SEÇÃO VI: DA CORRETAGEM

Capítulo I – Noções Gerais... 491

194. Corretagem.. 491

195. Contrato de corretagem e negócios afins 493

195.1. Mediação 493

195.2. Mandato.. 494

195.3. Prestação de serviços 494

195.4. Comissão e agência e distribuição 495

Capítulo II – Elementos Identificadores do Contrato de Corretagem 497

196. Classificação 497

197. Corretor 498

198. Objeto.. 500

199. Forma 500

Capítulo III – Obrigações e Remuneração do Corretor....................... 501

200. Obrigações do corretor 501

201. Remuneração 502

202. Valor da remuneração.. 506

203. Remuneração quando o negócio é iniciado e concluído diretamente pelas partes 507

204. Remuneração quando o negócio é realizado após a extinção do contrato de corretagem 509

205. Negócio concluído por mais de um corretor 510

Bibliografia 511

Índice Alfabético de Assuntos 527

Seção I: Contratos de Distribuição

1. INTRODUÇÃO

O grande incremento do comércio a partir da era industrial inviabilizou a prática individual rotineira da produção e revenda de bens e serviços. No lugar do artesão que comercializava o que produzia, surgiu a grande indústria e a grande empresa prestadora de serviços, as quais, em regra, não mais conseguem comercializar sua volumosa produção sem o concurso de outras empresas especializadas. Surgiram, assim, as redes de distribuição e os vários contratos que entre o produtor e o revendedor, ou entre aquele e os diversos agentes de intermediação, viabilizam a circulação e o consumo de bens e serviços[1].

A dimensão dessa atividade negocial ultrapassava o campo jurídico por sua evidente imbricação com a atividade econômica, inclusive em perspectiva internacional. Coube a Jean-Baptiste Say analisar o fenômeno da distribuição identificando-a, pela primeira vez (no ano de 1.803), como uma das etapas chave da atividade econômica, entre a produção e o consumo[2].

De início estes ajustes negociais eram praticados por meio de contratos atípicos engendrados pelos próprios empresários, segundo as práticas e as conveniências da mercancia. Aos poucos, como é habitual nesses segmentos da economia, o legislador foi tomando para si o encargo de inserir no direito positivo a regulação e o controle desses contratos, que, todavia, não param de ser enriquecidos por novos mecanismos jurídicos típicos e atípicos. A abordagem do tema, em todas as suas dimensões, pelos comercialistas viria a acontecer em meados do século XX, sob liderança dos juristas franceses, sobretudo[3].

---

[1] Dois tipos de atores, com funções às vezes bem diferentes, podem ser identificados na análise do direito da distribuição: *(i) comerciantes independentes* que compram para revender (distribuidores tais como os franqueados ou os concessionários) e os *agentes comerciais independentes* que vendem os produtos em nome e por conta do fabricante (o agente comercial); e *(ii) mandatários, agentes de comércio e viajantes ou representantes* todos atuando em nome do empresário e por conta deste. Em síntese: a rede de distribuição pode constituir-se por meio de distribuidores que agem por conta própria ou por aqueles que intervêm na circulação por conta de outrem (DISSAUX, Nicolas; LOIR, Romain. *Droit de la distribution.* Yssy-les-Moulineaux: LGDJ, 2017, p. 361); BORTOLOTTI, Fabio. In: BORTOLOTTI, Fabio (coord.). *Contratti di distribuzione.* Milanofiori Assago: Wolters Kluwer, 2016, p. 4-5.

[2] SAY, Jean-Baptiste. Traité d'économie politique ou simple exposition de la manière dont se forment, se distribuent et se consomment les richesses, *apud* DISSAUX, Nicolas; LOIR, Romain. *Droit de la distribution.* Yssy-les-Moulineaux: LGDJ, 2017, p. 13.

[3] O primeiro tratado sobre direito da distribuição foi editado sob a direção de Jean-Marc Mousseron em 1975 (*Droit de la distribution.* Paris: Litec, 1975).

No presente estudo iremos tratar de alguns contratos de distribuição, que, pelo volume de sua utilização no mercado, são do maior interesse e relevância, na atualidade. São eles, o *mandato*, a *comissão*, a *agência e distribuição*, a *corretagem*, a *concessão comercial* e a *franquia*[4]. Pela correlação que guardam com o tema principal, abordaremos, também, a *representação* e a *gestão de negócios*.

É oportuno observar que, após a teorização dos principais contratos mercantis utilizados na ampliação e aprimoramento das técnicas de colocação de bens e serviços no mercado de consumo – o que se deu sob o rótulo de "contratos de distribuição" –, a doutrina recente passou a enfocar esse seguimento do direito obrigacional a partir da ideia da *colaboração* entre os agentes mercantis. Construiu-se, assim, a classificação, entre os contratos comerciais, da categoria dos *contratos de colaboração*[5].

Todavia, essa categoria, vista do enfoque econômico funcional, comporta uma gama de negócios muito aberta e elástica, que de fato incorpora os usuais *contratos de distribuição*, indo, porém, muito mais além, visto que a colaboração empresarial inclui todos os negócios próprios dos *contratos associativos, nomen iuris* também identificativo dos apelidados *contratos de colaboração*. Em meio aos vários ajustes mercantis associativos, por exemplo, figuram as próprias variedades do contrato de sociedade, e, também, os contratos de parceria ou de *joint venture*, de consórcio ou de formação de grupo econômico, dentre muitos outros[6].

Nessa perspectiva, os contratos associativos ou de colaboração, em sua visão geral, tanto podem ter a natureza bilateral como plurilateral, e sua especificidade está no jogo das relações que se estabelecem entre as partes[7].

Reconhece-se, de tal sorte, que, além das *redes de distribuição*, existem outras redes criadas no mundo empresarial, como as *redes de produção* formadas por meio

---

[4] "São contratos de distribuição integrada aqueles em que o intermediário ou revendedor é integrado na rede do produtor e tem o objetivo de promover os produtos deste último conforme as opções comerciais e de marketing dele mesmo. De tal modo, o produtor pode dirigir a própria política comercial sem precisar de utilizar recursos próprios, valendo-se de terceiros que assumam em maior ou menor proporção os riscos da comercialização" (BORTOLOTTI, Fabio. *Contratti di distribuzione*, cit., p. 7).

[5] NETO, Abilio. *Contratos comerciais*. Lisboa: Ediforum, 2002, p. 103: "a necessidade de procurar novos mercados e de desenvolver os existentes, a fim de corresponder ao aumento de produtividade e de fomentar a expansão comercial aliada ao desenvolvimento do comércio externo, são fatores que estão na base do progressivo apelo a *colaboradores*, auxiliares, mas com autonomia perante ela".

[6] RIBEIRO, Márcia Pereira. Teoria geral dos contratos empresariais. In: COELHO, Fábio Ulhoa (coord.). *Tratado de direito comercial*. São Paulo: Saraiva, 2015, p. 69.

[7] Exemplos de especificidades: "um contrato de *transferência de tecnologia* entre empresários, em que se preveja a partilha de lucratividade obtida pela exploração do produto obtido; um contrato de *franquia*, pelo fato de franqueador e franqueado partilharem os resultados, na forma de pagamento de *royalties*; também um conato de *fornecimento de bens ou serviços* estabelecido de forma duradoura entre empresários abre espaço para o elemento *colaboração*" (RIBEIRO, Márcia Pereira. Op. cit., p. 70) (g.n.).

Seção I: Contratos de Distribuição | 5

do estabelecimento de um determinado sistema negocial, como, *v.g.*, o financiamento bancário para aquisição e instalação de um maquinário industrial, ou um agronegócio ajustado em parceria entre produtores rurais. Uma parceria também pode ser estabelecida entre uma granja e uma empresa exportadora[8].

A complexidade e a tecnologia avançada fizeram com que as indústrias mais significativas, como a automobilística e a de comunicação eletrônica, se transformassem em "montadoras", tal é o número de empresas colaboradoras que se encarregam da fabricação dos componentes do produto final. Este, com efeito, não é mais do que a montagem de peças e mecanismos produzidos por outras empresas integradas à sua numerosa rede de fornecedores. A terceirização de serviços é outro setor que cada vez mais se interliga às empresas industriais, pois até grande parte das atividades primárias são contratadas com outras entidades. No campo da organização de serviços, das técnicas de produção e logística de transporte e armazenamento, bem como de propaganda e *marketing*, se faz, realmente, indispensável, quase sempre, a *colaboração* de profissionais e empresas especializadas. Tudo isto, e muito mais, anima e fortalece a atividade de apoio e incremento às práticas modernas de produção e circulação de bens e serviços no mercado contemporâneo.

Como se vê, não se restringem os contratos de *colaboração empresarial* àqueles negócios que historicamente se agruparam sob o rótulo de *contratos de distribuição*. Esse segmento da classificação dos contratos continua tratado de maneira apartada, tanto no direito europeu como no direito comercial brasileiro[9].

A presente obra, embora intitulada *Contratos de colaboração*, se ocupará especificamente dos principais contratos formadores das modernas redes de distribuição, como especificado no seu subtítulo.

2. NOVA PRINCIPIOLOGIA DO DIREITO DOS CONTRATOS

O ponto de partida para a análise foi o Código Civil atual, que unificou o regime das obrigações civis e mercantis, e enriqueceu a teoria dos contratos com princípios de alto teor ético, como o da boa-fé objetiva e da função social do contrato.

---

[8] RIBEIRO, Márcia Pereira. Op. cit., p. 63.

[9] Obras doutrinárias recentes e de alto acatamento continuam sendo editadas sob a nomenclatura de *contratos de distribuição*, quando se dedicam ao estudo dos *contratos de colaboração* utilizados especificamente para as avenças restritas à comercialização de mercadorias e serviços no estágio final do mercado consumidor. A título de exemplo: *(i)* no Brasil, citam-se FORGIONI, Paula A. *Contrato de distribuição*. 3. ed. São Paulo: Revista dos Tribunais, 2014; SCHERKERKEWITZ, Iso Chaitz. *Contratos de distribuição*. São Paulo: Revista dos Tribunais, 2011; OLIVEIRA, Carlos Alberto Hauer. Contrato de distribuição. In: COELHO, Fábio Ulhoa. *Tratado de direito comercial*. São Paulo: Saraiva, 2015, v. 5; ZANETTI, Ana Carolina Devito Dearo. *Contrato de distribuição: o inadimplemento recíproco*. São Paulo: Atlas, 2015; *(ii)* no estrangeiro: DISSAUX, Nicolas; LOIR, Romain. *Droit de la distribution*, cit., 2017; BORTOLOTTI, Fabio. *Contratti di distribuzione*, cit., 2016

É por isso, muito importante relembrar que a nova principiologia instituída pelo Código Civil deve sempre estar presente na pactuação, interpretação e execução dos contratos ora estudados, como de resto se passa com todo o universo contemporâneo dos contratos.

A propósito, já fizemos, em outro estudo[10], as observações que, a seguir, reiteramos:

Na visão do Estado Liberal, o contrato é instrumento de intercâmbio econômico entre os indivíduos, onde a vontade reina ampla e livremente. Salvo apenas pouquíssimas limitações de lei de ordem pública, é a autonomia da vontade que preside o destino e determina a força da convenção criada pelos contratantes. O contrato tem força de lei, mas esta força se manifesta apenas entre os contratantes.

Todo o sistema contratual se inspira no indivíduo e se limita, subjetiva e objetivamente, à esfera pessoal e patrimonial dos contratantes. Três são, portanto, os princípios clássicos da teoria liberal do contrato: a) o da *liberdade contratual*, de sorte que as partes, dentro dos limites da ordem pública, podem convencionar o que quiserem e como quiserem; b) o da *obrigatoriedade do contrato*, que se traduz na força de lei atribuída às suas cláusulas (*pacta sunt servanda*); e c) o da *relatividade dos efeitos contratuais* segundo o qual o contrato só vincula as partes da convenção, não beneficiando nem prejudicando terceiros (*res inter alios acta neque nocet neque prodest*)[11].

O Estado social impôs-se, progressivamente, a partir dos fins do século XIX e princípios do século XX, provocando o enfraquecimento das concepções liberais sobre a autonomia da vontade no intercâmbio negocial, e afastando o neutralismo jurídico diante do mundo da economia. A consequência foi o desenvolvimento dos mecanismos de intervenção estatal no processo econômico, em graus que têm variado, com o tempo e com as regiões geográficas, revelando extremos de uma *planificação global* da economia em moldes das ideias marxistas; ou atuando com moderação segundo um *dirigismo*, apoiado em modelo em que o controle econômico compreende uma atuação mais sistemática e com objetivos determinados; ou, ainda, elegendo uma terceira atitude de *intervencionismo assistemático*, caracterizado pela adoção de medidas esporádicas de controle econômico, para fins específicos[12].

Superado o modelo do Estado liberal puro, alheio por completo aos problemas econômicos, pois não há mais Estado que se abdique da atuação reguladora

---

[10] THEODORO JÚNIOR, Humberto. *O contrato e sua função social*. 4. ed. Rio de Janeiro: Forense, 2014, p. 17-20.

[11] AZEVEDO, Antônio Junqueira de. Princípios do novo direito contratual e desregulamentação do mercado (parecer). *Revista dos Tribunais*, v. 750, p. 117.

[12] Cf. SCAFF, Fernando. *Responsabilidade do Estado Intervencionista*, São Paulo, Saraiva, 1990, *apud* SANTOS, Marília Lourido dos. Políticas públicas (econômicas) e controle, *Revista Cidadania e Justiça*, AMB, Brasília, nº 12, p. 138, 2º semestre/2002.

da economia, o que variam são os níveis internos e externos dessa atividade controladora.

Essa nova postura institucional não poderia deixar de refletir sobre a teoria do contrato, visto que é por meio dele que o mercado implementa suas operações de circulação das riquezas. Por isso, não se abandonam os princípios clássicos que vinham informando a teoria do contrato sob o domínio das ideias liberais, mas se lhe acrescentam outros, que vieram a diminuir a rigidez dos antigos e a enriquecer o direito contratual com apelos e fundamentos éticos e funcionais.

Afastada a ameaça do Estado-agente econômico, com intervenção plena na produção e circulação de riquezas, em que o intervencionismo extremo conduziria ao cancelamento ou à minimização dos princípios clássicos da teoria dos contratos, remanesce o Estado Social de Direito com sua tônica voltada para o aumento crescente das normas de ordem pública para harmonizar a esfera do individual com o social. Nessa altura é inegável que o direito contratual não se limita aos três princípios clássicos da liberdade de contratar, da força obrigatória das convenções e da relatividade de seus efeitos. A estes vieram somar-se outros três, como registra Antônio Junqueira de Azevedo: a) o da *boa-fé objetiva*; b) o do *equilíbrio econômico*, e c) o da *função social* do contrato[13].

É bom registrar, como fez o eminente Professor da USP, que a complexidade da nova visão estatal da ordem econômica introduziu dados novos na teoria dos contratos, dados que, entretanto, se acrescentaram sem eliminarem os antigos princípios já consagrados e que gravitam em volta da autonomia da vontade[14]. A experiência histórica demonstra, aliás, que as grandes conquistas da humanidade, em geral, quase nunca acontecem para destruir o acervo cultural sedimentado no passado, mas para enriquecê-lo, por meio de um somatório.

De fato, busca-se nas novas concepções do contrato a introdução no sistema de melhores instrumentos para realizar a justiça comutativa, como o que se faz por meio dos princípios do equilíbrio, da proporcionalidade e da repulsa ao abuso. Mas, o acordo de vontade continua sendo "o elemento subjetivo essencial do contrato, sem o qual ele não poderia sequer existir, e que lhe dá sua função primordial nas relações sociais"[15]. Se a justiça da convenção entra na perspectiva da teoria contratual moderna, não o faz para assumir todo o seu objetivo. Deve conciliar-se com seu fim natural que se passa no âmbito da circulação das rique-

---

[13] Princípios do novo direito contratual e desregulamentação do mercado (parecer), *RT*, 750/115-116.

[14] Os anteriores não devem ser considerados abolidos pelos novos tempos, mas certamente, deve-se dizer que viram seu número aumentado pelos três novos princípios (AZEVEDO, Antônio Junqueira de. Op. cit., p. 116).

[15] GHESTIN, Jacques. Avant propos. In: JAMIN, Christophe, MAZEAUD, Denis. *La Nouvelle Crise du Contrat*, Paris: Dalloz, 2003, p. 2.

zas, com segurança jurídica[16]. O contrato deve ser justo, mas sem se afastar de sua utilidade específica[17].

Deve-se ter em conta que, no enfoque das modernas concepções do contrato, "*la nouveauté*, toujours relative, ne serait plus qu'une qualité *accessoire*. Il y aurait, d'une part, les *instruments complémentaires*, qui visent directement à rétablir une certaine justice commutative – lésion, absence de cause, équilibre et proportionalité – et d'autre part, ceux qui tendent à contrôler la rectitude effective de la procédure contractuelle – vices du consentement, obligation d'information, bonne foi et abus de droit, y compris l'élimination des clauses abusives"[18].

É inegável, nos tempos atuais, que os contratos, de acordo com a visão social do Estado Democrático de Direito, hão de submeter-se ao intervencionismo estatal manejado com o propósito de superar o individualismo egoístico e buscar a implantação de uma sociedade presidida pelo bem-estar e sob "efetiva prevalência da garantia jurídica dos direitos humanos"[19].

Isto, porém, não importa anular a figura do contrato, nem tampouco afastar a incidência dos princípios clássicos que regem essa indispensável categoria jurídica. O contrato, segundo a lição sempre acatada de Caio Mário da Silva Pereira, continua se originando da "declaração de vontade", tendo "força obrigatória", e se formando, em princípio, "pelo só consentimento das partes". E, mais ainda, continua nascendo, em regra, "da vontade *livre*, segundo o princípio da autonomia da vontade"[20].

Certo que essa autonomia não tem hoje as mesmas proporções de outrora. Sofre evidentes limitações, não só em face dos tipos contratuais impostos pela lei como também pelas exigências de ordem pública, que cada vez mais são prestigiados pelo direito contemporâneo[21].

---

[16] "Trata-se de passar do absoluto ao relativo, respeitando os princípios éticos e sem perder um mínimo de segurança, que é indispensável ao desenvolvimento da sociedade" (WALD, Arnoldo. A evolução do contrato no terceiro milênio e o novo Código Civil. In: ALVIM, Arruda; CERQUEIRA, Joaquim Portes; ROSAS, Roberto (coord.). *Aspectos controvertidos do novo Código Civil*. São Paulo, RT, 2003, p. 72).

[17] "Il faut, en réalité, faire la synthèse de la conception proprement juridique qui fait de *l'accord des volontés l'élément subjectif essentiel du contrat*, et de la conception, à la fois éthique et économique, déduite de notre tradition gréco-latine et judéochrétienne, qui fait de l'utile et juste les finalités objectives du contrat" (GHESTIN, Jacques. Op. cit., loc. cit.).

[18] GHESTIN, Jacques. *Op. cit.*, p. 3.

[19] DÍAZ, Elias. *Estado de derecho y sociedad democrática*. Madri: Editora Cuadernos para el Diálogo, 1975, p. 39, *apud* FRANÇA, Pedro Arruda. *Contratos atípicos*. 2. ed. Rio de Janeiro, Forense, 1989, p. 33.

[20] PEREIRA, Caio Mário da Silva. *Instituições de Direito Civil: contratos*. 22. ed. rev. e atual. por Caittin Mulholland. Rio de Janeiro: Forense, 2018, vol. III, nº 186, p. 21.

[21] O contrato não encontrou o seu fim como certa doutrina chegou a proclamar. "O que no momento ocorre, e o jurista não pode desprender-se das ideias dominantes no seu tempo,

Mas é de levar-se em conta a lição, que nunca perde atualidade, de Savatier:

"Mais, si l'économie selon toute appartence, doit rester dirigée, les méthodes de cette direction doivent changer. Les procédés de l'intervention de l'État ne doivent plus être de ceux qui suppriment à peu près entièrement la libertè individuelle, et spécialement la liberté des contrats"[22].

De qualquer modo, vale a advertência de Veltem Pereira no sentido de que, em essência, "o contrato não morreu nem está em crise. O contrato mudou! Renovou- -se diante de uma realidade reservada, e encontra-se revitalizado, projetando seus princípios para os mais variados ramos do direito". Isto, porém, não pode servir de palco ao ativismo judicial, que às vezes se nota, infelizmente, em alguns julgados. Empolgados por ideologia estranha aos modelos dogmáticos ou hermenêuticos, e principalmente divorciados do ordenamento jurídico, orientam-se tais arestos por teses que fazem tábula rasa da liberdade contratual e autonomia privada, chegando a preencher as cláusulas gerais do moderno direito das obrigações "com valores completamente estranhos ao Direito privado, sem a mínima concordância prática e unidade de sentido com os fins do contrato, esvaziando por completo o princípio moral de respeito aos compromissos validamente assumidos"[23].

Impõe-se, no entanto – no campo do direito das obrigações, especialmente naquilo que se relaciona com a boa-fé objetiva e com a função social do contrato –, que a compreensão das cláusulas gerais não subverta os fins do contrato, e que o preenchimento dessas normas principiológicas somente possa se dar "com base nos valores do Direito privado, com unidade de sentido e concordância prática"[24]. O contrato, enfim, deve ser humanizado, mas sem desfigurar sua função instru- mentalizadora da autonomia negocial e de garantia da segurança jurídica na circu- lação da riqueza.

é a redução da liberdade de contratar em benefício da ordem pública, que na atualidade ganha acendrado reforço, e tanto que Josserand chega mesmo a considerá-lo a 'publici- tação do contrato'" (PEREIRA, Caio Mário da Silva. *Instituições de direito civil*, cit., vol. III, nº 186, p. 27).

[22] SAVATIER, René. *Droit civil et droit public*. Paris: LGDJ, 1950, p. 65-66, *apud* FRANÇA, Pedro Arruda. *Contratos atípicos*, cit., 1989, p. 32.

[23] PEREIRA, Paulo Sérgio Veltem. *Contratos: Tutela judicial e novos modelos decisórios*. Porto Ale- gre: Juruá, 2018, p. 220-221.

[24] PEREIRA, Paulo Sérgio Veltem. *Contratos: Tutela judicial e novos modelos decisórios*, cit., p. 222. Para o autor, "para fazer a justiça do caso concreto, o magistrado não precisa deixar de lado as estruturas normativas abrigadas nas fontes negociais. Ao revés, deve mirar em seu con- teúdo, atualizando-o numa integração de fatos segundo valores, com apoio nos modelos dogmáticos ou hermenêuticos, que indicam novas formas de realização do Direito dos con- tratos, a partir da identificação das diferentes situações jurídicas, as de natureza patrimonial e as exclusivas do ser humano" (PEREIRA, Paulo Sérgio Veltem. Op. cit., p. 222).

Seção II: Do Mandato

Capítulo I

DA REPRESENTAÇÃO

Sumário: 3. Representação – 4. Representação direta (*contemplatio domini*) e representação imprópria ou indireta – 5. Espécies de representação – 6. O núncio – 7. Poderes do representante – 8. Procuração – 9. Efeitos da manifestação da vontade pelo representado – 10. Contrato consigo mesmo ou autocontratação – 10.1. A figura da dupla representação – 10.2. A cláusula de mandato cambiário – 10.3. O substabelecimento no contrato consigo mesmo – 11. Prova da qualidade de representante – 12. Negócio concluído em conflito de interesses – 13. Requisitos e efeitos da representação – 14. Representação aparente.

3. REPRESENTAÇÃO

O instituto da representação foi inserido na legislação brasileira pelo Código Civil de 2002, nos artigos 115 a 120.

Em regra, a pessoa pratica, pessoalmente, os atos da vida civil que lhe interessam. Entretanto, é possível que ela se faça representar em determinadas situações, seja por impossibilidade física ou legal, seja por mera conveniência. Nesses casos, uma pessoa (representado) outorga, por ato de autonomia da vontade, poderes à outra (representante), para, em seu nome, praticar determinados atos. Em outras situações, é apropria lei que, excepcionalmente, confere esse poder de atuação em nome de outrem.

A *representação* é, portanto, o fenômeno jurídico que permite a uma pessoa agir em nome e por conta de outra, fazendo com que seus atos repercutam diretamente na esfera jurídica do representado[1]. É, nos atos voluntários, um negócio jurídico unilateral, no qual o representado outorga poderes ao representante para que esse pratique atos jurídicos em seu nome[2].

---

[1] GONÇALVES, Marcus Vinicius Rios. Arts. 653 a 692. In: ARRUDA ALVIM; ALVIM, Thereza; CLÁPIS, Alexandre Laizo (coords.). *Comentários ao Código Civil Brasileiro*. Rio de Janeiro: Forense, 2009, v. VI, p. 677. "A representação consiste, assim, numa manifestação de vontade, em que uma pessoa (representante) atua em nome de outra (representado), nos limites dos poderes por esta conferidos ou decorrentes de lei e que produzem efeitos" (WALD, Arnoldo; CAVALCANTI, Ana Elizabeth L. W.; PAESANI, Liliana Minardi. *Direito Civil*. 14. ed. São Paulo: Saraiva, 2015, v. 1, p. 252).

[2] Para Silvio de Salvo Venosa a representação é a "mais eficaz modalidade de cooperação jurídica". Isto porque, "o representado, ao permitir que o representante aja em seu lugar, am-

Porém, segundo o art. 115, do Código Civil, o fenômeno jurídico não é de exclusiva iniciativa da parte, já que os poderes de representação tanto podem ser conferidos por lei, como pelo interessado[3].

A representação *legal* relaciona-se com a falta de capacidade plena do representado para a prática de atos da vida civil, que é conferida aos pais, tutores, curadores e administradores. A representação pode, ainda, depender de *ato judicial* como nomeação de administrador judicial da massa falida, de inventariante para o espólio. No entanto, outras hipóteses de representação têm origem em *atos de declaração de vontade*, com o propósito de viabilizar a gestão ou a defesa de interesses jurídicos alheios. É o que comumente surge do contrato de mandato, que se exterioriza por meio da procuração.

Justamente em razão desse vínculo existente entre a representação e o mandato, muito se discutiu, em sede do Código Civil de 1916, a respeito da autonomia da representação voluntária em relação ao mandato. Gustavo Tepedino relembra lição de San Tiago Dantas, que "defendia que a representação seria 'a ideia suprema do mandato, além de só a ele pertencer entre todas as espécies de contrato', de modo que 'o mandato é a maneira de fazer-se a representação direta voluntária'"[4].

Por outro lado, Clóvis Bevilaqua entendia que, embora a representação caracterizasse o mandato, "certamente a representação poderá ter outra causa"[5]. Da mesma forma, Pontes de Miranda ensinava que "há, quase sempre, *poder de representação* no mandato, porém o mandato e o poder de representação não se confundem", uma vez que "pode haver mandato, no direito brasileiro, sem poder de representação"[6].

Entretanto, a discussão foi finalizada pelo Código Civil de 2002 que inequivocamente consagrou a representação como instituto autônomo nos arts. 115 a

---

plia sua esfera de atuação e a possibilidade de defender seus interesses no mundo jurídico". Segundo o autor, em verdade, "o representante é um *substituto* do representado, porque o substitui não apenas na manifestação externa, fática do negócio, como também na própria *vontade* do representado" (VENOSA, Sílvio de Salvo. *Código Civil Interpretado*. 2. ed. São Paulo: Atlas. 2011, nota 1 do art. 115, p. 126).

[3] Direito comparado – Código Civil chileno, art. 1.448; Código Civil espanhol, art. 10, item 11; Código Civil argentino, art. 358; Código Civil italiano, art. 1.387.

[4] DANTAS, San Tiago. *Programa de direito civil*. Rio de Janeiro: Rio, 1999, v. II, p. 369-370; *apud* TEPEDINO, Gustavo; OLIVA, Milena Donato. Autonomia da representação voluntária no direito brasileiro e determinação da disciplina que lhe é aplicável. *Revista Magister de Direito Civil e Processual Civil*, nº 72, p. 5, maio-jun./2016.

[5] BEVILAQUA, Clovis. *Código Civil dos Estados Unidos do Brasil Comentado*. Rio de Janeiro: Editora Paulo de Azevedo Ltda., 1957, v. 5, p. 24.

[6] PONTES DE MIRANDA, Francisco Cavalcanti. *Tratado de Direito Privado*. São Paulo: Revista dos Tribunais, 2012, v. XLIII, p. 61. A legislação alemã também construiu uma teoria autônoma da representação, nos §§ 164 a 181 do BGB (FROMONT, Michel. *Droit allemand des affaires. Droit des biens et des obligations. Droit commercial et du travail*. Paris: Montchrestien, 2001, p. 81).

120. Assim, também, o entendimento de Caio Mário da Silva Pereira, para quem "o Código Civil brasileiro de 2002 dedicou um capítulo especial à *representação,* na sua Parte Geral, arts. 115 a 120, pondo fim ao equívoco de alguns de aliar sempre aquela ideia à de mandato, o que não é exato, vez que este é apenas uma das formas daquela"[7].

Com efeito, o traço característico do mandato é a representação. Entretanto, o direito conhece muitas possibilidades de alguém atuar em nome de outrem sem ter recebido do representado uma voluntária outorga de poderes. Basta lembrar da representação dos filhos menores pelos pais ou dos interditos pelo curador, ou, ainda, do espólio e do condomínio pelo inventariante e pelo síndico, respectivamente, entre muitas outras situações similares. Em todas essas hipóteses, atos jurídicos são validamente praticados por quem não é titular do direito subjetivo exercitado, sem que este os tenha voluntariamente autorizado. A representação, portanto, é um *gênero,* do qual o mandato é apenas uma das *espécies,* ou seja, aquela que provém de livre ajuste de vontade entre representado e representante.

4. REPRESENTAÇÃO DIRETA (*CONTEMPLATIO DOMINI*) E REPRESENTAÇÃO IMPRÓPRIA OU INDIRETA

Segundo a doutrina, para que haja representação é essencial que o terceiro, com quem o representante contrata, saiba que este atua em nome de outra pessoa. Vale dizer, "é imprescindível que a outra parte tenha a percepção de que aquele que manifesta a vontade está atuando em nome de um terceiro, o qual representa"[8]. A esta exteriorização dá-se o nome de *contemplatio domini.*

Quando, portanto, há a expressa declaração de que o representante atua em nome do representado, diz-se que a representação é *direta.* Nesses casos, embora o negócio seja celebrado pelo representante, seus efeitos serão suportados pelo representado, em nome de quem aquele age.

Se, por outro lado, o representante atua em seu próprio nome, apesar de o fazer no interesse e por conta do representado, a representação será *indireta,* ante a ausência de *contemplatio domini.* Nesses casos, obviamente, os efeitos do negócio celebrado pelo representante recairão em sua própria esfera jurídica, obrigando-se diretamente em face do terceiro. "O representante, ao agir, não manifesta à con-

---

[7] PEREIRA, Caio Mário da Silva. *Instituições de Direito Civil: contratos.* 22. ed. Revista e atualizada por Caittin Mulholland. Rio de Janeiro: Forense, 2018, v. III, p. 375. Para Gustavo Tepedino, "o mandato constitui-se em espécie contratual, negócio jurídico bilateral que depende da concorrência de vontades para a sua existência. Já a representação é técnica de atuação em nome de outrem" (TEPEDINO, Gustavo. *A técnica da representação e os novos princípios contratuais. Revista Forense,* v. 386, p. 118, jul.-ago./2006).

[8] TEPEDINO, Gustavo. A técnica da representação e os novos princípios contratuais, cit., p. 118.

16 | Contratos de Colaboração Empresarial • *Humberto Theodoro Jr. e Adriana Theodoro de Mello*

traparte sua qualidade, deixando de esclarecer que os efeitos do negócio jurídico recairão na esfera jurídica de terceiro, que não é parte no negócio jurídico"[9]. É o que ocorre, por exemplo, no contrato de comissão (CC, art. 693). Mas não haverá, propriamente, *representação*, na medida em que o terceiro pode sequer saber que está havendo essa atuação em nome e por conta de outrem. A relação jurídica travada entre representante e terceiro será direta.

5. ESPÉCIES DE REPRESENTAÇÃO

Nos termos do art. 115, do Código Civil, a representação pode derivar da *lei* ou da *vontade*. Pode, também, decorrer de *ato judicial*, desde, é óbvio, que haja autorização em lei.

A representação *legal*, como já se disse, relaciona-se, em regra, com a falta de capacidade plena do representado para a prática de atos da vida civil, que é conferida, por exemplo, aos pais, tutores, curadores e administradores. Segundo Orlando Gomes:

> "A representação legal é instituída em razão de relevante interesse jurídico. Diante da impossibilidade jurídica das pessoas incapazes proverem seus próprios interesses, torna-se necessário atribuir a alguém o poder-dever de curá-los. Quando estabelecida para esse fim, a representação adquire o relevo de verdadeiro *munus*, agindo o representante como se fora titular de um ofício"[10].

Segundo o autor, essa representação é imprópria, "não somente porque a atividade jurídica do representante não se funda num poder de agir derivado da pessoa em nome de quem a exerce, senão, também, porque ele age com plena independência da vontade do representado"[11].

A representação será *voluntária*, quando a outorga de poderes decorrer de ato de declaração de vontade do próprio representado, com o propósito de viabilizar a gestão ou a defesa de seus interesses jurídicos pelo representante. Nessa situação, os limites e a extensão dos poderes do representante são determinados pela vontade do representado. Essa modalidade de representação "estrutura-se no campo da autonomia privada mediante a outorga de procuração, que é o instrumento do mandado"[12].

A representação pode, ainda, derivar de *ato do juiz*, que, em determinadas circunstâncias, nomeia representantes no processo, como é o caso de administrador

---

[9] TEPEDINO, Gustavo. A técnica da representação e os novos princípios contratuais, cit., p. 120.

[10] GOMES, Orlando. *Introdução ao direito civil*. 18. ed. Rio de Janeiro: Forense, 2002, p. 436.

[11] GOMES, Orlando. Ob. cit., loc. cit.

[12] GONÇALVES, Carlos Roberto. *Direito Civil brasileiro*. 10. ed. São Paulo: Saraiva, 2012, v. 1, p. 366.

judicial para a massa falida, de inventariante para o espólio, do curador especial ao revel etc.

No caso de pessoa jurídica, a representação é feita pela pessoa designada no seu ato constitutivo (estatuto ou contrato social), uma vez que ela só consegue agir através de uma pessoa física[13]. A doutrina moderna prefere falar em *presentação*, "pois os diretores agem *como se fossem* a própria pessoa jurídica". Na verdade, não existe "duplicidade de vontades, pois falta declaração volitiva do representante em lugar do representado. A pessoa jurídica projeta sua vontade no mundo jurídico por meio de seus órgãos"[14]. Sobre a representação da pessoa jurídica, ver o capítulo II desta Seção.

6. O NÚNCIO

Há que se diferenciar o *núncio* ou mensageiro do *representante*. O mensageiro simplesmente externa a vontade declarada a ele por outrem. É simples instrumento material da vontade do *dominus negotii*. "Nada delibera. Não enuncia uma vontade própria. Constitui apenas um elo de ligação entre os interessados, um meio de transmissão da vontade do declarante"[15].

Embora o núncio coopere na conclusão do negócio, não ocorre a representação, na medida em que sua tarefa consiste "no simples ato de entrega de documento, no qual haja declaração de vontade do interessado, ou na reprodução, de viva voz, da declaração de alguém"[16]. Em verdade, "o núncio não possui mobilidade", pois que "não atua com sua própria vontade"[17]. Ele simplesmente declara a vontade de outrem.

Diferentemente, o *representante*, embora deva agir nos limites dos poderes que lhe foram outorgados, possui uma maior liberdade em sua atuação. Em verdade, ele participa efetivamente do negócio, declara sua vontade, apesar de atuar em nome e por conta do representado, o celebra no melhor interesse daquele. Com efeito, a liberdade de agir é a principal distinção entre o representante e o mero mensageiro:

> "O representante tem sempre certa margem de discricionariedade, ao menos na avaliação da oportunidade do negócio. Deste aspecto, cumpre diferenciar a representa-

---

[13] "Sob o aspecto do exercício dos direitos é que ressalta a diferença com as pessoas naturais. Não podendo a pessoa jurídica agir senão através do homem, denominador comum de todas as coisas no Direito, esse ente corporificado pela norma deve, em cada caso, manifestar-se pela vontade transmitida por alguém" (VENOSA, Silvio de Salvo. *Direito civil*. Parte geral. 8. ed. São Paulo: Atlas, 2008, v. 1, p. 232).

[14] VENOSA, Silvio de Salvo. *Direito civil*. Parte geral, cit., p. 348

[15] OLIVEIRA, Eduardo Ribeiro de. *Comentários ao novo Código Civil*. In: TEIXEIRA, Sálvio de Figueiredo (coord.). Rio de Janeiro: Forense, 2008, v. II, p. 264-265.

[16] VENOSA, Sílvio de Salvo. *Direito civil*. Parte geral, cit., p. 345.

[17] VENOSA, Sílvio de Salvo. Ob. cit., loc. cit.

ção da figura do simples *mensageiro* ou *núncio* que, por qualquer meio, limita-se a transmitir a vontade manifestada pelo interessado, não possuindo nenhuma margem de discricionariedade"[18].

7. PODERES DO REPRESENTANTE

Em regra, qualquer ato pode ser praticado pelo representante em nome do representado, exceto aqueles que, pela lei, devem ser praticados exclusivamente pelo interessado. São os chamados atos *pessoais* ou *personalíssimos*. São exemplos o testamento, o exercício de mandato eletivo, a participação em concurso público, o exercício militar etc.

Na *representação legal*, é a lei que prevê os limites da atuação do representante. Assim, por exemplo: (i) os pais têm a administração dos bens dos filhos menores sob sua autoridade, não podendo "alienar, ou gravar de ônus real os imóveis dos filhos, nem contrair, em nome deles, obrigações que ultrapassem os limites da simples administração, salvo por necessidade ou evidente interesse da prole, mediante prévia autorização do juiz" (CC, arts. 1.689, II e 1.691); (ii) os tutores devem administrar os bens do tutelado, sendo-lhes vedado adquirir por si ou por interposta pessoa bens do menor, dispor dos bens a título gratuito, constituir-se cessionário de crédito ou de direito contra o menor (CC, arts. 1.741, 1.747 a 1.749).

Na *representação voluntária*, o representante possui autonomia para outorgar os poderes que quiser ao representado. A sua vontade estabelece a extensão dos poderes que serão conferidos ao procurador.

8. PROCURAÇÃO

A procuração (ou instrumento do mandato segundo o art. 653 do Código Civil) retrata um negócio jurídico *unilateral* no qual uma pessoa outorga de modo voluntário a outrem o poder de representação. É também negócio jurídico receptício, já que a declaração de vontade do outorgante é dirigida a pessoa determinada, qual seja, o representante, que ao acatá-la, assume, efetivamente, a representação

---

[18] TEPEDINO, Gustavo; BARBOZA, Heloisa Helena; MORAES, Maria Celina Bodin de. *Código Civil Interpretado*. Rio de Janeiro: Renovar, 2004, nota 3 ao art. 116, p. 235-236. No mesmo sentido: "O representante deve poder dispor de uma certa liberdade na conclusão do contrato. Se ele só transmite – sem nada poder mandar – a vontade de outrem, não mais se trata de um procurador, mas de um simples mensageiro (*nuntius*). (...) Disto resulta que a vontade própria do representante desempenha um papel importante na conclusão do contrato" (MATTIA, Fábio Maria de. *Aparência de representação*. São Paulo: Livraria Editora Jurídica Gaetano Didenetto Ltda., 1999, p. 15).

que lhe foi conferida[19]. A outorga dos poderes pelo representado ocorre, portanto, por meio da procuração.

Para Orlando Gomes, a procuração

> "é *negócio unilateral*, com função própria. Torna-se perfeita com a declaração de vontade de quem a outorga, embora sua *eficácia* somente se inicie quando toma conhecimento de sua concessão a pessoa em relação à qual o procurador exercerá o poder de representação. Pensam outros, entretanto, que *destinatário da procuração* é o próprio procurador, porque o terceiro pode exigir que a exiba. Como quer que seja, é *declaração repectícia*"[20].

Por ser unilateral, apenas a declaração de vontade do outorgante se mostra suficiente para sua existência, validade e eficácia, legitimando, por si só, a prática de atos em seu nome com eficácia sobre a sua esfera jurídica[21].

9. EFEITOS DA MANIFESTAÇÃO DA VONTADE PELO REPRESENTADO

O art. 116 do Código Civil estabelece que "a manifestação de vontade pelo representante, nos limites de seus poderes, produz efeitos em relação ao representado"[22].

Nessa esteira, desde que o representante atue *dentro dos exatos limites da procuração* que lhe foi outorgada, os atos por ele praticados *vinculam o representado*, como se este tivesse agido pessoalmente. Assim, as obrigações assumidas deverão ser cumpridas pelo representado, que, também, pode exigir do terceiro com quem foi celebrado o contrato o seu adimplemento. Por isso, é dado ao terceiro exigir comprovação, pelo representante, da "sua qualidade e a extensão de seus poderes" (CC, art. 118).

Se, porém, a atuação do representante ultrapassar os poderes que lhe foram expressamente conferidos, haverá excesso de poder, razão pela qual o ato será *ineficaz* em relação ao representado, salvo se posteriormente o ratificar. Obviamente,

---

[19] "É preciso que a oferta de contrato de mandato seja aceita. Ninguém é obrigado a aceitar mandato" (PONTES DE MIRANDA, Francisco Cavalcanti. *Tratado de Direito Privado*, cit., 2012, § 4.676, item 3, p. 68).

[20] GOMES, Orlando. *Introdução ao direito civil*. 18. ed. Rio de Janeiro: Forense, 2002, p. 438.

[21] "É negócio jurídico unilateral, bastando à sua perfeição a declaração de vontade do outorgante, segundo a opinião dominante. Não possui, com efeito, natureza contratual, conforme parece a alguns escritores, porquanto o representante não participa da formação do negócio" (GOMES, Orlando. *Introdução ao direito civil*, cit., p. 442).

[22] Direito comparado – Código Civil português, art. 258º; Código Civil uruguaio, art. 1.254; Código Civil chileno, art. 1.448; Código Civil argentino, arts. 359 e 366; Código Civil alemão, § 164; Código Civil italiano, art. 1.388.

20 | Contratos de Colaboração Empresarial • *Humberto Theodoro Jr. e Adriana Theodoro de Mello*

o representante poderá ser pessoalmente responsabilizado por eventuais prejuízos provocados, devendo indenizar a parte prejudicada.

Na representação legal, o ato praticado por quem não é representante ou fora dos poderes conferidos pela lei, será nulo ou anulável, conforme o caso.

10. CONTRATO CONSIGO MESMO OU AUTOCONTRATAÇÃO

Pode ocorrer que o representante pretenda celebrar o negócio jurídico consigo mesmo, ou seja, na qualidade de mandatário e como parte no contrato. Seria o caso de ele adquirir, para si, o bem que o seu mandante quer alienar. Esse negócio jurídico é denominado de *contrato consigo mesmo* ou *autocontratação*, pois o mandatário assina o negócio como procurador de seu mandante, de um lado, e como parte contratante, de outro[23].

Nessas situações, é normal que surja um *conflito de interesses,* pois o mandatário terá de intermediar o contrato tentando obter o melhor negócio para o seu mandante e para si próprio. E não sendo possível equacionar, qual interesse ele irá proteger?

O art. 117 do Código Civil previu a questão estabelecendo que: "salvo se o permitir a lei ou o representado, é anulável o negócio jurídico que o representante, no seu interesse ou por conta de outrem, celebrar consigo mesmo"[24].

Ressalte-se que a legislação não proibiu o autocontrato, mas vinculou sua validade à: (i) permissão legal[25]; ou, (ii) à autorização do representado. Salvo essas hipóteses, o negócio será anulável. Eduardo Ribeiro de Oliveira entende razoável a culminação de anulabilidade, pois

> "o fato mesmo de alguém agir, concomitantemente, nos dois polos do negócio, representando interesses que, ao menos em parte, se contrapõem, é razão suficiente para tornar indesejável a situação a justificar a anulabilidade do ato. É razoável presumir-se que o representante, desejoso de concluir o negócio, procurará fazê-lo do modo que

---

[23] "Não existe, em verdade, um contrato consigo mesmo. O que pode ocorrer, e disso cogita a lei, é o negócio bilateral, mas com um só agente. As partes são duas, mas um único o agente" (OLIVEIRA, Eduardo Ribeiro de. In: TEIXEIRA, Sálvio de Figueiredo (coord.). *Comentários ao novo Código Civil.* Rio de Janeiro: Forense, 2008, v. II, p. 281).

[24] Direito comparado – Código Civil português, art. 261º; Código Civil argentino, art. 368; Código Civil alemão, § 181; Código Civil italiano, art. 1.395.

[25] O Código Civil autoriza o contrato consigo mesmo no mandato em causa própria, oportunidade em que "a sua revogação não terá eficácia, nem se extinguirá pela morte de qualquer das partes, ficando o mandatário dispensado de prestar contas, e podendo transferir para si os bens móveis ou imóveis objeto do mandato, obedecidas as formalidades legais" (art. 685). Sobre o tema, ver o item 39, do Capítulo IV desta Seção.

lhe seja mais favorável, o que conflitará com o seu dever de diligenciar no sentido do que seja melhor para o representado"[26].

A questão que se coloca na doutrina é a necessidade, ou não, de se comprovar prejuízo ou conflito de interesses para que a anulação seja viável.

Renan Lotufo defende que não havendo conflito e inexistente prejuízo ao mandante, "esse contrato deve ser considerado válido. Mas se o representado arguir motivos justificados, pode promover a anulação do negócio"[27]. Para o autor, o importante é estar presente a confiança e a credibilidade do mandatário. Cristiano Chaves de Farias e Nelson Rosenvald também reconhecem "ser elemento de admissibilidade do contrato consigo mesmo a ausência de conflito de interesses"[28].

Eduardo Ribeiro de Oliveira não entende ser necessária a comprovação de prejuízo, uma vez que o dispositivo de lei não condicionou a sua incidência à existência de danos. Entretanto, admite não haver motivos para anular o ato quando, em virtude das circunstâncias do negócio, não houver perigo de conflito de interesses. Daí porque, "se os poderes conferidos ou, mesmo, as instruções do representado, a que se haja conformado o representante, sejam de molde a prefixar o conteúdo do negócio naquilo em que poderia haver conflito de interesses", o contrato deveria ser considerado válido[29].

Com efeito, o Código Civil veda negócios jurídicos celebrados em conflito de interesses, nos exatos termos do art. 119[30]. Mas, a compreensão do posicionamento do legislador deve ser feita mediante conciliação entre os arts. 117 e 119, de maneira que a anulabilidade, na espécie, dependerá, antes de tudo, do real conflito de interesses entre representante e representado.

---

[26] OLIVEIRA, Eduardo Ribeiro de. *Comentários ao novo Código Civil*, cit., p. 285. Silvio de Salvo Venosa explica ser o autocontrato moralmente desaconselhável, "pois inelutavelmente haverá a tendência de o representante dar proeminência a seus interesses em detrimento dos interesses do representado" (VENOSA, Silvio de Salvo. *Código Civil interpretado*. 2. ed. São Paulo: Atlas, 2011, p. 129-130).

[27] LOTUFO, Renan. *Código Civil Comentado*. São Paulo: Saraiva, 2003, v. 1, p. 332. No mesmo sentido, José Augusto Delgado: "só em situações especiais, pode ser considerado válido o contrato consigo mesmo, pela via da representação, quando ficar demonstrado que nenhum prejuízo foi causado ao representado" (DELGADO, José Augusto. In: ALVIM, Arruda; ALVIM, Thereza. *Comentários ao Código Civil Brasileiro*. Rio de Janeiro: Forense, 2008, v. II, p. 289).

[28] FARIAS, Cristiano Chaves de; ROSENVALD, Nelson. *Curso de Direito Civil*, parte geral e LINDB. 13. ed. São Paulo: Atlas, 2015, v. 1, p. 524.

[29] OLIVEIRA, Eduardo Ribeiro de. *Comentários ao novo Código Civil*, cit., p. 283.

[30] "Art. 119. É anulável o negócio concluído pelo representante em conflito de interesses com o representado, se tal fato era ou devia ser do conhecimento de quem com aquele tratou."

Sendo anulável o negócio jurídico, somente o representado – ou seus sucessores, em caso de morte – poderá requerer a invalidação, no prazo de dois anos da celebração do negócio (CC, arts. 177[31] e 179[32]).

10.1. A figura da dupla representação

Situação diversa do *autocontrato* ocorre quando o mandatário celebra negócio jurídico representando as duas partes interessadas no contrato. Na hipótese, o procurador não figura como parte, mas como representante dos contratantes. No contrato consigo mesmo, o representante atua em nome de seu mandante, de um lado, e, de outro, em nome próprio, buscando seu interesse.

Embora o Código Civil não trate especificamente dessa situação, Eduardo Ribeiro de Oliveira entende que a anulabilidade do art. 117 deve abarcar os casos de dupla representação, "pois os motivos justificadores dessa sanção encontram-se presentes em ambas as hipóteses"[33].

Não nos parece que se dê na espécie a incidência da vedação contida no art. 117, mesmo porque as duas partes do contrato teriam consentido na representação bilateral, o que eliminaria o conflito de interesses[34].

10.2. A cláusula de mandato cambiário

Não há dúvida de que o representado pode outorgar poderes ao representante para assumir obrigação cambiária. O que, entretanto, se questiona seria a legitimidade para a criação de obrigação da espécie pelo representante em seu próprio favor.

A cláusula de mandato cambiário consiste na autorização dada pelo devedor para que o credor ou terceiro a ele vinculado assuma obrigações cambiais em seu nome, no exclusivo interesse daquele. Ainda na vigência do Código Civil de 1916, o STJ declarou a nulidade de referida cláusula, por meio da Súmula 60, que dispõe: "é nula a obrigação cambial assumida por procurador do mutuário vinculado ao mutuante, no exclusivo interesse deste".

---

[31] "Art. 177. A anulabilidade não tem efeito antes de julgada por sentença, nem se pronuncia de ofício; só os interessados a podem alegar, e aproveita exclusivamente aos que a alegarem, salvo o caso de solidariedade ou indivisibilidade."

[32] "Art. 179. Quando a lei dispuser que determinado ato é anulável, sem estabelecer prazo para pleitear-se a anulação, será este de dois anos, a contar da data da conclusão do ato."

[33] OLIVEIRA, Eduardo Ribeiro de. *Comentários ao novo Código Civil*, cit., p. 284.

[34] É bom lembrar que a lei expressamente prevê o mandato em causa própria, em que o outorgante quita o preço da alienação a ser praticada em seu nome, autorizando o mandatário a agir com total autonomia entre adquirir para si o bem ou transferi-lo para terceiro (CC, art. 685) (v. adiante, o item 39, do Capítulo IV desta Seção).

Nos termos do *caput* do art. 117, o contrato consigo mesmo é autorizado quando houver autorização do representado. Assim, é de se indagar se agora, sob a égide do Código Civil de 2002, a cláusula de mandato cambiário seria permitida. A doutrina já se manifestou quanto à nulidade de tal cláusula, porque sua existência, "por si só não pode ser interpretada como a permissão aludida no dispositivo, impondo-se, com efeito, a avaliação específica da relação jurídica que efetivamente foi estabelecida entre representado (mandante) e representante (mandatário)"[35].

Atualmente, em relação aos contratos de cartão de crédito, o STJ manteve a nulidade da cláusula-mandato, por limitar sobremaneira a defesa do usuário do cartão de crédito quando da execução da cambial emitida pela operadora em seu exclusivo interesse[36]:

a) A cláusula-mandato inserida nos contratos de cartão de crédito possui três acepções distintas:

(i) uma, considerada válida, por ser inerente a todos os contratos de cartão de crédito, tem como objeto o compromisso da operadora em honrar o débito assumido por seu cliente perante o comerciante/prestador de serviço, até o limite estabelecido mediante eventual remuneração (comumente denominada anuidade);

(ii) a segunda, também considerada válida e inerente aos contratos da espécie, refere-se à autorização dada pelo mandante (cliente/consumidor) ao mandatário (administradora de cartão de crédito), para que este obtenha recursos no mercado financeiro para saldar eventuais dívidas e financiamentos daquele;

(iii) a terceira, considerada abusiva pelo ordenamento jurídico pátrio, é aquela que permite que o mandatário emita título de crédito em nome do devedor principal mandante.

b) a cláusula-mandato que permite a emissão de título de crédito em favor do mandatário é abusiva, por expor o outorgante à posição de extrema vulnerabilidade, "a ponto de converter-se em prática ilegítima, eis que dela resulta um instrumento cambial apto a possibilitar a pronta invasão de seu patrimônio por meio da compensação bancária direta ou pela via executiva, reduzindo, inegavelmente, a sua capacidade defensiva, porquanto a expropriação estará lastrada em cártula que, em regra, por mera autorização contratual firmada em contrato de adesão, será sacada independentemente da intervenção do devedor/mandante".

---

[35] TEPEDINO, Gustavo; BARBOZA, Heloisa Helena; MORAES, Maria Celina Bodin de. *Código Civil Interpretado: conforme a Constituição da República*. Rio de Janeiro: Renovar, 2004, v. I, p. 238.

[36] STJ, 2ª Seção, REsp. 1.084.640/SP, Rel. Min. Marco Buzzi, ac. 23.09.2015, *DJe* 29.09.2015. No mesmo sentido: "Conforme o teor da Súmula 60/STJ, salvo nos contratos relacionados a cartão de crédito, é nula a cláusula contratual que prevê a outorga de mandato para criação de título cambial" (STJ, 3ª T., AgRg no REsp. 691.288/RS, Rel. Min. Paulo de Tarso Sanseverino, ac. 28.09.2010, *DJe* 06.10.2010); STJ, 3ª T., AgRg no Ag. 743.187/PR, Rel. Min. Paulo Furtado, ac. 26.05.2009, *DJe* 04.06.2009.

c) Tal entendimento acha-se há muito sedimentado pelo STJ, consoante se extrai do enunciado da Súmula 60/STJ: "É nula a obrigação cambial assumida por procurador do mutuário vinculado ao mutuante, no exclusivo interesse deste". Funda-se a vedação nos princípios da cartularidade, da literalidade e da autonomia dos títulos de créditos que facilitam, sobremaneira, a obtenção do valor inserido no título, por meio de procedimento executivo, limitando o campo de defesa, em razão das características intrínsecas ao documento executado.

d) Além disso, o saque de título contra usuário de cartão de crédito por parte de sua operadora, mediante mandato, não evidencia benefício ao outorgante – ao contrário – pois resulta daí obrigação cambial a ser saldada sem a necessidade de um processo de conhecimento, possibilitando a obtenção do crédito pela operadora de forma mais célere, em detrimento dos princípios da ampla defesa e do contraditório.

10.3. O substabelecimento no contrato consigo mesmo

O parágrafo único do art. 117 considera como autocontrato, permanecendo a culminação de anulabilidade, quando o contrato é celebrado entre o representante, em nome próprio, e pessoa a quem ele substabeleceu os poderes recebidos do mandante: "Para esse efeito, tem-se como celebrado pelo representante o negócio realizado por aquele em quem os poderes houverem sido subestabelecidos".

Nessa hipótese, muito embora não tenha sido o contrato celebrado pela mesma pessoa, na qualidade de parte e representante, uma vez que quem participou do negócio foi o substabelecido, a lei o tem como concluído pelo representante. Trata-se de norma que pretende evitar a tentativa de burla da lei, por meio de interposta pessoa. Assim, não importa se o negócio é celebrado pelo representante ou por pessoa a quem ele substabeleceu seus poderes, o contrato poderá ser anulado se não houver permissão legal ou do representado.

11. PROVA DA QUALIDADE DE REPRESENTANTE

O art. 118, do Código Civil dispõe que "o representante é obrigado a provar às pessoas, com quem tratar em nome do representado, a sua qualidade e a extensão de seus poderes, sob pena de, não o fazendo, responder pelos atos que a estes excederem".[37]

Uma vez que o representante atua em nome e por conta de outrem é intuitivo que deva comprovar sua qualidade de mandatário e os limites dos seus poderes,

---

[37] Direito comparado – Código Civil português, art. 260º; Código Civil argentino, art. 374; Código Civil alemão, §179; Código Civil italiano, arts. 1.393 e 1398.

para garantir ao terceiro com quem negocia a *vinculação* do mandante ao contrato. Se por um lado a lei *obriga* o representante a provar a representação, por outro reconhece o *direito* de o terceiro *exigir* essa comprovação. Trata-se de garantia ao terceiro de que está negociando com quem, efetivamente, possui poderes para isso e viabiliza a verificação da extensão da atuação.

Para Álvaro Villaça de Azevedo, a norma do art. 118 possui natureza de "ordem pública, imperativa, o que implica a ideia de que o legislador quis proteger as pessoas mencionadas, terceiros. Deve, portanto, o representante cumprir essa determinação, também, sob pena de estar descumprindo o princípio da boa-fé objetiva"[38].

Na representação *legal*, os poderes do representante estão previstos na lei. Assim, deve apenas comprovar a sua qualidade, ou seja, basta apresentar a certidão de nascimento do filho, para provar ser o(a) genitor(a); a nomeação do juiz, para demonstrar a existência de tutela ou curatela etc.

Se, contudo, a representação for *voluntária*, o representante deverá apresentar a procuração, que, como se viu, é o instrumento da outorga de poderes, onde constam, entre outros, a identificação e qualificação do mandante e do mandatário, os poderes conferidos e sua extensão.

Comprovando a extensão de seus poderes, qualquer ato praticado em excesso não responsabiliza o representante, pois o terceiro terá agido por sua conta e risco, não podendo alegar boa-fé, pois sabia que aquele agiu fora dos poderes que lhe foram outorgados, salvo se confiou que o representante obteria autorização para a prática do ato excessivo.

Entretanto, não cumprindo a obrigação de comprovar sua qualidade e extensão dos poderes, responderá pelos atos que a este excederem. A lei, nessa hipótese, presume a má-fé daquele que age, sabidamente, fora dos limites estabelecidos pelo representado.

Conforme ressalta Álvaro Villaça de Azevedo, a obrigaçao de comprovar a qualidade de representante e a extensão de seus poderes "é atribuída, pela lei, ao representante, não podendo este alegar que lhe não foi pedida essa prova, no momento do entabulamento negocial"[39].

É importante verificar, que comprovando ou não a qualidade de representante, os atos praticados em excesso de poder não vinculam o representado. O ato, "em relação a ele, será de qualquer modo ineficaz"[40], salvo se posteriormente o ratificar. A questão será resolvida entre o representante e o terceiro.

---

[38] AZEVEDO, Álvaro Villaça de. *Código Civil Comentado*. In: AZEVEDO, Álvaro Villaça de (coord.). São Paulo: Atlas, 2003, v. II, p. 107.

[39] AZEVEDO, Álvaro Villaça de. *Código Civil Comentado*, cit., p. 107.

[40] OLIVEIRA, Eduardo Ribeiro de. *Comentários ao novo Código Civil*, cit., p. 292.

12. NEGÓCIO CONCLUÍDO EM CONFLITO DE INTERESSES

O representante, como se viu, age em nome e por conta do representado, razão pela qual deve zelar pelos direitos deste. Sua atuação, portanto, deve pautar-se única e exclusivamente para melhor satisfazer os interesses de seu mandante. Daí porque o art. 119, do Código Civil, considera "anulável o negócio concluído pelo representante em conflito de interesses com o representado, se tal fato era ou devia ser do conhecimento de quem com aquele tratou"[41].

Assim, não é todo ato praticado em conflito de interesses que pode ser anulado pelo representado, mister que o terceiro conheça ou devesse conhecer o conflito, exigindo-se dele as cautelas recomendáveis para a prática de negócios jurídicos. Essa comprovação é necessária para que o ato seja anulável, cujo ônus de demonstração do vício invalidante é do representado.

Se, contudo, aquele que tratou com o representante desconhecia o vício, o ato é válido e deve ser cumprido pelo representado em razão da boa-fé do terceiro. Evidentemente, poderá o mandante exigir indenização do mandatário pelos eventuais prejuízos suportados.

Sílvio Rodrigues explica estarem presentes dois interesses possivelmente antagônicos:

> "de um lado, o interesse do representado, que se almeja proteger, pois a ideia é de que o representante deve atuar na defesa do interesse do representado; de outro, o interesse do terceiro de boa-fé, que contratou com o representante, na persuasão de que este atuava de acordo com as suas instruções; aliás, o intuito de preservar os negócios jurídicos coincide com o interesse da sociedade, que almeja, sempre que possível, impedir o desfazimento daqueles atos, gerados pela vontade das partes"[42].

Haverá conflito de interesse quando "o representante agir dentro dos poderes que lhe são conferidos pela lei ou por convenção", mas de forma contrária "à destinação da representação, que é a tutela do interesse do representado"[43].

Estabeleceu o parágrafo único do art. 119 o prazo decadencial de "cento e oitenta dias, a contar da conclusão do negócio ou da cessação da incapacidade", para que o representado pleiteie a anulação do ato.

13. REQUISITOS E EFEITOS DA REPRESENTAÇÃO

O principal requisito da representação é o poder de atuação em nome de outrem, que é outorgado pela lei (representação legal) ou pela vontade (representação

---

[41] Direito comparado – Código Civil português, art. 269º; Código Civil italiano, art. 1.394; Código Civil argentino, art. 361.

[42] RODRIGUES, Sílvio. *Direito civil:* parte geral. 32. ed. São Paulo: Saraiva, 2002, v. 1, nº 89, p. 167.

[43] OLIVEIRA, Eduardo Ribeiro. *Comentários ao novo Código Civil*, cit., p. 295.

voluntária). Praticado o ato, nos limites dos poderes conferidos, produz efeitos na esfera jurídica do representado, como se ele o houvesse realizado.

O art. 120, do Código Civil estabelece que "os requisitos e os efeitos da representação legal são os estabelecidos nas normas respectivas; os da representação voluntária são os da Parte Especial deste Código"[44].

Assim, a representação legal deve regular-se pelas normas da tutela, da curatela, do direito de família, dependendo do caso concreto. Já a representação voluntária, ao lado das regras gerais previstas nos arts. 115 a 119, aplicam-se as normas previstas na Parte Especial do Código Civil, tais como as relativas ao mandato ou do negócio jurídico que irá ser celebrado pelo representante.

14. REPRESENTAÇÃO APARENTE

Consoante já se viu no item 9 supra, a manifestação de vontade pelo representante, nos limites de seus poderes, produz efeitos em relação ao representado (Código Civil, art. 116). Assim, desde que o representante atue nos limites da procuração que lhe foi outorgada, os atos por ele praticados são considerados como sendo atos do representado.

Entretanto, em algumas situações, o suposto representante gera no terceiro a confiança de que age autorizado pelo representado, evidenciando uma *legítima aparência de representação*. Trata-se da representação aparente, em que o terceiro contrata na confiança legítima de que o negócio jurídico está sendo celebrado por quem, efetivamente, representa o mandante.

Nessas situações, "tutela-se a *legítima* confiança em favor da segurança das relações jurídicas, convertendo-se a representação aparente em efetiva representação"[45]. Entretanto, é necessário que o representado tenha contribuído, "com sua ação ou omissão, para que a representação parecesse legítima"[46], para que as obrigações assumidas pelo suposto representante o vinculem. Vale dizer: a aparência não é protegida a todo custo, o representado deve ter colaborado para criar no terceiro a confiança acerca da existência da representação[47].

---

[44] Direito comparado – Código Civil português, art. 37º.

[45] TEPEDINO, Gustavo. A técnica da representação e os novos princípios contratuais. *Revista Forense*, v. 386, p. 118, jul.-ago./2006, p. 121.

[46] TEPEDINO, Gustavo. Op. cit., loc. cit.

[47] "Na representação aparente, apesar de não existir a manifestação da vontade do representado em outorgar poderes, a conduta dele, objetivamente considerada, contribui para formar no terceiro a convicção de ter sido outorgada procuração, no caso ausente, ponto que a distingue da procuração tácita" (MAIA JÚNIOR, Mairan Gonçalves. *A representação no negócio jurídico*. São Paulo: Revista dos Tribunais, 2001, p. 103).

Nesse sentido, a jurisprudência:

"O terceiro pode invocar a aparência quando, de um lado, tenha acreditado negociar com preposto investido de poderes suficientes para prática do ato, em nome da sociedade, por erro comum, e, de outro, que a crença na situação como ela aparece exteriormente seja legítima. Esta legitimação é aferida segundo a situação do mandatário, a importância de suas funções na sociedade mandante, e o comportamento anterior em outras operações"[48].

Muito embora o Código Civil não tenha tratado especificamente da representação aparente, o instituto é resguardado pela cláusula geral da boa-fé objetiva.

---

[48] TJRS, 9ª Câm. Cível, Ap. 598342046, Rel. Des. Mara Larsen Chechi, ac. 29.03.2000, *DJe* 03.08.2000.

Capítulo II

DA REPRESENTAÇÃO DOS EMPRESÁRIOS: PESSOA FÍSICA OU PESSOA JURÍDICA

Sumário: 15. Introdução – 16. Noção de empresa e de estabelecimento – 17. Administração – 18. Prepostos – 19. Gerentes – 20. O contabilista – 21. Os prepostos e seus poderes de representação do empresário.

15. INTRODUÇÃO

Muitas vezes, o homem sozinho não consegue desenvolver atividades que demandam maior esforço econômico, estrutural e de pessoal, situação que o leva a se reunir com outros indivíduos para alcançar esse fim. Essa união de pessoas e patrimônios, desde que preenchidos os requisitos legais, constitui um ente individualizado, distinto de seus criadores, com personalidade e patrimônio próprios.

A essa unidade coletiva, de pessoas ou de patrimônios, deu-se o nome de *pessoa jurídica*, a quem a lei conferiu *personalidade* própria para participar da vida civil e, portanto, lograr realizar o fim para o qual foi criada. A pessoa jurídica, portanto, é entidade a que a lei confere personalidade, capacitando-a a ser sujeito de direitos e obrigações[1].

Por se tratar de uma ficção legal ou de uma realidade técnica[2], a pessoa jurídica não age por si mesma, mas por meio de pessoas naturais que a compõem ou a integram na qualidade de representantes ou administradores. Assim, "obrigam a pessoa jurídica os atos dos administradores, exercidos nos limites de seus poderes definidos no ato constitutivo" (Código Civil, art. 47).

A doutrina iniciou discussão a respeito da efetiva *representação* da pessoa jurídica. Para alguns, há, "mais propriamente uma *presentação*, algo de originário na atividade dos chamados representantes, do que propriamente uma 'representação'. A pessoa jurídica presenta-se (ou apresenta-se) perante os atos jurídicos, e não

---

[1] GONÇALVES, Carlos Roberto. *Direito Civil brasileiro:* parte geral. 10. ed. São Paulo: Saraiva, 2012, v. 1, p. 216. "Pessoa jurídica, portanto, é o agrupamento de pessoas dotado pela lei de aptidão para a titularidade de direitos e obrigações na ordem civil, tendo, assim, personalidade jurídica própria, independente da de seus membros" (TEPEDINO, Gustavo; BARBOZA, Heloisa Helena; MORAES, Maria Celina Bodin de. *Código Civil Interpretado*. Rio de Janeiro: Renovar, 2004, nota 1 ao art. 40, p. 106).

[2] A doutrina diverge a respeito da natureza da pessoa jurídica.

se representa"[3]. Por essa concepção, a pessoa jurídica atua através de seus órgãos, compostos por seus administradores. "Os atos são seus, praticados por pessoas físicas". De tal sorte que "os atos dos órgãos, que se não confundem com os dos mandatários das pessoas jurídicas, são atos das próprias pessoas jurídicas: têm elas vontade, que se exprime"[4].

Essa discussão, em verdade, é **mero** eufemismo linguístico, pois o que existe, de fato, é uma representação, pois os administradores manifestam a vontade da pessoa jurídica em razão dos poderes que lhes são outorgados pelos estatutos ou contratos sociais.

Nesse capítulo será analisada a representação dos empresários (pessoa física ou pessoa jurídica), levando-se em conta as disposições legais sobre o tema.

16. NOÇÃO DE EMPRESA E DE ESTABELECIMENTO

Configura-se como empresário todo aquele que exerce uma atividade econômica organizada para a produção ou a circulação de bens ou de serviços (Código Civil, art. 966). Assim, não é a qualidade da pessoa – seja ela física ou jurídica –, mas a atividade que ela exerce que importa para a sua qualificação como empresária.

Não se pode, contudo, confundir o empresário ou a sociedade empresária, com a empresa e o estabelecimento. É preciso – na lição de Gladston Mamede – perceber que a empresa se configura como um ente autônomo, distinto da sua base patrimonial (estabelecimento) e de seus titulares (empresário ou sociedade empresária)[5]. Assim, a empresa, segundo o autor,

> "é a organização de meios materiais e imateriais, incluindo pessoas e procedimentos, para a consecução de determinado objeto (o objeto social), com a finalidade genérica de produzir vantagens econômicas que sejam apropriáveis por seus titulares, ou seja, lucro que remunere aqueles que investiram na formação do seu *capital empresarial*"[6].

Essa união de esforços com a finalidade de otimizar uma atuação no plano econômico distingue a empresa do "trabalho essencialmente individualizado, pessoal, ainda que desempenhado em grupo", porque não há, nessa situação, a junção de atos coordenados, nem de procedimentos voltados para um fim comum[7].

---

[3]   VENOSA, Silvio de Salvo. *Direito Civil, parte geral*. 8. ed. São Paulo: Atlas, 2008, v. 1, p. 233.

[4]   PONTES DE MIRANDA. *Tratado de direito privado, parte geral*. São Paulo: Revista dos Tribunais, 2012, t. I, § 97, item 1, p. 578. Para o autor, "o órgão da pessoa jurídica não é representante legal. A pessoa jurídica não é incapaz. O poder de presentação que ele tem, provém da capacidade mesma da pessoa jurídica; por isso mesmo, é *dentro e segundo* o que se determinou no ato constitutivo, ou nas deliberações posteriores" (op. cit., loc. cit.).

[5]   MAMEDE, Gladston. *Direito empresarial brasileiro*: Empresa e atuação empresarial. 3. ed. São Paulo: Atlas, 2009, v. I, p. 31.

[6]   MAMEDE, Gladston. *Direito empresarial brasileiro*, cit., p. 32.

[7]   MAMEDE, Gladston. *Direito empresarial brasileiro*, cit., p. 32. A empresa, para Gladston Mamede, é a *atividade*, o "complexo de atos que desenvolvem no tempo", uma estrutura estável.

Por fim, deve-se ter em mente que empresa não implica complexidade do negócio. Qualquer atividade, por mais simples que seja, pode ser qualificada como empresa, desde que seja exercida de forma não eventual, organizada, estruturada e voltada para a obten**ção de vantagens econômicas**. Por isso que "o fato de ser explorado pelo próprio empresário, sem a contratação de terceiros", não "descaracteriza o fim empresarial que lhe pode dar seu titular"[8].

O estabelecimento, por sua vez, é "todo complexo de bens organizado, para exercício da empresa, por empresário, ou por sociedade empresária" (Código Civil, art. 1.142). Ele tem por função "facilitar o exercício da atividade"[9]. O estabelecimento, destarte, reúne todos os bens (móveis, imóveis e incorpóreos) destinados e vinculados à atividade empresarial, "compreende o conjunto de bens, materiais e imateriais, necessários ao atendimento do objetivo econômico pretendido, entre os quais se insere o imóvel onde se realiza a atividade empresarial"[10].

É importante esclarecer que a empresa não se resume ao empresário, aos sócios ou acionistas da sociedade empresária[11]. É necessária a atuação de outras pessoas para a consecução dos fins sociais. Esses auxiliares são o administrador, o preposto, o gerente e o contador. Sobre essas figuras trataremos a seguir.

17. ADMINISTRAÇÃO

O empresário individual pode gerir, ele próprio, sua atividade. Administra, por si, o negócio criado com a finalidade de auferir vantagens econômicas. Mas, pode também utilizar-se de mandatários que o auxiliam e representam perante os fornecedores e clientes. Já a pessoa jurídica deverá ser representada por pessoa natural, nomeada nos atos constitutivos ou em documentos posteriores, que devem prever seus poderes e os limites de sua atuação. Evidenciada está, portanto, a importância do instituto da representação para o empresário (pessoa física ou jurídica).

A legislação civil, ao tratar do direito de empresa, disciplinou os tipos de sociedade empresária – em nome coletivo, em comandita simples, limitada, anônima

---

Não é o "ato isolado, nem o conjunto de atos simultâneos, mas a atividade, isto é, atos que se sucedem no tempo, que se reiteram na expectativa de, do saldo de cada um, produzir-se vantagem econômica apropriável pelo empresário ou sociedade empresária" (Op. cit., p. 33).

[8] MAMEDE, Gladston. *Direito empresarial brasileiro*, cit., p. 35.

[9] SZTAJN, Rachel. *In*: AZEVEDO, Álvaro Villaça (coord). *Código Civil Comentado: direito de empresa*. São Paulo: Atlas, 2008, v. XI, p. 784. Para Silvio de Salvo Venosa, "existe uma relação de meio e fim entre empresa e estabelecimento, pois este é o conjunto de bens utilizado como instrumento para a exploração da empresa cuja finalidade é a própria atividade econômica especulada de forma organizada" (VENOSA, Silvio de Salvo. *Código Civil Interpretado*. 2. ed. São Paulo: Atlas, 2011, p. 1.132).

[10] STJ, Corte Especial, REsp. 1.114.767/RS, Rel. Min. Luiz Fux, ac. 02.12.2009, *DJe* 04.02.2009.

[11] MAMEDE, Gladston. *Direito empresarial brasileiro*, cit., p. 384.

e em comandita por ações (arts. 1.039 a 1.092) –, prevendo, para cada uma delas, a sua forma de administração, que pode ser realizada pelos sócios ou acionistas ou por terceiros contratados especificamente para esse fim, conforme o caso. Certo, é, porém, que "obrigam a pessoa jurídica os atos dos administradores, exercidos nos limites de seus poderes definidos no ato constitutivo" (CC, art. 47).

18. PREPOSTOS

O preposto é um auxiliar que integra a estrutura funcional da empresa, subordinado ao empresário. Alguns doutrinadores o consideram como sinônimo de trabalhador assalariado ou empregado[12]. Entretanto, há quem entenda existir preposição tanto resultante do contrato de trabalho, quanto de outros contratos como o de prestação de serviços, mandato, comissão, entre outros[13].

O preposto pode ou não ser mandatário do empresário, dependendo dos poderes que a ele são outorgados, especialmente para fins de representação em audiências. Certo é, porém, que sua atividade tem caráter de *pessoalidade*, uma vez que o art. 1.169, do Código Civil proíbe que se substitua no desempenho de sua função sem autorização escrita do empresário, sob pena de responder pelos atos praticados pelo substituto e pelas obrigações por ele contraídas[14].

O preposto deve prestar contas de seu trabalho ao empresário e não pode competir com ele em sua atividade, salvo se houver autorização expressa. A legislação civil "proíbe que o preposto realize negócios utilizando-se da estrutura e conhecimentos que adquiriu durante o contrato de trabalho, causando prejuízos ao empresário"[15].

O preposto, de uma maneira geral, assume diferentes dimensões de poder na empresa, dependendo da natureza mais ou menos específica da função que lhe é atribuída, que pode ir de simples agente interno de contato com a clientela (empregados) até a organização técnica e gerencial do estabelecimento (gerentes). Em qualquer caso, o empresário responde pelos atos de seu preposto praticados dentro de seu estabelecimento, relativos ao seu giro comercial, independentemente da outorga de um mandato escrito. Se, porém, o ato do preposto for praticado fora do estabelecimento, é preciso autorização escrita para que se dê a responsabilidade do empresário[16].

---

[12] GONÇALVES NETO, Alfredo de Assis. *Direito de empresa. Comentários aos artigos 966 a 1.195 do Código Civil*. 2. ed. São Paulo: Revista dos Tribunais, 2008, p. 660. VENOSA, Sílvio de Salvo. *Código Civil Interpretado*, cit., p. 1.148.

[13] MAMEDE, Gladston. *Direito empresarial brasileiro*, cit., p. 385.

[14] "A nomeação de prepostos, em geral, se prende à pessoa, sua aptidão ou conhecimento próprio para o desempenho de certas funções ou atividades" (SZTAJN, Rachel. *Código Civil Comentado*, cit., p. 857).

[15] VENOSA, Sílvio de Salvo. *Código Civil Interpretado*, cit., p. 1.149.

[16] REQUIÃO, Rubens. *Curso de Direito Comercial*. 21. ed. São Paulo: Saraiva, 1993, v. I, n. 106, p. 150.

19. GERENTES

Gerente é o auxiliar que gere a empresa, que exerce função de comando, ou, nos termos da lei, é o "preposto permanente no exercício da empresa, na sede desta, ou em sucursal, filial ou agência" (Código Civil, art. 1.172). Em razão de sua atividade de chefia, seu cargo é de confiança, podendo, portanto, ser livremente nomeado e destituído pelo empresário. Normalmente, sua nomeação decorre se sua qualificação técnica para atuar na empresa[17].

Alfredo de Assis Gonçalves Neto entende ser o gerente um "preposto qualificado, que tem poderes de direção de setores, de organização e de coordenação na estrutura da empresa, sem ser o próprio empresário ou administrador, no sentido técnico da expressão, de sociedade empresária"[18].

Segundo a lei, o gerente presume autorizado a praticar todos os atos necessários ao exercício dos poderes que lhe foram outorgados, salvo quando a lei exigir poderes especiais (Código Civil, art. 1.173).

É bastante comum, em sociedades de grande porte, haver mais de um gerente designado para atuar em área específica da empresa. Assim, existe o gerente comercial, o financeiro, o de recursos humanos, entre outros. Havendo mais de um gerente na mesma função, em regra, consideram-se solidários os poderes a eles conferidos (CC, art. 1.173, parágrafo único). Quer isto dizer que qualquer gerente pode, sozinho, exercer as funções que lhes foram conferidas.

É de se ressaltar, outrossim, que o gerente não se confunde com o administrador, pois este último representa a sociedade, judicial e extrajudicialmente, enquanto que aquele exerce função de gestão, de comando da empresa[19].

20. O CONTABILISTA

O contabilista **é a pessoa encarregada de fazer a escrituração da empresa**, podendo ser contador ou técnico em contabilidade. Trata-se de colaborador técnico indispensável ao desempenho da atividade empresarial. Pode ser algum funcionário da sociedade com a qualificação necessária, como também alguém externo à empresa, contratado para esse fim. Em qualquer caso, é necessário que o contabilista seja legalmente habilitado e esteja inscrito no órgão profissional[20].

---

[17] "A designação de gerentes para o exercício de funções de chefia em uma empresa traduz uma escolha técnica, baseada em critério de conhecimentos e de confiança do empresário no preposto por ele assim designado" (GONÇALVES NETO, Alfredo de Assis. *Direito de empresa*, cit., p. 669).

[18] GONÇALVES NETO, Alfredo de Assis. *Direito de empresa*, cit., p. 669.

[19] VENOSA, Sílvio de Salvo. *Código Civil Interpretado*, cit., p. 1.150.

[20] VENOSA, Sílvio de Salvo. *Código Civil Interpretado*, cit., p. 1.152.

Os atos de escrituração do contabilista vinculam o empresário, como se houvessem sido praticados por ele pessoalmente, razão pela qual responde por qualquer prejuízo causado a terceiros[21]. O contabilista responde pessoalmente perante o empresário, pelos atos culposos praticados, e, perante terceiros, em solidariedade com o preponente, se tiver agido de má-fé (CC, art. 1.177 e parágrafo único).

A responsabilidade do empresário pelos atos de escrituração é objetiva, nos termos dos arts. 932, III, e 933, do Código Civil[22].

21. OS PREPOSTOS E SEUS PODERES DE REPRESENTAÇÃO DO EMPRESÁRIO

O art. 1.178 do Código Civil trata da responsabilidade do empresário pelos atos praticados por quaisquer de seus prepostos ocorridos no estabelecimento e relativos à atividade da empresa. A responsabilidade decorre do local em que o ato é praticado, ainda que não tenha sido autorizado por escrito pelo empresário, mas desde que tenha decorrido do exercício de sua função.

Segundo a doutrina:

"Os atos praticados pelos prepostos dentro do estabelecimento, por natural presunção, consideram-se ordenados pelos preponentes em seu interesse, certos da probidade e capacidade destes seus auxiliares, apresentados, assim, à confiança do público ou de terceiros. Essa presunção não admite prova contrária. Iludidos os preponentes na sua confiança, somente de si terão de se queixar"[23].

Diverso é o tratamento dos atos praticados fora do estabelecimento. Nesse caso, a lei responsabiliza o empresário desde que praticados "nos limites dos poderes conferidos por escrito" (art. 1.178, parágrafo único).

---

[21] "Os contabilistas são mandatários do empresário ou sociedade empresária, agindo portanto em nome do mandante; como essa atuação faz-se no âmbito do conjunto das atuações de empresas, são considerados também prepostos, sendo que seus atos, isto é, os assentamentos que lançam nos livros, fichas e microfichas da escrituração empresarial, produzem efeito no patrimônio da empresa, como se fosse praticados pelo mandante e preponente" (MAMEDE, Gladston. *Direito empresarial brasileiro*, cit., p. 395).

[22] "Trata-se de responsabilidade objetiva, não podendo o empresário alegar desconhecimento (...) O contabilista também tem responsabilidade perante o preponente quando agir com culpa no cumprimento de suas funções, não desonerando o preponente pelos resultados do ato perante terceiros" (VENOSA, Sílvio de Salvo. *Código Civil Interpretado cit.*, p. 1.152). No mesmo sentido: GONÇALVES NETO, Alfredo de Assis. *Direito de empresa*, cit., p. 680.

[23] MENDONÇA, José Xavier Carvalho de. *Tratado de direito comercial brasileiro*. Rio de Janeiro: Freitas Bastos, 1945, v. 2, Livro I, p. 445.

Capítulo III

DA GESTÃO DE NEGÓCIOS

Sumário: 22. Gestão de negócios – 23. Efeitos da gestão de negócios.

22. GESTÃO DE NEGÓCIOS

O Código Civil trata da gestão de negócios nos arts. 861 a 875, no Título VII, direcionado aos atos unilaterais. Segundo o art. 861, "aquele que, sem autorização do interessado, intervém na gestão de negócio alheio, dirigi-lo-á segundo o interesse e a vontade presumível de seu dono, ficando responsável a este e às pessoas com que tratar".

Da conceituação legal depreende-se que a gestão de negócios ocorre toda vez que um indivíduo (o gestor), imbuído do espírito de solidariedade, dirige ou administra negócio alheio, de forma oficiosa, segundo a vontade presumível do dono. Uma vez que não há prévio acordo entre gestor e dono do negócio, o primeiro fica diretamente responsável perante os terceiros com quem contratar, bem como deve responder perante o dono por sua administração. Como se vê, o gestor, embora sem prévio acordo, age no interesse do dono do negócio.

Muito se discute em doutrina a natureza da gestão de negócios, se seria ou não um tipo de representação.

Paulo Nader entende que o gestor age em nome do dono, adquirindo direitos e assumindo obrigações. Ocorrendo a ratificação pelo dono, a representação oficiosa produzirá todos os efeitos do mandato, retroagindo até o início da gestão. Para o autor, haverá *representação legal* "desde que a ação do gestor tenha sido necessária e de acordo com a exigência das circunstâncias"[1]. Por outro lado, se a medida não era necessária, não há que se falar em representação, a menos que ocorra a ratificação por parte do dono do negócio.

Caio Mário da Silva Pereira vê a gestão como uma administração oficiosa de interesses alheios. O gestor "realiza atos no interesse de outra, como se fosse seu representante, embora não investido dos poderes respectivos"[2]. Não é contrato, pois

---

[1] NADER, Paulo. *Curso de Direito Civil*. 5. ed. Rio de Janeiro: Forense, 2008, v. 1, p. 344.

[2] PEREIRA, Caio Mário da Silva. *Instituições de Direito Civil*. 22. ed. Rio de Janeiro: Forense, 2018, v. III, nº 257, p. 395.

não há prévio acordo de vontades. Trata-se de ato unilateral. Segundo o autor, a ingerência em negócio alheio não é ilícita, "porque inspirada no propósito de bem servir e de ser útil ao dono, e porque realizada segundo a vontade presumível deste". O que caracteriza a gestão é a espontaneidade da interferência, a oficiosidade, pois se houver acordo prévio, ter-se-á o mandato. Assim, conclui o autor tratar-se de uma *situação de fato a que a lei atribui efeitos jurídicos*, as mais das vezes dependentes de ratificação, embora nem sempre, "pois há casos de gestão necessária que obrigam o dono, mesmo que recuse a sua aprovação"[3].

Pontes de Miranda também exclui qualquer possibilidade de tratar a *gestão de negócios sem outorga* como contrato, ou como negócio jurídico, pois, como ressalta, "o que constitui a figura jurídica da gestão de negócios alheios sem outorga é a intervenção de alguém *para* ou *no* patrimônio de outrem, espontaneamente, isto é, sem que o tivesse determinado o dono do negócio, ou relação jurídica de dever perante o dono do negócio"[4].

Por isso, conclui: "a gestão de negócios alheios sem outorga é *ato jurídico* stricto sensu, não é negócio jurídico (...). Da gestão de negócios sem outorga não se irradia relação jurídica que corresponda à do mandato, à da locação de serviços, ou à do contrato de trabalho"[5]. Tudo se resume, pois, a ato jurídico *stricto sensu*, do qual resultam ou podem resultar, no plano dos efeitos, direitos e obrigações, como, v. g., direito à remuneração, direito a reembolso de despesas, dever de indenizar etc.

Flávio Tartuce entende existir um *quase contrato*, pois há "uma atuação sem poderes, uma hipótese em que a parte atua sem ter recebido expressamente a incumbência"[6]. Trata-se, pois, de negócio jurídico informal (CC, art. 107).

Roberto Senise Lisboa defende tratar-se de "negócio jurídico de formação posterior, mediante a ratificação dos atos praticados pelo administrador, em prol do interessado"[7]. Mas explica que o Código Civil teria adotado a teoria *extracontratual*, uma vez que considerou ser a gestão de negócios uma declaração unilateral de vontade.

De nossa parte, entendemos que a melhor doutrina é aquela de Caio Mário da Silva Pereira, em linha similar à de Pontes de Miranda, que considera a gestão um *fato* ao qual o direito atribui *efeitos jurídicos*. Em verdade, o gestor inicia sua atuação de modo espontâneo, oficioso, sem qualquer determinação do dono do negócio. Entretanto, por repercutirem na esfera jurídica de terceiro, os atos praticados

---

[3] Ob. cit., p. 422-423.

[4] PONTES DE MIRANDA, Francisco Cavalcanti. *Tratado de Direito Privado*. 2. ed. Rio de Janeiro: Borsoi, 1963, t. XLIII, § 4.705, p. 184.

[5] PONTES DE MIRANDA, Francisco Cavalcanti. *Tratado de Direito Privado*, cit., § 4.705, p. 185.

[6] TARTUCE, Flávio. *Direito Civil*. 12. ed. Rio de Janeiro: Forense, 2017, v. 2, p. 25.

[7] LISBOA, Roberto Senise. *Manual de Direito Civil*. 5. ed. São Paulo: Saraiva, 2010, v. 3, p. 473-474.

pelo gestor são regulados pela legislação, no tocante aos efeitos ativos e passivos que podem gerar.

A doutrina italiana, na mesma linha do entendimento de Caio Mário da Silva Pereira, entende que a gestão "é fonte não contratual de obrigações, que se enquadra no âmbito daquelas figuras, diversas dos contratos e dos fatos ilícitos, identificadas no art. 1.173, do CC, como atos ou fatos idôneos a produzirem obrigações em conformidade com o ordenamento jurídico"[8]. A gestão, além de fonte legal de obrigações, "é também fonte legal de poderes representativos diretos e indiretos, visto que o gestor é legalmente autorizado a gerir negócios por conta ou em nome do interessado, até os limites da gestão"[9]. Por isso a conclusão de que a gestão não pode ser qualificada como um negócio, nem como um ato devido *ex lege,* mas se configura como um *fato jurídico voluntário.* Isto porque, a atuação do gestor "representa sempre um fazer do gestor ao qual o legislador atribui *de iure* alguma consequência de caráter obrigatório"[10].

23. EFEITOS DA GESTÃO DE NEGÓCIOS

Os efeitos da gestão de negócios variam de acordo com a posterior deliberação do dono em ratificar ou não a gestão alheia.

Enquanto não há manifestação do dono do negócio, o gestor é pessoalmente responsável em relação aos terceiros com quem contratar (CC, art. 861), bem como responde ao dono pelo prejuízo resultante de qualquer culpa na gestão (CC, art. 866).

Se o negócio for *utilmente administrado* (gestão útil), o dono ratificará os atos praticados pelo gestor, devendo responder pelas obrigações contraídas em seu nome e reembolsar as despesas em que o gestor tiver incorrido para desempenhar o seu mister (CC, art. 869 e parágrafo único do art. 868)[11].

---

[8]   "La gestione dunque è fonte non contrattuale dell'obbligazione, che reentra nell'ambito di quelle figure, diverse dai contratti e dai fatti illeciti, individuate dall'art. 1173 c.c. come atti o fatti idonei a produrre obbligazioni in conformità dell'ordinamento giuridico"(CARINGELLA, Francesco; MARZO, Giuseppe de. *Manuale di Diritto Civile. Le obbligazioni.* 2. ed. Milão: Giuffrè, 2008, v. II, p. 1.159).

[9]   "La gestione d'affari, peraltro, oltre che fonte legale di obbligazioni, à anche fonte legale di poteri rappresentativi diretti ed indiretti, poiché il gestore è legalmente autorizzato a gestire l'affare per conto o anche nel nome dell'interessato, ove ricorrano gli estremi della gestione" (CARINGELLA, Francesco; MARZO, Giuseppe de. *Manuale di Diritto Civile,* cit., p. 1.159).

[10]   "La gestione d'affari altrui rappresenta pur sempre um *facere* del gestore cui il legislatores ricollega *de iure* talune conseguenze (anche) di carattere obbligatorio" (CARINGELLA, Francesco; MARZO, Giuseppe de. *Manuale di Diritto Civile,* cit., p. 1.159).

[11]   "Art. 869. Se o negócio for utilmente administrado, cumprirá ao dono as obrigações contraídas em seu nome, reembolsando ao gestor as despesas necessárias ou úteis que houver feito, com os juros legais, desde o desembolso, respondendo ainda pelos prejuízos que este

É sempre importante determinar se houve ou não alguma manifestação do dono do negócio anteriormente à gestão:

a) Se, de alguma forma, o dono, ainda que tacitamente, anuiu na gestão, o caso é, na verdade, regulado pelo regime jurídico do mandato.

b) Se o dono desaprovar a gestão realizada, sem prévia autorização de qualquer natureza, considerando-a contrária aos seus interesses, poderá exigir que o gestor restitua as coisas ao estado anterior ou o indenize pelas perdas e danos sofridos (CC, art. 874). Entretanto, não há liberdade plena a permitir que o dono do negócio possa condenar a gestão a seu puro alvedrio. Se restar objetivamente comprovada a sua utilidade, é ele obrigado a ratificar os atos do gestor[12].

c) Entretanto, atuando o gestor *contra a vontade* manifesta ou presumível do dono, responderá "até pelos casos fortuitos, não provando que teriam sobrevindo, ainda quando se houvesse abatido" (CC, art. 862). Caio Mário da Silva Pereira adverte que se houver atuação contra a vontade manifesta do dono não haverá propriamente gestão, mas ato ilícito, que ensejará responsabilidade do suposto gestor[13].

---

houver sofrido por causa da gestão. § 1º A utilidade, ou necessidade, da despesa, apreciar-se-á não pelo resultado obtido, mas segundo as circunstâncias da ocasião em que se fizerem. § 2º Vigora o disposto neste artigo, ainda quando o gestor, em erro quanto ao dono do negócio, der a outra pessoa as contas da gestão".
"Art. 868. (...) Parágrafo único. Querendo o dono aproveitar-se da gestão, será obrigado a indenizar o gestor das despesas necessárias, que tiver feito, e dos prejuízos, que por motivo da gestão, houver sofrido".

[12] "Não tem, contudo, o *dominus* a faculdade de arbitrariamente condenar a gestão, uma vez que objetivamente fique demonstrada a sua utilidade" (PEREIRA, Caio Mário da Silva. *Instituições de Direito Civil*, cit., nº 257, p. 399). No mesmo sentido: "No entanto, só poderá recusar a ratificação se provar que a atuação não foi realizada de acordo com os seus interesses diretos" (TARTUCE, Flávio. *Direito Civil*, cit., p. 27).

[13] PEREIRA, Caio Mário da Silva. *Instituições de Direito Civil*, cit., p. 396.

Capítulo IV

DO MANDATO

Sumário: 24. Mandato – 25. Classificação – 26. Objeto do mandato – 27. Procuração e mandato – 28. Capacidade para outorgar mandato – 29. Capacidade para ser mandatário – 30. Substabelecimento – 31. Responsabilidade decorrente do substabelecimento – 32. Espécies de mandato – 33. Efeitos do mandato – 34. Obrigações do mandatário – 35. Direito de retenção do mandatário – 36. Obrigações do mandante – 37. Direitos do mandante – 38. Extinção do mandato – 39. Irrevogabilidade do mandato.

24. MANDATO

Opera-se o mandato – segundo o art. 653 do Código Civil – "quando alguém recebe de outrem poderes para, em seu nome, praticar atos, ou administrar interesses"[1]. O traço característico dessa modalidade de negócio jurídico é a *representação*, que consiste no poder de uma parte (mandatário) agir em nome de outra (mandante), praticando atos jurídicos, de modo a criar obrigações de terceiros para com o representado e deste para com terceiros, "como se o próprio mandante estivesse atuando como pessoa: *qui mandat ipse fecisse videtur*"[2].

Se o contrato de mandato implica sempre representação[3], a recíproca não é verdadeira, já que o direito conhece muitas possibilidades de alguém atuar em

---

[1] Direito comparado – Código Civil português, art. 1.157º; Código Civil francês, art. 1.984; Código Civil alemão, § 662; Código Civil italiano, art. 1.703; Código Civil espanhol, art. 1.709; Código Civil uruguaio, art. 2.051; Código Civil argentino, art. 1.319; Código Civil chileno, art. 2.116.

[2] CARVALHO SANTOS, J M de. *Código Civil Brasileiro Interpretado*. 7. ed. Rio de Janeiro: Freitas Bastos, 1958, v. XVIII, p. 108.

[3] Há quem defenda existir mandato sem representação (GOMES, Orlando. *Contratos*. 26. ed. Rio de Janeiro: Forense, 2007, n. 281, p. 424; ASSIS, Araken de. *Contratos nominados: mandato, comissão, agência e distribuição, corretagem, transporte*. Coordenação Miguel Reale, Judith Martins-Costa. São Paulo: Editora Revista dos Tribunais, 2005, v. 2, p. 26). Mairan Gonçalves Maia Júnior justifica a existência de mandato sem representação em razão do art. 663, do CC que dispõe ficar "o mandatário pessoalmente obrigado, se agir no seu próprio nome, ainda que o negócio seja de conta do mandante" (MAIA JÚNIOR, Mairan Gonçalves. *A representação no negócio jurídico*. São Paulo: Revista dos Tribunais, 2001, p. 42). Entretanto, conforme será demonstrado no item 33 deste capítulo, o art. 663 retrata situação em que o mandatá-

nome de outrem sem ter recebido do representado uma voluntária outorga de poderes. Basta lembrar da representação dos filhos menores pelo pai ou dos interditos pelo curador, ou, ainda, do espólio e da massa falida pelo inventariante e pelo administrador, respectivamente, entre muitas outras situações similares. Em todas essas hipóteses, atos jurídicos são validamente praticados por quem não é titular do direito subjetivo exercitado, sem que este os tenha voluntariamente autorizado. Como a representação pode provir da lei ou do contrato, diz-se que há representação legal e representação voluntária ou convencional[4].

Como toda relação contratual, o mandato tem um objeto que vem a ser a prática de atos jurídicos: uma parte se encarrega de realizar atos jurídicos em nome da outra. Trata-se, portanto, de um negócio jurídico em torno de obrigação de fazer, na modalidade de realizar declaração de vontade. Visa, destarte, um *fare* "particularmente qualificado"[5].

É justamente essa especialização do fato a ser prestado pelo mandatário que distingue o mandato dos demais contratos que também envolvem obrigações de fazer, como a locação de serviços, a empreitada, a representação comercial, a corretagem etc.

Em face da representação ínsita ao contrato de mandato, o mandatário age em nome e por conta do mandante, de modo que o ato por aquele praticado vincula o representado. Em outras palavras, embora não participe diretamente da celebração do negócio, o mandante é parte no contrato celebrado entre o mandatário e o terceiro, devendo cumprir as obrigações ali assumidas e podendo exigir os direitos oriundos da negociação.

Segundo a doutrina, o mandato exige intensa cooperação entre as partes, uma vez que o mandatário age em nome do mandante, zelando por seus interesses[6]. Para Pietro Perlingieri, "a função de cooperação jurídica distingue o mandato de outras figuras nas quais a prestação contratual se limita ao desenvolvimento de uma atividade material ou intelectual"[7]. Por isso mesmo, o mandatário se obriga a agir não só segundo os termos do contrato, mas também na conformidade com as ordens e

---

rio age em nome próprio, descumprindo o contrato de mandato. Não há, pois, autorização para que o mandato exista sem a necessária representação.

[4] GOMES, Orlando. *Contratos*. 26. ed. Rio de Janeiro: Forense, 2007, n. 281, p. 424.

[5] GRAZIADEI, Michele. verbete *"Mandato"*. *Digesto*. 4. ed. Ristampa, Torino: UTET, 1996, v. XI, p. 160.

[6] TEPEDINO, Gustavo. Das várias espécies de contrato. Do mandato. Da comissão. Da agência e distribuição. Da corretagem. Do transporte. Arts. 653 a 756. (verificar se as citações estão completas) In: *Comentários ao novo Código Civil*. TEIXEIRA, Sálvio de Figueiredo (coord.). Rio de Janeiro: Forense, 2008, v. X, p. 28.

[7] PERLINGIERI, Pietro. *Manuale di diritto civile*. Napoli: Edizioni Scientifiche Italiane, 1997, p. 509.

instruções que o mandante emite para a boa e fiel execução do encargo cometido (CC, arts. 667 e 675).

25. CLASSIFICAÇÃO

O mandato é um contrato *consensual,* que pode ser *gratuito ou oneroso* e, portanto, *unilateral ou bilateral, é personalíssimo, revogável, preparatório, informal e não solene.*

Diz-se que o mandato é *consensual,* pois a manifestação de vontade do mandatário e do mandante é o suficiente para que o contrato seja considerado celebrado. Não se exige qualquer outra solenidade para o seu aperfeiçoamento.

O mandato presume-se *gratuito* (CC, art. 658), ou seja, o mandatário age em nome do mandante sem receber qualquer remuneração. Entretanto, admite-se o contrato *oneroso* quando há estipulação de remuneração ou quando "o seu objeto corresponder ao daqueles que o mandatário trata por ofício ou profissão lucrativa" (CC, art. 658, parte final). Nessa hipótese, o mandante remunerará a atuação do mandatário em seu nome.

Se o mandato for gratuito, o contrato será *unilateral,* na medida em que somente o mandatário assumirá a obrigação de agir em nome do mandante, sem qualquer contraprestação deste. Se, contudo, se estipular remuneração, o mandato será *bilateral,* porque implicará obrigações e deveres a ambos os contratantes.

O mandato funda-se na confiança que o mandante deposita no mandatário, o que o torna *personalíssimo* ou *intuito personae.* Em outras palavras, o mandante escolhe o seu representante em razão de suas qualidades pessoais, de seus conhecimentos específicos em determinada área. Justamente por isso, é *revogável* a qualquer tempo[8].

A doutrina classifica o mandato também como um contrato *preparatório,* porque habilita o mandatário para a prática de atos futuros em nome do mandante.

Por fim, em regra, a lei não prescreve uma forma específica para o mandato, o que o torna *informal e não solene.* Admite-se, pois, o mandato verbal, escrito, expresso ou tácito (CC, art. 656). Sua outorga, entretanto, está sujeita à mesma forma exigida por lei para o ato a ser praticado (CC, art. 657, primeira parte). Ou seja: se o negócio a ser praticado em nome do mandante é a compra e venda de imóvel, que somente se pactua através de escritura pública, também o mandato terá de ser outorgado por escritura pública.

---

[8] "O mandato é um contrato *intuitu personae,* em virtude de se fundar na confiança do mandate quanto à idoneidade técnica e moral do seu mandatário. Tanto que desapareça ou tenha motivos para não estar dela seguro, concede-lhe a lei o poder de revogar *ad nutum* os poderes representativos concedidos" (LOPES, Miguel Maria de Serpa. *Curso de Direito Civil:* fonte das obrigações. Contratos. 5. ed. Rio de Janeiro: Freitas Bastos, 1999, v. IV, p. 313).

26. OBJETO DO MANDATO

O mandato habilita o mandatário a *praticar atos* ou *administrar interesses* do mandante. Parte da doutrina defende que o mandatário somente está autorizado a praticar *atos jurídicos negociais*. Nesse sentido, ensinava Clóvis Bevilaqua: "o mandato consiste na prática de atos jurídicos por conta de outrem, e não na prática de atos quaisquer"[9].

Entretanto, há quem entenda que a lei não limita a atuação do mandatário aos negócios jurídicos, estando, também, autorizado a praticar atos jurídicos não negociais e atos apenas materiais. Assim, "seja como for, o mandatário não se limita à gestão dos interesses que cabem ao mandante nos negócios jurídicos; também realiza atos em sentido estrito e atos-fatos; por exemplo, alteia o muro, traça planos e assim por diante"[10].

Na verdade, porém, a tarefa delegada através do mandato é sempre um ato jurídico *lato sensu*, ou seja, ato praticado em nome do mandante, para produzir um efeito jurídico. Atos puramente materiais são objeto de contratos de prestação de serviço, ou de cumprimento de simples obrigação de fazer. O resultado jurídico que o ato produzir perante terceiros é visto como provocado diretamente pelo dono da obra e que ordenou sua execução. Não há, pois, lugar para se cogitar de mandato em tal situação. Embora não apenas negócios patrimoniais possam ser objeto de mandato, haverá sempre se der atos jurídicos ou negócios jurídicos.

Em qualquer caso, não há dúvida de que aqueles atos que somente podem ser praticados pelo mandante, por serem personalíssimos, não podem ser objeto do contrato de mandato, tais como, o testamento, o voto, o exercício de mandato eletivo, o depoimento pessoal[11]. Excepcionalmente, a lei autoriza que o casamento

---

[9] BEVILAQUA, Clóvis. *Código Civil dos Estados Unidos do Brasil Comentado*. Rio de Janeiro: Editora Paulo de Azevedo, 1957, v. V, p. 29. No mesmo sentido: MONTEIRO, Washington de Barros. *Curso de Direito Civil*. 34. ed. São Paulo: Saraiva, 2003, v. V, 2ª parte p. 263; GOMES, Orlando. *Contratos*. 26. ed. Rio de Janeiro: Forense, 2007, nº 283, p. 427; WALD, Arnoldo. *Direito civil: contratos em espécie*. 20. ed. São Paulo: Saraiva, 2015, v. 3, p. 244; LOTUFO, Renan. *Questões relativas a mandato, representação e procuração*. São Paulo: Saraiva, 2001, p. 88.

[10] ASSIS, Araken de. *Contratos nominados: mandado, comissão, agência e distribuição, corretagem, transporte. Coordenação Miguel Reale, Judith Martins-Costa* São Paulo: Revista dos Tribunais, 2005, p. 23. No mesmo sentido: "Em linhas gerais, o mandato tem por objeto a prática de *atos* ou *negócios jurídicos* em favor do mandante. Tal não impede que atos materiais possam integrar o círculo de atuação conferido ao mandatário" (VENOSA, Sílvio de Salvo. *Direito Civil: contratos em espécie*. 8. ed. São Paulo: Atlas, 2008, v. III, p. 255).

[11] "O depoimento pessoal é ato personalíssimo, em que a parte revela ciência própria sobre determinado fato. Assim, nem o mandatário com poderes especiais pode prestar depoimento pessoal no lugar da parte" (STJ, 3ª T., REsp. 623.575/RO, Rel. Min. Nancy Andrighi, ac. 18.11.2004, *DJU* 07.03.2005, p. 250). No mesmo sentido: STJ, 4ª T., REsp. 54.809/MG, Rel. Min. Sálvio de Figueiredo Teixeira, ac. 08.05.1996, *DJU* 10.06.1996, p. 20.335. No mesmo sentido,

seja celebrado mediante procuração, por instrumento público, com poderes especiais (CC, art. 1.542, *caput*). Da mesma forma, a legislação processual admite que a confissão, em processos judiciais, seja feita pelo advogado, desde que a procuração contenha cláusula específica para esse fim (CPC/2015, art. 105, *caput*)[12].

27. PROCURAÇÃO E MANDATO

A procuração, nos termos do art. 653 do Código Civil, é o *instrumento do mandato*. Trata-se de negócio jurídico *unilateral* no qual uma pessoa outorga de modo voluntário a outrem o poder de representação. É, também, como demonstrado no item 8 do Capítulo I desta Seção, um negócio jurídico *receptício*, já que a declaração de vontade do outorgante é dirigida a pessoa determinada, que, ao acatá-la, assume, efetivamente, a representação que lhe foi conferida.

O mandato, por sua vez, é um contrato, ou seja, um negócio jurídico *bilateral* que, como tal, exige a manifestação de vontade de duas pessoas. É, assim, "a causa do vínculo jurídico que une dois sujeitos e disciplina a realização de uma determinada conduta, de interesse de ambos, a saber, a prática de atos ou administração de interesses"[13].

A procuração, destarte, na conceituação do Código Civil, é o "instrumento formal de delimitação de poderes no mandato"[14]. Para que haja mandato é essencial que o mandatário aceite os poderes que lhe foram outorgados pelo mandante, por meio da procuração[15]. Só após a aceitação da outorga de poderes pelo procurador é que o contrato de mandato realmente se aperfeiçoa. A procuração, por si só, não obriga o mandatário a praticar a representação nela prevista. É, porém, na pro-

---

a doutrina entende que em se tratando de pessoas físicas, a proibição de que algum procurador preste depoimento pessoal para a parte é absoluta (ARRUDA ALVIM; ASSIS, Araken de. ARRUDA ALVIM, Eduardo. *Comentários ao Código de Processo Civil*. Rio de Janeiro: GZ, 2012, p. 532).

[12] "Art. 105. A procuração geral para o foro, outorgada por instrumento público ou particular assinado pela parte, habilita o advogado a praticar todos os atos do processo, exceto receber citação, confessar, reconhecer a procedência do pedido, transigir, desistir, renunciar ao direito sobre o qual se funda a ação, receber, dar quitação, firmar compromisso e assinar declaração de hipossuficiência econômica, que devem constar de cláusula específica".

[13] GAGLIANO, Pablo Stolze; PAMPLONA FILHO, Rodolfo. Mandato, procuração e representação no Novo Código Civil brasileiro. *Revista Magister de Direito Civil e Processual Civil*, nº 50, set.--out./2012, p. 24.

[14] GAGLIANO, Pablo Stolze; PAMPLONA FILHO, Rodolfo. Mandato, procuração e representação no Novo Código Civil brasileiro, cit., p. 24.

[15] "A procuração não cria uma obrigação para o procurador de praticar atos, mas o poder de agir em nome do outorgante, diferenciando-se, nesse aspecto, do mandato, em que o mandatário tem a obrigação de praticar atos jurídicos no interesse do mandante" (ASCENSÃO, José de Oliveira. *Direito civil*. Teoria geral. Coimbra: Coimbra Editora, 2001, v. II, p. 233).

curação que se definem os poderes outorgados ao mandatário, que na linguagem prática, também se denomina *procurador*.

A procuração, se dada por pessoa capaz, pode ser formalizada por instrumento particular, dependendo apenas da assinatura do outorgante (CC, art. 654, *caput*)[16]. Entretanto, deverá conter: i) a indicação do lugar onde foi passada; ii) a qualificação do outorgante e do outorgado; iii) a data; e, iv) o objetivo da outorga, com a designação e a extensão dos poderes conferidos (art. 654, § 1º).

A especificação da data é necessária para que se possa averiguar se o mandante era capaz no momento da outorga dos poderes. Para a doutrina, a procuração outorgada sem preencher os requisitos do § 1º do art. 654 será nula, podendo, entretanto, os atos praticados pelo representante serem posteriormente ratificados[17].

Ao contrário do que se exigia no Código anterior, o reconhecimento da firma do outorgante não é essencial para a validade do instrumento. Entretanto, como medida de precaução ou segurança, "o terceiro com quem o mandatário tratar poderá exigir que a procuração traga a firma reconhecida" (art. 654, § 2º). Por isso, "a procuração tem validade, ainda que ausente o reconhecimento de firma, se não houver impugnação dos interessados"[18].

Como se vê, a legislação civil deixou a cargo do terceiro exigir ou não o reconhecimento de firma do outorgante. De tal sorte, não se pode, após o negócio, requerer a sua anulação alegando a falta da firma reconhecida. Evidentemente, contudo, "será possível postular a anulação ou nulidade do negócio, se ficar demonstrado que a assinatura do mandante é falsa, no instrumento de procuração"[19].

Em relação ao mandato judicial, o Código de Processo Civil de 1973, no que foi seguido pelo de 2015, também dispensou o reconhecimento de firma da procuração outorgada ao advogado. Nesse sentido, vale destacar o entendimento do STJ:

I – O art. 38, CPC [1973; art. 105, CPC/2015], com a redação dada pela Lei 8.952/94, dispensa o reconhecimento de firma nas procurações empregadas nos autos do processo, tanto em relação aos poderes gerais para o foro (cláusula *ad judicia*), quanto em relação aos poderes especiais (*et extra*) previstos nesse dispositivo. Em outras palavras, a dispensa do reconhecimento de firma está autorizada por lei quando a procuração *ad judicia et extra* é utilizada em autos do processo judicial.

II – A exigência ao advogado do reconhecimento da firma da parte por ele representada, em documento processual, quando, ao mesmo tempo, se lhe confia a própria as-

---

[16] Direito comparado – Código Civil francês, art. 1.985; Código Civil chileno, art. 2.123.

[17] TEPEDINO, Gustavo; BARBOZA, Heloisa Helena; MORAES, Maria Celina Bodin de. *Código Civil Interpretado:* conforme a Constituição Federal. Rio de Janeiro: Renovar, 2006, v. II, p. 426.

[18] VENOSA, Sílvio de Salvo. *Código Civil Interpretado*. 2. ed. São Paulo: Atlas, 2011, p. 716.

[19] GONÇALVES, Marcus Vinícius Rios. Arts. 653 a 692. In: ARRUDA ALVIM; ALVIM, Thereza; CLÁPIS, Alexandre Laizo (coords.). *Comentários ao Código Civil Brasileiro*. Rio de Janeiro: Forense, 2009, v. VI, p. 687.

sinatura nas suas manifestações sem exigência de autenticação, importa em prestigiar o formalismo em detrimento da presunção de veracidade que deve nortear a prática dos atos processuais e o comportamento dos que atuam em juízo.

III – A dispensa da autenticação cartorária não apenas valoriza a atuação do advogado como também representa a presunção, relativa, de que os sujeitos do processo, notadamente os procuradores, não faltarão com os seus deveres funcionais, expressos no próprio Código de Processo Civil, e pelos quais respondem[20].

28. CAPACIDADE PARA OUTORGAR MANDATO

Todas as pessoas capazes são aptas para dar procuração mediante instrumento particular (CC, art. 654).

Os absolutamente incapazes, em razão de sua incapacidade absoluta para praticar os atos da vida civil, agem por meio de seus representantes legais que, certamente, são capazes. Assim, podem outorgar procuração por instrumento particular, através do pai, tutor ou curador.

O mesmo não ocorre com os relativamente incapazes, que são assistidos por seus representantes legais. Uma vez que participam efetivamente do negócio, a doutrina entende que a procuração deve ser outorgada por instrumento público: "A procuração por escrito público é exigida em caráter excepcional (menores relativamente incapazes, com assistência do responsável; cegos; a rogo do mandante, que não possa ou não saiba escrever)"[21].

O analfabeto depende de escritura pública para outorgar procuração, já que não pode assinar o instrumento particular[22].

Os cônjuges, salvo se casados sob o regime da separação absoluta de bens, não podem outorgar procuração sem autorização do outro para a prática de certos atos, tais como: alienar ou gravar de ônus real os bens imóveis; prestar fiança ou aval; fazer doação de bens comuns ou que possam integrar futura meação (CC, art. 1.647).

---

[20] STJ, 4ª T., REsp. 264.228/SP, Rel. Min. Sálvio de Figueiredo Teixeira, ac. 05.10.2000, *DJU* 02.04.2001, p. 298. No mesmo sentido: STJ, 3ª T., REsp. 403.162/SP, Rel. Min. Castro Filho, ac. 06.11.2003, *DJU* 24.11.2003, p. 299; STJ, 1ª T., AgRg no AREsp. 399.859/RJ, Rel. Min. Herman Benjamin, ac. 26.11.2013, *DJe* 06.03.2014.

[21] PEREIRA, Caio Mário da Silva. *Instituições de Direito Civil*: contratos. 22. ed. rev. e atual. por Caittin Mulholland. Rio de Janeiro: Forense, 2018, v. III, p. 379. No mesmo sentido: RIZZARDO, Arnaldo. *Contratos*. 6. ed. Rio de Janeiro: Forense, 2006, p. 682; VENOSA, Sílvio de Salvo. *Código Civil interpretado*, cit., 2011, p. 715.

[22] WALD, Arnoldo. *Direito civil: contratos em espécie*. 20. ed. São Paulo: Saraiva, 2015, v. 3, p. 247. No mesmo sentido: TEPEDINO, Gustavo; BARBOZA, Heloisa Helena; MORAES, Maria Celina Bodin de. *Código Civil Interpretado*, cit., 2006, v. II, p. 426.

29. CAPACIDADE PARA SER MANDATÁRIO

Qualquer pessoa capaz pode ser constituída mandatária, incluindo "o maior de dezesseis e o menor de dezoito anos não emancipado". Entretanto, nessa hipótese, "o mandante não tem ação contra ele senão de conformidade com as regras gerais, aplicáveis às obrigações contraídas por menores" (CC, art. 666)[23]. Tais regras constam basicamente dos arts. 180 e 181 do CC[24].

A doutrina entende correta a posição legislativa, uma vez que o menor não será parte do negócio celebrado, figurando no contrato apenas como representante do mandante, razão pela qual seu patrimônio não é afetado. Em verdade, o risco é todo do mandante, que nomeia um incapaz para representá-lo[25].

Mas, em razão da proteção conferida pela legislação ao menor, a responsabilidade do menor encontra-se limitada às regras "aplicáveis às obrigações contraídas por menores". Assim, o relativamente incapaz pode ser mandatário, mas não responde totalmente pelos prejuízos eventualmente causados ao mandante. O mandante poderá cobrar-lhe apenas se provar enriquecimento ilícito, ou seja, o mandatário responde "até o limite da vantagem ou do proveito que tirou da execução do mandato. Ao mandante só cabe a ação *in rem verso*, para reaver o que de direito lhe pertence"[26].

30. SUBSTABELECIMENTO

O substabelecimento é o instrumento pelo qual o procurador (substabelecente) transfere os poderes recebidos pelo representado a terceiro (substabelecido).

---

[23] Direito comparado – Código Civil francês, art. 1.990; Código Civil espanhol, art. 1.716; Código Civil uruguaio, art. 2.062; Código Civil argentino, art. 1.323; Código Civil chileno, art. 2.128.

[24] "Art. 180. O menor, entre dezesseis e dezoito anos, não pode, para eximir-se de uma obrigação, invocar a sua idade se dolosamente a ocultou quando inquerido pela outra parte, ou se, no ato de obrigar-se, declarou-se maior."
"Art. 181. Ninguém pode reclamar o que, por uma obrigação anulada, pagou a um incapaz, se não provar que reverteu em proveito dele a importância paga."

[25] "A distinta disciplina conferida à capacidade para ser mandante e à capacidade para ser mandatário explica-se em razão dos diferentes papéis que ambos desempenham no contrato. Com efeito, o mandante é parte nos negócios celebrados com terceiro, e por isso deve ter a capacidade exigida para a prática do ato a que se refere o mandato, ao passo que o mandatário não figura como parte na avença firmada, de sorte que não compromete seu patrimônio, sua esfera jurídica, mas só a do mandante" (TEPEDINO, Gustavo. Das várias espécies de contrato. Do mandato. Da comissão. Da agência e distribuição. Da corretagem. Do transporte. Arts. 653 a 756. In: TEIXEIRA, Sálvio de Figueiredo (coord.). *Comentários ao novo Código Civil*. Rio de Janeiro: Forense, 2008, v. X, p. 99).

[26] MARMITT, Arnaldo. *Mandato*. Rio de Janeiro: Aide, 1992, p. 134. Continua, ainda, o autor explicando que as ações do mandante contra o mandatário, então, ficam submetidas "à nulidade e à restituição inseparável dos compromissos assumidos pelos menores relativamente incapazes, por não tolerar a lei, mesmo quanto a incapazes, o enriquecimento à custa alheia, ou seja, no caso, à custa do mandante ou do terceiro com quem contrata" (ob. cit., loc. cit.).

Em regra, por se tratar de contrato *intuitu personae,* o mandatário deve cumprir pessoalmente o encargo, não lhe sendo permitido substabelecer. Mas, o contrato pode autorizar o substabelecimento, oportunidade em que o mandatário se fará substituir no desempenho de seu mister.

Se o substabelecente mantiver os poderes recebidos, de modo a poder atuar conjuntamente com o substabelecido, diz-se que o substabelecimento é *com reservas.* Se, todavia, a transferência dos poderes for *sem reservas,* o procurador desvincula-se do mandato, equivalendo à renúncia[27]. A jurisprudência do STJ presume que, omisso o substabelecimento, ele tenha sido feito com reservas[28].

Claro que o procurador somente pode substabelecer os poderes que recebeu do mandante, não podendo agregar nenhum outro não constante da procuração[29]. Assim, o substabelecimento pode ser *total,* transferindo-se todos os poderes recebidos, ou *parcial,* quando se refere a apenas parte deles, como, por exemplo, para a prática de um ato específico, dentre os vários contidos na outorga originária.

Segundo a legislação civil, "ainda quando se outorgue mandato por instrumento público, pode substabelecer-se mediante instrumento particular" (CC, art. 655). Vale dizer, o substabelecimento não está sujeito a forma especial. Assim como o mandato não é, em regra, contrato solene, também o substabelecimento não o é. Entretanto, a regra deve ser interpretada em consonância com o art. 657, que estabelece que o mandato deve ser outorgado pela forma exigida para o ato a ser praticado, de modo a se exigir o substabelecimento por instrumento público sempre que esta for a forma legal prevista para o ato[30]. A razão de ser da norma editada

---

[27] "Quem substabelece sem reservas decide não mais intervir no processo ou no negócio. A reserva de poderes é a regra, porque a renúncia precisa ser expressa. Tem-se por pactuada a reserva ainda que não expressa no substabelecimento, como presunção que cede somente diante da renúncia explícita" (MARMITT, Arnaldo. *Mandato,* cit., p. 84).

[28] "Omisso o substabelecimento quanto à reserva de poderes, presume-se que fora feita com reserva, ainda mais quando o advogado substabelecente prosseguiu atuando normalmente na causa" (STJ, 4ª T., REsp. 642.823/MG, Rel. Min. Hélio Quaglia Barbosa, ac. 27.03.2007, *DJU* 30.04.2007, p. 322). No mesmo sentido: STJ, Corte Especial, AgRg no Ag. 651.598/SP, Rel. Min. Humberto Gomes de Barros, ac. 06.03.2006, *DJU* 28.08.2006, p. 202.

[29] "O substabelecimento é tão somente um meio do mandatário se fazer substituir na execução do contrato de mandato, de sorte que a ele não se agrega qualquer valor, no tocante a representação do mandatário" (STJ, 4ª T., REsp. 137.316/MG, Rel. Min. Sálvio de Figueiredo Teixeira, ac. 12.08.1997, *DJU* 15.09.1997, p. 44.394).

[30] "Embora da literalidade do artigo se extraia a ideia de que o substabelecimento poderá revestir a forma particular em *qualquer* hipótese, deve-se interpretar o dispositivo sistematicamente com o art. 657, entendendo que o substabelecimento poderá revestir a forma particular tão somente nas hipóteses em que o ato objeto do mandato e, por conseguinte a procuração, não exigir a forma pública, tendo ela sido utilizada apenas facultativamente pelos interessados" (TEPEDINO, Gustavo; BARBOZA, Heloisa Helena; MORAES, Maria Celina Bodin de. *Código Civil Interpretado,* cit., 2006, v. II, p. 428-429). No mesmo sentido: GONÇALVES, Marcus Vinícius Rios. *Comentários ao Código Civil Brasileiro,* cit., p. 695.

pelo art. 655 relaciona-se com as hipóteses em que a adoção da escritura pública, na outorga do mandato, decorreu de opção da parte, e não de imposição da lei. Assim, se, por lei, o ato a ser praticado pelo substabelecido exigir a escritura pública, o substabelecimento não poderá ser dado por instrumento particular.

31. RESPONSABILIDADE DECORRENTE DO SUBSTABELECIMENTO

Como já se viu, em regra, o mandato é contrato personalíssimo, que deve ser cumprido pessoalmente pelo mandatário. Entretanto, o substabelecimento nem sempre configura desrespeito ao negócio ou quebra da confiança depositada pelo mandante, porque pode, muitas vezes, ser necessário para o desempenho do mandato. Imagine-se a hipótese de um mandatário que não possui habilidade ou conhecimento técnico para a prática de um ato específico, ver-se obrigado a substabelecer parte de seus poderes para que outra pessoa mais qualificada o pratique, no melhor interesse do mandante (tome-se como exemplo o gerente que tem poderes para promover a cobrança judicial ou extrajudicial do faturamento da filial. Não sendo advogado, terá de substabelecer poderes especiais para que um profissional legalmente habilitado proceda à execução em juízo).

Se o substabelecimento é autorizado pelo mandante, nenhuma responsabilidade recairá sobre o mandatário, exceto se houver agido com culpa na escolha do seu substituto. Entretanto, se a substituição for proibida, ou omissiva a procuração, o mandatário poderá ser responsabilizado pelos atos prejudiciais praticados pelo substabelecido. Importante, porém, destacar, que não se tratará de excesso de mandato. A situação repercutirá na responsabilidade pelos prejuízos causados pela má gestão do substituto[31].

A responsabilidade pelo substabelecimento é tratada minuciosamente pelo art. 667, do Código Civil[32], da seguinte forma:

a) O substabelecimento é autorizado: o mandatário não responde pelos atos praticados pelo substabelecido, que obrigam o mandante. Entretanto, configurada a culpa na escolha do substituto ou nas instruções dadas a ele, o mandatário responderá por eventuais prejuízos causados ao mandante pelo substabelecido (CC, art. 667, §2º)[33]. Importante ressaltar que somente haverá responsabilidade do mandatário se: i) ele sabia que o substabelecido era pessoa inabilitada para cumprir o

---

[31] GONÇALVES, Marcus Vinícius Rios. *Comentários ao Código Civil Brasileiro*, cit., p. 689.

[32] Direito comparado – Código Civil francês, art. 1.994; Código Civil alemão, § 664; Código Civil italiano, art. 1.717; Código Civil português, arts. 264º e 1.165º; Código Civil espanhol, arts. 1.721 e 1.722; Código Civil uruguaio, art. 2.067; Código Civil chileno, arts. 2.135 a 2.138; Código Civil argentino, art. 1.327.

[33] "§ 2º Havendo poderes de substabelecer, só serão imputáveis ao mandatário os danos causados pelo substabelecido, se tiver agido com culpa na escolha deste ou nas instruções dadas a ele".

mandato, decorrendo, pois, da culpa *in eligendo*[34]; ou, ii) se ele der instruções equivocadas ao substituto. Se, porém, a culpa pelo prejuízo causado ao mandante tiver sido exclusiva do substituto, ele será o único responsável, se o substabelecimento for qualificado como autorizado.

b) O substabelecimento é proibido, mas a vedação não consta da procuração: na hipótese de proibição contida em instrução do mandante, e não em cláusula do mandato, o mandatário assume o risco se substabelecer, razão pela qual "responderá ao seu constituinte pelos prejuízos ocorridos sob a gerência do substituto, embora provenientes de caso fortuito". Sua responsabilidade somente será excluída se provar que os prejuízos teriam ocorrido, "ainda que não tivesse havido o substabelecimento" (CC, art. 667, § 1º). Entretanto, a legislação protege o terceiro de boa-fé, que não tinha condições de conhecer a proibição do substabelecimento, porque não constava da procuração. Assim, os atos praticados pelo substituto obrigam o mandante que, contudo, poderá exigir indenização do mandatário.

c) A procuração proíbe expressamente o substabelecimento: essa situação é diversa daquela descrita no item b. Uma vez que a proibição consta da procuração, os atos praticados pelo substabelecido não obrigam o mandante, pois o terceiro conhecia a vedação ou tinha condições de conhecê-la, não podendo alegar boa-fé. Assim, o substabelecido "agirá em nome próprio, sem poderes para representar o outorgante"[35]. Entretanto, o mandante pode ratificar expressamente os atos praticados pelo substituto, que retroagirá à data dos atos (CC, art. 667, § 3º)[36].

d) A procuração é omissa quanto ao substabelecimento: o mandatário responderá perante o mandante apenas pelos prejuízos causados por atos culposos do substabelecido (CC, art. 667, § 4º)[37].

32. ESPÉCIES DE MANDATO

O mandato se sujeita a diversas classificações doutrinárias, que serão analisadas a seguir.

---

[34] "É preciso que fique demonstrado que, no momento da escolha, o procurador tinha como saber que o seu substituto era pessoa inadequada para o cumprimento das obrigações a ele impostas, ou que deu instruções equivocadas a ele. Não poderá ser responsabilizado se escolheu como substituto pessoa que não era notoriamente incapaz de cumprir o contrato a contento, e a instruiu adequadamente, embora ela se desvie de suas atribuições, e culposamente cause danos ao mandante" (GONÇALVES, Marcus Vinícius Rios. *Comentários ao Código Civil Brasileiro*, cit., p. 751).

[35] GONÇALVES, Marcus Vinícius Rios. *Comentários ao Código Civil Brasileiro*, cit., p. 750.

[36] "§ 3º Se a proibição de substabelecer constar da procuração, os atos praticados pelo substabelecido não obrigam o mandante, salvo ratificação expressa, que retroagirá à data do ato".

[37] "§ 4º Sendo omissa a procuração quanto ao substabelecimento, o procurador será responsável se o substabelecido proceder culposamente".

a) Mandato expresso: ocorre quando há manifestação expressa e inequívoca da vontade das partes em celebrar o contrato, que pode ocorrer de forma escrita, por palavras ou gestos[38].

b) Mandato tácito: é aquele que se inicia da atuação das partes como outorgante e outorgado, praticando atos decorrentes do mandato, ainda que não explicitados em procuração[39]. Decorre, pois, "da atitude dos sujeitos, e se manifesta quando o outorgado administra interesses do outorgante, agindo como mandatário, com a admissão do mandante que, implicitamente, aceita os atos que aquele pratica"[40]. Nesse caso, o Código Civil admite que a aceitação do mandatário ocorra tacitamente, resultando do começo da execução (art. 659)[41]. É o que, por exemplo, se passa entre o empresário e os seus empregados encarregados de negociar com a clientela.

Não se pode, entretanto, confundir o mandato tácito com a gestão de negócios. No mandato há, embora tacitamente, a manifestação de vontade do mandante e do mandatário para a celebração do contrato. Na gestão de negócios ocorre a interferência espontânea em negócio de terceiro sem o seu conhecimento ou consentimento[42].

c) Mandato verbal: o contrato é feito verbalmente, não existindo um documento escrito. O Código Civil o admite, exceto quando o ato a ser praticado pelo mandatário deva ser celebrado por escrito (art. 657)[43]. Importante, entretanto, ressaltar, que o mandato verbal produz as mesmas consequências do escrito. Entretanto, às vezes, poderá haver dificuldades em sua comprovação. Esta será mais fácil, quando se constatar uma habitualidade na prática de atos do mandatário reconhecidos pelo mandante.

d) Mandato escrito: é aquele celebrado por escritura pública ou instrumento particular. Haverá, portanto, um documento escrito para comprová-lo.

e) Mandato gratuito: o mandatário não é remunerado pelo serviço prestado ao mandante. É a espécie presumida pelo Código Civil em seu art. 658: "o mandato presume-se gratuito quando não houver sido estipulada retribuição"[44].

---

[38] "O mandato é expresso quando se faz por escrito, por palavras ou gestos que tornam positiva e exteriorizada a vontade" (ALVES, João Luiz. *Código Civil da República dos Estados Unidos do Brasil Anotado*. Rio de Janeiro: F. Briguiet & Cia Editores e Livreiros, 1917, p. 887).

[39] Ocorre, por exemplo, a outorga tácita de mandato quando o patrão autoriza o empregado a efetuar pequenas compras (TEPEDINO, Gustavo. *Comentários ao novo Código Civil*, cit., v. X, p. 61).

[40] GONÇALVES, Marcus Vinícius Rios. *Comentários ao Código Civil Brasileiro*, cit., p. 697.

[41] Direito Comparado – Código Civil francês, art. 1.985, parte final; Código Civil espanhol, art. 1.710; Código Civil uruguaio, art. 2.053; Código Civil chileno, art. 2.123; Código Civil argentino, art. 1.319.

[42] Sobre a gestão de negócios ver Capítulo III desta Seção.

[43] Direito Comparado – Código Civil espanhol, art. 1.710; Código Civil chileno, art. 2.123.

[44] Direito Comparado – Código Civil francês, art. 1.986; Código Civil espanhol, art. 1.711; Código Civil português, art. 1.158º, 1; Código Civil uruguaio, art. 2.052; Código Civil chileno, art. 2.124.

f) Mandato oneroso: é o contrato em que se estipulou uma remuneração para o mandatário. A lei presume a onerosidade sempre que o objeto do mandato "corresponder ao daqueles que o mandatário trata por ofício ou profissão lucrativa" (CC, art. 658)[45]. É o caso do mandato outorgado ao advogado ou ao despachante, por exemplo. Sendo oneroso, o mandatário fará jus à remuneração ajustada no contrato ou em lei. Sendo estes omissos, "será determinada pelos usos do lugar, ou, na falta destes, por arbitramento" (CC, art. 658, parágrafo único).

g) Mandato geral: confere ao mandatário poderes para administrar todos os negócios do mandante, sem especificação (CC, art. 660)[46].

h) Mandato especial: o mandatário é contratado para cuidar de um ou mais negócios determinados pelo mandante, e somente ele(s) (CC, art. 660). Segundo Arnaldo Rizzardo, "classifica-se na classe especial o mandato quando restrito aos atos discriminados no instrumento, cingindo-se a eles os poderes, mesmo que outros atos da mesma natureza se ofereçam"[47]. Isto porque não se admite a analogia para abranger outros negócios que não aqueles expressamente especificados[48].

i) Mandato em termos gerais: por essa espécie de mandato o mandante outorga ao mandatário somente poderes gerais de administração de seus negócios, que não importa em alienação ou oneração do patrimônio (CC, art. 661, *caput*)[49]. Confere poderes genéricos de atuação ao representante.

Não se deve confundi-lo com o mandato geral, que autoriza o mandatário a praticar atos em relação a todos os negócios do mandante. O mandato em termos gerais, que pode ser limitado a um negócio específico, confere poderes de mera administração, não compreendendo os de disposição de bens ou direitos, os quais só se outorgam de maneira explícita ou especial[50].

j) Mandato com poderes especiais: é aquele por meio do qual o mandante outorga ao mandatário poderes para praticar atos especiais tais como alienar, hipote-

---

[45]   Direito Comparado – Código Civil italiano, art. 1.709; Código Civil argentino, art. 1.322.

[46]   "Art. 660. O mandato pode ser especial a um ou mais negócios determinadamente, ou geral a todos os do mandante". Direito comparado – Código Civil francês, art. 1.987; Código Civil espanhol, art. 1.712; Código Civil uruguaio, art. 2.054; Código Civil chileno, art. 2.130.

[47]   RIZZARDO, Arnaldo. *Contratos.* 6 ed. Rio de Janeiro: Forense, 2006, p. 697.

[48]   TEPEDINO, Gustavo. *Comentários ao novo Código Civil cit.*, v. X, p. 71.

[49]   "Art. 661. O mandato em termos gerais só confere poderes de administração". Direito comparado – Código Civil francês, art. 1.988; Código Civil italiano, art.1.708; Código Civil espanhol, art. 1.713; Código Civil uruguaio, art. 2.056; Código Civil chileno, art. 2.132.

[50]   "O mandato especial para determinado negócio, concebido em termos gerais, só confere poderes de administração nesse negócio, assim como o mandato geral, concebido em termos gerais, só confere poderes de administração em todos os negócios do mandante" (CARVALHO SANTOS, J. M. de. *Código Civil brasileiro interpretado.* 7. ed. Rio de Janeiro: Freitas Bastos, 1958, v. XVIII, p. 158).

car, transigir, ou outros que exorbitem da administração ordinária. A procuração deverá elencar expressamente os poderes que estão sendo conferidos ao representante, especificando exatamente o objeto da outorga (CC, art. 661, § 1º).

Nesse sentido o enunciado nº 183 da III Jornada de Direito Civil: "para os casos em que o parágrafo primeiro do art. 661 exige poderes especiais, a procuração deve conter a identificação do objeto". Esse, também, o entendimento do STJ: "Para a validade de escritura de doação realizada por procurador não bastam poderes para a liberalidade, de modo genérico, é indispensável a menção do respectivo objeto e do donatário, o que não ocorreu na espécie"[51].

Importante destacar que "o poder de transigir não importa o de firmar compromisso" (CC, art. 661, § 2º).

k) Mandato ad negotia *ou* extrajudicial: é o mandato outorgado para a administração em geral na esfera extrajudicial.

l) Mandato ad judicia: é o mandato que se outorga ao advogado para defender no processo os interesses do mandante. Nos termos da legislação civil, fica ele "subordinado às normas que lhe dizem respeito, constantes da legislação processual, e, supletivamente, às estabelecidas neste Código" (CC, art. 692). Ou seja, aplicam-se a essa modalidade de mandato as regras do Código de Processo Civil e da Lei nº 8.906/1994 (Estatuto da Advocacia).

O mandato *ad judicia*, em regra, confere ao causídico apenas poderes gerais para atuar em juízo. Outros poderes, se for o caso, hão de ser outorgados de maneira explícita. Assim, reclama cláusula específica os poderes para "receber citação, confessar, reconhecer a procedência do pedido, transigir, desistir, renunciar ao direito sobre o qual se funda a ação, receber, dar quitação, firmar compromisso e assinar declaração de hipossuficiência econômica" (CPC/2015, art. 105, *caput*).

m) Mandato singular: é aquele outorgado a um único mandatário.

n) Mandato plural[52]: é o outorgado a mais de um mandatário, podendo o exercício da outorga ser conjunto ou simultâneo, solidário, fracionário e sucessivo (CC, art. 672)[53]. Havendo pluralidade de mandatários cada um deve aceitar o mandato, ainda que tacitamente, uma vez que "a aceitação da parte de um dos mandatários" não envolve "necessariamente a aceitação da parte dos demais". É que "para a per-

---

[51] STJ, 4ª T., REsp. 1.575.048/SP, Rel. Min., Marco Buzzi, ac. 23.02.2016, *DJe* 26.02.2016.

[52] "Art. 672. Sendo dois ou mais os mandatários nomeados no mesmo instrumento, qualquer deles poderá exercer os poderes outorgados, se não forem expressamente declarados conjuntos, nem especificamente designados para atos diferentes, ou subordinados a atos sucessivos. Se os mandatários forem declarados conjuntos, não terá eficácia o ato praticado sem interferência de todos, salvo havendo ratificação, que retroagirá à data do ato".

[53] Direito comparado – Código Civil francês, art. 1.995; Código Civil italiano, art. 1.716; Código Civil português, art. 1.160º; Código Civil espanhol, art. 1.723; Código Civil uruguaio, art. 2.061; Código Civil argentino, art. 1.326; Código Civil chileno, art. 2.127.

feição do mandato faz-se mister a aceitação de cada um dos mandatários constituídos, em ato destacado, não se podendo deduzir a aceitação tácita de todos só pelo fato de um deles ter dado início à execução do serviço objeto do mandato"[54].

n.1) Mandato conjunto ou simultâneo: os mandatários nomeados devem agir em conjunto, sob pena de o ato ser ineficaz, a menos que o mandante, posteriormente, o ratifique, oportunidade em que a ratificação retroagirá à data do ato (CC, art. 672, *in fine*).

n.2) Mandato solidário: os mandatários podem agir em conjunto ou separadamente, independentemente da ordem de nomeação. Se a procuração nomear dois mandatários sem determinar a forma de atuação, presume-se que o mandato será solidário (CC, art. 672, primeira parte).

n.3) Mandato fracionário: o mandante, ao nomear os mandatários, restringe sua atuação, estipulando os atos que cada um pode praticar. Nessa espécie de mandato existirão "tantos mandatos distintos quanto os negócios mencionados, embora todos eles lavrados em um só"[55].

n.4) Mandato sucessivo ou substitutivo: os mandatários nomeados na procuração devem agir na ordem ali expressa, podendo o segundo agir na falta do primeiro e assim por diante.

33. EFEITOS DO MANDATO

Os atos praticados pelo mandatário produzem efeitos diversos, dependendo de sua congruência ou não com os poderes outorgados pelo mandante. Por essa razão, é sempre importante verificar os poderes que foram concedidos ao mandatário.

a) Atos praticados em nome do mandante, em conformidade do mandato conferido: o principal efeito do mandato é vincular o mandante ao terceiro com quem o mandatário celebrar negócios jurídicos, como se ele próprio tivesse praticado o ato. Forma-se um vínculo direto entre mandante e terceiro. Nesse sentido, a primeira parte do art. 663 do CC: "sempre que o mandatário estipular negócios expressamente em nome do mandante, será este o único responsável"[56]. Por isso, esclarece Pontes de Miranda que "os atos praticados pelo mandatário, dentro dos poderes do mandato, são *atos do mandante*"[57].

Assim, "o mandante é obrigado a satisfazer todas as obrigações contraídas pelo mandatário, na conformidade do mandato conferido" (CC, art. 675).

---

[54] CARVALHO SANTOS, J. M. de. *Código Civil Brasileiro interpretado*, cit., p. 263.
[55] CARVALHO SANTOS, J. M. de. *Código Civil Brasileiro interpretado*, cit., p. 149.
[56] Direito comparado – Código Civil francês, art. 1.998; Código Civil espanhol, art. 1.727; Código Civil uruguaio, art. 2.076; Código Civil chileno, art. 2.154.
[57] PONTES DE MIRANDA, Francisco Cavalcanti. *Tratado de Direito Privado*. São Paulo: Editora Revista dos Tribunais, 2012, v. XLIII, § 4.683, n. 2, p. 121.

b) Atos praticados em nome do mandante, sem poderes ou com poderes insuficientes: sempre que o mandatário agir sem poderes ou com poderes insuficientes, os atos por ele praticados são considerados *ineficazes* em relação ao mandante, salvo se este os ratificar (CC, art. 662)[58]. O ato não é nulo, anulável ou inexistente, ele apenas não produz efeitos na esfera jurídica do mandante. Em relação ao mandatário é ele válido e o vincula pessoalmente perante o terceiro com quem contratou. Segundo Pontes de Miranda, "o ato existe, e vale; não tem eficácia contra o mandante, porque o não faz um dos figurantes, por falta de poder outorgado"[59].

Daí estabelecer o art. 665 do Código Civil que "o mandatário que exceder os poderes do mandato, ou proceder contra eles, será considerado mero gestor de negócios, enquanto o mandante lhe não ratificar os atos"[60].

A ratificação há de ser "expressa, ou resultar de ato inequívoco, e retroagirá à data do ato" (parágrafo único, do art. 662). A ratificação é ato unilateral, que valida o ato anteriormente praticado pelo mandatário, como se fosse do mandante, desde a sua celebração, pois os seus efeitos são *ex tunc*[61].

c) Atos praticados pelo mandatário em seu próprio nome: se o mandatário agir em seu próprio nome, obviamente será o único obrigado, não podendo o ato vincular, de qualquer modo, o mandante. Nesse sentido, expressamente, a parte final do art. 663, do Código Civil: "ficará, porém, o mandatário pessoalmente obrigado, se agir no seu próprio nome, ainda que o negócio seja de conta do mandante". É o caso, por exemplo, em que o mandatário é constituído para comprar determinado bem, e resolve adquiri-lo para si, seja para incorporá-lo definitivamente ao seu patrimônio, seja para posteriormente transferi-lo para o mandante.

Alguns autores afirmam que se trataria de mandato sem representação, porque o artigo autoriza a prática do ato por conta do mandante[62]. Entretanto, essa não é a melhor interpretação, *data venia*. Com efeito, a representação é da essência do mandato, sem a qual não há esse contrato. Se, contudo, o mandatário agir em seu próprio nome, ainda que por conta do mandante, estará, de fato, descumprindo o mandato[63]. Ou, então, ter-se-á o contrato de comissão, no qual o comissário age em

---

[58] Direito comparado – Código Civil espanhol, art. 1.717; Código Civil italiano, art. 1.711; Código Civil uruguaio, art. 2.076; Código Civil chileno, art. 2.160.

[59] PONTES DE MIRANDA, Francisco Cavalcanti. *Tratado de Direito Privado cit.*, § 4.685, n. 2, p. 134.

[60] Sobre a gestão de negócios, ver Capítulo III desta Seção.

[61] "A ratificação constitui declaração unilateral de vontade; encerra consentimento ao ato praticado pelo mandatário, *a posteriori*, suprindo a outorga do poder omitido, com o intuito de vincular o mandante ao terceiro" (TEPEDINO, Gustavo. *Comentários ao novo Código Civil*, cit., v. X, p. 83).

[62] GONÇALVES, Marcus Vinícius Rios. *Comentários ao Código Civil Brasileiro*, cit., p. 729; GOMES, Orlando. *Contratos*. 26. ed. Rio de Janeiro: Forense, 2007, p. 424.

[63] "Trata-se, aqui, do mandatário que, violando o contrato de mandato, isto é, violando o poder de representação que lhe foi regularmente outorgado, atua em nome próprio, ainda que

Seção II: Do Mandato • Cap. IV – Do Mandato | 55

seu próprio nome, contraindo pessoalmente as obrigações e os direitos decorrentes do negócio, mas no interesse e por conta do comitente (CC, art. 693).

34. OBRIGAÇÕES DO MANDATÁRIO

As obrigações do mandatário estão elencadas nos arts. 667 a 674 do Código Civil e são as seguintes:

a) Dever de diligência: uma vez que o mandatário age em nome e por conta de outrem, é obrigado a "aplicar toda sua diligência habitual na execução do mandato", respondendo por "qualquer prejuízo causado por culpa sua ou daquele a quem substabelecer" (Código Civil, art. 667)[64]. Destarte, "deve concluir os negócios para os quais foi incumbido, não como se fossem alheios, mas como se o interessassem diretamente, buscando alcançar, dentro do possível, os resultados almejados pelo mandante"[65].

Ao outorgar os poderes, o mandante revela a sua *confiança* no mandatário, que deve corresponder-lhe praticando o encargo da melhor forma possível. Essa obrigação de bem cumprir o mandato torna-se ainda mais evidente se se tratar de procurador que o desempenhe profissionalmente, "pois que de um lado dita a consciência profissional, e de outro a remuneração, concorrendo para que não deixe de pôr todo o seu interesse no cumprimento"[66].

Para De Plácido e Silva, o principal dever do mandatário é "dar início à execução do mandato aceito, indo até que se complete a realização do encargo ou a feitura do negócio que nesse se determina"[67]. A inexecução do contrato, assim, "sanciona ao mandatário o ressarcimento de todas as perdas, que o fato injusto possa trazer ao mandante"[68].

---

por conta do mandante, a caracterizar o inadimplemento contratual" (TEPEDINO, Gustavo. *Comentários ao novo Código Civil*, cit., v. X, p. 91).

[64] Direito comparado – Código Civil italiano, art. 1.710; Código Civil espanhol, art. 1.718; Código Civil uruguaio, art. 2.064; Código Civil argentino, art. 1.324, "a".

[65] GONÇALVES, Marcus Vinícius Rios. *Comentários ao Código Civil brasileiro*, cit., p. 747. Na lição de Sílvio de Salvo Venosa, "atuando no interesse alheio, o mandatário deve empregar toda sua diligência habitual na execução do mandato. Utiliza-se o padrão do *bonus pater familias* ou homem médio. Ou, mais modernamente, analisa-se a boa-fé objetiva na condução do contrato" (VENOSA, Sílvio de Salvo. *Código Civil Interpretado*, cit., 2011, p. 723).

[66] PEREIRA, Caio Mário da Silva. *Instituições de Direito Civil: contratos*. 22. ed. Revista e atualizada por Caittin Mulholland. Rio de Janeiro: Forense, 2018, v. III, p. 382. No mesmo sentido: "Na hipótese de o mandatário atuar profissionalmente, ainda mais intenso configura-se o dever de bem desempenhar o ofício, por força de sua habilitação profissional" (TEPEDINO, Gustavo; BARBOZA, Heloisa Helena; MORAES, Maria Celina Bodin de. *Código Civil Interpretado*, cit., 2006, v. II, p. 443).

[67] DE PLÁCIDO E SILVA. *Tratado de Mandato e prática das procurações*. 3. ed. Rio de Janeiro: Forense, 1959, v. II, p. 134.

[68] DE PLÁCIDO E SILVA. Op. cit., loc. cit.

A obrigação do mandatário, no entendimento de Marcos Vinícius Rios Gonçalves, é

"cumprir o mandato por inteiro, e não em parte. *Se pretende cumprir apenas algumas das ordens e instruções que recebeu, deve recusar o mandato, pois a execução parcial equivale ao inadimplemento.* As obrigações constituem um todo indivisível, e não cabe ao mandatário executar algumas em detrimento de outras" (g.n.)[69].

b) Prestar contas de sua administração: o mandatário deve, ainda, prestar contas "de sua gerência ao mandante, transferindo-lhe as vantagens provenientes do mandato, por qualquer título que seja" (CC, art. 668)[70].

b.1) Informação: na obrigação de prestar contas inclui a de *informar* o mandante a respeito de sua atuação e de qualquer percalço ocorrido durante a execução do contrato. Deve, portanto, "informar o mandante acerca da execução das tarefas a ele confiadas, comunicando-lhe, independentemente de solicitação específica neste sentido, os fatos supervenientes que possam repercutir, de alguma maneira, na execução do mandato"[71].

A obrigação de informação é essencial ao mandato e decorre do princípio geral da boa-fé objetiva que norteia todas as espécies contratuais (CC, art. 422). Para Pontes de Miranda, é a forma de o mandatário cumprir fielmente a prestação devida:

"*Tem de comunicar ao mandante as circunstâncias supervenientes que possam determinar a alteração dos poderes, ou das instruções, ou a revogação do mandato.* Não estaria a salvaguardar os interesses do mandante se lhe ocultasse o que ele conhece e o mandante ignora, ou é de supor-se que ignora. Aliás, se as circunstâncias são tais que, conhecendo-as o mandante, não manteria as instruções que deu, e há urgência em que o mandatário exerça os poderes, por ser difícil ou impossível receber manifestações de vontade do mandante, feita a comunicação, o mandatário procederia como lhe diria o mandante, devido à mudança de circunstâncias. (...)

Para que nasça o dever de comunicação é preciso que sejam tais as circunstâncias, ora ocorridas ou ora reveladas, que o mandatário tenha de supor que o mandante, conhecendo-as, não faria o contrato tal qual, ou não daria as instruções ou as modificaria" (g.n.)[72].

---

[69] GONÇALVES, Marcus Vinícius Rios. *Comentários ao Código Civil brasileiro*, cit., p. 744-745.

[70] Direito comparado – Código Civil francês, art. 1.993; Código Civil alemão, §§ 666 e 667; Código Civil italiano, arts. 1.706 e 1.713; Código Civil português, art. 1.161º, "b" e "e"; Código Civil espanhol, art. 1.720; Código Civil uruguaio, arts. 2.066 e 2.074; Código Civil argentino, art. 1.324, "b", "e", "f".

[71] TEPEDINO, Gustavo. *Comentários ao novo Código Civil*, cit., v. X, p. 113.

[72] PONTES DE MIRANDA, Francisco Cavalcanti. *Tratado de Direito Privado*, cit., 2012, § 4.682, item 2, p. 111-112.

Entretanto, Sílvio de Salvo Venosa adverte que o mandatário não fica sujeito "a constantes ingerências do mandante, que podem impedir o exercício tranquilo do mandato e justificar sua renúncia"[73].

O direito de receber informações transmite-se aos herdeiros do mandante, razão pela qual não fica o mandatário desobrigado em caso de morte do representado. Entretanto, a obrigação do mandatário é personalíssima, razão pela qual não deve ser cumprida por seus herdeiros em caso de morte. Nesse sentido, a jurisprudência do STJ:

> (i) *Herdeiros do mandatário:* "1. Esta Corte já decidiu que o dever de prestar de contas não se transmite aos herdeiros do mandatário, devido ao caráter personalíssimo do contrato de mandato (cf. REsp 1.055.819/SP, Rel. Ministro MASSAMI UYEDA, TERCEIRA TURMA, DJe 07/04/2010).
>
> 2. Essa orientação, porém, não pode ser estendida à hipótese de morte do mandante, porque as circunstâncias que impedem a transmissibilidade do dever de prestar contas aos herdeiros do mandatário não se verificam na hipótese inversa, relativa ao direito de os herdeiros do mandante exigirem a prestação de contas do mandatário.
>
> 3. Legitimidade dos herdeiros do mandante para ajuizarem ação de prestação de contas em desfavor do mandatário do 'de cujus'. Doutrina sobre o tema"[74].
>
> (ii) *Espólio do mandatário:* "I – O mandato é contrato personalíssimo por excelência, tendo como uma das causas extintivas, nos termos do art. 682, II, do Código Civil de 2002, a morte do mandatário;
>
> II – Sendo o dever de prestar contas uma das obrigações do mandatário perante o mandante e tendo em vista a natureza personalíssima do contrato de mandato, por consectário lógico, a obrigação de prestar contas também tem natureza personalíssima;
>
> III – Desse modo, somente é legitimada passiva na ação de prestação de contas a pessoa a quem incumbia tal encargo, por lei ou contrato, sendo tal obrigação intransmissível ao espólio do mandatário, que constitui, na verdade, uma ficção jurídica"[75].

b.2) Transferência das vantagens: há, ainda, a obrigação de *transferir* ao mandante qualquer *vantagem obtida* em razão do mandato. Esse dever decorre do fato de que o mandatário age em nome e por conta do mandante, como se este tivesse celebrado o negócio. Assim, qualquer proveito econômico derivado do negócio (bens ou dinheiro) é do mandante, a quem devem ser transferidas as vantagens.

---

[73] VENOSA, Sílvio de Salvo. *Código Civil Interpretado*, cit., 2011, p. 724.

[74] STJ, 3ª T., REsp. 1.122.589/MG, Rel. Min. Paulo de Tarso Sanseverino, ac. 10.04.2012, *DJe* 19.04.2012. No mesmo sentido: "A morte do mandante não afasta dos herdeiros o direito de exigir a prestação de contas em desfavor do mandatário" (STJ, 4ª T., AgInt no REsp. 1.458.681/MG, Rel. Min. Lázaro Guimarães, ac. 20.02.2018, *DJe* 27.02.2018).

[75] STJ, 3ª T., REsp. 1.055.819/SP, Rel. Min. Massami Uyeda, ac. 16.03.2010, *DJe* 07.04.2010.

Por isso, ainda que os herdeiros do mandatário falecido não se submetam a prestar contas em lugar deste, não podem se furtar à obrigação de repassar ao mandante a vantagem que ainda remanesce no acervo hereditário.

c) Impossibilidade de compensação: o mandatário não pode compensar os prejuízos a que deu causa com os proveitos que, por outro lado, tenha granjeado ao seu constituinte (CC, art. 669). A regra mostra-se intuitiva, uma vez que as vantagens decorrentes do contrato celebrado pelo mandatário são do mandante, não havendo crédito daquele para ser compensado. Com efeito, "o mandatário é devedor de ambas as coisas, e não credor de uma e devedor de outra, como seria necessário para que houvesse a compensação"[76].

d) Pagar juros pelas somas que deveria entregar, mas empregou em seu proveito: o art. 670 do CC determina que o mandatário pague juros "pelas somas que devia entregar ao mandante ou recebeu para despesa, mas empregou em proveito seu"[77]. Os juros são devidos "desde o momento em que abusou". Nessa situação, o dever de pagar juros decorre não apenas da mora do mandatário em transferir imediatamente ao mandante as vantagens do mandato, mas, também, do inadimplemento do encargo, já que utiliza o que não é seu em seu próprio proveito. Essa regra complementa e justifica a do art. 668, que determina a prestação de contas.

Parte da doutrina entende que o mandante está desobrigado de constituir o mandatário em mora, pois ela é automática, a partir do momento em que deveria o mandatário transferir as somas em dinheiro e não o fez[78]. Entretanto, há quem diga ser "preciso que o mandante interpele o mandatário, de acordo com os princípios do direito comum, a não ser que o mandante, ao outorgar procuração, lhe haja fixado prazo para a remessa"[79]. A nosso sentir, incide a regra própria das obrigações sem prazo certo para cumprimento: "não havendo termo, a mora se constitui mediante interpelação judicial ou extrajudicial" (CC, art. 397, parágrafo único).

Havendo estipulação de juros moratórios no contrato, estes serão utilizados. Caso contrário, os juros serão os legais, previstos no art. 406 do CC.

---

[76] GONÇALVES. Marcus Vinícius Rios. Arts. 653 a 692. In: ARRUDA ALVIM; ALVIM, Thereza; CLÁPIS, Alexandre Laizo (coords.). *Comentários ao Código Civil Brasileiro.* Rio de Janeiro: Forense, 2009, v. VI, p. 758.

[77] Direito comparado – Código Civil francês, art. 1.996; Código Civil alemão, § 668 Código Civil italiano, art. 1.714; Código Civil português, art. 1.164°; Código Civil espanhol, art. 1.724; Código Civil uruguaio, art. 2.073; Código Civil argentino, art. 1.324, "g"; Código Civil chileno, art. 2.156.

[78] TEPEDINO, Gustavo. *Comentários ao novo Código Civil,* cit., v. X, p. 119; TEPEDINO, Gustavo; BARBOZA, Heloisa Helena; MORAES, Maria Celina Bodin de. *Código Civil Interpretado,* cit., 2006, v. II, p. 447; BEVILAQUA, Clóvis. *Código Civil dos Estados Unidos do Brasil Comentado.* Rio de Janeiro: Editora Paulo de Azevedo, 1957, v. V, cit., p. 40.

[79] CARVALHO SANTOS, J. M. de. *Código Civil brasileiro interpretado.* 7. ed. Rio de Janeiro: Freitas Bastos, 1958, v. XVIII, p. 259.

Seção II: Do Mandato • Cap. IV – Do Mandato | **59**

e) Responsabilidade perante terceiros pelos atos praticados com excesso de mandato: o mandatário, por força do art. 118 do CC aplicável ao mandato, é obrigado a provar às pessoas com quem tratar em nome do representado, sua qualidade e a extensão de seus poderes, "sob pena de, não o fazendo, responder pelos atos que a estes excederem"[80]. Por outro lado, é também ônus do terceiro que contrata com o mandatário exigir-lhe a apresentação da procuração, para que possa tomar conhecimento dos poderes que lhe foram outorgados pelo mandante. Se, cumprindo seu ônus, mesmo depois de conhecer os poderes do mandatário, com ele celebrar negócio exorbitante do mandato, obviamente, não poderá alegar boa-fé, razão pela qual "não tem ação contra o mandatário" (CC, art. 673)[81], nem contra o mandante, pois o ato não o vinculará (art. 662)[82].

Entretanto, se o mandatário prometeu ao terceiro a posterior ratificação do mandante (promessa de fato de terceiro) ou se responsabilizou pessoalmente, deverá indenizá-lo por eventuais prejuízos suportados. Na primeira hipótese, a indenização decorre do descumprimento do ajuste, pois não logrou a ratificação prometida (CC, art. 439)[83]. Na segunda situação, o mandatário, por se responsabilizar pessoalmente, vincula-se diretamente ao terceiro com quem contratou com excesso de poderes (CC, art. 663).

f) Concluir o negócio já começado, mesmo após a morte, interdição ou mudança de estado do mandante: segundo o art. 674, do CC, "embora ciente da morte, interdição ou mudança de estado do mandante, deve o mandatário concluir o negócio já começado, se houver perigo na demora". Em regra, a morte do mandante ou a sua interdição ou mudança de estado extinguem o contrato. Entretanto, para preservar o negócio e o direito do espólio, a legislação determinou que o mandatário, mesmo ciente da extinção do mandato, conclua o negócio já começado[84].

35. DIREITO DE RETENÇÃO DO MANDATÁRIO

Em regra, o mandato é contrato gratuito, salvo se as partes estipularem o contrário ou se o objeto do contrato corresponder ao daqueles que o mandatário trata

---

[80] Sobre o tema, ver item 13, do Capítulo I, desta Seção.

[81] Direito comparado – Código Civil francês, art. 1.997.

[82] Para Flávio Tartuce, o artigo pretende "punir o terceiro que agiu de má-fé, não tendo o último ação contra o mandatário se sabia da atuação em abuso de direito, eis que ninguém pode beneficiar-se da própria torpeza, o que é corolário da boa-fé". (TARTUCE, Flávio. *Direito Civil: teoria geral dos contratos e contratos em espécie.* 12. ed. Rio de Janeiro: Forense, 2017, v. 3, p. 570).

[83] "Art. 439. Aquele que tiver prometido fato de terceiro responderá por perdas e danos, quando este o não executar".

[84] Nesse sentido a jurisprudência do STJ à época da legislação de 1916: "a subsistência excepcional do mandato, prevista no art. 1.308 do Código Civil [de 1916; CC/2002, art. 674], prende-se a que da delonga possam resultar prejuízos para o mandante ou seus sucessores" (STJ, 3ª T., REsp. 41.163/SP, Rel. Min. Eduardo Ribeiro, ac. 07.02.1995, *DJU* 03.04.1995, p. 8.128).

por ofício ou profissão lucrativa (CC, art. 658, *caput*). Quando o mandato for oneroso, o mandatário tem o direito de "reter, do objeto da operação que lhe foi cometida, quanto baste para pagamento de tudo que lhe for devido em consequência do mandato" (CC, art. 664)[85]. Pense-se no caso dos advogados, corretores etc.

Da mesma forma, ainda que o contrato seja gratuito, o mandatário pode reter a coisa de que tenha a posse em virtude do mandato, "até se reembolsar do que no desempenho do encargo despendeu" (CC, art. 681).

O direito de retenção configura-se em uma garantia de que o mandatário receberá a remuneração fixada e o reembolso das despesas que efetuar para desempenhar o seu encargo. Importante ressaltar que a lei autoriza a retenção, não o autopagamento. Vale dizer, não pode o mandatário destacar parte dos valores ou dos bens do mandante em seu poder para se pagar pelo trabalho realizado, "não se torna dono do que reteve, mas tem o mero depósito, e sob este título deve comportar-se"[86]. Somente na hipótese de retenção de valores monetários é que "há de se dar à retenção o caráter de pagamento"[87].

Os dispositivos 664 e 681 devem ser analisados conjuntamente e não há contradição entre eles. Na lição de Gustavo Tepedino,

> "a natureza unilateral do mandato, fundado na confiança atribuída à reputação de quem o desempenha, não implica o esvaziamento econômico da atuação do mandatário, mas reforça, ao revés, a particular relevância do contrato de mandato no âmbito das relações patrimoniais privadas, a justificar a duplicidade de dispositivos, de que se valeu o codificador, para superar a linha interpretativa anterior, e acentuar a importância da atuação do mandatário"[88].

36. OBRIGAÇÕES DO MANDANTE

As obrigações do mandante estão enumeradas nos arts. 675 a 681 do Código Civil e são as seguintes:

a) Satisfazer as obrigações assumidas pelo mandatário em seu nome, na conformidade do mandato conferido: como já se disse, o principal efeito do mandato é vincular o mandante ao terceiro com quem o mandatário celebrar negócios jurídicos, como se ele próprio tivesse praticado o ato. Forma-se um vínculo direto entre mandante e terceiro, razão pela qual "o mandante é obrigado a satisfazer todas as obrigações contraídas pelo mandatário, na conformidade do mandato conferido" (CC, art. 675).

---

[85] Direito comparado – Código Civil espanhol, art. 1.730; Código Civil uruguaio, art. 2.084; Código Civil chileno, art. 2.162.

[86] RIZZARDO, Arnaldo. *Contratos*. 6 ed. Rio de Janeiro: Forense, 2006, p. 719.

[87] RIZZARDO, Arnaldo. Ob. cit., loc. cit.

[88] TEPEDINO, Gustavo. *In: Comentários ao novo Código Civil*, cit., v. X, p. 95.

a.1) A obrigação persiste "ainda que o mandatário contrarie as instruções do mandante, se não exceder os limites do mandato": eis os termos do art. 679, do Código Civil. O mandato cria duas relações jurídicas distintas e independentes. A primeira, entre mandante e mandatário, e, a segunda, entre o procurador e o terceiro com quem irá contratar em nome e por conta do representado. Por isso, para o terceiro interessa apenas saber os poderes outorgados pelo mandante, para aferir se o ato praticado pelo mandatário irá obrigar o representado. Em outras palavras, se o mandatário agiu nos limites do mandato, o ato vincula o mandante perante o terceiro[89].

Se, porventura, o mandatário desrespeitar as instruções recebidas pelo mandante (as quais não figuraram no texto da procuração), configurado estará o inadimplemento do mandato, fato este que ensejará responsabilidade pessoal do procurador, não podendo, porém, interferir na esfera jurídica do terceiro. Daí porque a legislação ressalva que o mandante terá ação contra o mandatário "pelas perdas e danos resultantes da inobservância das instruções".

J. M. de Carvalho Santos bem explica que "as instruções, embora estranhas ao terceiro, estabelecem obrigações do mandatário para com o mandante, resultando daí a consequência imediata de que, afastando-se o mandatário das referidas instruções, se resultar daí algum dano ao mandante, deverá ele indenizá-lo"[90]. Imagine-se a situação em que o mandante recomenda ao mandatário, encarregado de adquirir certas ações, que aguarde prazo para alcançar cotação mais favorável no mercado. Descumprindo tal prazo e verificado prejuízo para o mandante, por ele responderá o mandatário, sem que o negócio praticado com terceiro perca eficácia.

b) Adiantar a importância das despesas necessárias à execução do mandato: o mandatário não está obrigado a arcar com as despesas necessárias para cumprir o mandato, uma vez que desempenha o seu mister em nome e no interesse do mandante. A situação mostra-se ainda mais evidente, se se pensar no mandato gratuito. Ora, não faz sentido que o mandatário não receba remuneração pelo mandato e, ainda, tenha que despender dinheiro para cumprir a obrigação. Por isso, pode ele requerer ao mandante o adiantamento dos valores necessários para cobrir as despesas para a execução do contrato (CC, art. 675, parte final)[91].

---

[89] "Procura a lei afastar a interferência das relações internas do mandato dos negócios externos praticados com terceiros, em prol de melhor adequação social. De outro modo, o mandato perderia credibilidade e, consequentemente, sua maior utilidade, que é propiciar dinâmica aos negócios" (VENOSA, Sílvio de Salvo. *Código Civil Interpretado*, cit., p. 728).

[90] CARVALHO SANTOS, J. M. de. *Código Civil brasileiro interpretado*. 2. ed. São Paulo: Atlas, 2011, p. 292.

[91] Direito comparado – Código Civil francês, art. 1.999; Código Civil alemão, § 669; Código Civil espanhol, art. 1.728; Código Civil uruguaio, art. 2.079; Código Civil chileno, art. 2.158, 1.

Plácido e Silva explica que "despesas necessárias à execução" são aquelas

"despendidas com os pagamentos, que se tornam indispensáveis à eficiência e boa conclusão do negócio objetivado no mandato. Podem resultar de serviços prestados por auxiliares chamados pelo mandatário, despesas fiscais, gastos de expediente, publicidade, fretes ou carretos e tantos outros gastos que se tornaram imprescindíveis e sem os quais o mandato não se poderia cumprir"[92].

Claro, porém, que as despesas devem ser justificadas ao mandante e, se nenhuma relação tiverem com a execução do mandato ou forem completamente desnecessárias, não deverão ser adiantadas ou reembolsadas. Por outro lado, sendo requerido o adiantamento, o mandatário pode se recusar a cumprir o contrato até que o mandante adiante a quantia pleiteada[93].

c) Pagar ao mandatário a remuneração ajustada: se o mandato for oneroso, o mandante é obrigado a pagar ao mandatário a remuneração combinada, ainda que o negócio não surta o efeito esperado, a menos que o mandatário tenha agido com culpa (CC, art. 676)[94]. Se o mandato foi cumprido, conforme a orientação do mandante, o mandatário faz jus à remuneração combinada. A obrigação do mandante somente é afastada se o efeito esperado não for alcançado *por culpa do mandatário*. Vê-se, portanto, que o mandatário assume uma *obrigação de meio* e, não, de resultado. Vale dizer, não está obrigado a alcançar o resultado esperado pelo mandante, mas diligenciar com todos os meios que estão ao seu alcance para que o negócio surta os efeitos pretendidos pelo mandante.

Em todo caso, havendo culpa do mandatário sua remuneração pode ser reduzida proporcionalmente aos prejuízos causados ou, até mesmo, não ser paga, se ocorrer total imprestabilidade do negócio[95].

d) Pagar ao mandatário as despesas da execução do mandato: o direito ao reembolso das despesas necessárias à execução do contrato que não tenham sido adiantadas também não tem qualquer relação com o sucesso do negócio (CC, art.

---

[92] DE PLÁCIDO E SILVA. *Tratado de Mandato e prática das procurações*. 3. ed. Rio de Janeiro: Forense, 1959, v. II, n. 376, p. 21-22.

[93] TEPEDINO, Gustavo. *Comentários ao novo Código Civil cit.*, v. X, p. 132; ASSIS, Araken de. *Contratos nominados: mandado, comissão, agência e distribuição, corretagem, transporte*. Coordenação Miguel Reale, Judith Martins-Costa. São Paulo: Revista dos Tribunais, 2005, v.2, p. 97; PONTES DE MIRANDA, Francisco Cavalcanti. *Tratado de direito privado cit.*, 2012, § 4.683, n. 1, p. 120.

[94] Direito comparado – Código Civil francês, art. 1.999; Código Civil italiano, art. 1.720; Código Civil português, art. 1.167º, b; Código Civil espanhol, art. 1.728; Código Civil uruguaio, art. 2.081; Código Civil argentino, art. 1.328, d; Código Civil chileno, art. 2.158, 3.

[95] TEPEDINO, Gustavo; BARBOZA, Heloisa Helena; MORAES, Maria Celina Bodin de. *Código Civil Interpretado*, cit., 2006, v. II, p. 454.

676)[96]. O reembolso é necessário para que se evite o enriquecimento ilícito[97]. Se o negócio é no interesse do mandante, ele é o único responsável pelas despesas para sua realização. Como explicitado no item *b* supra, somente as despesas desnecessárias e inúteis não devem ser reembolsadas.

Mas, se o mandatário agir com culpa, também não será reembolsado. Para J. M. de Carvalho Santos, "onde quer que haja culpa da parte do mandatário desaparece a obrigação do mandante de pagar as despesas feitas para a execução do mandato"[98].

e) Pagar juros sobre as somas adiantadas pelo mandatário, desde a data do desembolso: se o mandatário arcou com o pagamento das despesas para a execução do contrato, faz jus ao reembolso do valor acrescido de juros compensatórios, pois ficou privado do seu capital (CC, art. 677)[99]. Não havendo estipulação no contrato, os juros serão os legais (CC, art. 406).

f) Ressarcir os prejuízos sofridos pelo mandatário na execução do mandato: o art. 678[100] do CC estabelece a obrigação do mandante "a ressarcir ao mandatário as perdas que este sofrer com a execução do mandato, sempre que não resultem de culpa sua ou de excesso de poderes".

Uma vez que a atuação do mandante é voltada para satisfazer os interesses do mandante e, portanto, só a ele concerne, todo risco do negócio deve ser assumido por ele. Por isso, não é justo que o mandatário tenha que arcar com eventuais prejuízos suportados em razão da execução do seu mister, ainda que o mandato não tenha sido a causa direta do dano, mas a oportunidade pela sua ocorrência tenha surgido em razão dele. Em outras palavras, "as perdas que o mandante deve res-

---

[96] Direito comparado – Código Civil alemão, §670; Código Civil italiano, art. 1.720; Código Civil português, art. 1.167º, c; Código Civil espanhol, art. 1.728; Código Civil uruguaio, art. 2.081; Código Civil argentino, art. 1.328, a; Código Civil chileno, art. 2.158, 2.

[97] "Independentemente dos resultados auferidos e do valor da remuneração, tem o mandatário direito a ser reembolsados pelas quantias que desembolsou para a execução do mandato. Não se mostraria, de fato, compatível com a função desempenhada pelo mandatário subordinar à confirmação do sucesso esperado a obrigação do mandante de reembolsá-lo pelas despesas efetuadas" (TEPEDINO, Gustavo. *Comentários ao novo Código Civil*, cit., v. X, p. 136).

[98] CARVALHO SANTOS, J. M. de. *Código Civil interpretado*, cit., p. 285. No mesmo sentido: "a regra pretende evitar a imposição de ônus para o mandante prejudicado e, portanto, no que concerne às despesas com o mandato, aplica-se tanto aos mandatos onerosos quanto aso gratuitos" (TEPEDINO, Gustavo. *Comentários ao novo Código Civil*, cit., v. X, p. 138).

[99] Direito comparado – Código Civil francês, art. 2.001; Código Civil português, art. 1.167º, c; Código Civil espanhol, art. 1.728; Código Civil uruguaio, art. 2.082; Código Civil chileno, art. 2.158, 4.

[100] Direito comparado – Código Civil francês, art. 2.000; Código Civil italiano, art. 1.720; Código Civil português, art. 1.167º, d; Código Civil espanhol, art. 1.729; Código Civil uruguaio, art. 2.081; Código Civil argentino, art. 1.328, b; Código Civil chileno, art. 2.158, 5.

sarcir são as que o mandatário não teria sofrido se não houvesse aceito o mandato (Teixeira de Freitas, *Esboço*, art. 2.981)"[101].

A regra é consequência direta do princípio segundo o qual o mandatário transfere ao mandante tudo que recebe em virtude do mandato. Ora, não seria justo que o mandante recebesse apenas os bônus, devendo arcar, também, com os ônus e outros prejuízos.

Entretanto, se os prejuízos suportados pelo mandatário decorrerem de culpa sua na execução do mandato, não receberá qualquer indenização. Da mesma forma, se tiver agido com excesso de poder, eis que, nessa hipótese, "há sempre culpa do mandatário, o que explica e justifica esta segunda exceção formulada pelo Código à regra por ele mesmo firmada de início"[102].

g) Obrigar-se solidariamente perante o mandatário por todos os compromissos e efeitos do mandato outorgado para negócio comum por vários mandantes: havendo pluralidade de mandantes, o art. 680[103] do Código Civil estabelece a solidariedade entre eles perante o mandatário. A doutrina diverge a respeito da necessidade ou não de que os mandatos tenham sido outorgados no mesmo instrumento. Alguns autores defendem ser indispensável o *objeto comum*, pouco importando que os mandatos tenham sido outorgados num único instrumento[104]. A corrente majoritária, contudo, defende a necessidade de que os mandatos sejam todos instituídos no mesmo documento, senão haverá tantos mandatos quantos forem os instrumentos[105].

A solidariedade, contudo, é em relação ao mandatário e não com os terceiros com quem o procurador celebrou o negócio. Vale dizer, "compreende a responsabilidade pela remuneração, despesas, pelas perdas, pelos juros compensatórios e pelos moratórios"[106].

Segundo a lógica da solidariedade, o mandante que arcar com o pagamento das despesas do mandatário possui direito de regresso contra os demais, para exigir delas a respectiva quota parte (CC, art. 283).

37. DIREITOS DO MANDANTE

Dispõe a lei que "se o mandatário, tendo fundos ou crédito do mandante, comprar, em nome próprio, algo que devera comprar para o mandante, por ter sido

---

[101] CARVALHO SANTOS, J. M. de. *Código Civil brasileiro interpretado*, cit., p. 289.

[102] CARVALHO SANTOS, J. M. de. *Código Civil brasileiro interpretado*, cit., p. 290.

[103] Direito Comparado – Código Civil francês, art. 2.002; Código civil português, art. 1.169º; Código Civil espanhol, art. 1.731.

[104] TEPEDINO, Gustavo. *Comentários ao novo Código Civil*, cit., v. X, p. 147.

[105] GONÇALVES, Marcus Vinícius Rios. *Comentários ao Código Civil brasileiro*, cit., p. 789. No mesmo sentido: CARVALHO SANTOS, J. M. de. *Código Civil brasileiro interpretado*, cit., p. 293; RIZZARDO, Arnaldo. *Contratos*, cit., p. 718; ASSIS, Araken de. *Contratos nominados*, cit., p. 107.

[106] CARVALHO SANTOS, J. M. de. *Código Civil brasileiro interpretado*, cit., p. 293-294.

expressamente designado no mandato, terá este ação para obrigá-lo à entrega da coisa comprada" (CC, art. 671)[107].

O procurador, ao assim agir, descumpre o mandato, abusando da confiança depositada pelo mandante, uma vez que adquire para si algo que deveria ter comprado para o representado. Nos termos da legislação, é essencial que o mandante tenha disponibilizado ao mandatário dinheiro ou crédito para a compra. Entretanto, "não necessariamente deve o mandatário utilizar os fundos ou créditos do mandante para realizar a compra"[108].

Em razão do inadimplemento contratual, o mandante terá ação para obrigar o mandatário a entregar-lhe a coisa adquirida. Para Flávio Tartuce, a ação seria a reivindicatória, "fundada no domínio sobre a coisa"[109], uma vez que o mandatário utilizou-se de fundos ou créditos do mandante. Gustavo Tepedino também entende cabível a reivindicatória se o mandatário tiver se utilizado dos fundos que lhe foram disponibilizados pelo mandante para a aquisição[110]. Entretanto, para o autor, "se o mandante não tiver adiantado o valor necessário à aquisição da coisa, não poderá reivindicá-la do mandatário, cabendo, apenas, indenização por perdas e danos pelo inadimplemento contratual"[111].

Se o mandatário adquiriu a coisa para si, em nome próprio, com seus recursos, não há mesmo que se falar em transmissão do domínio ao mandante a autorizá-lo a ajuizar ação reivindicatória. Nesse caso, poderá ajuizar ação de condenação ao cumprimento de obrigação de entrega de coisa certa, fundada no contrato inadimplido pelo mandatário e em sua obrigação de transferir ao mandante "as vantagens provenientes do mandato, por qualquer título que seja" (CC, art. 668).

---

[107] Direito comparado – Código Civil italiano, art. 1.706.

[108] TEPEDINO, Gustavo; BARBOZA, Heloisa Helena; MORAES, Maria Celina Bodin de. *Código Civil Interpretado*, cit., 2006, v. II, p. 448. Para os autores, entretanto, se, ao revés, o "mandatário obrigar-se à aquisição de determinado bem, à conta do mandante, mas este não disponibilizar os valores necessários à transação, responderá o mandatário por perdas e danos caso venha a adquirir o bem, no seu interesse e com crédito próprio, em afronta ao regulamento contratual" (Ob. cit., loc. cit.).

[109] TARTUCE, Flávio. *Direito Civil: teoria geral dos contratos e contratos em espécie*. 12. ed. Rio de Janeiro: Forense, 2017, v. 3, p. 569.

[110] TEPEDINO, Gustavo. *Comentários ao novo Código Civil* cit., v. X, p. 121. No mesmo sentido, lição de Araken de Assis: "Do art. 671 derivam, de resto, dois pressupostos particulares: em primeiro lugar, somente caberá a reivindicação se o mandatário adquiriu a coisa com os fundos ou o crédito outorgado pelo mandante; ademais, a aquisição precisa relacionar-se com o objeto do mandato. (...) Da exigência do art. 671 se infere, finalmente, que não há pretensão a reivindicar a coisa, subsistindo tão só o dever de indenizar, adquirida em nome próprio pelo mandatário em desrespeito aos poderes outorgados, se o mandatário utilizou seus próprios fundos no pagamento do preço" (ASSIS, Araken de. *Contratos nominados*, cit., p. 89-90).

[111] TEPEDINO, Gustavo. *Comentários ao novo Código Civil*, cit., v. X, p. 121-122.

Por fim, comprando o bem em nome próprio, aplica-se o disposto no art. 663, do CC, que determina que o mandatário ficará pessoalmente obrigado perante os terceiros com quem contratar.

A nosso ver, a ação, *in casu,* sempre será de cumprimento de obrigação de coisa certa, ainda que a aquisição tenha ocorrido com dinheiro do mandante. É difícil aceitar a ação de reivindicação, porque se o mandatário adquire em nome próprio, torna-se proprietário, e como diz o artigo 663, assume a responsabilidade do negócio diretamente em face do terceiro. Ele, na prática do ato, não age em nome e por conta do mandante, para que a aquisição possa ter sido feita para o mandante. Assim, não há como afirmar que a transmissão de propriedade se deu em favor do mandante, de modo a autorizar a ação reivindicatória. Não é a propriedade do dinheiro utilizado para a compra que transmite o domínio. Se fosse o caso de ação reivindicatória em caráter excepcional, o Código, por certo, a indicaria expressamente. Mas, em vez disso, dispõe apenas que o mandante "terá ação para obrigá-lo à entrega da coisa comprada", ação de natureza pessoal e não real, evidentemente.

38. EXTINÇÃO DO MANDATO

O art. 682[112] do Código Civil enumera as situações em que cessa o mandato. Analisaremos cada uma das hipóteses a seguir.

a) Revogação do mandato[113]: revogação é o ato pelo qual o mandante coloca fim ao mandato, retirando do mandatário os poderes que lhe foram outorgados. Em regra, o contrato é revogável a qualquer tempo pelo mandante, uma vez que se baseia na relação de confiança entre as partes e é celebrado em seu interesse[114]. Em razão disto, o mandante não é obrigado a justificar ao mandatário o motivo da revogação[115]. Trata-se, destarte, de *direito potestativo* do mandante.

---

[112] Direito comparado – Código Civil francês, art. 2.003; Código Civil italiano, art. 1.722; Código Civil português, art. 1.174º; Código Civil espanhol, art. 1.732; Código Civil argentino, art. 1.329; Código Civil uruguaio, art. 2.086; Código Civil chileno, art. 2.163.

[113] Direito comparado – Código Civil francês, art. 2.004; Código Civil alemão, § 671; Código Civil italiano, art. 1.723; Código Civil português, art. 1.170º; Código Civil espanhol, art. 1.733; Código Civil argentino, art. 1.330; Código Civil uruguaio, art. 2.087; Código Civil chileno, art. 2.165.

[114] "... também porque ele é constituído no interesse do mandante, que deseja obter um serviço ou a execução de um negócio qualquer, sendo intuitivo, portanto que, a todo tempo, não mais convindo ao mandante o negócio, não seria curial fosse ele obrigado a sustentá-lo contra os seus interesses" (CARVALHO SANTOS, J. M de. *Código Civil interpretado brasileiro,* cit., p. 299).

[115] "O mandante não é obrigado a explicar os motivos que o levaram à renovação; nem pode o mandatário insurgir-se, alegando que ela é injusta, caprichosa, infundada, intempestiva, fruto da cólera e do ressentimento. O único direito que o mandatário tem é o de receber a competente remuneração, além das eventuais perdas e danos" (BARROS MONTEIRO, Washington de. *Curso de Direito Civil.* 34. ed. São Paulo: Saraiva, 2003, v. V, p. 286). Para Silvio

A revogação é ato unilateral, pois não depende do consentimento ou da anuência do mandatário[116]. Entretanto, o direito de revogar não é absoluto, somente sendo exercitável "quando o mandato tenha sido outorgado no interesse exclusivo do mandante". Se o cumprimento do encargo estiver ligado "a qualquer interesse do mandatário ou de terceiro, não poderá mais o mandante dá-lo por findo, unilateralmente"[117].

O mandante pode revogar o mandato *expressamente*, ou de *forma tácita*, quando, por exemplo, outorga os mesmos poderes a outro mandatário, ou pratica, pessoalmente, o ato para o qual constituiu procurador. A revogação pode, ainda, ser de *todos os poderes* conferidos ao mandatário, ou de apenas *alguns deles*. Pense-se na hipótese de o mandante que conferiu poderes ao mandatário para comprar um imóvel em seu nome e alugar outro de sua propriedade, celebrar, ele próprio, contrato de locação com terceiro. O mandatário, em razão disso, continuará apenas com os poderes para aquisição do bem.

De toda forma, a revogação opera efeitos *ex nunc*, mantendo-se intactos todos os atos e negócios anteriormente praticados pelo mandatário. A revogação, assim, valerá apenas a partir da sua notificação ao mandatário.

Extinto o contrato por meio da revogação, o mandatário não pode mais praticar nenhum ato em nome e por conta do mandante, sob pena de responder por eventuais perdas e danos.

a.1) Revogação de mandato outorgado por vários mandantes ou a vários mandatários[118]: havendo pluralidade mandantes (CC, art. 680) ou de mandatários (CC, art. 672), a revogação operada por um, ou em relação a um deles, não afeta a relação existente entre os demais, a menos que o objeto do contrato seja indivisível[119].

a.2) Revogação de mandato com cláusula de irrevogabilidade: se o mandato contiver cláusula de irrevogabilidade e este não tiver sido celebrado no exclusivo interesse do mandatário, não está o mandante proibido de revogá-lo, mas, nessa hipótese, "pagará perdas e danos" (CC, art. 683)[120]. Haverá, assim, inadimplemento contratual por parte do mandante, cujos prejuízos provocados deverão ser indenizados.

No caso, não há que se falar em execução específica pelo mandatário, obrigando o mandante a cumprir o mandato, porque o contrato se baseia na confian-

---

de Salvo Venosa, a revogação "constitui, na verdade, uma *denúncia vazia ou imotivada* do contrato de mandato, pois independe de qualquer justificativa. Ao mandante cabe julgar do interesse de manter ou não o mandatário" (VENOSA, Silvio de Salvo. *Código Civil interpretado*. 2. ed. São Paulo: Atlas, 2011, p. 729).

[116] GONÇALVES, Marcus Vinícius Rios. *Comentários ao novo Código Civil brasileiro*, cit., p. 796.

[117] Op. cit., loc. cit. Sobre as hipóteses em que não se admite a revogação unilateral, ver o item 39 a seguir.

[118] Direito comparado – Código Civil italiano, art. 1.726; Código Civil português, art. 1.173º; Código Civil uruguaio, art. 2.092; Código Civil chileno, art. 2.172.

[119] VENOSA, Silvio de Salvo. *Código Civil interpretado*, cit., p. 729.

[120] Direito comparado – Código Civil italiano, art. 1.723; Código Civil português, art. 1.172º, b.

ça. Não pode, pois, o mandante ser obrigado a continuar com um procurador em quem não mais confia ou a realizar um ato que não mais lhe é conveniente[121].

Nesse sentido, a jurisprudência: "A revogação do mandato, conferido com cláusula da irrevogabilidade, pode ser feita incidindo o mandante em perdas e danos"[122].

a.3) Revogação do mandato notificada apenas ao mandatário: ao exercer o seu direito de revogar o mandato a qualquer tempo, o mandante deve notificar não apenas o mandatário, mas, também, os terceiros que com ele estão negociando, sob pena de contra eles não valer a revogação. Nesse sentido, o art. 686 do Código Civil, que dispõe: "a revogação do mandato, notificada somente ao mandatário, não se pode opor aos terceiros que, ignorando-a, de boa-fé com ele trataram; mas ficam salvas ao constituinte as ações que no caso lhe possam caber contra o procurador"[123].

Assim, para que o mandante "não se torne vinculado aos compromissos assumidos em seu nome com terceiros, *deve tornar destes conhecida a revogação*, não sendo necessário, para tanto, notificação judicial, bastando a ciência inequívoca do interessado para que produza seus próprios efeitos"[124] (g.n.). Entretanto, quando o mandatário tiver sido nomeado para negociar com um número indeterminado de pessoas, o mandante poderá ter dificuldades em identificar os terceiros com quem aquele poderá contratar. Nessa hipótese, o mandante deverá se utilizar de veículos de comunicação eficazes, tais como a imprensa[125].

---

[121] "A regra é elogiável, porque não se poderia conceber que o mandante, que atribui a terceiro poderes que lhe são próprios, não pudesse a qualquer tempo recolhê-los de volta, ainda que não tivesse mais interesse na execução do mandato, ou tivesse perdido a confiança no mandatário. (...) Mas, face à justa expectativa que este tinha de prosseguir na execução do mandato, o constituinte deverá ressarcir-lhe os danos que tenha tido" (GONÇALVES, Marcus Vinícius Rios. *Comentários ao novo Código Civil brasileiro*, cit., p. 802).

[122] STF, 1ª T., RE 57.976/RJ, Rel. Min. Cândido Motta, ac. 18.05.1965, *DJU* 05.08.1965, p. 1.865. No mesmo sentido: "A revogação é da essência do contrato. A cláusula de irrevogabilidade deve ser resolvida em perdas e danos, caso o mandante, ainda assim, revogue a procuração" (TJRJ, 7ª Câm. Cível, AgRg MS 200500400028, Rel. Des. Carlos C. Lavigne de Lemos, ac. 03.02.2005. In: TEPEDINO, Gustavo. *Comentários ao novo Código Civil*, cit., p. 166).

[123] Direito comparado – Código Civil francês, art. 2.005; Código Civil português, art. 1.171º; Código Civil uruguaio, art. 2.101; Código Civil chileno, art. 2.173.

[124] TEPEDINO, Gustavo. *Comentários ao novo Código Civil*, cit., v. X, p. 179-180. Para Marcus Vinícius Rios Gonçalves, "sendo a notificação dirigida exclusivamente ao mandatário, não atinge eventuais terceiros de boa-fé. Ou seja, não tem eficácia *erga omnes*. Daí ser possível que um mandatário, embora ciente da revogação, continue negociando com terceiros de boa-fé, que não tinham como saber da revogação. (...) Portanto, a simples notificação do mandatário não protege o mandante de eventuais abusos que aquele possa cometer (..) é preciso que dê publicidade da revogação do mandato, para que tenha eficácia *erga omnes*, e que ninguém possa invocar a sua qualidade de terceiro de boa-fé" (GONÇALVES, Marcus Vinícius Rios. *Comentários ao novo Código Civil brasileiro*, cit., p. 817-818).

[125] VENOSA, Silvio de Salvo. *Código Civil interpretado*, cit., p. 734.

Nesse sentido, farta jurisprudência:

"Para revogação de mandato, não basta mera comunicação ao mandatário e aos serviços notariais, *emergindo indispensável a publicidade do ato revogatório*, inclusive, por via editalícia, *ex vi* do disposto no art. 682, do CPC. Destarte, a despeito de inequívoca a revogação do mandato outorgado ao procurador da autora/agravante, o instrumento que lhe foi outorgado se demonstrava aparentemente válido perante terceiros de boa-fé, ante a ausência de qualquer comunicação remetida nesse sentido, ou levada ao seu conhecimento, por outra forma, não podendo, pois, a princípio, ser reputada inválida a compra e venda procedida"[126].

Claro que, sofrendo prejuízos em razão da ineficácia da revogação do mandato em face de terceiros de boa-fé, o mandante terá ação contra o mandatário, uma vez que este terá agido abusivamente e fora dos seus poderes.

a.4) Nomeação de outro mandatário: entende a legislação civil que "tanto que for comunicada ao mandatário a nomeação de outro, para o mesmo negócio, considerar-se-á revogado o mandato anterior" (CC, art. 687)[127]. Trata-se de *revogação* tácita do mandato, que também pode ocorrer quando o mandante pratica pessoalmente o ato para o qual constituiu o mandatário. Segundo lição de Silvio de Salvo Venosa, essa comunicação "não necessita que seja feita pelo próprio mandante. O que importa é o ato de nova nomeação"[128].

Obviamente, se o mandante nomear novo mandatário para atuar, em conjunto, com o primitivo, ou para a prática de outros atos, não haverá que se falar em revogação tácita do mandato, devendo prevalecer a regra do art. 672, do CC. Isto porque, é essencial que "haja incompatibilidade entre os dois mandatos, passando a ser o segundo uma substituição do primeiro"[129].

A jurisprudência do STJ já entendeu que "a juntada aos autos de novo instrumento procuratório, *sem nenhuma ressalva de poderes conferido ao antigo patrono*, caracteriza a revogação tácita do mandato anterior"[130] (g.n.).

---

[126] TJMG, 9ª Câm. Cível, Ag. 1.0439.08.081217-5/001, Rel. Des. Tarcísio Martins Costa, ac. 15.09.2009, *DJe* 19.10.2009. No mesmo sentido: "nos termos do art. 686 do Código Civil cabe ao mandante notificar a revogação do mandato para que possa se opor a terceiros, em relação aos atos praticados pelo antigo mandatário" (TJMG, 17ª Câm. Cível, Ap. 1.0145.12.050203-7/001, Rel. Des. Evandro Lopes da Costa Teixeira, ac. 06.02.2014, *DJe* 18.02.2014).

[127] Direito comparado – Código Civil francês, art. 2.006; Código Civil italiano, art. 1.724; Código Civil português, art. 1.171º; Código Civil espanhol, art. 1.735; Código Civil uruguaio, art. 2.089.

[128] VENOSA, Silvio de Salvo. *Código Civil interpretado*, cit., p. 735.

[129] CARVALHO SANTOS, J. M. de. *Código Civil brasileiro interpretado*, cit., p. 327.

[130] STJ, 3ª T., AgInt nos EDcl Acordo no REsp. 1.517.922/SP, Rel. Min. Ricardo Villas Bôas Cueva, ac. 24.04.2018, *DJe* 30.04.2018. No mesmo sentido: "A outorga de nova procuração *sem ressalva dos poderes* anteriormente concedidos a outrem consiste em hipótese de válida revogação

Além disso, enquanto o mandatário não for notificado da nomeação de outro procurador, o mandato anterior continua válido, razão pela qual os atos por ele praticados vinculam o mandante.

b) Renúncia ao mandato: renúncia é o ato pelo qual o mandatário abre mão dos poderes que lhe foram outorgados pelo mandante, abdicando do mandato. Trata-se de ato unilateral, que não precisa ser justificado ao mandante[131]. A renúncia extingue, portanto, o contrato, configurando denúncia vazia. Entretanto, para ser lícita, a renúncia deve ser feita de modo a permitir ao mandante substituir o procurador sem qualquer prejuízo aos seus negócios ou interesses. Por isso, o art. 688[132] do Código Civil autoriza a renúncia, mas determina que se o mandante "for prejudicado pela sua inoportunidade, ou pela falta de tempo, a fim de prover à substituição do procurador, será indenizado pelo mandatário, salvo se este provar que não podia continuar no mandato sem prejuízo considerável, e que não lhe era dado substabelecer".

Como se vê, ao mandatário é sempre assegurado o direito de renunciar ao mandato[133]. Entretanto, se a renúncia for feita inoportunamente[134], o procurador deverá indenizar o mandante pelos prejuízos provocados. Imagine-se a situação em que o mandatário foi contratado para vender produtos perecíveis do mandante e, durante a negociação, renuncia ao mandato, inviabilizando a alienação. Perdendo as mercadorias pela falta de tempo em substituir o procurador e vendê-las, poderá o mandante pleitear indenização do mandatário.

A lei, contudo, destaca uma situação em que a renúncia, embora inoportuna, não ensejará a responsabilização do mandatário: se ele provar que não podia continuar no mandatado sem prejuízo considerável e que não lhe era dado subs-

---

tácita do mandato" (g.n.) (TJMG, 9ª Câm. Cível, Ap. 1.0518.10.000884-7/003, Rel. Des. Pedro Bernardes, ac. 04.07.2017, *DJe* 20.07.2017).

[131] A renúncia "é ato do mandatário, de natureza unilateral, pelo qual ele restitui ao mandante os poderes que dele recebeu, liberando-se do cumprimento das obrigações assumidas. Da mesma maneira que o mandante pode revogar unilateralmente o contrato, o mandatário também pode renunciar" (GONÇALVES, Marcus Vinícius Rios. *Comentários ao novo Código Civil brasileiro*, cit., p. 797).

[132] Direito comparado – Código Civil francês, art. 2.007; Código Civil alemão, § 671, 2; Código Civil italiano, art. 1.727; Código Civil português, art. 1.172º, d; Código Civil espanhol, arts. 1.736 e 1.737; Código Civil argentino, art. 1.332; Código Civil uruguaio, art. 2.093. Código Civil chileno, art. 2.137.

[133] "O mandato, com o é sabido, envolve uma obrigação de fazer. Ora, ninguém pode ser obrigado a fazer coisa contra a sua vontade, desde que não estejam em jogo interesses de ordem pública" (CARVALHO SANTOS, J. M. de. *Código Civil brasileiro interpretado*, cit., p. 306). Entretanto, ressalta bem o autor, se a renúncia acarretar algum prejuízo ao mandante, "não é dada a liberdade de renunciar, considerando-se, em casos tais, a renúncia como equivalente à inexecução do mandato", motivo pelo qual o mandatário deverá indenizar o mandante (op. cit., p. 331).

[134] "A renúncia será inoportuna quando dificultar, colocar em risco ou prejudicar as negociações com o terceiro, para a realização do negócio desejado" (GONÇALVES, Marcus Vinícius Rios. *Comentários ao novo Código Civil brasileiro*, cit., p. 823).

tabelecer. Em outros termos, quer a lei que, uma vez autorizado pelo contrato, o mandatário substabeleça os poderes recebidos ao invés de renunciar ao mandato. Essa situação preservará os interesses do mandante, assegurando o direito do mandatário de desvincular-se do mandato.

Cumpre destacar lição de Gustavo Tepedino segundo a qual a lei não proíbe a renúncia "quando autorizado o substabelecimento; a renúncia, mesmo nessa hipótese, é permitida, desde que dela se dê ciência tempestiva ao mandante. O que dá ensejo à responsabilização do mandatário, portanto, não é a simples renúncia, mas a renúncia intempestiva"[135].

Entretanto, mesmo provocando prejuízos ao mandante, poderá o mandatário renunciar ao mandato, se provar que sua execução provocar-lhe-ia prejuízo considerável e não estava ele autorizado a substabelecer. Nessa hipótese, conforme bem ressalta Carvalho Santos, lembrando lição de Clóvis Bevilaqua, "a aceitação do mandato não importa abandono dos próprios interesses. Nem seria possível, acrescentamos nós, que fosse ele obrigado a continuar a prestar serviços a outrem com sacrifício e prejuízo dos seus próprios interesses"[136].

O art. 688 fala em "prejuízo considerável", razão pela qual, se a execução do mandato for lhe provocar mero desconforto ou contratempo, não poderá o mandatário renunciá-lo inoportunamente, sem indenizar o mandante.

c) Morte ou interdição de uma das partes: por ser um contrato *intuito personae*, vale dizer, baseado na confiança que as partes depositam umas nas outras, a morte ou a interdição de qualquer uma delas extingue o mandato.

Pela *interdição* a pessoa perde a capacidade civil plena, razão pela qual não pode mais praticar os atos da vida civil. Se o interditado *for o mandante*, não poderá obrigar-se pessoalmente. Não podendo, pois, praticar os atos "pessoalmente não o poderá fazer, também, por intermédio do procurador, pois as consequências seriam as mesmas"[137]. Por outro lado, a interdição *do mandatário* o impede de praticar qualquer ato civil, para si ou para o mandante[138].

A *morte* de qualquer das partes também extingue o contrato imediatamente. Entretanto, para preservar os interesses de terceiros, a legislação prolonga a eficácia do contrato nas hipóteses descritas nos arts. 689, 690 e 691 do Código Civil.

c.1) Atos praticados pelo mandatário enquanto ignorava a morte do mandante: dispõe o art. 689 do Código Civil serem "válidos, a respeito dos contratantes de

---

[135] TEPEDINO, Gustavo. *Comentários ao novo Código Civil*, cit., v. X, p. 187.

[136] CARVALHO SANTOS, J. M. de. *Código Civil brasileiro interpretado*, cit., p. 332.

[137] CARVALHO SANTOS, J. M. de. *Código Civil brasileiro interpretado*, cit., p. 308.

[138] "Com relação ao mandatário, bem é de ver que tornando-se incapaz, não poderia executar o mandato, o que também justifica a regra geral" (CARVALHO SANTOS, J. M. de. *Código Civil brasileiro interpretado*, cit., p. 308).

boa-fé, os atos com estes ajustados em nome do mandante pelo mandatário, enquanto este ignorar a morte daquele ou a extinção do mandato, por qualquer outra causa"[139]. Para Gustavo Tepedino há uma presunção de boa-fé do mandatário e do terceiro, até prova em contrário[140]. Nesse sentido, a jurisprudência do STJ: "se o procurador desconhecia a morte do mandante são eficazes os atos por ele praticados no âmbito e no exercício do mandato"[141].

c.2) Morte do mandatário: falecendo o mandatário, *se seus herdeiros tiverem ciência do contrato* devem comunicar imediatamente o mandante, dando continuidade ao mandato sempre que os negócios pendentes não possam demorar sem perigo. Eis os termos dos arts. 690[142] e 691[143] do Código Civil:

> "Art. 690. Se falecer o mandatário, pendente o negócio a ele cometido, os herdeiros, tendo ciência do mandato, avisarão o mandante, e providenciarão a bem dele, como as circunstâncias exigirem.
>
> Art. 691. Os herdeiros, no caso do artigo antecedente, devem limitar-se às medidas conservatórias, ou continuar os negócios pendentes que se não possam demorar sem perigo, regulando-se os seus serviços dentro desse limite, pelas mesmas normas a que os do mandatário estão sujeitos".

Em primeiro lugar, os herdeiros devem avisar a morte ao mandante para que ele possa providenciar a nomeação de outro procurador ou para que pratique os atos de seu interesse. Além disso, dispõe o art. 690 que os herdeiros deverão providenciar, a bem do mandante "como as circunstâncias exigirem". Segundo a melhor doutrina "as providências que os herdeiros ficam obrigados a tomar em benefício do mandante, são as de caráter urgente, as quais, uma vez omitidas, possam lhe acarretar sérios prejuízos"[144].

---

[139] Direito comparado – Código Civil francês, art. 2.008; Código Civil alemão, § 674 Código Civil italiano, art. 1.730; Código Civil português, art. 1.175º; Código Civil espanhol, art. 1.738; Código Civil uruguaio, art. 2.101; Código Civil chileno, art. 2.173.

[140] TEPEDINO, Gustavo. *Comentários ao novo Código Civil cit.*, v. X, p. 191. No mesmo sentido: "Ora, a boa-fé se presume, até prova em contrário, de acordo com os princípios gerais de direito" (CARVALHO SANTOS, J. M. de. *Código Civil brasileiro interpretado*, cit., p. 334).

[141] STJ, 3ª T., AgRg no Ag. 712.335/MG, Rel. Min. Humberto Gomes de Barros, ac. 13.12.2005, *DJU* 13.02.2006, p. 799. No mesmo sentido: "a morte do mandante pode não ser causa de desfazimento do ato praticado pelo mandatário, se este desconhecia o fato da morte, estando os contraentes de boa-fé" (STJ, 4ª T., REsp. 89.782/PR, Rel. Min. Ruy Rosado de Aguiar, ac. 20.08.1996, *DJU* 09.09.1996, p. 32.370).

[142] Direito comparado – Código Civil francês, art. 2.010; Código Civil alemão, §§672 e 673; Código Civil italiano, art. 1.728; Código Civil espanhol, arts. 1.738 e 1.739; Código Civil português, art. 1.176º.

[143] Direito comparado – Código Civil argentino, art. 1.333; Código Civil uruguaio, art. 2.095; Código Civil chileno, art. 2.170.

[144] CARVALHO SANTOS, J. M. de. *Código Civil brasileiro interpretado*, cit., p. 336. Para Gustavo Tepedino, o dever especificado nesse dispositivo só existe se os herdeiros tiverem conhe-

Se os herdeiros não cumprirem com a obrigação constante do art. 690, responderão perante o mandante pelos prejuízos que lhe forem provocados em razão de sua omissão.

Ressalte-se que as medidas que os herdeiros estão autorizados a tomar são aquelas conservatórias dos direitos do mandante, "regulando-se os seus serviços dentro desse limite". Em outras palavras, os herdeiros não se tornam mandatários, mas a eles se equiparam, razão pela qual suas diligências "devem ser limitadas às medidas emergenciais e de custódia e continuação dos negócios emergentes do mandato"[145].

d) Mudança de estado que inabilite o mandante a conferir os poderes, ou o mandatário para os exercer: obviamente que a interdição se encaixa perfeitamente nessa situação, mas o Código Civil houve por bem colocá-la juntamente com a morte, no art. 682, II. Esse dispositivo, portanto, trata de hipótese em que o homem ou a mulher se casam e, pelo regime de casamento, passam a depender do consentimento do cônjuge para a prática de determinado ato (como a alienação ou a constituição de ônus real bem imóvel, art. 1.647, I). Outro exemplo seria a maioridade do menor, que faz cessar a tutela ou a representação legal dos pais.

Segundo Caio Mário da Silva Pereira,

"toda mudança de estado (inclusive a interdição de qualquer das partes, muito embora o Código tenha preferido destacar esta última e colocá-la ao lado da morte), desde que alcance a capacidade para dar ou receber procuração, importa em extinção do mandato, mas valerão a respeito dos contraentes de boa-fé, os atos ajustados pelo mandatário que ignorar a causa extintiva"[146].

e) Término do prazo: cessa, também, o mandato ao final do prazo estipulado pelo mandante para valer a outorga de poderes. O mandato conferido "por prazo indeterminado opera até a respectiva revogação, não ocorrendo outra causa de extinção. Nos mandatos a prazo, seu decurso faz esvaziar o contrato, que perde eficácia"[147].

f) Conclusão do negócio: por fim, cessa o mandato pela conclusão do negócio para o qual foi ele outorgado. Trata-se de *causa natural* de extinção do contrato. Entretanto, conforme bem ressalta J. M. de Carvalho Santos, "é preciso ter em mente que por conclusão do negócio deve entender-se a ultimação dos atos com-

---

cimento do mandato e saibam onde reside o mandante, "de modo a tornar possível a comunicação, além de possuírem capacidade para praticar os atos exigíveis para o bem do mandante" (TEPEDINO, Gustavo. *Comentários ao novo Código Civil*, cit., v. X, p. 193).

[145] VENOSA, Silvio de Salvo. *Código Civil interpretado*, cit., p. 736.

[146] PEREIRA, Caio Mário da Silva. *Instituições de Direito Civil: contratos*. 22. ed. rev. e atual. por Caittin Mulholland. Rio de Janeiro: Forense, 2018, v. III, p. 390.

[147] VENOSA, Silvio de Salvo. *Código Civil interpretado*, cit., p. 731.

plementares, que esgotem a possibilidade de qualquer atuação do procurador em benefícios dos interesses do constituinte"[148].

Cumpre destacar, outrossim, que a conclusão do negócio se equipara à impossibilidade superveniente do negócio, como é o caso de procurador nomeado para aquisição de um imóvel, que acabou sendo alienado a terceiro[149].

39. IRREVOGABILIDADE DO MANDATO

Embora o mandato seja, em regra, revogável, em algumas situações o Código Civil previu sua irrevogabilidade, tais como: a) quando existir cláusula de irrevogabilidade; b) quando a irrevogabilidade for condição de negócio bilateral ou tenha sido estipulada no exclusivo interesse do mandatário; c) quando o mandato for conferido em causa própria; e, d) quando o mandato contiver poderes de cumprimento ou confirmação de negócios encetados, aos quais se ache vinculado.

a) Cláusula de irrevogabilidade: conforme já ressaltado no item 38 supra (letra a.2), ainda que o mandato contenha cláusula de irrevogabilidade, não está o mandante proibido de revogá-lo, mas, nessa hipótese, "pagará perdas e danos" (CC, art. 683).

b) Irrevogabilidade como condição de negócio bilateral: o art. 684[150], do Código Civil prevê ser ineficaz a revogação do mandato "quando a cláusula de irrevogabilidade for condição de um negócio bilateral". Nessas circunstâncias, a irrevogabilidade resulta não do mandato, "mas do contrato bilateral de que o mandato é condição"[151]. Vale dizer, a irrevogabilidade decorre do fato de ser impossível a resilição unilateral. Araken de Assis exemplifica com a compra e venda de um bem usado, cujo proprietário nomeia um terceiro seu mandatário para vendê-lo e transmiti-lo ao comprador. Nessa hipótese, uma vez que o mandato foi outorgado no interesse dos figurantes do negócio não pode ser revogado unilateralmente[152].

Importante ressaltar que a revogação não enseja o dever de indenizar, uma vez que declara a lei ser ela *ineficaz*. Em verdade, o mandato continuará válido e produzirá todos os seus efeitos, sem embargos da pretensa revogação, esta, sim, despida de eficácia.

---

[148] CARVALHO SANTOS, J. M. de. *Código Civil brasileiro interpretado*, cit., p. 310.

[149] ASSIS, Araken de. *Contratos nominados*, cit., p. 119.

[150] Direito comparado – Código Civil italiano, art. 1.723.

[151] CARVALHO SANTOS, J. M. de. *Código Civil brasileiro interpretado*, cit., p. 322.

[152] ASSIS, Araken de. *Contratos nominados*, cit., p. 124. No mesmo sentido: "nos contratos bilaterais, há direitos e obrigações de ambas as partes, que podem se fazer representar por mandatários, encarregados de cumprir as obrigações. Não é possível revogar o mandato outorgado a uma pessoa escalada para satisfazer a obrigação junto ao outro contratante, como de efetuar o pagamento do preço de um produto, em uma compra e venda" (RIZZARDO, Arnaldo. *Contratos*, cit., p. 723).

c) Irrevogabilidade do mandato estipulado no exclusivo interesse do mandatário: é também ineficaz a revogação do mandato quando a cláusula de irrevogabilidade "tiver sido estipulada no exclusivo interesse do mandatário" (CC, art. 684). Ora, se o contrato é celebrado no interesse do mandatário, não pode mesmo ser revogado a qualquer momento por mero interesse do mandante. Pense-se na hipótese em que o mandante outorga mandato ao procurador para receber uma quantia que será utilizada para pagamento daquilo que lhe deve[153].

d) Mandato com cláusula em causa própria: segundo o art. 685, do Código Civil, se o mandato for conferido com a cláusula em causa própria, "a sua revogação não terá eficácia, nem se extinguirá pela morte de qualquer das partes, ficando o mandatário dispensado de prestar contas, e podendo transferir para si os bens móveis ou imóveis objeto do mandato, obedecidas as formalidades legais".

Entende-se por mandato em causa própria aquele outorgado em benefício do mandatário e, não do mandante e, em regra, se dá para a transferência de bens. O mandante autoriza o mandatário a adquirir para si um bem do representado. Segundo J. M. de Carvalho Santos a procuração em causa própria, ou *in rem suam,* é "aquela em que são outorgados poderes ao procurador para administrar certo negócio, como coisa sua, no seu próprio interesse, fazendo suas as vantagens do mesmo negócio"[154].

Assim, pelo contrato de mandato em causa própria "o mandante transfere todos os seus direitos sobre um bem, móvel ou imóvel, passando o mandatário a agir por sua conta, em seu próprio nome, deixando de ser uma autorização, típica do contrato de mandato, para transformar-se em representação"[155].

A regra, entretanto, segundo o STJ, vale entre as partes (mandante e mandatário), de forma que se o mandante, irregularmente, transferir o bem a terceiro de boa-fé, a este não poderá ser oposto o mandato em causa própria ainda não levado a registro, devendo a infração do contrato se resolver em perdas e danos:

"– O beneficiário de mandato com cláusula 'em causa própria', tem garantido, ante quem lhe outorgou esse mandato, o direito subjetivo de transferir para si os bens móveis ou imóveis objeto do contrato, desde que obedecidas as formalidades legais.

– Em face de terceiros, porém, a estipulação só é válida mediante o competente registro em cartório.

---

[153] "Assim é o mandato constituído para que o mandatário possa receber valores que lhe deve o mandante, ou para vender um imóvel, cujo preço lhe é devido pelo mandante" (TEPEDINO, Gustavo. *Comentários ao novo Código Civil*, cit., p. 169).

[154] CARVALHO SANTOS, J. M. de. *Código Civil brasileiro interpretado*, cit., p. 317.

[155] STJ, 4ª T., REsp. 64.457/RJ, Rel. Min. Sálvio de Figueiredo Teixeira, ac. 08.10.1997, *DJU* 09.12.1997, p. 64.706.

– Assim, o mandatário não pode pretender a invalidação da alienação posteriormente efetuada pelo mandante, que figurava como regular proprietário do bem, a terceiro de boa-fé.

– Resolve-se, pois, a obrigação em perdas e danos, os quais, na hipótese, foram, mesmo, contratual e previamente estipuladas"[156].

É imprescindível, entretanto, que a procuração em causa própria contenha todos os elementos essenciais do negócio jurídico que se quer realizar. Vale dizer, ela constitui "título hábil e suficiente a gerar a obrigação de transferir o domínio", justamente porque "nela se encontram necessariamente presentes os elementos essenciais da compra e venda ou de outro negócio cujos efeitos são perseguidos pelo mandato *in rem suam,* capazes de produzir a transferência os bens de um patrimônio para outro"[157].

Uma vez que a procuração em causa própria outorga poderes irrevogáveis e irretratáveis para vender, ceder ou por qualquer outra forma alienar o bem, bem como para substabelecer, deve ser considerada "justa a posse exercida por quem recebeu substabelecimento de procuração em causa própria outorgada pela proprietária do imóvel, tendo por objeto este mesmo imóvel, e apresenta recibo de quitação do preço"[158].

Por conter todos os elementos do negócio translatício dos direitos entre mandante e mandatário, este adquire condição de optar entre (i) transferir definitivamente para si o bem jurídico negociado, levando, por exemplo, a procuração para registro no Registro de Imóveis, como se faz com qualquer escritura de alienação imobiliária; ou (ii) usá-la como instrumento hábil à negociação com terceiro, caso em que a transferência se daria diretamente entre o mandante e o terceiro adquirente. A alienação seria feita em nome do mandante, mas o proveito reverteria para o mandatário, sem obrigação de prestar contas ao representado.

Uma vez que, com o mandato em causa própria, os poderes são outorgados em favor e no interesse do mandatário, está ele, como dono do negócio, *desobrigado de prestar contas*[159]. Além disso, o mandatado é *irrevogável,* ou, como quer a lei, "a sua revogação não tem eficácia", uma vez que sua outorga implica transferência de

---

[156] STJ, 3ª T., REsp. 1.269.572/SP, Rel. Min. Sidnei Beneti, ac. 17.04.2012, *DJe* 09.05.2012.

[157] TEPEDINO, Gustavo. *Comentários ao novo Código Civil,* cit., v. X, p. 176.

[158] STJ, 4ª T., REsp. 238.750/PE, Rel. Min. Ruy Rosado de Aguiar, ac. 16.12.1999, *DJU* 08.03.2000, p. 127.

[159] Como bem ensina Gustavo Tepedino, como o mandatário atua em seu próprio interesse, "os poderes a ele conferidos, no que tange à execução do objeto para o qual foram conferidos, afiguram-se ilimitados, razão pela qual não há contas a prestar ao mandante, mesmo que não contenha especial menção a esta isenção, que lhe é ínsita" (TEPEDINO, Gustavo. *Comentários ao novo Código Civil,* cit., v. X, p. 173-174).

direitos. Por isso também *não se extingue pela morte* de qualquer das partes. Nesse sentido, o entendimento jurisprudencial:

(i) "A procuração *in rem suam* não encerra conteúdo de mandato, não mantendo apenas a aparência de procuração autorizativa de representação. Caracteriza-se, em verdade, como negócio jurídico dispositivo, translativo de direitos que dispensa prestação de contas, tem caráter irrevogável e confere poderes gerais, no exclusivo interesse do outorgado. A irrevogabilidade lhe é ínsita justamente por ser seu objeto a transferência de direitos gratuita ou onerosa"[160].

(ii) "Ao transferir os direitos, o mandante se desvincula do negócio, não tendo mais relação com a coisa alienada, pelo que não há que se falar em extinção do contrato pela morte do mandante. O contrato permanece válido e, em consequência, a procuração, que é sua forma, mesmo depois do decesso do vendedor"[161].

e) Irrevogabilidade de mandato que contenha poderes de cumprimento ou confirmação de negócios encetados, aos quais se ache vinculado: sempre que o mandato estiver vinculado a outro negócio a ser celebrado, não poderá ser revogado, nos termos do parágrafo único do art. 686, do Código Civil: "É irrevogável o mandato que contenha poderes de cumprimento ou confirmação de negócios encetados, aos quais se ache vinculado". O mandatário recebe poderes do mandante não apenas para celebrar o negócio, mas também para cumpri-lo ou dar prosseguimento a ele. Nessa hipótese, "não poderia a lei sancionar um ato ou dar força a uma conduta que leva ao descumprimento das obrigações no curso do contrato"[162].

Para Sílvio de Salvo Venosa, entretanto, não há razão para se manter a irrevogabilidade deste mandato se não houver prejuízo a terceiros, uma vez que "a ideia é não permitir que se revoguem mandatos a meio caminho do negócio que está sendo realizado, negócio que já teve o início de sua execução, sob pena de prejudicar terceiros"[163]. Aquiescendo os contratantes, nada impede a revogação do mandato, para permitir que as próprias partes firmem o contrato definitivo pessoalmente, ou que outro procurador substitua o primitivo. O que a lei não quer é que o mandante unilateralmente revogue a outorga prevista como condição de cumprimento de negócio já ajustado.

---

[160] STJ, 3ª T., REsp. 303.707/MG, Rel. Min. Nancy Andrighi, ac. 19.11.2001, *DJU* 15.04.2002, p. 216.64.706. No mesmo sentido: "a procuração em causa própria (*in rem suam*) não se extingue e nem se revoga em decorrência da morte do outorgante. Precedentes" (STJ, 4ª T., REsp. 1.128.140/SC, Rel. Min. Raul Araújo, ac. 09.05.2017, *DJe* 29.05.2017).

[161] STJ, 4ª T., REsp. 64.457/RJ, Rel. Min. Sálvio de Figueiredo Teixeira, ac. 08.10.1997, *DJU* 09.12.1997, p. 64.706.

[162] RIZZARDO, Arnaldo. *Contratos*, cit., p. 724.

[163] VENOSA, Sílvio de Salvo. *Código Civil interpretado*, cit., p. 734.

Capítulo V

DO MANDATO JUDICIAL

Sumário: 40. O mandato judicial: essencialidade da representação por advogado em juízo – 41. A procuração e o substabelecimento – 42. Dispensa da procuração – 43. Poderes gerais e especiais do advogado – 44. Incompatibilidades e impedimentos – 45. Revogação e renúncia do mandato – 46. Mandato judicial e aplicação do Código de Defesa do Consumidor – 47. Jurisprudência do STJ a respeito do mandato judicial.

40. O MANDATO JUDICIAL: ESSENCIALIDADE DA REPRESENTAÇÃO POR ADVOGADO EM JUÍZO

O mandato judicial, ou *ad judicia*, configura-se no contrato por meio do qual alguém outorga poderes ao advogado para defender no processo os seus interesses. Caracteriza-se, portanto, pela "outorga de poderes a pessoa habilitada para defender interesses do outorgante perante qualquer juízo"[1].

Nos termos da legislação civil, "o mandato judicial fica subordinado às normas que lhe dizem respeito, constantes da legislação processual, e, supletivamente, às estabelecidas neste Código" (CC, art. 692). Ou seja, aplicam-se a essa modalidade de mandato as regras do Código de Processo Civil de 2015 e da Lei nº 8.906/1994 (Estatuto da Advocacia), além das regras gerais do Código Civil.

Sobre a incidência do Código de Defesa do Consumidor no mandato judicial, a atual jurisprudência do STJ não a admite: "consoante a jurisprudência desta Corte Superior, o contrato firmado entre advogado e cliente não é regido pelas regras consumeristas, devendo ser aplicável a Lei n. 8.906/1994. Precedentes"[2].

---

[1] CAHALI, Yussef Said. Mandato judicial. In: CAHALI, Yussef Said (coord.). *Contratos nominados – doutrina e jurisprudência*. São Paulo: Saraiva, 1995, p. 497.

[2] STJ, 3ª T., AgInt no REsp. 1.482.075/SP, Rel. Min. Marco Aurélio Bellizze, ac. 13.06.2017, *DJe* 30.06.2017. No mesmo sentido: STJ, 4ª T., AgRg nos EDcl no REsp. 1.474.886/PB, Rel. Min. Antonio Carlos Ferreira, ac. 18.06.2015, *DJe* 26.06.2015. Em sentido contrário: "Ressalvada a posição do relator, a Turma já decidiu pela incidência do Código de Defesa do Consumidor na relação entre advogado e cliente" (STJ, 3ª T., REsp. 651.278/RS, Rel. Min. Carlos Alberto Menezes Direito, ac. 28.10.2004, *DJU* 17.12.2004, p. 544). Esse último entendimento, porém, pode se considerar totalmente superado.

O mandato judicial é, por sua natureza, *oneroso*, nos termos do art. 658, do Código Civil, uma vez que seu objeto corresponde "ao daqueles que o mandatário trata por ofício ou profissão lucrativa".

Somente *advogado legalmente habilitado*, ou seja, inscrito regularmente na Ordem dos Advogados do Brasil – OAB, pode ser *mandatário judicial*. Nesse sentido, o art. 103[3], *caput*, do CPC/2015 e o art. 4º[4] da Lei nº 8.906/94.

A Constituição Federal, em seu art. 133, estatui ser o advogado "indispensável à administração da justiça, sendo inviolável por seus atos e manifestações no exercício da profissão, nos limites da lei". Trata-se de "instrumento de garantia de efetivação da cidadania", é "garantia da parte e não do profissional"[5].

Assim, somente excepcionalmente, e nas hipóteses expressamente previstas em lei, admite-se a postulação em juízo sem advogado. Eis algumas dessas situações:

a) Impetração de habeas corpus: o § 1º do art. 1º da Lei nº 8.906/94 expressamente afasta a necessidade de advogado para a impetração de habeas corpus em qualquer instância ou tribunal.

b) Justiça do Trabalho: o art. 791 da CLT dispensa a atuação do advogado nas reclamações trabalhistas ao dispor que "os empregados e os empregadores poderão reclamar pessoalmente perante a Justiça do Trabalho e acompanhar as suas reclamações até o final".

c) Juizado Especial Comum: a legislação pertinente dispensa a participação de advogado nas causas cujo valor seja de até 20 (vinte) salários mínimos, podendo, portanto, a parte comparecer pessoalmente e promover em seu nome os atos processuais (art. 9º da Lei nº 9.099/95). Entretanto, nos recursos, as partes deverão ser representadas por advogado (art. 41, § 2º).

d) Juizado Especial Federal: o art. 10 da Lei nº 10.259/2001 autoriza às partes designarem, por escrito, representantes para a causa, "advogado ou não".

e) Processo administrativo não disciplinar: no processo administrativo não disciplinar é facultativa a presença de advogado. Entretanto, no processo disciplinar, de caráter sancionatório, a participação de advogado é obrigatória em todas as suas fases, nos termos da Súmula 343 do STJ: "é obrigatória a presença de advogado em todas as fases do processo administrativo disciplinar"[6].

---

[3] "Art. 103. A parte será representada em juízo por advogado regularmente inscrito na Ordem dos Advogados do Brasil".

[4] "Art. 4º São nulos os atos privativos de advogado praticados por pessoa não inscrita na OAB, sem prejuízo das sanções civis e penais e administrativas".

[5] LÔBO, Paulo. *Comentários ao Estatuto da Advocacia e da OAB*. 4. ed. São Paulo: Saraiva, 2007, p. 32.

[6] "O Superior Tribunal de Justiça possui jurisprudência uniforme no sentido de que os princípios constitucionais da ampla defesa e do contraditório, igualmente incidentes na esfera administrativa, têm por escopo propiciar ao servidor oportunidade de oferecer resistência

41. A PROCURAÇÃO E O SUBSTABELECIMENTO

A procuração, nos termos do art. 653 do Código Civil, é o *instrumento do mandato*. Trata-se de negócio jurídico *unilateral* no qual uma pessoa outorga de modo voluntário a outrem o poder de representação.

A procuração deve ser outorgada por *escrito*, público ou particular, assinado pela parte (CPC/2015, art. 105). O instrumento público só é obrigatório para os analfabetos ou para os que não tenham condições de assinar o nome[7]. Admite-se que a procuração *ad judicia* seja assinada digitalmente, na forma da lei (CPC/2015, art. 105, § 1º).

Para o instrumento particular de mandato judicial não se exigem maiores solenidades. Basta que o documento seja assinado pelo outorgante (art. 105), sendo desnecessário o reconhecimento de firma[8]. Qualquer pessoa maior e capaz, mesmo os menores devidamente representados ou assistidos, pode constituir advogado por instrumento particular[9].

Os poderes podem ser conferidos ao advogado para todo o processo ou algum ato ou fase dele. Não havendo restrição expressa no próprio instrumento, o mandato outorgado na fase de conhecimento é eficaz para todas as fases do processo, inclusive para o cumprimento de sentença (art. 105, § 4º).

A procuração deverá conter, ainda, o nome do advogado, seu número de inscrição na Ordem dos Advogados do Brasil e endereço completo (art. 105, § 2º), bem como, se for o caso, o nome da sociedade de advogados, da qual o outorgante participa, seu número de registro na OAB e endereço completo (art. 105, § 3º).

---

aos fatos que lhe são imputados, sendo obrigatória a presença de advogado constituído ou defensor dativo. Precedentes" (STJ, 5ª T., EDcl no RMS 20.148/PE, Rel. Min. Gilson Dipp, ac. 02.05.2006, *DJU* 29.05.2006, p. 269).

[7] Araken de Assis explica ser necessária a procuração por instrumento público ao incapaz, aplicando a regra também àquele que "não saiba ou não possa escrever". Esta hipótese, segundo o autor, "abrange tanto o analfabeto, incapaz de assinar seu próprio nome ou redigir o instrumento, quanto a pessoa que, embora alfabetizada, encontra-se incapacitada de escrever ou assinar em virtude de ferimento ou doença" (ASSIS, Araken de. *Contratos nominados:* mandato, comissão, agência e distribuição, corretagem, transporte. Coordenação Miguel Reale, Judith Martins-Costa. São Paulo: Revista dos Tribunais, 2005, v. 2, p. 151).

[8] "O art. 38, CPC [1973; art. 105, CPC/2015], com a redação dada pela Lei 8.952/94, dispensa o reconhecimento de firma nas procurações empregadas nos autos do processo, tanto em relação aos poderes gerais para o foro (cláusula *ad judicia*), quanto em relação aos poderes especiais (*et extra*) previstos nesse dispositivo. Em outras palavras, a dispensa do reconhecimento de firma está autorizada por lei quando a procuração *ad judicia et extra* é utilizada em autos do processo judicial" (STJ, 4ª T., REsp. 264.228/SP, Rel. Min. Sálvio de Figueiredo Teixeira, ac. 05.10.2000, *DJU* 02.04.2001, p. 298. No mesmo sentido: STJ, 1ª T., AgRg no AREsp. 399.859/RJ, Rel. Min. Herman Benjamin, ac. 26.11.2013, *DJe* 06.03.2014).

[9] AMARAL SANTOS, Moacyr. *Primeiras Linhas*. 5. ed. São Paulo: Saraiva, 1977, v. I, n. 298, p. 313.

O substabelecimento é o instrumento pelo qual o advogado (substabelecente) transfere os poderes recebidos pelo representado a terceiro (substabelecido). Em regra, por se tratar de contrato *intuitu personae*, o mandatário deve cumprir pessoalmente o encargo, não lhe sendo permitido substabelecer. Mas, o contrato pode autorizar o substabelecimento, oportunidade em que o mandatário se fará substituir no desempenho de seu mister.

Segundo a legislação civil, "ainda quando se outorgue mandato por instrumento público, pode substabelecer-se mediante instrumento particular" (CC, art. 655). Vale dizer, o substabelecimento não está sujeito a forma especial.

Sobre a responsabilidade decorrente do substabelecimento, ver item 31 do Capítulo IV desta Seção.

42. DISPENSA DA PROCURAÇÃO

A procuração é essencial para a postulação em juízo, razão pela qual, ao ingressar numa ação o advogado deve fazer prova do mandato (Lei nº 8.906/94, art. 5º[10]; CPC/2015, art. 104, *caput*). Entretanto, sua apresentação é dispensada nas seguintes situações:

a) Para evitar preclusão, decadência ou prescrição, ou para praticar ato considerado urgente: o art. 104, *caput*, do CPC/2015 dispensa a apresentação imediata da procuração nessas situações. Assim, é permitido ao advogado, em nome da parte, intentar ação, a fim de evitar preclusão, decadência ou prescrição. E, ainda, poderá intervir no processo, praticar atos reputados urgentes, como contestar uma ação ou embargar uma execução, estando ausente a parte interessada.

Quando a intervenção no processo se der sem a exibição da procuração, o advogado se obrigará, independentemente de caução, a apresentar o competente instrumento no prazo de quinze dias, prorrogável por igual período, por despacho do juiz (art. 104, § 1º). Apresentada a procuração, o ato praticado estará perfeito e considerar-seá ratificado na data de sua prática. Mas, não exibido o instrumento no prazo do art. 104, § 1º, o ato do advogado sem mandato "será considerado ineficaz relativamente àquele em cujo nome foi praticado", ficando o causídico, ainda, responsável pelas despesas e perdas e danos que acarretar ao processo (art. 104, § 2º). Superou-se o entendimento antigo de que ocorreria, na espécie, ato processual inexistente[11].

---

[10]   "Art. 5º O advogado postula, em juízo ou fora dele, fazendo prova do mandato".

[11]   O STF decidia que se o advogado interpusesse recurso, sem mandato, e não obtivesse ratificação no prazo do art. 37 [NCPC, art. 104], inexistente haveria de ser considerado o seu apelo. Conhecer de tal recurso violaria a coisa julgada, já operada, diante da inexistência legal dele. Nem o juiz nem o Tribunal teriam poderes para sanar tal vício porque se lhes opõe sempre a barreira intransponível da coisa julgada (RE 94.262, Pleno, Ac. 17.06.1981, Rel. Min.

Seção II: Do Mandato • Cap. V – Do Mandato Judicial | 83

b) Advogado em causa própria: o advogado que atuar em causa própria está dispensado de apresentar procuração, embora tenha que (i) declarar, na petição inicial ou na contestação, o endereço, seu número de inscrição na Ordem dos Advogados do Brasil e o nome da sociedade de advogados da qual participa, para o recebimento de intimações e, (ii) comunicar ao juízo qualquer mudança de endereço (CPC/2015, art. 106, *caput*, incisos I e II), sob pena de indeferimento da inicial (art. 106, § 1º).

c) Nos casos de assistência judiciária: a lei dispensa a apresentação de procuração quando à parte for deferida a assistência judiciária e for ela representada por "advogado integrante de entidade de direito público incumbido na forma da lei, de prestação de assistência judiciária gratuita" (Lei nº 1.060/50, art. 16, parágrafo único). Se a representação não se der por defensor público, a lei autoriza que o juiz exare na ata da audiência os termos da outorga.

d) Representação ex officio: nessas hipóteses, a lei confere o mandato ao representante. Assim, a lei dispensa a apresentação de procuração para a representação judicial das autarquias e fundações públicas por seus procuradores ou advogados, ocupantes de cargos efetivos dos respectivos quadros (Lei nº 9.469/97, art. 9º)[12].

43. PODERES GERAIS E ESPECIAIS DO ADVOGADO

A procuração judicial não depende de especificação de poderes, pois é suficiente outorgá-la como "procuração geral para o foro" (procuração *ad judicia*) para que o advogado esteja habilitado a praticar todos os atos do processo (art. 105, *caput*, primeira parte). Nesse sentido o art. 5º, § 2º, da Lei nº 8.906/94: "a procura-

---

Cunha Peixoto, in RTJ, 103/692). "Inaplicabilidade, no caso, do art. 13 do Estatuto Processual Civil [NCPC, art. 76]" (STF, AgRg em AgIn 159.012-3/SP, Rel. Min. Francisco Rezek, ac. 18.12.95, in RT 735/203) (STJ, Súmula 115). No mesmo sentido: STJ, AgRg. nos FREsp. 139.249/DF, Corte Especial, Rel. Min. Eduardo Ribeiro, ac. 18.03.98, in DJU de 22.06.98, p. 4. STF, 2ª T., AI nº 771.624 AgR, Rel. Min. Ayres Britto, ac. 07.12.2010, DJe 22.03.2011; STF, Pleno, AI nº 650.804 AgR, Rel. Min. Ellen Gracie, ac. 20.09.2007, DJe 26.10.2007. O entendimento restritivo, no entanto, segundo a jurisprudência do STJ, limitava-se ao recurso especial, porquanto na tramitação da instância ordinária o recurso sem mandato não seria inexistente, "constituindo-se vício sanável, posto que, em face do princípio da instrumentalidade processual, deve-se intimar a parte para sanar tal irregularidade" (STJ, 1ª T., AgRg no AgRg no Ag nº 627.133/RJ, Rel. Min. José Delgado, ac. 12.04.2005, DJU 30.05.2005, p. 226). Para o Código de Processo Civil de 2015, desaparece a distinção que os tribunais superiores faziam em relação à matéria. Tanto em primeiro grau como nas instâncias superiores, a falta de mandato ocasionará, sempre, ineficácia e, não, inexistência. O novo regime, por isso, impede que os tribunais superiores se recusem a admitir o saneamento do defeito em questão, durante a tramitação perante eles dos recursos especial e extraordinário.

[12] "Ficam dispensados do ônus de exibir a procuração, outrossim, os procuradores de pessoas jurídicas de direito público, pois sua habilitação decorre da lei e da sua investidura no cargo público" (ASSIS, Araken de. *Contratos nominados*, cit., p. 149).

ção para o foro em geral habilita o advogado a praticar todos os atos judiciais, em qualquer juízo ou instância, salvo os que exijam poderes especiais".

Segundo a jurisprudência do STJ, a procuração com cláusula *ad judicia* autoriza ao advogado a ajuizar ações incidentais ou interligadas: "na verdade, a procuração com poderes gerais outorgada para determinada ação pode ser utilizada para a apresentação de incidentes processuais bem como para a propositura de outras ações interligadas à ação originária"[13].

Dependem, então, de *outorga expressa em cláusula específica* os poderes especiais para receber a citação inicial, confessar, reconhecer a procedência do pedido, transigir, desistir, renunciar ao direito sobre que se funda a ação, receber e dar quitação, firmar compromisso e assinar declaração de hipossuficiência econômica (procuração *ad judicia et extra*, art. 105, *caput*, segunda parte).

Segundo a doutrina pátria, o rol de poderes especiais descrito no art. 105, do CPC/2015 é taxativo, vale dizer, não admite ampliação, pois restringe direitos[14].

44. INCOMPATIBILIDADES E IMPEDIMENTOS

Algumas funções ou cargos públicos são incompatíveis com a atividade exercida pelo advogado, seja por existir conflito de interesses, seja por motivações éticas, razão pela qual tornam o profissional impedido, total ou parcialmente, para advogar. Os arts. 27 a 30 da Lei nº 8.906/94 tratam dessas situações.

O rol dos arts. 28, 29 e 30 é taxativo e bem objetivo, não admitindo ampliação. Nesse sentido, o entendimento do STF: "Não constante da inscrição na Ordem dos Advogados o impedimento do advogado, não pode a parte ser prejudicada com sua participação no processo"[15]. Em seu voto, o eminente Relator destacou que "os impedimentos constituem exceção à regra geral da possibilidade integral do exercício da profissão do advogado, de modo que os dispositivos de lei que o estabelecem devem ser interpretados restritivamente".

A incompatibilidade torna o advogado totalmente impedido para exercer a advocacia, ainda que atue em causa própria. Ela é sempre "total e absoluta, assim para a postulação em juízo como para a advocacia extrajudicial"[16]. Pode, ainda, ser permanente ou temporária, dependendo do exercício ou da natureza do cargo ou função.

---

[13]   STJ, 2ª T., REsp. 145.008/SP, Rel. Min. Adhemar Maciel, ac. 23.10.1997, *DJU* 17.11.1997, p. 59.506.

[14]   WAMBIER, Teresa Arruda Alvim; CONCEIÇÃO, Maria Lúcia Lins; RIBEIRO, Leonardo Ferres da Silva; MELLO, Rogerio Licastro Torres de. *Primeiros comentários ao Novo Código de Processo Civil*, artigo por artigo. 2. ed. São Paulo: Revista dos Tribunais, 2016, p. 216.

[15]   STF, 1ª T., RE 92.237/PI, Rel. Min. Cunha Peixoto, ac. 15.04.1980, *DJU* 16.05.1980, p. 3.487.

[16]   LÔBO, Paulo. *Comentários ao estatuto da advocacia e da OAB*. 4. ed. São Paulo: Saraiva, 2007, p. 160.

O art. 28 dispõe ser a advocacia incompatível com as seguintes atividades:

a) chefe do Poder Executivo e membros da Mesa do Poder Legislativo e seus substitutos legais. Não é necessário que o substituto esteja no efetivo exercício, em substituição ao titular. "A lei não se dirige ao exercício, bastando a virtualidade da substituição"[17];

b) membros de órgãos do Poder Judiciário, do Ministério Público, dos tribunais e conselhos de contas, dos juizados especiais, da justiça de paz, juízes classistas, bem como de todos os que exerçam função de julgamento em órgãos de deliberação coletiva da administração pública direta e indireta. O STF já decidiu, em sede de ADI 1.127/DF, que "a incompatibilidade com o exercício da advocacia não alcança os juízes eleitorais e seus suplentes, em face da composição da Justiça eleitoral estabelecida na Constituição"[18].

O STJ, por sua vez, entendeu que "o bacharel em Direito que atua como conciliador e não ocupa cargo efetivo ou em comissão no Judiciário, não se subsume às hipóteses de incompatibilidade previstas no art. 28 do Estatuto dos Advogados e da OAB". Assim, a vedação existe "tão somente para o patrocínio de ações propostas no próprio juizado especial"[19].

Da mesma forma, por força do art. 7º, da Lei nº 9.099/1995, o impedimento dos juízes leigos se limita à "advocacia perante os Juizados Especiais" e somente "enquanto no desempenho de suas funções";

c) ocupantes de cargos ou funções de direção em Órgãos da Administração Pública direta ou indireta, em suas fundações e em suas empresas controladas ou concessionárias de serviço público;

d) ocupantes de cargos ou funções vinculados direta ou indiretamente a qualquer órgão do Poder Judiciário e os que exercem serviços notariais e de registro. O STF já entendeu que bacharel de direito que exerce o cargo de assessor de desembargador encontra-se impedido de exercer a advocacia[20];

e) ocupantes de cargos ou funções vinculados direta ou indiretamente a atividade policial de qualquer natureza. A incompatibilidade decorre do fato de "que os policiais e equiparados encontram-se próximos aos autores e réus de processos"[21], o que poderia auxiliar na captação de clientela e em privilégios de acesso. Segundo a doutrina, estão impedidos também os peritos criminais, os médicos legislas, os despachantes, os dactiloscopistas, os guardas de presídios[22];

---

[17] LÔBO, Paulo. *Comentários ao estatuto da advocacia e da OAB*, cit., p. 161.

[18] STF, Pleno, ADI 1.127/DF, Rel. Min. Ricardo Lewandowski, ac. 17.05.2006, *DJe* 10.06.2010.

[19] STJ, 2ª T., REsp. 380.176/RS, Rel. Min. Franciulli Netto, ac. 13.05.2003, *DJU* 23.06.2003, p. 311.

[20] STF, 2ª T., RE 199.088/SP, Rel. Min. Carlos Velloso, ac. 01.10.1996, *DJU* 16.04.1999, p. 24.

[21] LÔBO, Paulo. *Comentários ao estatuto da advocacia e da OAB*, cit., p. 169.

[22] LÔBO, Paulo. Ob. cit., p. 170.

f) militares de qualquer natureza, na ativa;

g) ocupantes de cargos ou funções que tenham competência de lançamento, arrecadação ou fiscalização de tributos e contribuições parafiscais;

h) ocupantes de funções de direção e gerência em instituições financeiras, inclusive privadas.

Importante ressaltar que a incompatibilidade é do cargo, razão pela qual ela permanece ainda que "o ocupante do cargo ou função deixe de exercê-lo temporariamente" (art. 28, § 1º).

Em relação aos Procuradores Gerais, Advogados Gerais, Defensores Gerais e dirigentes de órgãos jurídicos da Administração Pública direta, indireta e fundacional, são eles exclusivamente legitimados ao exercício da advocacia vinculada à função que exerçam, durante o período da investidura (art. 29).

O impedimento, por sua vez, gera a proibição parcial do exercício da advocacia. Os casos estão elencados no art. 30 do Estatuto da Advocacia:

a) os servidores da administração direta, indireta e fundacional, contra a Fazenda Pública que os remunere ou à qual seja vinculada a entidade empregadora. A proibição é parcial, porque se limita ao exercício da advocacia em desfavor da administração que remunere o servidor. Assim, um servidor do Município está autorizado a advogar contra o Estado ou a União, por exemplo. A proibição, contudo, não abrange os servidores aposentados[23], conforme entendimento da jurisprudência, inclusive do STJ:

"3. A recorrente defende a tese de que o legislador não delimitou o termo "servidores" e que, ademais, a aposentadoria, por si só, não retira "do interessado sua condição de servidor público" (fl. 238, e-STJ). Por essa razão, a norma deve ser interpretada no sentido de que inclui tanto os ativos como os inativos.

4. A interpretação conferida, *data venia*, é destituída de juridicidade e de razoabilidade.

5. Em primeiro lugar, por questão de hermenêutica: *as normas que restringem direitos devem ser interpretadas restritivamente, o que, aplicado ao caso concreto, recomenda que o impedimento parcial do exercício da advocacia incida apenas em relação aos servidores ativos.*

6. Ademais, o dispositivo legal em análise visa a evitar conflito de ordem moral e ética que haveria se o servidor pudesse se valer das informações a que tem acesso, pela sua condição, e, simultaneamente, atuasse no sentido de promover suas atividades profissionais como órgão integrante do Poder Público e de, contraditoriamente, patrocinar causas contra o respectivo ente federativo.

---

[23] Paulo Lôbo, entretanto, entende que o impedimento abrangeria os servidores aposentados (LÔBO, Paulo. *Comentários ao estatuto da advocacia e da OAB*, cit., p. 175), entendimento este que está superado em razão da jurisprudência do STJ.

Seção II: Do Mandato • Cap. V – Do Mandato Judicial | 87

7. *A extinção do vínculo estatutário, decorrente da aposentadoria, faz cessar esse conflito"* (g.n.)[24].

b) os membros do Poder Legislativo, em seus diferentes níveis, contra ou a favor das pessoas jurídicas de direito público, empresas públicas, sociedades de economia mista, fundações públicas, entidades paraestatais ou empresas concessionárias ou permissionárias de serviço público. O impedimento do parlamentar é mais abrangente, pois não se limita à Fazenda Pública que o remunere, além de incluir "as entidades paraestatais, concessionárias ou permissionárias de serviço público"[25].

O Estatuto não incluiu no rol de impedimento os docentes de cursos jurídicos (art. 30, parágrafo único). Para Paulo Lôbo, a exclusão se deve ao fato de que "é importante, para a formação dos futuros advogados, o magistério de profissionais qualificados que doutra forma estariam impedidos de advogar, inclusive totalmente, se sua especialidade fosse o direito público"[26].

45. REVOGAÇÃO E RENÚNCIA DO MANDATO

O mandato judicial, como qualquer outro, pode ser livremente revogado pelo outorgante, mas a parte terá que, no mesmo ato, constituir outro advogado para substituir o primitivo no processo (CPC/2015, art. 111). Não sendo constituído outro procurador em quinze dias, o juiz suspenderá o processo e designará prazo razoável para que a parte sane o vício, sob pena de: (i) ser extinto o processo, se for o autor quem deixar de cumprir a diligência; (ii) ser considerado revel, se for o réu; ou (iii) ser o terceiro considerado revel ou excluído do processo, dependendo do polo em que se encontre (art. 111, parágrafo único).

A renúncia ao mandato judicial, também, é ato possível no curso do processo, caso em que se observará o disposto no art. 112 do CPC/2015. Ou seja, quando a representação processual tiver de cessar, em virtude de renúncia do advogado ao seu mandato, deverá este cientificar a parte para que lhe nomeie

---

[24] STJ, 2ª T., REsp. 1.471.391/SC, Rel. Min. Herman Benjamin, ac. 18.11.2014, *DJe* 26.11.2014. No mesmo sentido: TRF 1ª Região, 1ª T., Ag. 0086634-68.1999.4.01.0000, Rel. Juiz Catão Alves, *DJ* 17.04.2000, p. 37; TRF 1ª Região, Ag. 0022534-07.1999.4.01.0000, Rel. Juiz Carlos Olavo, DJ 24.01.2000, p. 21. "O servidor público aposentado pode advogar contra a fazenda pública que o remunerava quando na ativa, haja vista que a aposentadoria se trata de mero benefício, sem a contraprestação do labor. Deve, porém, observar o sigilo profissional, de forma perene, não devendo se aproveitar das informações privilegiadas a que teve acesso durante o exercício do cargo público" (Ementa aprovada pela Primeira Turma de Ética Profissional do Tribunal de Ética e Disciplina da Ordem dos Advogados do Brasil – Seção de São Paulo (661ª Sessão de 22 de fevereiro de 2018)).

[25] LÔBO, Paulo. Ob. cit., p. 176.

[26] LÔBO, Paulo. Ob. cit., p. 178.

sucessor (CPC/2015, art. 112, *caput*). Durante os dez dias seguintes à cientificação, o advogado continuará a representar o mandante, desde que necessário para lhe evitar prejuízo (CPC/2015, art. 112, § 1º, e Lei nº 8.906/94, art. 5º, § 3º). Constitui infração disciplinar do advogado "abandonar a causa sem justo motivo ou antes de decorridos dez dias da comunicação da renúncia" (Lei nº 8.906/94, art. 34, XI).

Não há exigência legal de uma forma solene de cientificação. Qualquer meio de ciência será válido. Um "ciente" na declaração pessoalmente apresentada, um telegrama, um "telex" ou "fax" ou "e-mail", conforme o caso, serão suficientes para a comprovação a ser feita em juízo pelo advogado, para liberar-se do *munus* processual de continuar representando a parte.

O Código dispensa a comunicação ao mandante, caso a procuração tenha sido outorgada a vários advogados e a parte continuar representada por outro, apesar da renúncia (art. 112, § 2º).

Na hipótese de morte ou incapacidade do advogado, o juiz suspenderá o processo e marcará o prazo de quinze dias para a parte constituir novo procurador. A falta de sucessão, ao fim do referido prazo, acarretará a extinção do processo sem julgamento de mérito se a omissão for do autor; ou o prosseguimento do feito à revelia do réu, se for este a parte omissa (CPC/2015, art. 313, § 3º).

46. MANDATO JUDICIAL E APLICAÇÃO DO CÓDIGO DE DEFESA DO CONSUMIDOR

Muito já se discutiu a respeito da caracterização do contrato de mandato judicial como sendo de consumo, razão pela qual estaria submetido às regras estatuídas no Código de Defesa do Consumidor.

Entendimento antigo do STJ se mostrava nesse sentido:

(i) "Código de Defesa do Consumidor. Incidência na relação entre advogado e cliente. Precedentes da Corte.

1. Ressalvada a posição do Relator, a Turma já decidiu pela incidência do Código de Defesa do Consumidor na relação entre advogado e cliente"[27].

(ii) "I – Conforme precedentes firmados pelas turmas que compõem a Segunda Sessão, é de se aplicar o Código de Defesa do Consumidor aos serviços prestados pelos profissionais liberais, com as ressalvas do § 4º do artigo 14"[28].

---

[27] STJ, 3ª T., REsp. 651.278/RS, Rel. Min. Carlos Alberto Menezes Direito, ac. 28.10.2004, *DJU* 17.12.2004, p. 544.

[28] STJ, 3ª T., REsp. 731.078/SP, Rel. Min. Castro Filho, ac. 13.12.2005, *DJU* 13.02.2006, p. 799.

Seção II: Do Mandato • Cap. V – Do Mandato Judicial | **89**

Entretanto, o posicionamento do STJ alterou-se para afastar a incidência das normas consumeristas à relação existente entre cliente e advogado, aplicando-se a lei específica, qual seja, o Estatuto da Advocacia:

(i) "4. Consoante a jurisprudência desta Corte Superior, o contrato firmado entre advogado e cliente não é regido pelas regras consumeristas, devendo ser aplicável a Lei nº 8.906/1994. Precedentes"[29].

(ii) "3. É orientação assente do STJ que o Código de Defesa do Consumidor – CDC – não é aplicável às relações contratuais entre clientes e advogados, as quais são regidas pelo Estatuto da Ordem dos Advogados do Brasil – OAB, aprovado pela Lei nº 8.906/94. Precedentes: REsp 1.228.104/PR, Rel. Ministro Sidnei Beneti, Terceira Turma, julgado em 15/03/2012, DJe 10/04/2012; REsp 1123422/PR, Rel. Ministro João Otávio de Noronha, Quarta Turma, julgado em 04/08/2011, DJe 15/08/2011; REsp 1.155.200/DF, Rel. Ministro Massami Uyeda, Rel. p/ Acórdão Ministra Nancy Andrighi, Terceira Turma, julgado em 22/02/2011, DJe 02/03/2011; AgRg no AREsp 429026/PR, Rel. Min. Maria Isabel Gallotti, DJe de 20/10/2015"[30].

47. JURISPRUDÊNCIA DO STJ A RESPEITO DO MANDATO JUDICIAL

Neste item traremos alguns julgados interessantes do Superior Tribunal de Justiça a respeito do mandato judicial.

a) Solidariedade dos mandantes: segundo o art. 680 do CC, se o mandato for outorgado por duas ou mais pessoas, haverá solidariedade entre os mandantes. Em razão disso, já entendeu o STJ que, não havendo previsão em contrário no contrato, o advogado está autorizado a prestar contas a qualquer dos mandantes:

"2. Diante da solidariedade de interesses existente entre os mandantes, ausente previsão contratual a respeito, é razoável que o mandatário, advogado que recebe valores em juízo, possa, quando do repasse, escolher um dos mandantes como destinatário de referidos valores"[31].

b) Revogação do mandato ad judicia pela decretação de liquidação do mandante: a Corte Superior entende que a revogação do mandato judicial não é automática pela decretação de intervenção ou liquidação extrajudicial do outorgante do mandato:

"1. A decretação de intervenção ou liquidação extrajudicial não acarreta a automática cessação dos mandatos judiciais outorgados aos advogados da instituição financeira.

---

[29] STJ, 3ª T., AgInt no REsp. 1.482.075/SP, Rel. Min. Marco Aurélio Bellizze, ac. 13.06.2017, *DJe* 30.06.2017.

[30] STJ, 4ª T., AgInt no REsp. 1.446.090/SC, Rel. Min. Marco Buzzi, ac. 20.03.2018, *DJe* 27.03.2018.

[31] STJ, 3ª T., REsp. 1.415.752/RJ, Rel. Min. João Otávio de Noronha, ac. 23.09.2014, *DJe* 30.09.2014.

Buscando a intervenção e a liquidação extrajudicial a preservação do patrimônio da instituição financeira no interesse dos credores, da economia popular e do próprio sistema financeiro, não faria sentido que a lei erguesse formalismos inúteis, que certamente apenas trariam transtornos e prejuízos para os objetivos a serem alcançados. 2. Assim como sucede na falência de sociedade empresária (Lei 11.101/2005, art. 120, § 1º; antes DL 7.661/45, art. 49), com a liquidação extrajudicial de instituição financeira, o mandato para representação judicial continua em vigor até que seja expressamente revogado pelo liquidante, por razões a serem motivadas, quanto às vantagens da medida"[32].

b.1) Revogação de mandato ad negocia não interfere no mandato ad judicia: o STJ analisou situação interessante em que diretores de uma empresa outorgaram procuração *ad negocia*, com validade de um ano, a mandatários, em cujos poderes incluía a constituição de procuradores *ad judicia*. Esses mandatários outorgaram procuração judicial para advogados atuarem em determinado processo de interesse da empresa. Posteriormente, houve a extinção da procuração *ad negocia* pelo decurso do prazo. Aquela Corte entendeu que a extinção do mandato *ad negocia* não afeta a validade da procuração *ad judicia* outorgada pelo mandatário:

"I – Na linha dos precedentes desta Corte, o recurso interposto por advogado com procuração expirada equipara-se ao recurso interposto por advogado sem procuração nos autos, hipótese prevista pela Súmula 115/STJ.

II – Não é isso, porém que sucede no presente caso. Aqui não se cuida da expiração de prazo da procuração outorgada ao advogado que subscreveu as razões do recurso, mas à expiração do prazo da procuração outorgada pela empresa às pessoas que constituíram esse advogado. Importa saber, com efeito, se a extinção do mandato original provoca a extinção da procuração *ad judicia*.

III – Essa situação não se encaixa em nenhuma das hipóteses de extinção do mandato estabelecidas pelo artigo 682 do Código Civil, supletivamente aplicável aos mandatos judiciais"[33].

Em seu voto, o eminente Relator explicou que a extinção do mandato original (*ad negotia*) não afeta o mandato judicial, porque,

"no caso dos autos não houve revogação ou renúncia. Também não houve morte (extinção da pessoa jurídica) ou interdição de nenhuma das partes. Da mesma forma o mandato não foi outorgado para a prática de um ato em particular, não sendo possível afirmar que ele se extinguiu pela conclusão do negócio. Por outro lado, quanto ao decurso do prazo, é de se observar que essa circunstância atingiu apenas o mandato

---

[32] STJ, 4ª T., EDcl nos EDcl nos EDcl no REsp. 757.760/GO, Rel. Min. Raul Araújo, ac. 16.10.2012, *DJe* 13.06.2013.

[33] STJ, 3ª T., REsp. 798.901/SC, Rel. Min. Sidnei Beneti, ac. 01.12.2009, *DJe* 10.12.2009.

original (*ad negotia*) e não o mandato (*ad judicia*) outorgado à advogada, cuja eficácia ora se discute, já que este foi outorgado por prazo indeterminado".

Segundo o entendimento do relator, entendimento contrário atentaria "flagrantemente, contra o imperativo de continuidade na administração das sociedades". Isto porque, a situação provocaria o caos em empresas cuja diretoria estivesse sujeita a substituições periódicas, pois constantemente o diretor que outorgar procuração a um advogado terá sua procuração extinta antes de finalizada a ação judicial para a qual constituiu procurador em nome da empresa.

c) Extinção do mandato pela interdição do mandante: a interdição do mandante é causa de extinção do mandato. Entretanto, o STJ entende que, nessa hipótese, não estará extinto o mandato outorgado pelo interditando para o advogado defendê-lo na ação de interdição:

"1. A sentença de interdição tem natureza constitutiva, pois não se limita a declarar uma incapacidade preexistente, mas também a constituir uma nova situação jurídica de sujeição do interdito à curatela, com efeitos *ex nunc*.

2. Outorga de poderes aos advogados subscritores do recurso de apelação que permanece hígida, enquanto não for objeto de ação específica na qual fique cabalmente demonstrada sua nulidade pela incapacidade do mandante à época da realização do negócio jurídico de outorga do mandato.

3. Interdição do mandante que acarreta automaticamente a extinção do mandato, inclusive o judicial, nos termos do art. 682, II, do CC.

4. Inaplicabilidade do referido dispositivo legal ao mandato outorgado pelo interditando para atuação de seus advogados na ação de interdição, sob pena de cerceamento de seu direito de defesa no processo de interdição"[34].

d) Substabelecimento sem autorização do mandante: o STJ possui entendimento no sentido de que a vedação ao substabelecimento não torna o ato inválido, apenas responsabilizando o substabelecente por eventuais prejuízos provocados ao mandante:

"II – A teor de jurisprudência consolidada do Superior Tribunal de Justiça, amplamente recepcionada pelo artigo 667 do Novo Código Civil, a vedação ao substabelecimento não invalida a transmissão de poderes, mas apenas torna o substabelecente responsável pelos atos praticados pelo substabelecido"[35].

---

[34] STJ, 4ª T., EDcl nos EDcl nos EDcl no REsp. 757.760/GO, Rel. Min. Raul Araújo, ac. 16.10.2012, *DJe* 13.06.2013.

[35] STJ, 3ª T., EDcl no AgRg no Ag. 624.704/SP, Rel. Min. Castro Filho, ac. 28.06.2008, *DJe* 05.08.2008.

Seção III: Da Comissão

Capítulo I

NOÇÕES GERAIS

Sumário: 48. Origem histórica – 49. Vantagens do instituto – 50. Conceito – 51. Autonomia do comissário – 52. Direito anterior – 53. Subsistência das regras do Código Comercial.

48. ORIGEM HISTÓRICA

Leciona Waldemar Ferreira que, segundo os estudos realizados, é provável que a *comissão* teria surgido no século XVI, como modalidade de mandato mercantil, destinado a atender às necessidades do comércio, quando estendido a longínquos países[1].

Registra Waldirio Bulgarelli, porém, que ainda na Idade Média já se tinha notícia da comissão mercantil, que se empregava sob o *nomen iuris* de "contrato de *commenda*", para superar certos inconvenientes do mandato, em operações entre pessoas de praças diferentes. Reconhece, contudo, ter sido, de fato, no século XVI que se deu a intensificação do uso da comissão mercantil nos moldes da sua figuração atual, principalmente no âmbito da Liga Hanseática, onde, aliás, já era praticada desde o século XIII[2].

Suas peculiaridades possibilitavam aos mercadores contratar em praças distantes e contornar as dificuldades relativas às precisas informações sobre pessoas e hábitos locais e os riscos de cometer funções e encargos a desconhecidos. O comitente também poderia desfrutar do crédito do comerciante local, ou seja, do comissário.

Assim surgiu a figura da comissão, que permitia ao comerciante encarregar terceiro da missão de praticar atos de comércio, celebrar negócios ou contratar, em seu benefício ou por sua conta, porém em nome do próprio comissário, sem

---

[1]   FERREIRA, Waldemar. *Tratado de Direito Comercial.* São Paulo: Saraiva, 1963, v. XI, nº 2.382, p. 58.

[2]   BULGARELLI. Waldirio *Contratos Mercantis.* 5. ed. São Paulo: Atlas, 1990, p. 450. Também Oreste Cagnasso e Gastone Cottino dão notícia de que a comissão tem raízes no comércio medieval, ou seja, na antiga figura da "commenda" (CAGNASSO, Oreste; COTTINO, Gastone. Contratti Commerciali. In: *Trattato di Diritto Commerciale.* Padova: CEDAM, 2000, v. IX, nº 57, p. 210).

obrigar-se o comitente perante terceiros, como ocorreria se tivesse de lançar mão do mandato.

Por outro lado, a contratação de um comissário representava redução de custos e despesas para o comitente e contornava, muitas vezes, as regras proibitivas da mercancia por estrangeiros.

A comissão recebeu, no século XVII, larga regulamentação legal, dentre as quais se citam as Ordenações de Bilbao e a Ordenação Francesa de 1673[3].

Ao longo do tempo, o contrato de comissão foi tratado de maneira relativamente uniforme nos Códigos de Comércio de diversos países[4].

No Brasil, a comissão desempenhou papel relevante no comércio cafeeiro, bem como nos negócios de vendas de automóveis de passeio ou de transporte de cargas, de máquinas agrícolas, de aparelhos de uso doméstico, quando os recursos financeiros dos comerciantes não eram ainda suficientes ao pleno desenvolvimento dos negócios mercantis[5].

A intensificação e agilização do comércio verificado no século XX e o fenômeno da globalização que anulou os percalços das distâncias geográficas pelos recursos tecnológicos na área da comunicação e do transporte fizeram com que outros sistemas de comercialização tomassem o terreno antes de utilização da comissão.

Difundiram-se contratos de agência ou representação comercial autônoma, de concessão mercantil, de distribuição exclusiva ou não, de franquia empresarial e o fabricante pôde, muitas vezes, assumir os negócios nas diferentes praças por meio de filiais ou de comércio eletrônico.

A comissão, porém, não caiu em completo desuso. No comércio de bancas de revistas e jornais e de vendas ambulantes de cosméticos e de utilidades do lar, no comércio de veículos usados, entre outros, é comum a estipulação de comissão. Também no comércio da produção agrícola encontra aplicação.

Algumas indústrias do setor da moda estão experimentando o sistema de comissão para otimizar a produção em larga escala, difundir a marca e incrementar as vendas, já que a consignação das mercadorias remove uma barreira que se eleva

---

3   FERREIRA, Waldemar. *Tratado de Direito Comercial cit.*, v. XI, nº 2.382, p. 59 e 60.

4   Código Comercial Francês: arts. 94 e 95; Código Comercial Português: 1.731 a 1736: arts. 266 a 277; Código Comercial espanhol, arts. 244 a 280; Código Civil Italiano, arts.1.731 a 1.736; Código Comercial brasileiro de 1850, arts. 165 a 190; Código Comercial Argentino, arts. 232 a 281; Código de Comércio Alemão de 1897, §§ 383 a 406. Sobre outras legislações estrangeiras, cf. MUÑOZ, Luis. *Derecho Comercial. Contratos.* Buenos Aires: Tipográfica Editora Argentina, 1960, v. II, nº 339, p. 107 e segs.

5   A respeito dos aspectos históricos e da relevância econômica do contrato de comissão nesses setores de negócios leia-se "Aspectos econômicos e financeiros do contrato de comissão mercantil", de FERREIRA, Waldemar. *Revista de Direito Mercantil*, t. III, nº 2, p. 287 e segs. (1ª série).

entre a produção e o consumo, residente justamente no limite da capacidade financeira do comerciante varejista. Este, muitas vezes, não quer ou não pode formar grandes estoques e grades completas de coleções sazonais. Por esse sistema, o fabricante assume o custo e o risco do estoque, mas leva ao consumidor final toda a sua produção, podendo deflagrar um hábito de consumo em massa capaz de aumentar suas vendas e seus lucros.

A despeito do declínio do uso do instituto nos tempos atuais, a manutenção de sua regulamentação legal nos códigos do presente século é prova de que ele continua a prestar serviços ao comércio, seja tal como previsto no texto legal, seja amoldado às necessidades e peculiaridades de cada ramo ou atividade mercantil, seja, ainda, como negócio integrante de contratos atípicos coligados ou complexos, fruto da criação ágil da mente inventiva dos homens do comércio.

Não seria de se estranhar que da comissão passassem a se servir vantajosamente os exploradores do comércio eletrônico, por exemplo. Nos chamados negócios de compra e venda eletrônicos do tipo *just in time*, a empresa que se compromete a entregar mercadorias de forma instantânea a um público espalhado em vasto território não precisaria investir em estoques, fretes ou transporte se, agindo em seu nome, se dedicar a venda sob comissão em benefício do próprio fabricante. Porém, esse mesmo fenômeno econômico pode revestir-se de diversas formas jurídicas que deverão ser analisadas sob aspectos financeiros, fiscais, custos de responsabilidade e outros que influenciarão diretamente na escolha do contrato a celebrar (fornecimento, agência, distribuição, franquia, comissão) ou mesmo na opção do próprio fabricante assumir a venda direta ao consumidor.

Por fim, observa-se que a comissão ganhou especificidades em determinadas atividades, dando origem a tipos contratuais amplamente difundidos, tais como a comissão bursátil e a comissão bancária na compra e venda de títulos e ações[6].

49. VANTAGENS DO INSTITUTO

Por meio do contrato de comissão, o comitente obtém a colaboração negocial de outro empresário, sem a necessidade de conferir-lhe um mandato ou de torná-lo um gerente ou administrador de seus negócios em filial, agência ou sucursal. Na verdade, a comissão proporciona ao comitente desfrutar das vantagens do mandato, sem os inconvenientes da representação[7]. A doutrina comercialista arrola as seguintes utilidades proporcionadas pela comissão mercantil, que tanto se voltam em prol do comitente como do comissário, conforme o caso:

---

[6]   CARRIGUES, Joaquím. *Curso de Derecho Mercantil*. Bogotá: Temis, 1987, t. IV, p. 106.
[7]   "La comissione è un *mandato senza rappresentanza*" (CIAN, Giorgio; TRABUCCHI, Alberto. *Commentario Breve al Codice Civile*. 4. ed. Padova: CEDAM, 1996, p. 1.991).

a) pessoas que não querem aparecer nos negócios de compra e venda de bens, podem contratar com o segredo que interessa ao comerciante que não quer divulgar seus fornecedores;

b) o comissionário não precisa investir em estoques (diferentemente da revenda) nem empregar o capital de giro elevado de que necessitaria para a compra e venda das mercadorias comerciadas;

c) a comissão pode ser acordada como percentual sobre preço de venda ou sobre o sobrepreço alcançado em relação ao preço mínimo;

d) dispensa-se a exibição pelo comissário de documento formal para habilitar o mandatário perante as pessoas com quem trata;

e) afasta-se o risco pelo excesso de poderes do mandatário;

f) mantém-se o segredo das operações do mandante, a fim de evitar que os concorrentes conheçam a marcha dos seus negócios[8];

g) proporciona ao comitente a utilização do crédito e do capital do comissário na praça onde se encontra estabelecido;

h) facilita as informações, remessas e guarda de mercadorias em praças distantes.

Houve, como já se afirmou, nos últimos tempos um certo declínio no emprego do contrato de comissão, graças a vários fatores, dentre os quais:

a) surgimento de formas mais eficientes e modernas de distribuição que melhor atendem aos interesses dos fornecedores;

b) facilidades do comércio que dispensam a interposta pessoa na realização dos negócios (tecnologia, transporte, globalização);

c) difusão do crédito que possibilitou ao comerciante formar o próprio capital de giro e realizar os negócios no seu próprio interesse. Talvez, no entanto, possa-se vislumbrar, como já anotado, maior apelo aos negócios de comissão no terreno do comércio eletrônico do tipo *just in time*, já que as empresas desse ramo, que se dedicam à compra e venda via rede (comércio virtual) atuam como intermediárias, sem manutenção de estoques próprios, podendo efetuar compras instantâneas a cada pedido, dispensando, até mesmo, a montagem e organização de grandes e onerosos estabelecimentos.

Todavia, várias são as formas jurídicas à escolha dos empresários para que um contrato de fornecimento ou distribuição possa ser plenamente eficaz para atender

---

[8] Entretanto, "se o comissário revela o nome do comitente, essa situação não é capaz por si só de desnaturar o contrato de comissão. O comitente, mesmo nessa hipótese, não integra o negócio jurídico" (TEPEDINO, Gustavo; BARBOZA, Heloisa Helena; MORAES, Maria Celina Bodin de. *Código Civil Interpretado:* conforme a Constituição Federal. Rio de Janeiro: Renovar, 2006, v. II, nota 8 ao art. 694, p. 476).

às necessidades das partes, ao lado da velha comissão mercantil, muitas delas de melhor adaptação às praxes do comércio atual.

Entre jornaleiros e bancas de revistas, contudo, pela natureza dos periódicos e condição dos revendedores, sempre pequenos empreendedores, continua sendo praxe comum o recurso ao contrato de comissão, o que atesta sua utilidade mesmo nos dias atuais.

Algumas indústrias do setor de moda, como já registramos, estão experimentando o sistema de comissão para otimizar a produção em larga escala, difundir a marca e incrementar as vendas, já que a consignação das mercadorias remove uma barreira intermediária entre a produção e o consumo, residente justamente na capacidade financeira do revendedor, que não quer e/ou não pode assumir os riscos de um estoque grande e variado. O fabricante, deste modo, toma para si o risco do estoque, que põe nas mãos do varejista.

Por tudo isso não é correto dizer-se que o contrato de comissão está totalmente em desuso. Apenas sofre grande impacto do poder inovador dos agentes do comércio e dos empresários que buscam regras peculiares que melhor atendam às necessidades de seus negócios, nas diversificadas e complexas situações do mercado contemporâneo.

50. CONCEITO

Segundo o artigo 693 do Código Civil é a comissão o contrato que "tem por objeto a aquisição ou venda de bens pelo comissário, em seu próprio nome à conta do comitente"[9].

É, pois, um contrato em que se estabelece um mandato, mas que com este não se confunde porque, a despeito de haver cometimento de encargo a terceiro para que pratique ato ou celebre contrato em benefício do mandante, não agirá o comissário em nome do comitente, mas em seu próprio nome. Diz-se correntemente que se trata de um mandato sem representação, justamente porque não tem poderes o comissário de obrigar a pessoa do comitente perante terceiros.

O comissário, ao realizar a operação com terceiros, que lhe foi delegada, nem sequer terá necessidade de declarar o nome do comitente[10]. Pode-se conceituá-lo, pois, como uma modalidade excepcional de mandato que autoriza o comissário a agir em seu próprio nome e sob sua exclusiva responsabilidade. É, assim, na dicção do direito italiano, um mandato sem representação, tem por objeto a compra e ven-

---

[9]   Direito comparado: Argentina, art. 222 do Código de Comércio; França, art. L-132-1, do Código de Comércio; Espanha, art. 244 do Código de Comércio; Itália, arts. 1.731 a 1.736 do Código Civil; Portugal, arts. 266 a 277 do Código de Comércio; Alemanha: §§ 383 a 406 do Código de Comércio; Uruguai, art. 335 do Código de Comércio.

[10]   LOBO, Jorge. *Contrato de franchising*. Rio de Janeiro: Forense, 1997, nº 25, p. 12.

da de bens por conta, isto é, no interesse de uma parte (que se chama comitente), e em nome de outra (comissário) (art. 1.731 Cód. Civ. italiano)"[11]. Ou seja, como entende a doutrina francesa, dois dados fundamentais presidem a economia do contrato de comissão: "uma ação por conta de outrem (A), mas em nome próprio (B)"[12].

A comissão autoriza o não dono a vender a coisa que lhe foi confiada pelo dono. A venda, porém, é feita pelo comissário, sem invocar o nome do comitente. Há, por isso, em seu bojo, um mandato, porque o dono confere poderes a outrem para praticar a alienação. O mandato, contudo, é cumprido, perante o terceiro adquirente, como se o comissário fosse o proprietário, isto é, sem que este o esteja representando. O poder de dispor da coisa alheia o comissário adquire antes do negócio alienatório e por efeito imediato do contrato de comissão. Quando chega o momento de negociar com o pretendente à aquisição, o comissário, sem ser dono, está credenciado a realizar o contrato em nome próprio, sem necessidade de declarar vontade em nome de outrem. Eis porque se diz que se trata de mandatário sem representação[13].

Provoca, destarte, o contrato de comissão, nos casos de alienação, "uma legitimação para dispor para um titular, dissociada da titularidade do próprio bem"[14]. Daí ser, realmente, um contrato típico, que não pode ser confundido com o mandato, nem com outros negócios comuns na elaboração entre empresas e na distribuição mercantil.

O contrato de comissão, porém, não se apresenta no direito pátrio como simples subespécie de mandato. É tipo contratual autônomo, que se rege por normas próprias, peculiares e distintas do mandato, reunidas nos artigos 693 a 700 do Código Civil[15]. É uma espécie de contrato que, sob o ponto de vista econômico, serve à

---

[11]   SCHLENSINGER, Andrea Torrente e Piero. *Manuale di diritto privato.* 17. ed. Milão: Giuffrè, 1999, p. 569.

[12]   DISSAUXS, Nicolas; LOIR, Romain. *Droit de la distribuition.* Yssy-Les-Moulineaux: LGDJ, 2017, p. 628.

[13]   FERRI, Giuseppe. *Manuale di Diritto Commerciale.* 9. ed. Torino: UTET, 1994, nº 735, p. 1.003; CAMPOBASSO, Franco. *Diritto Commerciale – Contratti Titoli di Credito. Procedure Concorsuali.* 3. ed. Torino: UTET, 2001, p. 81; GERI, Lina Bigliazzzi; BRECCIA, Umberto; BUSNELLI, Francesco; NATOLI, Ugo. *Diritto Civile – Obbligazioni e Contratti.* 3. ed. Torino: UTET, 1995, v. III, p. 477.

[14]   CAGNASSO, Oreste; COTTINO, Gastone. Contratti Commerciali. *Trattato di Diritto Commerciale.* Padova: CEDAM, 2000, v. IX, nº 57, p. 212.

[15]   "Deve-se considerar a *comissão mercantil* não como uma simples variante do mandato, mas como um contrato que tem características próprias, se bem que a ele sejam aplicadas muitas regras do mandato (Código Civil, art. 709), razão pela qual está aproximada desse contrato mais do que de qualquer outro" (MARTINS, Fran. *Contratos e obrigações comerciais.* 18.ed. Revista, atualizada e ampliada por DINIZ, Gustavo Saad, Rio de Janeiro: Forense, 2018, n. 227, p. 250). Discorda, porém, Waldirio Bulgarelli, na sua obra *Contratos Mercantis.* 5. ed. São Paulo: Atlas, 1990, p. 461: "(...) resta explicar o vínculo interno entre o comissário e o comitente. E é justamente sob tal aspecto que as teorias aventadas não convencem, não logrando qualificar

cadeia de distribuição da produção, tal como os contratos de agência, distribuição, fornecimento, franquia e concessão de venda. Ao contratar, comprando ou vendendo mercadorias, obrigando-se perante terceiros diretamente, o comissário executa o objeto da comissão, de forma autônoma, mas deve contas ao comitente, já que age em seu benefício. Trata-se, pois, de um contrato *típico*.

51. AUTONOMIA DO COMISSÁRIO

Embora deva cumprir as ordens e instruções que lhe passe o comitente, ao conferir-lhe o encargo contratual, o comissário, quando executa sua missão, perante terceiros, é um empresário que administra seus negócios com autonomia, isto é, em nome próprio e sob sua direta responsabilidade. Não é um mero preposto, ou um simples agente, nem muito menos um gerente. Daí que "não se pode concluir pela existência desse contrato (comissão) quando o comitente mantém no negócio do inculcado comissário um preposto com autoridade e autonomia sobre ele, a ponto de deter as chaves do estabelecimento"[16].

Convém registrar que o termo *comissão* é utilizado pela lei, também, para designar a remuneração a que tem direito comissário pelo desempenho do encargo contratual que lhe delega o comitente.

52. DIREITO ANTERIOR

No Código Comercial brasileiro de 1850, vinha o contrato de comissão regulado nos arts. 165 a 190. A maior inovação introduzida pelo Código Civil refere-se ao objeto do contrato, que pelo modelo adotado só poderá referir-se à compra e venda e não mais a qualquer negócio mercantil, como antes[17].

---

devidamente a relação entre comitente-comissário, em termos de responsabilidades, instruções, limites etc. Daí, a nosso ver, o acerto da orientação do Código Civil italiano, que simplificadamente pôs ordem na questão. A relação interna – é a lição italiana – é de *mandato*; por ele confere-se encargo ao mandatário para agir em nome dele ou em nome próprio; sendo, portanto, com (quando com outorga de poderes) ou sem representação". Porém, se nesse aspecto muito se aproximam os efeitos dos contratos similares, não se pode olvidar que suas funções econômicas e sociais são extremamente distintas, pelo que não podemos concordar com a doutrina de Bulgarelli, sob pena de se reunirem em um só tipo contratual diversas espécies que se desenvolvem com fins e peculiaridades próprios, tornando disforme e assistemático o seu tratamento jurídico. Se são muitas as semelhanças na formação, são várias e numerosas as regras de exceção que justificam o seu tratamento como um tipo contratual autônomo. De resto, é bom lembrar que a posição de Bulgarelli se formou à luz do Código Comercial, antes, portanto, do Código Civil de 2002, que sabidamente inovou no tratamento da matéria.

[16] TJSP, 2ª CC., Agr. nº 22.698, Rel. Des. Manuel Carneiro, ac. 18.07.44, *Rev. Forense*, v. 103, p. 91.

[17] No Código Comercial o art. 165 rezava: "A comissão mercantil é o contrato do mandato relativo a negócios mercantis, quando, pelo menos, o comissário é comerciante, sem que nesta gestão seja necessário declarar ou mencionar o nome do comitente".

É contrato que se distingue também pela constância dos atos do comissário. É característica normal do contrato de comissão a profissionalização do comissário, que desenvolve habitualmente a atividade comissionada. Ao contrário, porém, da agência, da concessão e da franquia, o comissário pode exercer sua profissão sem ajustar um contrato permanente ou de duração com o comitente. O ajuste pode resumir-se a uma operação ou a algumas operações determinadas.

53. SUBSISTÊNCIA DAS REGRAS DO CÓDIGO COMERCIAL

O Código Civil de 2002, na linha das legislações modernas, evitou as minúcias de uma regulamentação muito circunstancial para o contrato de comissão. O antigo Código Comercial era, nesse sentido, muito mais detalhista.

Embora não repetidas todas as disposições casuísticas do Código Imperial, o certo é que, em sua grande maioria, não entram em atrito com a regulamentação enxuta do Código Civil de 2002. Dessa forma, mesmo sendo revogadas, as normas em questão continuarão a ser úteis para identificar os princípios gerais que regem o contrato e quando nada, servirão para justificar e manter a doutrina que com base nela se estabeleceu entre nós.

É evidente que, tendo vigorado por um século e meio serviram para sedimentar usos comerciais de real significado. E, para o Código Civil, a invocação dos *usos da praça* se faz com frequência e insistência, pelo legislador, em tema do contrato de comissão (*v.g.*, arts. 695, *caput* e parágrafo único; 699, 701). Daí a atenção que ainda merecem os preceitos do Código Comercial mesmo não tendo sido repetidos no texto do atual Código Civil[18].

---

[18] VENOSA, Sílvio de Salvo. *Direito Civil. Contratos em espécie*. 2. ed. São Paulo: Atlas, 2002, v. III, n. 29.3, p. 547.

Capítulo II

ELEMENTOS IDENTIFICADORES DA COMISSÃO

Sumário: 54. Partes – 55. Objeto – 56. Classificação – 57. Comissão não é mais contrato só comercial – 58. Forma e prova – 59. Direito comparado – 60. Contrato de comissão e negócios afins: 60.1. Comissão e agência; 60.2. Comissão e mandato; 60.3. Comissão, concessão comercial e franquia empresarial; 60.4. Contrato de comissão e contrato estimatório.

54. PARTES

Denomina-se *comitente* a parte que atribui o encargo ou ordena a compra ou a venda de seus bens segundo as suas instruções e no seu interesse. *Comissário* é a parte que se obriga a comprar e vender mercadorias em seu próprio nome, nos limites das instruções recebidas, em favor do comitente, mediante retribuição ou *comissão*.

O comissário, no direito anterior era, obrigatoriamente, um comerciante[1]. Atualmente, o comissário será um empresário, pois exercerá profissionalmente atividade econômica organizada para a circulação de bens. O comitente nem sempre é um empresário, pois qualquer pessoa pode conceitualmente confiar a um comissário a compra ou venda de algum bem. Comitente e comissário, outrossim, podem ser tanto pessoa física como jurídica[2].

Com a unificação das obrigações civis e comerciais, o Código Civil de 2002 não exige mais que a comissão seja contrato apenas ajustável por um comerciante. No regime do velho Código Comercial, sim, entendia-se que o comissário era quem não costuma realizar negócios eventuais, mas que fazia da comissão uma atividade habitual (uma *profissão*), o que o tornava necessariamente um *comercian-*

---

[1] MARTINS, Fran. *Contratos e Obrigações Comerciais, cit.*, nº 227, p. 249. Embora anteriormente se exigisse que o comissário fosse comerciante, o art. 693 "não exige habitualidade, tampouco que o comissário exerça profissionalmente suas atividades, já que o contrato de comissão pode assumir natureza diversa da mercantil" (TEPEDINO, Gustavo; BARBOZA, Heloisa Helena; MORAES, Maria Celina Bodin de. *Código Civil Interpretado, cit.*, 2006, v. II, nota 3 ao art. 693, p. 474).

[2] "Pode o comissário ser pessoa física ou jurídica; em qualquer caso deve, contudo, ser comerciante" (LOBO, Jorge. *Contrato de franchising*. Rio de Janeiro: Forense, 1997, nº 25, p. 11; MARTINS, Fran. *Contratos, cit.*, 18. ed., nº 226, p. 248).

te. Era assim que, aliás, o qualificava o Código de 1850[3]. A doutrina de então era tranquila: "O comissário é comerciante: faz do comércio sua profissão, estabelecido que é com o *negócio* de aceitar encargos ou missões de outrem, mediante uma paga estipulada"[4].

No quadro atual em que as figuras contratuais se agruparam no regime geral do Código Civil, embora não seja comum isto acontecer sem o concurso de um profissional do comércio, a comissão, em tese, tanto pode se desenvolver como atividade comercial, como civil[5].

Por outro lado, ainda perante as legislações que definem o comissário como comerciante ou profissional, não se deve concluir que o contrato de comissão tenha que ser necessariamente um *contrato de duração* (ou seja, um vínculo negocial para desempenho de uma operação constante de compras e vendas denotadoras de *contrato quadro*, durante cuja vigência o comissário se transformasse num habitual negociador em favor do comitente). Mesmo sendo o comissário, em regra, um profissional, as normas pertinentes ao contrato de comissão aplicam-se, também, ao ato isolado do comerciante que não é habitualmente comissário, mas que se encarrega de realizar, em nome próprio, uma compra ou venda em benefício de um cliente (Código de Comércio alemão, § 406). Não há, pois, uma profissionalidade absoluta da comissão, nem onde, como na Alemanha, se exige a qualidade de comerciante para ser comissário[6].

55. OBJETO

Segundo o texto legal, constitui objeto da comissão a celebração de contratos de compra ou venda de bens por conta de outrem[7]. Sob o regime do Código Comercial de 1850 não havia dúvida de que o contrato, regulado como ato próprio de comerciante, não poderia compreender senão as coisas móveis, já que não se considerava atividade mercantil a compra e venda de imóveis[8]. Indaga-se, porém, sobre

---

[3] WALD, Arnoldo. *Obrigações e Contratos*. 5. ed. São Paulo: RT, 1979, nº 164, p. 340.

[4] DE PLÁCIDO E SILVA. *Noções práticas de Direito Comercial*. 11. ed. Rio de Janeiro: Forense, 1960, v. I, nº 204, p. 412.

[5] "... ce n'est par le fait que la commission qui change à l'affaire, d'autant que rien ne s'oppose à ce qu'un simple particulier accomplisse un acte isolé de commission. Mais il est vrai que, la plupart du temps, le commissionnaire est un commerçant, mieux, un professionnel spécialisé dans telle ou telle opération" (DUTILLEUL, François Collart; DELLEBECQUE, Philippe. *Contrats civils et commerciaux*. 2. ed. Paris: Dalloz, 1993, nº 663, p. 491).

[6] MUÑOZ, Luis. *Derecho comercial. Contratos*. Buenos Aires: Tipográfica Editora Argentina, 1960, v. II, nº 339, p. 115.

[7] O *objeto* do contrato de *comissão* "é a compra ou venda de bens por conta de outrem", muito embora as pessoas com quem trata o comissário não conheçam o comitente" (WALD, Arnoldo. *Obrigações e contratos*, cit., nº 165, p. 340).

[8] MENDONÇA, José Xavier Carvalho de. *Tratado de direito comercial brasileiro*. 5. ed. Rio de Janeiro: Freitas Bastos, 1956, v. VI, 2ª parte, nº 892, p. 289: "Um ou mais negócios mercantis

as espécies de bens a serem adquiridos ou vendidos por meio do comissário agora que o regime jurídico dos contratos civis e comerciais foi unificado. Em razão do sistema jurídico de transmissão da propriedade vigente no Brasil, só se tornam passíveis de alienação por atuação do comissário os bens *móveis*, jamais os imóveis[9].

Ainda que a lei não faça qualquer restrição, o instituto da comissão não teria utilidade econômica ou jurídica. Não se poderia manter sigilo sobre o comitente proprietário do imóvel nem se prescindir de sua intervenção direta ou mediante procurador no ato da outorga da escritura definitiva, já que a transmissão da propriedade exige instrumento público e registro que respeite a cadeia dominial. Necessariamente haveria atuação em nome do comitente e não em nome próprio ou transmissão prévia da propriedade ao comissário. Em ambas as hipóteses, restaria desconfigurado o contrato de comissão.

Ainda que a atuação do comissário se fizesse toda em nome do comissário que, com os fundos do comitente adquirisse e ao mesmo tempo vendesse imóveis a terceiros em favor do comitente, sem que esses imóveis transitassem no domínio (pelo registro) do comitente, não haveria benefícios ao comitente em relação às garantias ofertadas pelo sistema jurídico.

Em suma, ainda que idealmente possível a figura da comissão para a contratação de compra e venda de bens imóveis, não encontraria ela uso e aplicação concreta porque não atenderia à função socioeconômica do modelo contratual que surgiu para atender necessidades peculiares de mercadores, comerciantes e empresários[10].

---

constituindo o objeto da comissão (2). Não se daria a comissão mercantil para a compra e venda de imóveis. 3º O comissário conclui o negócio jurídico no próprio nome, obrigando-se para com as pessoas com as quais contratar (3). Note-se, *para com as pessoas com as quais contratar,* não, porém, *para com o comitente,* salvo os casos dos arts. 175 e 179 do Cód. Comercial (4). Convém cautela na caracterização da comissão no direito brasileiro, sendo necessário afastar as doutrinas variadas dos escritores franceses, principalmente a que apregoa a figura do mandato se a operação é civil e a da comissão se é mercantil. O nosso Código ocupou-se especialmente do mandato e da comissão, o que não fez o Código Comercial francês, e teve o cuidado de bem assinalar as diferenças entre estes contratos. Pode, é certo, o comissário indicar ou declarar aos terceiros com quem tratar o nome do comitente (5); nem por isso deixa de agir no *próprio nome* e assumir para com estes terceiros as responsabilidades da negociação. Tal é incontestavelmente um dos característicos da comissão, em que pese aos que afirmam o contrário. O comissário não tem necessidade de fazer esta indicação ou declaração, porque celebra sempre o contrato no seu próprio nome".

[9] "La comisión se extiende considerablemente, por lo que hace al objeto del contrato (venta, edición, etc.), pero al parecer no al comercio de inmuebles" (MUÑOZ, Luis. *Derecho comercial,* cit., v. II, nº 339, p. 115).

[10] "Ila commissione si recorre infatti, spesso, quando non si vuol figurare come acquirente o alienanti. E non sarebbe possibille mantenere l'incognito se si trattasse di un contratto avente per oggetto bene immobili, poiché, in tal caso, per diventare titolare del bene acquistato dal mandatario, sarebbe necessario un ulteriore atto di trasferimento che dovrebbe essere stipulato con forma scritta e sarebbe soggetto a trascrizione" (GERI, Lina Bigliazzzi; BRECCIA,

Nunca é demais relembrar que o contrato é instrumento jurídico de operações econômicas. Se determinado modelo não satisfaz os parceiros de tais operações, certamente não encontrará terreno fértil à sua aplicação[11].

Destaque-se, outrossim, que embora os objetos a serem alienados ou os adquiridos pelo comissário fiquem em sua posse, "não há prévia aquisição ou posterior venda de bens entre comissário e comitente para a execução do contrato de comissão"[12]. Assim, a entrega dos bens ocorre em razão do contrato de comissão e, não, por força de uma compra e venda. Daí concluir Gustavo Tepedino que

> "na hipótese de comissão para venda de bem, não se faz necessária a transferência da propriedade do comitente ao comissário, visto que este fica autorizado a dispor das mercadorias, não obstante a propriedade pertencer ao comitente. Igualmente, na comissão de compra não há transferência de propriedade do comissário para o comitente, já que aquele não adquire o domínio, o qual passa diretamente do terceiro ao comitente"[13].

56. CLASSIFICAÇÃO

A comissão é contrato *bilateral, consensual, oneroso, não solene e intuitu personae*. Depende simplesmente do ajuste ou da convergência de vontades do comitente e do comissário sobre o objeto contratual para que se torne perfeito e obrigue às partes a cumprir as obrigações recíprocas relativas à realização da compra ou venda de bens e ao pagamento da comissão que remunerará os serviços prestados por uma parte em benefício da outra.

Diz-se *bilateral* o contrato de comissão, porque faz nascer obrigações para ambas as partes: o comissário tem de realizar a alienação ou aquisição a que se obrigou perante o comitente; e este tem de prestar-lhe a remuneração convencionada.

Umberto; BUSNELLI, Francesco; NATOLI, Ugo. *Diritto Civile* – Obbligazioni e Contratti. 3. ed. Torino: UTET, 1995, v. III, p. 478).

[11] Quer queira, quer não, a comissão é contrato de índole profissional e mercantil. A lei não consegue mudar a natureza econômica do negócio. Por isso, os negócios genuinamente civis não se amoldam bem ao campo da comissão. "El encargado de vender un inmueble, acto civil, no puede ser objeto de un contrato de comisión" (MUÑOZ, Luis. *Contratos*, cit., v. II, nº 341, p. 123).

[12] TEPEDINO, Gustavo. Das várias espécies de contrato. Do mandato. Da comissão. Da agência e distribuição. Da corretagem. Do transporte. Arts. 653 a 756. In: TEIXEIRA, Sálvio de Figueiredo (coord.). *Comentários ao novo Código Civil*. Rio de Janeiro: Forense, 2008, v. X, p. 211.

[13] TEPEDINO, Gustavo. Ob. cit., loc. cit. Esclarece, contudo, o autor que "a inexistência de dupla transferência de propriedade não tipifica a causa da comissão, isto é, embora não seja comum sua ocorrência, a dupla transmissão pode se verificar sem ofensa ao contrato de comissão".

Seção III: Da Comissão • Cap. II – Elementos Identificadores da Comissão | **107**

É *oneroso*, porque ambas as partes perseguem resultados vantajosos, mas se sujeitam a sacrifícios para obtê-los.

É *consensual*, porque se aperfeiçoa pelo simples consenso, independentemente de qualquer tradição ou repasse de coisas entre as partes, assim como de qualquer solenidade especial.

Não havendo na lei exigência de forma ou solenidade especial para a contratação da comissão, o negócio poderá ser provado por todos os meios de prova permitidos em direito, inclusive por verificação dos livros mercantis do comissário[14]. É, pois, contrato não solene.

A comissão é, ainda, contrato personalíssimo (ou *intuitu personae*), na medida em que se baseia na confiança recíproca entre comitente e comissário. Não obstante, destaca Carvalho de Mendonça não ser vedado ao comissário "servir-se de seus prepostos, auxiliares e colaboradores, para a execução do encargo". O que não se admite é que o comissário se faça substituir por outro "sem autorização expressa do comitente"[15].

José Maria Trepat Cases destaca três espécies de contrato de comissão: a) a *comissão imperativa*, na qual o comitente não deixa margem de manobra pelo comissário; b) a *comissão indicativa*, em que o comissário possui margem de atuação, devendo, entretanto, sempre que possível informar o comitente sobre sua atuação; e, c) a *comissão facultativa*, segundo a qual o comitente informa ao comissário as razões porque se interessa por determinado negócio, sem restringir a sua atuação[16].

57. COMISSÃO NÃO É MAIS CONTRATO SÓ COMERCIAL

Ao seguir a linha do Código italiano, o Código Civil de 2002 brasileiro afastou-se da orientação tradicional que confinava o contrato de comissão (dita *comissão mercantil*) ao terreno do direito comercial. "Agora sem distinção entre civil e mercantil, unitariamente, portanto – restringe o seu âmbito apenas à aquisição ou à venda de bens"[17].

Sem, entretanto, que se depare com um profissional (ou seja, um comerciante) dedicado à prática habitual da negociação de bens por conta alheia, dificilmente os interessados terão condições práticas de estabelecer um verdadeiro contrato de comissão. Entre dois não comerciantes, que têm em mira um só e específico ne-

---

14 LOBO, Jorge. *Contrato de franchising*, cit., nº 28, p. 12.
15 MENDONÇA. José Xavier Carvalho de. *Tratado de direito comercial brasileiro*, cit., v. VI, 2ª parte, nº 899, p. 292-293.
16 CASES, José Maria Trepat. In: AZEVEDO, Álvaro Villaça de (coord.). *Código Civil comentado*. São Paulo: Atlas, 2003, v. VIII, p. 24.
17 BULGARELLI, Waldirio. Comissão Mercantil. *Enciclopédia Saraiva de Direito*. São Paulo: Saraiva, 1977, v. 16, p. 218.

gócio, muito mais natural será o uso do mandato que o da comissão, gerado que foi este nos usos e costumes da mercancia. Entretanto, é de reconhecer-se que, em tese, não há óbice à contratação de uma comissão plenamente civil (vale dizer, um contrato em que nenhuma das partes seja comerciante)[18].

58. FORMA E PROVA

O contrato de comissão é daqueles em que a lei não condiciona a respectiva validade a qualquer exigência de forma[19].

Como se trata de negócio não solene, a prova do contrato e de suas cláusulas e condições não segue regra específica; subordina-se ao regime geral dos contratos e atos jurídicos sem forma específica[20].

Não se aplica à espécie a norma do art. 654 que exige instrumento particular para a validade do mandato[21]. Nenhuma regra tendo sido disposta pelo Código acerca da forma de aperfeiçoar-se o contrato de comissão, é possível admiti-la até mesmo por meio de aceitação tácita entre as partes, em face da regra do art. 111 do Código Civil[22]. Portanto, provam o contrato as missivas trocadas, testemunhas, recibos e quitações de prestações devidas, remessas de mercadorias e fundos que demonstrem início de execução dos ajustes ou aceitação dos negócios celebrados

---

[18] DUTILLEUL, François Collart; DELLEBECQUE, Philippe. *Contrats civils et commerciaux*. 2. ed. Paris: Dalloz, 1993, nº 663, p. 491.

[19] FERRI, Giuseppe. *Manuale di diritto commerciale*. 9. ed. Torino: UTET, 1994, nº 793, p. 1.006.

[20] "O Código Comercial não estabeleceu forma especial para o contrato de comissão mercantil, podendo ser provado por todos os meios admitidos em direito" (TJSP, 2ª CC, Ap. nº 57.891, Rel. Des. J. M. Gonzaga, ac. 29.4.53, *Rev. Forense*, 152/260).

[21] Nesse sentido era já pacífica a doutrina na exegese do Código Comercial de 1850: "Ajusta-se a comissão, mercê de sua consensualidade, tornando-se obrigatória, como os contratos mercantis sem forma específica, determinada pela lei, desde que as partes acordem sobre seu objeto" (FERREIRA, Waldemar. *Tratado de Direito Comercial*. São Paulo: Saraiva, 1963, v. XI, nº 2.388, p. 73). "A comissão mercantil prova-se por todos os meios admitidos no direito comercial, qualquer que seja o valor e por testemunhas até a soma de 400.000. Não há necessidade de o comitente dar procuração, o instrumento normal do mandato, nem estabelecer poderes e fixar-lhes a extensão. A escritura, pública ou particular, não é habitualmente empregada para a prova deste contrato. Pela correspondência epistolar forma-se ele geralmente. Só quando a comissão é acessória de outras operações ou se acha anexa a outros pactos, costuma-se celebrá-la por instrumento público ou particular" (MENDONÇA, José Xavier Carvalho de. *Tratado de direito comercial brasileiro*, cit., v. VI, 2ª parte, nº 895, p. 291).

[22] "Lo que es de cualquier modo evidente, es que el contrato de comisión es esencialmente consensual, y produce sus efectos por la aceptación expresa o tácita" (RIVAROLA, Mario A. *Tratado de derecho comercial argentino*. Buenos Aires: Compañia Argentina de Editores, 1939, t. III, nº 883, p. 506). No mesmo sentido: MUÑOZ, Luis. *Derecho comercial. Contratos*. Buenos Aires: Tipográfica Editora Argentina, 1960, v. II, nº 342, p. 124.

etc.[23]. Assim tem se orientado a jurisprudência[24]. Enfim, a prova do contrato de comissão rege-se pelos princípios gerais aplicáveis aos atos jurídicos do comércio[25].

Como a lei não impõe forma especial ao contrato de que se cuida, sua prova é livre e, segundo o art. 212 do Código Civil, pode ser feita mediante confissão, documento, testemunha, presunção ou perícia.

O CPC/2015 admite ser sempre possível a prova testemunhal (art. 442), devendo, entretanto, estar acompanhada de começo de prova escrita, emanada da parte contra a qual se pretende produzir a prova, se a lei exigir prova escrita da obrigação (art. 444). Como não há previsão legal de prova escrita em relação ao contrato de comissão, a conclusão é que poderá ser comprovado até mesmo por prova exclusivamente testemunhal[26].

Uma coisa é o contrato, outra a prova. O contrato não solene pode ser ajustado por acordo verbal qualquer que seja o respectivo valor. E sua prova, consoante a legislação material e processual, mesmo quando exigida a forma escrita pela lei material, poderá ser feita por meio de testemunha, desde que acompanhada de um começo de prova por escrito. Não é necessário, portanto, que o contrato de comissão seja reduzido a um instrumento escrito, ao tempo de sua celebração e nem se exige a prova escrita para a sua demonstração.

É de se ressaltar, por oportuno, que se o serviço for utilmente concluído, a remuneração do comissário terá de ser prestada, porque a ordem jurídica não compactua com o enriquecimento sem causa.

De qualquer maneira, quem alegar em juízo a existência do contrato de comissão terá, a seu cargo, ônus de prová-lo, nos termos do art. 373, I, do CPC/2015[27].

---

[23] À falta de exigência legal, "puede pactarse la comisión de manera expresa y tácita. En el primer caso mediante instrumento público o privado, por carta o telegrama, e incluso verbalmente" (MUÑOZ, Luis. *Derecho Comercial*, cit., v. II, n° 342. p. 124),

[24] "Comissão mercantil (...) Missivas comerciais, com relevância na senda da vida negocial, comprovando a contratação, com proposta e aceite, inclusive com a fixação da comissão, erige-se como elemento de convicção robusta, assim incontrastável" (TJRJ, 1ª CC., Ap. 3980/96, Rel. Des. Ellis Hermydio Figueira, ac. 6.8.1996, *Juris Síntese*, p. 1).

[25] RIVAROLA, Mário A. *Tratado de derecho comercial argentino*. Buenos Aires: Compañia Argentina de Editores, 1939, t. III, n° 883, p. 507.

[26] Nesse sentido, entendimento de Flávio Tartuce: "Nesse contexto, a prova testemunhal passa a ser utilizada como meio de prova de negócios jurídicos de qualquer valor" (*Direito Civil. Lei de introdução e parte geral*. 13. ed. Rio de Janeiro: Forense, 2017, v. 1, p. 565).

[27] "Contratos de edição e comissão mercantil, danos patrimoniais e morais. Ausência de prova dos fatos constitutivos do direito. Improcedência que se mantém. À parte autora compete a demonstração dos fatos constitutivos de seu direito (art. 333, I, do CPC) [CPC/2015, art. 373, I] que, no caso, envolvendo contratos de edição e de comissão mercantil, não foram devidamente provados. A sentença, cingindo-se o veredicto negativo apenas na questão probatória, não será a merecer qualquer censura. Improvimento do recurso" (TJRJ, 8ª CC., Ap. n° 14.113/1999, Rel. Des. Paula lara, ac. 30.11.1999, *Juris Síntese*, p. 1).

59. DIREITO COMPARADO

Na *Itália*, a comissão é, por definição da lei, uma espécie de mandato denominado "commissione". Vem regulada nos arts. 1.731 e seguintes do Código Civil. Caracteriza-se, tal como no Brasil, pela ausência de poderes de representação e por seu específico e restrito objeto, já que se destina à compra e venda de bens tão somente. Havendo previsão no direito italiano da figura do mandato sem representação, os autores atribuem também relevância à profissionalização do comitente para a configuração do contrato de comissão, concluindo que a constituição de um mandatário para atos isolados de compra e venda, sem habitualidade, configuraria apenas o mandato sem representação e não a comissão[28].

Pensamos, todavia, que, para o direito brasileiro, a habitualidade configura a profissão do comissionário. O usuário de seus serviços (o comitente) é qualquer pessoa que confia algum bem para ser alienado por conta e em nome do comissário. Não deixa de haver contrato de comissão pelo fato de ter um cliente usado uma só vez o serviço de determinado comissário.

No direito argentino, a doutrina registra que "para que exista comissão é necessário que se atue por conta alheia, que isto seja feito em nome próprio, que se trate de um ato ou uma série de atos determinados e que esses atos sejam de comércio"[29]. O *ato isolado* de comissão é sempre comercial se o objeto sobre que recai é comercial. Na verdade, se o comissário é um empresário comercial, todos os atos de seu ofício são comerciais. Não importa que, nas operações de mercado, o outro sujeito não seja igualmente um comerciante. "Se um ato é comercial para uma das partes, todos os contratantes se tornam sujeitos à lei mercantil", em princípio[30].

No Código de Comércio Uruguaio, o conceito de comissão prevê que nela se contém "o mandato para uma ou mais operações de comércio individualmente determinadas, que devem ser feitas e concluídas em nome do comissário, ou sob

---

[28]   CIAN, Giorgio; TRABUCCHI, Alberto. *Comentario breve al Codice Civile*. 4. ed. Padova: CEDAM, 1996, notas ao art. 1.731, p. 1.991; CAMPOBASSO, Gian Franco. *Diritto Comerciale* – Contratti Titoli di Credito. Procedure Concorsuali. 3. ed. Torino: UTET, 2001, p. 80-83; CAGNASSO, Oreste; COTTINO, Gastone. Contratti Commerciali. *Trattato di Diritto Commerciale*. Padova: CEDAM, 2000, v. IX, p. 209-215; FERRI, Giuseppe. *Manuale di Diritto commerciale*. 9. ed. Torino: UTET, 1994, p. 1.002-1.009; GERI, Lina Bigliazzzi; BRECCIA, Umberto; BUSNELLI, Francesco; NATOLI, Ugo. *Diritto Civile* – Obbligazioni e Contratti. 3. ed. Torino: UTET, 1995, v. III, p. 471-480; TRABUCCHI, Alberto. *Istituzioni di diritto civile*. 38. ed. Milão: CEDAM, 1998, p. 771-772.

[29]   "Para que haya comisión es necesario que se actúe por cuenta ajena, que ello se haga a nome própio, que se trate de un acto o una serie de actos determinados y que ese o esos actos sean de comercio" (MUÑOZ, Luis. *Derecho Comercial*, cit., nº 341, p. 122).

[30]   "Si un acto es comercial para una de las partes, todos los contrayentes quedan sujetos a la ley mercantil" (MUÑOZ, Luis. *Derecho Comercial*, cit., nº 341, p. 122-123).

o nome corporativo que representa" (art. 335)[31]. Vale dizer: o comissário tem de ser um comerciante (um profissional), mas o contrato de comissão não se passa necessariamente entre dois comerciantes, nem tem de resolver obrigatoriamente uma longa série de negócios. O contrato pode ter como objeto apenas uma venda de um só objeto[32].

Assim, também, é no direito brasileiro, como se vê da clássica lição de Waldemar Ferreira, na qual se destaca que o comissário se encarrega de realizar negócios por *conta e ordem de terceiros*, que podem ser "comerciantes ou não"[33]. A habitualidade e profissionalidade são atributos do comissário e não do comitente. Logo, este tanto pode conferir àquele delegação para uma prática continuada como para a realização de apenas um negócio isolado. Com a unificação operada pelo Código Civil de 2002 entre os contratos civis e comerciais, nem mais a exigência de ser o comissário um comerciante prevalece, muito embora seja muito difícil encontrar operações da espécie que não sejam praticadas por comerciante ou empresário.

Na França, o Código de Comércio trata da comissão nos arts. L 132-1 e L 132-2, dispondo que "o comissário é aquele que age em seu próprio nome ou sob um nome social por conta do comitente"[34]. Comissário, para o direito francês, é todo aquele que é encarregado por uma pessoa, o comitente, para agir em seu próprio nome mas por conta do comitente[35].

60. CONTRATO DE COMISSÃO E NEGÓCIOS AFINS

Inserido no largo âmbito dos contratos de colaboração empresarial, a comissão se aproxima e, às vezes, quase se confunde com vários outros negócios que também servem à cadeia de agentes do comércio empenhados em promover a distribuição de bens e serviços no mercado consumidor.

As intimidades são maiores com o mandato, mas, também, há muita similitude da comissão com a agência comercial, a concessão comercial e a franquia empresarial, entre outros negócios próprios da distribuição levada a cabo por meio de conjugação de atividades de várias empresas empenhadas na cadeia de produção e circulação de bens e serviços.

---

[31] "El mandato para una o más operaciones de comercio individualmente determinadas, que deben hacerse y concluirse a nombre del comisionista, o bajo la razón social que represente".

[32] ALVAREZ, Rodolfo Mezzera; RIPPE, Siegbert. *Curso de Derecho Comercial – Contratos Comerciales*. 8. ed. Montevideo: FCV, 2001, t. III, n° 153, p. 314-315.

[33] FERREIRA, Waldemar. *Tratado de Direito Comercial*. São Paulo: Saraiva, 1963, v. XI, n° 2.383, p. 61.

[34] "Le commissionnaire est celui qui agit en son propre nom ou sous un nom social pour le compte d'un commettant".

[35] "tous ceux qui sont chargés par une personne, le commettant, d'agir en leur nom personnel mais pour le compte dudit commettant" (DISSAUX, Nicolas; LOIR, Romain. *Droit de la distribuition*. Issy-les-Molineaux: LGDJ, 2017, p. 612).

Para melhor identificação do contrato típico de *comissão mercantil*, ou simplesmente *comissão*, como quer o Código Civil de 2002, procederemos, a seguir, ao cotejo entre o referido contrato e os que dele mais se aproximam na configuração jurídica.

60.1. Comissão e agência

A *comissão* é meio contratual de intermediação na circulação de bens (os serviços não constituem objeto do contrato tipificado pelo art. 693, que se aplica tão somente à "aquisição" ou à "venda de bens"). Também a *agência* (ou *representação comercial*) presta-se a igual objetivo mercadológico. A diferença, porém, está no elemento *mandato* que se apresenta como essencial na comissão e não é da substância da agência. Apenas eventualmente o agente recebe mandato para concluir negócios ou contratos em nome do preponente, o que, entretanto, se dá como negócio acessório e, por isso mesmo, secundário e não influente na sua definição de contrato típico.

Embora sem representação, o comissário se encarrega de realizar negócio jurídico de interesse do comitente: ele compra ou vende bens em proveito final do mandante. O agente não se encarrega, em princípio, de realizar negócios jurídicos mas apenas de promover a negociação, que haverá de consumar-se diretamente entre o preponente e o cliente angariado pelo agente. Sua função é exercida no terreno da captação e manutenção da clientela para o fornecedor. O agente prepara a contratação, mas, ordinariamente, não a conclui. Por isso, não desempenha, em regra, os poderes inerentes ao mandato.

Enquanto a comissão se apresenta como uma modalidade de mandato (legitimação para a prática de ato ou negócio jurídico), a agência envolve apenas um tipo de *representação* que não envolve a prática e conclusão de negócio jurídico; pelo que o agente não é, em regra, nem *mandatário*, nem *comissário*[36].

"Enfim, o representante comercial (agente), agindo em nome e no interesse do representado, não é atingido pelos atos que pratica, dentro dos poderes que recebeu"[37]. Diversamente do que ocorre na agência, os atos concluídos pelo comissário recaem na sua própria esfera jurídica[38]. O agente, portanto, angaria clientes ficando a conclusão do negócio relegada ao comitente, que a fará em seu próprio nome, sem interferência do agente e será o único responsável pelo negócio ultimado com o cliente[39]. O comissário, concluindo o negócio em seu nome, e não do

---

[36]   BULGARELLI, Waldirio. *Contratos Mercantis*. 5. ed. São Paulo: Atlas, 1990, p. 471.

[37]   REQUIÃO, Rubens. *Do Representante Comercial*. 5. ed. Rio de Janeiro: Forense, 1994, nº 17, p. 45.

[38]   CAGNASSO, Oreste; COTTINO, Gastone. *Contratti Commerciali*, cit., v. IX, nº 57, p. 211-212.

[39]   CAGNASSO, Oreste; COTTINO, Gastone. *Contratti Commerciali*, cit., v. IX, nº 57, p. 211-212.

Seção III: Da Comissão • Cap. II – Elementos Identificadores da Comissão | 113

comitente, será, por seu turno, o único responsável pelo contrato firmado com o terceiro, sem embargo de tê-lo realizado no interesse do comitente[40].

Existe, ainda, outra diferença entre esses tipos contratuais: na agência há o estabelecimento de uma zona determinada de atuação do agente, o que não ocorre no contrato de comissão[41].

60.2. Comissão e mandato

O código italiano define a comissão como sendo um mandato cujo objeto é a aquisição ou a venda de bens por conta do comitente e em nome do comissário (art. 1.731). Entende a doutrina daquele país que, na sistemática codificada, a comissão seria apenas uma "figura particular de mandato", havendo, pois, entre eles tão somente uma relação de gênero e espécie: a comissão é, enfim, "mandato sem representação", voltado para a compra ou venda de bens[42].

Vale dizer: perante o direito italiano, a comissão distingue-se do mandato "somente pela especificidade do objeto: a aquisição ou a venda de bens por conta do comitente e em nome do comissário" (Cód. Civ. it., art. 1.735)[43]. "O contrato de comissão é precisamente um mandato que tem por objeto a aquisição ou a venda de bens por conta do comitente e em nome do comissário"[44]. À comissão, portanto, aplicam-se "as regras gerais do mandato sem representação, salvo as disposições especiais para ela estabelecidas (Cód. Civ. it., arts. 1.731 a 1.736)"[45]. Tem-se, na ótica peninsular, uma visão do contrato de comissão que o reduz a uma "subespécie de mandato, que é, necessariamente, *oneroso, sem representação* e tem um caráter de *especialidade*, já que se refere exclusivamente à aquisição ou à venda de bens"[46]. Em síntese, a comissão somente se distingue do mandato em geral "pela especificidade de seu objeto"[47].

---

[40]   REQUIÃO, Rubens. *Do Representante Comercial*, cit., nº 17, p. 45.

[41]   WALD, Arnoldo. *Direito civil, contratos em espécie*. 20. ed. São Paulo: Saraiva, 2015, v. 3, p. 264.

[42]   ROTONDI, Mario. *Istituzioni di Diritto Privato*. Milano: Casa Editrice Ambrosiana, 1945, nº 241-*bis*, p. 498.

[43]   "Solo per la specificità dell' oggetto": "l'acquisto o la vendita di beni per conto del committente ed in nome del commissionario" (VINCENZO, Cuffaro. *Modulo Contratti*. Milano: IPSOA, 2001, nº 15, p. 286).

[44]   "Il contratto di comissione è precisamente un mandato che ha per oggetto l'acquisto o la vendita di beni per conto del committente e in nome del commissionario" (FERRI, Giuseppe. *Manuale di Diritto Commerciale*, cit., nº 735, p. 1.003).

[45]   SCHLENSINGER, Andrea Torrente e Piero. *Manuale de Diritto Privato*. 17. ed. Milão: Giuffrè, 1999, § 362, p. 569.

[46]   GERI, Lina Bigliazzi *et al., Diritto Civile cit.*, v. III, p. 471. Para Trabucchi, "commissione è il nome del mandato senza rappresentanza che há per oggetto l'acquisto o la vendita di beni per conto del committente da parte del commissario il quale agisce in nome proprio" (TRABUC-CHI, Alberto. *Istituzioni di diritto civile*, cit., nº 341, p. 771).

[47]   CIAN, Giorgio; TRABUCCHI, Alberto. *Commentario breve al Codice Civile*. 4. ed. Padova: CE-DAM, 1996, p. 1.991.

114 | Contratos de Colaboração Empresarial • *Humberto Theodoro Jr. e Adriana Theodoro de Mello*

Também na Espanha, defende-se a tese de que a comissão não é senão o mandato mercantil, embora se permita ao comissário desempenhá-lo em nome próprio[48].

A legislação luso-brasileira, no entanto, desde o século XIX, vem tratando como figuras jurídicas distintas o *mandato* e a *comissão*: o mandato mercantil, para o Código Comercial português de 1833, já era visto como aquele em que o mandatário contrata em nome do mandante, enquanto na comissão, o comissário atua em nome próprio "sem menção ou alusão alguma ao comitente, contratando por si e em seu nome como principal e único contratante"[49].

Foi o sistema exposto o acolhido pelo Código Comercial brasileiro, de 1850, que, também, disciplinou separadamente os contratos de mandato e de comissão.

O Código Civil de 2002, que unifica as obrigações civis e comerciais, mantém a tipificação dos dois contratos, atribuindo a cada um deles características que os individualizam e não permitem reduzi-los a uma só figura jurídica. Nada obstante, pela afinidade inegável existente entre ambos, as regras do mandato devam ser, subsidiariamente, observadas também na comissão mercantil (art. 709). Trata-se, contudo, de incidência apenas suplementar ("no que couber"), ou seja, nas lacunas da regulamentação especial e sem contrariar o que constitui a substância do negócio especial denominado "comissão mercantil".

Na disciplina do Código Civil brasileiro, o mandato é o contrato pelo qual alguém (mandatário) recebe poderes de outrem (mandante), para *em nome deste*, "praticar atos ou administrar interesses" (art. 653). Já a comissão é o contrato que credencia alguém (o comissário) a adquirir ou vender bens, em nome próprio, mas à conta do comitente (art. 693).

Em ambos os contratos, portanto, há gestão de negócios em benefício de outrem. A distinção entre eles se faz pela circunstância de que o mandatário contrata sempre em nome do mandante, enquanto o comissário sempre negocia em nome próprio. O mandante é *a parte* do contrato que o mandatário firma em seu nome. O comissário, e não o comitente, é *a parte* do negócio ajustado no interesse do comitente. Embora interessado econômico no resultado da operação conduzida pelo comissário, o comitente é, do ponto de vista jurídico, "inteiramente estranho às operações e contratos por ele (comissário) celebrados com terceiros"[50].

---

[48] Joaquím Carrigues: "Como la comisión es, simplemente, un mandato mercantil, de la misma manera que el mandatario puede obrar, bien en nombre ajeno, bien en nombre propio (art. 1.717 de C.C.), puede también el comisionista actuar en nombre propio o en nombre de su comitente (art. 245 del C. de Co.)" (CARRIGUES, Joaquím. *Curso de Derecho Mercantil.* 7. ed. Reimp., Bogotá: Temis, 1987, t. IV, p. 1.040). No mesmo sentido: LANGLE Y RUBIO, Emilio. *Manual de Derecho Mercantil Español.* Barcelona: Bosch, 1959, v. III, p. 286.

[49] FERREIRA, Waldemar. *Tratado de Direito Comercial.* São Paulo: Saraiva, 1963, v. XI, nº 2.381, p. 58.

[50] FERREIRA, Waldemar. *Tratado de Direito Comercial,* cit., v. XI, nº 2.383, p. 63.

Seção III: Da Comissão • Cap. II – Elementos Identificadores da Comissão | **115**

Em face da legislação nacional, em suma, é de acolher a lição de Fran Martins, no sentido de evitar o tratamento do contrato de comissão como simples espécie ou variante do contrato de mandato:

"Ainda que a comissão tenha inúmeros pontos de contato com o mandato, várias sendo as normas deste aplicáveis àquela, são, contudo, contratos de natureza diferente. A falta de alguns elementos característicos do mandato traz consequências para o comissário extremamente diversas das obrigações assumidas pelo mandatário. Agindo o *comissário* em seu próprio nome e não em nome do *comitente*, se bem que a mandado deste assume obrigações pessoais para com aqueles com quem contrata. E no que tange às suas relações com o comitente poderá, até, o comissário assumir a responsabilidade pela solvência das pessoas com que contratar (comissão *del credere*), o que não acontece com o mandatário que, agindo por conta e em nome do mandante, responde apenas pelos atos em que sua culpa se provar. Em tais condições, deve-se considerar a *comissão mercantil* não como uma simples variante do mandato, mas como um contrato que tem características próprias, se bem que a ele sejam aplicadas muitas regras do mandato, razão pela qual está aproximada desse contrato mais do que de qualquer outro"[51].

Se é fácil reduzir a comissão, em alguns ordenamentos jurídicos estrangeiros, a simples espécie de mandato, o mesmo não se passa no direito pátrio. É que a definição legal de mandato, em nosso Código, prende-se à *representação* (art. 653).

Logo, quando se reconhece, a exemplo da doutrina italiana, que a comissão equivale a um mandato sem representação, o que ocorre, no direito brasileiro, é a desclassificação da figura do próprio mandato. Ou seja: para o Código, mandato sem representação deixa de ser mandato. Como a comissão é uma gestão de interesses alheios sem representação, há de ser vista como *contrato especial, típico*, e não como simples subespécie ou variante do contrato de mandato[52].

Se, pois, o Código brasileiro evitou definir a comissão como mandato não o fez à toa. É porque teve o nítido propósito de não vê-la confundida com este. Lições extraídas do direito italiano, nesse passo, não podem ser simplesmente repetidas entre nós. Há que se atentar para as diversidades de sistematização do direito positivo em cada um dos ordenamentos jurídicos analisados.

Assim, é o próprio Código italiano que define a comissão como mandato e que subsume aquela na regulamentação geral deste. Aqui, nosso Código evita qualificar a comissão como mandato e apenas, supletivamente, admite que regras deste

---

[51]　MARTINS, Fran. *Contratos e Obrigações Comerciais*. 18. ed. rev., atual. e ampl. por DINIZ, Gustavo Saad, Rio de Janeiro: Forense, 2018, nº 227, p. 249-250.

[52]　"Le commissionnaire agit comme le mandataire pour le compte d'autrui, mais à la différence du mandataire, il contracte avec le tiers en son propre nom. La personnalité ne s'efface donc pas derrire celle de son partenairè" (DUTILLEUL, François Collart; DELLEBECQUE, Philippe. *Contrats civils et commerciaux*. 2. ed. Paris: Dalloz, 1993, nº 663, p. 491).

se observem naquela. Mas é inconteste que, entre nós, o mandato implica sempre o poder para o mandatário de praticar atos jurídicos em nome do mandante, e a comissão sempre implica o encargo de praticar atos jurídicos em nome do próprio comissário, sem qualquer intromissão do nome do comitente em tais atos[53].

60.3. Comissão, concessão comercial e franquia empresarial

Dentre os contratos de colaboração empresarial, a *concessão comercial* e a *franquia empresarial* são dois negócios jurídicos que guardam bastante afinidade com a comissão mercantil. Não se confundem, todavia, com o contrato tipificado pelo art. 693 do Código Civil.

Em todos eles o agente colaborador interfere na colocação de produtos de outrem na corrente do mercado, e o fazem realizando contratos finais em nome próprio. Trata-se, pois, de empresários que atuam no comércio como profissionais autônomos, e não como simples prepostos ou mandatários.

A comissão distingue-se da concessão porque o concessionário atua como vendedor de mercadoria própria, enquanto o comissário, embora negocie em seu próprio nome, vende coisa alheia. Para cumprir a mecânica do contrato de concessão, o concessionário compra mercadorias do concedente (fornecedor) e as revende aos consumidores finais. O comissário nunca adquire do comitente o produto de cuja venda se encarrega. Ele assume contratualmente apenas a legitimação para alienar coisa alheia.

O contrato de concessão comercial utiliza como instrumento operacional a compra e venda, que acontece sucessivamente nos negócios entre concedente e concessionário e entre este e o consumidor final. Por isso, dá-se-lhe também o nome de contrato de *revenda exclusiva*[54]. Já a comissão mercantil serve-se da consignação para que os produtos do comitente sejam postos à disposição do comissário e, assim, torne viável sua negociação com os consumidores. Não há revenda. Os bens negociados pelo comissário passam da propriedade do comitente para a dos consumidores, embora a alienação se faça em nome do comissário.

---

[53] "A comissão assemelha-se ao mandato (...). Mas, a comissão não é, propriamente, mandato. E dele se distingue notavelmente. A comissão pode ser cumprida *em nome do próprio comissário*, que age como se o negócio fosse para si. O mandatário sempre atua em nome do mandante" (DE PLÁCIDO E SILVA. *Noções práticas de direito comercial*. 11. ed. Rio de Janeiro: Forense, 1960, v. I, nº 204, p. 412).

[54] São elementos da concessão comercial: "(1) a existência de uma autorização para revenda exclusiva dos produtos do concedente numa determinada região; (2) o concessionário age em seu próprio nome, por sua conta e risco; (3) o concessionário tem plena autonomia de ação, salvo quanto a determinadas matérias (modo de efetuar as vendas, tipos de produtos ou serviços, forma de publicidade etc.); (4) o concessionário não pode atuar para outro concedente" (LOBO, Jorge. *Contrato de franchising*. Rio de Janeiro: Forense, 1997, nº 20, p. 6).

Seção III: Da Comissão • Cap. II – Elementos Identificadores da Comissão | **117**

A franquia empresarial (*franchising*) é um contrato novo, derivado da concessão comercial, no qual a tônica da relação negocial se assenta sobre a cessão de marca, de *know-how*, e de prestação de assistência técnica na organização e gerenciamento dos negócios. Não é só a revenda de produtos que se estabelece entre as empresas contratantes. O que se instala entre franqueador e franqueado é uma integração de um na atividade comercial do outro, de sorte que o concedente proporciona ao concessionário a iniciação "em uma atividade técnica original e num *savoir-faire* fora do comum, permitindo a manutenção da imagem de marca do serviço ou produto vendido e o desenvolvimento da clientela por menor custo e com uma maior rentabilidade para as duas partes, que conservam juridicamente uma independência total"[55].

Na comissão, o objeto visado é apenas a compra e venda de bens, que o comissário realiza em nome próprio, mas no interesse do comitente. Na franquia, o franqueador proporciona ao franqueado não só a revenda de produtos, mas também o direito de produzir certos bens ou prestar determinados serviços, sempre em nome próprio, mas "sob uma formatação mercadológica definida pelo franqueador". Para isto, "o franqueador concede ao franqueado o uso de sua marca registrada, seu nome e sua publicidade"[56].

Nítida, portanto, é a diferença entre a comissão e a franquia, não só pela maior abrangência do objeto desta (bens, serviços, marca, *know how* etc.)[57], como pela inexistência de assenhoreamento pelo comissário dos bens de cuja comercialização se encarrega[58].

60.4. Contrato de comissão e contrato estimatório

Há muita similitude entre o contrato estimatório e o contrato de comissão, pois ambos conduzem à venda de bens por negociação de outrem, em nome próprio.

---

[55] SILVEIRA, Newton. In: BITTAR, Carlos Alberto (coord.). *Novos Contratos Empresariais*. São Paulo: RT, 1990, p. 160-161.

[56] LOBO, Jorge. *Contrato de franchising*, cit., nº 53, p. 24.

[57] "O contrato de franquia compreende uma *prestação de serviços* e uma *distribuição* de certos produtos, de acordo com as normas convencionais. A prestação de serviços é feita pelo franqueador ao franqueado, possibilitando a este a venda de produtos que tragam a marca daquele. A distribuição é tarefa do franqueado, que se caracteriza na comercialização do produto. Os dois contratos agem conjuntamente, donde ser a junção de suas normas que dá ao contrato a característica de franquia" (MARTINS, Fran. *Contratos e Obrigações Comerciais*, cit., 18.ed., nº 440, p. 407).

[58] "Enquanto não vende o bem consignado, o dono continua a ser o comitente. Apenas no momento da alienação é que o comissário se apresenta como *vendedor*, 'para todos os efeitos', agindo em nome próprio, mas por ordem e conta de terceiros" (FERREIRA, Waldemar. *Tratado de Direito Comercial*, cit., v. XI, nos 2.395 e 2.383, p. 88 e 61).

A diferença básica está em que, no contrato estimatório, o consignatário manifesta desde logo o propósito de comprar as mercadorias que o consignante lhe remete, e que se destinam a venda por ato daquele. O preço já fica estipulado, reservando-se, porém, uma alternativa para o consignatário: pagar o preço ou restituir as mercadorias que não conseguir revender (art. 534). No contrato de comissão não há esta opção e o comissário não se propõe, em momento algum, a comprar as mercadorias que ficam apenas depositadas em seu poder para procurar um terceiro que possa adquiri-las.

O contrato estimatório, de certa forma, contém uma compra e venda sob condição resolutiva. Na comissão, por sua vez, não há compra e venda alguma entre as partes, pois apenas se contrata uma prestação especial de serviços, que vem a ser a promoção da compra e venda de bens do comitente por meio de operação em nome e por conta do próprio comissário, mas em proveito do comitente (art. 693).

No contrato estimatório, o consignante não remunera o consignatário. Sua vantagem econômica será alcançada pelo lucro eventualmente obtido por ele mesmo na venda das mercadorias a terceiros. Já o comissário ajusta uma remuneração sobre o produto da venda, em forma que não leva em conta o lucro do comitente, mas o preço que vier a ser alcançado. Quem custeia o preço do serviço do comissário, portanto, não é o terceiro comprador e sim o comitente, ao deduzi-lo do produto final da operação.

Capítulo III

EFEITOS E EXTINÇÃO DO CONTRATO DE COMISSÃO

Sumário: 61. Extinção do contrato de comissão – 62. Os efeitos do contrato praticado pelo comissário com terceiro – 63. Relacionamento entre o comissário e o terceiro contratante – 64. Relacionamento entre o comitente e o terceiro contratante – 65. Faturamento da operação consumada pelo comissário – 66. As ações do comitente no direito comparado.

61. EXTINÇÃO DO CONTRATO DE COMISSÃO

O Código não estatuiu um regime especial para a extinção do contrato de comissão. Aplicam-se-lhe, destarte, as causas comuns de cessação dos contratos em geral.

Se se estabelece um negócio único, ou alguns negócios determinados, o contrato se exaure quando cumprido o objetivo da avença. Se, porém, o ajuste se refere a uma série indeterminada de operações, o contrato assume o feitio de *contrato de duração*. Seu objeto será não uma ou algumas operações, mas tornar-se-á uma atividade habitual e constante no relacionamento comercial entre comitente e comissário. Aquele consignará reiteradamente mercadorias a este, que as negociará constantemente[1]. Nesse quadro, duas hipóteses podem ocorrer: o contrato terá uma duração predeterminada ou não, o que determinará a forma natural de sua extinção.

Sendo de prazo determinado, o contrato de duração se extinguirá no vencimento nele estipulado. Sendo de prazo indeterminado, sua extinção ocorrerá por denúncia de qualquer das partes, mediante notificação com aviso prévio de duração razoável e compatível com o vulto e a complexidade do negócio, nos termos previstos no art. 473 do Código Civil.

Quando o objetivo contratual ainda não tiver sido alcançado, o comitente terá poder para suspender ou cancelar o negócio atribuído ao comissário. Não se trata,

---

[1] Fala-se, na moderna linguagem doutrinária em *contrato-quadro*, pois, contratos, como o de comissão, podem se desdobrar na sucessão de vários negócios distintos entre as partes, todos comandados pela disciplina programada no ajuste inicial. Este funciona como uma "lei privada" para regular cada uma das futuras operações, que, isoladamente, poderiam configurar outros contratos.

porém, de uma denúncia vazia, pois se não houver motivo para justificar a prematura resilição, ficará sujeito a indenizar os prejuízos do comissário (art. 703).

O contrato de comissão é *intuitu personae*. Falecendo o comissário, extingue-se o negócio, mas o comitente pagará ao espólio uma remuneração proporcional aos trabalhos já realizados (art. 702).

A falência interfere na comissão mas não a extingue, necessariamente. Falido o comitente, terá o síndico poder de denunciá-la, na conveniência da massa[2]. A concordata preventiva do comitente não repercute sobre o contrato de comissão. A falência do comissário inviabiliza a continuidade do contrato, mas a massa terá direito de receber os créditos já adquiridos.

62. OS EFEITOS DO CONTRATO PRATICADO PELO COMISSÁRIO COM TERCEIRO

O art. 694 praticamente repete o texto do art. 166 do Código Comercial, dispondo que: "o comissário fica diretamente obrigado para com as pessoas com quem contratar, sem que estas tenham ação contra o comitente, nem este contra elas, salvo se o comissário ceder seus direitos a qualquer das partes"[3]. Seu conteúdo deixa claro que a relação jurídica de compra e venda ultimada entre comissário e terceiro, no desempenho de seus negócios, é travada em nome próprio, e não do comitente, que não é mencionado nos termos do contrato e, as mais das vezes, nem sequer é conhecido da pessoa com quem negocia o comissário.

Não há representação, nem vínculo jurídico contratual que ligue o terceiro ao comitente.

Existem, portanto, dois contratos distintos: um, celebrado entre comitente e comissário, "no qual se ajustam as instruções a serem seguidas pelo comissário", e, outro, ajustado entre o comissário e terceiro, de compra e venda de bem, "no qual o comitente não figura, no comum dos casos, como parte cedente, anuente ou

---

[2] "A jurisprudência dominante considera o crédito do comissário equiparado ao crédito trabalhista, dado o seu sentido alimentar, gozando, portanto, de privilégio. O comissário pode interpelar o síndico para que declare se cumprirá ou não o contrato (Dec.-Lei nº 7.661/45, art. 49, parágrafo único)" (VENOSA, Sílvio de Salvo. *Direito Civil* – contratos em espécie. 2. ed. São Paulo: Atlas, 2002, v. III, nº 29.6, p. 551). O art. 707 do Código Civil dispõe, expressamente, que "o crédito do comissário, relativo a comissões e despesas feitas, goza de privilégio geral, no caso de falência ou insolvência do comitente" (art. 707). Além do mais, assiste-lhe o direito de retenção para assegurar os referidos créditos, "sobre os bens e valores em seu poder em virtude da comissão" (art. 708).

[3] Direito comparado – Argentina: art. 233 do Código de Comércio; Espanha: art. 246 do Código de Comércio; Itália: art. 1.705 do Código Civil; Portugal: art. 268 do Código de Comércio.

Seção III: Da Comissão · Cap. III – Efeitos e Extinção do Contrato de Comissão | **121**

interveniente"[4]. Vendedor, para todos os fins de direito, é o comissário, e comprador aquele que negocia com o comissário.

Na verdade, estabelece-se uma operação triangular em virtude da execução do contrato de comissão: três pessoas vinculam-se entre si, de maneira diferente, gerando uma relação jurídica interna entre o comitente e o comissário e, outra externa, entre o comissário e terceiro[5].

Na relação interna, é interessante observar que os bens adquiridos por conta do comitente, assim como aqueles consignados para venda não se transmitem ao patrimônio do comissário. Assim também os fundos que lhe são consignados para custear aquisições[6].

A execução do contrato de comissão implica em gestão de patrimônio alheio, pelo que devem as partes contas umas às outras, pelos fundos ou bens alheios que mantiverem em seu poder.

Perante o terceiro, o comissário é comprador ou vendedor, mas em face do comitente é um mandatário sem poderes de representação, às vezes o depositário de bens com poderes de dispor (na venda) ou com dever de guardar (na compra).

A compra e venda realizada com terceiros é ato negocial típico que se sujeita a regulamentação específica, inclusive às normas do CDC, quando for o caso, e constitui a obrigação assumida pelo comissário na execução do contrato de comissão. Ao realizá-la, o comissário cumpre prestação assumida perante o comitente, tornando-se credor da contraprestação, qual seja, a comissão.

Explica Carvalho de Mendonça que:

"Relações diretas não existem entre o terceiro e o comitente, mas somente entre o terceiro e o comissário. Isso não quer significar que o comitente não seja o proprietário das mercadorias adquiridas pelo comissário na execução da comissão. Realmente, não se opera a transmissão da propriedade do comissário ao comitente. Entre comitente e comissário dá-se a mesma relação de direito que entre mandante e mandatário. Se o mandatário nada adquire para si, o comissário igualmente nada adquirirá para si, não se podendo dizer proprietário do que recebe em virtude da comissão. O

---

[4]   TEPEDINO, Gustavo. Das várias espécies de contrato. Do mandato. Da comissão. Da agência e distribuição. Da corretagem. Do transporte. Arts. 653 a 756. In: TEIXEIRA, Sálvio de Figueiredo (coord.). *Comentários ao novo Código Civil*. Rio de Janeiro: Forense, 2008, v. X, p. 210.

[5]   DISSAUXS, Nicolas; LOIR, Romain. *Droit de la distribuition*. Issy-les-Molineaux: LGDJ, 2017, p. 643.

[6]   "Contrato de comissão – veículo – Propriedade. O contrato de comissão mercantil não transfere a propriedade do bem para o comissário, que apenas o recebe para, em nome do comitente, negociá-lo com terceiros. Aquele que, através de contrato de comissão mercantil, recebe a coisa, em consignação, com o fito de negociá-la, não possui legitimidade para aviar oposição em processo no qual a mesma está sendo disputada, já que dela não é proprietário" (TAMG, 1ª CC., Ap. nº 282.626-0, Rel. Juiz Silas Vieira, ac. 15.06.1999, *RJTAMG* 75/313).

comissário tem o privilégio sobre as coisas do comitente em seu poder, o que seria incompatível com a propriedade que se lhe quisesse atribuir"[7].

63. RELACIONAMENTO ENTRE O COMISSÁRIO E O TERCEIRO CONTRATANTE

Quanto à vinculação jurídica das partes envolvidas na execução do contrato de comissão não inovou o Código Civil, que aliás manteve todos os pilares que sustentavam a disciplina do contrato pelo Código Comercial de 1850.

Na Exposição de Motivos do Anteprojeto de Código Civil de 16.01.1975, o Prof. Miguel Reale já havia destacado que os contratos de mandato e depósito destinados a atender às necessidades da vida comercial não necessitavam de tratamento especial, mas, ao contrário, convinha-se revisá-los para que pudessem ser utilizados em ocasiões e para interesses diversos:

"A essa luz, o mandato ou depósito passaram a ser disciplinados sob o duplo aspecto de sua gratuidade ou onerosidade, segundo sejam exercidos ou não em virtude de atividade profissional e para fins de lucro. Nessa obra integradora ainda se revelaram, por sinal, de plena atualidade as disposições de nosso Código de Comércio de 1850"[8].

Se por um lado se observa que o contrato de comissão cedeu lugar a diversos institutos mais modernos e ágeis que atendem às necessidades das atividades empresariais baseadas no consumo em massa, nas marcas notórias, na oferta de produtos padronizados e nos comportamentos estandardizados, por outro, verifica-se que o modelo da comissão continua a satisfazer plenamente os reclames daqueles que o utilizam como instrumento jurídico de negócios mais simplificados que não estabelecem parcerias estreitas e ações econômicas tão concentradas na área de distribuição de bens e produtos.

Daí a manutenção do antigo modelo de atuação independente, autônoma e desvinculada do comissário, que exerce profissionalmente perante seus clientes e consumidores a atividade de compra e venda de bens, a despeito de estar cumprindo instruções e ordem de terceiros e agindo no interesse e benefício desses.

É o comissário que se vincula pessoalmente nos contratos de compra e venda, obrigando-se perante aqueles com que contratar, por todas as prestações e obrigações que contrair, que só dele podem ser exigidas[9]. E como única parte contratante,

---

[7] MENDONÇA, José Xavier Carvalho de. *Tratado de direito comercial brasileiro*. 5. ed. Rio de Janeiro: Freitas Bastos, 1956, v. VI, 2ª parte, nº 891, p. 287.

[8] REALE, Miguel. *O Projeto do Novo Código Civil*. 2. ed. São Paulo: Saraiva, 1999, p. 76.

[9] "Comissão mercantil – Responsabilidade do comissário – art. 166, Código Comercial. Estabelecimento comercial que vende móveis usados. Tem o comprador ação contra o vende-

Seção III: Da Comissão · Cap. III – Efeitos e Extinção do Contrato de Comissão | **123**

também só a ele é dado o direito de cobrar as prestações ou exigir o adimplemento contratual[10]. Mesmo quando se informa a existência do contrato de comissão ou o nome do proprietário dos bens negociados ou do interessado ou beneficiário do contrato de compra e venda, a comissão não deixará de produzir seus efeitos, desde que o comissário contrate em nome próprio[11].

Se, por um lado, a indiscrição do comissário em informar ao terceiro o nome do comitente não desnatura o contrato de comissão, podendo apenas caracterizar inadimplemento contratual, se celebrar o negócio *em nome do comitente,* outra será a figura contratual, "já que escapa à causa do contrato de comissão a vinculação jurídica direta entre o comitente e o terceiro". Nessa hipótese, essencial será a anuência expressa do comitente em relação ao negócio celebrado, transformando a comissão em mandato[12].

Na compra e venda o comissário opera como "dono do negócio". "O terceiro, que com ele contrata, com ele se ajusta e com ele se obriga"[13]. Por outro lado, as condições e obrigações estipuladas no contrato de comissão só existem e são exigíveis entre comitente e comissário, não são oponíveis aos terceiros com que contrata o comissário.

Carvalho de Mendonça traduz, em termos concretos, o enunciado legal:

"Desde que o comissário contrata, perante os terceiros, é o único interessado no negócio, é quem responde por todas as obrigações assumidas e goza de todos os direitos

---

dor de móveis usados, para se ressarcir de ônus que pesam sobre a mercadoria vendida, mesmo que este alegue que esta mercadoria está em consignação mercantil. (...) Ademais, segundo o art. 166 do Código Comercial, o comissário é responsável perante as pessoas que contratar, quando pactua em seu próprio nome, pois, caso contrário estaria transmudando, arbitrariamente, o contrato de comissão, da qual a consignação é espécie, em mandato mercantil" (TJPR, 5ª Câm. Civ., Ap. Civ. 6121, Rel. Des. Gilney Carneiro Leal, ac. 26.5.1989, *JUIS – Jurisprudência Informatizada Saraiva* nº 28).

[10] "Ação de cobrança – Prestação de serviços – Honorários – Comissão mercantil – Tratando-se de comissão em sentido estrito, na qual o comissionado atua por conta própria, inexiste responsabilidade do comitente pelo pagamento de honorários de serviços técnico-profissionais, porquanto não há falar, na espécie, em contrato de mandato" (TAMG, 5ª CC., Ap. 251, 243-8, Rel. Juiz Lopes de Albuquerque, ac. 02.04.1998, *RJTAMG* 71/186).

[11] Cf. MENDONÇA, José Xavier Carvalho de. *Tratado de direito comercial brasileiro cit.,* v. VI, 2ª parte, nº 892, p. 289-290: "Pode, é certo, o comissário indicar ou declarar aos terceiros com quem tratar o nome do comitente (5); nem por isso deixa de agir no *próprio nome* e assumir para com estes terceiros as responsabilidades da negociação. Tal é incontestavelmente um dos característicos da comissão, em que pese aos que afirmam o contrário".

[12] TEPEDINO, Gustavo. *Comentários ao novo Código Civil,* cit., v. X, p. 228-229. "Se o comissário obra em nome do comitente, como seu representante, despe-se das vestes que assumira; converte arbitrariamente a comissão, que recebera, em mandato" (MENDONÇA, José Xavier Carvalho de. *Tratado de direito comercial brasileiro cit.,* v. VI, 2ª parte, nº 918, p. 307).

[13] FERREIRA, Waldemar. *Tratado de direito comercial.* São Paulo: Saraiva, 1963, v. XI, nº 2.388, p. 75; DISSAUXS, Nicolas; LOIR, Romain. *Droit de la distribuition cit.,* p. 667.

resultantes do contrato que celebrar. Diante de terceiros está somente o comissário, não sob esta qualidade, mas na de *dominus*. Os terceiros, por sua vez, obrigam-se somente para com ele. A falência do comitente não causa danos aos terceiros; afetá-los-ia unicamente a do comissário"[14].

É o comissário que em ação e exceção pode atuar contra o comitente e contra o terceiro com os quais contratou em seu próprio nome. Todavia, os seus direitos oriundos dos vínculos contratuais ajustados com as partes em qualquer dos contratos podem ser objeto de cessão. Nessa hipótese, poderão comitente ou terceiros exercer, por sub-rogação, os direitos e as ações adquiridas, mas não por direito próprio[15]. "Evidentemente, estará aí estabelecida relação jurídica inteiramente diversa, decorrente da cessão propriamente dita"[16].

Pode, eventualmente, o comitente, enquanto produtor, fabricante, montador, importador, ou distribuidor dos bens vendidos ser acionado pelo consumidor dos bens adquiridos por meio do comissário, quando, por exemplo, houver defeito do bem ou vício, nos termos dos arts. 12, 13 e 14 do Código de Defesa do Consumidor. Em tal hipótese, responde perante terceiros em razão de obrigação legal e que independe da existência do contrato de comissão, pois a responsabilidade nasce da sua condição de fornecedor, nos exatos termos e condições da Lei nº 8.078/90 (Código de Defesa do Consumidor), devendo a parte interessada comprovar os requisitos e elementos exigidos pela legislação tutelar.

64. RELACIONAMENTO ENTRE O COMITENTE E O TERCEIRO CONTRATANTE

Do contrato de comissão surgem relações jurídicas que se manifestam em dois campos distintos, ou seja: a) no âmbito do relacionamento entre comissário e comitente; e b) no âmbito do relacionamento entre comissário e terceiro com quem contrata para executar o encargo que lhe confiou o comitente.

As relações entre comitente e comissário equivalem às que se travam entre mandante e mandatário, de sorte que, em princípio, o comitente é obrigado a aceitar o negócio feito pelo comissário, se se comportar nos limites da comissão[17].

---

[14] MENDONÇA, José Xavier Carvalho de. *Tratado de direito comercial brasileiro*, cit., v. VI, 2ª parte, nº 916, p. 305.

[15] Cf. FERREIRA, Waldemar. *Tratado de direito comercial*, cit., v. XI, nº 2.384, p. 66.

[16] TEPEDINO, Gustavo; BARBOZA, Heloisa Helena; Moraes, Maria Celina Bodin de. *Código Civil Interpretado: conforme a Constituição da República*. Rio de Janeiro: Renovar, 2006, v. II, comentários ao art. 695, nota 2, p. 477.

[17] DE PLÁCIDO E SILVA. *Noções práticas de direito comercial*. 11. ed. Rio de Janeiro: Forense, 1960, v. I, nº 206, p. 414.

Seção III: Da Comissão • Cap. III – Efeitos e Extinção do Contrato de Comissão | 125

Nas relações externas, para com terceiros, "o comissário fica diretamente obrigado às pessoas com quem contratar, sem que estas tenham ação contra o comitente, nem este contra elas"[18].

Portanto, "o comissário nas suas relações com o comitente é mandatário; nas relações com terceiros é contratante direto e pessoal como outro qualquer"[19].

Não há, de tal sorte, como o terceiro responsabilizar o comitente pelo cumprimento do contrato firmado entre ele e o comissário; nem tampouco é dado ao comitente acionar diretamente o terceiro, se este violar o contrato ajustado com o comissário. As relações internas resolvem-se entre comissário e comitente, e as externas entre comissário e terceiro[20]. Somente em caso de cessão de direitos é que se haverá de cogitar de ações da espécie, manejadas diretamente entre comitente e terceiro com quem contratou o comissário.

A doutrina diverge sobre a possibilidade de o comissário celebrar contrato consigo mesmo, uma vez que, de fato, não há representação direta do comitente nos contratos celebrados com terceiros. Alguns autores entendem possível o autocontrato, pois o que o comitente quer é que "suas ordens e instruções sejam fielmente executadas, que as compras e vendas entregues à atividade do comissário se regulem pelos preços do mercado, registrados nas bolsas. Pouco importa seja o comissário o próprio comprador ou o próprio vendedor"[21]. Outros, entendem possível o contrato consigo mesmo desde que autorizado expressamente pelo comitente ou que não haja cláusula proibitiva no contrato e se "a mercadoria for das que

---

[18]   REQUIÃO, Rubens. *Do Representante Comercial*. 5. ed. Rio de Janeiro: Forense, 1994, nº 17, p. 45.

[19]   TJSP, 5ª CC., Ap. 67.378, Rel. Des. Barbosa Pereira, ac. 19.11.54, *RT* 223/169; *Rev. Forense*, 162/227; decisão confirmada em Embs. Infring. em 02.09.1955, *RT* 242/154.

[20]   "Responde o comissário perante o comprador pela inexecução do contrato de compra e venda" (TJSP, Ap. 67.378, cit., *RT* 223/169; *Rev. Forense*, 162/227; no mesmo sentido: TJPR, Ap. 6.121, cit., *JUIS – Jurisprudência Informatizada Saraiva*, nº 28). Na doutrina francesa, o entendimento é semelhante: "Nenhum vínculo de direito é reconhecido entre o comitente e o terceiro contratante. Da mesma forma que o comitente nada pode exigir diretamente do terceiro contratante, este também nada pode exigir diretamente do comitente. Se por exemplo um comissário encarregado de comprar uma mercadoria de um fornecedor é inadimplente e não honra sua firma, o terceiro contratante não poderá exigir o pagamento junto ao comitente" ("Aucun lien de droit n'est reconnu entre le commettant et le tiers contractant. De même que le commettant ne peut rien exiger directement du tiers contractant, ce dernier ne peut rien exiger directement du commettant. Si par exemple un commissionaire chargé d'acheter une merchandise à un fournisseur est défaillant et n'honore pas sa signature, le tiers contractant ne poura poursuivre le paiement entre les mains du commettant". DISSAUXS, Nicolas; LOIR, Romain. *Droit de la distribuition*, cit., p. 668).

[21]   MENDONÇA, José Xavier Carvalho de. *Tratado de direito comercial brasileiro cit.*, v. VI, 2ª parte, nº 908, p. 300. Carlos Alberto Bittar entende que o autocontrato é ínsito "nos contratos que versem sobre títulos cotados em Bolsa (comissão de Bolsa)" (BITTAR, Carlos Alberto. *Contratos comerciais*. 2. ed. Rio de Janeiro: Forense Universitária, 1994, p. 79).

têm preço corrente, não sujeito a oscilações; o comissário estiver sujeito a ordens imperativas do comitente, suficientes para impedir que se fixem arbitrariamente as condições contratuais"[22].

Clóvis Bevilaqua, por sua vez, defende a impossibilidade de o comissário celebrar um contrato consigo mesmo. Para o autor, embora o Código Comercial, à época de sua lição, não proibisse expressamente esse tipo de negócio, declarava que a comissão era forma particular de mandato mercantil, sujeita, portanto, às regras deste tipo contratual. Assim, como o art. 1.133, II do CC/1916 não admitia que os administradores adquirissem, ainda que em hasta pública, os bens de cuja administração estivessem encarregados, "forçoso é concluir que, em nosso direito, ao comissário é vedado adquirir mercadorias, que esteja encarregado de vender"[23].

Com efeito, comissão e mandato são contratos distintos, justamente porque o comissário não representa o comitente perante terceiros, agindo em seu próprio nome. Entretanto, sua atuação é à conta do comitente, ou seja, no seu interesse, o que aproxima as figuras contratuais, de tal sorte que "são aplicáveis à comissão, no que couber, as regras sobre mandato" (CC, art. 709). Assim, devem ser aplicadas não apenas as normas do mandato, mas também as de representação em geral, da qual o mandato é uma espécie. O Código Civil regula, expressamente, o contrato consigo mesmo em seu art. 117, declarando-o anulável, "salvo se o permitir a lei ou o representado"[24]. Veja-se que a lei não proíbe o autocontrato, apenas o limita às situações permitidas por lei ou por ajuste entre as partes. E ainda que não aja autorização expressa, o negócio consigo mesmo pode ser posteriormente ratificado ou aceito tacitamente pelo representado, bastando que não o impugne no prazo legal.

Segundo Gustavo Tepedino, a norma do art. 117 tem por fundamento "proteger aquele à conta de quem os atos são praticados do conflito de interesses potencialmente presente"[25]. Nessa esteira, havendo autorização do comitente ou sendo inexistente o conflito de interesse entre ele e o comissário, não há motivo para se proibir o autocontrato na espécie.

65. FATURAMENTO DA OPERAÇÃO CONSUMADA PELO COMISSÁRIO

Segundo a Lei das Duplicatas, para as operações de venda de mercadorias consumadas por meio de comissários (ou consignatários) a expedição da fatura, em favor do terceiro adquirente, caberá ao intermediário do ato mercantil, incumbindo-lhes, em seguida, comunicar a alienação ao comitente (Lei nº 5.474, de

---

[22] DINIZ, Maria Helena. *Tratado Teórico e Prático dos Contratos.* 4. ed. São Paulo: Saraiva, 2002, v. III, pp. 438-439.

[23] BEVILAQUA, Clóvis. Comissão mercantil. *Revista Forense,* v. 44, jan.-jun./1925, p. 548.

[24] Sobre o tema, ver item 10, do Capítulo I, da Seção II desta obra.

[25] TEPEDINO, Gustavo. *Comentários ao novo Código Civil,* cit., v. X, p. 221.

Seção III: Da Comissão · Cap. III – Efeitos e Extinção do Contrato de Comissão | **127**

18.7.1968, arts. 4º e 5º). Quanto ao saldo da conta de comissão, o consignante expedirá, em favor do comissário, a competente fatura, em que se consignará o prazo para a devida liquidação (Lei nº 5.474/68, art. 5º, § 2º).

Não cabe ao comitente faturar a venda diretamente para o comprador, porque, na estrutura legal da comissão, não se estabelece relação alguma entre aquele e este. Nem o comprador pode responsabilizar o comitente pelo cumprimento da venda contratada pelo comissário, nem o comitente pode acionar o terceiro comprador pelo pagamento do preço por ele ajustado com o comissário[26]. Numa única hipótese terá o comitente direito de agir diretamente contra o terceiro contratante: se o comissário fizer-lhe cessão de seus direitos[27].

66. AS AÇÕES DO COMITENTE NO DIREITO COMPARADO

Não recebe a questão tratamento uniforme no Direito Comparado. Na França, o comitente tem, segundo certa doutrina, que não é unânime, ação direta contra os terceiros que devem ao comissário, desde que prove que o negócio foi celebrado por sua conta[28].

No direito italiano, o artigo 1.706 permite a reivindicação pelo comitente dos bens móveis adquiridos pelo comissário por sua conta, desde que não alcance terceiros possuidores de boa-fé[29].

---

[26] "Afastou o Código Comercial" (e assim também fez o Código Civil de 2002, no art. 694), "qualquer relação entre o comitente e o terceiro que interveio no negócio em seu prol realizado pelo comissário". A razão é simples: "não age o comissário como representante do comitente", de sorte que "este é inteiramente estranho ao negócio jurídico levado por aquele a cabo". Somente se o comissário fizer cessão de seus direitos de vendedor ao comitente, é que terá este como agir diretamente contra o terceiro comprador (FERREIRA, Waldemar. *Tratado de direito comercial cit.*, v. XI, nº 2.403, pp. 100-101; BULGARELLI, Waldirio. Comissão Mercantil. *Enciclopédia Saraiva de Direito*. São Paulo: Saraiva, 1977, v. 16, p. 230).

[27] MUÑOZ, Luis. *Derecho comercial. Contratos.* Buenos Aires: Tipográfica Editora Argentina, 1960, v. II, nº 346, p. 132.

[28] Cf. FERREIRA, Waldemar. *Tratado de direito comercial cit.*, v. XI, nº 2403, pp. 100-101. A referência de Waldemar Ferreira é à obra de RIPERT, Georges. *Traité Élémentaire de Droit Comercial.* Paris: LGDJ, 1960, v. II, nº 2.351, p. 176. Obra mais recente reproduz orientação diversa da apontada por Ripert: "Le commettant reste *étranger* au contrat conclu par de commissionnaire et que seul ce dernier est tenu *à* l'égard des tiers... Le tiers ne peut agir que contre le commissionaire. De même, si le tiers ne régle pas le prix des marchandises qu'il a acheteés, le commettant ne peut lui en réclamer le paiement" (DUTILLEUL François Collart; DELLEBECQUE, Philippe. *Contrats civils et commerciaux.* 2. ed. Paris: Dalloz, 1993, nº 666, p. 494).

[29] Código Civil Italiano, art. 1.706: "Acquisti del mandatario. Il mandante può rivendicare le cose mobili acquistate per suo conto dal mandatario che ha agito in nome proprio, salvi i diritti acquistati dai terzi per effetto del possesso di buona fede. Se le cose acquistate dal mandatario sono beni immobili o beni mobili iscritti in pubblici registri, il mandastario è ob-

Joaquím Garrigues, ao analisar o artigo 246 do Código de Comércio Espanhol, que possui norma similar à constante do artigo 694 de nosso Código Civil, demonstra apreensão em relação à adequação desse regime jurídico às necessidades econômicas e concretas do comércio, porque a falta de ação do comitente para buscar nas mãos de terceiro aquilo que foi adquirido por sua conta não coaduna com os interesses em jogo que exigem que a propriedade das coisas compradas e recebidas pelo comissário sejam imediatamente atribuídas ao comitente, de modo a ressalvá-las dos efeitos da falência ou torná-las imunes às ações dos credores do comissário[30].

Para tal efeito, recorre-se ao instituto do "constituto possessório", ou do depósito. Consequentemente, a tradição do bem móvel feita ao comissário pelo vendedor, transmite ao comitente o domínio, e a mercadoria não vendida ainda em poder do comissário permanece no domínio do comitente.

O Código Comercial Espanhol, a despeito da rigidez do art. 246 que nega ação do comitente contra terceiros, estabelece no parágrafo 4º do seu artigo 909 que os bens que o falido tiver em seu poder em razão de comissão de compra ou venda serão considerados domínio de terceiro e serão colocados à disposição de seus legítimos proprietários. Segundo o autor espanhol, seriam mais progressistas as legislações que atribuem ao comitente, de modo direto, os direitos reais e pessoais dos bens adquiridos ou vendidos por comissionário[31].

Também no Brasil, as questões relativas às mercadorias que estão em poder do comissário (na falência e no dano) foram resolvidas do mesmo modo: qualificando-se o comissário como depositário das mercadorias consignadas ou recebidas por conta do comitente e prevendo a lei falimentar a possibilidade do comitente reivindicar as mercadorias que lhe pertencem e estão em poder do comissário[32].

Em doutrina pátria parece fora de dúvida a questão. Afirma Carvalho de Mendonça, sem opositores, que o comissário não é "proprietário das mercadorias adquiridas (...) na execução da comissão: Realmente não se opera a transmissão da propriedade do comissário ao comitente"[33].

Mas, se por esse ângulo do domínio ou direito real o comitente tem ação para reivindicar as mercadorias em poder do comissário, excluindo-as da garantia geral ao comitente, das dívidas do comissário, não permite, porém, perseguir créditos ou

---

bligato a ritrasferirle al mandante. In caso d'inadempimento, si osservano le norme relative all'esecuzione dell'obbligo di contrarre".

[30] CARRIGUES, Joaquím. *Curso de Derecho Mercantil*. 7. ed. Bogotá: Temis, 1987, t. IV, p. 113-114.

[31] CARRIGUES, Joaquím. *Apud* BULGARELLI, Waldirio. *Contratos mercantis*. 5. ed. São Paulo: Atlas, 1990, p. 465, nota de rodapé 257.

[32] BULGARELLI, Waldirio. *Contratos mercantis*, cit., p. 465.

[33] MENDONÇA, José Xavier Carvalho de. *Tratado de direito comercial brasileiro* cit., v. VI, 2ª parte, nº 891, p. 287.

Seção III: Da Comissão • Cap. III – Efeitos e Extinção do Contrato de Comissão | **129**

atingir direito de terceiros à posse das coisas que foram objeto de contrato com o comissionário. Tampouco lhes é dado perseguir as coisas compradas ou alienadas pelo comissário, que não entraram ou já saíram da posse deste.

As pendências contratuais relativas a débitos, crédito e execução do contrato entre comitente e comissário serão só entre eles solvidas e garantidas pelo patrimônio de cada um, com alguns privilégios que a lei concede a ambos (artigos 694, 707 e 708, do CC).

Em síntese:

a) "o comissário age sempre em conta própria, obrigando-se, por isso, pessoalmente, não obrigando, portanto, o comitente[34];

b) o comissário responde, "perante terceiros, pelas obrigações assumidas, já que contrata em seu próprio nome"[35];

c) vendida a coisa pelo comissário, o direito do comitente se volta contra este e não contra o terceiro adquirente: "o comitente tem ação contra o comissário, para haver o montante de seu crédito líquido" (preço apurado, menos a comissão ajustada)[36];

d) comprada a coisa pelo comissário, tem o comitente ação contra aquele para reclamar a respectiva entrega, porquanto a aquisição ocorrera em benefício deste[37];

e) incorrendo o comissário em falência, o comitente concorrerá no processo concursal como credor quirografário, para haver o preço da venda efetuada pelo comissário; se o bem tiver sido adquirido pelo comissário, o comitente poderá reclamar da massa falida a respectiva entrega, por meio de embargos de terceiro, ou pedido de restituição, por ser ele o proprietário da coisa comprada dentro do esquema do contrato de comissão[38];

f) o comitente não responde perante terceiros pelas obrigações contraídas pelo comissário[39];

g) o comitente não tem ação para, diretamente contra o terceiro comprador, cobrar o preço ajustado pelo comissário; diante da regra clara do art. 694 do Código Civil, que já constava do art. 166 do Código Comercial.

---

[34] LOBO, Jorge. *Contrato de franchising*. Rio de Janeiro; Forense, 1997, n° 26, p. 12.
[35] LOBO, Jorge. *Contrato de franchising*, cit., n° 30, p. 13.
[36] FERREIRA, Waldemar. *Tratado de direito comercial*. São Paulo: Saraiva, 1963, v. XI, n° 2.399, p. 97.
[37] FERREIRA, Waldemar. Op. cit., loc. cit.
[38] FERREIRA, Waldemar. Idem, ibidem.
[39] FERREIRA, Waldemar. *Tratado de direito comercial*, cit., v. XI, n° 2.402, p.100.

Capítulo IV

DIREITOS E OBRIGAÇÕES DAS PARTES

Sumário: 67. Deveres do comissário de executar as ordens do comitente – 68. Falta de instrução – 69. Obrigações do comissário – 70. Prejuízos – 71. Responsabilidade civil do comissário pela perda ou extravio dos bens sob sua guarda – 72. Inocorrência de responsabilidade do comissário pela solvência dos devedores.

67. DEVERES DO COMISSÁRIO DE EXECUTAR AS ORDENS DO COMITENTE

O artigo 695 inicia uma série de obrigações e de deveres de conduta, limites e prerrogativas do comissário, dispondo que "o comissário é obrigado a agir de conformidade com as ordens e instruções do comitente, devendo, na falta destas, não podendo pedi-las a tempo, proceder segundo os usos em casos semelhantes". Já o parágrafo único determina que "ter-se-ão por justificados os atos do comissário, se deles houver resultado vantagem para o comitente, e ainda no caso em que não admitindo demora a realização do negócio, o comissário agiu de acordo com os usos"[1].

O primeiro e mais genérico dever que se lhe impõe é o de obediência às ordens e instruções do comitente. Toda a conduta do comissário há de ser guiada por esse comando legal já que age ele como um gestor de interesses alheios[2].

Mais elementar de seus deveres é, pois, o de obediência às ordens e instruções do comitente, porque o negócio a ser celebrado pelo comissário, em seu próprio nome, tem por fim atender às necessidades e interesses daquele que se apresenta como proprietário dos bens consignados ou como comprador dos bens visados pelo contrato. Não é o que à vista do comitente parecer um bom negócio que po-

---

[1] Direito comparado – Argentina: art. 238 do Código de Comércio; Espanha, arts. 254 a 256 do Código de Comércio; Uruguai: arts. 342 e 349 do Código de Comércio.

[2] "Tendo em vista que a atuação do comissário se dá no interesse do comitente, aquele não tem plena liberdade de ação, devendo seguir as instruções recebidas, o que aproxima sua atuação daquela realizada pelo mandatário" (TEPEDINO, Gustavo. Das várias espécies de contrato. Do mandato. Da comissão. Da agência e distribuição. Da corretagem. Do transporte. Arts. 653 a 756. In: TEIXEIRA, Sálvio de Figueiredo (coord.). *Comentários ao novo Código Civil*. Rio de Janeiro: Forense, 2008, v. X, p. 232).

derá satisfazer às exigências do comitente. Cumpre, antes de tudo, atentar para os projetos ou planos do comitente, pois haverá de ser, segundo eles, que o contrato de comissão se executará.

Deve, por isso, dar fiel cumprimento aos comandos impostos, às ordens e instruções, respeitando os limites traçados e empregando a diligência habitual de um empresário ou comerciante profissional. "Desde que instruções lhe haja ele (comitente) ministrado, mais não lhe cabe do que as acatar"[3].

Obviamente, nas questões que envolvem interpretação da vontade contratual e interesses econômicos claros, não será a fria lei do contrato ou, ainda, breves instruções escritas que determinarão o exato limite dos poderes ou das instruções transmitidos. Influirão, necessariamente, os usos sedimentados na execução da comissão entre as partes, os ajustes verbais, e o padrão de comportamento habitual, necessário a preservar os interesses em jogo.

Nessa seara domina a teoria da confiança e o princípio da boa-fé e o dever de lealdade contratual (Código Civil, art. 422).

Assim, mesmo autorizado formalmente, não pode o comissário cumprir ordens que *sabe* serem danosas aos interesses do comitente por fatores desconhecidos desse último. Cumpre-lhe o dever de advertir, de aconselhar, já que sendo profissional, presume-se mais experiente e preparado para os riscos dos negócios.

Não está obrigado, outrossim, a seguir instruções ilícitas ou irregulares, tendentes a fraudar a contabilidade, burlar obrigações tributárias ou frustrar direitos legítimos de terceiros.

Mesmo as instruções devem ser classificadas conforme suas funções e grau de exigência, podendo ser consideradas *imperativas, indicativas ou facultativas*[4].

Ensina Waldemar Ferreira que:

> "as *instruções imperativas*, porque constantes de ordens escritas, não podem fugir ao que acima ficou dito e consta do texto legal. Hão de se observar tais quais emitidas, *ad unguem*, escreveu o monografista, com as unhas, com todo o esmero e prontidão. Quando o comissário se afasta dessas instruções, desobriga o comitente relativamente ao negócio efetuado, que será seu; e não dele. Lícito lhe é, dessarte, enjeitá-lo, por espúrio"[5].

---

3   FERREIRA, Waldemar. *Tratado de direito comercial*, cit., v. XI, nº 2.391, p. 77.

4   Cf. FERREIRA, Waldemar. *Tratado de direito comercial*, cit., v. XI, nº 2.391, p. 77.

5   FERREIRA, Waldemar. *Tratado de direito comercial*, cit., v. XI, nº 2.391, p. 77-18. "Quando desobedece às instruções imperativas, responderá o comissário pelos danos causados não somente perante o comitente, mas também em face de terceiros, se aquele se recusar a executar o contrato ou se quiser executá-lo de acordo com as instruções que dera" (TEPEDINO, Gustavo. *Comentários ao novo Código Civil*, cit., v. X, p. 232).

Seção III: Da Comissão · Cap. IV – Direitos e Obrigações das Partes | 133

Admite-se, no entanto, o afastamento do critério de rigorosa obediência às instruções, quando o comissário possa celebrar o negócio com terceiro em condições mais vantajosas para o comitente, vendendo por preço superior ao determinado, ou comprando por preço menor, tal seja o caso[6].

Não terá então cabida a aplicação do preceito do art. 696, parágrafo único, segundo o qual o comissário que se afastar das instruções recebidas, ou não satisfizer o que é de estilo e uso do comércio, responderá ao comitente por perdas e danos. Esta pena se não aplicará, pela inexistência de prejuízo ressarcível, mas de lucro (art. 695, parágrafo único). O mais que o comitente poderá fazer para se pôr em paz com a consciência, será recusar a diferença do preço, em benefício do comissário. Mas, por liberalidade, e não por dever ou obrigação.

As *instruções indicativas* são as destinadas a guiar o comissário, quiçá dando--lhe roteiro para suas negociações. Entrará nelas tendo em vista as sugestões do comitente; mas agirá com seu prudente arbítrio, sem as repelir de todo, no espírito e em face das circunstâncias do momento e do mercado.

As *instruções facultativas* são as que se exprimem por fórmulas imprecisas, "tais as de *vender pelo melhor preço*, senão mesmo *por qualquer preço*, quais as de *comprar pelos preços correntes no mercado* ou pelos *preços de cotação*"[7]. Na verdade, as instruções da espécie nada inovam, visto que apenas reiteram obrigações naturais da função do comissário.

A aceitação reiterada de determinada praxe mesmo contrária a instrução escrita conduz à conclusão de que as partes novaram objetivamente o ajuste, aditaram pelo consenso verbal ou pela tácita anuência às condições da execução do objeto da comissão, de tal forma que também nessas hipóteses prevalecerá a aparência e a boa-fé daquele que acreditava na normalidade da sua conduta.

68. FALTA DE INSTRUÇÃO

Pode surgir situação fática não prevista nas instruções ditadas pelo comitente. O dever do comissário será, em princípio, o de consultar o comitente, pois dele deve partir a definição das condições e regras do negócio projetado.

Não havendo, porém, tempo útil para a consulta (a demora, por exemplo, pode frustrar o negócio que o comissário julga conveniente e vantajoso para o comitente), caber-lhe-á decidir sobre a contratação, orientando-se pelos critérios

---

6   "Este desvio de instruções está implicitamente compreendido no mandato, que contém sempre a reserva tácita de que o mandatário deve contratar nas condições mais favoráveis ao mandante" (MENDONÇA, José Xavier Carvalho de. *Tratado de direito comercial brasileiro*. 5. ed. Rio de Janeiro: Freitas Bastos, 1956, v. VI, 2ª parte, nº 852, p. 252).

7   FERREIRA, Waldemar. *Tratado de direito comercial*, cit., v. XI, nº 2.391, p. 77.

usuais do local (art. 695, parágrafo único). Agirá, em suma, dentro dos padrões que os empresários, como ele, observam habitualmente[8].

Deve-se, contudo, ter presente que, havendo instruções do comitente, estas obrigam o comissário, que só deve agir fora delas, se circunstâncias supervenientes criarem situação não regulada pelo comitente[9]. Usos e costumes comerciais prestam-se a suprir lacunas da convenção ou a satisfazer emergências dos negócios. Não autorizam, obviamente, o comissário a descumprir ordens expressas do comitente[10].

69. OBRIGAÇÕES DO COMISSÁRIO

Pelo contrato de comissão uma pessoa assume o encargo de adquirir ou vender bens, no interesse e por conta de outrem (art. 693). O comitente, portanto, confia um negócio ao comissário, que, mediante remuneração, se compromete a geri-lo[11].

Como todo gestor de bens alheios, o comissário tem de ser fiel às instruções que lhe passou o comitente, ao confiar-lhe a gestão contratada, mormente porque se trata de uma administração remunerada (art. 695). Os bens do comitente haverão de ser administrados com o mesmo zelo que o comissário empregaria com suas próprias coisas. Em se tratando, porém, de negócio oneroso, ligado à especulação mercantil, o Código exige-lhe mais empenho do que o de simplesmente evitar prejuízos para o comitente. É preciso cuidar para que o negócio produza os efeitos lucrativos que, naturalmente, se esperam de uma exploração comercial ou especulativa.

Nesse sentido, o art. 696[12] deixa claro que o comissário contrai dupla obrigação perante o comitente:

---

[8] Na falta de instruções do comitente, e na impossibilidade de pedi-las a tempo, o comissário deverá "eseguire l'incarico con la diligenza del buon padre di famiglia (art. 1.710, cod. civ. it.), la quale, trattandosi di obbligazioni inerenti all'esercizio di uma attività professionale, deve essere valutata, in relazione alla natura dell'attivitàà esercitata (art. 1.176, cod. civ. it.)" (FERRI, Giuseppe. *Manuale di Diritto Commerciall*. 9. ed. Torino: UTET, 1994, n° 736, p. 1.004).

[9] "Il commissario e lo spedizioniere debbono attenersi alle istruzioni date dal committente, salvo che circostanze, ignote al committente e che a lui non impongano di discostarsene (art. 1711 cod. civ.)" (FERRI, Giuseppe. *Manuale di diritto commerciale cit.*, n° 736, p. 1.004).

[10] "Os usos e costumes invocados pelos apelados não podem contrariar a lei escrita" (TJSP, 4ª CC., Ap. 16.885, Rel. Des. Macedo Vieira, ac. 19.11.42, *RT* 142/597). Segundo o art. 8°, VI, da Lei n° 8.934/1994, "às Juntas Comerciais incumbe: (...) VI – o assentamento dos usos e práticas mercantis".

[11] Comissão deriva do latim *committere*, que, entre os significados, tem o de "confiar ou entregar algo a alguém". No contrato de comissão, portanto, uma parte "comete", "encomenda" ou "atribui uma tarefa a alguém" (VENOSA, Sílvio de Salvo. *Direito Civil*: contratos em espécie. 8. ed. São Paulo: Atlas, 2008, v. III, n° 14.1, p. 284).

[12] "Art. 696. No desempenho das suas incumbências o comissário é obrigado a agir com cuidado e diligência, não só para evitar qualquer prejuízo ao comitente, mas ainda para lhe propor-

a) agir com *cuidado* e *diligência*, "para evitar qualquer *prejuízo* ao comitente"; e

b) empregar o mesmo cuidado e diligência, "para lhe proporcionar o *lucro* que razoavelmente se podia esperar do negócio."

O êxito da missão contratual passa, como se vê, por uma tarefa negativa (impedir prejuízos) e um encargo positivo (a perseguição dos lucros normais do negócio). Dessa maneira, a comissão mercantil não é um contrato apenas de meio, mas, sim, de resultado. A obrigação principal contraída pelo comissário é buscar o sucesso econômico do empreendimento[13].

70. PREJUÍZOS

Se a operação assumida pelo comissário acarretar prejuízo, em vez de lucro, para o comitente, responderá este pela competente reparação, porque a obrigação contraída terá sido descumprida.

Para exigir a indenização dos danos suportados, o comitente não precisa provar a culpa do comissário. Bastará comprovar a ocorrência do seu prejuízo e o nexo de causalidade entre ele e o encargo de gestão ajustado no contrato de comissão. A ocorrência de prejuízo, em si mesma, é o inadimplemento da obrigação de promover lucro para o comitente[14].

Se as condições de mercado se alteraram e as cotações de momento não permitem mais o resultado de início projetado, não cabe ao comissário ultimar a operação, ciente do prejuízo que o comitente sofrerá. A diligência necessária será a consulta àquele que lhe confiou a realização do negócio (CC, art. 695). A palavra final será do comitente: se vetar a negociação, encerrada estará a comissão, respondendo, todavia, pela remuneração dos serviços até então prestados pelo comissário (CC, arts. 702 e 703). Se optar por sua conclusão, assumirá a responsabilidade pelo prejuízo; e o comissário, agindo na conformidade das instruções do comitente, isento ficará do dever de indenizá-lo do dano que voluntariamente assumiu. A culpa exclusiva da vítima elimina a responsabilidade civil, em qualquer circunstância.

---

[13] cionar o lucro que razoavelmente se podia esperar do negócio. Parágrafo único. Responderá o comissário, salvo motivo de força maior, por qualquer prejuízo que, por ação ou omissão, ocasionar ao comitente". Direito comparado – Código de Comércio argentino, arts. 229 e 269. Entretanto, há quem entenda que o comissário assume uma obrigação de meio ou diligência, "estando sujeito à responsabilidade subjetiva que a lei prevê" (TARTUCE, Flávio. *Direito Civil. Teoria geral dos contratos e contratos em espécie*. 12. ed. Rio de Janeiro: Forense, 2017, v. 3, p. 585).

[14] "Daí a amplitude do preceito inserido no parágrafo único [do art. 696], que atribui ao comissário o dever de reparar qualquer prejuízo a que der causa, por ação ou omissão. Trata-se de responsabilidade contratual, afastada na hipótese de força maior, a qual rompe o nexo de causalidade entre a atuação do comissário e o dano" (TEPEDINO, Gustavo. *Comentários ao novo Código Civil*, cit., v. X, p. 237).

Ainda que o comitente não tenha anuído pessoalmente com o evento que redundou em seu prejuízo, não responderá o comissário pela competente reparação, se ocasionado por motivo de força maior (CC, art. 696, parágrafo único). É uma aplicação da regra geral, de que "o devedor não responde pelos prejuízos resultantes de caso fortuito ou força maior" (CC, art. 393).

O caso fortuito ou motivo de força maior (o Código equipara as duas figuras na conceituação formulada no parágrafo único do art. 393) não pode ser apenas alegado. O devedor que os invoca tem o *onus probandi*, de sorte que somente será liberado do dever de indenizar se provar, adequadamente, o fato configurador da excludente de responsabilidade. Não há, *in casu*, presunção alguma. Sem prova da força maior ou do caso fortuito, prevalecerá a situação de inadimplemento do contrato de comissão; e o comissário terá de arcar com a reparação do prejuízo do comitente. O desaparecimento ou perecimento da coisa em poder do comissário, por exemplo, só não causará o dever de indenizar, se se provar que decorreu de fato imprevisível ou inevitável pelo guardião. Seu dever era de guarda e conservação, se, pois, tal não ocorreu, tem o comissário, até prova em contrário, de suportar o *dever de indenizar*[15].O dano de que se cogita, todavia, não é o proveniente da conduta do terceiro com quem o comissário contratou, para cumprir a comissão de que se encarregou. Pela insolvência do terceiro, em princípio, ele não responde (CC, art. 697). Seu dever de indenizar decorre dos atos próprios que deveria ter praticado na guarda da coisa do comitente ou nas condições negociais que deveria ter estipulado, na gestão, em defesa dos interesses do comitente. São ações ou omissões do próprio comissário que, correspondendo a faltas no desempenho de suas incumbências contratuais, gerarão a responsabilidade pelo ressarcimento dos eventuais prejuízos do comitente[16].

71. RESPONSABILIDADE CIVIL DO COMISSÁRIO PELA PERDA OU EXTRAVIO DOS BENS SOB SUA GUARDA

"O comissário responde pela perda ou extravio de bens de terceiros em seu poder, ainda que o dano provenha de caso fortuito ou de força maior, *salvo se provar que usou da diligência usual do bom comerciante*"[17] e assim mesmo não lhe foi possível impedi-lo.

---

[15] VENOSA, Sílvio de Salvo. *Direito Civil*, cit., 8.ed., v. III, nº 14.3, p. 289. Também no direito argentino vigora a regra (art. 247 do Cód. de Comércio), segundo a qual o comissário deve responder pela boa conservação dos bens que lhe sejam consignados ou que tenha comprado, no interesse do comitente, "salvo caso fortuito ou de fuerza mayor, o si el deterioro proviniese de vicio inherente a la cosa" (RIVAROLA, Mário A. *Tratado de derecho comercial argentino*. Buenos Aires: Compañía Argentina de Editores, 1939, v. III, nº 895, p. 526).

[16] ALVES, Jones Figueirêdo. In: Fiúza Ricardo (coord.). *Novo Código Civil Comentado*. São Paulo: Saraiva, 2002, p. 634.

[17] VENOSA, Sílvio de Salvo. *Direito Civil*, cit., 8.ed., v. III, nº 14.3, p. 289. No mesmo sentido: MUÑOZ, Luis. *Derecho Comercial. Contratos*. Buenos Aires: Tipográfica Editora Argentina, 1960, v. II, nº 353, p. 148.

Seção III: Da Comissão • Cap. IV – Direitos e Obrigações das Partes | 137

No caso de furto da mercadoria, por exemplo, a jurisprudência mantém a tradicional orientação de que os comissários, na qualidade de guardiães da mercadoria consignada, são "responsáveis por extravio ou perdas de bens de propriedade do comitente, não provando total diligência na guarda dos mesmos". Como o furto deveria ser evitado pelos cuidados exigíveis do comissário, deve este, na impossibilidade de restituir a mercadoria, indenizar o comitente, repondo-lhe "o seu equivalente em dinheiro"[18].

No mesmo sentido, jurisprudência do Tribunal de Justiça de Minas Gerais:

"Pelo furto do veículo, consignado através de contrato de comissão mercantil, concorre com culpa o depositário que não agiu com o devido zelo, deixando-o do lado de fora da empresa, em local onde transitam várias pessoas, em cujas circunstâncias os furtos são comuns e previsíveis, razão pela qual não se pode falar em caso fortuito ou força maior. O comissário, em razão das obrigações de depositário e consignatário assumidos em sede de contrato de comissão mercantil, está obrigado a indenizar eventuais danos, conforme artigo 695 do NCC e 170 do Código Comercial"[19].

72. INOCORRÊNCIA DE RESPONSABILIDADE DO COMISSÁRIO PELA SOLVÊNCIA DOS DEVEDORES

Em regra, o comissário, contratando em nome próprio, mas à conta do comitente, não responde pela solvência das pessoas com que negocia, em cumprimento do contrato de comissão[20]. O risco natural dessas operações é do comitente, como já dispunha o art. 175 do Código Comercial[21].

Não pode, entretanto, o comissário agir levianamente, não tomando as normais precauções para certificar-se do crédito desfrutado pelo cliente antes de negociar com ele a operação que lhe foi cometida. Muito menos, pode atuar dolosamente, contratando com quem sabe insolvente ou sem condições patrimoniais para responder pelas obrigações contraídas.

O art. 696 do Código Civil coloca entre as principais obrigações do comissário a de "agir com cuidado e diligência" para "evitar qualquer prejuízo ao comitente", sob pena de responder por perdas e danos (parágrafo único, do mesmo artigo).

---

[18]   TJRJ, 9ª CC., Ap. 3.915/96, Rel. Des. Luiz Carlos Perlingeiro, ac. 21.8.1966, *Juris Síntese,* p. 1.

[19]   TJMG, 17ª Câm. Cível, Ap. 2.0000.00.503225-9/000, Rel. Des. Márcia de Paoli Balbino, ac. 24.05.2005, *DJ* 16.06.2005.

[20]   "Art. 697. O comissário não responde pela insolvência das pessoas com quem tratar, exceto em caso de culpa e no do artigo seguinte". Direito comparado – Código de Comércio português, art. 269º; Código de Comércio argentino, art. 258.

[21]   "Il n'est pas responsable non plus si l'acquéreur *à* qui il a vendu une marchandise n'em règle pas le prix (sauf le cas d'insolvabilité patente)" (DUTILLEUL François Collart; DELLEBECQUE, Philippe. *Contrats Civils et Commerciaux.* 2. ed. Paris: Dalloz, 1993, nº 664, p. 493).

Dessa maneira, a isenção de responsabilidade de que cuida o art. 697, do Código Civil "só ocorrerá se as pessoas com quem o comissário contratar eram (de fato) reputadas idôneas ao tempo em que foi feita a negociação ou se o comissário não agiu com dolo ou fraude, no visível intuito de prejudicar o comitente"[22].

O comissário, portanto, não pode deixar de sindicar das condições de solvência das pessoas com quem negocia[23]. Todo comerciante assim procede. Se assim se acautelar, e se não teve motivo para suspeitar do crédito merecido pelo cliente, isento estará de responder pela solvência deste, já que, nas circunstâncias, se tratava de pessoa reputada idônea[24].

Ao comissário, como quer a lei, incumbe gerir o negócio que lhe foi confiado, empregando, de um lado, o mesmo cuidado com que atuaria em negócio próprio; e, de outro, haverá de conformar-se com o uso do comércio em casos semelhantes (art. 695). Se, mesmo assim, o terceiro contratante não solver a obrigação contraída, não terá o comissário responsabilidade pelo inadimplemento, em face do comitente. Somente em caso de conduta culposa ou dolosa é que, violando os deveres de zelo contratual, se torna o comissário obrigado a cobrir o prejuízo do comitente (art. 697)[25].

---

[22] MARTINS, Fran. *Contratos e Obrigações Comerciais*. 18. ed. rev., atual. e ampl. por DINIZ, Gustavo Saad, Rio de Janeiro: Forense, 2018, nº 240, p. 256.

[23] "O comissário torna-se responsável pela violação do dever de diligência se contrata com terceiro cuja insolvência já era perceptível ao tempo da conclusão do negócio" (TEPEDINO, Gustavo. Das várias espécies de contrato. Do mandato. Da comissão. Da agência e distribuição. Da corretagem. Do transporte. Arts. 653 a 756. In: TEIXEIRA, Sálvio de Figueiredo (coord.). *Comentários ao novo Código Civil*. Rio de Janeiro: Forense, 2008, v. X, p. 239).

[24] FERREIRA, Waldemar. *Tratado de direito comercial*. São Paulo: Saraiva, 1963, v. XI, nº 2.004, p. 102.

[25] "Secondo i princìpi in tema di mandato, quando il commissionario abbia agito con la dovuta diligenza, secondo le istruzioni ricevute e nei limiti dell' incarico, egli non assume responsabilità nei confronti del committente per l'inadempimento delle obbligazioni assunte dalle persone con le quali ha contrattato (art. 1715 Cod. Civ. It.). Risponde della insolvenza di queste persone nel caso in cui questa gli fosse nota o dovesse essergli nota al momento della conclusione del contratto, appunto perchè in questo caso non avrebbe agito con la normale diligenza" (FERRI, Giuseppe. *Manuale di Diritto Commerciale*. 9. ed. Torino: UTET, 1994, nº 741, p. 1.008).

Capítulo V

COMISSÃO *DEL CREDERE*

Sumário: 73. Assunção negocial do risco da insolvência – 74. Comissão *del credere* – 75. Natureza do pacto *del credere* – 76. Remuneração do comissário (*del credere*) – 77. Forma do pacto *del credere* – 78. Prestação de contas (*del credere*).

73. ASSUNÇÃO NEGOCIAL DO RISCO DA INSOLVÊNCIA

O risco do contrato de comissão que é naturalmente do comitente, pode, por convenção, ser assumido pelo comissário, como autoriza o art. 698 do Código Civil. Trata-se da cláusula *del credere* (ou *ducroire*, como querem os franceses).

Por meio de tal ajuste, o comissário se torna garante solidário da solvabilidade e pontualidade, perante o comitente, daqueles com quem negociar por conta deste[1]. Estipulado o pacto *del credere*, passam a correr por conta do comissário os riscos da cobrança, recaindo sobre seus ombros a obrigação direta de satisfazer, em face do comitente, o saldo que a seu favor remete, "como se o próprio comissário tivesse sido comprador"[2].

74. COMISSÃO *DEL CREDERE*

Como já visto, o art. 697 assegura, em princípio, a não responsabilidade do comissário pela solvência dos clientes com quem trata por conta do comitente. No entanto é possível que as partes do contrato de comissão façam nele inserir uma cláusula especial, denominada *del credere*, para modificar a estrutura natural do negócio, mediante a instituição de uma diferente responsabilidade atribuída ao comissário.

Por meio de tal convenção – que não é uma simples fiança – o comissário contrai em face do comitente "uma responsabilidade direta pelo adimplemento da obrigação derivada do contrato ajustado com o terceiro"[3].

---

[1] BULGARELLI, Waldirio. Comissão Mercantil. *Enciclopédia Saraiva de Direito*. São Paulo: Saraiva, 1977, v. 16, p. 222.

[2] MUÑOZ, Luis. *Derecho comercial. Contratos*. Buenos Aires: Tipográfica Editora Argentina, 1960, v. II, n° 351, p. 144.

[3] CIAN, Giorgio; TRABUCCHI, Alberto. *Commentario breve al Codice Civile*. 4. ed. Padova: CEDAM, 1996, p. 1.994.

Nesse sentido, o art. 698, do Código Civil dispõe que: "se do contrato de comissão constar a cláusula *del credere*, responderá o comissário solidariamente com as pessoas com quem houver tratado em nome do comitente, caso em que, salvo estipulação em contrário, o comissário tem direito a remuneração mais elevada, para compensar o ônus assumido"[4].

Essa garantia, como é óbvio, não é efeito normal do simples contrato de comissão, mas decorre da autonomia da vontade exercitada por meio de ajuste prévio entre as partes. O *del credere, in casu*, é justamente a responsabilidade assumida pelo comissário de assegurar, por convenção, a solvência daquele com quem vier a contratar no interesse e por conta do comitente[5], obrigação que, de ordinário, não lhe toca.

Cumpre ressaltar, por oportuno, que se o terceiro não cumprir sua obrigação fundado em justa causa, o comissário não haverá de ser responsabilizado pelo adimplemento[6].

Por fim, a cláusula *del credere* é vedada nos contratos de representação comercial[7].

75. NATUREZA DO PACTO *DEL CREDERE*

Muito se especula em doutrina acerca da natureza do pacto *del credere*. Fala-se ora em *fiança*, ora em *caução*, ora em *seguro*, ora em *obrigação direta* de um contratante em relação ao outro. Embora haja na jurisprudência francesa uma

---

[4] Direito comparado – Código Civil italiano, art. 1.736; Código de Comércio português, art. 269º, §§ 1º e 2º; Código de Comércio uruguaio, arts. 360 e 361, Código de Comércio argentino, art. 256.

[5] "En ce cas, le commissionaire est garant de la bonne fin de l'operation. Il répond alors et de la solvabilité du tiers avec qui il contracte et de l'execution parfaite de ses obligations, fût-elle perturbeé par des circonstances fortuites" (DUTILLEUL, François; DELLEBECQUE, Philippe. *Contrats civils et commerciaux cit.*, nº 664, p. 493). Segundo Gustavo Tepedino, a cláusula *del credere* "estimula a seleção criteriosa dos negócios, de modo a evitar que o comissário, atraído pela perspectiva do recebimento da comissão, venha a concluir açodadamente negócios prejudiciais ao comitente" (TEPEDINO, Gustavo. In: TEIXEIRA, Sálvio de Figueiredo (coord.). *Comentários ao novo Código Civil*, cit., v. X, p. 240).

[6] "Assim sendo, se o terceiro se recusar a cumprir o contrato fundado em causa legítima, como na hipótese de vício oculto na mercadoria, o comissário não será responsável, caracterizando-se fato imputável ao comitente, e que pode conduzir à rescisão do contrato" (TEPEDINO, Gustavo. In: TEIXEIRA, Sálvio de Figueiredo (coord.). *Comentários ao novo Código Civil*, cit., p. 240-241).

[7] "Anote-se que no contrato de representação comercial autônoma, a cláusula *del credere é vedada (art. 43 da Lei 4.886/1965)*. Além de ser considerada nula, a inserção da clausula pode motivar a rescisão contratual" (TARTUCE, Flávio. Direito Civil. Teoria geral dos contratos e contratos em espécie. 12. ed. Rio de Janeiro: Forense 2017, v. 3, p. 586). "É vedada a inclusão, em contratos de representação, de cláusula *del credere*. Inteligência do artigo 43 da Lei nº 4886/65" (TJMG, 16ª Câm. Cível, Ap. 1.0647.15.002512-8/001, Rel. Des. Otávio Portes, ac. 25.04.2018, *DJe* 04.05.2018).

preferência por ver no *del credere* uma forma de seguro, tanto que o comissário cobraria um prêmio suplementar para responder pela solvabilidade dos clientes. A dificuldade, todavia, está em que o sinistro – a insolvabilidade – não precisa ser provado. Basta o não pagamento pelo terceiro, para que imediatamente se torne o comissário obrigado a cumprir a prestação prevista. A fiança aproxima-se mais da questionada figura jurídica, mormente na feição que lhe dava nosso antigo Código Comercial, que, em seu art. 179, considerava o *del credere* como meio de constituir o comissário "garante solidário ao comitente da solvabilidade e pontualidade daqueles com quem tratar por conta deste".

Como o objeto da fiança é *garantir* ao credor o pagamento da dívida de outrem, ter-se-ia, nos moldes do Código Comercial brasileiro, o pacto *del credere* como uma espécie de *caução fidejussória*, porquanto era como garante do terceiro que o comissário se apresentava perante o comitente.

No entanto, o Código Civil italiano, ao disciplinar a figura jurídica em exame, afastou-se da ideia de *garante* e declarou o comissário que assume a obrigação *del credere*, como sujeito contratual que "responde pela execução do negócio". Sem tornar-se dono do negócio, por inteiro, por ele responde, perante o comitente, como se fora dele próprio. Isso, segundo Waldemar Ferreira, permite ver no pacto *del credere* algo que se distingue das figuras negociais afins, e que "lhe empresta natureza jurídica específica"[8].

Nosso Código Civil de 2002, tendo seguido o paradigma do italiano, ao ver no *del credere* a assunção pelo comissário de *responsabilidade solidária*[9] com as pessoas com quem contratar em nome do comitente (art. 698), permite aplicar-lhe a moderna doutrina italiana formada em torno da respectiva natureza jurídica: À luz do art. 1.736 (equivalente do Código italiano ao nosso art. 698), entende-se não equiparável o pacto *del credere* à fiança, porque "o comissário assume frente ao comitente uma responsabilidade direta pelo adimplemento das obrigações derivadas do contrato com o terceiro. Consequentemente o comissário não tem direito a que o comitente execute em via preventiva o terceiro inadimplente"[10].

Na verdade, a função do pacto del *credere*, nos moldes do art. 1.736 do Código italiano (e do art. 698 do Código brasileiro) é a de

> "atribuir ao comissário, em face de comitente, uma específica responsabilidade pela execução do negócio, mais intensa e rigorosa do que aquela que se estabelece segundo

---

[8]   FERREIRA, Waldemar. *Tratado de direito comercial*, cit., v. XI, nº 2.405, p. 106.

[9]   "De fato, diante da lei brasileira atual, a redação do art. 698 do Código Civil deu à cláusula *del credere* a atribuição necessária para lhe reconhecer a natureza de *obrigação solidária* entre o comissário e as pessoas com quem houver tratado" (MARTINS, Fran. *Contratos e Obrigações Comerciais*, cit., 2018, nº 240, p. 258).

[10] CIAN, Giorgio; TRABUCCHI, Alberto. *Comentario breve al Codice Civile*, cit., p. 1.994.

as regras comuns, as quais correspondem, de um lado, uma adequada autonomia na promoção e estipulação da compra e venda, e, de outro, uma côngrua compensação pelo específico risco assumido pelo comissário, a partir das próprias condições do contrato de comissão sob influência do pacto *del credere*"[11].

Poder-se-ia correr o risco de transformar a cláusula *del credere* numa compra e venda entre comissário e comitente, por colocar aquele como corresponsável pelo pagamento do preço da alienação feita para o terceiro. A responsabilidade contraída pelo comissário, todavia, não pode ser vista como preço da compra e venda, mesmo porque nela sua posição é a de vendedor e, assim, o pagamento que eventualmente tiver que efetuar não será por decorrência do contrato de compra e venda, mas por decorrência direta do contrato de comissão firmado anteriormente com o comitente.

Assim, já tendo o comissário cobrado do comitente um prêmio para responder pelo adimplemento do terceiro, é por causa do risco onerosamente assumido dentro do próprio contrato de comissão, que ele terá de honrar o preço da venda a terceiro[12]. Desse modo, sendo correlata a compensação percebida pelo risco assumido, "nada impede que o comissário possa assumir, com o pacto *del credere*, a inteira responsabilidade pelo bom êxito do negócio, sem que isto provoque a transformação do contrato de comissão em compra e venda"[13]. Mesmo porque, o eventual pagamento do preço pelo comissário não lhe confere a qualidade de adquirente da coisa vendida, e, consequentemente não lhe confere o poder de reclamá-la para si.

Não é fiança o *del credere*, porque, enquanto o fiador responde por obrigação de terceiro contraída fora do negócio fidejussório, o comissário responde perante o comitente, por obrigação própria, nascida diretamente do contrato estabelecido entre eles, como meio de assegurar o resultado ou de executar a prestação prevista na comissão[14]. Admite-se, outrossim, a responsabilização total ou parcial pela obrigação do adquirente. "Com a cláusula *del credere* o comissário assume a responsabilidade pela execução do negócio. Este, se afirma na jurisprudência, pode vir a garantir, por inteiro, o bom termo daquele. Isto implica, porém, que ele pode garantir o regular cumprimento do negócio até mesmo apenas na parte assumida"[15].

---

[11]   CIAN, Giorgio; TRABUCCHI, Alberto. Op. cit., loc. cit.

[12]   Obrigando-se ao *del credere*, o comissário se solidariza com o comprador, cuja solvabilidade garante. Não se trata de garantia acessória, porque a solidariedade a exclui (...) ele é tão devedor principal como o aceitante" (TJDF, 3ª Câm. Cív., Ap. 582, Rel. Des. Sá Pereira, *Rev. de Direito*, 101/494).

[13]   CIAN, Giorgio; TRABUCCHI, Alberto. *Comentario breve al Codice Civile*, cit., p. 1.995.

[14]   CIAN, Giorgio; TRABUCCHI, Alberto. Op. cit., loc. cit.

[15]   CAGNASSO, Oreste; COTTINO, Gastone. *Contratti Commerciali. In: Trattato di Diritto Commerciale*. Padova: CEDAM, 2000, v. IX, nº 59, p. 215.

Correta, pois, a conclusão de que o pacto *del credere* não é, de fato, nem fiança nem seguro contra riscos creditícios; mas corresponde a "simples obrigação de pagar, em que o comissário se torna solidário com o devedor"[16].

Justifica-se, então, que não se reconheça, no pacto *del credere*, nem uma fiança, nem uma venda, nem um seguro, nem um estímulo ou um incentivo, embora de qualquer deles se possa extrair alguma semelhança. Nele não se vê outra coisa senão uma obrigação assumida pelo comissário de continuar vinculado ao contrato, mesmo depois de ter cumprido a integralidade do negócio, em virtude da contraprestação especial que lhe fez o comitente[17].

76. REMUNERAÇÃO DO COMISSÁRIO (*DEL CREDERE*)

Com o pacto *del credere*, o comissário assume um risco que normalmente tocaria ao comitente, isto é, o relativo à insolvabilidade do terceiro comprador dos bens negociados por conta do comitente. Para compensar a assunção de tal risco, cabe ao comissário uma remuneração especial, a par daquela com que se lhe paga o serviço normal de gestão em favor do comitente. Quando se ajusta, pois, o *del credere*, o comitente se obriga a duas remunerações diferentes para com o comissário: uma pelos serviços de realização, pelo comissário, do negócio de interesse do comitente; e outra pela assunção da responsabilidade pela solvência do terceiro contratante (obrigação extraordinária, a que corresponde uma prestação também extraordinária).

Essa remuneração adicional, que a doutrina italiana denomina *star del credere*, deve ser fixada no contrato de comissão ou em documento à parte. Na falta de convenção expressa, pode ser arbitrada segundo os usos da praça, ou por sentença judicial, segundo a equidade[18].

77. FORMA DO PACTO *DEL CREDERE*

Assim como o contrato de comissão não reclama forma solene para sua formação, também o negócio acessório do pacto *del credere* pode ser livremente ajustado, no momento do aperfeiçoamento do negócio principal, ou em oportunidade

---

[16]   WALD, Arnoldo *Curso de Direito Civil. Obrigações e Contratos*. 5. ed. São Paulo: RT, 1979, p. 341-342. No mesmo sentido: "Pero es lo cierto que el comisionista es deudor principal y directo del comitente, en virtud de la comisión de garantía y por el consiguiente esta obligado a abonar a aquél el importe de la deuda, sin que el comitente pueda reclamar a terceros el pago ni invocar daño o riesgo alguno" (MUÑOZ, Luis. *Derecho Comercial*, cit., nº 353, p. 150).

[17]   RIVAROLA, Mário A. *Tratado de derecho comercial argentino*. Buenos Aires: Compañia Argentina de Editores, 1939, t. III, nº 887, pp. 514-515.

[18]   FERRI, Giuseppe. *Manuale di Diritto Commerciale cit.*, nº 741, p. 1.008; CAGNASSO, Oreste; COTTINO, Gastone. *Contratti Commerciali*, cit., v. IX, nº 59, p. 215.

posterior. Dessa possibilidade de convencionar-se o *del credere* sem forma imposta pela lei, decorre a validade do seu ajuste assim por escrito como por via oral; e sua prova viabilizar-se-á por todos os meios admitidos em juízo[19].

78. PRESTAÇÃO DE CONTAS (*DEL CREDERE*)

Ainda que presente o pacto *del credere*, o comissário continua obrigado a prestar contas ao comitente, como gestor que é de negócios e valores alheios.

"E isto porque tal convenção não opera outra modificação nas relações jurídicas entre o comitente e o comissário, senão na parte em que o comissário responde solidariamente com terceiros, com que este contratou. Quanto ao mais, permanece na sua natureza o contrato de comissão, que não sofre alteração alguma. Assim, está o comissário obrigado a prestar contas e, no caso de falência do comitente, mantém o direito de retenção"[20].

Ao contrato de comissão aplicam-se as regras do mandato (art. 709), motivo pelo qual não se exime do dever de prestar contas pelo fato de existir o pacto *del credere*. É que "o mandatário é obrigado a transferir ao mandante tudo o que recebeu em nome e por conta deste, bem como a prestar contas de todas as despesas feitas no exercício do mandato, devidamente comprovadas"[21].

---

[19]   FERREIRA, Waldemar. *Tratado de direito comercial cit.*, v. XI, nº 2.408, pp. 109-110. "A cláusula *del credere* pode ser convencionada oralmente, desde que de forma expressa, não podendo ser inferida das circunstâncias, ou presumida" (TEPEDINO, Gustavo. *In:* TEIXEIRA, Sálvio de Figueiredo (coord.). *Comentários ao novo Código Civil*, cit., v. X, p. 242).

[20]   TJSP, 5ª CC., Ap. 76.291, Rel. Des. Ferreira de Oliveira, ac. 04.05.56, *RT*, v. 254, p. 284.

[21]   TJDF, 5ª CC., Ap. 21.712, Rel. Des. Gastão Macedo, *DJDF* 09.02.56, p. 194.

Capítulo VI

RESPONSABILIDADE DO COMISSÁRIO NAS OPERAÇÕES A PRAZO

Sumário: 79. Concessão de prazo – 80. Cobrança de créditos a prazo – 81. Responsabilidade pessoal do comissário por operação a prazo.

79. CONCESSÃO DE PRAZO

Os negócios realizados pelo comissário, por conta do comitente, deverão, em linha de princípio, conformarem-se com as ordens e instruções deste. Não as havendo, os critérios serão os ditados pelos usos da praça em casos semelhantes (art. 695). Em primeiro lugar, o dever do comissário é, sem dúvida, pautar-se pelos termos do contrato e pela orientação avulsa passada pelo comitente. Se o contrato prevê que as negociações serão à vista, não haverá como o comissário agir de outra forma, sob pena de infringir as obrigações contraídas com o comitente.

O poder de conceder prazo aos clientes com quem negocia, em função da comissão, depende, pois, de dois requisitos: a) inexistência de cláusula contratual ou de instruções do comitente em contrário; b) conformação da medida com os usos da praça onde se realizar o negócio.

Assim dispõe o art. 699, do Código Civil: "presume-se o comissário autorizado a conceder dilação do prazo para pagamento, na conformidade dos usos do lugar onde se realizar o negócio, se não houver instruções diversas do comitente"[1].

Mesmo não ocorrendo óbice à concessão de prazo, terá o comissário, para manter o clima de confiança e lealdade exigido pelo contrato de comissão, de dar ciência ao comitente de todos os prazos e dilações que deferir aos clientes[2]. No aviso e conta a este remetidos, figurarão os nomes e endereços dos compradores, bem como os prazos estipulados[3]. Daí afirmar Gustavo Tepedino que "o direito do comissário de não revelar o nome dos terceiros com quem contrata deixa de existir

---

[1] Direito comparado – Código Civil italiano, art. 1.732; Código de Comércio argentino, art. 258.

[2] ALVES, Jones Figueirêdo. In: FIÚZA, Ricardo (coord.). *Novo Código Civil Comentado*. São Paulo: Saraiva, 2002, p. 636.

[3] MENDONÇA, José Xavier Carvalho de. *Tratado de direito comercial brasileiro*. 5. ed. Rio de Janeiro: Freitas Bastos, 1956, v. VI, 2ª parte, nº 904, p. 298.

se há dilação no prazo para pagamento, hipótese em que as informações quanto ao crédito se tornam imprescindíveis para a tutela dos interesses do comitente"[4].

80. COBRANÇA DE CRÉDITOS A PRAZO

Os negócios do comissário são concluídos em seu nome e só ele tem o poder jurídico de cobrar, judicial ou extrajudicialmente, os respectivos créditos. Por isso, vencidas as operações a prazo, terá ele a obrigação de procurar o devedor e promover a respectiva cobrança. Se não conseguir efetivá-la, o inadimplemento do comprador, por si só, não o fará responsável pelo débito junto ao comitente, pois de regra não lhe cabe garantir a solvabilidade dos clientes (art. 697). Responderá, todavia, por perdas e danos, se o não pagamento for decorrência de omissão ou negligência de sua parte[5]. O comissário, na lição de Carvalho de Mendonça, "tem de ser solícito no cumprimento desta obrigação, lançando mão dos meios judiciais, se necessários"[6].

81. RESPONSABILIDADE PESSOAL DO COMISSÁRIO POR OPERAÇÃO A PRAZO

O art. 700 do CC estabelece que: "se houver instruções do comitente proibindo prorrogação de prazos para pagamento, ou se esta não for conforme os usos locais, poderá o comitente exigir que o comissário pague *incontinenti* ou responda pelas consequências da dilação concedida, procedendo-se de igual modo se o comissário não der ciência ao comitente dos prazos concedidos e de quem é seu beneficiário"[7].

Em três situações, portanto, o art. 700 torna o comissário sujeito ao imediato pagamento do preço ao comitente em vendas feitas, por conta deste, a prazo:

a) quando houver instruções do comitente contrárias às concessões de prazo para pagamento;

b) quando a concessão de prazo não for conforme os usos locais;

c) quando o comissário não der ciência ao comitente dos prazos concedidos e de quem foram seus beneficiários.

---

4 TEPEDINO, Gustavo. In: TEIXEIRA, Sálvio de Figueiredo (coord.). *Comentários ao novo Código Civil*, cit., v. X, p. 243-244.

5 BULGARELLI, Waldirio. Comissão mercantil. *Enciclopédia Saraiva de Direito*. São Paulo: Saraiva, 1977, v. 16, p. 219.

6 MENDONÇA, José Xavier Carvalho de. *Tratado de direito comercial brasileiro*, cit., v. VI, 2ª parte, nº 905, p. 298-299.

7 Direito comparado – Código de Comércio uruguaio, art. 364; Código de Comércio argentino, art. 257; Código Civil italiano, art. 1.732.

Seção III: Da Comissão • Cap. VI – Responsabilidade do Comissário nas Operações a Prazo | **147**

Os prazos em uso na praça podem ser concedidos, pelo comissário, aos compradores dos produtos do comitente, mas somente quando não existir instruções deste em contrário. Se ocorre desobediência a essas instruções ou ao uso da praça, na concessão de prazo, para negócios da espécie, o comitente tem o direito de recusar a condição estatuída nas operações e de tratá-las como "vendas à vista", podendo exigir o preço, do comissário, de imediato. Torna-se, portanto, o comissário responsável pela operação efetuada fora das recomendações do comitente, e assume todos os riscos da respectiva cobrança, sujeitando-se a juros e mais compensações contratuais, desde o momento da alienação. Desaparece, portanto, sua isenção de responsabilidade pela insolvência: o comissário será responsável automaticamente pela solução do preço da mercadoria vendida a prazo contra as instruções do comitente[8].

Também no caso de falta de comunicação da venda ao comitente ou da ausência de informação do prazo concedido ao comprador, a lei autoriza a presunção de que a operação se realizou à vista. Trata-se de presunção *juris et de jure*, que obriga o comissário a pagar imediatamente, ao comitente, a soma que o terceiro deve a prazo[9].

Essas informações são desnecessárias nas comissões *del credere*, porque nelas o comissário já tem previamente o dever de responder pelo resgate, caso o comprador não o faça[10].

---

[8] "El comisionista queda libre de responsabilidad (art. 258) si presta, anticipa o vende al fiado, ajustandose a las instrucciones del comitente; (...) y es responsable al comitente si procede contrariando la prohibición de acordar plazos, o si en caso de silencio sobre este particular, no es del uso de la plaza concederlos, o si los concede en forma distinta de la que sea de uso o costumbre comercial" (RIVAROLA, Mário A. *Tratado de derecho comercial argentino*. Buenos Aires: Compañia Argentina de Editores, 1939, t. III, nº 901, p. 540).

[9] MENDONÇA, José Xavier Carvalho de. *Tratado de direito comercial brasileiro cit.*, v. VI, 2ª parte, nº 904, p. 298. O mesmo ocorre no Código Comercial português: "O comissário que vender a prazo deve, salvo o caso de haver *del credere*, expressar nas contas e avisos os nomes dos compradores; de contrário é entendido que a venda se fizera a dinheiro de contado" (art. 273º).

[10] MENDONÇA, José Xavier Carvalho de. *Tratado de direito comercial brasileiro*, cit., v. VI, 2ª parte, nº 904, p. 298: "Havendo o *del credere*, o comitente nenhum interesse tem na venda à vista; o comissário fica dispensado da obrigação de revelar o nome do terceiro com que tratou".

Capítulo VII

A REMUNERAÇÃO DO COMISSÁRIO

Sumário: 82. A remuneração do comissário – 83. Cláusula que anule a expressão econômica da comissão – 84. Responsabilidade pelo pagamento da comissão – 85. Outros reembolsos devidos ao comissário – 86. Interrupção do contrato de comissão por morte do comissário ou por motivo de força maior – 87. Força maior – 88. Remuneração do comissário dispensado pelo comitente – 89. Expiração do contrato de prazo certo – 90. Prova dos serviços prestados – 91. Direito do comitente a perdas e danos – 92. Modificação das condições passadas pelo comitente – 93. Forma das alterações – 94. Revogação prematura da comissão – 95. Direito do comitente de fazer cessar a comissão a qualquer tempo – 96. Juros no relacionamento entre comitente e comissário – 97. Direito de preferência – 98. Direito de retenção em favor do comissário – 99. Extensão do *jus retentionis*.

82. A REMUNERAÇÃO DO COMISSÁRIO

Em regra, a comissão a que faz jus o comissário, pelo desempenho da função que o contrato de comissão mercantil lhe atribui, é estipulada convencionalmente pelas partes. Havendo, pois, determinação de seu valor no contrato de comissão, este obrigará os contratantes, pela força inerente do ajuste negocial.

Sendo, porém, executado o serviço sem prévia combinação em torno do valor da remuneração do comissário, nem por isso ficará ele privado de exigir a compensação devida. Se não for a prestação de serviço remunerada, ocorrerá enriquecimento injusto por parte do comitente. Por isso, diante da natureza onerosa do contrato de comissão, determina a lei que, não tendo as partes convencionado o valor da remuneração do comissário, seu montante será arbitrado, em juízo, segundo os usos do mercado na praça onde o negócio se cumpriu (art. 701, do CC[1])[2].

A comissão, segundo as tradições comerciais, corresponde a um valor calculado percentualmente sobre a importância da operação, e costuma variar de acordo

---

[1] Direito Comparado – Código Civil Italiano, art. 1.733, Código de Comércio argentino, art. 274.

[2] MARTINS, Fran. *Contratos e obrigações comerciais*, cit., 2018, nº 232, p. 252; MENDONÇA, José Xavier Carvalho de. *Tratado de direito comercial brasileiro*, cit., v. VI, 2ª parte, nº 914, p. 303; RIVAROLA, Mário A. *Tratado de derecho comercial argentino*, cit., v. III, nº 909, p. 557.

150 | Contratos de Colaboração Empresarial • Humberto Theodoro Jr. e Adriana Theodoro de Mello

com a qualidade da negociação. Se há o *del credere* será elevado o respectivo montante. A base de cálculo deve ser, em regra, o produto bruto da operação, porque se se levasse em conta o líquido (o lucro), muitas vezes tornar-se-ia insignificante ou nulo o preço do serviço realizado pelo comissário[3].

Não há empecilho legal a que a remuneração seja estipulada em valor fixo; não é esta, todavia, a forma usual registrada na experiência do negócio da comissão mercantil.

De ordinário, a comissão torna-se exigível com a conclusão do negócio delegado pelo comitente ao comissário. Mas, nem mesmo a interrupção da execução do contrato por morte do comissionário ou por força maior dispensa o comitente de pagar a remuneração correspondente aos serviços úteis parcialmente concluídos (art. 702).

83. CLÁUSULA QUE ANULE A EXPRESSÃO ECONÔMICA DA COMISSÃO

O contrato de comissão visa compensar o serviço prestado pelo comissionário ao comitente. É negócio oneroso, de sorte que não é dado ao comitente impor condições à remuneração do comissário que, praticamente, a anulam, tornando gratuito o negócio que, por natureza, deve ser lucrativo.

Interessante caso de comissão mercantil de venda de gasolina foi apreciado pelo TJDF. Entre as partes estipulou-se cláusula autorizativa de abatimento de certa verba da remuneração do comissário, para cobrir aluguel do imóvel fornecido pelo comitente para cumprimento do comissionamento. Tomando-se por base a venda do produto e o modo de calcular o montante destinado à cobertura do aluguel conexo com o contrato de comissão, concluiu-se que seria previsível a "inviabilidade de qualquer lucro na operação comercial atribuída ao comissário". A cláusula, por isso, foi tida como "leonina" e "não escrita"[4].

Em caso análogo, o Tribunal de Alçada do Paraná considerou até mesmo inexistente a relação *ex locato*, visto que o caso teria de ser tratado apenas como "relação contratual de comissão mercantil", autorizadora de retomada do prédio pelas vias possessórias no caso de inadimplemento da cláusula *del credere* prevista no ajuste[5].

---

[3]   MENDONÇA, José Xavier Carvalho de. *Tratado de direito comercial brasileiro*, cit., v. VI, 2ª parte, nº 914, p. 304.

[4]   TJDF, Ap. nº 2164290, Rel. Des. Edmundo Minervino, ac. 11.11.93, *DJDF*, 20.04.94, p. 4.108.

[5]   TAPR, 3ª CC., Ag. nº 147759000, Rel. Juiz Eugênio Achille Grandinetti, ac. 25.04.2000; *JUIS – Jurisprudência Informatizada Saraiva* nº 28, e *DJPR* de 05.05.2000. No mesmo sentido: TAMG, 1ª CC, Ap. nº 103.610-0, Rel. Juiz Zulman Galdino, ac. 22.11.1990, *RJTAMG*, 44/199; TAMG, 3ª CC., Ap. 324.161-6, Rel. Juiz Duarte de Paula, ac. 14.02.2001, *Juis – Jurisprudência Informatizada Saraiva* nº 28.

Entretanto, o STJ já entendeu possível a redução, pelas companhias aéreas, da comissão mercantil paga às agências de viagens:

"3. Nos contratos de comissão mercantil, salvo estipulação em contrário, é possível a redução unilateral, pelas companhias aéreas, do valor de comissões referentes a negócios futuros realizados pelas agências de viagens, na venda de passagens aéreas. Precedentes da Corte"[6].

84. RESPONSABILIDADE PELO PAGAMENTO DA COMISSÃO

Em face do contrato de comissão, a remuneração do comissário é obrigação do comitente e não do terceiro que negocia com aquele. Pode eventualmente haver negociação especial em que o terceiro assuma semelhante encargo, mas já então o caso terá saído do âmbito contratual da comissão e se submetido a negociação atípica[7].

85. OUTROS REEMBOLSOS DEVIDOS AO COMISSÁRIO

Além da comissão, cabe ao comitente reembolsar ao comissário todos os gastos por este efetuados no cumprimento da operação prevista no contrato, assim como os adiantamentos que este lhe tenha feito[8]. Ditos reembolsos se sujeitam ao acréscimo de juros convencionais, ou legais, à falta de previsão no contrato (art. 706).

86. INTERRUPÇÃO DO CONTRATO DE COMISSÃO POR MORTE DO COMISSÁRIO OU POR MOTIVO DE FORÇA MAIOR

Na regulamentação de nosso velho Código Comercial já se previa que, no caso de falecer o comissário, e por isso interromper-se a execução do contrato de comissão, o comitente ficaria responsável, perante os herdeiros do falecido, pela cota correspondente aos atos já praticados (art. 187). Se a venda já estivesse ultimada, o pagamento da comissão aos herdeiros do comissário deveria ser integral. Se o

---

[6] STJ, 4ª T., REsp. 854.083/AM, Rel. Min. Luis Felipe Salomão, ac. 09.02.2010, *DJe* 12.03.2010. No mesmo sentido: STJ, 3ª T., REsp. 762.773/GO, Rel. Min. Humberto Gomes de Barros, ac. 17.04.2007, *DJU* 07.05.2007, p. 316.

[7] "Salvo estipulação em contrário, a comissão é devida pelo comitente, e não pelo comprador" (STF, RE nº 21.295, Rel. Min. Nelson Hungria, *Arquivo Judiciário*, v. 108, p. 61).

[8] MUÑOZ, Luis. *Derecho comercial. Contratos.* Buenos Aires: Tipográfica Editora Argentina, 1960, v. II, nº 350, p. 143. "Não só à remuneração fará jus o comissário. Em regra, não dispondo o contrato em contrário, cabe ao comitente suportar as despesas da operação, adiantando valores ou ressarcindo o comissário" (TEPEDINO, Gustavo; BARBOZA, Heloisa Helena; MORAES, Maria Celina Bodin de. *Código Civil Interpretado: conforme a Constituição da República.* Rio de Janeiro: Renovar, 2006, v. II, p. 483).

negócio não chegou a ultimar-se, mas estava em vias de sê-lo, o comitente responderia por uma fração da remuneração do comissário, que se estimaria levando em conta os serviços prestados pelo comissário, antes do óbito, e fazendo um cálculo que determine a proporção deles sobre o total necessário para que sua tarefa fosse concluída com êxito. A operação será de pura estimativa, pois é realmente muito difícil de fixar, com precisão, semelhante cálculo proporcional. Se os interessados não chegarem a um acordo, caberá a solução por arbitramento judicial.

O sistema do art. 187 do Código Comercial foi mantido pelo artigo 702 do Código Civil de 2002, ao dispor que "no caso de morte do comissário, ou, quando por motivo de força maior, não puder concluir o negócio, será devida pelo comitente uma remuneração proporcional aos trabalhos realizados"[9].

87. FORÇA MAIOR

Além da morte do comissário, o artigo 702 do Código Civil de 2002 previu, também, pagamento proporcional de sua remuneração quando motivo de força maior impedir que a execução do contrato iniciado se conclua[10]. Não deve ficar o comissário, que prestou serviços ao comitente e que só não concluiu sua missão por motivo inevitável e invencível, privado de compensação pelo trabalho que realmente realizou para o comitente.

Suponhamos a venda negociada de um animal que vem a perecer antes da tradição ao terceiro adquirente; ou a alienação já prometida, mas cuja consumação vem a ser impedida por lei que torna inalienável o seu objeto. O comissário já teria feito todo o esforço para cumprir o encargo contratual a seu cargo e só enfrentou o insucesso do negócio, por razões alheias à sua vontade e contra as quais não tinha meios de superação. Deve-se, portanto, remunerá-lo, não pelo valor total da comissão prevista no contrato de intermediação, mas por algo que corresponda à parcela de serviços que prestou ao comitente. É o que manda o artigo 702 do Código Civil. Não é só, porém, a inviabilização do contrato pela morte do comissário ou por motivo de força maior que enseja a obrigação de prestar parcialmente a remuneração contratual. É necessário que algum serviço útil tenha sido de fato desempenhado pelo comissário antes da involuntária cessação do contrato. São esses serviços que se remuneram, e não o fato mesmo da morte ou do motivo de força maior. Se naquele momento ainda não tinha o comissário consumado qualquer serviço útil para os fins da comissão, nada terá o comitente que indenizar ou compensar.

---

9   Direito comparado – Código de Comércio uruguaio, art. 380, Código de Comércio espanhol, art. 280, Código de Comércio argentino, art. 247.

10   Para o Código Civil, o caso fortuito ou de força maior consiste no "fato necessário, cujos efeitos não era possível evitar ou impedir" (art. 393, parágrafo único).

88. REMUNERAÇÃO DO COMISSÁRIO DISPENSADO PELO COMITENTE

O comitente pode dispensar o comissário, com ou sem motivo justo. Se o fizer sem razão adequada, terá de indenizá-lo pelos prejuízos que a ruptura do contrato lhe ocasionou, como se passa com o descumprimento ou quebra de qualquer negócio jurídico sem razão de direito. Se a conduta do comitente estiver apoiada em motivo adequado, não ficará sujeito a responder por perdas e danos[11].

Em qualquer caso, porém, terão de ser remunerados os serviços úteis prestados ao comitente, para evitar o enriquecimento se causa do comitente. Se toda a tarefa já se concluiu, e o comitente se prevaleceu de todas as vantagens da operação, terá de remunerar o comissário de forma integral, pouco importando o motivo pelo qual se deu sua dispensa. Se o negócio não se ultimou, mas alguma parte dos serviços pertinentes à sua realização já foi levada a efeito pelo comissário, com proveito para o comitente, a remuneração proporcional terá de ser praticada[12].

Em outros termos: a culpa do comissário permite ao comitente romper o contrato sem pagar perdas e danos ao intermediário. O direito, contudo, ao preço dos serviços prestados não se extingue, qualquer que seja a razão pela qual tenha sido dispensado o comissário.

Essa remuneração parcial, é bom ressaltar, não decorre apenas do serviço realizado, mas prende-se, também, à utilidade que tenha proporcionado ao comitente. Se este nenhuma vantagem dele obteve, não é cabível exigir o comissário qualquer remuneração. Entende-se proveitoso o trabalho, quando enseja condições ao comitente de completar o negócio entabulado pelo comissário.

Da mesma forma, se o comitente sofrer prejuízos em razão da má execução do contrato pelo comissário, poderá exigir deste reparação.

89. EXPIRAÇÃO DO CONTRATO DE PRAZO CERTO

O contrato de comissão pode ser ajustado para tarefa certa ou para diversas operações dentro de prazo certo. Nas duas hipóteses não se considera rescisão nem resilição a cessação do ajuste uma vez cumprida a operação atribuída ao comissário ou vencido o prazo estipulado.

---

[11] "Art. 703. Ainda que tenha dado motivo à dispensa, terá o comissário direito a ser remunerado pelos serviços úteis prestados ao comitente, ressalvado a este o direito de exigir daquele os prejuízos sofridos". Direito comparado – Código de Comércio espanhol, arts. 252 e 279.

[12] "Admite-se sempre a faculdade da revogação, reconhecendo-se, sempre, ao comissário o direito a uma parte da comissão, a ser determinada em função dos serviços prestados (art. 1.734 do Cód. Civ. Italiano)" (FERRI, Giuseppe. *Manuale di diritto commerciale*. 9. ed. Torino: UTET, 1994, nº 738, p. 1.005-1.006).

Em tais hipóteses não tem o comitente obrigação de renovar ou prorrogar o contrato de comissão após seu termo final. Este negócio jurídico não concede exclusividade ao comissário sobre os negócios do comitente, nem lhe assegura indenização quando extinta a comissão de forma natural[13].

90. PROVA DOS SERVIÇOS PRESTADOS

Para exigir pagamento das comissões a que se julga com direito, ao comissário não basta provar a existência do contrato mantido com o comitente. O contrato, na espécie, é de resultados. É a realização do negócio visado junto a terceiros (venda ou compra de bens) que gera para o comissário o direito a respectiva remuneração. Daí que, ao cobrá-la em juízo, assumirá o comissário o ônus da prova acerca dos serviços úteis prestados ao comitente[14].

Em suma, "para que alguém tenha direito a receber comissão remuneradora sobre negócios mercantis é indispensável provar que, efetivamente, prestou serviços à realização de tais negócios"[15].

De ordinário, o acerto é facilitado por meio de retenção do percentual dos preços dos bens vendidos pelo comissário. Nos casos de aquisição em favor do comitente, ao repassá-los o comissário estará comprovando a execução do contrato e o direito de perceber a remuneração ajustada. A prova é um pouco mais complicada quando se trata de serviços parcialmente cumpridos, mas será ônus do comissário produzi-la.

91. DIREITO DO COMITENTE A PERDAS E DANOS

O comissário que chegou a prestar serviços úteis ao comitente, quando despedido sempre terá direito à remuneração proporcional à porção do contrato que praticou. Se, porém, o rompimento tiver sido motivado por culpa do comissário,

---

[13] TJRJ, 14ª Câm. Civ., Ap. Civ. 17.974/1999, ac. 22.02.2002, Rel. Des. Maria Henriqueta Lobo. Já decidiu o TAPR que, ao expirar o contrato de comissão mercantil, inexiste "fundo de comércio indenizável", visto que o posto de gasolina explorado pelo comissário era de propriedade do comitente, não havendo como afirmá-lo formado pelo primeiro (1ª CC., Ap. Civ. 114268300, Rel. Juiz Ronald Schulman, ac. 23.06.98; *JUIS – Jurisprudência Informatizada Saraiva* nº 28).

[14] "Ação de cobrança. Comissão mercantil. 1 – Se a parte autora apesar do contrato de intermediação mercantil firmado com a ré, que, aliás, transparece ser idôneo, não trouxe aos autos prova da alegada venda dos produtos da apelada, não pode prosperar seu pedido de comissão mercantil relativa àquela transação. Recurso conhecido e desprovido" (TJDF, 1ª T. Civ., Ap. nº 2681891, Rel. Des. Edmundo Minervino, ac. nº 731.994, *DJDF*, 20.04.1994, p. 4.112).

[15] TJDF, 5ª CC., Ap. nº 1.457, Rel. Des. Ribas Carneiro, ac. 27.01.1948, *Arquivo Judiciário*, v. 87, p. 335.

como infrator do contrato, tornar-se-á devedor de perdas e danos acarretadas à parte inocente, isto é, ao comitente.

Havendo crédito de parte a parte, deverão submeter-se a compensação[16].

92. MODIFICAÇÃO DAS CONDIÇÕES PASSADAS PELO COMITENTE

Como consta dos ensinamentos de Waldemar Ferreira, sempre se entendeu assistir ao comitente direito de modificar, acrescentar ou mesmo suspender as instruções dadas ao comissário. Mesmo porque o negócio ajustado entre eles deve ser praticado por conta do comitente. Nesse sentido, o art. 704, do CC: "salvo disposição em contrário, pode o comitente, a qualquer tempo, alterar as instruções dadas ao comissário, entendendo-se por elas regidas também os negócios pendentes"[17].

Ocorrem frequentemente situações ensejadoras de tais modificações porque, por exemplo, a operação não se consumou com presteza e os preços e condições do mercado se alteraram, sofrendo efeitos da retração de compradores, da inflação e de outros elementos adversos. Todavia, para que as novas instruções obriguem o comissário, é necessário que cheguem ao seu conhecimento a tempo e hora, ou seja, antes da conclusão do negócio com terceiro, ou antes de que a negociação tenha atingido um nível de andamento que não mais permita interrupção ou alteração das propostas já formuladas[18].

A retirada total das instruções é possível. Mas é de ser feita regularmente. Se feita sem motivo plausível e com prejuízo para o comissário, que já investiu tempo e dinheiro no encaminhamento do negócio, terá o comitente cometido abuso de direito, e nessa condição, haverá de indenizar as perdas e danos infligidas ao contratante (art. 696, parágrafo único). Mesmo que o comitente tenha justo motivo para paralisar a comissão, não poderá deixar sem remuneração os serviços já prestados pelo comissário. Ficará isento de pagar a comissão inteira (vantagem total esperada pelo comissário), mas não poderá privá-lo do preço parcial do trabalho útil concluído.

93. FORMA DAS ALTERAÇÕES

A jurisprudência tem entendido que não há necessidade de forma especial para as instruções passadas pelo comitente ao comissário, mormente nos negócios

---

[16] "Sempre terá o comissário direito ao trabalho que efetivou, pagando perdas e danos ao comitente se tiver ocasionado prejuízo. Neste caso, operar-se-á a compensação" (VENOSA, Sílvio de Salvo. *Direito Civil: contratos em espécie*. 8. ed. São Paulo: Atlas, 2008, v. III, nº 14.2, p. 287).

[17] Direito comparado – Código Civil italiano, art. 173; Código de Comércio espanhol, art. 279.

[18] "L'art. 1.734 (do Cód. it.) prevede che il committente possa revocare l'ordine di concludere l'afare fino a che il commissionario non l'abbia stipulato. Si lo fa deve al commissionario una parte della provvigione, che si determina tenendo conto delle spese sostenute e dell'opera prestata" (CAGNASSO, Oreste; COTTINO, Gastone. Contratti Commerciali. In: *Trattato di Diritto Commerciale*. Padova: CEDAM, 2000, v. IX, nº 58, p. 213).

de corretores de valores, basta que a forma, mesmo verbal, seja a que habitualmente se acate entre as partes[19]. Admite-se, nessa ordem de ideias, que em face das alterações de mercado com reflexos na economia do negócio em andamento, novas instruções podem ser prestadas verbalmente, se do contrato não constar cláusula determinadora de outra forma para o caso. Nessa conjuntura, os negócios pendentes e os futuros terão de submeter-se às instruções inovadas[20].

O importante, *in casu*, é a demonstração de que o comissário recebeu as instruções, sendo irrelevante a forma com que a respectiva transmissão tenha acontecido. Além disso, essencial que "o contrato de comissão ainda esteja em fase de execução, ou seja, que o negócio visado ainda não tenha sido concluído"[21].

94. REVOGAÇÃO PREMATURA DA COMISSÃO

A comissão cessa, normalmente, pela exaustão de seu objeto, ou seja, quando o comissário executa o contrato com terceiro, previsto no ajuste firmado com o comitente.

Se, pois, ocorre a *dispensa* dos trabalhos do comissário, sem justa causa[22], antes que tenha ultimado seu encargo, o caso é de ruptura indevida do contrato. Mesmo não tendo realizado o objeto do negócio, tem ele assegurado pelo artigo 705, do Código Civil a remuneração pelos serviços que chegou a prestar em favor do comitente: "se o comissário for despedido sem justa causa, terá direito a ser remunerado pelos trabalhos prestados, bem como a ser ressarcido pelas perdas e danos resultantes de sua dispensa"[23].

Além dessa remuneração parcial, caberá também a indenização das perdas e danos que a dispensa injusta efetivamente tenha causado. Nesse caso, porém, o direito do comissário não decorre apenas da ruptura do contrato, mas do prejuízo efetivo que esta lhe tenha provocado. Terá, portanto, o ônus de provar em que consistiu o prejuízo de que pretende se ressarcir, sob pena de sucumbência na respectiva demanda.

95. DIREITO DO COMITENTE DE FAZER CESSAR A COMISSÃO A QUALQUER TEMPO

Como o negócio visado na comissão é do interesse do comitente, enquanto não ultimado, este conserva o poder de alterar-lhe as condições e até de suspendê-lo, se não houver previsão expressa em contrário ajustada entre as partes.

---

[19] STJ, 3ª T., Ag. nº 6.418-SP, Rel. Min. Dias Trindade, ac. 19.12.1990, *DJU* 25.02.1991; *RT* 672/225.

[20] ALVES, Jones Figueirêdo. In: FIÚZA, Ricardo (coord.). *Novo Código Civil Comentado*. São Paulo: Saraiva, 2002, p. 639-640.

[21] TEPEDINO, Gustavo; BARBOZA, Heloisa Helena; MORAES, Maria Celina Bodin de. *Código Civil Interpretado: conforme a Constituição da República*. Rio de Janeiro: Renovar, 2006, v. II, p. 704.

[22] Sílvio de Salvo Venosa adverte que melhor teria sido ao legislador falar em resilição unilateral (ou denúncia), em vez de despedida do comissário (VENOSA, Sílvio de Salvo. *Direito Civil*: contratos em espécie. 8. ed. São Paulo: Atlas, 2008, v. III, nº 14.4, p. 293).

[23] Direito comparado – Sem correspondentes.

Nesse quadro, a simples deliberação do comitente de paralisar o negócio não é causa de indenização do comissário, nem muito menos justifica a exigência da comissão prevista no contrato. Somente haverá reparação dos serviços úteis já ultimados e indenização de prejuízos se estes concretamente existirem e forem devidamente comprovados[24]. De qualquer maneira, tratando-se de comissão mercantil, é certo segundo a doutrina e jurisprudência que "o comitente pode modificar, acrescentar ou ainda alterar as instruções dadas, como pode revogá-las inteiramente, e devem ser observadas as novas instruções, mas desde que se não refiram a negócio já realizado, ou em via de realização"[25]. Não pode, obviamente, o comitente exercer abusivamente o direito de suspender a comissão. Se o fizer maliciosamente e com o intuito apenas de prejudicar o comissário, terá de responder por perdas e danos, pois terá praticado ato ilícito (CC, art. 187).

96. JUROS NO RELACIONAMENTO ENTRE COMITENTE E COMISSÁRIO

Na sistemática normal do contrato de comissão, o comissionário é um profissional que contrai com o comitente o encargo de realizar, em nome próprio, uma compra ou venda de bens no interesse do último. A atividade de cumprimento do contrato corre por conta do comissário, que afinal receberá uma remuneração pelo serviço prestado e repassará ao comitente o produto da operação realizada em seu proveito. Até aí não há que se pensar em juros ou garantias exigíveis entre as partes, se, de parte a parte, tudo se repassar nos termos devidos.

É frequente, contudo, o comitente convencionar com o comissário que este lhe faça *adiantamentos*, por conta do produto que se espera obter com a operação. Nessa hipótese, é possível que se exija algum tipo de garantia real ou fidejussória para cobrir os adiantamentos, para a eventualidade de insucesso no negócio promovido pelo comissário[26]. Também o comitente, confiando bens ao comissário

---

[24] "A comissão mercantil tem os seus pontos de contacto com o mandato e, como este, salvo convenção em contrário, pode ser revogada a qualquer momento, não assistindo ao comissário direito à remuneração, a título de comissão, sobre as vendas feitas por intermédio de outras pessoas, depois da revogação" (TJRS, 1ª Câm. Civ., Ap. Civ. nº 620, Rel. Des. João Soares, ac. 05.08.1940, *Revista de Direito*, v. 6, p. 195).

[25] TJSP, Ac. 29.05.1953, Rel. Des. Cordeiro Fernandes, *RT*, 222/163: O acórdão entendeu ineficaz a revogação da ordem de venda da mercadoria, porque o comitente estava em débito com o comissário e não tinha condições de saldar seu compromisso. A inadimplência não lhe permitia, àquela altura, impedir a venda da mercadoria consignada ao comissário.

[26] Em regra, não se articula exigir garantias reais ou fidejussórias do comitente porque os adiantamentos que lhe faz o comissário já contam como uma garantia legal, que é o direito de retenção sobre os bens e valores em seu poder (art. 708). Mas é natural que havendo adiantamento do comissário ao comitente, venham as partes a cuidar de medidas acautelatórias contra os azares dos negócios (FERREIRA, Waldemar. *Tratado de direito comercial*. São Paulo: Saraiva, 1963, v. XI, nº 2.387, p. 70-71).

para que tenha em seu poder até conseguir terceiro que os adquira, pode aquele exigir garantias pelos eventuais estragos ou desvios sofridos por aqueles bens[27]. Por outro lado, tão logo se execute o negócio realizado com o terceiro, deverá o comissário repassar o produto recebido para o comitente. Havendo retardamento no cumprimento dessa obrigação, em relação ao teor da convenção firmada entre as partes, ficará o comissário obrigado a juros até que a sua mora seja purgada.

É nesse sentido que o art. 706, do Código Civil prevê a recíproca obrigação entre comitente e comissário, ao pagamento de juros entre si: "o comitente e o comissário são obrigados a pagar juros um ao outro; o primeiro pelo que o comissário houver adiantado para cumprimento de suas ordens; e o segundo pela mora na entrega dos fundos que pertencerem ao comitente"[28].

Os juros devidos pelo comitente sobre os adiantamentos feitos pelo comissário são de natureza *compensatória*, razão pela qual contam-se a partir do desembolso. Os devidos pelo comissário, pelo atraso no acerto de contas, são juros *moratórios*, já que decorreram da indevida retenção do capital pertencente ao comitente, contando-se a partir da mora. Observar-se-á nos cálculos dos juros na comissão mercantil a taxa prevista no contrato e, na falta de estipulação convencional, prevalecerá a norma do art. 406 do Código Civil[29]. Ou seja: "quando os juros moratórios não forem convencionados, ou o forem sem taxa estipulada, ou quando provierem de determinação da lei, serão fixados segundo a taxa que estiver em vigor para a mora do pagamento de impostos devidos à Fazenda Nacional" (art. 406, CC).

97. DIREITO DE PREFERÊNCIA

A preferência legal do comissário no concurso de credores do comitente já era estabelecida pelo Código Comercial (art. 189). O Código Civil de 2002 a mantém, explicitando que o *privilégio geral* do comissário será resguardado tanto na falência como na insolvência do comitente; e abrangerá todos os créditos oriundos do contrato de comissão, compreendendo, portanto, não só as comissões como as despesas feitas (incluídas nestas os adiantamentos previstos no art. 706, do CC). Esses são os termos do art. 707: "o crédito do comissário, relativo a comissões e despesas feitas, goza de privilégio geral, no caso de falência ou insolvência do comitente"[30].

---

[27]   Waldemar Ferreira ensina que nada impede a aglutinação ao contrato de comissão mercantil, de pacto de garantia real (hipoteca, penhor, caução de títulos ou depósito de dinheiro), para guarnecer "as obrigações do comissário para com o comitente" (*Tratado de direito comercial cit.*, v. XI, nº 2.386, p. 70).

[28]   Direito comparado – Código do Comércio argentino, art. 276; Código Civil italiano, art. 1.714; Código Comercial do Uruguai, art. 381; Código de Comércio espanhol, art. 278.

[29]   ALVES, Jones Figueirêdo. *Novo Código Civil comentado*, cit., p. 641.

[30]   Direito comparado – Código de Comércio francês, art. 95; Código de Comércio uruguaio, art. 384; Código de Comércio argentino, art. 279.

Seção III: Da Comissão • Cap. VII – A Remuneração do Comissário | **159**

Trata-se de um privilégio especial que o comissário pode opor *erga omnes* e que se completa com o *direito de retenção* sobre a coisa adquirida ou o produto apurado na venda (Cód. Civ., art. 708; art. 83, IV, "b", da Lei nº 11.101/2005)[31].

98. DIREITO DE RETENÇÃO EM FAVOR DO COMISSÁRIO

Ao vender as mercadorias do comitente e receber o respectivo preço, o comissário descontará dele o montante de seu crédito (comissões, adiantamentos e despesas), repassando ao primeiro o líquido apurado.

No caso de compra ou de venda não ultimada, a lei confere ao comissário *direito de retenção* sobre bens e valores do comitente em seu poder em virtude do contrato de comissão[32]. Com isso se institui um meio de assegurar-lhe o recebimento do crédito gerado pelo contrato, tanto no tocante às comissões como às despesas realizadas à conta do comitente.

99. EXTENSÃO DO *JUS RETENTIONIS*

O direito de retenção reconhecido ao comissário acoberta não só as comissões, mas todas as despesas feitas no cumprimento do contrato, inclusive, pois, os adiantamentos de que cogita o art. 706, do CC. Não se trata de forma de pagamento, mas de meio de coerção para que ele ocorra[33].

O objeto da retenção alcança bens e valores do comitente em poder do comissário, mas somente aqueles que lhe chegaram às mãos por força da comissão, seja por meio de aquisição para o comitente, seja por entrega deste para venda, seja, enfim, por apuração efetuada na execução do contrato ajustado com terceiro, por sua conta.

---

[31] FERREIRA, Waldemar. *Tratado de direito comercial cit.*, v. XI, nº 2.398, p. 96.

[32] "Art. 708. Para reembolso das despesas feitas, bem como para recebimento das comissões devidas, tem o comissário direito de retenção sobre os bens e valores em seu poder em virtude da comissão". Direito comparado – Código de Comércio argentino, art. 280.

[33] "Sob denominação específica de direito de retenção, e como figura jurídica autônoma, o que se compreende é a faculdade assegurada ao credor, independentemente de qualquer convenção, de continuar a deter a coisa a outrem devida até ser satisfeita, ou ficar extinta, uma obrigação existente para ele" (FONSECA, Arnoldo Medeiros da. *Direito de Retenção*. Rio de Janeiro: Forense, 1957, p. 105).

Capítulo VIII

COMISSÃO, MANDATO E AGÊNCIA

Sumário: 100. Aplicação subsidiária das regras do mandato: 100.1. Prestação de contas – 101. Inaplicabilidade das regras da agência à comissão.

100. APLICAÇÃO SUBSIDIÁRIA DAS REGRAS DO MANDATO

O conceito legal de comissão no Código Civil brasileiro de 2002, tal como se dá no Código italiano, restringe o seu âmbito às operações de compra e venda de bens. Não a considera, porém, ao contrário da lei italiana (art. 1.731), como espécie de mandato, tornando-a, assim, figura autônoma em relação a este[1]. No entanto, há muitos traços em comum entre a comissão e o mandato, pois ambos se referem à prática por um contratante de negócios jurídicos por conta do outro.

Diante da similitude dos dois contratos, mas cada qual com sua especificidade, a aplicação das regras do mandato à comissão mercantil, prevista no art. 709, do Código Civil será subsidiária, isto é, apenas no que couber[2]. Caberá ao aplicador do preceito respeitar, antes de tudo, a especificidade do contrato, de maneira a preservá-la de submissão inconveniente a normas que possam conduzir à confusão das duas figuras jurídicas[3].

100.1. Prestação de contas

Dentre as regras do mandato cuja aplicação subsidiária se impõe ao contrato de comissão, destaca-se a de prestação de contas, prevista no art. 668, do Código

---

[1] BULGARELLI, Waldirio. Comissão mercantil. *Enciclopédia Saraiva de Direito*. São Paulo: Saraiva, 1977, v. 16, p. 218. "De la propia ley resulta, así, que este negocio jurídico que ocorre entre quien encomienda el negocio y quien lo realiza, no puede llamarse mandato comercial, ni especialmente mandato, desde que tiene una designación especial (se llama comisión o consignación), llenándose de este modo el requisito del artículo 1.143 del Código Civil, para la categoría de los contratos nominados" (RIVAROLA, Mário A. *Tratado de derecho comercial argentino*. Buenos Aires: Compañia Argentina de Editores, 1939, t. III, nº 882, p. 508).

[2] "Art. 709. São aplicáveis à comissão, no que couber, as regras sobre mandato". Direito comparado – Código Civil italiano, art. 1.731; Código de Comércio uruguaio, art. 336; Código de Comércio francês, art. 132-1, al. 2.

[3] ALVES, Jones Figueirêdo. *Novo Código Civil comentado*, cit., p. 637.

Civil: "o mandatário é obrigado a dar contas de sua gerência ao mandante, transferindo-lhe as vantagens provenientes do mandato, por qualquer título que seja".

Com efeito, encarregando-se o comissário de realizar uma negociação em favor de terceiro e com emprego de bens e recursos alheios, torna-se um gestor de negócios de outrem. E, como todo gestor, impende-lhe observar a obrigação enunciada no art. 668, ou seja: tão logo cumprido o negócio objeto da comissão, fica o comissário obrigado a prestar contas detalhadas e justificadas das operações realizadas, historiando as transferências de bens, as despesas feitas, os recebimentos efetuados e os valores a receber nas vendas a prazo. A prestação de contas na forma contábil completa-se com a efetiva transferência de bens e valores líquidos ao comitente, ficando sempre claro e expresso o saldo das contas, seja em favor de uma ou de outra das partes contratantes[4].

A não prestação de contas, com retenção indevida de valores e bens pelo comissário, em desobediência aos termos do contrato de comissão, se praticada dolosamente, pode configurar o crime de *apropriação indébita* (Cód. Penal, art. 168).

Embora o mais comum seja o dever de contas caber ao comissário, é possível que também o comitente a ele se submeta, em situações como aquela em que o comissário lhe faz cessão do direito oriundo do contrato firmado com o terceiro, para que o comitente se encarregue diretamente da cobrança e execução do respectivo preço (art. 694, *in fine*, do CC). Em tal circunstância, será o comitente que terá de prestar contas dos recebimentos efetuados e das remessas das comissões do comissário.

101. INAPLICABILIDADE DAS REGRAS DA AGÊNCIA À COMISSÃO

Ao contrato de agência (representação comercial) legislação especial dedica acentuada proteção, que chega a colocá-lo sob regência de normas de ordem pública, com nítido caráter social. Essa tutela específica que, entre nós, consta da Lei nº 4.886/1965, tende a indeterminar o prazo de duração do contrato (até mesmo quando iniciado por ajuste com prazo certo, qualquer prorrogação o põe sob regime de prazo indeterminado) e a propiciar uma indenização *ex lege*, na ruptura contratual provocada pelo preponente, sem necessidade de demonstração de culpa deste e de prova de prejuízo concreto do agente.

À comissão mercantil não se aplica nem o regime de permanência legal do contrato, que pode ser mais de uma vez prorrogado sem cair no regime de duração indeterminada, nem o da indenização *ex lege* pela simples denúncia por parte do comitente.

---

4   MUÑOZ, Luis. *Derecho comercial. Contratos.* Buenos Aires: Tipográfica Editora Argentina, 1960, v. II, nº 349, p. 143.

No contrato de agência, o agente e o preponente são dois empresários que trabalham em comum sobre uma mesma clientela, daí dizer-se que há, na sua criação e desenvolvimento, um *interesse comum* de ambos os contratantes. A mesma clientela é, a um só tempo, do agente e do preponente. Ambos a inscrevem em seus *ativos comerciais*.

Por isso, ao cessar a relação comercial com o preponente, o comissário perde um valor patrimonial, ao mesmo tempo que o preponente se enriquece com a absorção da clientela perdida pelo ex-parceiro. Salvo, portanto, a hipótese de ruptura do contrato motivada por falta grave do agente, ou por livre iniciativa sua, um preceito cogente da lei especial lhe assegura uma indenização, que não pode ser previamente negada ou renunciada em cláusula contratual[5].

O agente não é parte nos contratos que angaria para o preponente, mas seu negócio se desenvolve à medida que cresce a clientela comum. O comissário, ao contrário, tem clientela própria, que nem sequer conhece o comitente e nenhum contrato ou negócio trava com este[6]. Não é possível entrever nas relações entre comissário e comitente a formação de um *interesse comum* como o que se instala entre agente e preponente[7].

E, por conseguinte, não há como, subsidiariamente, estender ao comissário a tutela social que a Lei nº 4.886/1965 dispensa ao agente, na cessação do contrato. Aliás, o Código Civil prevê, no art. 709, que se deve completar o regime legal da comissão com as regras do mandato, e não com as da agência, reconhecendo, assim, a sua afinidade com aquele e a falta de proximidade com este.

As razões que justificam as indenizações *ex lege* ao agente não se manifestam em relação ao comissário, razão pela qual não cabe aplicar-lhe, nem mesmo analogicamente, o regime indenizatório da Lei nº 4.886/1965.

---

[5] Nos termos da legislação seguida atualmente nos países da Comunidade Europeia, "la résiliation du contrat par le mandant, si elle n'est pas justifiée par une faute du mandataire, ouvre droit au profit de ce dernier, nonobstant toute clause contraire, à une indemnité compensatrice du préjudice subi. C'est le caractère impératif de cette disposition qui est au coeur du decret" (LELOUP, Jean-Marie. *Agents commerciaux*. 5. ed. Paris: Delmas, 2001, nº 230, p. 34).

[6] Ao contratar com seus clientes, o comissário, diferentemente do agente, "est personnellement partie aux contrats qu'il conclut et tenu des obligations contractées *à l'égard cles tiers*" (LELOUP, Jean-Marie. *Agents commerciaux*, cit., nº 353, p. 63).

[7] LELOUP, Jean-Marie. *Agents commerciaux*, cit., nº 353, p. 63.

Seção IV: Da Agência e Distribuição

Capítulo I

NOÇÕES GERAIS

Sumário: 102. Disciplina legal do contrato de agência e distribuição – 103. Noções introdutórias – 104. A representação comercial: 104.1. Histórico – 105. O contrato de agência no direito brasileiro – 106. Conceito de contrato de agência: 106.1. Direito comparado – 107. Contrato civil ou comercial? – 108. Competência internacional: foro de eleição – 109. Tentativa de distinguir entre agência e representação – 110. Contratos afins: 110.1. Agência e mandato; 110.2. Agência e comissão; 110.3. Contrato de agência e contrato estimatório; 110.4. Agência e corretagem; 110.5. Agente e viajante ou pracista (contrato de agência e contrato de trabalho); 110.6. Agência e locação de serviços; 110.7. Agência e distribuição por conta própria (revenda), ou concessão comercial; 110.8. A doutrina de Miguel Reale sobre o agente distribuidor; 110.9. Contrato de franquia.

102. DISCIPLINA LEGAL DO CONTRATO DE AGÊNCIA E DISTRIBUIÇÃO

O contrato de representação comercial, anteriormente regulado pela Lei nº 4.886, de 09.12.1965, teve sua nomenclatura alterada pelo Código Civil de 2002, passando a ser denominado de contrato de "agência e distribuição". Atualmente encontra regulamentação nos arts. 710 a 721 do Código Civil.

A definição desse negócio jurídico está no art. 710[1], com o seguinte teor: "pelo contrato de agência, uma pessoa assume, em caráter não eventual e sem vínculo de dependência, a obrigação de promover, à conta de outra, mediante retribuição, a realização de certos negócios, em zona determinada". Se, contudo, "o agente tiver à sua disposição a coisa a ser negociada", o contrato será de distribuição (art. 710, parte final). A lei admite, ainda, que o proponente confira "poderes ao agente para que este o represente na conclusão dos contratos" (parágrafo único, art. 710)[2].

---

[1] Lei nº 4.886: "Art. 1º Exerce a representação comercial autônoma a pessoa jurídica ou a pessoa física, sem relação de emprego, que desempenha, em caráter não eventual por conta de uma ou mais pessoas, a mediação para a realização de negócios mercantis, agenciando propostas ou pedidos, para transmiti-los aos representados, praticando ou não atos relacionados com a execução dos negócios. Parágrafo único. Quando a representação comercial incluir poderes atinentes ao mandato mercantil, serão aplicáveis, quanto ao exercício deste, os preceitos próprios da legislação comercial".

[2] Direito comparado: Código Civil italiano, art. 1.742; Código de Comércio alemão, art. 84; Lei francesa de 25.06.91, art. 1º; Dec.-Lei português nº 178, de 18.12.86, art. 1º, nº 1, com a re-

Apesar de o contrato ter sido regulamentado pelo Código Civil, permanece ainda em vigor alguns dispositivos da Lei nº 4.886/65.

O estudo que se realizará nessa obra levará em conta a ordem observada pelo Código Civil na sistematização da matéria.

103. NOÇÕES INTRODUTÓRIAS

A atividade comercial realiza a circulação de produtos na cadeia econômica entre a produção e o consumo. O instrumento jurídico básico de que se valem os empresários, nessa cadeia, é o contrato de compra e venda. O fabricante cria os produtos com o fim de colocá-los no mercado. Outros empresários adquirem do fabricante esses produtos, também com o mesmo propósito de revendê-los no mercado.

Num estágio primário da exploração do mercado, o artesão cria o produto, expõe-no à venda e, ele mesmo, o vende ao consumidor. Numa escala mais desenvolvida do processo industrial, o produtor não tem condições de explorar individualmente seu negócio. Recorre à mão-de-obra alheia, contratando o serviço de empregados, que se integram à estrutura operacional da empresa, seja na produção seja na comercialização. Todos, porém, atuam dentro do estabelecimento sob o comando direto do empresário.

Conforme o volume da produção e da comercialização, o empresário sente a necessidade de atuar além dos limites físicos do estabelecimento, para melhor colocação de suas mercadorias. Encarrega, então, alguns empregados de sair do estabelecimento para ir em busca de clientes na praça da empresa ou em outras praças. Os empregados que captam clientela nestas circunstâncias são os *viajantes* e *pracistas*. Embora atuando fora do recinto do estabelecimento do empresário, continuam vinculados à estrutura organizacional permanente da empresa, por meio do contrato de trabalho.

Em lugar de usar empregados para angariar clientes fora do estabelecimento, o empresário pode contratar esse serviço junto a outros empresários, que fazem do agenciamento de clientela o objeto de suas empresas. Nesse momento surge o fenômeno da representação comercial ou agência, que integra a categoria dos chamados *contratos de colaboração empresarial.* Já então o fornecedor não terá comando do processo, pois o *agente* é um representante autônomo, que organiza sua própria empresa e a dirige, sem interferência dos empresários que utilizam seus serviços.

O agente faz da intermediação de negócios sua profissão. Não pratica a compra e venda das mercadorias do representado. Presta serviço tendente a promover a compra e venda, que será concluída pelo preponente. Por isso, na linguagem tradicional do direito brasileiro esse agente recebia o nome de "representante comercial autônomo" (Lei nº 4.886, de 09.12.65).

---

dação do Dec.-Lei nº 118, de 13.04.93; Código de Comércio francês, art. L-134-1; Diretiva do CCE nº 86/653, art. 1º, nº 2.

O Código Civil, a exemplo do direito europeu, abandonou o *nomem iuris* de "representante comercial", substituindo-o por "agente". Sua função, porém, continua sendo exatamente a mesma do representante comercial autônomo.

Mas, além de falar em "contrato de agência", o Código fala também em "contrato de agência e distribuição". Não são, porém, dois contratos distintos, mas o mesmo contrato de agência no qual se pode atribuir maior ou menor soma de funções ao preposto.

A palavra "distribuição" é daquelas que o direito utiliza com vários sentidos. Há uma ideia genérica de distribuição como processo de colocação dos produtos no mercado. Aí se pensa em *contratos de distribuição* como um gênero a que pertencem os mais variados negócios jurídicos, todos voltados para o objetivo final de alcançar e ampliar a clientela (comissão mercantil, mandato mercantil, representação comercial, fornecimento, revenda ou concessão comercial, franquia comercial etc.)[3].

Há, porém, um sentido mais restrito, que é aquele com que a lei qualifica o contrato de agência. No teor do art. 710 do Código Civil, a distribuição não é a revenda feita pelo agente. Esse nunca compra a mercadoria do preponente. É ele sempre um prestador de serviços, cuja função econômica e jurídica se localiza no terreno da captação de clientela. A distribuição que, eventualmente, lhe pode ser delegada, ainda faz parte da prestação de serviços. Ele age como depositário apenas da mercadoria do preponente, de maneira que, ao concluir a compra e venda e promover a entrega de produtos ao comprador, não age em nome próprio, mas o faz em nome e por conta da empresa que representa. Ao invés de atuar como vendedor atua como mandatário do vendedor.

Essas noções são muito importantes para que não se venha a confundir o contrato regulado pelo art. 710 – contrato de agência e distribuição – com o contrato de concessão comercial, este, sim, baseado na revenda de mercadorias e sujeito a princípios que nem sequer foram reduzidos a contrato típico pelo Código Civil[4].

104. A REPRESENTAÇÃO COMERCIAL

O Código Civil, a exemplo do direito europeu, atribui à atividade tradicional da *representação comercial* o *nomen iuris* de *agência*. Em determinadas circuns-

---

[3] BORTOLOTTI, Fabio. Caratteristiche e funzione dei contratti di distribuzione. In: BORTOLOTTI, Fabio (coord.). *Contratti di distribuzione*. Milanofiori Assago: Wolters Kluwer, 2016, p. 5.

[4] "Mas se o contrato (de concessão comercial) é bilateral e comutativo, não podemos enquadrá-lo entre as espécies típicas de contratos existentes e já reconhecidos legislativamente em nosso Direito Comercial. Impõe-se, portanto, o reconhecimento de que se trata de um contrato atípico, de formulação mista ou complexa" (REQUIÃO, Rubens. O Contrato de concessão de venda com exclusividade (Concessão Comercial). *Revista de Direito Mercantil*. São Paulo, nº 7, p. 24, 1972).

tâncias, a mesma atividade empresarial passa a denominar-se *distribuição*, sem, entretanto, confundir-se com a *concessão comercial*, visto que se conserva o caráter de preposição, que inexiste nessa última modalidade[5].

Embora já praticada, há um bom tempo nos meios empresariais, a figura do representante comercial, ora apelidado *agente*, só em 1965 mereceu disciplina legal específica no Brasil. Foi a Lei nº 4.886, de 09 de dezembro de 1965 que cuidou de regulamentar a representação comercial, correspondente à atividade daquele que, amparado por contrato com uma ou várias empresas, se dedica a angariar negócios em proveito destas[6].

A primeira característica do *representante comercial*, nos moldes de sua configuração legal, é a *autonomia* com que age na intermediação: o representante não é um empregado da empresa a que serve. Nos termos da Lei nº 4.886, "exerce a representação comercial autônoma a pessoa, física ou jurídica, sem relação de emprego, que desempenha em *caráter não eventual*, por conta de uma ou mais pessoas, a mediação para a realização de negócios mercantis, agenciando propostas ou pedidos, para transmiti-los aos representados, praticando ou não atos relacionados com a execução dos negócios" (art. 1º).

Para Ricardo Nacim Saad, o representante comercial, por ser um "intermediário entre o fornecedor e o cliente, fazendo circular bens", é considerado um empresário, nos termos do art. 966, do Código Civil[7].

O seu segundo elemento caracterizador é, pois, a *habitualidade* (o caráter não eventual) da prestação de serviços realizada pelo agente em prol do representado. Não é, porém, um mandatário, porque afinal os negócios agenciados são retransmitidos ao preponente e são por este aceitos, ou não, e, em caso positivo, por ele consumados.

Quando, porém, o ato de mediação do representante for isolado e não habitual, não se pode falar em representação, pois, segundo a jurisprudência, "quem pratica ato isolado ou esporádico de representação comercial pode ser considerado, quando muito, simples corretor de mercadorias, mas não representante comercial"[8].

Pode, eventualmente, a representação ajustada conferir poderes especiais ao agente, para que este pratique atos próprios do mandatário. Já então, a representação será negócio complexo e que, além de suas regras próprias, se sujeitará também às do mandato mercantil[9] (Código Civil, arts. 710, parágrafo único, e 721).

---

[5] Na concessão comercial sempre ocorre uma revenda, em nome próprio do concessionário. Na agência com distribuição, o agente-distribuidor vende os produtos em nome e por conta do preponente.

[6] MARTINS, Fran. *Curso de direito comercial*. 20. ed. Rio de Janeiro: Forense, 1994, nº 107, p. 142.

[7] SAAD, Ricardo Nacim. *Representação comercial*. 5 ed. São Paulo: Saraiva, 2014, p. 36.

[8] *Jurisprudência Brasileira*, Curitiba: Juruá, 141/133, *Apud* SAAD, Ricardo Nacim. *Representação comercial*. 5. ed. São Paulo: Saraiva, 2014, p. 48.

[9] Código Civil, arts. 653 a 692. Sobre o contrato de mandato, ver o Capítulo IV dessa obra.

Com a Lei nº 4.886/1965, a representação comercial (ou agência) ganhou o *status* de atividade profissional regulamentada, criando-se um Conselho Federal e Vários Conselhos Regionais, aos quais se confiou a fiscalização do exercício da profissão.

Podem inscrever-se no respectivo Conselho, para legitimar-se ao exercício da representação comercial, pessoas físicas ou jurídicas. Mas o registro deve preceder ao início da atividade[10]. Em se tratando de pessoa física, o requerimento haverá de ser instruído com a prova de identidade; de quitação com o serviço militar, quando exigível; de estar em dia com as exigências da legislação eleitoral; com a folha--corrida de antecedentes, expedida pelos cartórios criminais das comarcas em que o registrante houver tido domicílio nos últimos dez anos; e com a quitação com o imposto sindical (Lei nº 4.886, art. 3º)[11].

No caso de pessoa jurídica, deverá ser feita a prova de sua existência legal, por meio de seu instrumento de constituição devidamente arquivado no Registro Público competente (Lei nº 4.886. art. 3º, § 3º).

A lei interdita o exercício da representação comercial a todo aquele que não possa ser comerciante; ao falido não reabilitado; ao condenado por infração penal de natureza infamante[12], tais como falsidade, estelionato, apropriação indébita, contrabando, roubo, furto, lenocínio ou crimes também punidos com a perda de cargo público; e ao que tiver o seu registro comercial cancelado como penalidade (Lei nº 4.886, art. 4º). É comum a existência de estabelecimentos dedicados exclusivamente à representação comercial, ou agência. Nada impede, todavia, que uma empresa comercial, com objeto distinto da agência, contrate com outra uma representação comercial para explorar negócio de intermediação conexo, ou não, com o seu ramo. A agência, na espécie, funciona apenas como um acessório ou complemento da atividade principal da empresa. Deverá, no entanto, proceder à necessária inscrição no Conselho previsto pela Lei nº 4.886/1965.

Todas as regras especiais, que a Lei nº 4.886 traçou para disciplinar a profissão e os direitos e deveres do representante comercial, em princípio, continuam em vigor, porque o Código Civil traçou apenas normas gerais acerca do contrato de

---

[10] SAAD, Ricardo Nacim. *Representação comercial*, cit., p. 49.

[11] O estrangeiro é desobrigado da comprovação relativa ao serviço militar e à legislação eleitoral (Lei nº 4.886, art. 3º, § 1º). O imposto sindical foi extinto pela Lei nº 13.467/2017, permanecendo, entretanto, a contribuição sindical, que não é mais obrigatória, sendo devida apenas se "prévia e expressamente" autorizada (nova redação dos arts. 578 e 579, da CLT).

[12] Para Rubens Limongi França, crime infamante é a "denominação dada ao crime que, devido aos meios empregados e às circunstâncias em que se realizou, ocasiona no meio social uma reprovabilidade maior manifestada sobre o autor do crime e que o desonra, rebaixa e avilta, principalmente levando-se em conta os motivos que levaram o agente a delinquir e que causam repulsa" (*Enciclopédia Saraiva do Direito*. São Paulo: Saraiva, 1979, v. 21, p. 398).

agência (Lei de Introdução às Normas de Direito Brasileiro, art. 2º, § 2º)[13]. É, aliás, o que se acha ressalvado, expressamente, no art. 721 do novo Código. De tal sorte, apenas quando alguma norma do Código estiver conflitando com preceito da Lei nº 4.886 é que terá ocorrido derrogação parcial desta.

104.1. Histórico

A *agência* (ou representação comercial) não é um dos institutos antigos do comércio. A ela fazem referência dados apenas do Século XIX. Hoje, todavia, corresponde a uma profissão largamente difundida.

Seu desenvolvimento deveu-se aos novos moldes da produção industrial, assentada nas modernas e velozes técnicas de comunicação, que facilitam o pronto contato entre o produtor e seus agentes de comercialização. Quando, no passado, não se dispunha de meios de comunicação imediata, a circulação das riquezas entre praças diferentes somente era viável por meio de técnicas contratuais como a *comissão mercantil*. O produtor se via compelido a consignar em mãos do comissário as mercadorias que pretendia negociar a distância, hipótese em que o comissário as alienava aos consumidores, como se fossem dele, isto é, em seu nome, embora o fizesse por conta do comitente[14].

No sistema da comissão, toda a operação de venda era absorvida pelo comissário, de sorte que as ações e reclamações acaso surgidas teriam de ser por ele suportadas. O comitente ficava alheio a tudo e somente tinha o direito de exigir contas do comissário. Da comissão cuidou o Código Comercial brasileiro, de 1850 (arts. 165 a 190). Embora já existissem representantes comerciais, fora dos padrões primitivos da comissão mercantil ao tempo do velho Código, o certo é que a esse tipo de atividade de intermediação não se destinou regra alguma. Certamente porque o volume de operadores no ramo era diminuto e porque se imaginava que a disciplina do mandato era suficiente para regulá-lo.

No entanto, logo Carvalho de Mendonça iria constatar que a comissão mercantil estava em franco declínio diante do aparecimento e incremento da "figura dos representantes, reduzindo o comissário a *quase nada*"[15].

Com efeito – observa Rubens Requião – "com a melhoria das estradas, após a implantação das ferrovias, e das rotas de navegação a vapor mais organizadas e regulares, o sistema de comercialização se foi aperfeiçoando, passando a indústria mais aparelhada a enviar empregados para que vendessem seus produtos, colhen-

---

[13] FELIPE, Jorge Franklin Alves; ALVES, Geraldo Magela. *O novo código civil anotado*. Rio de Janeiro: Forense, 2002, p. 136-137.

[14] REQUIÃO, Rubens. *Do representante comercial*. 5. ed. Rio de Janeiro: Forense, 1994, p. 2.

[15] CARVALHO DE MENDONÇA, José Xavier. *Tratado de direito comercial brasileiro*. 5. ed. Rio de Janeiro: Freitas Bastos, 1956, v. VI, 2ª parte, nº 889, p. 284.

do pedidos que depois eram aviados e remetidos. Esses viajantes, empregados externos dos estabelecimentos, pela sua mobilidade foram alcunhados de 'cometas', figura que subsiste até os dias presentes".

Mas – prossegue o comercialista – "a complexa organização da empresa moderna, a responsabilidade do preponente pelos atos do preposto que agia longe de suas vistas, a concepção ampla dos direitos sociais, logo levou os empresários produtores a perceber que melhor seria se contassem com colaboradores externos independentes. Esses agentes agiriam por si, com autonomia e independência, constituindo a *longa manus* da empresa. Suas atividades, sendo desvinculadas da empresa, reduziam as responsabilidades do empresário e comprimiam os custos e riscos operacionais. A remuneração deixava de ser fixa, para se tornar *comissão*, expressa em percentual sobre o valor da produção, ou seja, sobre o valor das operações agenciadas acolhidas pelo representado"[16].

A experiência se transformou em sucesso e não demorou para que a atividade passasse a ocupar numerosíssimos profissionais, pois seu exercício não reclamava maior qualificação pessoal nem exigia capital. Bastava o tino comercial, já que todo o trabalho do representante se resumia no esforço pessoal do agente para angariar negócios para o preponente.

Mesmo sem regulamentação legal, a contribuição do representante comercial, que teve origem imprecisa e nebulosa no mercado, tornou-se um elemento importantíssimo na dinâmica das modernas práticas mercantis, fazendo reaparecer o agente que atuava de forma externa e autônoma diante do empresário produtor. Era como se se retornasse à figura antiga do comissário, já que este também agia com autonomia na colocação dos bens do empresário produtor fora de sua praça.

Mas o novo agente (o representante comercial) era muito diferente do comissário, porque atuava apenas na intermediação de pedidos ou encomendas. O produtor não tinha que deslocar seus produtos para a posse e o nome do comissário, não tinha que promover a consignação de tais bens, que continuavam sob sua posse e controle. O agente apenas encaminhava os pedidos coletados junto aos clientes das diversas praças. Cabia o representado fechar, ou não, o contrato, e se o decidisse ultimar, o faria em nome próprio, e não do representante. A agilidade dos meios de comunicação e transporte permitia, assim, que a operação final de venda se mantivesse centralizada na empresa produtora, mesmo nos negócios realizados em praças distantes.

Não tendo como subsumir o negócio do agente nos moldes da comissão mercantil, intentou-se submetê-lo ao regime do mandato. Acontece que a concepção romanística do instituto não comportava a outorga de mandato senão para negócios isolados. Não se concebia que fosse ele capaz de fundamentar uma atividade

---

[16] REQUIÃO, Rubens. *Do representante comercial*, cit., p. 2.

profissionalizante. A jurisprudência francesa, sem embargo, foi construindo aos poucos a ideia de um *mandato de interesse comum*, que poderia vincular interesses permanentes tanto do mandante como do mandatário. Isto, naturalmente, pressuporia um contrato permanente ou contínuo, que tivesse de ser desempenhado no interesse de ambas as partes, o que se afastava, portanto, da doutrina clássica do mandato[17].

A principal consequência de admitir a possibilidade de um mandato que não seja do interesse apenas do mandante, prende-se ao aspecto de sua revogabilidade não ficar sujeita a deliberação unilateral de uma das partes[18].

Segundo a concepção da jurisprudência francesa, quando o mandato é descrito como interesse comum, sua revogação não é mais livre. Segundo a jurisprudência, ele só pode ser revogado por consentimento mútuo das partes, ou por uma causa legítima reconhecida em juízo ou pela aplicação de cláusulas e condições especificadas no contrato[19].

A teorização do mandato de interesse comum se fez em caráter geral, de modo que poderia compreender múltiplas figuras em voga na atividade econômica. Mas, o protótipo do mandatário de interesse comum, sem dúvida, era o *agente comercial*. É que, na essência de sua atividade, o agente procede como um intermediário que negocia e conclui contratos de venda ou outros contratos em nome e por conta da empresa que representa. "Ao desempenhar sua atividade, o agente comercial forma uma clientela e contribui para o aumento do volume dos *negócios de sua sociedade*"[20]. A doutrina do contrato de agência ou de representação comercial se aperfeiçoou no campo dos princípios gerais do direito privado, sem, pois, o respaldo de regras próprias dentro do ordenamento legal positivo.

Havia, porém, um movimento intenso no meio comercial que propugnava pela criação de uma regulamentação legal, capaz de instituir um estatuto próprio

---

[17] Na França, a evolução histórica do contrato de agência deu-se em três etapas: a) do Século XIX até 1946: aparecimento da ideia de "interesse comum"; b) de 1946 a 1958: conquista do reconhecimento legal; c) desde 1958: proteção de ordem pública, reforçada pela Diretiva da CCE de 18.12.1986 (Lei francesa de 25.06.1991) (LELOUP, Jean-Marie. *Agents commerciaux*. 5. ed. Paris: Delmas, 2001, nº 202, p. 24).

[18] "*Lorsque le mandat a été donné dans l'intérêt du mandat et du mandataire, il ne peut pas être révoqué de l'une ou l'autre des parties, mais seulement de leur consentement mutuel, ou pour une cause légitime reconnue en justice ou enfin suivant les clauses et conditions spécifiées dans le contrat*" (LELOUP, Jean-Marie. *Agents commerciaux*, cit., nº 204, p. 24-25).

[19] "*lorsque le mandat est qualifié d'intérêt commun, sa révocation n'est plus libre. Selon la jurisprudence, il ne peut être révoqué que du consentement mutuel des parties, ou pour une cause légitime reconnue en justice ou encore qu'en application des clauses et conditions spécifiées par le contra*" (DUTILLEUL, François Collart; DELLEBECQUE, Philippe. *Contrats civils et commerciaux*. 2. ed. Paris: Dalloz, 1993, nº 673, p. 502-503).

[20] DUTILLEUL, François Collart; DELLEBECQUE, Philippe. *Contrats civils cit.*, nº 675, p. 504-505.

Seção IV: Da Agência e Distribuição • Cap. I – Noções Gerais | **175**

para o cada vez mais numeroso e mais importante segmento social dos representantes ou agentes comerciais[21]. A primeira tomada de posição legislativa na França se deu em 1937, quando uma lei especial disciplinou as funções dos viajantes, representantes e pracistas, objetivando, contudo, o relacionamento interno da empresa com seus empregados a que se cometiam tais funções. Esses agentes, portanto, eram prestadores de serviço, nos moldes da relação de trabalho.

Continuou, no entanto, a existir, fora do âmbito da lei de 1937, o contingente dos agentes comerciais autônomos, cuja atividade não poderia ser abarcada pelo vínculo empregatício. Para estes, mesmo antes do advento do reclamado estatuto legal próprio, prevalecia a construção pretoriana do *mandato de interesse comum*, como o critério de equilibrar os interesses bilaterais centrados no contrato estabelecido entre a empresa e seus agentes externos.

Depois de várias e frustradas tentativas de regulamentar a atividade do agente comercial, algumas que se aproximavam exageradamente da relação empregatícia, adviria o Dec nº 58-1345, de 23.12.58, e, finalmente, o Dec. nº 68-765, de 22.08.68, em termos que, de certa forma, consagravam a concepção do mandato de interesse comum engendrado pela jurisprudência.

Na Itália, ocorreu o mesmo movimento em prol da criação de um estatuto legal para os agentes ou representantes comerciais autônomos, que se reuniram em Federação desde 1905, como lembra Vivante[22]. Esse grande comercialista chegou a redigir um projeto preliminar para o novo Código de Comércio, no qual se pretendia incluir a regulamentação da agência ou representação comercial[23].

Seria, porém, no Código Civil italiano de 1942 que, graças à unificação do direito privado, viria a se estabelecer a disciplina legal do contrato de agência (art. 1.742).

Antes, no entanto, que a França e a Itália resolvessem seus problemas legislativos em torno da regulamentação da atividade dos agentes comerciais, o Código de Comércio da Alemanha (HGB), em 1897, já reconhecia essa figura jurídica e lhe conferia disciplina legal, fato que Gierke qualificava como "glorioso", pelo extenso e moderno tratamento dispensado ao tema (arts. 84 a 92)[24].

---

[21] "O contrato de representação comercial surgiu, assim, no mundo jurídico, sem regulamentação legal. Pouco a pouco, foram surgindo construções doutrinárias e jurisprudenciais, com destaque para os franceses e os italianos. (...) Entre nós, o contrato de representação comercial recebeu tratamento legislativo específico com o advento da Lei nº 4.886, de 9 de dezembro de 1965" (Comentário Editorial Síntese. *RDC*, nº 112, p. 223, mar.-abr./2018).

[22] VIVANTE, Cesare. *Trattato di diritto commercialle*. Milano: F. Vallardi, 1928, v. I, § 30, nº 286.

[23] ITÁLIA. Exposição de Motivos do *Progetto preliminare per il nuovo Codice di Comercio*, p. 218.

[24] REQUIÃO, Rubens. *Do representante comercial*, cit., p. 8.

Foi, portanto, o Código Comercial alemão que, no final do Século XIX, instituiu a primeira regulamentação da figura jurídica típica da *agência*, forjada, sem dúvida, em conexão com a história do capitalismo contemporâneo. Para o HGB, a tipificação do contrato de agência (ou representação comercial) se definia pela configuração dos elementos da independência do agente, da habitualidade das suas incumbências contratuais, e do conteúdo desses encargos, consistente "na promoção de negócios por conta de outro ou de outros empresários, ou, eventualmente, na conclusão desses negócios em nome destes"[25].

Desde o primeiro modelo do contrato, concebido pelo Código alemão e adotado, posteriormente, por toda a legislação europeia continental, a definição da agência (ou representação comercial) compreendia duas hipóteses: uma, a do agente simples, *sem representação* do preponente; e outra, mais complexa, que era a do agente com poderes de *representação*. Em qualquer dos casos, porém, o requisito da independência era característica da função desempenhada pelo agente comercial e se manifestava pelo poder que se lhe reconhecia de organizar a própria atividade e o próprio horário de trabalho[26].

Hoje em dia os principais países dispõem de regulamentação legal para o contrato de agência comercial, podendo, como exemplo, citarem-se a Alemanha, a França, a Itália, a Suíça, o Japão e a Argentina, entre outros, todos tratando o representante como um agente autônomo do comércio e lhe conferindo um estatuto próprio, onde prevalece o reconhecimento de interesses bilaterais recíprocos da empresa e do representante.

Em 18 de dezembro de 1986, na Europa, uma Diretiva Comunitária valorizou esse tratamento da agência comercial, estipulando que os contratos celebrados entre os agentes comerciais e seus mandantes são concluídos no interesse comum das partes[27], tal como historicamente concebera a doutrina francesa[28].

Dentro da sistemática preconizada pela Diretiva Comunitária, que teve o propósito de harmonizar as legislações dos Estados membros com as condições de

---

[25]   CAGNASSO, Oreste; COTTINO, Gastone. Contratti Commerciali. In: *Trattato di Diritto Commerciale*. Padova: CEDAM, 2000, v. IX, nº 40, p. 151.

[26]   CAGNASSO, Oreste; COTTINO, Gastone. *Contratti Commerciali*, cit., v. IX, p. 151, nota 3.

[27]   *"Les contrats intervenus entre les agents commerciaux et leurs mandants sont conclus dans l'intérêt commun des parties"* (DUTILLEUL, François Collart; DELLEBECQUE, Philippe. *Contrats civils*, cit., nº 675, p. 505).

[28]   Aperfeiçoando a concepção legal de *agente comercial* e adaptando-a à Diretiva Comunitária, a lei francesa de 25.06.1991 deu-lhe a seguinte definição: *"L'agent commercial est un mandataire qui, à titre de profession indépendante, sans être lié par un contrat de louage de services, est chargé, di façon permanent, de négocier et, eventuellement, de conclure des contracts de vent, d'achat, de location ou de prestation de services, au non et pour le compte de producteurs, d'industriels, de commerçants ou d'autres agents commerciaux. Il peut être une personne physique ou une personne morale"* (art. 1º, al. 1).

Seção IV: Da Agência e Distribuição · Cap. I – Noções Gerais | **177**

concorrência planejadas pela CEE, chega-se a um conceito de agente comercial na Europa, cujos traços característicos atuais são:

a) o agente é um profissional independente;

b) o agente é um mandatário profissional[29].

Todos os Estados membros da CEE já transpuseram para seu direito interno a Diretiva Comunitária de 18.12.1986, com o que alcançou-se, amplamente, o objetivo visado pela comunidade, qual seja: "harmonizar as legislações nacionais e elevar o nível de proteção dos agentes comerciais". Disso decorre:

a) a figura jurídica do agente é necessariamente idêntica em todos os estados da União;

b) a independência do agente é adquirida por definição. As legislações que julgam apropriado descrever as respectivas manifestações indicam que o agente comercial organiza as atividades como deseja e dispõe livremente de seu tempo;

c) as disposições imperativas da Diretiva se encontram necessariamente com o mesmo caráter daquelas em cada direito nacional[30].

105. O CONTRATO DE AGÊNCIA NO DIREITO BRASILEIRO

Desde que, na vida empresarial brasileira, se introduziu a figura do representante comercial, a grande preocupação jurídica foi a de distingui-la da relação empregatícia, para atribuir-lhe uma função autônoma e independente em relação à empresa a que serve, diversamente do que se passa com o empregado.

Durante longos anos, porém, a atividade do representante comercial foi desempenhada sem contar com o apoio de lei que lhe desse tipicidade. Muito fraca, outrossim, foi, na espécie, a contribuição pretoriana, já que a jurisprudência limitava-se a negar enquadramento na legislação trabalhista, sem, contudo, construir uma estrutura dogmática que pudesse fixar a natureza jurídica do contrato que vinculava a empresa e os agentes comerciais.

Tal como se passava na Europa, também no Brasil, a reivindicação de um regulamento legal para a profissão do representante comercial autônomo tornou-se a maior aspiração dos órgãos representativos da categoria. Em 1949, na II Conferência Nacional das Classes Produtoras, realizada em Araxá, foi aprovada a reivin-

---

[29]   LELOUP, Jean-Marie. *Agents commerciaux*, cit., nº 301, p. 43.

[30]   "a) *la figure juridique de l'agent est necessairement identique dans tous les États de l'Union;* b) *l'indépendence de l'agent est acquise par définition. Les législations qui jugent à propos d'en décrire les manifestations indiquent que l'agent commercial organise ses activitiés comme il l'entend et dispose librement de son temps;* c) *les dispositions impératives de la Directive se retrouvent nécessairement avec le même caractère dans chaque droit national"* (LELOUP, Jean-Marie. *Agents commerciaux* cit., nº 1.701, p. 273-274).

dicação classista de enviar-se o pleito à comissão então encarregada de elaborar o Projeto de novo Código Comercial, no Ministério da Justiça, de que fosse nele definida e caracterizada a figura jurídica do representante comercial, estabelecendo-se as necessárias garantias da profissão[31].

Na mesma ocasião, realizou-se em São Paulo o 1º Congresso Nacional de Representantes Comerciais, cujo objetivo principal era o de dar curso à reivindicação antes aprovada pela Conferência de Araxá. Surgiu, então, um anteprojeto que, levado ao Congresso Nacional, tomou o nº 1.171/49 e que, em várias legislaturas, foi reapresentado sem sucesso algum.

Somente viria a ter maior repercussão o Projeto nº 2.794/61, de autoria do deputado Barbosa Lima Sobrinho, que, no Senado, provocou o surgimento do Substitutivo nº 38/63, elaborado pelo Senador Eurico Resende, o qual mereceu aprovação de ambas as casas do Congresso. No entanto, não chegou a transformar-se em lei, porquanto recebeu veto total da Presidência da República, ao fundamento de que, nos termos em que se intentou regulamentar a profissão, ao representante apenas se estendiam "as vantagens e garantias que a legislação do trabalho assegura ao trabalho assalariado". Tal equiparação foi considerada incabível, entre outros motivos pela ausência de subordinação hierárquica e pela possibilidade de a representação comercial ser exercida por pessoas jurídicas[32].

O então Presidente, General Castelo Branco, ao vetar o projeto aprovado pelo Congresso, encarregou o Ministério da Indústria e Comércio de reexaminar o assunto. Daí surgiu novo Projeto que, após tramitação parlamentar, se tornou a Lei nº 4.886, de 09.12.1965, ainda em vigor, com as alterações da Lei nº 8.420, de 08.05.1992.

Tal como o direito europeu, a lei brasileira previu uma representação comercial, simples, em que ao representante cabia apenas intermediar negócios, captando pedidos ou propostas da clientela, para encaminhá-los à deliberação do preponente; e também uma representação complexa, em que ao agente se conferiam poderes de conclusão dos negócios angariados, mas sempre em nome e por conta do preponente (Lei nº 4.886/1965, art. 1º, parágrafo único)[33].

---

[31]   REQUIÃO, Rubens. *Do representante comercial*, cit., p. 10.

[32]   De fato, o agente não é um empregado: "na relação representante/representado não se encontra o traço característico do vínculo empregatício, qual seja a subordinação. Cuida-se, sem dúvida, de trabalhador autônomo, uma vez que ao representante comercial não se impõem a observância de horário de trabalho e, por via de consequência, obrigação de comparecimento ao serviço nem tampouco obediência a ordens patronais impostas ao empregado. Em suma, inexistem subordinação e pessoalidade na prestação desses serviços" (SAAD, Ricardo Nacim. *Representação comercial*, cit., p. 43).

[33]   O dispositivo legal deixava patente, todavia, que a relação principal era a da representação comercial (ou *agência*) e que a eventual relação de *mandato* era apenas acessória (REQUIÃO, Rubens. *Do representante comercial*, cit., nº 34, p. 82).

Sobreveio, finalmente, o novo Código Civil, sancionado em janeiro de 2002, que insere o *contrato de agência e distribuição* entre os contratos típicos, mas sem revogar a legislação especial em vigor, como se ressalva no art. 721, especialmente, no tocante às indenizações asseguradas pelas Leis n°s 4.886 e 8.420 (art. 718).

A maior novidade, no texto codificado, é o *nomen iuris* do contrato que passou a ser *contrato de agência*. Explica Rubens Requião, que o contrato de agência, a que alude o Código Civil "nada mais é do que o atual *contrato de representação comercial*, objeto da legislação especial, contida na Lei nº 4.886, de 09.12.1965. Constitui importante contrato no moderno mundo comercial, e é exercido por centenas de milhares de profissionais, distribuídos por todas as praças do país. A denominação do instituto foi tirada do Código italiano, que o regula". Para o Prof. Requião, todavia, a linguagem do Código "não deslocará o uso correntio da expressão *representante comercial*. Que podia ser perfeitamente mantida... Não seria criticável se mantivesse a denominação *representação comercial*, já consagrada nos costumes do país, e em nosso direito"[34].

É de se ponderar, no entanto, que o direito comparado, de onde emergiu o instituto jurídico, prestigia, de fato, o *nomen iuris* agora adotado por nosso Código Civil, razão pela qual este não merece censura pela nomenclatura inovada. É de evidente conveniência procurar identificar a figura jurídica por denominação que seja de universal acolhida, evitando-se terminologia regional, que não tenha, por si só, capacidade de revelar a identidade da figura local com aquela que já amadureceu e se consolidou na experiência do direito comparado[35].

106. CONCEITO DE CONTRATO DE AGÊNCIA

Como o Código Civil determina que ao contrato de agência devem ser aplicadas, no que couber, as regras constantes de lei especial, é necessário cotejar-se a definição codificada (art. 710) com a constante da Lei nº 4.886/65 e das alterações da Lei nº 8.420/92.

Em primeiro lugar, é bom ressaltar que a lei especial define diretamente o representante comercial (isto é, o *agente*) (art. 1º). Já o Código Civil enfoca o contrato típico que vincula o representante e o representado (art. 710).

Assim, na definição do Código, o contrato de agência (ou de representação comercial autônoma) é aquele pelo qual uma pessoa – o agente – assume, em caráter não eventual, e sem vínculos de dependência, a obrigação de promover à conta

---

[34] REQUIÃO, Rubens. Projeto de código civil. Apreciação crítica sobre a Parte Geral e o Livro I (Das Obrigações). *Revista dos Tribunais*, v. 477, p. 25, jul./1975.

[35] Em Portugal, o Dec.-Lei nº 178/86 também adota a denominação de agente comercial; e na França igualmente se fala em *agent commercial* (Dec. nº 58-1.345).

180 | Contratos de Colaboração Empresarial • *Humberto Theodoro Jr. e Adriana Theodoro de Mello*

de outra – o preponente ou fornecedor – mediante retribuição, a realização de certos negócios, em zona determinada[36].

Dessa conceituação legal, deduz-se que o contrato de agência envolve: a) *relação entre empresários*, dentro da circulação mercadológica de bens e serviços; b) a relação, contudo, não é de *dependência hierárquica* entre representante e representado, pois aquele age com autonomia na organização de seu negócio e na condução da intermediação dos negócios do último (embora tenha de cumprir programas e instruções do preponente); c) o objetivo do contrato não é um negócio determinado, mas uma *prática habitual*, de sorte que entre as partes se estabelece um vínculo duradouro (*não eventual*); d) a representação importa atos promovidos por uma das partes à conta da outra, configurando, portanto, um negócio de *intermediação* na prática mercantil de interesse do representado; e) à prestação do serviço de intermediação do agente corresponde o direito a uma remuneração ou *retribuição*, de maneira que o contrato é bilateral, oneroso e comutativo; f) a representação, finalmente, deve ser exercitada nos limites de uma *zona determinada*, ou seja, cabe ao agente praticar a intermediação dentro de um território estipulado pelo contrato, ou algo que a isso corresponda.

A atividade do agente, em suma, é a intermediação de forma autônoma, em caráter profissional, sem dependência hierárquica, mas, de acordo com as instruções do preponente. É uma figura jurídica típica a do agente, pois, embora guarde alguma semelhança, o agente não é, em princípio, *mandatário*, nem *comissário*, nem tampouco *empregado*, ou *prestador de serviço* no sentido técnico[37]. Presta, no entanto, um serviço especial que é, nos termos da lei, a coleta de propostas ou pedidos para transmiti-los ao representado[38].

Eventualmente, o representado pode confiar ao agente os bens a serem colocados junto à clientela, caso que o Código trata como *distribuição*, mas não como revenda, visto que os atos de negociação se realizam em nome e por conta do pre-

---

[36] Para Fran Martins, "o contrato de representação comercial é também chamado contrato de *agência*, donde *representante* e *agente comercial* terem o mesmo significado". A partir desse enfoque, define o contrato de agência, ou de representação comercial como "aquele em que uma parte se obriga, mediante remuneração, a realizar negócios mercantis, em caráter não eventual, em favor de outra. A parte que se obriga a agenciar propostas ou pedidos em favor da outra tem o nome *representante comercial*; aquela em favor de quem os negócios são agenciados é o *representado*" (MARTINS, Fran. *Contratos e obrigações comerciais*. 18. ed. Rio de Janeiro: Forense, 2018, nº 206, p. 232).

[37] "O mandato do agente comercial se caracteriza por três elementos. É um mandato *profissional, permanente* e de *interesse comum*" (LELOUP, Jean-Marie. *Agents commerciaux cit.*, nº 330, p. 54). "O objeto do mandato do agente é a realização de atos da atividade do mandante", que é sempre um empresário (produtor, industrial, comerciante ou outro agente comercial) (LELOUP, Jean-Marie. *Agents commerciaux cit.*, nº 332, p. 54).

[38] BULGARELLI, Waldirio. *Contratos mercantis*. 5. ed. São Paulo: Atlas, 1990, p. 471-472.

Seção IV: Da Agência e Distribuição • Cap. I – Noções Gerais | **181**

ponente[39]. Nessas hipóteses especiais, o contrato, além das normas próprias da agência, rege-se complementarmente, pela disciplina do mandato e da comissão (arts. 710, *in fine,* e 721).

O art. 1º da Lei nº 4.886/65 cuidou de definir o *representante comercial* e não o *contrato* de representação comercial. Segundo tal dispositivo, é representante comercial autônomo a pessoa jurídica ou a pessoa física, sem relação de emprego, que "desempenha, em caráter não eventual, por conta de uma ou mais pessoas, a mediação para realização de negócios mercantis, agenciando propostas ou pedidos, para transmiti-los aos representados, praticando ou não atos relacionados com a execução dos negócios".

O parágrafo único do questionado dispositivo legal aduz que, na eventualidade de "a representação comercial incluir poderes atinentes ao mandato mercantil" – isto é, quando ao representante comercial forem conferidos poderes relacionados com a execução dos negócios intermediados – "serão aplicáveis, quanto ao exercício deste, os preceitos próprios da legislação comercial". Em outros termos: se o agente for autorizado pelo preponente a realizar negócios jurídicos em seu nome, tais atos que ultrapassam o conteúdo normal do contrato de agência serão submetidos ao regime legal do mandato, como, aliás, prevê o art. 721 do novo Código Civil.

Da definição dada pela lei especial ao representante comercial autônomo (isto é, ao *agente*), extraem-se as seguintes características:

a) o agente não mantém *relação de emprego*[40] com o representado, gozando, portanto, de autonomia laboral para organizar e desempenhar sua atividade;

---

[39] Paula Forgioni conceitua o contrato de distribuição propriamente dito como sendo "bilateral, sinalagmático, atípico e misto, de longa duração e de caráter estável, que encerra um acordo vertical, pelo qual um agente econômico (fornecedor) obriga-se ao fornecimento de certos bens ou serviços a outro agente econômico (distribuidor), para que este os revenda, tendo como proveito econômico a diferença entre o preço de aquisição e de revenda e assumindo obrigações voltadas à satisfação das exigências do sistema de distribuição do qual participa" (FORGIONI, Paula A. *Contrato de distribuição*. 3. ed. São Paulo: Revista dos Tribunais, 2014, p. 82). Ver sobre o tema o Capítulo II adiante.

[40] "A diferenciação entre empregado e representante comercial pode ser feita analisando que: o representante comercial é mediador entre vendedor e comprador, o empregado nem sempre exerce essa função; o representante comercial faz um pacto de resultado com o representado, e seus vencimentos dependerão do resultado deste pacto; o empregado presta serviços onde não conta com o resultado alcançado para fins de remuneração; o representante comercial assume os riscos da sua atividade, já com o empregado os riscos contam para o empregador conforme dispõe o art. 2º da CLT; o representante comercial exerce atividade empresarial, o empregado tem por objetivo o recebimento de seu salário em razão dos serviços prestados; o representante comercial tem autonomia, não é submisso às ordens do representado, e o empregado cumpre ordens do empregados sendo desde cumprimento de horário até as determinações do empregador; o representante comercial não precisa emitir relatórios, e, quando os faz, é para declarar ao representado as vendas que fez para

182 | Contratos de Colaboração Empresarial • *Humberto Theodoro Jr. e Adriana Theodoro de Mello*

b) a atividade contratada é *não eventual*; deve ser exercida em caráter permanente e profissional[41];

c) a função do agente, embora organizada e dirigida com autonomia, é concluída *por conta de outra pessoa* (o representado), de modo que fica claro o "caráter de uma intermediação", ou de uma "preposição". O agente, como prestador autônomo de serviço, atua fora da estrutura interna da empresa a que serve, permitindo a esta colocar seus produtos e serviços juntos à clientela que o representante angaria, nos mais variados lugares. Os negócios, porém, são sempre promovidos em nome e por conta do representado[42];

d) a *mediação* é, pois, uma função típica do agente comercial, que se presta à difusão dos produtos ou serviços do representado no comércio[43];

e) a intermediação se dá na *realização de negócios mercantis*: o que a lei especial atribuiu ao agente comercial não é qualquer representação, mas aquela que se volta para a promoção de negócios mercantis (vendas de produtos ou prestação de serviços);

f) o *modus faciendi* da intermediação consiste em agenciar propostas ou pedidos relativos a operações comerciais do representado, ou seja, relacionadas a bens ou serviços a serem vendidos ou prestados pela empresa em cujo nome atua o agente;

g) cabe, em princípio, ao representante *transmitir as propostas ou pedidos ao representado*. Eventualmente, o agente pode receber poderes que ultrapassem a simples intermediação de pedidos, caso em que realizará, sempre em nome do preponente, atos de consumação ou execução dos negócios agenciados. Quanto a esses atos de consumação da venda dos produtos do representado, a atividade do representante será regida pelas regras do mandado mercantil.

Diante do cotejo entre o conceito legal, mais sintético, que o Código faz do contrato de agência, e aquele que a Lei nº 4.886/95 faz do representante comercial

---

calcular suas comissões pelas vendas realizadas" (MARTINS, Sérgio Pinto. *Direito do trabalho.* 12. ed. São Paulo: Atlas, 2000, p. 150-151).

[41] "Quando o ato de mediação de negócio mercantil for isolado, não se poderá falar em representante comercial" (SAAD, Ricardo Nacim. *Representação comercial cit.,* p. 48). Para Gustavo Luís da Cruz Haical, a não eventualidade significa que o contrato é de obrigação duradoura e que há estabilidade dos atos do agente, que não podem, portanto, ser ocasionais. Essa estabilidade "exige que o agente desenvolva, além da promoção à conclusão de negócios, a realização de tantos atos quantos forem necessários a fim de adimplir satisfatoriamente o dever jurídico principal" (HAICAL, Gustavo Luís da Cruz. O contrato de agência e seus elementos caracterizadores. *Revista dos Tribunais,* v. 877, ano 97, p. 61, nov./2008).

[42] "Significa afirmar que os efeitos decorrentes dos atos realizados pelo agente projetar-se-ão na esfera jurídica do agenciado" (PESSOA JORGE, Fernando de Sandy Lopes. *Mandato sem representação.* Coimbra: Almedina, 2001, p. 192-195, *apud* HAICAL, Gustavo Luís da Cruz. O contrato de agência e seus elementos caracterizadores, cit., p. 57).

[43] Para Carlos Alberto Bittar, o contrato de agência "constitui, assim, contrato de aproximação ou de intermediação entre os interessados ou de recepção de clientela para posterior efetivação da venda diretamente pelo representado" (BITTAR, Carlos Alberto. *Contratos comerciais.* Rio de Janeiro: Forense Universitária, 1990, p. 81).

autônomo (isto é, do *agente*), não se encontra contradição maior que possa incompatibilizar um com o outro.

A circunstância de o Código não usar as expressões "representante comercial" ou "negócios mercantis" prende-se à circunstância de ter sido unificado o direito das obrigações, de maneira que os contratos nele disciplinados, em princípio, tanto servem para as atividades civis como para as mercantis. No entanto, muito difícil será imaginar o caso em que um contrato de agência se configurará fora das relações mercantis. Ademais, se isto eventualmente acontecer, ficará o negócio fora do alcance da Lei nº 4.886/95, visto que esta se aplica especificamente aos agentes que servem, profissionalmente, à intermediação de negócios mercantis.

Harmonizando-se, de tal sorte, a disciplina do contrato de agência instituída pelo Código Civil com a do representante comercial, constante das Leis nºs 4.886/65 e 8.420/92, ter-se-á um negócio jurídico vocacionado naturalmente para as atividades mercantis.

106.1. Direito comparado

A definição brasileira de representante ou agente comercial muito se aproxima da que consta do Código Comercial da Alemanha, que o qualifica como "toda pessoa que, a título de exercício de uma profissão independente, seja encarregada permanente de servir de intermediária em operações negociadas por conta de um empresário ou de os concluir em nome deste último. É independente quem pode organizar o essencial de sua atividade e determinar seu tempo de trabalho" (art. 84)[44].

Na França, também, o agente comercial é definido em termos que se aproximam do Código Civil brasileiro, por Dec. de 23.12.58: o agente comercial é um mandatário que, como profissão regular e independente, sem estar vinculado por um contrato de serviço, negocia e, eventualmente, conclui compras, vendas, locações ou prestações de serviço, em nome e por conta de produtores, industriais ou comerciantes[45]. Atualmente, a definição consta do art. L. 134-1, do Código de Comércio francês[46].

---

[44] Texto traduzido por Rubens Requião. *Do representante comercial*, cit., p. 14.

[45] "Est agent commercial le mandataire qui, à titre de profession habituelle et indépendant, sans être lié par un contrat de louage de services, négocie et, eventuellement, conclut des achats, des ventes, de locations ou de prestations de service, au nom et pour le compte de producteurs, d'industriels ou de commerçants" (PONTAVICE, Emmanuel; DUPICHOT, Jacques. "Théorie générale du droit des affaires, actes de commerce et entreprises, commerçants, fonds de commerce, droit comptable, concurrence, baux commerciaux". In: JUGLART, Michel de.; IPPOLITO, Benjamin (coord.). *Traité de droit comercial*. 4. ed. Paris: Montchrestien, 1988, nº 100, p. 344). A conceituação francesa do agente comercial se consolidou com o Dec. nº 68.765, de 22.08.68, com que se reconheceu que as pessoas jurídicas também podem ser agentes comerciais.

[46] "L'agent commercial est un mandataire qui, à titre de profession indépendant, sans être lié par un contrat de louage de services, est charge, de façon permanente, de négocier et, eventuellement, de conclure des contrats de vente, d'achat, de location ou de prestation de services, au nom et pour le compte de producteurs, d'industriels, de commerçants ou

Na Itália, a agência é regulada pelos arts. 1.742 a 1.753 do Código Civil, como sendo o contrato pelo qual uma parte assume permanentemente o encargo de promover, por conta da outra, mediante remuneração, a conclusão de contratos em determinada zona (art. 1.742).

O Conselho da Comunidade Econômica Europeia (CEE) em 18.12.1986 adotou uma Diretiva relativa aos agentes comerciais independentes, na qual se conceituou como *agente comercial* aquele que, como intermediário independente, é encarregado de forma permanente, seja de negociar a venda ou a compra de bens por outra pessoa, que se denomina comitente, seja de negociar e concluir tais operações em nome e por conta do comitente[47].

Em relação aos países do Mercosul, poucos se dispuseram a regulamentar de forma específica o contrato de agência (ou representação comercial)[48].

O Código Civil argentino de 2014 cuidou do contrato de agência nos arts. 1.479 a 1.501. Nos termos do art. 1.479, há contrato de agência quando uma parte, denominada agente, se obriga a promover negócios por conta de outra denominada preponente ou empresário, de maneira estável, continuada e independente, sem que exista relação laboral, mediante uma retribuição. Segundo o dispositivo, o agente é um intermediário independente, que não assume o risco das operações, nem representa o preponente. A legislação argentina exige, ainda, a forma escrita para a celebração do contrato.

O Código Civil Russo também contém disposições sobre o contrato de agência (arts. 1.005 a 1.011), conceituando-o como o contrato por meio do qual o agente se obriga, mediante remuneração, a cumprir sob ordem do comitente atos jurídicos e outras ações em seu nome, mas por conta do comitente, ou em nome e por conta do comitente. Se o agente agir em seu nome, mas por conta do comitente, adquirirá os direitos e assumirá as obrigações daí decorrentes, mesmo que tenha mencionado o nome do comitente ao celebrar o negócio. Mas, agindo em nome e por conta do comitente, os efeitos serão suportados por este (art. 1.005, nº 1).

Em todos esses exemplos, tal como entre nós, a função normal do contrato de agência é conferir ao representante poderes de intermediação para angariar ne-

---

d'autres agentes commerciaux. Il peut être une personne physique ou une personne morale" (DISSAUX, Nicolas; LOIR, Romain. *Droit de la distribuition*. Issy-les-Molineaux: LGDJ, 2017, p. 553-554).

[47] "Celui qui, en tant qu'intermédiaire indépendant, est chargé de façon permanente, soit de négocier la vente ou l'achat de marchandises pour une autre personne, ci-après dénominée committant, soit de négocier et de conclure ces opérations au nom et pour le compte du committant". Sobre a matéria, ver RUGGIERI, Arianna. Il quadro normativo generale. In: BORTOLOTTI, Fabio. *Contratti di distribuzione*, cit., p. 94 ss.

[48] CALÁBRIA, Marco Antônio Rocha. *Representação comercial no Mercosul: harmonização legislativa e solução de controvérsias*. Campinas: Editora Alínea, 2002, p. 77.

Seção IV: Da Agência e Distribuição • Cap. I – Noções Gerais | 185

gócios para o representado. Só excepcionalmente, e mediante poderes adicionais explícitos, ocorre a atribuição de mandato para que o próprio representante conclua o negócio em nome do representado, seja firmando os contratos, seja mesmo entregando as mercadorias negociadas ao comprador.

Nesta última hipótese, o Código Civil brasileiro denomina o negócio jurídico de *contrato de agência e distribuição* (art. 710). Essa distribuição, todavia, não se confunde com a concessão mercantil, já que esta só ocorre quando há *revenda*, ou seja, quando o concessionário adquire o produto do concedente e o comercia em nome próprio e por conta própria. O contrato de agência e distribuição, a que alude o art. 710 do nosso Código, continua sendo, malgrado a posse e disponibilidade da mercadoria pelo agente, um contrato de intermediação, que o distribuidor conclui como preposto ou mandatário do representado (ou seja, em nome e por conta do preponente).

107. CONTRATO CIVIL OU COMERCIAL?

Discutiu-se, muito, na doutrina nacional e estrangeira se o contrato de representação seria um contrato civil ou um contrato comercial. O argumento dos que negavam ao representante comercial a qualidade de comerciante era o de que como intermediador não praticaria atos de comércio em nome próprio, já que estes seriam, afinal, concluídos pelo representado.

Responde Rubens Requião, com amparo na autoridade de Carvalho de Mendonça e Waldemar Ferreira, que a prática em nome próprio do ato de comércio não é requisito da definição do comerciante. O corretor, por exemplo, é classicamente qualificado como comerciante, embora pratique sua profissão intermediando negócios alheios.

O que importa é que a corretagem, sua atividade profissional, é sempre desempenhada no interesse próprio. Assim, é a própria corretagem "que constitui ato de comércio"[49].

Uma vez que, pelos claros termos da Lei nº 4.886, art. 1º, o representante comercial é definido como alguém que, sem relação de emprego e em caráter habitual, pratica a mediação para a realização de "negócios mercantis", não há como se lhe recusar a qualidade de agente que faz de sua profissão a ultimação de "negócios mercantis". Tão importante é o caráter comercial da atividade que a Lei nº 4.886 veda o seu exercício a quem "não pode ser comerciante" (art. 4º). Em suma, é de

---

[49] CARVALHO DE MENDONÇA, José Xavier. *Tratado de direito comercial brasileiro*. 5. ed. Rio de Janeiro: Freitas Bastos, 1953, v. I, nº 343, p. 490. O ato de comércio nem sempre exige que o agente esteja a praticar diretamente a compra e venda. A intermediação também é ato de comércio: "o ato de comércio por eles (os corretores) praticado habitualmente é outro – o da corretagem, com sentido e forma específicos" (FERREIRA, Waldemar. *Tratado de Direito Comercial*. São Paulo: Saraiva, 1960, v. II, nº 274, p. 212).

186 | Contratos de Colaboração Empresarial • *Humberto Theodoro Jr. e Adriana Theodoro de Mello*

acolher-se a lição de que "o representante comercial é *empresário* e, como tal, é comerciante, em toda a extensão da palavra"[50].

No direito comparado, a tese de que o agente comercial é um *empresário* e não um simples trabalhador autônomo, é defendida pela maioria dos autores, como assinalam Oreste Cagnasso e Gastone Cottino: certo é que trabalha autonomamente, o que serve para distingui-lo dos trabalhadores vinculados à relação de emprego; "mas o faz sob moldes empresariais... não se limita, com efeito, a estipular com o preponente ou com outra pessoa um ou mais contratos de trabalho. Empenha-se em promover habitualmente a conclusão de contratos por conta, e às vezes até em nome, do preponente: nisso, e na sistemática coordenação entre uma pluralidade das operações que compõem e caracterizam sua complexa atividade, reside o elemento de hetero-organização na qual se exterioriza e se reconhece a figura do empresário"[51].

A classificação do agente como comerciante é importante, sobretudo, para assegurar-lhe inscrição nas Juntas Comerciais e para submetê-lo ao regime das falências e concordatas.

108. COMPETÊNCIA INTERNACIONAL: FORO DE ELEIÇÃO

O STJ, analisando contrato de representação comercial internacional, já decidiu ser válida a cláusula de eleição de foro estrangeiro, "exceto quando a lide envolver interesses públicos"[52]. No mesmo sentido, o entendimento do STF:

> "Foro do contrato – Admissibilidade da eleição do foro estrangeiro – Art. 12 da Lei de Introdução ao Código Civil [Lei de Introdução às Normas do Direito Brasileiro]. O direito brasileiro reconhece o foro contratual, salvo quando existir impedimento de ordem pública"[53].

Nesse acórdão do STF, o eminente Relator, Dr. Cândido Motta Filho, consignou que "não há como impedir às partes contratantes fixar o foro da ação senão

---

[50] GIERKE, Julius Von. *Derecho comercial y de la navegación.* Trad. Juan M. Semon. Buenos Aires: Editora Argentina, 1957, v. I, p. 232.

[51] CAGNASSO, Oreste; COTTINO, Gastone. *Contratti Commerciali cit.*, v. IX, nº 43, pp. 162-163. Na Itália, "diz-se que o agente é um empresário comercial: o é *sempre,* enquanto desenvolve 'profissionalmente uma atividade econômica organizada com o fim da produção ou da troca de bens ou de serviços', como expressa o art. 2082 [do Código Civil]" ("Si sta dicendo che l'agente è un imprenditore commerciale: lo è *sempre*, in quanto svolge 'professionalmente uma attività econômica organizzata al fine dela produzione o dello scambio di bene o di servizi', come si esprime l'art. 2082". SARACINI, Eugenio; TOFFOLETTO, Franco. *Il Codice Civile Commentario. Il contratto d'agenzia.* 4. ed. Milão: Giuffrè, 2014, p. 56).

[52] STJ, 3ª T., REsp. 242.383/SP, Rel. Min. Humberto Gomes de Barros, ac. 03.02.2005, *DJU* 21.03.2005, p. 360.

[53] STF, 1ª T., RE. 30.636/DF, Rel. Min. Cândido Morra Filho, ac. 24.01.1957, *DJU* 30.05.1957, p. 393.

Seção IV: Da Agência e Distribuição • Cap. I – Noções Gerais | 187

por impedimento de ordem pública", isto porque, "o art. 12 da introdução envolve uma regra de simples proteção que o Estado dispensa aos cidadãos. Se o nacional pode ter interesse em abrir mão da garantia oferecida pela Lei brasileira, se aceita livremente a jurisdição estrangeira, não há como impedir essa aceitação".

109. TENTATIVA DE DISTINGUIR ENTRE AGÊNCIA E REPRESENTAÇÃO

A Lei nº 4.886 não faz distinção alguma entre *agência* e *representação comercial*. Tampouco o Código Civil intenta conceituar separadamente essas figuras jurídicas.

Já houve, porém, tentativas como a do anteprojeto Florêncio de Abreu de Código Comercial e a do Projeto 1.171/49, que procuraram sem sucesso obter regulamentação legal para a atividade de que se trata, distinguindo ambas entre o *agente* e o *representante* comercial. Segundo tal Projeto, o *representante* comercial seria aquele que detém poderes para *concluir os negócios* do representado, enquanto o *agente* se limitaria a realizar atos de sua *promoção*[54].

Na doutrina nacional, Pontes de Miranda, antes da Lei nº 4.886, estudava como entidades contratuais distintas o *contrato de agência* e o *contrato de representação*, detectando no representante soma de poderes maior que a do agente. Este não representa o peponente, e apenas promove negócios de intermediação, como a coleta e encaminhamento de propostas e pedidos. Já o representante tem, naturalmente, poderes para não só promover, como para concluir negócios jurídicos em nome e por conta da empresa representada[55].

A Lei nº 4.886, no entanto, veio a se filiar a posicionamento contrário ao sugerido por Pontes de Miranda, pois tratou unitariamente a figura do representante comercial, a quem conferiu tanto o agenciamento de negócios como, eventualmente, a execução dos negócios agenciados.

O Código Civil, na mesma esteira, fundiu num só instituto a promoção e a realização dos negócios em nome do representado. Baniu, porém, a expressão "representação comercial", considerada imprópria pela respectiva "exposição de motivos", para, a exemplo do direito europeu, adotar o *nomen iuris* de *contrato de agência*. Esclareceu, contudo, que o contrato seria de *agência* e *distribuição*, quando "o agente tiver à sua disposição a coisa a ser negociada" (art. 710).

110. CONTRATOS AFINS

Com o incremento na economia moderna dos meios de distribuição da produção de bens e serviços, novas figuras contratuais surgiram para atuar no mesmo

---

54 REQUIÃO, Rubens. *Do representante comercial*, cit., p. 47.
55 PONTES DE MIRANDA, Francisco Cavalcanti. *Tratado de direito privado*. 2. ed. Rio de Janeiro: Borsoi, 1963, t. XLIV, p. 24 e 66.

Contratos de Colaboração Empresarial • *Humberto Theodoro Jr. e Adriana Theodoro de Mello*

segmento da mercancia, sem que a doutrina tivesse tempo para digerir as inovações, captando-lhes com precisão a natureza e os contornos. Perante a representação comercial, ou agência, frequentes são as dúvidas e confusões que se instalam entre essa novel modalidade contratual e o mandato, a comissão mercantil, a locação de serviços, o viajante ou pracista, e, mais ultimamente, a concessão mercantil e a franquia empresarial. Daí a necessidade de tentar-se uma diferenciação que separe, com nitidez, o contrato de agência dessas figuras afins.

Como ponto de partida é importante classificar os contratos de que se vale o empresário para obter colaboração de outros agentes no escoamento de seus produtos. Em primeiro lugar, existe a possibilidade de utilização de *auxiliares internos*, ou seja, a distribuição é feita por meio de empregados que atuam na captação dos compradores, mantendo com a empresa vínculo empregatício permanente.

De outro lado, colocam-se os colaboradores externos, que são empresários que se inserem na cadeia de comercialização sem vínculo empregatício, prestando serviços, de variada natureza, ao escoamento da produção, conquistando, conservando e ampliando o mercado para o produto de outro empresário.

De duas maneiras básicas se processa a colaboração empresarial (externa) no escoamento dos produtos de uma empresa: a) pela distribuição propriamente dita (revenda) e b) pela busca de empresários interessados na aquisição dos produtos do fornecedor (intermediação, como a do mandato, comissão mercantil e agência).

Dessa maneira, "a colaboração empresarial no escoamento de mercadorias pode ser feita por *intermediação* ou *aproximação*. No primeiro caso, o colaborador ocupa um dos elos da cadeia de circulação, comprando o produto do fornecedor para revendê-lo. No segundo, o colaborador procura outros empresários potencialmente interessados em negociar com o fornecedor"[56].

Esse quadro classificatório muito contribuirá para obter-se a distinção entre o contrato de agência e outras figuras afins.

É certo, contudo, que o fato de o contrato de agência conter traços comuns a outros contratos mercantis tradicionais não o leva a confundir-se com nenhum deles, nem a revestir-se da natureza jurídica de alguma das figuras com que mantém inegável afinidade. Para individuá-lo e determinar a respectiva natureza, não há necessidade de subsumi-lo à tipicidade de outros contratos: a *agência* é, no direito moderno, um *contrato nominado* (típico) e, como tal, tem fisionomia e disciplina próprias[57].

110.1. Agência e mandato

O contrato de agência não se confunde com o de mandato mercantil, porque os poderes de que dispõe o agente nem sempre são aqueles que se conferem

---

[56] COELHO, Fábio Ulhôa. *Curso de direito comercial e legislação complementar anotados*. São Paulo: Saraiva, 2000, v. III, p. 86.

[57] CAGNASSO, Oreste; COTTINO, Gastone. *Contratti Commerciali cit.*, v. IX, nº 43, p. 163.

ao mandatário. Em primeiro lugar, a outorga de mandato é, em regra, destinada a realização de negócios determinados. A agência refere-se a um relacionamento negocial permanente envolvendo operações reiteradas e indeterminadas.

O mandatário detém poderes, outorgados pelo mandante, que lhe permitem deliberar sobre o negócio e o realizar em nome deste. O simples representante, no caso de agência comercial, limita-se a aproximar comprador e fornecedor, não delibera, portanto, o negócio. Pode, eventualmente, concluir negócio por conta do preponente, mas, então, o contrato de agência não será mais simples, terá se tornado complexo, absorvendo em suas cláusulas também o contrato de mandato[58]. Nesse sentido, dispõe o art. 710, parágrafo único, que "o preponente pode conferir poderes ao agente para que este o represente na conclusão dos contratos". E, por isso, o art. 721 manda aplicar, ao contrato de agência e distribuição, no que couber, as regras concernentes ao mandato.

Ademais, o essencial ao contrato de agência é a mediação de negócios em favor do preponente, o que não depende de poderes inerentes ao mandato. Quando estes poderes, eventualmente, se incluem nas cláusulas da agência, representam apenas elemento acessório, secundário ou acidental, não interferindo, por isso mesmo, na conceituação ou configuração, propriamente dita, do contrato, nem tampouco na definição de sua natureza jurídica.

110.2. Agência e comissão

A comissão é um contrato de colaboração empresarial, mas ao contrário do mandato, o comissário não representa, nos negócios que pratica, o comitente. O comissário adquire ou vende bens à conta do comitente, mas contrata em nome próprio, e não em nome da empresa a que presta colaboração (art. 693).

A comissão, na linguagem antiga do Código Comercial, seria um mandato *sem representação*. Isto porque o mandato mercantil implica necessariamente a representação para realizar negócios comerciais em nome do mandante, enquanto o comissário não age em nome, e sim por conta do comitente. Com o outro contratante (isto é, o comprador), quem se vincula é o comissário e não o comitente.

A presença do comissário cria uma certa barreira entre o comitente e os terceiros que negociam com o comissário, em função do encargo contratual. O comissário, garantindo o anonimato para o comitente, confere-lhe maior segurança,

---

[58] "O mandatário representa o mandante, enquanto o agente ou representante, embora a denominação, apenas angaria negócios para o representado. Não tem poderes expressos para obrigar o representado, nem para decidir em seu nome, alterar as regras recebidas, ou praticar, como por exemplo, dar abatimentos, descontos ou dilações" (RIZZARDO, Arnaldo. *Contratos*. 6. ed. Rio de Janeiro: Forense, 2006, p. 742).

porque só o comissionário trava relações jurídicas com os clientes, evitando ao principal interessado nas operações suportar ações da parte da clientela[59].

O agente comercial, por sua vez, não aparece no negócio que ele agenciou e que finalmente será concretizado diretamente pelo preponente. Como ressalta Rubens Requião, "o representante comercial, agindo em nome e no interesse do representado, não é atingido pelos atos que pratica, dentro dos poderes que recebeu. Na comissão mercantil o comissário age em seu próprio nome, sendo em face do terceiro o responsável pelo ato praticado, muito embora o tenha realizado por conta e no interesse do comitente"[60]. Na agência, portanto, o único responsável perante o cliente é o preponente.

Os produtos do comitente são postos à disposição do comissário, por meio de uma consignação, que o credencia a vendê-los aos consumidores em nome próprio. Perante estes, o vendedor é o comissário e não o comitente. No contrato de agência, o vendedor é sempre o preponente, ainda que se confiram poderes ao agente para concluir e executar a venda[61]. A atuação é de um representante (mandatário) do vendedor, e não de um vendedor propriamente dito[62].

110.3. Contrato de agência e contrato estimatório

Pelo contrato estimatório, uma pessoa (consignante) entrega bens móveis a outra (consignatário), autorizando-a a vendê-los, ou a restituí-los no prazo estipulado (art. 534). Se vendê-los, o fará em nome próprio, e não em nome do consignante. A este caberá o preço ajustado no contrato estimatório, e não o que o consignatário obteve na revenda. Pagando o preço contratual, ao consignante, o consignatário adquire a propriedade da coisa consignada, a qualquer tempo.

Essa consignação assemelha-se ao depósito da mercadoria que o fornecedor faz em poder do agente-distribuidor, mas com ele não se confunde. Em primeiro lugar, o contrato de agência institui uma relação jurídica duradoura, engendrando uma atividade profissional exercida com habitualidade pelo agente em face do fornecedor. Já o contrato estimatório é um ajuste que pode simplesmente se limitar a um ou alguns negócios isolados.

---

[59] FOURNIER, Frédéric. L'agence commercial. Paris: Litec, 1998, p. 23.

[60] REQUIÃO, Rubens. Do representante comercial cit., p. 38. No mesmo sentido, lição de Carvalho de Mendonça, para quem "o comissário não representa o comitente, contrata no próprio nome" (CARVALHO DE MENDONÇA, José Xavier. Tratado de direito comercial brasileiro. 4. ed. Rio de Janeiro: Freitas Bastos, 1947, v. 2, p. 287).

[61] "Na agência, quem a desempenha age em nome e no interesse de outrem, sem que seja atingido pelos atos que realizar, se proceder no âmbito dos poderes que recebeu" (RIZZARDO, Arnaldo. Contratos. cit., p. 742).

[62] GIORCELLI, Mariaelena. La nozione di agente di commercio. In: BORTOLOTTI, Fabio. Contratti di distribuzione, cit., p. 115.

Seção IV: Da Agência e Distribuição · Cap. I – Noções Gerais | **191**

Além do mais, na consignação está embutida uma provável compra e venda entre as partes. O consignatário pode, ou não, adquirir a propriedade da coisa consignada. Se resolver vendê-la a terceiro, agirá como dono[63]. Fará o negócio em nome próprio e pagará ao consignante o preço fixado no contrato estimatório. No contrato de agência, mesmo que se autorize o agente a vender a mercadoria depositada em suas mãos, ele o fará em nome e por conta do representado, e nunca em nome próprio. Em momento algum terá adquirido a propriedade da coisa.

O consignatário não é remunerado pelo consignante. É um comprador eventual que pode lucrar ou não com a venda a terceiro. O preço a ser pago ao consignante é invariável e vem estipulado no contrato estimatório. No contrato de agência é o fornecedor quem remunera o serviço prestado pelo agente-distribuidor, por meio de uma comissão sobre as vendas realizadas em nome e por conta deste.

110.4. Agência e corretagem

A agência e a *corretagem* são, ambas, contratos de intermediação para viabilizar a concretização de negócios jurídicos entre terceiros. O corretor, porém, não se aproxima do mandatário. Sua função jurídica restringe-se a aproximar pessoas que, entre si, poderão vir a concluir algum contrato. Não chega a praticar nenhum ato jurídico na esfera das partes do futuro contrato. Por isso, não pode ser visto como mandatário nem de uma, nem de outra[64].

O agente, embora não se encarregue de concluir os contratos do preponente, pelo menos em regra, já entra na linha de realizar algum ato jurídico tendente à formação do contrato que será concluído pelo empresário que o fez representar. É que a proposta recolhida pelo agente já traz em seu bojo um ato jurídico. O corretor não entra no campo dos atos jurídicos. Sua atividade cinge-se à aproximação dos clientes ao comitente. Dá-se, portanto, uma atuação puramente material. Todo negócio final será entabulado e concluído entre as partes, ou seja, o cliente e fornecedor, de maneira que a atividade negocial propriamente dita nenhuma participação terá do corretor[65].

A interferência do corretor é *pontual*, incidindo em uma operação determinada. Nem sequer tem de acompanhar a execução do contrato depois de ter aproxi-

---

[63] Entretanto, a propriedade do bem passará do consignante diretamente ao terceiro: "a propriedade é do consignante até que se realize a venda, de modo que esta passará, caso realizada a venda, diretamente para o adquirente" (ZANETTI, Ana Carolina Devito Dearo. *Contrato de distribuição: o inadimplemento recíproco*. São Paulo: Atlas, 2015, p. 47). No mesmo sentido: FORGIONI, Paula A. *Contrato de distribuição*, cit., p. 75.

[64] LELOUP, Jean-Marie. *Agents commerciaux*, cit., nº 354, p. 63.

[65] FOURNIER, Frédéric. *L'agence commerciale*, cit., p. 22-23.

mado as partes. Sua missão não tem, pois, a feição de permanência que caracteriza o agente[66].

110.5. Agente e viajante ou pracista (contrato de agência e contrato de trabalho)

O agente, por sua própria definição legal, presta serviços à empresa sem estabelecer com ela um vínculo empregatício. O viajante ou pracista, embora do ponto de vista prático realize atividade econômica igual à do agente – pois angariam ambos clientela para a empresa –, liga-se ao preponente de maneira diversa[67]. É um empregado dele. Suas tarefas são comandadas hierarquicamente pelo empregador. Não dispõe de autonomia alguma para organizar seu serviço[68].

O agente, embora preposto, porque não negocia o fornecimento em nome próprio e opera sempre em nome e por conta do representado, age, contudo, como empresário e não como empregado[69]. Tem sua sede própria, seu escritório, sua empresa de representação, que organiza e dirige com liberdade e autonomia[70].

É, em suma, a ausência de um contrato de trabalho que caracteriza o agente comercial e o distingue do viajante ou pracista, na tarefa da conquista de clientela para a empresa a que servem uns e outros.

---

[66] LELOUP, Jean-Marie. *Agents commerciaux cit.*, nº 354, p. 64. Para Gustavo Tepedino "o agente mantém vínculo estável com o proponente, por conta de quem promove, de forma permanente, número indefinido de negócios, ao passo que o corretor intervém de forma esporádica, promovendo pontualmente determinado negócio ou grupo de negócios por conta de seu cliente. Ademais, a imparcialidade que caracteriza a atividade do corretor falta ao agente, que deve agir no melhor interesse do proponente, com o qual mantém relação permanente de colaboração" (TEPEDINO, Gustavo. Das várias espécies de contrato. Do mandato. Da comissão. Da agência e distribuição. Da corretagem. Do transporte. Arts. 653 a 756. In: TEIXEIRA, Sálvio de Figueiredo (coord.). *Comentários ao novo Código Civil*. Rio de Janeiro: Forense, 2008, v. X, p. 289-290).

[67] "Quanto aos viajantes e pracistas, vendendo por conta e risco de outrem, não são vendedores em nome próprio, e integram a empresa a que prestam serviços, enquanto o agente ou representante constitui ele próprio uma empresa. Figuram o viajante e o pracista como prepostos encarregados de vender mercadorias em diversas praças, as quais devem visitar periodicamente" (RIZZARDO, Arnaldo. *Contratos*, cit., p. 743).

[68] "O viajante ou pracista está sempre ligado a um *contrato de trabalho* e sob os benefícios da lei trabalhista, enquanto o agente comercial não deve estar vinculado a um contrato de locação de serviços, e com maior razão a um contrato de trabalho" (FOURNIER, Frédéric. *L'agence commerciale*, cit., p. 21).

[69] GIORCELLI, Mariaelena. La nozione di agente di commercio, cit., p. 126 e 128.

[70] "O *viajante* ou pracista não pode se subtrair ao controle e direção que exerce sobre ele seu empregador. Sua autonomia limita-se ao fato de não trabalhar no recinto da empresa (...) ele permanece submetido sempre às ordens e instruções do empregador. O *agente*, por seu lado, exerce sua atividade com total independência" (FOURNIER, Frédéric. *L'agence commerciale*, cit., p. 21).

Seção IV: Da Agência e Distribuição · Cap. I – Noções Gerais | 193

Costumam-se arrolar as seguintes e principais distinções entre agente e representante assalariado:

a) O *viajante* ou pracista não pode contratar pessoal para desempenhar a *representação* que lhe cabe. Já o agente comercial é um empresário, um profissional independente, que pode livremente organizar sua empresa, da maneira que melhor lhe convier.

b) O *viajante* ou pracista não tem iniciativa pessoal, é hierarquicamente subordinado ao comando do empregador.

c) O *viajante* ou pracista não pode aceitar representação de outras empresas. O *viajante* não é mandatário e não capitaliza clientela. Não faz jus, por isso, às indenizações legais devidas ao agente autônomo[71].

d) O *viajante* ou pracista somente pode ser pessoa física, enquanto o *agente* pode ser indiferentemente pessoa física ou jurídica[72].

e) O *viajante* ou pracista não pode contratar sub-representantes, a não ser mediante autorização do empregador. A lei, no entanto, assegura ao agente a faculdade de contratar subagentes[73].

110.6. Agência e locação de serviços

No contrato de locação de serviços o objeto negociado é a força de trabalho do locador – seja do ponto de vista físico ou intelectual – que se põe à disposição do locatário, o qual, por sua vez, irá se beneficiar do resultado desse labor.

Sem dúvida, a agência comercial se desenvolve sobre o pressuposto de uma prestação de serviços da parte do agente em benefício do fornecedor. Nesse sentido, deve-se reconhecer que "a locação de serviços é um elemento da representação comercial"[74]. Não se resume, todavia, a uma simples locação de serviços.

É que a locação de serviços objetiva "fatos materiais": o locador de serviços, no dizer de Vivante, "põe à disposição do locatário sua capacidade técnica, mecânica ou profissional[75]. O agente comercial, contudo, vai além dos resultados materiais e proporciona ao representado *fatos de natureza jurídica*. Tanto é assim que foi a partir da noção de mandato que se pôde teorizar e especializar a figura do representante comercial.

O agente, portanto, não se confunde com o simples locador de serviços porque realiza, em prol do representado, *atos de vontade* e não apenas *atos materiais*.

---

71 LELOUP, Jean-Marie. *Agents commerciaux*, cit., nº 322, pp. 49-50.

72 FOURNIER, Frédéric. *L'agence commerciale*, cit., p. 22.

73 FOURNIER, Frédéric. *L'agence commerciale*, cit., p. 22.

74 REQUIÃO, Rubens. *Do representante comercial*, cit., nº 20, p. 43.

75 VIVANTE, Cesare. *Apud* REQUIÃO, Rubens. *Do representante comercial*. 5. ed. Rio de Janeiro: Forense, 1994, nº 20, p. 43.

Não é um simples mensageiro ou transmitente de vontade manifestada por outrem. A negociação intermediada pelo agente já é negócio jurídico, capaz de vincular as partes[76].

Uma vez que a subordinação hierárquica caracteriza o contrato de trabalho e descaracteriza o contrato de agência, é irrelevante, na prática, a circunstância de o empregador rotular de representação comercial um ajuste com o preposto que fica inteiramente submisso ao comando do preponente. A forma não muda a substância do negócio. Daí a advertência de Baldassari: irrelevante, para efeitos de uma configuração substancial da relação como relação de agência ou relação de trabalho subordinada, é, pois, o *nomem iuris* atribuído pelas partes ao contrato.[77].

Se, nessa ordem de ideias, as partes deram ao seu ajuste o nome de agência ou representação comercial, mas impuseram rígida sujeição hierárquica à rotina de trabalho do agente, como horário, itinerário, rol de clientes a visitar, remuneração fixa, uso de veículos da própria empresa e outros dados reveladores da completa falta de independência do preposto, a quem nada mais cabe do que cumprir ordens ou comandos da empresa, o contrato não será de agência, mas de trabalho e se regerá pelas leis trabalhistas (e não pelo Código Civil)[78].

110.7. Agência e distribuição por conta própria (revenda), ou concessão comercial

A colocação da produção industrial no mercado raramente se faz, no mundo atual, por negociação direta entre produtor e consumidor. Quase sempre se estabelece uma *intermediação* entre empresários, formando-se uma cadeia de negócios, que envolve sucessivas compras e vendas: uma empresa vende a matéria-prima ao fabricante; este a transforma em manufaturados, que em seguida são vendidos aos

---

[76] Os poderes do agente não são referentes a *simples atos materiais* (como do empregado ou do prestador de serviços). Sua função é negociar contratos (colher pedidos ou propostas). O agente, por meio do poder de negociar, o que ele realmente oferece "é um ato jurídico" (a proposta já é, em si, ato jurídico). É justamente isto o que diferencia a locação de serviços do mandato. Não é a representação, mas sim a presença de *ato jurídico* a se realizar por meio do agente (LELOUP, Jean-Marie *Agents commerciaux*, cit., nº 335, p. 55).

[77] "*Irrilivante, ai fini di una sostanziale configurazione del rapporto quale rapporto di agenzia o rapporto di lavoro subordinato, è, poi, il nomen iuris attribuito dalle parti al contrato*" (BALDAS-SARI, Augusto. *Il contratto di agenzia*. Padova: Cedam, 2000, nº 26.3, p. 117).

[78] "*Nella qualificazione di un rapporto di lavoro come autonomo o subordinato occorre aver riguardo, al di fuori di ogni criterio formalistico, alla effettiva natura e al reale contenuto del rapporto medesimo, nonché alle modalità di espletamento delle mansioni che costituiscono l'oggetto delle prestazioni lavorative senza che il nomen iuris cui le parti contraenti si sono riferite possa essere di ostacolo ad una diversa qualificazione quando il giudice ritenga che essa corrisponda alla sostanza del rapporto (Cass. 15.11.1988, nº 6.171)*" (BALDASSARI, Augusto. *Il contratto di agenzia*, cit., p. 117-118).

atacadistas; estes, por sua vez, os vendem aos varejistas que, no fecho da cadeia econômica, os revendem ao consumidor final.

Essa colaboração entre os elos da cadeia econômica pode acontecer de maneira avulsa, como contratos eventuais e isolados, ou pode se envolver numa relação contratual duradoura que gere a obrigação entre os empresários de comprar e vender, com habitualidade e sob certas condições, os produtos de um deles (contratos-quadros).

Se a articulação entre produtores e revendedores assume o feitio de uma convenção duradoura, tem-se o *contrato de distribuição*, que pode ser simples ou complexo[79]. Na sua manifestação mais simples, a distribuição se exterioriza como *contrato de fornecimento*: o produtor se obriga a fornecer certo volume de determinado produto, e o revendedor se obriga a adquiri-lo, periodicamente. Não há uma remuneração direta entre fornecedor e revendedor. Este se remunera com o lucro que a revenda dos produtos lhe proporciona. O fornecedor, por sua vez, não exerce interferência alguma na gestão do negócio do revendedor.

A colaboração empresarial, contudo, pode ser mais ampla, de maneira que o produtor exerça certa interferência na atividade do revendedor, criando um sistema racional de conjugação de esforços até a colocação do produto junto ao consumidor final. O revendedor, naturalmente, continuará negociando os produtos por conta própria e em nome próprio. Sujeitar-se-á, porém, a algumas regras, de orientação geral, traçadas pelo fornecedor. Se há entre eles uma independência jurídica, o mesmo não se passa na organização econômica da revenda. A ingerência do fornecedor no empreendimento do revendedor produz uma *subordinação econômica*.

Essa modalidade de contrato de colaboração, com interferência econômica do fornecedor sobre o negócio do revendedor, configura o que modernamente se denomina *contrato de concessão comercial*, que não raro envolve outros negócios entre as partes, como uso de marca, assistência técnica etc.[80].

Entre os contratos de concessão comercial assumiram grande relevo os chamados *contratos de franquia*. Para Rubens Requião, a franquia comercial não é um

---

[79] A distribuição comercial, em sentido amplo, pode ser entendida "como um conjunto de métodos de venda e de revenda, mobilizando diversos tipos de operadores, fabricantes e distribuidores, engajados na difusão de um ou de vários produtos", podendo ser executada por venda direta ou por intermediários (FOURNIER, Frédéric. *L'agence commerciale*, cit., p. 7).

[80] A concessão comercial não se confunde com uma sucessão de compras e vendas, embora se estabeleça sobre o pressuposto dessa modalidade contratual. "No contrato de concessão comercial o concessionário adquire, por compra, os produtos de marca da concedente, para revendê-los com exclusividade numa região designada, comprometendo-se a adotar na sua empresa determinados métodos organizativos e assegurando assistência pós-venda". Trata-se de um negócio complexo, pois, além da compra e venda, em seu contexto estão presentes "o contrato de fornecimento, o contrato de prestação de serviços e, ainda, em certas ocasiões, o contrato de mandato mercantil e o de empreitada" (REQUIÃO. Rubens. *Do representante comercial*, cit., p. 41).

contrato distinto da concessão comercial, podendo estabelecer-se sinonímia entre os dois[81].

No entanto, a doutrina majoritária aponta traços da *franquia* que lhe outorgariam uma identidade jurídica capaz de separá-la dos comuns casos de concessão comercial, como se demonstrará no tópico seguinte.

Todas as formas de contrato de distribuição – fornecimento ou concessão – distinguem-se do contrato de agência em dois aspectos básicos: a *autonomia* e a *remuneração* da intermediação. O agente (representante comercial) não pratica o negócio de colocação dos produtos do representado em nome próprio; atua apenas em nome e por conta do representado[82]. Já o concessionário ou revendedor torna-se dono da mercadoria que o fornecedor lhe transfere, e a negocia com o consumidor em nome próprio e por sua própria conta[83].

Mesmo quando a lei admite que o agente atue também como distribuidor (art. 710 do Código Civil), ele não se transforma num *concessionário comercial*. É que a mercadoria que o fornecedor coloca em poder do agente-distribuidor é objeto apenas de depósito ou consignação. O representante não a adquire do representado, de modo que a venda para o consumidor não assume a natureza de uma revenda. Juridicamente quem vende é o fornecedor e não o agente-distribuidor. A interferência deste na pactuação e execução do negócio final é de um mandatário e não de um revendedor[84].

Não é correta, portanto, a inteligência que alguns apressadamente estão dando ao artigo 710 do Código Civil, no sentido de ter sido nele disciplinado tanto a representação comercial como a concessão comercial[85]. O dispositivo cuidou exclu-

---

[81] REQUIÃO, Rubens. *Do representante comercial*, cit., p. 42.

[82] "O agente comercial não adquire jamais a propriedade do bem que ele é encarregado de vender em nome do mandante (...). Ele não age por sua própria conta (...). Diferentemente do concessionário, seu papel é de promover a distribuição ou mesmo a compra de serviços ou produtos por conta de outrem" (FOURNIER, Frédéric. *L'agence commerciale*, cit., p. 25).

[83] "O concessionário é um intermediário, isto é, ele compra os produtos para revender (...). Acrescente-se a isto que ele detém, pois, a propriedade dos bens que vende em seu nome e por sua própria conta, o que não ocorre com o agente comercial" (FOURNIER, Frédéric. *L'agence commerciale*, cit., p. 24); GIORCELLI, Mariaelena. *La nozione di agente di commercio*, cit., p. 116.

[84] "A venda de exemplares avulsos e a captação de assinantes de jornal, mediante remuneração por comissão a agente com zona determinada e que atua em caráter não-eventual, são elementos que configuram a representação comercial. A representação comercial não se confunde com a distribuição. O representante comercial age por conta do representado, enquanto a atividade do distribuidor envolve a revenda. Se a empresa jornalística visa o lucro e se vê regida pela Lei nº 6.404/76, inequívoca está sua natureza comercial, ainda que detenha algumas características de sociedade civil" (TJRGS, Ap. 70000956383, 15ª CC., Rel. Des. José Conrado de Souza Júnior, ac. 14.03.2001, *RJTJRGS* 213/299).

[85] "Embora não haja consenso doutrinário, o contrato de agência se identifica com o de representação comercial e o de distribuição com o de concessão de venda" (FELIPE, Jorge Franklin

Seção IV: Da Agência e Distribuição • Cap. I – Noções Gerais | **197**

sivamente do *contrato de agência*, como negócio que anteriormente se denominava *contrato de representação comercial*. A *distribuição* de que cogita o art. 710 é aquela que, eventualmente, pode ser autorizada ao agente, mas nunca como revenda, e sempre como simples ato complementar do agenciamento. Dentro da sistemática da preposição que é inerente ao contrato de agência, as mercadorias de propriedade do preponente são postas à disposição do agente-distribuidor para entrega aos compradores, mas tudo se faz em nome e por conta do representado.

Nesse sentido o enunciado 31 da I Jornada de Direito Comercial, realizado pelo Centro de Estudos Judiciários do Conselho da Justiça Federal: "o contrato de distribuição previsto no art. 710 do Código Civil é uma modalidade de agência em que o agente atua como mediador ou mandatário do proponente e faz jus à remuneração devida por este, correspondente aos negócios concluídos em sua zona. No contrato de distribuição autêntico, o distribuidor comercializa diretamente o produto recebido do fabricante ou fornecedor, e seu lucro resulta das vendas que faz por sua conta e risco".

Aliás, a Lei nº 4.886/65, quando regulamentou a atividade do representante comercial, já previa a possibilidade de ser ele encarregado da execução da venda, em nome do representante (art. 1º e seu parágrafo único); sem que isso desnaturasse a representação comercial em sua essência e a transformasse em concessão comercial.

O contrato de distribuição em nome próprio (*a concessão comercial*) continua sendo atípico, mesmo porque a infinita variedade de convenções que os comerciantes criam no âmbito da revenda autônoma torna quase impossível sua redução ao padrão de um contrato típico. Apenas para o caso dos revendedores de veículos é que, pelas características e relevância do negócio, o legislador houve por bem tipificar o contrato de concessão comercial (Lei nº 6.729/79).

Outra distinção que se fez com nitidez entre o contrato de agência e o *contrato de revenda* (distribuição por conta própria, ou concessão comercial) situa-se na remuneração do intermediário do processo de circulação dos produtos. O agente (mesmo quando exerce a distribuição) é remunerado, quanto ao serviço de intermediação, pelo fornecedor (o representado), segundo o volume e o preço das operações agenciadas. O concessionário nada recebe do fornecedor pela colaboração exercida na colocação de seus produtos. A remuneração que alcança se traduz nos lucros que a revenda lhe proporciona.

Alves; ALVES, Geraldo Magela. *O novo código civil anotado cit.*, p. 136). "O novo Código Civil aproximou o contrato de distribuição do contrato de agência, por considerar diversas semelhanças entre essas figuras contratuais" (LILLA, Paulo Eduardo. O abuso de direito na denúncia dos contratos de distribuição: O entendimento dos Tribunais Brasileiros e as disposições do novo Código Civil. Disponível em: http://www.socejur.com.br/artigos/contratos. doc. Acesso em 29.07.2002, p. 10).

Em suma não é a operação econômica da distribuição que distingue a agência da concessão comercial. Há distribuição (ou pode haver distribuição) tanto por meio do contrato de agência como do contrato de concessão comercial. Distribuição é um gênero que corresponde aos vários tipos de contrato de colaboração empresarial[86]. A distribuição, porém, pode realizar-se por conta do fornecedor ou por conta do próprio distribuidor. Se não há venda e revenda de produtos, o contrato fica no plano da agência; se há, entra-se no âmbito da concessão comercial. E, assim, distingue-se a *distribuição por conta alheia* (mera preposição, sem independência jurídica do agente) da *distribuição por conta própria* (concessão comercial)[87].

Esta, enfim, pode ser tecnicamente conceituada como o contrato atípico por meio do qual uma pessoa, o concedente, ajusta com outra, o concessionário, o direito de revender seus produtos num determinado território[88], com exclusividade ou não, e mediante autonomia empresarial, mas sujeito à supervisão do concedente.

Voltaremos ao tema da concessão comercial, nos comentários relativos aos ressarcimentos cabíveis na ruptura ou cessação do contrato (art. 721).

110.8. A doutrina de Miguel Reale sobre o agente distribuidor

Para o Prof. Miguel Reale, o que distingue a concessão comercial de contrato de distribuição é a exclusividade. Se a revenda é concedida pelo fabricante ao comerciante com caráter de exclusividade, o contrato é de *concessão comercial*; se não há exclusividade, o que há é simples *distribuição*, como modalidade de contrato de agência[89].

Data venia, a conclusão é equivocada. Em primeiro lugar porque, mais do que a exclusividade, o que caracteriza a concessão comercial é a subordinação econômica em que se coloca o concessionário frente ao concedente, porque embora comercie com autonomia jurídica, não se pode afastar do plano geral da rede criada pelo concedente. Depois porque o que distingue, substancialmente, a *concessão co-*

---

[86] *"La distribution est une opération économique (1) étudiée pour la première fois, par Jean-Baptiste Say, comme l'un des trois stades de l'activité économique (2), suivant celui de la production, précédant celui de la consommation"* (FERRIER, Didier. *Droit de la distribution*. 3. ed. Paris: Litec, 2002, p. 1).

[87] Interpretando o texto do projeto que veio a se transformar no art. 710 do novo Código Civil, Rubens Requião observa que o *negócio de distribuição* ali mencionado "decorre do depósito da mercadoria em mãos do agente do produtor. Este não adquire a mercadoria para revendê-la. Fica ela depositada em seu poder, para distribuí-la, fazendo chegar às mãos dos compradores... é ele um vendedor a serviço da empresa produtora" (*Do representante comercial*, cit., p. 39).

[88] No direito francês, a exclusividade é elemento essencial para a concessão comercial (DISSAUX, Nicolas; LOIR, Romain. *Droit de la distribution*, cit., p. 416).

[89] REALE, Miguel. *Temas de direito positivo*. São Paulo: RT, 1992, p. 83.

mercial da *agência* é sempre atuar o concessionário em nome próprio, por sua conta e risco, como revendedor de mercadorias que já lhe pertencem, enquanto o agente sempre atua em nome e por conta de outro empresário (o preponente). Quando o agente acumula a função de *distribuidor*, ele não perde a qualidade de mediador de negócios alheios; ele apenas conclui o contrato e entrega as mercadorias em nome do preponente. Ele nunca compra a mercadoria para revender. Se o fizesse, transformaria seu negócio em contrato de concessão comercial ou em simples contrato de fornecimento.

O art. 710 não deixa lugar para dúvida, quando primeiro define o agente como promotor de negócios à conta de outrem, e depois quando o qualifica o distribuidor como o agente que tem à sua disposição a coisa a ser negociada. De forma alguma, portanto, o distribuidor, na estrutura do art. 710, é um revendedor. Ele é invariavelmente alguém que realiza a simples intermediação de negócios para o preponente, em cujo nome e conta todos serão praticados e concluídos. As mercadorias do preponente, quando distribuídas pelo agente, permanecem em seu poder apenas a título de depósito. Não há como, dessa maneira, qualificar um revendedor não exclusivo como agente distribuidor.

110.9. Contrato de franquia

Há quem negue autonomia ao contrato de franquia, já que poderia ser visto como simples modalidade da concessão comercial[90].

A Lei nº 8.955, de 15.12.1994, no entanto, atribuiu conceito e conteúdo próprios, tornando-o contrato típico, que tem grande afinidade com a concessão comercial, mas dela se pode distinguir pelo destaque de certos elementos que lhe são essenciais.

Pelo art. 2º da Lei nº 8.955, de 15.12.1994, o contrato de franquia é aquele "pelo qual um franqueador cede ao franqueado o direito de uso de *marca* ou *patente*, associado ao direito de *distribuição exclusiva* ou *semiexclusiva* de produtos ou serviços, e eventualmente, também ao direito de uso de tecnologia de implantação e administração de negócio ou sistema operacional desenvolvidos ou detidos pelo franqueador, mediante remuneração direta ou indireta, sem que, no entanto, fique caracterizado vínculo empregatício".

Tecnicamente, a franquia integra o grupo dos contratos de colaboração empresarial, sendo que um dos elementos que a distingue dos demais contratos de distribuição, tipificados ou não, é a concessão de uso de marca. "É ela que permite ao franqueado beneficiar-se da clientela potencial que se liga aos produtos e ser-

---

[90] "Sustentamos que a franquia comercial nada mais é do que a concessão comercial, palavras que afinal são sinônimas" (REQUIÃO, Rubens. *Do representante comercial*, cit., nº 19, p. 42).

viços do fabricante e identifica o franqueado como integrante de uma rede de distribuição". Nessa ordem de ideias, "a cessão do direito de uso de uma marca, e dos demais signos distintivos da rede eventualmente existentes, é, destarte, essencial no contrato de franquia empresarial, e não se substitui pela cessão de uma patente"[91].

Outros elementos essenciais do contrato de franquia são o dever de transmissão de tecnologia de implantação e administração do negócio ou sistema operacional, entre o franqueador e o franqueado, bem como de permanente assistência daquele sobre toda a rede de franqueados[92].

Nelson Abrão, por isso, reportando-se a ensinamento de Rubens Requião e Fábio Comparato, coteja os contratos de concessão comercial e de franquia, apontando os pontos distintivos entre as duas importantes figuras negociais, na forma que se segue.

Assim, "o aspecto fulcral da *concessão* de venda com exclusividade consiste na distribuição de produtos, sendo a licença de uso da marca ou a eventual prestação de serviços do concedente ao concessionário meros acessórios do pacto principal, que estipula a exclusividade na distribuição dos produtos, ou seja, bens fabricados pelo concedente, enquanto que, na *franquia*, o essencial é a licença de utilização da marca e a prestação de serviços de organização e métodos de venda pelo franqueador ao franqueado (...). Por conseguinte, na concessão de venda, o concessionário é simples intermediário entre o concedente e o público consumidor; enquanto na franquia, o franqueado pode ser, de próprio, produtor de bens ou prestador de serviços" (desde que o faça segundo a organização e assistência técnica do franqueador). Em outras palavras: "na franquia comercial, além da cessão do uso da marca, o franqueador propicia ao franqueado meios para facilitar a comercialização dos produtos e serviços, consistentes ao que se chama de *engineering, management* e *marketing*"[93].

O contrato de franquia como especialização da concessão mercantil não pode confundir-se com o contrato de agência. O franqueado é um empresário que negocia por conta própria e em nome próprio. Não é um mediador como o agente, que só atua em nome e por conta do preponente[94].

---

[91] MELLO, Adriana Mandim Theodoro de. *Franquia empresarial*. Rio de Janeiro: Forense, 2001, nº 4.2.7, p. 65.

[92] MELLO, Adriana Mandim Theodoro de. *Franquia empresarial*. Rio de Janeiro: Forense, 2001, nº 4.2.8 e 4.2.9, p. 66-67.

[93] ABRÃO, Nelson. *Da franquia comercial*. São Paulo: Revista dos Tribunais, 1984, p. 8-9. Nesse sentido: LOBO, Jorge. *Contrato de franchising*. Rio de Janeiro; Forense, 1997, nº 24, p. 11.

[94] Na Itália, esse é também o entendimento doutrinário (SARACINI, Eugenio; TOFFOLETTO, Franco. *Il Código Civile Commentario*, cit., p. 157-158).

Capítulo II

ELEMENTOS IDENTIFICADORES DA AGÊNCIA

Sumário: 111. Os elementos essenciais do contrato de agência – 112. Nature-za jurídica – 113. Sujeitos do contrato de agência: 113.1. A nomenclatura legal – as partes no contrato de agência; 113.2. Obrigatoriedade do registro profis-sional – 114. O objeto do contrato de agência – 115. A zona – 116. A forma.

111. OS ELEMENTOS ESSENCIAIS DO CONTRATO DE AGÊNCIA

Segundo a definição legal do contrato de agência, contida no art. 710 do Có-digo Civil, sua estrutura fundamental envolve a combinação de quatro elementos essenciais[1]:

a) o desenvolvimento de uma atividade de promoção de vendas ou serviços por parte do agente, em favor da empresa do preponente;

b) o caráter duradouro da atividade desempenhada pelo agente (habituali-dade ou profissionalidade dessa prestação);

c) a determinação de uma zona sobre a qual deverá operar o agente;

d) a retribuição dos serviços do agente em proporção aos negócios agencia-dos.

Nessa ordem de ideias, pode-se afirmar que, na concepção legal, para con-figurar-se contrato de agência, é necessário que uma parte (o agente) assuma de forma duradoura a função de promover, mediante remuneraçao, a formaçao de negócios, e eventualmente de concluí-los e executá-los, sempre por conta da outra parte (o preponente) e dentro de uma determinada zona[2].

---

[1] BALDASSARI, Augusto. *Il contratto di agenzia*, cit., nº 1, p. 1-2. Para Carlos Alberto Bittar, são características do contrato de representação ou agência "a profissionalização; a habituali-dade; a independência de ação; a delimitação da área de atuação, com ou sem exclusivi-dade, conforme o caso, e a remuneração em função dos negócios efetivados, podendo ser variável, em percentual sobre o valor das operações concretizadas, ou fixa, em valor certo para determinadas operações" (BITTAR, Carlos Alberto. *Contratos comerciais*. Rio de Janeiro: Forense Universitária, 1990, p. 83).

[2] BALDASSARI, Augusto. *Il contratto di agenzia*, cit., nº 1, p. 2.

112. NATUREZA JURÍDICA

O contrato de agência integra a classe dos contratos de distribuição comercial, nos quais o agente desenvolve um papel importante na colocação no mercado dos produtos gerados ou comercializados pela empresa preponente, de maneira que esta, em última análise, se beneficia da contínua obra promocional levada a efeito pelo agente junto à clientela.

Contratos de distribuição, todavia, não são sinônimos de contratos de revenda de mercadorias. Configuram um gênero no qual se inserem vários tipos negociais todos voltados para a chamada colaboração empresarial, tais como a comissão mercantil, a representação comercial, a concessão comercial, a franquia, a corretagem, a concessão do uso de marca etc.

O que traça a tipicidade do contrato de agência é que a atividade de colaboração empresarial na espécie se dá por meio de prestação do agente que têm por objeto o desempenho, em uma zona determinada, de uma atividade profissional dirigida à promoção e conclusão de contratos entre o preponente e os terceiros arrebanhados pelo preposto. Eventualmente os contratos agenciados podem ser concluídos e executados pelo próprio agente, não, porém, em nome próprio, mas sempre em nome e por conta do preponente[3].

De tal sorte, qualquer que seja a dimensão dos poderes do agente, os negócios por ele intermediados ou concluídos se aperfeiçoam diretamente na esfera jurídica do preponente e do terceiro adquirente. De forma alguma se pode ver no conteúdo do contrato de agência uma forma de compra e venda operada pelo agente, em seu próprio nome. Na conclusão do negócio intermediado o agente não é parte, de sorte que nele não se acha em jogo um *interesse jurídico* seu, mas apenas um *interesse econômico*, porque é na medida da consumação dos negócios pelo preponente que o agente adquire direito à remuneração pelos serviços de intermediação empresarial levados a efeito.

A construção da teoria do contrato de agência se fez por influência do direito francês a partir do mandato que, na espécie, seria uma modalidade excepcional daquele negócio, caracterizada pelo chamado mandato de interesse comum. Visto que tanto do lado do preponente como do agente, o objetivo perseguido é um só – formação e ampliação de clientela –, entendia-se que este desempenhava um man-

---

[3] Reportando-se à lição de Arnoldo Wald, afirma-se que "a atuação do profissional ou da empresa dirige-se para a mediação de negócios ou a simples aproximação das partes, que então celebram o negócio entre si. O representante não adquire os bens como o faz o distribuidor, mas sim opera em seu próprio nome e com o objetivo de colocação no mercado dos produtos fabricados pelo representado. Em regra, o representante também não pratica os atos de execução do contrato, ficando sua atuação limitada ao agenciamento de negócios, ou à coleta de pedidos de compra" (Comentário Editorial Síntese. *Revista Síntese de Direito Civil e Processual Civil*. nº 112, p. 224, mar.-abr./2018).

Seção IV: Da Agência e Distribuição • Cap. II – Elementos Identificadores da Agência | 203

dato que não dizia respeito apenas ao interesse do mandante, mas que igualmente se relacionava com seus próprios interesses. Assim, podia-se divisar "o *interesse comum* como qualificativo do mandato contido no contrato de agência comercial"[4].

Com isso, realizou-se a evolução do tratamento jurídico do agente da categoria de mandatário para a figura do "mandatário independente", profissional e empresário, "um mandatário que aja a título oneroso e em seu próprio benefício"[5]. A lei francesa ainda hoje identifica o agente comercial como um mandatário que como profissional independente, se encarrega de negociar contratos por ordem e conta de outros empresários (Lei nº 91-593, de 25.06.1991, que se adaptou à Diretiva Comunitária de 1986).

No entanto, depois que se estabeleceu um regime legal particular para a agência, não tem mais sentido atrelá-la à natureza jurídica do mandato. A independência que a lei confere ao agente comercial no exercício de sua atividade profissional faz dele um empresário que se encarrega de uma função com autonomia de objeto dentro da circulação do mercado.

A prática da agência comercial, nos moldes atuais da figura jurídica se afasta das concepções primitivas, apagando os liames com o mandato e consagrando uma liberdade de iniciativa muito acentuada. Além do mais, registra-se uma aproximação do regime legal da agência com o direito social, em defesa de interesses do agente (duração indeterminada do contrato, indenizações tarifadas, remuneração mínima etc.), o que também não é adaptável à figura do mandato.

Dentro da consagração da autonomia do *agente*, reconhecido como *profissional independente* e ainda em face do estabelecimento de um regime de *direito social* de proteção ao agente, não se pode continuar a insistir na conceituação do contrato de agência como forma de *mandato*.

A natureza jurídica do contrato de agência é hoje a de um *contrato típico*, que se formou a partir da ideia de profissionalização do mandato e, mesmo, por meio de "uma evolução das regras do mandato clássico". Assim, "o agente se beneficia de um estatuto originado de modificação de regras civis do mandato, seja sobre influência dos usos e regulamentos, seja do fato de uma abordagem econômica da agência que se desenvolveu recentemente". De tal sorte, "o agente comercial continua um mandatário, mas deve ser apreciado enquanto profissional do comércio"[6]. Na verdade, só por insistência histórica se mantém entre os franceses a doutrina da agência como modalidade de mandato. O que efetivamente se tem, entretanto, é um mandatário remunerado e profissional, que melhor se qualifica como *um profissional do comércio*, cuja atividade específica "consiste na realização de atos mate-

---

4 FOURNIER, Frédéric. *L'agence commerciale*, cit., p. 93.
5 FOURNIER, Frédéric. *L'agence commerciale*, cit., p. 8.
6 FOURNIER, Frédéric. *L'agence commerciale*, cit., p. 29.

riais que visam à *criação de uma corrente de negócios* para a difusão dos produtos e serviços de outra empresa[7]. Se se pretender comparar a agência atual com outros contratos típicos, sua afinidade será maior com o contrato de prestação de serviços do que com o de mandato, pois apenas excepcionalmente o agente se encarrega de tarefas que são próprias do mandatário[8].

No Brasil, a agência também é um contrato típico, que não se confunde com o mandato, embora possa o agente agir como representante do preponente. Como já se ressaltou, a obrigação fundamental do contrato de agência é o "dever de promover negócios a conta do proponente", compondo "seu conteúdo mínimo e irredutível, sem o qual restaria desfigurado o tipo contratual". Ressalta, ainda, Gustavo Tepedino, que essa promoção "diz respeito à fase preparatória a certo contrato, antecedente à sua celebração, não compreendendo, por isso mesmo, o dever de celebrá-lo", embora possa o agente "receber poderes do proponente para, em nome e por conta deste, celebrar o negócio". Entretanto, a atividade de representação não integra "a unidade de efeitos caracterizadora do tipo contratual". Assim, conclui o autor: "o Código Civil previu uma figura unitária do agente, que pode ou não – conforme as partes convencionarem – possuir poderes para representar o proponente, embora tal fato não repercuta na qualificação do contrato"[9].

Em suma, a natureza jurídica do contrato de agência, tal como se passa com os contratos de distribuição em geral, é a de um contrato bilateral, sinalagmático, oneroso, típico, de duração, não solene, consensual, comutativo e *intuito personae* (ver retro: item 25, do Capítulo IV, da Seção II; e item 56, da Seção III)[10].

113. SUJEITOS DO CONTRATO DE AGÊNCIA

De um lado coloca-se o preponente que tem bens e serviços a colocar no mercado; e de outro, o agente (um preposto) que é um profissional que se encarrega de colaborar na promoção dos negócios do preponente, sem estabelecer vínculo de subordinação a este e que deve ser remunerado em função do volume de operações promovidas.

Ambos, preponente e agente, são empresários, cada um dedicando-se a um ramo próprio de negócios. Um realiza a comercialização de suas mercadorias ou serviços (preponente) e outro exerce uma especial atividade profissional (o agente), que é a de angariar clientela para adquirir os produtos do primeiro.

Vê-se, pois, que o agente se apresenta como autêntico empresário porque seu serviço é desempenhado de forma autônoma e constitui um tipo de negócio de evidente valor econômico e jurídico, na circulação de bens do mercado.

---

[7]   FOURNIER, Frédéric. *L'agence commerciale*, cit., p. 36.
[8]   FOURNIER, Frédéric. *L'agence commerciale*, cit., p. 345.
[9]   TEPEDINO, Gustavo. *Comentários ao novo Código Civil*, cit., 2008, v. X, p. 269.
[10]   DISSAUX, Nicolas; LOIR, Romain. *Droit de la distribuition*, cit., p. 579-586.

Seção IV: Da Agência e Distribuição • Cap. II – Elementos Identificadores da Agência | **205**

O agente comercial, nessa ordem de ideias, desempenha uma atividade de mercado cujo requisito fundamental é a liberdade de iniciativa na prestação do serviço de agenciamento. Daí reconhecer-se sua posição de titular da própria empresa, em cuja organização e administração não interfere a empresa do preponente.

Dessa maneira, é inegável que o contrato de agência estabelece uma relação jurídica entre empresários, em função da qual o agente promove e às vezes conclui negócios em favor do preponente, mas sempre com plena liberdade de organizar seu trabalho e com assunção do risco de seu negócio de intermediação[11].

113.1. A nomenclatura legal – as partes no contrato de agência

A legislação italiana adota as expressões *agente* e *preponente* para indicar as duas partes do contrato de agência ou representação comercial (Código Civil italiano, arts. 1.742 e 1.753). A lei portuguesa que regula o mesmo contrato, sob influência da terminologia com que a *common law* identifica a *agency*, denomina de *agente* e *principal* os respectivos sujeitos. Há quem, todavia, censure a opção do Dec.-Lei nº 178/76, e preferiria que, em Portugal, fosse prestigiada a denominação de *proponente* (em lugar de *principal*), porquanto já era esta a palavra utilizada pelo direito português para nomear a contraparte dos "representantes comerciais não autônomos"[12], antes da legislação atual.

No Brasil, o novo Código Civil escolheu a nomenclatura recomendada pela antiga doutrina portuguesa, ou seja, *proponente* e *agente*, muito embora nos contratos de prestação de serviços com subordinação jurídica a tradição, entre nós, seja a de identificar o representado como *preponente* e não como *proponente*.

De fato, os léxicos nacionais não registram proponente com o sentido de denominar quem delega poderes de gestão a outrem; mas como aquele que "propõe algo". É, outrossim, o designativo *preponente* que identifica "aquele que constitui um auxiliar direto para ocupar-se dos seus negócios, em seu nome, por sua conta e sob sua dependência"[13]. Ademais, há um inconveniente de ordem prática. Na relação econômica desenvolvida pelo agente em prol do fornecedor, já há o cliente que, ao formular propostas endereçadas a este, também deverá ser identificado como *proponente*. Duas partes, portanto, em posições jurídicas diversas teriam titulação igual dentro do mesmo negócio. As confusões serão inevitáveis o que recomendaria o uso da designação *preponente* para o fornecedor.

---

[11] BALDASSARI, Augusto. *Il contratto di agenzia*, cit., nº 2, pp. 4-5; SARACINI, Eugenio; TOFFOLETTO, Franco. *Il Codice Civile Commentario*, cit., p. 45 e ss.

[12] NETO, Abilio. *Contratos comerciais*. Lisboa: Ediforum, 2002, p. 108; BRITO, Maria Helena. *O contrato de concessão comercial*. Coimbra: Almedina, 1990, nota 31.

[13] HOUAISS, Antonio. *Dicionário Houaiss da Língua Portuguesa*. Rio de Janeiro: Objetiva, 2001, verbetes preponente e proponente, p. 2.289 e 2.313.

113.2. Obrigatoriedade do registro profissional

Dispõe o art. 2º da Lei nº 4.886/65 que é obrigatório o registro do representante comercial nos Conselhos Regionais. E o art. 5º acrescenta que "somente será devida remuneração, como mediador de negócios comerciais, o representante devidamente registrado". O texto é defeituoso, dando a ideia de que aquele que exercer a atividade de agente comercial, sem o pressuposto do prévio registro, não teria direito à remuneração. O certo, porém, é que nenhum serviço lícito pode deixar de ser remunerado.

A falta do registro profissional pode privar das garantias e regalias típicas da profissão de representante comercial[14]. Não pode, todavia, impedir o mediador de perceber a justa contraprestação pelo serviço útil realizado em favor do preponente. A remuneração não será paga a título de representação comercial, segundo a lei especial que disciplina essa atividade, mas a título de prestação de serviços, conforme o direito comum. Por certo – como ensina Rubens Requião – se o agente comprova ter prestado de fato serviços ao preponente, proporcionando-lhe vantagens inerentes à intermediação, ainda que lhe falte o *status* legal de representante comercial, evidentemente "deverá ser ressarcido ou remunerado". Isto porque "é princípio de direito universal o da vedação do enriquecimento indevido, que, por sem dúvida, se verificaria numa tal hipótese, a não se admitir o que estamos sugerindo"[15].

O que se lhe pode retirar são os benefícios que a lei especial atribui especificamente ao representante comercial regular, como a presunção de exclusividade (art. 711), a indenização tarifada por dispensa imotivada (art. 718), a remuneração por vendas feitas diretamente pelo preponente (art. 714) etc. Nunca, porém, a remuneração correspondente ao serviço efetivamente desempenhado.

---

[14] Ricardo Nacim Saad entende ser necessário o registro prévio do agente para o exercício da profissão: "mister se faz que o representante comercial, quer seja pessoa jurídica, quer seja pessoa natural, esteja registrado no respectivo Conselho Regional, e esse registro preceda o início da atividade. (...) Embora não se cuida aqui de qualificação profissional, parece-nos que a Lei nº 4.886/65 instituiu exigência que não contraria a Lei Magna: obriga todos os pretendentes ao exercício da representação comercial a registrarem-se no Conselho Regional correspondente, registro esse que somente será alcançado mediante a apresentação das provas arroladas no art. 3º. (...) Assim, a falta do registro no Conselho Regional, além de não habilitar legalmente o representante, poderá gerar consequências negativas tanto para uns como para outros" (SAAD, Ricardo Nacim. *Representação Comercial*, cit., p. 49).

[15] REQUIÃO, Rubens. *Do representante comercial*, cit., nº 56, p. 103-104.

Seção IV: Da Agência e Distribuição • Cap. II – Elementos Identificadores da Agência | **207**

Como atividade empresarial, estranha, portanto, aos vínculos empregatícios, o contrato de agência pode ser pactuado tanto por pessoa física como por pessoa jurídica, nos dois polos da relação contratual. Em se tratando, porém, de profissão regulamentada, o agente, qualquer que seja ele, somente pode contratar a intermediação comercial, sob proteção da lei especial que a tutela, se estiver inscrito no Conselho Regional (Lei nº 4.886/65, art. 5º). No entanto, a jurisprudência tem julgado inconstitucional o referido artigo, ao condicionar o direito de cobrar a comissão ao registro do agente no Conselho Regional, ao argumento de tratar-se de "atividade não situada entre as que dependem de formação técnico-científica"[16].

Nesse sentido o entendimento do STJ: "os arts. 2º e 5º da Lei 4.886/65, por incompatíveis com norma constitucional que assegura o livre exercício de qualquer trabalho, ofício ou profissão, não subsistem válidos e dotados de eficácia normativa, sendo de todo descabida a exigência de registro junto a Conselho Regional de Representantes Comerciais para que o mediador de negócios mercantis faça jus ao recebimento de remuneração"[17].

114. O OBJETO DO CONTRATO DE AGÊNCIA

O contrato de agência, em sua feição típica, tem como objeto uma prestação de serviço entre empresários: a promoção de negócios constitui a obrigação fundamental que o agente contrai em favor do preponente.

O agente organiza com autonomia seu negócio e, pelos expedientes que livremente engendrar, dará cumprimento à obrigação contraída de angariar clientela para quem contratou seus especiais serviços.

Objeto, portanto, do contrato de agência, que é um contrato típico e de execução continuada, é uma atividade de promoção de negócios individuais, consistente na busca e visita da clientela, para coletar propostas ou encomendas a serem repassadas à empresa representada. Eventualmente, esse objeto pode ser ampliado,

---

[16] TJSP, 13ª CC., Ap. nº 184.141-2, Rel. Des. Mello Junqueira, ac. 18.02.1992, *RJTJSP* 137/270.

[17] STJ, 4ª T., REsp. 26.388/SP, Rel. Min. Sálvio de Figueiredo Teixeira, ac. 10.08.1993, *DJU* 06.09.1993, p. 18.035. No mesmo sentido, entendendo pela inconstitucionalidade do artigo em questão: "o artigo 5. da Lei 4.886/65, que declara indevida remuneração ao mediador de negócios comerciais não registrado no Conselho Regional de Representantes Comerciais, já era incompatível com a Constituição Federal de 1946 e incompatível manteve-se perante a 'superveniente' Constituição de 1967/69. Não cabimento, proclamado pela corte especial por voto majoritário, da declaração *incidenter* de inconstitucionalidade face a vigente Constituição de 1988. Norma legal considerada não vigorante e, pois, não incidente ao caso em julgamento, de cobrança de comissões por representante comercial não registrado. Precedente, para questão similar, da declaração de inconstitucionalidade pelo Pretório Excelso, do art. 7 da Lei 4.116/62, relativa aos corretores de imóveis" (STJ, 4ª T., REsp. 12.005/RS, Rel. Min. Athos Carneiro, ac. 20.04.1993, *DJU* 28.06.1993, p. 12.895).

para compreender a conclusão do contrato de venda e entrega das mercadorias. Quando esses poderes adicionais são incluídos no ajuste, o contrato é denominado de "agência e distribuição".

O objeto do contrato, todavia, continua sendo uma prestação de serviços profissionais na área da intermediação de negócios, visto que o agente não revende os produtos que o preponente apenas coloca à sua disposição[18]. A operação é toda ela desenvolvida e consumada em nome e por conta do preponente. O agente-distribuidor apenas representa o fornecedor, que, afinal, é o vendedor das mercadorias consignadas ao preposto e negociadas com a clientela. Não há, repita-se, revenda, mas apenas venda, operada entre o preponente e o consumidor.

Integra o contrato, da parte do preponente, a obrigação de remunerar o serviço prestado pelo agente, mas isto não corresponde a um preço fixo, e sim a um percentual sobre as operações úteis captadas pelo agente em benefício do representado.

Dessa forma, pode-se afirmar, em síntese, que característica essencial do contrato de agência é a promoção, mediante remuneração, de contratos por conta do preponente, ou seja, de negócios que venham a ser concluídos entre os terceiros e o preponente, ou que se concluam junto ao preposto, mas em nome do representado. Com essa noção do objeto contratual, excluem-se do campo da agência as vendas em nome próprio, que são objeto de outros contratos de colaboração empresarial, como os de fornecimento ou de concessão comercial, que em hipótese alguma se podem confundir com a figura delineada no art. 710 do Código Civil[19].

Outra grande característica do objeto da obrigação veiculada pelo contrato de agência é o caráter duradouro da prestação a cargo do agente. Trata-se de um contrato de duração, pelo que o agente se obriga a exercer habitualmente a intermediação de negócios em favor do preponente enquanto permanecer em vigor o ajuste.

O contrato de agência, nessa ordem de ideias, tem como objeto a atividade do agente, com caráter de *estabilidade*, voltada para a promoção, dentro de uma zona determinada, de contratos que serão concluídos pelo preponente, para cuja consecução empenhará múltiplas atividades, de impulso e de agilização, tudo em busca de conquistar, manter e incrementar a demanda dos produtos do preponente.

---

[18] As prestações pertinentes à conclusão da compra e venda, bem como a entrega da mercadoria, são vistas como obrigações *eventuais* e *acessórias*, já que não são típicas do contrato de agência. Sua função complementar é a de fazer mais concreta a operação negocial, sem, entretanto, descaracterizar o contrato típico de agência. Essas atividades ulteriores, que merecem o nome de *prestações acessórias*, não são – como ressalta Baldassari idôneas a desnaturar a causa típica da agência, que se conserva sempre, e apesar de tudo, aquela fixada no art. 1.742 do Código Civil italiano, e que corresponde ao art. 710 do Código brasileiro, ou seja, "a promoção de negócios" (Cf. *Il contratto di agenzia*, cit., 3.1.2, p. 12-13).

[19] BALDASSARI, Augusto. *Il contratto di agenzia*, cit., nº 3.1, p. 9-10.

115. A ZONA

Na definição legal do contrato de agência, a zona de atuação do agente apresenta-se como elemento essencial (art. 710).

Por zona, na espécie, entende-se, em princípio, o âmbito territorial dentro do qual o agente deverá atuar. O objetivo prático dessa delimitação geográfica é o de individuar o campo no qual o agente deve operar no interesse do preponente, assim como o de estabelecer, no interesse do próprio agente, os limites dentro dos quais possa excluir a concorrência de outros que desenvolvam igual atividade por conta do mesmo preponente[20].

A área geográfica de atuação do agente costuma ser definida em função da divisão oficial do território em Estados e Municípios. Nada impede, todavia, que se faça a delimitação por outros critérios como bairros, regiões estaduais ou nacionais, e até mesmo todo o país[21].

A rigor não pode ser juridicamente tratado como contrato de agência aquele em que não fica definida a zona de atuação do preposto. Não quer isto dizer, todavia, que o contrato desprovido de tal requisito, declarado obrigatório pela Lei nº 4.886 (art. 27, *d*), seja nulo ou inválido. Mas poderá descaracterizar-se como contrato de agência, de modo que as regras da figura típica elencadas pelo Código poderão não ser-lhe aplicáveis[22].

Por outro lado, a ideia de zona de atuação do agente, embora em regra se defina com base em elemento territorial, pode também ser fixada por outros critérios, como a determinação de um grupo ou uma classe de clientes, independentemente de pertencerem, ou não, à mesma região geográfica[23]. Para Gustavo Luís da Cruz Haical, esses critérios são subjetivos, sendo um *plus*, "o qual possibilita ao agenciado atribuir a outro agente a atuação, no mesmo espaço geográfico de um agente anteriormente contratado, sem que venha a realizar ato ilícito relativo por descum-

---

[20]   BALDASSARI, Augusto. *Il contrato di agenzia*, cit., nº 3.2, p. 17.

[21]   REQUIÃO, Rubens. *Do representante comercial*, cit., nº 142, p. 172.

[22]   Rubens Requião entende que, embora essencial o elemento *zona* para determinar o espaço de desempenho das atividades do representante, sua falta não torna nulo o contrato, "mas a representação se estenderá como de âmbito geral, podendo ser exercida em qualquer local" (*Do representante comercial*, cit., nº 142, p. 172). No mesmo sentido, Gustavo Tepedino: "na falta de indicação da zona geográfica, o contrato, embora atípico, não será nulo, em homenagem ao princípio da conservação, e, neste caso, a atuação do agente poderá se verificar em qualquer local" (TEPEDINO, Gustavo. *Comentários ao novo Código Civil*, cit., 2008, v. X, p. 272-273). Gustavo Luís da Cruz Haical entende que a falta de indicação da zona fará com que seja ela verificada "pelos usos do tráfico e as circunstâncias do caso analisado" (HAICAL, Gustavo Luís da Cruz. O contrato de agência e seus elementos caracterizadores, cit., p. 65).

[23]   MEDEIROS, Murilo Tadeu. *Direitos e obrigações do representante comercial*. Curitiba: Juruá, 2002, p. 27.

primento do dever de exclusividade de zona"[24]. Sendo, pois, admissível apurar-se a zona de atuação do agente por meio de outros elementos que não a delimitação territorial, não há razão para ter-se como nulo o contrato, a que falte a explicitação de tal elemento. Por um critério interpretativo pode-se deduzir que a intenção das partes tenha sido correlacionar a representação com o território em que habitualmente se colocam os produtos do preponente, ou até mesmo o de estendê-la por todo o território nacional. Parece ter razão Rubens Requião quando observa que, em matéria de representação comercial, as exigências que a lei faz como de caráter obrigatório, nem sempre conduzem à nulidade da avença quando inobservadas[25]. De fato, há vários exemplos no texto da Lei nº 4.886/65, apontados por Requião, em que a mesma exigência, depois de ser feita como obrigatória num dispositivo, é tratada como facultativa em outros. Além do mais, sendo incontestavelmente lei de ordem pública, concebida para tutelar uma importante classe de operadores do comércio, não seria razoável que, por simples omissão de certas cláusulas no ajuste, pudesse ser afastada sua incidência. É muito mais fácil aceitar que a omissão, que obviamente parte do preponente, redunde em presunções favoráveis ao agente e desfavoráveis àquela parte que, como estipulante, deveria zelar pela perfeição do ajuste (qual seja, o preponente).

Se o contrato pode ser estabelecido sem solenidade alguma, até mesmo de forma verbal, soa estranho considerá-lo nulo por falta de precisão acerca de alguma cláusula que a lei reputa importante. Estando sob a égide da ordem pública, o natural será validar a convenção, no interesse da parte mais vulnerável, e proceder a uma interpretação criativa ou integrativa para definir-lhe toda extensão.

A zona de atuação é, na verdade, um critério de delimitação de atribuições contratuais no tocante à intermediação de negócios confiada ao agente comercial e sobre os quais se estabelecerá a base de sua remuneração. Por vários meios se pode, no caso concreto, chegar ao conhecimento dos negócios que o preponente delegou ao agente e, a partir daí, delimitar-se a zona que, de fato, não tenha sido descrita expressamente no contrato.

A maior relevância da zona está no problema de respeitar-se a exclusividade da representação. Quando isto se dá, porém, o primeiro elemento a ser verificado é o da convenção de representação exclusiva, porque é muito raro que se estabeleça uma representação com o feito de exclusividade sem delimitar-lhe a zona de atuação. É intuitivo que não se pode ajustar uma exclusividade sem ligá-la a uma base qualquer que lhe dê dimensão e sustentação. Daí que o próprio ajuste de exclusividade terá, por sua natureza, de compreender sua extensão, que, certamente, indicará o suporte territorial ou outro qualquer, como o de um certo grupo de clientes

---

[24] HAICAL, Gustavo Luís da Cruz. O contrato de agência e seus elementos caracterizadores, cit., p. 65.

[25] REQUIÃO, Rubens. *Do representante comercial*, cit., nº 137, p. 167.

Seção IV: Da Agência e Distribuição • Cap. II – Elementos Identificadores da Agência | **211**

adrede definidos. De qualquer maneira, a definição da cláusula de exclusividade, por si só, quase sempre conduzirá à solução do problema acessório da zona.

116. A FORMA

O Código Civil, ao disciplinar o contrato de agência, não lhe impôs a submissão a qualquer tipo de forma especial[26]. A Lei nº 4.886/1965, que ainda continua vigendo (Cód. Civil, art. 721), na redação primitiva de seu art. 27 elencava diversas especificações que deveriam constar do contrato de representação "quando celebrado por escrito".

Uma vez que a Lei nº 8.420/1992, suprimiu a questionada ressalva, há quem interprete a inovação normativa como instituidora da obrigatoriedade da forma escrita para o contrato *sub examine*[27].

Parece-me, contudo, que a conclusão a extrair-se é justamente a oposta[28]. No texto primitivo admitia-se textualmente que o contrato tanto podia ser celebrado por forma escrita como oral. Mas a obrigatoriedade das diversas cláusulas enunciadas no dispositivo legal só se manifestaria quando o contrato fosse "celebrado por escrito". A suspensão da ressalva, portanto, teve o condão de tornar as exigências do art. 27 aplicáveis a todos os tipos de contrato de agência, e não mais apenas aos ajustados por escrito.

---

[26] No Código Civil francês, uma parte pode exigir da outra um escrito que mencione o conteúdo do contrato de agência (art. L. 134-2). Entretanto, não se reconhece a esse escrito a qualidade de requisito de validade contratual. Mesmo porque, a lei não estipula nenhuma sanção para sua falta. Resta, assim, apenas no plano probatório a regra de que o contrato de agência, em princípio, se prova por escrito (DISSAUX, Nicolas; LOIR, Romain. *Droit de la distribution*, cit., p. 580).

[27] SAITOVITCH, Ghedale. *Comentários à lei do representante comercial*. Porto Alegre: Livraria do Advogado, 1999, p. 94; SAAD, Ricardo Nacim. *Representação Comercial*, cit., p. 80.

[28] "De outra parte, para sua formação não se exige forma específica, sendo possível, inclusive, que seja celebrado oralmente, como ocorre no contrato de representação comercial autônoma" (TEPEDINO, Gustavo. *Comentários ao novo Código Civil*, cit., p. 268). Nesse sentido, a jurisprudência: "Representação comercial. A lei reguladora da atividade não obriga que o contrato de representação comercial seja celebrado exclusivamente por escrito" (TJRJ, 18ª Câm. Cível, Ap. nº 200500134659, Resl. Des. Nascimento Povoas Vaz, ac. 25.04.2006. In: TEPEDINO, Gustavo. *Comentários ao novo Código Civil*, cit., 2008, v. X, p. 268). "Representação comercial. Contrato verbal. Admissibilidade. Ação de indenização. Procedência. Rescisão sem justa causa. Indenização devida" (TJSP, 22ª Câm. De Direito Privado, Ap. 9234167-28.2008.8.26.0000, Rel. Des. Fernandes Lobo, ac. 20.09.2012, *DJe* 11.10.2012). "Apelação Cível. Indenizatória. Representação comercial. Contrato verbal. Comissões devidas sobre as vendas comprovadamente realizadas. Rescisão unilateral imotivada. Verbas indenizatórias legais a serem pagas pelo representado" (TJSC, 4ª Câm. De Direito Comercial, Ap. 2010.071789-0, Rel. Des. Lédio Rosa de Andrade, ac. 25.10.2011. In: SAAD, Ricardo Nacim. *Representação Comercial*, cit., p. 79).

Após a Lei nº 8.420/1992, portanto, o contrato de representação comercial (ou agência) tem de incluir os requisitos elencados ao art. 27, seja ele celebrado por escrito ou não.

Como a lei não impõe forma especial ao contrato de que se cuida, sua prova é livre e, segundo o art. 212 do Código Civil, pode ser feita mediante confissão, documento, testemunha, presunção ou perícia.

O CPC/2015 admite ser sempre possível a prova testemunhal (art. 442), devendo, entretanto, estar acompanhada de começo de prova escrita, emanada da parte contra a qual se pretende produzir a prova, se a lei exigir prova escrita da obrigação (art. 444).Como não há previsão legal de prova escrita em relação ao contrato de agência, a conclusão é que poderá ser comprovado até mesmo por prova exclusivamente testemunhal. Em todo caso, na prática, não será difícil de obter no caso da agência, começo de prova escrita, pois sempre haverá recibos, prestações de contas, depósitos, pedidos etc. que darão o suporte escrito ao princípio de prova do contrato prevista no parágrafo único do art. 227 do CC.

Como lembra Rubens Requião, "a prova mais comum é realizada através de correspondência e por meio de lançamentos contábeis nos livros do representante ou do representado, revestidos das solenidades legais. A *prova*, para o referido autor, será necessariamente escrita, sem o que o contrato não seria exequível. A testemunhal constituirá prova meramente subsidiária ou complementar da prova por escrito"[29], como quer o art. 227, parágrafo único, do Código Civil.

Uma coisa é o contrato, outra a prova. O contrato não solene pode ser ajustado por acordo verbal qualquer que seja o respectivo valor. E sua prova, consoante a legislação material e processual mesmo quando exigida a forma escrita pela lei material, poderá ser feita por meio de testemunha, desde que acompanhada de um começo de prova por escrito. Não é necessário, portanto, que o contrato de agência seja reduzido a um instrumento escrito, ao tempo de sua celebração e nem se exige a prova escrita para a sua demonstração.

O Código Comercial já estatuía que os contratos mercantis podem-se provar, além das escrituras públicas e dos escritos particulares, pela correspondência epistolar, pelos livros dos comerciantes e por testemunhas (art. 122). Independentemente do valor, o contrato de agência pode, então, à falta de instrumento público ou particular, ter sua prova aferida por talões de pedidos, notas fiscais, correspondências, lançamentos de crédito das comissões etc.[30]

A informalidade do contrato de agência é a nota marcante do direito comparado. Na Comunidade Econômica Europeia, a Diretriz Comunitária deixou a disciplina da forma a critério do legislador local. No entanto, dos quinze Estados-

---

29   REQUIÃO, Rubens. *Do representante comercial*, cit., nº 134, p. 166.

30   MEDEIROS, Murilo Tadeu. *Direitos e obrigações do representante comercial*, cit., p. 23.

Seção IV: Da Agência e Distribuição • Cap. II – Elementos Identificadores da Agência | 213

-Membros somente a Grécia e Luxemburgo exigem a forma escrita para o contrato de agência. Este último, porém, prevê que, à falta do escrito, o agente pode demonstrar a existência e o conteúdo do contrato de agência por todos os meios de prova admitidos em juízo[31].

Na Itália, o art. 1.742 exige que o contrato seja provado por escrito. Vale dizer: "é a prova da existência do contrato que deve ser escrita, não o contrato mesmo que, quando estipulado verbalmente, será válido e eficaz"[32].

Entre nós, além da doutrina majoritária[33], a jurisprudência também acolhe a tese de que o contrato de representação comercial, ou agência, sendo pactuado verbalmente, pode ser provado por documentos, testemunhas e perícia[34].

---

[31] LELOUP, Jean-Marie. *Agents commerciaux*, cit., nº 1.761, p. 287.

[32] "È la prova dell'esistenza dell contratto a dover essere scritta, non il contratto stesso che quand'anche stipulato verbalmente sarebbe, comunque, valido ed efficace" (SARACINI, Eugenio; TOFFOLETTO, Franco. *Il Codice Civile Commentario*, cit., p. 40).

[33] REQUIÃO, Rubens. *Do representante comercial*, cit., nºs 133 e 134, pp. 164-166; MEDEIROS, Murilo Tadeu. *Direitos e obrigações do representante comercial*, cit., p. 22-23; Fábio Ulhôa Coelho afirma que "o contrato de representação comercial deve ser escrito", mas não aponta qual a consequência da inobservância dessa forma (*Curso de direito comercial*, cit., v. III, nº 4.2.1, p. 107).

[34] VENOSA, Sílvio de Salvo. *Direito civil – contratos em espécie*. 2. ed. São Paulo: Atlas, 2002, v. III, nºs 31.3 e 36.3.1, p. 568 e 616; DINIZ, Maria Helena. *Curso de direito civil brasileiro*. 5. ed. São Paulo: Saraiva, 1988, v. III, p. 394; BULGARELLI, Waldirio. *Contratos mercantis*, cit., nº 2.14.1, p. 472. STJ, 4ª T., AgInt no AREsp. 1.095.500/MG, Rel. Min. Maria Isabel Gallotti, ac. 22.03.2018, *DJe* 04.04.2018; STJ, 3ª T., REsp. 1.274.569/MG, Rel. Min. João Otávio de Noronha, ac. 08.05.2014, *DJe* 19.05.2014.

Capítulo III

REQUISITOS DO CONTRATO

Sumário: 117. Requisitos do contrato de agência (Lei nº 4.886/1965): 117.1. Condições e requisitos gerais da representação; 117.2. Indicação dos produtos ou artigos da representação; 117.3. Prazo; 117.4. Zona de atuação do agente; 117.5. Exclusividade, ou não, da agência; 117.6. A remuneração do agente; 117.7. Restrições à zona concedida; 117.8. Obrigações e responsabilidades das partes contratantes – 118. O agente com poderes de representação (parágrafo único do art. 710) – 119. A fraude para ocultar relações de emprego – 120. A exclusividade da representação – 121. Natureza da exclusividade – 122. Reciprocidade da exclusividade – 123. Extensão da exclusividade – 124. Consequências da violação da exclusividade.

117. REQUISITOS DO CONTRATO DE AGÊNCIA (LEI Nº 4.886/1965)

O art. 27 da Lei nº 4.886/1965, em sua redação atual (Lei nº 8.420/1992), determina que do contrato de representação comercial ou agência, constem obrigatoriamente as seguintes estipulações:

a) condições e requisitos gerais da representação;

b) indicação genérica ou específica dos produtos ou artigos objeto da representação;

c) prazo certo ou indeterminado da representação;

d) indicação da zona ou zonas em que será exercida a representação;

e) garantia ou não, parcial ou total, ou por certo prazo, da exclusividade de zona ou setor de zona;

f) retribuição e época do pagamento, pelo exercício da representação, dependente da efetiva realização dos negócios, e recebimento, ou não, pelo representando, dos valores respectivos;

g) os casos em que se justifique a restrição de zona concedida com exclusividade;

h) obrigações e responsabilidades das partes contratantes;

i) exercício exclusivo ou não da representação a favor do representado;

j) indenização devida ao representante, pela rescisão do contrato fora dos casos previstos no art. 35, cujo montante não será inferior a 1/12 (um doze avos) do total da retribuição auferida durante o tempo em que exerceu a representação.

117.1. Condições e requisitos gerais da representação

Requião critica o enunciado da alínea *a* do art. 27 da Lei nº 4.886/1965, por ser evidente que, em qualquer contrato, haverão de constar necessariamente as "condições e requisitos gerais do negócio", mormente depois que o *caput* do dispositivo já havia anunciado que do ajuste constariam os "elementos comuns e outros a juízo dos interessados". Daí a censura de que "a curiosa redação resulta no jogo inútil de palavras, pois os *elementos comuns e outros* do contrato são as *condições e requisitos gerais da representação*", o que torna a alínea *a*, no contexto, "inócua e redundante, perfeitamente dispensável"[1].

Embora razoável a censura, do ponto de vista da técnica linguística, compreende-se a preocupação do legislador de exigir clareza, transparência e precisão na definição contratual do objeto e das condições da representação delegada ao agente comercial.

O campo da representação comercial autônoma (*i.e.*, a *agência comercial*) é o mais amplo e mais variado possível. A obrigatoriedade que a lei impõe no tocante à especificação das *condições e requisitos gerais* do negócio destina-se a sujeitar as partes ao dever de definir todos os elementos caracterizadores da intermediação empresarial, "de forma a nortear firmemente os interesses das partes"[2].

Não se pode deixar de consignar que a moderna concepção da teoria do contrato esposada pelo Código Civil submete os contratantes, tanto na pactuação como na execução do negócio, aos ditames da probidade e da boa-fé. Vale dizer: as partes devem ajustar e cumprir seus contratos com lealdade e transparência. Nesse sentido, é de intuitiva conveniência que, num contrato complexo e multifário como é o caso de agência comercial, devam as partes cuidar pela redação de cláusulas que definam com precisão "as condições e requisitos gerais da representação".

Nas grandes empresas não há margem para maiores negociações entre as partes, pois o preponente define adrede as condições sob as quais admite a contratação de representantes ou agentes. O negócio se ultima, quase sempre, como contrato de adesão. Nestas circunstâncias toca ao estipulante das condições contratuais o dever de ser claro e preciso, e se não o for, sujeitar-se à regra do art. 423 do Código Civil: as cláusulas ambíguas ou contraditórias serão interpretadas no sentido que seja mais favorável ao aderente, no caso o agente.

117.2. Indicação dos produtos ou artigos da representação

A agência pode ser contratada para colocação genérica dos produtos do preponente no mercado, ou pode referir-se especificamente a um ou alguns produtos

---

[1] REQUIÃO, Rubens. *Do representante comercial*, cit., nº 138, p. 169.
[2] SAITOVITCH, Ghedale. *Comentários à lei do representante comercial*, cit., p. 94.

Seção IV: Da Agência e Distribuição • Cap. III – Requisitos do Contrato | **217**

apenas dentre eles. Um fabricante de vários aparelhos eletrodomésticos, por exemplo, pode confiar a agência de sua linha de geladeiras a um representante, e a de televisores e micro-ondas a outro. Ter-se-á, portanto, em cada contrato a indicação *específica* dos produtos que constituem o objeto da representação. Outras vezes, o fabricante ou atacadista quer que o agente opere com toda a linha de seus produtos. O contrato, então, apontará o seu objeto como sendo os produtos de "fabricação do preponente", ou os artigos do "comércio do preponente", ou os artigos "importados pelo preponente" etc.

O sistema legal deixa à livre negociação das partes a definição do objeto do contrato de agência, que pode compreender a mais ampla generalidade de produtos, mercadorias ou serviços do preponente, ou pode reduzir-se a um só entre os vários que este tem a colocar no mercado[3].

É intuitivo, porém, que, seja de forma genérica ou de forma específica, o contrato de agência tem de apontar o objeto cuja comercialização será promovida pela intermediação do agente. Sem esse elemento será impossível configurar-se o negócio típico do contrato de agência. Não se pretende, com isto, que seja nulo o contrato que não se baseie em produtos determinados ou, pelo menos, determináveis. O que se deve afirmar é que não será contrato de agência, podendo, no entanto, valer como outro tipo negocial (mandato mercantil, comissão etc., conforme o caso).

117.3. Prazo

O contrato de agência pode ser ajustado por prazo certo ou indeterminado, tanto pela regulamentação da Lei nº 4.886/1965 como pela disciplina do Código Civil.

Mas, ainda que inicialmente pactuada a agência por prazo determinado, a sua prorrogação após o vencimento, por qualquer que seja o novo prazo, de forma expressa ou tácita, faz com que o ajuste seja legalmente havido como de *prazo indeterminado*, para os efeitos de direito, especialmente os das reparações no momento da extinção do vínculo (Lei nº 4.886, art. 27, § 2º)[4]. Também se considera no regime

---

[3]   "Costumeiramente, os produtos são descritos no contrato de forma genérica, fazendo constar, apenas, que se trata daqueles produzidos ou comercializados pela representada. Se a escolha for pela descrição nominal e individual de cada mercadoria, uma a uma, deve-se atentar para que os produtos não nominados estejam desamparados pelo contrato, podendo o representante recusar sua intermediação ou, mesmo, trabalhar com produto concorrente. A regra vale para o reverso, pois o representado poderá firmar com outro representante, um contrato para mediação dos produtos sem abrangência contratual" (MEDEIROS, Murilo Tadeu. *Direitos e obrigações do representante comercial*, cit., p. 24).

[4]   Ressalte-se, por oportuno, que esse parágrafo foi acrescentado pela Lei nº 8.420/92. Anteriormente, era possível a celebração de contratos sucessivos, ajustando-se um prazo determinado para cada um deles.

218 | Contratos de Colaboração Empresarial • *Humberto Theodoro Jr. e Adriana Theodoro de Mello*

de contrato de prazo indeterminado, todo o contrato de agência, entre as mesmas partes, que após a extinção do primitivo, a ele suceder dentro de seis meses, pouco importando que o novo ajuste tenha se firmado com ou sem determinação de prazo (Lei nº 4.886/1965, art. 27, § 3º).

Igual orientação é preconizada, na União Econômica Europeia pela Diretriz de 1986, cujo art. 14 dispõe que: "considera-se transformado em contrato de agência por tempo indeterminado o contrato por prazo determinado que continue a ser executado pelas partes após o seu término"[5].

Esse tema será desenvolvido, com a necessária amplitude, nos comentários aos arts. 717 e seguintes do Código Civil.

117.4. Zona de atuação do agente

A exigência de que o contrato de agência se vincule, necessariamente, a uma zona para o exercício da intermediação confiada a representante comercial (ou agente) é elemento exigido, expressamente, tanto pela Lei nº 4.886/1965 (art. 27, alínea *d*), como pelo Código Civil (art. 710, *caput*).

Na Europa a Diretiva Comunitária sobre o contrato de agência não inclui a zona entre os elementos essenciais do contrato. A legislação portuguesa, adaptando-se à Diretiva, baixou o Dec.-Lei nº 118/93, para também abolir tal requisito da conceituação da agência. O Código Civil italiano, contudo, ao introduzir as inovações comunitárias em seu texto, mantém a zona como um dos elementos essenciais do negócio jurídico (art. 1.742).

Nada obstante, a própria Diretiva não deixa de recorrer à zona para solucionar vários problemas da regulamentação do contrato de agência[6]. De qualquer maneira, mesmo quando se exige a zona como elemento essencial do contrato, admite-se que ela possa se desvincular do aspecto territorial para, por exemplo, se identificar com um círculo de determinados clientes ou com certos setores da clientela (atacadistas, varejistas ou consumidores finais)[7].

117.5. Exclusividade, ou não, da agência

A exclusividade da representação não é da essência do contrato de agência. Mas a Lei nº 4.886/1965 exige que se esclareça, no teor do ajuste, se há, ou não, garantia de exclusividade para o agente na zona ou em algum setor da zona em que a representação será exercida (art. 27, alínea *e*).

---

5   MEDEIROS, Murilo Tadeu. *Direitos e obrigações do representante comercial*, cit., p. 26.

6   Nesse sentido apontam-se os arts. 7º, nos 2º e 20º, alínea *b*, da diretiva (MONTEIRO, António Pinto. *Contrato de agência*. 4. ed. Coimbra: Almedina, 2000, p. 45).

7   MONTEIRO, António Pinto *Contrato de agência*, cit., p. 45.

Seção IV: Da Agência e Distribuição · Cap. III – Requisitos do Contrato | 219

No silêncio do contrato, todavia, o Código Civil presume a exclusividade da representação dentro da zona fixada pelo contrato (art. 711).

O tema, como se vê, é abordado, também, pelo art. 711 do Código Civil, em cujos comentários lhe será dada maior atenção (v., adiante, o item 120).

117.6. A remuneração do agente

A agência corresponde a contrato bilateral e, naturalmente, oneroso. De sua pactuação decorrem direitos e obrigações recíprocas para ambas as partes. O agente se obriga a prestar os serviços de intermediação na colocação dos produtos do preponente, e este, por seu lado, obriga-se a remunerar ditos serviços, pagando àquele uma *comissão*[8].

Para Rubens Requião, o agente assume uma obrigação de resultado, razão pela qual, sua remuneração fica atrelada ao resultado positivo de sua atividade, qual seja, a celebração do contrato entre o preponente e o terceiro[9].

A remuneração, fixada nos termos do contrato ou arbitrada judicialmente, é considerada dívida de valor, pelo que se sujeita a atualização monetária se o preponente retarda seu pagamento, além dos juros moratórios[10].

Sobre esse assunto, voltaremos a tratar nos comentários ao art. 714 (v., adiante, o item 135).

117.7. Restrições à zona concedida

É lícito ao preponente convencionar com o agente a exclusividade, ou não, da representação em determinada zona. Essa exclusividade, porém, mesmo sendo

---

[8] "A teor do parágrafo único do art. 44 da Lei nº 4.886/65, prescreve em cinco anos a ação do representante comercial para a cobrança de *comissão mercantil* (TAPR, 8ª CC., Ap. nº 0104518500, Rel. Juiz Manasses de Albuquerque, ac. 19.05.1997, *JUIS-Jurisprudência Informatizada Saraiva* nº 28). "Devem ser corrigidas, mês a mês, as comissões que servirão de base do cálculo da indenização devida ao representante comercial pela denúncia sem justa causa do contrato, sob pena de se chegar a um valor inexpressivo" (TJRJ, Ap. nº 4.823/96, 2ª CC., Rel. Des. Sérgio Cavalieri Filho, ac. 27.08.1996, *Juris Síntese Millennium*, nº 25). No mesmo sentido: TJRS, Ap. nº 70001462605, 15ª CC., Rel. Des. José Conrado de Souza Júnior, ac. 30.05.2001, *RJTJRGS* 213/383.

[9] "O direito do representante fica dependendo do resultado efetivo do negócio, que deverá ser positivo, no sentido de que o pedido que agenciou foi aceito pelo representado, que o executou, completando-se o negócio com o pagamento do preço pelo cliente comprador" (REQUIÃO, Rubens. *Nova regulamentação da representação comercial*. 2. ed. São Paulo: Saraiva, 2003, p. 55).

[10] "Representação comercial autônoma – Comissão – Cobrança – Pagamento em percentual menor do que o avençado – Prevalecimento do contrato ante a não comprovação de novação ou alteração contratual – Dispensa imotivada – Dívida de valor – Incidência (da correção monetária) a partir da época da rescisão injusta do contrato" (TJSP, 12ª CC., Ap. nº 143.238-2, Rel. Des. Carlos Ortiz, ac. 25.04.1989, *RJTJESP* 128/218).

prevista, não há de ser sempre absoluta. Ao contrato é permitido abrir-lhe exceções. Mas, se isto acontecer, a convenção deverá precisar as hipóteses em que o preponente estará desobrigado de respeitá-la, podendo comercializar pessoalmente ou por meio de outro representante (Lei nº 4.886/1965, art. 27, alínea *g*).

No silêncio do contrato, o preponente não tem direito de, na mesma zona concedida a um agente, constituir novo contrato de agência, com a mesma incumbência. Tampouco é permitido, sem anuência contratual, ao agente tratar de negócio igual à conta de outros preponentes, na mesma zona (Código Civil, art. 711). Daí por que a Lei nº 4.886/1965 exige das partes que façam inserir no contrato os casos em que se permitirá quebra da exclusividade dentro da zona de atuação do agente (art. 27, alínea *g*).

Sobre esse assunto, voltaremos a tratar nos comentários ao art. 711 (v., adiante, o item 120).

117.8. Obrigações e responsabilidades das partes contratantes

A Lei nº 4.886/1965 e o Código Civil são minuciosos na definição das principais obrigações e responsabilidades das partes que firmam o contrato de agência.

De maneira geral, as relações entre agente comercial e preponente regem-se pelos deveres recíprocos de lealdade e informação[11]. De tal forma, incumbe ao preponente colocar o agente em situação que lhe permita bem cumprir a sua função[12]. Da parte do agente, suas obrigações equivalem àquelas de um mandatário, incumbindo-lhe executar sua missão com diligência e prestar as devidas contas[13].

Naturalmente, quando o art. 27, alínea *h*, da Lei nº 4.886, recomenda que figurem no contato de agência as "obrigações e responsabilidades das partes contratantes" não está se referindo àquelas que emergem dos dispositivos legais, mas às que são frutos da autonomia da vontade e que os contratantes lícita e livremente houverem por bem estipular.

A Lei nº 4.886/1965, como diploma regulamentar de uma profissão sujeita a princípios básicos impostos pela autoridade pública e, ainda, submetida a registro e fiscalização de conselhos legalmente instituídos, corresponde a uma fonte de normas de ordem pública, em tudo que estatui na estruturação jurídica da atividade do agente comercial. Isto quer dizer que a liberdade contratual de criar cláusulas e condições para o contrato de agência não pode ir até o ponto de desprezar ou

---

[11] Na Itália, os arts. 1.746 e 1.749 do Código Civil estabelecem a obrigação do agente e do proponente agirem com lealdade e boa-fé. Entende a doutrina que essas regras são inderrogáveis em razão do art. 5º da Diretiva 86/853/CEE (SARACINI, Eugenio; TOFFOLETTO, Franco. *Il Codice Civile Commentario*, cit., p. 230).

[12] DISSAUX, Nicolas; LOIR, Romain. *Droit de la distribuition*, cit., p. 581.

[13] DISSAUX, Nicolas; LOIR, Romain. *Droit de la distribuition*, cit., p. 583.

Seção IV: Da Agência e Distribuição • Cap. III – Requisitos do Contrato | 221

contrariar o que, em feitio cogente, estiver disciplinado pela lei própria da profissão regulamentada.

Tudo o que se convencionar para impedir a incidência das garantias que a legislação traçou em tutela da profissão do agente comercial deve ser havido como *cláusula abusiva* e, por isso mesmo, *inválida*, como tem sido decidido nos tribunais.

Eis alguns exemplos de cláusulas que têm merecido, na jurisprudência e na doutrina, a pecha de abusivas e nulas:

a) Cláusula de antecipação da indenização

Para evitar o pagamento de indenização, quando da ruptura do contrato, alguns preponentes incluem na avença uma cláusula segundo a qual a remuneração periódica do agente compreenderá uma parcela adicional correspondente a uma antecipação da futura e eventual indenização. Por exemplo: uma comissão de 6% compreenderia 5% de remuneração, propriamente dita, e 1% de antecipação de indenização. Entende-se que o direito de indenização somente existe a partir da ruptura do contrato, de maneira que qualquer antecipação que se faça é simples burla à remuneração a que efetivamente se contratou e não passa de manobra para se furtar à verdadeira indenização quando esta realmente se tornar exigível[14].

b) Cobrança de despesas administrativas

A exigência de que o representante reponha despesas administrativas, por meio de percentual arbitrado no contrato, é cláusula que às vezes o preponente insere nas condições da representação comercial. Trata-se, também, de cláusula abusiva, a que não se pode reconhecer validade. No contrato de agência o negócio intermediado pelo representante deve ser consumado pelo representado, por conta deste (Cód. Civil, art. 710; Lei nº 4.886/1965, art. 1º). Logo, não se pode convencionalmente imputar ao agente, despesas da empresa do preponente, como *v.g.* transporte e armazenagem que por lei são de sua única e exclusiva responsabilidade[15].

c) Cláusula de eleição de foro

A Lei nº 4.886/1965 contém regra expressa atribuindo a competência para julgamento das causas entre representante e representado ao foro do domicílio do

---

[14] "Afigura-se inválida a cláusula contratual que prevê o pagamento antecipado de eventual indenização pela ruptura imotivada do contrato de representação comercial, máxime quando a soma do percentual pago a esse título com o percentual estabelecido como comissão atinge, exatamente, o percentual que já vinha sendo pago a representante, apenas como comissão, desde o início da relação contratual e antes da celebração do pacto escrito. Sendo de ordem pública o direito à indenização, é inafastável pela convenção das partes, e, mais ainda, através de cláusula inserida em contrato de adesão, constituindo verdadeira burla à Lei o artifício utilizado pela representada para furtar-se ao pagamento da indenização" (TJRS, 15ª CC., Ap. nº 599247889, Rel. Des. Manuel Martinez Lucas, ac. 12.04.2000. In: MEDEIROS, Murilo Tadeu. *Direitos e obrigações do representante comercial*, cit., p. 40-41).

[15] MEDEIROS, Murilo Tadeu. *Direitos e obrigações do representante comercial*, cit., p. 41.

agente, onde deverão transitar pela Justiça Comum (estadual), admitindo-se a opção pelo Juizado Especial de Pequenas Causas, quando enquadrável em hipótese de sua competência (art. 39, com a redação da Lei nº 8.420/1992). Tratando-se de norma cogente (de ordem pública), a cláusula de eleição de foro que a contraria se apresenta como inválida[16]. Há de prevalecer a regra da lei e não a cláusula abusiva imposta no contrato de adesão, mormente quando se mostre prejudicial à parte fraca da avença.

O STJ, no entanto, tem entendimento no sentido de que, não havendo hipossuficiência de uma das partes e não sendo a cláusula inviabilizadora do acesso ao Poder Judiciário, é ela válida:

"1. A competência territorial para dirimir controvérsias surgidas entre o representante comercial e o representado fixa-se, consoante previsto no art. 39 da Lei nº 4.886/65, no foro do domicílio do representante comercial.

2. Referida competência é de ordem relativa e pode ser validamente afastada por cláusula de eleição de foro, mesmo inserida em contrato de adesão, caso não comprovada a hipossuficiência do representante comercial ou prejuízo ao seu direito de ampla defesa.

3. A superioridade econômica da empresa contratante não gera, por si só, a hipossuficiência da contratada, em especial, nos contratos de concessão empresarial"[17].

Nessa perspectiva, como regra legal estabelecida em benefício do agente, este pode abrir mão dela e preferir aforar a causa no domicílio do preponente. A competência é privilegiada, mas territorial, e por isso não pode ser vista como absoluta.

d) Convenção sobre o valor-base para cálculo das comissões

Segundo dispõe o art. 32, § 4º, da Lei nº 4.886/1965, as comissões a que faz jus o agente "deverão ser calculadas pelo *valor total* das mercadorias", objeto das operações por ele intermediadas.

Logo, é de se considerar como abusiva e nula qualquer cláusula que adote como valor-base do cálculo da remuneração importância menor que o preço final do produto, a pretexto, por exemplo, de deduzir tributos e encargos, como ICMS, IPI, PIS, PASEP etc.[18]

---

[16] MEDEIROS, Murilo Tadeu. *Direitos e obrigações do representante comercial*, cit., p. 41.

[17] STJ, 3ª T., REsp. 1.628.160/SC, Rel. Min. Moura Ribeiro, ac. 18.10.2016, *DJe* 07.11.2016. No mesmo sentido: STJ, 3ª T., REsp. 1.299.422/MA, Rel. Min. Nancy Andrighi, ac. 06.08.2013, *DJe* 22.08.2013; STJ, 4ª T., AgRg no AREsp. 751.181/ES, Rel. Min. Antonio Carlos Ferreira, ac. 20.02.2018, *DJe* 01.03.2018.

[18] MEDEIROS, Murilo Tadeu. *Direitos e obrigações do representante comercial*, cit., p. 42; SAITOVITCH, Ghedale. *Comentários à lei do representante comercial*, cit., p. 95.

Nesse sentido, o entendimento do STJ:

"1 – Nos termos do artigo 32, § 4º, da Lei nº 8.420, de 8 de maio de 1992, que introduziu modificações na Lei nº 4.886, de 9 de dezembro de 1965, diploma que regula as atividades dos representantes comerciais autônomos, 'as comissões deverão ser calculadas pelo valor total das mercadorias'.

2 – A melhor interpretação a ser conferida ao aludido dispositivo é no sentido de que a comissão deve ser calculada com base no preço da mercadoria no momento da venda intermediada pelo representante, o que corresponde ao valor total do produto até essa fase da comercialização.

3 – Sendo o IPI imposto indireto, assim como outros tributos que integram a composição do preço da mercadoria na saída do estabelecimento industrial e comportam repasse pela sociedade empresária industrial representada aos adquirentes, não poderá ser abatido da base de cálculo da respectiva comissão devida ao representante comercial que intermediou a operação mercantil"[19].

e) Fornecimento de Informações sigilosas

A pretexto de controlar a idoneidade e reputação do agente, há preponentes que fazem constar do contrato cláusula que impõe àquele a obrigação de, periodicamente, apresentar cópias das declarações de rendimento ao imposto de renda, ou de outros documentos que digam respeito à contabilidade e aos documentos da vida interna da empresa do representante.

Esse tipo de convenção é incompatível com a garantia de sigilo que se outorga aos empresários, no tocante a sua intimidade negocial e fiscal. Incorre, pois, em nulidade, a cláusula que a viola[20].

As informações gerais sobre o andamento dos negócios da representação, todavia, são um dever que ao agente cabe cumprir, sempre que o preponente as solicitar (Lei nº 4.886/65, art. 28).

f) Cláusula de controle dos encargos empregatícios do agente

Não tem validade a cláusula que obrigue o agente a fornecer ao preponente os comprovantes dos pagamentos dos salários de seus empregados ou dos respectivos encargos sociais. Semelhante convenção atribui ao representado uma ingerência na empresa do representante, que não é compatível com a autonomia de sua atividade, assegurada pela legislação específica[21].

---

[19] STJ, 4ª T., REsp. 756.115/MG, Rel. Min. Luis Felipe Salomão, ac. 05.10.2010, *DJe* 13.02.2012. No mesmo sentido: STJ, 3ª T., REsp. 1.162.985/RS, Rel. Min. Nancy Andrighi, ac. 18.06.2013, *DJe* 25.06.2013; STJ, 3ª T., AgInt no REsp. 1.419.461/RS, Rel. Min. Ricardo Villas Bôas Cueva, ac. 22.11.2016, *DJe* 01.12.2016.

[20] MEDEIROS, Murilo Tadeu. *Direitos e obrigações do representante comercial*, cit., p. 42; SAITOVITCH, Ghedale. *Comentários à lei do representante comercial*, cit., p. 95.

[21] MEDEIROS, Murilo Tadeu. *Direitos e obrigações do representante comercial*, cit., p. 42.

Da mesma forma, não se pode tolerar cláusula que condicione a contratação de prepostos pelo agente comercial à prévia concordância do preponente[22].

A adoção de cláusulas que impliquem ingerência do preponente na gestão dos negócios do agente, se não invalidadas, a tempo, e se acatadas pelas partes sem qualquer impugnação, pode conduzir à transformação do contrato de agência em contrato de trabalho, levando o negócio para o campo das relações de emprego, como tem, frequentemente, decidido a jurisprudência italiana[23].

g) Recusa de pedido, por conveniência do preponente

A remuneração do agente não pode ser prejudicada pela atitude do preponente que, por conveniência própria, deixe de acatar pedido regularmente angariado na zona da representação. Nesse sentido, dispõe o art. 716 que a remuneração será devida ao agente quando o negócio deixar de ser realizado por fato imputável ao preponente.

Nula, portanto, será a cláusula que reserve ao representado a faculdade de não computar na base da remuneração do agente o valor do pedido cuja remessa não se efetuou por qualquer motivo, no interesse do preponente[24].

h) Cláusula del credere

A lei comercial admitia, no contrato de comissão, a cláusula *del credere*, pela qual o comissário poderia assumir a garantia solidária de solvabilidade daqueles com quem contratasse no interesse do comitente (Cód. Comercial, art. 179).

A Lei nº 4.886/1965, ao regulamentar o contrato de representação comercial não fez qualquer menção a dita cláusula. Como não houve, a seu respeito, impedimento na lei especial, a jurisprudência passou a considerar válida, quando convencionada, a cláusula *del credere* também nas relações do representante comercial autônomo com o seu preponente.

No entanto, com a reforma legislativa operada por meio da Lei nº 8.420, de 02.05.1992, acrescentou-se o art. 43 à Lei nº 4.886/1965, cujo enunciado veda, terminantemente, a inclusão da cláusula *del credere* nos contratos de representação comercial, ou agência. O risco da operação agenciada corre, por inteiro, às custas do fornecedor ou preponente. É, pois, nula qualquer condição que figure em tais contratos, visando tornar o agente garante ou corresponsável pelas obrigações contraídas pelos clientes agenciados para o preponente[25].

---

22 SAITOVITCH, Ghedale. *Comentários à lei do representante comercial*, cit., p. 95.
23 CAGNASSO, Oreste; COTTINO, Gastone. *Contratti Commerciali. cit.*, v. IX, nº 46, p. 171.
24 SAITOVITCH, Ghedale. *Comentários à lei do representante comercial*, cit., p. 95.
25 "A lei atual veda cláusula *del credere* pelo prejuízo que possa causar ao representante" (REQUIÃO, Rubens. *Do representante comercial*, cit., nº 214, p. 245). O novo Código Civil não inovou, em relação à Lei nº 8.420/92, e somente autorizou a cláusula *del credere* para os contratos de comissão (art. 698).

Seção IV: Da Agência e Distribuição • Cap. III – Requisitos do Contrato | 225

O risco a que se submete o preponente, por inteiro, é o normal do comércio. Não ficará imune à responsabilidade civil, por isso, o agente que, praticando ato ilícito, venha intencionalmente conduzir o fornecedor a uma operação que sabe ruinosa. Quando está em jogo a má-fé, a vontade de lesar e os propósitos de ilaquear a confiança alheia, o ato danoso escapa ao mundo do contrato, para desenvolver-se no plano do delito, onde o agente sempre terá de reparar o prejuízo ilicitamente imposto a outrem.

Uma outra observação é de se fazer a respeito da insolvência do comprador. O direito à remuneração do agente não é um salário de que se torne credor simplesmente pelo fato de ter intermediado o negócio para o preponente. O agente é um empresário, de sorte que as vantagens que aufere em seu negócio provêm do êxito que proporciona ao representado. Ou seja, "o representante comercial adquire o direito às comissões quando do pagamento dos pedidos ou propostas" (Lei nº 4.886, art. 32).

Se, portanto, o preponente, por liberalidade, ou por cláusula negocial, antecipa o pagamento das comissões no momento do faturamento, terá direito de estornar e compensar, nos acertos posteriores, os valores correspondentes às faturas que não foram honradas pelos clientes em seu vencimento. Não se trata de tornar o agente corresponsável pela dívida do comprador, mas de evitar o seu locupletamento com a percepção de comissões a que não tem direito[26].

118. O AGENTE COM PODERES DE REPRESENTAÇÃO (PARÁGRAFO ÚNICO DO ART. 710)

Como define o *caput* do art. 710, o agente não é, em princípio, um mandatário que possa concluir contratos em nome do preponente. Sua obrigação fundamental não é a de contratar para outrem; é, na lição de Pinto Monteiro, a de *"promover* a celebração de contratos por conta da outra parte"[27]. Quer isto dizer "o contrato de agência, por si só, não confere ao agente poderes para ser ele próprio a concluir os contratos, não gozando este de poderes de representação"[28]. Em outras palavras, "os

---

[26]   "Compensando a proibição do uso da cláusula *del credere,* é justo e evidente que, caso o cliente não pague no prazo estipulado, *esta comissão, e somente esta,* seja estornada das futuras comissões, enquanto perdurar o atraso, uma vez pago, deverá ser reincorporada ao representante a comissão. É normal que o representante não receba comissão de valor que não tenha recebido, apesar de ter atendido e remetido corretamente o pedido" (SAITOVITCH, Ghedale. *Comentários à lei do representante comercial,* cit., p. 102).

[27]   Gustavo Luís da Cruz Haical, amparado na lição de Fernando de Sandy Lopes Pessoa Jorge, ensina que "o contrato de agência é realizado com o intuito de o agente atuar à conta do agenciado. Significa afirmar que os efeitos decorrentes dos atos realizados pelo agente projetar-se-ão na esfera jurídica do agenciado" (O contrato de agência e seus elementos caracterizadores, cit., p. 57).

[28]   MONTEIRO, António Pinto. *Contrato de agência,* cit., p. 46.

226 | Contratos de Colaboração Empresarial • *Humberto Theodoro Jr. e Adriana Theodoro de Mello*

atos praticados pelo agente são direcionados até o ponto de angariar, junto à clientela, convite(s) à(s) proposta(s) para o agenciado vir a realizar, com esta, os negócios pretendidos. Portanto, não chega propriamente a *concluir*, isto é, realizar o(s) contrato(s), que são o fim de sua atividade promotora"[29].

A preferência, no direito comparado moderno pelo *nomen iuris* de "contrato de agência", em vez de "contrato de representação comercial", deve-se sobretudo a essa circunstância de não bastar a existência do contrato em questão para credenciar o agente a *representar* o preponente na pactuação de contratos de interesse e responsabilidade deste.

Se o agente não é, pela simples agência, procurador do outro contratante, nada impede que este lhe atribua outros poderes, além daquele que forma a essência do contrato típico, e, entre estes, destaca-se a outorga de poderes para que aquele "o represente na conclusão dos contratos" (parágrafo único do art. 710).

Mas, para que ocorra essa ampliação extraordinária de poder do agente é indispensável uma convenção especial, por meio da qual o preponente lhe faça a outorga do competente mandato. Isto pode acontecer por meio de cláusula que se faça inserir no próprio contrato de agência, ou por meio de procuração à parte.

Essa variação do teor do contrato de agência não faz do representante um mandatário com amplos poderes de iniciativa, visto que, pela natureza do relacionamento jurídico que o liga ao mandante, continuará como um preposto que deve, antes de tudo, cumprir decisões do preponente. Os poderes extraordinários de que cogita o parágrafo único do art. 710 permitem, salvo explicitação de maior ou diverso alcance, apenas substituir o preponente para celebrar os contratos, limitando-se, na verdade, "a executar decisões deste"[30]. Sem maiores poderes explícitos, à autorização para concluir contratos pelo preponente "não corresponde um poder de gestão nas relações internas, uma vez que a decisão continua a pertencer ao *principal*" – denominação que a lei portuguesa atribui ao preponente[31]. O agente, em outros termos, não se torna um *gerente* ou um administrador do negócio do preponente.

Assim, mesmo quando o agente esteja credenciado a celebrar contratos em nome do preponente, essa atividade não eliminará a função básica do contrato de agência, pois corresponderá apenas a "funções *acessórias* e *complementares*" da obrigação fundamental de intermediação ou agenciamento de negócios. Por isso ainda, a outorga não faz com que o contrato perca a sua índole de instrumento de "atividade de cooperação material" e passe à categoria de "contrato de mandato". Na essência, o

---

[29]   HAICAL, Gustavo Luís da Cruz. O contrato de agência e seus elementos caracterizadores, cit., p. 54.

[30]   MONTEIRO, António Pinto. *Contrato de agência*, cit., p. 47. No mesmo sentido a doutrina italiana: SARACINI, Eugenio; TOFFOLETTO, Franco. *Il Codice Civile Commentario*, cit., p. 232.

[31]   BALDI, Roberto. *Il contratto di agenzia. La concessione di vendita – Il franchising*. 6. ed. Milano, 1997, pp. 45-46, *apud* MONTEIRO, António Pinto. *Contrato de agência*, cit., p. 47.

Seção IV: Da Agência e Distribuição • Cap. III – Requisitos do Contrato | 227

que continua a predominar é o negócio principal – o contrato de agência –, que, com o acessório que se lhe adicionou, se apresentará como "agência com representação"[32]; ou, como prefere o Código brasileiro, será um "contrato de agência e distribuição" (art. 710, *caput*). É para tais casos que o art. 721 prevê a aplicabilidade ao contrato de "agência e distribuição", no que couber, das regras concernentes ao mandato e à comissão, além das previstas na legislação especial da "representação comercial" (Lei nº 4.886/1965). De qualquer maneira, a hipótese do art. 710, parágrafo único, não descaracteriza a essência do contrato de agência, dado que continuará o agente distribuidor sujeito a atuar sempre sob controle do preponente e sob suas instruções[33].

119. A FRAUDE PARA OCULTAR RELAÇÕES DE EMPREGO

O contrato de agência, por definição legal, exige o concurso de um empresário que atue comercialmente com autonomia (art. 710). Para furtar-se às consequências da legislação trabalhista, costuma-se atribuir o rótulo de agente a prepostos que, na verdade, são empregados do preponente, ou seja, tratam-se os viajantes e pracistas como se fossem representantes comerciais. Isto corresponde a uma *fraude à lei* que não tem força para impedir que o relacionamento entre as partes se enquadre na legislação própria[34].

A jurisprudência francesa é rica de exemplos de descaracterização do contrato de agência por fraude à lei trabalhista, como, *v.g.*, se passa nas seguintes hipóteses:

a) "a interdição de ter uma outra atividade além daquela dedicada ao falso mandante";

b) "o fato de se dedicar unicamente ao falso mandante";

c) "a ausência de locais pessoais, o que traduz a ausência completa de empresa", por parte do falso agente;

d) "a obrigação de prestação de conta em reunião diária; de relações semanais, bimensais, regulares e detalhadas. Não é a obrigação de informar que se enfoca, já que esta figura entre os deveres fundamentais do agente, mas a forma e a periodicidade impostas a prestação de contas";

e) "a presença obrigatória (do agente) nos locais de trabalho da empresa" do preponente;

f) "a organização do trabalho (do falso agente) pelo empregador ou a imposição das frequências de visitas"[35].

---

32   MONTEIRO, António Pinto. *Contrato de agência*, cit., p. 47.

33   SARACINI, Eugenio; TOFFOLETTO, Franco. *Il Codice Civile Commentario*, cit., p. 232.

34   LELOUP, Jean-Marie. *Agents commerciaux*, cit., nº 324, p. 51.

35   LELOUP, Jean-Marie. *Agents commerciaux*, cit., nº 326, p. 52-53. Sobre o assunto, ver, a propósito do direito italiano, SARACINI, Eugenio; TOFFOLETTO, Franco. *Il Codice Civile Commentario*, cit., p. 100 e ss.

120. A EXCLUSIVIDADE DA REPRESENTAÇÃO

Segundo a Lei nº 4.886/1965 (art. 31, parágrafo único), a exclusividade da representação (agência) dependia de convenção, não podendo ser presumida à falta de "ajustes expressos". Por isso, na falta de vedação contratual, era facultado ao representante "exercer sua atividade para mais de uma empresa e empregá-la em outros misteres ou ramos de negócios" (art. 41)[36].

Com a nova sistemática do art. 711 do Código Civil a regra inverteu-se: a agência é sempre exclusiva, dentro da zona prevista no contrato, se inexistir convenção em contrário. Eis os termos do dispositivo: "salvo ajuste, o preponente não pode constituir, ao mesmo tempo, mais de um agente, na mesma zona, com idêntica incumbência; nem pode o agente assumir o encargo de nela tratar de negócios do mesmo gênero, à conta de outros proponentes"[37]. A presunção legal é, pois, de exclusividade, que somente será afastada se houver ajuste diverso entre as partes[38].

Essa era a orientação seguida em Portugal pelo art. 4º do Decreto-Lei nº 178/86, onde se considerava o *direito de exclusivo* "elemento natural do contrato de agência, consagrando-o quer a favor do principal (o preponente), quer a favor do agente, salvo se existisse convenção em contrário, formulada por escrito, que afastasse em relação a um ou a outro dos contratantes, ou em relação a ambos, o referido direito"[39]. Para adaptar-se à Diretiva Comunitária, a regra foi alterada para manter a exclusividade apenas em favor do preponente. Em relação ao agente, o privilégio não se presume, de sorte que "no silêncio do contrato, o principal (o

---

[36] A proteção da distribuição seletiva não ofende o princípio da livre concorrência (Jean-Pierre Viennois, *La distribution sélective*, Paris, Litec, 1999, nᵒˢ 313 a 316, pp. 397 a 399). "*Respectuese du principe de liberté contractuelle, l'admission de la licéité des contrats de distribution comportant une exclusivité doit absolument être confirmée, conformément à la conception moderne de la concurrence qui privilégie, c'est-à-dire la plus grande satisfaction du consommatteur*" (LEBRETON, Sylvie. *L'exclusivité contractuelle et les comportements opportunistes*. Paris: Litec, 2002, nº 524, p. 654).

[37] Direito comparado – Código Civil italiano, art. 1.743; Decreto-Lei português nº 178, de 03.07.86, art. 4º. Código de Comércio francês, art. L.134-3; Código Civil russo, art. 1.007, 1 e 2.

[38] Entretanto, há quem entenda que a regra não se aplica ao representante comercial autônomo: "diversamente, no âmbito da representação comercial autônoma, embora a exclusividade também não se afigure essencial à qualificação do contrato, depende de ajuste expresso" (TEPEDINO, Gustavo. Das várias espécies de contrato. Do mandato. Da comissão. Da agência e distribuição. Da corretagem. Do transporte. Arts. 653 a 756. In: TEIXEIRA, Sálvio de Figueiredo (coord.). *Comentários ao novo Código Civil*. Rio de Janeiro: Forense, 2008, v. X, p. 308). No mesmo sentido: "A disciplina codificada aplica-se aos contratos de agência que, a princípio, não envolvem a representação. Quando esta se fizer presente, incidirá a lei civil se o contrato não tiver por objeto atividade empresarial. Caso contrário, configurar-se-á a representação comercial, aplicando-se a lei especial que, portanto, permanecem em vigor" (TEPEDINO, Gustavo; BARBOZA, Heloisa Helena; MORAIS, Maria Celida Bodin. *Código Civil interpretado:* conforme a Constituição da República. Rio de Janeiro: Renovar, 2006, v. II, p. 494).

[39] MONTEIRO, António Pinto. *Contrato de agência*. 4. ed. Coimbra: Almedina, 2000, p. 56.

preponente) não está impedido de utilizar, ainda que dentro da mesma zona ou círculo de clientes, outros agentes para o exercício de atividades concorrentes. Tal limitação só existirá se o principal nela *consentir* por escrito"[40].

O Tribunal de Justiça das Comunidades Europeias, todavia, tem entendido que as interdições comunitárias fixadas em "defesa da concorrência" não se aplicam ao contrato de agência[41]. Por isso mesmo, o Código Civil italiano, ao adaptar-se à Diretiva Comunitária, não alterou o art. 1.743, em cujo texto se consagra o *diritto di esclusiva* bilateral entre agente e preponente. Com efeito, as diretivas comunitárias, na interpretação do Tratado de Roma, de Defesa da Concorrência, somente vedam a exclusividade quando o contrato de agência se mostra desnaturado. E tem-se havido, na Comissão Europeia, como "não genuíno", e, portanto, não sujeito à exclusividade, aquele em que o agente suporte certos *riscos de índole financeira ou comercial*, explicitados na comunicação de 24.05.2000[42].

Entende-se que, permitindo a lei a derrogação convencional da exclusividade, esse elemento se mostra natural, não *essencial*[43]. Sua falta não desnatura, nem invalida o contrato de agência. No silêncio da convenção, todavia, vigora *ex lege* a exclusividade. Sua natureza, destarte, é a de *elemento natural*. Para viger a exclusividade não depende de convenção. O contrato, contudo, pode livremente afastar esse elemento natural, sem ofensa à lei[44].

Está, pois, diante da posição adotada pelo Código Civil brasileiro, superada a jurisprudência, firmada sob influência da Lei nº 4.886/1965, no sentido de que "a exclusividade de representação não se presume"[45], exigindo-se, legalmente, para sua configuração, "ajuste expresso"[46].

Atualmente, destarte, embora a exclusividade não seja elemento intrínseco da agência, constitui a regra em contratos da espécie, que pode ser afastada por vontade das partes, "sem desfigurar o tipo contratual"[47].

---

[40]   MONTEIRO, António Pinto. *Contrato de agência*, cit., p. 57.

[41]   BALDI, Roberto. *Il contratto di agenzia. La concessione di vendita. Il franchising*. 6. ed. Milão: Giuffrè, 1997, p. 36-37; MONTEIRO, António Pinto. *Contrato de agência*, cit., p. 58.

[42]   Segundo novas *Orientações* ou *Diretrizes sobre Restrições Verticais*, a Comissão Europeia, em 24.05.2000, declarou que os contratos *genuínos* de agência estão subtraídos do âmbito de aplicação do art. 81º, nº 1, do Tratado" (que assegura a livre concorrência). Segundo a atual posição do direito brasileiro é a mesma do direito italiano: não havendo convenção em contrário, prevalece a presunção legal de exclusividade do contrato de agência.

[43]   SARACINI, Eugenio; TOFFOLETTO, Franco. *Il Codice Civile Commentario. Il contrato d'agenzia*. 4. ed. Milão: Giuffrè, 2014, p. 182.

[44]   BALDASSARI, Augusto. *Il contratto di agenzia*, cit., nº 7, p. 47.

[45]   STJ, 3ª T., REsp. 229.761/ES, Rel. Min. Waldemar Zveiter, ac. 05.12.2000, *DJU* 09.04.2001, p. 354.

[46]   STJ, 3ª T., REsp. 135.548/SP, Rel. Min. Eduardo Ribeiro, ac. 21.05.1998, *DJU* 03.08.1998, p. 224.

[47]   TEPEDINO, Gustavo. *Comentários ao novo Código Civil*, cit., 2008, v. X, p. 307. No mesmo sentido: GOMES, Orlando. *Contratos*. 26. ed. Rio de Janeiro: Forense, 2007, p. 452 e 457; TEPEDINO

Enfim: só a vontade clara das partes pode afastar, *in concreto,* a exclusividade natural desse tipo de negócio, pois, realmente, pela própria natureza, "o contrato de agência e distribuição reclama, em princípio, uma *reciprocidade exclusiva,* no interesse absoluto dos negócios e em fidelidade à relação jurídica existente que ditou a representação comercial"[48].

Muito embora a jurisprudência do STJ não admita a presunção de exclusividade de zona de atuação em contrato verbal de representação[49], permite a demonstração de sua existência por todos os meios de prova admitidos em direito:

> "2. Possibilidade da demonstração da existência de cláusula de exclusividade mesmo em contratos de representação firmados verbalmente, admitindo-se a respectiva prova por todos os meios em direito admitidos. Aplicação do art. 212 do CC/02 c/c os arts. 400 e segs. do CPC. Doutrina e jurisprudência desta Corte acerca do tema.
>
> 3. Estabelecida, no caso concreto, pelo acórdão recorrido a premissa de que o ajuste de representação comercial vigorava com cláusula de exclusividade, confirmada por prova testemunhal, inarredável a conclusão de que houve rescisão imotivada do contrato, pela contratação de novo representante para atuar na mesma zona anteriormente conduzida pela recorrida"[50].

Para aquela Corte Superior, é possível "presumir a existência de exclusividade em zona de atuação de representante comercial quando: (i) não for expressa em sentido contrário; e (ii) houver demonstração por outros meios da existência da exclusividade"[51].

121. NATUREZA DA EXCLUSIVIDADE

A exclusividade da agência tem a função de impedir a concorrência e, assim, reforçar o vínculo de colaboração entre agente e preponente. Dela decorre uma *obrigação de não fazer,* isto é, uma obrigação negativa para as partes cuja observância proporciona uma relação de recíproca colaboração em prol do profícuo desenvolvimento do negócio avençado entre representante e representado[52].

Gustavo; BARBOZA, Heloisa Helena; MORAIS, Maria Celida Bodin. *Código Civil interpretado,* cit., 2006, v. II, p. 493.

[48] ALVES, Jones Figueirêdo. In: FIÚZA, Ricardo (coord.). *Novo Código Civil Comentado.* São Paulo: Saraiva, 2002, p. 645.

[49] "No contrato verbal de representação comercial, não há falar em presunção relativa de exclusividade de zona de atuação" (STJ, 3ª T., REsp. 1.274.569/MG, Rel. Min. João Otávio de Noronha, ac. 08.05.2014, *DJe* 19.05.2014).

[50] STJ, 3ª T., REsp. 846.543/RS, Rel. Min. Paulo de Tarso Sanseverino, ac. 05.04.2011, *DJe* 11.04.2011.

[51] STJ, 3ª T., REsp. 1.634.077/SC, Rel. Min. Nancy Andrighi, ac. 09.03.2017, *DJe* 21.03.2017.

[52] "O preponente que, subtraindo de modo não ocasional uma série de negócios à contraparte, viola o seu direito de exclusividade e se sujeita ao ressarcimento do prejuízo causado ao

Ao contrário da *habitualidade* (contrato de duração), a *exclusividade* não é elemento essencial, mas apenas natural do contrato de agência, que não precisa ser convencionado expressamente, mas que pode ser eliminado pelas partes mediante pactuação em contrário[53].

122. RECIPROCIDADE DA EXCLUSIVIDADE

A exclusividade, como elemento natural do contrato de agência, é bilateral, atingindo como obrigação *de non faciendo*, igualmente o agente e o preponente. Se não derrogada por convenção entre os contratantes, a regra legal é que: a) o preponente não poderá credenciar mais de um agente para, simultaneamente, atuar na mesma zona, com idêntica incumbência; b) nem tampouco o agente poderá assumir encargo igual com outros preponentes, para a mesma zona[54].

A interdição de concorrência pressupõe, todavia, identidade dos elementos essenciais *zona* e *objeto*, nos diversos contratos. Não incide a restrição do art. 711, do CC, se, na mesma zona, os diversos agentes contratados por um só preponente se encarregam da colocação de produtos diferentes. Para Gustavo Luís da Cruz Haical, trata-se da exclusividade parcial, em que as circunstâncias do caso são fundamentais, em razão do elemento "negócios do mesmo gênero" descrito pelo art. 711. Assim, "nada impede que tenhamos na mesma zona dois agentes contratados pelo mesmo agenciado. Diante disso, cada agente contratado deve promover a conclusão de negócios que tenham por objetos espécies ou gêneros distintos". O autor continua exemplificando: "se a empresa agenciada fabrica roupas íntimas masculinas e femininas e trabalha uma gente para cada tipo de roupa, não estaria dando ensejo à existência de ato ilícito"[55].

---

[53] agente. O agente exclusivo, que invade a zona reservada a outro agente exclusivo, pratica ato de concorrência desleal, por violação dos princípios da *correttezza professionale*" (CAGNASSO, Oreste; COTTINO, Gastone. *Contratti Commerciali. In: Trattato di Diritto Commerciale.* Padova: CEDAM, 2000, v. IX, nº 47, p. 172, nota 65).

[53] "L'esclusiva è un *naturale negotii*, quindi derogabile convenzionalmente dalle parti" (CAGNASSO, Oreste; COTTINO, Gastone. *Contratti Commerciali cit.*, v. IX, nº 47, p. 172).

[54] "*Il contratto di agenzia è caratterizzato dall'esclusiva bilaterale, a favore cioè sia del preponente che dell'agente. Né il primo può avvalersi contemporaneamente di più agenti né il secondo può trattare gli affari di più imprese concorrenti nella stessa zona e per lo stesso ramo*" (CAGNASSO, Oreste; COTTINO, Gastone. *Contratti Commerciali cit.*, v. IX, nº 47, p. 172).

[55] HAICAL, Gustavo Luís da Cruz. O contrato de agência e seus elementos caracterizadores, cit., p. 66. "A cláusula de exclusividade pressupõe a total identidade dos negócios agenciados (já se entendeu, por exemplo, que as companhias aéreas podem ter mais de um agente na mesma área, desde que não haja coincidências de rotas (TACív-RJ, 12.07.1994, Adv-Coad 067376, 46/94)" (TEPEDINO, Gustavo; BARBOZA, Heloisa Helena; MORAIS, Maria Celida Bodin. *Código Civil interpretado*, cit., 2006, v. II, p. 493).

Da mesma forma, não será contrária ao art. 711, a aceitação pelo agente da intermediação, na mesma zona, em favor de diferentes fornecedores, mas de produtos distintos[56].

Em outros termos, a exclusividade não obsta, em princípio, que o preponente utilize outros agentes, na mesma zona, desde que se trate de ramo diverso do que foi confiado ao primeiro. Nem está, o agente, em princípio, impedido de exercer outras atividades por conta de diversos comitentes, se tais atividades não representarem *concorrência* com o preponente com quem firmou o contrato de agência[57].

O que visa a lei é impedir a concorrência nociva entre agente e preponente, podendo-se resumir o regime de exclusividade, quando não afastado por convenção em contrário, nos seguintes termos: "para toda a zona e todo o ramo de atividade, um só agente; e apenas um preponente para cada agente"[58].

123. EXTENSÃO DA EXCLUSIVIDADE

A natureza exclusivista do contrato de agência impede não só a concorrência com estranhos – superposição de diversas representações envolvendo uma das partes com outras empresas do mesmo ramo – como também a atividade direta do agente ou do preponente que invada a área de atuação do contrato[59].

Mesmo sem contrair novos contratos similares com estranhos, o agente não pode, sem autorização convencional, exercer, na zona demarcada para a representação, negócio, em nome próprio, ou de outrem, que implique concorrência com o representado. Da mesma forma, o preponente viola o contrato de agência quando comercia diretamente com a clientela da zona outorgada ao agente exclusivo. Em sentido contrário, o entendimento de Gustavo Tepedino, para quem o preponente pode realizar diretamente negócios na zona do agente, uma vez que "a exclusividade, conforme a dicção do presente dispositivo [art. 711, CC], obsta apenas a constituição de mais de um agente, ao mesmo tempo, na mesma zona". Entretanto, realizada a venda, "o agente fará jus à remuneração pelos negócios diretamente

---

[56] O que está obrigado o agente é à exclusividade que o prive, perante o preponente, de "agenciar negócios semelhantes no interesse de outros preponentes" (ALVES, Jones Figueirêdo. *Novo Código Civil Comentado*, cit., p. 645).

[57] MONTEIRO, António Pinto. *Contrato de agência*, cit., p. 59.

[58] DINIZ, Maria Helena. *Curso de direito civil*, cit., v. III, p. 396. No direito italiano, a violação das proibições em questão não prejudica a validade dos contratos concluídos dessa maneira, embora comportando o dever do inadimplente de ressarcir o dano (SARACINI, Eugenio; TOFFOLETTO, Franco. *Il Codice Civile Commentario*, cit., p. 166).

[59] "Dentro da mesma zona ou do mesmo círculo de clientes nem o agente pode exercer atividades que estejam em concorrência com as da outra parte nem pode utilizar outros agentes para o respectivo ramo de atividade, *excepto* havendo convenção em contrário formulada por escrito" (NETO, Abílio. *Contratos comerciais*. Lisboa: Ediforum, 2002, p. 110).

celebrados pelo proponente, posto que não tenha participado de sua negociação". Mas ressalta que o proponente não poderá lançar mão dessa faculdade de forma sistemática, "o que acabaria por subtrair do agente a clientela, impedindo, desse modo, a plena realização das finalidades contratuais. A conclusão direta de negócios na área de atuação do agente, a princípio lícita, torna-se, nesta circunstância, contrária à boa-fé objetiva e, portanto, abusiva"[60].

Fica, enfim, inibida qualquer modalidade de atividade econômica, seja do agente seja do preponente, que violando a exclusividade da agência, venha a implantar uma situação de concorrência com aquela derivada da representação comercial. É por isso que, por exemplo, o preponente tem de pagar remuneração do agente, se concluir negócios dentro da zona contratual, ainda que sem interferência do preposto (art. 714, do CC), ou por meio de outro agente deslocado de sua zona para invadir a do lesado. Pouco importa que o preponente tenha pago a comissão a quem de fato realizou a intermediação. Se ocorreu indevida invasão da zona de determinado representante, com direito a exclusividade, este terá de ser ressarcido pelo prejuízo sofrido, nos moldes do art. 714.

124. CONSEQUÊNCIAS DA VIOLAÇÃO DA EXCLUSIVIDADE

Cometida a violação da exclusividade pelo agente, que passa a servir a outro fornecedor concorrente do preponente, terá se configurado, em regra, falta grave. Autorizado, portanto, estará o preponente a promover a resolução do contrato de agência (Lei nº 4.886/1965, art. 35, *c*).

Se é o preponente que descumpre a exclusividade do agente, não haverá infração grave se a comissão a este devida lhe for regularmente creditada (art. 714, do CC). Se, entretanto, as vendas diretas do fornecedor na zona do agente forem ocultadas e as comissões sonegadas, o caso será de infração grave. Legitimado estará o agente a não só exigir a remuneração que lhe cabe (art. 714), como a promover a resolução do contrato com o ressarcimento assegurado pela legislação especial (art. 718, do CC).

---

[60] TEPEDINO, Gustavo. *Comentários ao novo Código Civil*, cit., 2008, v. X, p. 309. No mesmo sentido: GOMES, Orlando. *Contratos*. 25. ed. Rio de Janeiro: Forense, 2002, p. 370.

Capítulo IV

DIREITOS E OBRIGAÇÕES DAS PARTES

Sumário: 125. Deveres do agente e do preponente: 125.1. Deveres do agente; 125.2. Informações a cargo do agente; 125.3. Dever de informação entre as partes (prestação de contas); 125.4. Deveres próprios do preponente – 126. Violação dos deveres do agente – 127. Outras infrações profissionais do agente comercial – 128. Respeito aos preços e às condições estabelecidos pelo preponente – 129. Despesas da agência e distribuição – 130. Direito à comissão – 131. Direito do preponente de realizar operações diretas na zona do agente – 132. Princípios éticos e econômicos em jogo no contrato de agência – 133. A defesa do preponente – 134. Rescisão indireta.

125. DEVERES DO AGENTE E DO PREPONENTE

125.1. Deveres do agente

Como responsável por um contrato de colaboração empresarial, é óbvio que ao agente se atribua o dever de diligência, não, porém, de qualquer diligência como a de simplesmente evitar, de forma passiva, prejuízo para o preponente; mas de empenhar-se, ativamente, tanto na manutenção como no desenvolvimento da clientela deste[1]. Daí dispor o art. 712, do CC que "o agente, no desempenho que lhe foi cometido, deve agir com toda diligência, atendo-se às instruções recebidas do proponente"[2].

O que se exige ao agente é um "cuidado ativo", do qual se deduz que haja, por isso mesmo, de ser fiel a todas as instruções passadas pelo preponente. É claro que

---

[1] De acordo com o art. 28 da Lei nº 4.886/1965, o representante comercial não só deve informar detalhadamente ao preponente "sobre o andamento dos negócios a seu cargo", como lhe incumbe "dedicar-se à representação, de modo a expandir os negócios do representado e promover os seus produtos".

[2] Direito comparado – Código Civil italiano, art. 1.746; Código de Comércio francês; art. L.134-4; Diretiva CEE nº 86/653, art. 3º. Em relação ao direito francês, apontam-se as seguintes obrigações do agente: a) diligência; b) lealdade; c) prestação de contas; d) não concorrência; e, eventualmente, e) se responsabilizar pela insolvência daqueles com quem contrata, no caso da convenção *del credere*; e, f) atuar como consignatário quando o preponente coloque à sua disposição as mercadorias a negociar (agente-distribuidor) (DISSAUX, Nicolas; LOIR, Romain. *Droit de la distribution*. Issy-les-Molineaux: LGDJ, 2017, p. 583-586).

o agente é um prestador de serviços autônomo e, como tal, não está sujeito a ingerência do preponente na administração de sua empresa. Mas, no que diz respeito às instruções inerentes ao desempenho dos negócios de interesse comum, as instruções do fornecedor merecem especial acatamento por parte do responsável pela intermediação[3]. O desrespeito às instruções recebidas pelo preponente "autoriza a rescisão contratual por justa causa, salvo quando a instrução descumprida se revelar ilícita ou lesiva à sua atividade"[4].

Nos termos do art. 28 da Lei nº 4.886/1965, estando ou não previsto no contrato, o agente tem a obrigação elementar de proporcionar ao preponente informações minuciosas sobre o andamento dos negócios a seu cargo. Uma vez que age em nome e por conta do proponente, a ponto de emprestar-lhe até mesmo a colaboração de sua vontade, é natural que o representante deva pô-lo a par do andamento dos negócios que, afinal, irão obrigá-lo.

Dessa maneira, torna-se certo que "a autonomia do agente, em face do principal (ou proponente), não é absoluta, pois ele deve conformar-se às orientações recebidas, adequar-se à política econômica da empresa, prestar regularmente contas da sua atividade"[5]. Tudo isto, obviamente, sem prejudicar, no essencial, a empresa de intermediação que o agente administra com autonomia[6].

---

[3] O dever de fidelidade às instruções do preponente "é inerente ao exercício de agência, uma vez que o agente deve, no implemento de tal obrigação, assegurar o desempenho adequado aos interesses da representação comercial. Embora tenha autonomia na atividade, o agente obriga-se a atuar com total zelo e aplicação para a efetividade dos objetivos do contrato" (ALVES, Jones Figueirêdo. *Novo Código Civil Comentado*, cit., p. 646). No mesmo sentido: "Embora a autonomia do agente ou do distribuidor constitua uma das características essenciais aos contratos de agência e de distribuição, tal circunstância não os exime de obedecer às instruções dadas pelo proponente" (TEPEDINO, Gustavo. Das várias espécies de contrato. Do mandato. Da comissão. Da agência e distribuição. Da corretagem. Do transporte. Arts. 653 a 756. In: TEIXEIRA, Sálvio de Figueiredo (coord.). *Comentários ao novo Código Civil*. Rio de Janeiro: Forense, 2008, v. X, p. 313).

[4] TEPEDINO, Gustavo. *Comentários ao novo Código Civil*, cit., p. 313. No mesmo sentido: "Deve o agente exercer sua atividade conforme as instruções recebidas do preponente ... transgressão que cometa constitui justa causa para resilição do contrato" (GOMES, Orlando. *Contratos*. 26. ed. Rio de Janeiro: Forense, 2007, p. 457-458).

[5] MONTEIRO, António Pinto. *Contrato de agência*, cit., p. 43.

[6] "Como a obrigação do agente de seguir as instruções do proponente deva coordenar-se com o princípio da autonomia organizacional do agente, a consequência é que o preponente deverá, ao controlar a atividade do agente, respeitar a liberdade deste último de organizar a própria atividade como melhor lhe convier. Portanto, para que este limite seja respeitado, o agente é obrigado a atuar conforme as prescrições do preponente quanto aos objetivos a perseguir e aos resultados a alcançar. Assim, o agente, se instruído pelo preponente não poderá recusar-se a visitar certos clientes, ou endereçar-se a determinados territórios dentro da sua zona" (PRIOTTI, Margherita. Diritti ed obblighi dele parti. In: BORTOLOTTI, Fabio (coord.). *Contratti di distribuzione*. Minalanofiori Assago: Wolters Kluwer, 2016, p. 166).

125.2. Informações a cargo do agente

Em dois grupos se apontam as principais informações devidas pelo agente ao preponente: a) as informações *imediatas*, que se referem aos negócios em tratativa com os clientes; b) as informações *permanentes* (ou *mediatas*), que se relacionam com as condições do segmento econômico em que atua o agente.

A doutrina e jurisprudência francesas são ricas em exemplos de informações consideradas importantes e que às vezes são devidas pelo preponente e, na maioria dos casos, cabem ao agente. Eis alguns informes que não podem faltar entre os sujeitos do contrato de agência[7]:

a) condições em que geralmente se negocia com os clientes;

b) aparecimento de produtos novos na concorrência;

c) preços praticados;

d) campanhas promocionais em curso;

e) referências obtidas sobre produtos concorrentes, inclusive acerca dos respectivos preços;

f) evolução do crédito dos clientes na praça (positiva ou negativa);

g) agrupamento, aparecimento ou desaparecimento de clientes.

No Brasil, a lei e a doutrina acrescentam, ainda, as seguintes informações: a) reclamações dos clientes relativas à execução do contrato; b) esclarecimentos sobre o andamento dos negócios. Além disso, o agente tem o dever de "manter os segredos comerciais do proponente", obrigação esta derivada do princípio da boa-fé objetiva[8].

No direito italiano, o art. 1.746 estabelece a obrigação de o agente fornecer ao proponente informações sobre as condições do mercado na zona assinalada, além de outras informações úteis para avaliar a conveniência dos negócios[9].

125.3. Dever de informação entre as partes (prestação de contas)

Durante a execução do contrato de agência, o agente tem, como o mandatário, o dever de prestar contas ao preponente, pois afinal é ele um gestor de negócios alheios. Essas contas têm duplo sentido: *a priori,* o agente tem o dever de informar ao preponente tudo que de relevante esteja ocorrendo no mercado em relação aos produtos e serviços de cuja difusão se acha encarregado (nesse sentido, fala-se que o agente deve *dar contas* de sua missão); *a posteriori,* isto é, depois de ter cumprido sua tarefa tem, periodicamente, de fazer um balanço das operações realizadas no

---

[7] LELOUP, Jean-Marie. *Agents commerciaux*. 5. ed. Paris: Delmas, 2001, nº 115, p. 16.

[8] TEPEDINO, Gustavo. *Comentários ao novo Código Civil*, cit., 2008, v. X, p. 313.

[9] SARACINI, Eugenio; TOFFOLETTO, Franco. *Il Codice Civile Commentario*, cit., p. 236-240.

interesse do preponente: são as contas financeiras de sua atividade, nas quais, com discriminação de *gastos* e *receitas*, se arrolarão recebimentos, custos, pagamentos, transferências de fundo para o mandante, enfim toda a movimentação de valores efetuada por ordem ou conta do preponente, para estabelecer o saldo de sua gestão financeira (nesse sentido, fala-se que o agente deve *dar as contas* de sua missão).

Ricardo Nacim Saad acrescenta a obrigação de o agente "dedicar-se à representação de modo a expandir os negócios do representado e promover os seus produtos", asseverando que a falta de empenho do representante "leva à caracterização de falta (desídia), considerada como justa causa para a rescisão pelo representado, do contrato"[10].

A jurisprudência francesa reconhece o dever de informação *a priori,* por parte do agente, e que seu descumprimento pode gerar responsabilidade contratual e até justificar a ruptura do contrato, quando houver produzido danos ao preponente[11].

A prestação de contas, portanto, entre agente e preponente compreende tanto (a) o sentido contábil, como (b) o sentido de informação acerca da missão confiada ao agente.

Costuma-se enfocar mais frequentemente o dever de informação que toca ao agente diante do preponente: o agente deve: b) comunicar ao comitente todas as informações necessárias que tenha (Diretiva Comunitária europeia, art. 3º, nº 2[12]). Mas, na verdade, o dever de informação é recíproco entre as partes do contrato de agência, já que nele se desenvolve um *mandato de interesse comum*. Nesse sentido, é mais completo o art. 4º, alínea 2, da Lei francesa de 1991 que proclama existir um "dever recíproco de informação", *in casu*[13]. É esse dever de cooperação recíproca entre agente e mandante que desfigura o mandato clássico no âmbito da agência comercial, fazendo-a um negócio típico, que se afasta, cada vez mais, das relações próprias de mandatário e mandante em sua pureza jurídica.

Por outro lado, o dever de informação que cabe ao agente não exige que este se torne um perito em ciências mercadológicas. Cabe-lhe, no contato com a clientela, informar-se, de modo prático, do estado do mercado e de suas evoluções ou transformações, de maneira a orientar melhor a produção diante das tendências e necessidades da clientela. Trata-se de uma "missão de sondagem"[14].

---

[10] SAAD, Ricardo Nacim. *Representação comercial.* 5. ed. São Paulo: Saraiva, 2014, p. 87.

[11] FOURNIER, Frédéric. *L'agence commerciale.* Paris: Litec, 1998, p. 71.

[12] *"L'agent doit:* b) *comuniquer au commettant toute information nécessaire dont il dispose".*

[13] "Se é inequívoco que o representante comercial age em nome e por conta do representado, devendo prestar contas de sua atividade, por igual, a recíproca decorre da mesma relação jurídica, qual seja, o representado também pode ser chamado a prestar contas de sua participação negocial, até porque é quem detém a documentação reveladora, em princípio, da exatidão dos negócios havidos entre as partes. Assim, mesmo que entenda que nada deve, terá que discriminar as vendas realizadas e o percentual da comissão, justificando e documentando o seu parecer para que as contas possam ser julgadas na sentença da segunda fase" (TJSP, *RT* 642/126).

[14] FOURNIER, Frédéric. *L'agence commerciale,* cit., p. 78.

Seção IV: Da Agência e Distribuição • Cap. IV – Direitos e Obrigações das Partes | **239**

O que lhe cabe informar são "as condições do mercado e a situação da concorrência", bem como responder "a toda demanda razoável de informação do mandante". Com os dados transmitidos ao preponente, o próprio agente terá, indiretamente, meio de obter "um melhor volume de operações"; é que o preponente, graças às notícias repassadas pelo agente, terá condições de "melhor abordar o mercado"[15].

Enfim, as relações mantidas entre agente e preponente, no desempenho do contrato de agência comercial, exigem um clima de "completa e real lealdade", presidido por boa-fé, retratada nas recíprocas e constantes informações que irão definir as modificações e adaptações convenientes à política negocial[16].

Ao preponente, pois, toca colocar o agente adequadamente informado para o bom desempenho de sua missão, e a este cabe dar contas desta, de maneira compatível com as exigências da moderna concepção da agência comercial. Daí por que, embora ainda se fale no agente como um mandatário, "a natureza jurídica da agência comercial é assaz particular, por ter derrogado certas regras do mandato inadaptadas à relação profissional do mandante e de seu agente comercial"[17].

São exemplos de violação do dever de agir com lealdade e boa-fé pelo preponente, segundo a Corte de Cassação italiana: a mudança muito drástica da política dos preços, de modo a tornar substancialmente impossível o trabalho do agente; a recusa prejudicial e sistemática a dar curso aos pedidos feitos pelo agente, sem apresentar justificativa razoável[18].

125.4. Deveres próprios do preponente

Segundo prevê o art. 4º da Diretiva Comunitária nº 86/653/CEE – cujo teor é de se reconhecer pertinente também ao sistema de nosso Código – o preponente, nas relações com o agente comercial, "deve agir lealmente e de boa-fé". De modo particular o dispositivo atribui ao empresário preponente os deveres de:

a) pôr à disposição do agente a documentação necessária que diga respeito às mercadorias cuja negociação esteja sendo por ele promovida;

b) proporcionar ao agente as informações necessárias à execução do contrato, cabendo-lhe, especialmente, avisá-lo, com prazo razoável, acerca das previsões de

---

[15] FOURNIER, Frédéric. *L'agence commerciale*, cit., p. 79.

[16] O princípio da probidade e boa-fé é imposto como básico em toda a atual disciplina do direito dos contratos (Código Civil, art. 422). "A boa-fé, critério por que o julgador deve apreciar o comportamento das partes, quer do agente quer do principal (cfr. art. 12º), é um princípio normativo que, tomado em sentido objetivo, exprime uma regra jurídica, integrada pelos valores da lealdade, honestidade e correção, de onde pode desentranhar-se toda uma série de obrigações ou deveres, que incumbe às partes satisfazer, tendo em conta o fim do contrato e a relação de confiança e de recíproca colaboração que este fundamenta" (MONTEIRO, António Pinto. *Contrato de agência*, cit., p. 63).

[17] FOURNIER, Frédéric. *L'agence commerciale*, cit., p. 81.

[18] PRIOTTI, Margherita. Diritti ed obblighi dele parti, cit., p. 167.

redução do volume de operações, quando estas deverão ser sensivelmente inferiores àquelas que o agente normalmente atende;

c) avisar, com prazo razoável, a aceitação ou recusa de pedidos, assim como as inexecuções de operações promovidas pelo agente.

Todos os preceitos sobre obrigações do agente e do comitente, arrolados pela Diretiva Comunitária (arts. 3º e 4º), são textualmente declarados insuscetíveis de derrogação convencional entre os contratantes, ou seja, são qualificados como normas de ordem pública (Diretiva, art. 5º)[19].

No Brasil, Gustavo Tepedino também entende existir o dever de informação por parte do preponente, ensinando que "embora o dispositivo [art. 712, do CC] atribua apenas ao agente tal dever, não se deve interpretá-lo de modo a mitigar o dever do proponente em colaborar, ao longo da relação, para a plena realização das finalidades contratuais"[20]. Assim, deverá o proponente: "prestar ao agente informações necessárias ao adequado cumprimento de sua atividade", bem como obriga-se a "informar o agente quanto à aceitação e à execução dos negócios angariados, tendo em vista a relevância destas informações para a remuneração contratual"[21].

Nessa perspectiva, reconhece o STJ que "o vínculo contratual colaborativo originado do contrato de agência importa na administração recíproca de interesses das partes contratantes, viabilizando a utilização da ação da prestação de contas e impondo a cada uma das partes o dever de prestar contas a outra". É que, no seu entendimento, nem sempre é possível "o conhecimento de todas as parcelas que compõem a remuneração final, sem a efetiva participação da administradora", ressaltando que "a apresentação extrajudicial e voluntária das contas não prejudica o interesse processual da promotora de vendas, na hipótese de não serem elas recebidas como boas"[22].

126. VIOLAÇÃO DOS DEVERES DO AGENTE

Diante do amplo dever de lealdade e eficiência, que lhe toca, a violação, por parte do agente, dos encargos básicos da representação enseja motivo justo para a rescisão do contrato, por ato do preponente, nos seguintes casos, enumerados pelo art. 35 da Lei nº 4.886/1965:

a) desídia do representante no cumprimento das obrigações decorrentes do contrato;

b) prática de atos que importem em descrédito comercial do representado;

---

[19]   No direito francês, imputam-se ao preponente as obrigações de: a) lealdade; b) informação; c) remunerar o agente; e, d) fornecer extrato das comissões (DISSAUX, Nicolas; LOIR, Romain. *Droit de la distribution*, cit., p. 581-583).

[20]   TEPEDINO, Gustavo. *Comentários ao novo Código Civil*, cit., 2008, v. X, p. 310.

[21]   TEPEDINO, Gustavo. Ob. cit., p. 315.

[22]   STJ, 3ª T., REsp 1.676.623/SP, Rel. Marco Aurélio Bellizze, ac. 23.10.2018, *DJe* 26.10.2018.

Seção IV: Da Agência e Distribuição • Cap. IV – Direitos e Obrigações das Partes | **241**

c) falta de cumprimento de quaisquer *obrigações inerentes ao contrato de representação comercial*;

d) condenação definitiva por *crime considerado infamante*.

A *desídia*, a que alude a Lei nº 4.886, art. 35, alínea *a*, é a negligência no desempenho do encargo do agente, modalidade, portanto, do comportamento culposo, em que a pessoa omite-se na diligência que o dever lhe impunha, de forma contínua.

A falha eventual ou esporádica, limitada a um ou a uns poucos casos, em regra, se mostra escusável e não atinge o nível de desídia suficiente para dar o contrato como violado e, por isso, rescindível, mormente quando não cause prejuízos graves para o representado[23]. A desídia é séria quando se torna habitual, e, por isso mesmo, inescusável. Tem-se, então, a negligência contumaz, "reveladora de contínuos e injustos desleixos, oriunda da ociosidade, da negligência contínua, permanente. Esse é o tipo de desídia que se deve considerar na rescisão do contrato de representação comercial, por causar transtornos no andamento dos negócios, impedindo seu desenvolvimento e sucesso, causando sérios prejuízos ao representado"[24].

O simples decréscimo das vendas nem sempre reflete desídia do agente, como às vezes querem fazer prevalecer os preponentes em demanda de rescisão contratual. Há de se indagar, criteriosamente, em torno dos reais motivos da ocorrência, para determinar se outros fatores a determinaram e não as atitudes desidiosas do representante. Não se deve presumir, segundo a experiência da vida, que todo decréscimo de vendas seja provocado por culpa do agente[25].

Assim, tem decidido a jurisprudência que "a simples queda nas vendas, sem detida análise de suas causas, que a prova não revela, não serve à demonstração de negligência do representante, não havendo motivo justo para que o representado rescinda o contrato"[26].

Outra falta grave contra as obrigações do agente é a prática de atos que importem em descrédito comercial do representado (Lei nº 4.886, art. 35, alínea *b*). O

---

[23] "A desídia fortuita ou ocasional, a que pode vir por um descuido de momento, por uma desatenção momentânea, não constitui motivo para a despedida do empregado ou trabalhador. É justificável (DE PLÁCIDO E SILVA, *Vocabulário jurídico*. 9. ed. Rio de Janeiro: Forense, 1986, v. I, p. 52). "Para servir de justa causa para a rescisão contratual do representante comercial, a desídia deve ser *habitual* e, por isso, *inescusável*" (MEDEIROS, Murilo Tadeu. *Direitos e obrigações do representante comercial*. Curitiba: Juruá, 2002, p. 75).

[24] REQUIÃO, Rubens. *Do representante comercial*. 5. ed. Rio de Janeiro: Forense, 1994, nº 183, p. 218.

[25] SAITOVITCH, Ghedale. *Comentários à lei do representante comercial*. Porto Alegre: Livraria do Advogado, 1999, p. 136.

[26] TJSP, Ap. Civ. nº 164.617-2/SP, Rel. Des. Nigro Conceição, ac. 28.04.1992. In: MEDEIROS, Murilo Tadeu. *Direitos e obrigações do representante comercial*, cit., p. 76. No mesmo sentido: TJSP, 12ª CC., Ap. nº 180.486-2, Rel. Des. Erix Ferreira, ac. 24.03.1992, *RJTJSP*, 137/274, TJSP, 17ª CC., Ap. 164.617-2, Rel. Des. Nigro Conceição, ac. 28.04.1992, *RJTJSP* 138/246, TJSP, 15ª CC., Ap. nº 178.759-2, Rel. Des. Bourroul Ribeiro, ac. 01.09.1992, *RJTJSP*, 138/78.

sucesso de uma empresa traduz-se na conquista da clientela por meio da excelência dos produtos oferecidos. Com esse prestígio forma-se o maior patrimônio da empresa. Se, portanto, o agente se comporta, perante a clientela, de modo a negar qualidade dos bens ou serviços do preponente, a consequência será, diante da função que desempenha, "*o descrédito* do representado". Terá ocorrido verdadeira *traição* à confiança nele depositada, justificando-se a rescisão do contrato pelo preponente[27].

Múltiplas são as obrigações que as partes podem especificar no bojo de um contrato de agência e que devam ser cumpridas pelo representante. Mas, além das que vêm expressas na convenção, por iniciativa das partes, há obrigações que derivam da própria natureza do contrato. Nesse sentido, a Lei nº 4.886/1965 considera infração grave, capaz de justificar a rescisão por culpa do agente, o descumprimento, não apenas dos termos avençados, mas de "obrigações inerentes ao contrato de representação comercial" (art. 35, alínea *c*)[28]. É importante lembrar que o princípio da boa-fé objetiva atua sobre todo o campo das obrigações civis (CC, art. 422), gerando, inclusive, deveres e obrigações anexos, que vão além daqueles expressos nos termos do contrato. Diante disso, é perfeitamente possível a configuração da culpa grave por ofensa à boa-fé e lealdade, mesmo fora das cláusulas negociais.

Como em qualquer situação de infração negocial, há que se distinguir entre as faltas leves e as graves, já que mesmo ocorrendo ofensa a algum ditame do ajuste pode a economia do contrato não ser afetada. Há, pois, que se fazer a diferenciação entre a verdadeira violação do contrato e a simples irregularidade em seu cumprimento. Para ter-se como autorizada a rescisão, por falha do agente, é preciso que esta se apresente como *grave*, ou seja, assuma proporções que repercutam "seriamente nos direitos patrimoniais do representado, causando-lhe prejuízos"[29]. Também aqui se impõe a observância do princípio da razoabilidade e da proporcionalidade.

Finalmente, incorre em falta grave o agente que sofre condenação definitiva por *crime considerado infamante* (Lei nº 4.886/1965, art. 35, alínea *d*).

---

[27] REQUIÃO, Rubens. *Do representante comercial*, cit., nº 185, p. 220.

[28] "Do preceito legal, depreende-se, facilmente, o entendimento de que o legislador não previu somente a falta de cumprimento das cláusulas estipuladas no contrato mas também todas as demais que, implicitamente, são relativas ao acordo"; inclusive, pois, "as cláusulas legais" (MEDEIROS, Murilo Tadeu. *Direitos e obrigações do representante comercial*, cit., p. 77-78). No entanto, adverte Gustavo Tepedino que, considere-se ou não taxativo o rol do art. 35, da Lei nº 4.8886/1965, "a justa causa, hábil a acarretar a dispensa do agente, deve ser interpretada como o descumprimento *culposo*, isto é, imputável ao agente, de obrigações e deveres contratuais que, por sua gravidade, autorizam o proponente a requerer a resolução do contrato" (TEPEDINO, Gustavo. *Comentários ao novo Código Civil*, cit., 2008, v. X, p. 337-338). Assim, não seria qualquer infração contratual que justificaria a rescisão do negócio, mas tão somente aquelas qualificadas como graves, diante da natureza do contrato de agência.

[29] "Assim como a desídia ocasional nem sempre dará motivo para a rescisão, também a inadimplência de uma obrigação inerente ao contrato, que não causa prejuízo ao representado, não constituirá motivo justo para a rescisão" (REQUIÃO, Rubens . *Do representante comercial*, cit., nº 185, p. 221).

Seção IV: Da Agência e Distribuição • Cap. IV – Direitos e Obrigações das Partes | 243

Há dois requisitos para que se tenha como configurada a infração ao contrato de agência em virtude de condenação em processo criminal: a) a condenação há de ser "definitiva", ou seja, imposta por sentença transitada em julgado; b) o crime praticado pelo agente comercial deve ser "infamante".

Não basta a existência de sentença criminal de que não mais caiba recurso (*res iudicata*); é necessário que o crime nela apenado mereça o qualificativo de *infamante*.

Infamante é, no sentido gramatical, aquilo que difama uma pessoa, tornando--a desacreditada, ou seja, o que a faz perder a reputação ou a fama. A rigor, quase toda condenação criminal tem a força de infamar o apenado. É óbvio, contudo, que a Lei nº 4.886 não quis dar tal amplitude à falta do representante comercial de que se cogita. Fosse tal o propósito da norma, bastaria considerar falta grave a condenação criminal *tout court*. Se, porém, o dispositivo legal qualificou o crime como infamante é, sem dúvida, porque o seu objetivo foi atribuir-lhe uma característica especial. A determinação, portanto, do qualificativo deve ser buscada na repercussão do delito sobre a atividade desenvolvida dentro da relação contratual.

Crime *infamante*, então, é o que leva o agente a perder ou a comprometer sua fama no comércio. A propósito, é bom lembrar que o art. 4º, alínea *c*, da Lei nº 4.886, oferece um ponto de partida para a análise que ora se intenta fazer. Consoante esse dispositivo, não pode exercer a representação comercial aquele que tiver sido condenado por "infração penal de natureza *infamante*, tais como *falsidade, estelionato, apropriação indébita, contrabando, roubo, furto, lenocínio* ou crimes também punidos com a *perda de cargo público*".

Por definição legal, todos os crimes, arrolados no art. 4º, *c*, da Lei nº 4.886, são induvidosamente *crimes infamantes* para os fins do contrato de agência. O rol, todavia, não é exaustivo. A expressão "tais como", nele empregada torna claro seu caráter meramente exemplificativo. Muitos outros delitos poderão ser tratados como infamantes, na espécie. Mas, para tanto, é sempre necessário que a repercussão deletéria incida sobre o nome ou a fama de que o condenado necessite para o bom desempenho de seu mister no meio comercial. Parece intuitivo que a condenação por homicídio ou lesões corporais em acidente de trânsito, por exemplo, não tem o condão de afetar, como regra, a reputação do agente comercial. Já o tráfico de drogas e a participação em quadrilha, como é óbvio, são infrações intoleráveis, *in casu*.

Deve-se, portanto, analisar-se o caso concreto de forma humana e criteriosa, para não se impor uma injustiça negocial ao contratante. O preceito, inserido no art. 35, *d*, deve em suma "ser entendido em seus justos limites, não se dando abusiva dimensão à proibição legal"[30].

O reconhecimento da falta grave consistente na condenação por crime infamante conduz à pena administrativa de interdição, pelo Conselho Regional, do

---

[30]   REQUIÃO, Rubens. *Do representante comercial*, cit., nº 51, p. 98-99.

244 | Contratos de Colaboração Empresarial • *Humberto Theodoro Jr. e Adriana Theodoro de Mello*

exercício da profissão de representante comercial. A rescisão do contrato, pelo preponente, todavia, independe de prévia deliberação na esfera disciplinar[31].

Em todo caso, Gustavo Tepedino adverte que "deve-se, ainda, examinar, à luz do concreto regulamento de interesses, a relevância da infração, de modo a se repelir o exercício abusivo da faculdade resolutória por violações de menor gravidade, que não chegam a prejudicar a realização substancial das finalidades contratuais"[32].

127. OUTRAS INFRAÇÕES PROFISSIONAIS DO AGENTE COMERCIAL

Para efeito de controle disciplinar do exercício profissional, pelo Conselho Regional de Representantes Comerciais, a Lei nº 4.886 arrola no art. 19 algumas faltas que se podem cometer "no exercício da profissão", que, conforme a gravidade, nas circunstâncias do caso concreto, podem conduzir à configuração de uma das hipóteses do art. 35 e redundar em motivo para a rescisão do contrato, por iniciativa do preponente. É o caso, *v.g.,* do agente que "prejudicar, por dolo ou culpa, os interesses confiados aos seus cuidados" (alínea *a*); que "promover ou facilitar negócios ilícitos" (alínea *c*); que "violar o sigilo profissional" (alínea *d*); que "negar ao representado as competentes prestações de contas, recibos e quantias ou documentos que lhe tiverem sido entregues, para qualquer fim" (alínea *e*). Sempre, porém, é in- dispensável a aferição da gravidade da falta para definir, com critério e justiça, sua real repercussão sobre a economia do contrato, antes de aceitá-la como motivo justo para a rescisão.

128. RESPEITO AOS PREÇOS E ÀS CONDIÇÕES ESTABELECIDOS PELO PREPONENTE

Na sua qualidade de preposto, o agente somente pode colher pedidos ou propostas dentro das tabelas de preço, prazos e condições definidas nas instruções do preponente.

O art. 29 da Lei nº 4.886/65 contém categórica vedação: "salvo autorização expressa, não poderá o representante conceder abatimentos, descontos ou dilações, nem agir em desacordo com as instruções do representado". Vale dizer: os preços e condições do negócio agenciado terão de ser os determinados nas tabelas elaboradas pelo preponente. Descontos e prazos terão de ser apenas os previstos nas instruções emanadas do fornecedor. Mesmo porque, quem tem o poder de consumar o contrato de fornecimento é o representado. Qualquer proposta colhida em desacordo, portanto, com suas instruções não o obrigará e, assim, poderá ser por ele rejeitada. De qualquer maneira, o ato do agente pode ser visto como irregular e, na reiteração prolongada representará infração contratual, passível de sanções nos termos da con-

---

[31]   REQUIÃO, Rubens. *Do representante comercial*, cit., nº 187, p. 222.
[32]   TEPEDINO, Gustavo. *Comentários ao novo Código Civil*, cit., v. X, p. 315.

Seção IV: Da Agência e Distribuição • Cap. IV – Direitos e Obrigações das Partes | **245**

venção. Não se deve deixar de observar que a recusa pelo fornecedor dos negócios irregularmente propostos cria um atrito e um desgaste entre ele e os clientes, razão pela qual a infração do art. 29 da Lei nº 4.886/65 pode atingir, conforme o caso, proporções graves, provocando até mesmo a rescisão do contrato de agência por justa causa.

129. DESPESAS DA AGÊNCIA E DISTRIBUIÇÃO

Uma vez que se trata de atividade autônoma, a desempenhada pelo agente ou distribuidor, é natural que este assuma todas as despesas que, no desempenho de sua função, realize para a promoção de negócios do preponente. Nesse sentido é o art. 713, do CC: "salvo estipulação diversa, todas as despesas com a agência ou distribuição correm a cargo do agente ou distribuidor". São consideradas despesas com o contrato aquelas relativas ao transporte das mercadorias, à propaganda do produto, à aquisição de amostras de mercadorias, às viagens para participação de feiras, entre outras[33].

Gustavo Tepedino lembra, sobre o tema, que eventual cláusula que atribua ao preponente "a obrigação de arcar com os gastos realizados pelo agente no desempenho de suas funções pode, quando corroborada por outras circunstâncias do caso concreto, revelar a subordinação jurídica do agente, descaracterizando o tipo contratual e atraindo a disciplina jurídica própria das relações empregatícias"[34].

Às vezes, porém, por culpa do preponente, o agente se vê obrigado a fazer viagens especiais para acertos extraordinários com clientes em razão, por exemplo, de remessa equivocada de mercadorias, ou tem de fazer gastos anormais com telecomunicações ou devolução de mercadorias rejeitadas pelo comprador ou ordenadas pelo preponente. Nestas e noutras situações anômalas, em que o representante cumpre ordens especiais do preponente ou atua para corrigir erros por este cometidos, surge a indagação: quem deve responder por despesas que ultrapassam a normal intermediação a cargo do agente ou distribuidor?

Há quem, como Saracini, entenda que, em qualquer situação, o agente deva suportar as despesas inerentes à atividade negocial própria da representação contratada[35]. Outra corrente, todavia, na linha de Ghezzi, segue a orientação de que as despesas anormais a que o representante não deu causa devem ser imputadas ao representado[36].

---

[33] TEPEDINO, Gustavo. *Comentários ao novo Código Civil*, cit., v. X, p. 316; MONTEIRO, Washington de Barros. *Curso de Direito Civil: Direito das obrigações*. São Paulo: Saraiva, 2003, v. V, 2ª parte, p. 312; TJRS, 16ª Câmara Cível, Ap. 70011646288, Rel. Des. Ergio Roque Menine, ac. 28.08.2005. In: TEPEDINO, Gustavo. Op. cit., loc. cit.).

[34] TEPEDINO, Gustavo. *Comentários ao novo Código Civil*, cit., v. X, p. 316.

[35] SARACINI, Eugenio. *Il contratto d'agenzia*, cit., p. 322.

[36] GHEZZI, Giorgio. *Del contratto di agenzia. Commentario del codice civile – Libro Quarto, Delle Obbligazioni*. Bologna:Roma, Zanichelli, 1970, p. 96-97; FORMIGGINI, Aldo. *Il contratto di agenzia*. 2. ed. Torino: UTET, 1958, p. 110-111.

246 | Contratos de Colaboração Empresarial • Humberto Theodoro Jr. e Adriana Theodoro de Mello

No Brasil, não há previsão legal expressa para o caso. Há, contudo, a regra geral de que, nos contratos bilaterais, cada parte responde pelo prejuízo que cause à outra, por culpa (art. 392, do CC). Daí a conclusão correta de Murilo Tadeu Medeiros de que a solução a ser adotada é a preconizada por Ghezzi e Formiggini: as despesas extraordinárias decorrentes de diligências do agente para resolver problemas derivados de culpa do preponente, devem ser a este atribuídas[37].

130. DIREITO À COMISSÃO

Uma vez que o sistema adotado pelo Código foi o da exclusividade presumida para o contrato de agência (art. 711, do CC), é natural que o preponente se abstenha de interferir na zona de atuação do representante comercial. E se o fizer, por conveniência da empresa, terá de assegurar ao agente a comissão que por contrato lhe compete. Nesse sentido, o art. 714, do CC: "salvo ajuste, o agente ou distribuidor terá direito à remuneração correspondente aos negócios concluídos dentro de sua zona, ainda que sem a sua interferência"[38].

Quando o art. 714 estatui que, "salvo ajuste", ao agente ou distribuidor se atribui a remuneração correspondente aos negócios concluídos dentro de sua zona, "ainda que sem a sua interferência", a ressalva inicial é para confirmar a regra geral de que, em princípio, a representação comercial é exclusiva, mas, havendo "ajuste" entre as partes, a exclusividade pode ser afastada. Se, todavia, nenhuma cláusula em contrário se estipulou, o contrato de agência será tido *ex vi legis* como exclusivo, e o agente terá, por conseguinte, de ser remunerado por todos os negócios que o preponente conclua na respectiva zona, com ou sem interferência do preposto.

Nesse sentido é o art. 31, da Lei 4.886/1965, ao dispor que "prevendo o contrato de representação a exclusividade de zona ou zonas, ou quando este for omisso, fará jus o representante à comissão pelos negócios aí realizados, ainda que diretamente pelo representado ou por intermédio de terceiros".

Vejam-se os comentários feitos, *retro*, ao art. 711, do CC, nos itens 120 a 124.

131. DIREITO DO PREPONENTE DE REALIZAR OPERAÇÕES DIRETAS NA ZONA DO AGENTE

A lei não proíbe ao preponente realizar diretamente negócios dentro da zona conferida, mesmo com exclusividade, ao agente ou distribuidor.

---

[37] MEDEIROS, Murilo Tadeu. *Direitos e obrigações do representante comercial*, cit., p. 70-71. Gustavo Tepedino, amparado por lição de Pontes de Miranda, confere ao preponente a responsabilidade para as despesas extraordinárias, sem levar em conta a existência de culpa: "de outra parte, as despesas extraordinárias, assim consideradas segundo os usos locais, devem ser assumidas pelo proponente" (TEPEDINO, Gustavo. *Comentários ao novo Código Civil*, cit., v. X, p. 316-317).

[38] Direito comparado – Código Civil italiano, art. 1.748, 2ª parte; Dec.-Lei português nº 178/86, art. 16º, nº 2; Código de Comércio francês, art. L.134-6; Diretiva CEE nº 86/653, art. 7º.

Ao disciplinar no art. 714, do CC o regime remuneratório para as operações consumadas com clientes da zona de determinado agente exclusivo, sujeitando o preponente a pagar-lhe a comissão, para todos os negócios, inclusive aqueles em que não se verificou sua interferência, a conclusão que se extrai é a seguinte: fica implícito, para a norma legal, que "o principal (preponente) pode celebrar contratos na zona reservada ao agente exclusivo, ou com clientes pertencente ao círculo que lhe foi confiado"[39], ou seja, a existência do contrato de agência não inibe o empresário de negociar, também diretamente, na mesma zona, sujeitando-se, contudo, a pagar sempre a comissão do agente exclusivo, ainda que este não tenha tido participação alguma no fornecimento contratado com o cliente. Nesse sentido, a jurisprudência do STJ: "prevendo o contrato de representação a exclusividade de zona ou zonas, ou quando este for omisso, fará jus o representante à comissão pelos negócios aí realizados, ainda que diretamente pelo representado ou por intermédio de terceiros" (Lei nº 4.886/65, art. 31)"[40].Essa regra, segundo Gustavo Tepedino, se justifica, porque, havendo previsão de exclusividade, presume-se que "todos os negócios ali estipulados, de uma maneira ou de outra, decorram dos esforços empreendidos pelo agente ou distribuição"[41].

Às vezes, mesmo com a cláusula de exclusividade, o preponente se reserva, no contrato de agência, o direito de negociar diretamente, e sem comissão, determinados fornecimentos, havidos como excepcionais ou privilegiados[42]. Fora destes, todavia, incide sempre a regra do art. 714, ou seja: a faculdade do preponente de negociar diretamente não se perde com a contratação do agente exclusivo e tem como contrapartida, em benefício deste, "o direito à comissão, apesar de não ter intervindo na negociação desses contratos". Com o preceito, que vigora também na legislação portuguesa, "pretende o legislador, sobretudo, desencorajar atitudes contrárias ao sentido do direito de exclusivo, não impedindo, contudo, a realização de contratos sem a intervenção do agente, desde que isso se justifique, e sem prejuízo do direito do agente à respectiva comissão"[43]. Sobre a possibilidade de a violação da exclusividade configurar falta grave, para motivar a resolução do contrato de agência, vejam-se, *retro*, os itens 120 a 124.

---

[39] MONTEIRO, António Pinto. *Contrato de agência*, cit., p. 78. Sobre o tema ver também o item 123 *supra*.

[40] STJ, 3ª T., REsp. 577.864/MG, Rel. Min. Antônio de Pádua Ribeiro, ac. 30.11.2004, *DJU* 01.02.2005, p. 544.

[41] TEPEDINO, Gustavo. *Comentários ao novo Código Civil*, cit., p. 319.

[42] Para Rubens Requião, "o art. 714 [do CC] permite ajuste contratual diferente do comando legal, que determina o direito á comissão gerada pelos negócios realizados na zona exclusiva doo agente. Assim, mesmo que haja exclusividade, presumida ou expressa, esta poderá ser afastada em certas circunstâncias especiais, declaradas o contrato" (REQUIÃO, Rubens Edmundo. *Nova regulamentação da representação comercial autônoma*. 2. ed. São Paulo: Saraiva, 2003, p. 88).

[43] MONTEIRO, António Pinto. *Contrato de agência*, cit., p. 78.

132. PRINCÍPIOS ÉTICOS E ECONÔMICOS EM JOGO NO CONTRATO DE AGÊNCIA

Há na lei portuguesa um dispositivo que bem destaca o direito básico do agente em face do preponente: "o agente tem direito de exigir da outra parte um comportamento segundo a boa-fé, em ordem à realização plena do fim contratual" (Dec.-Lei nº 178/86, art. 12)[44].

No Código Civil brasileiro consagrou-se, em termos gerais, aplicáveis a todos os contratos, e não apenas à agência, a regra de que "os contratantes são obrigados a guardar, assim na conclusão do contrato, como em sua execução, os princípios de probidade e boa-fé" (art. 422).

É nessa linha de eticidade que o art. 715, do CC[45], no regime do contrato de agência, considera ilícita a conduta do preponente que, sem justa causa, cessa o atendimento das propostas que lhe encaminha o agente. O mesmo tratamento legal é, também, dispensado à redução de acolhida dos pedidos quando atinge proporções que tornam antieconômica a continuidade do contrato de agência.

O negócio, na espécie, envolve colaboração interempresarial, em que cada parte empenha recursos e serviços em busca de metas comuns e lucrativas para ambos os contratantes. Nenhum deles, sem motivo justo, pode fugir ao papel que o contrato lhe reservou. Se o agente, portanto, se desempenhou da tarefa de coletar pedidos ou propostas e, regularmente, os encaminhou ao proponente, viola este o ajuste se, sem razão plausível, não contrata os fornecimentos intermediados com a clientela que aquele lhe angariou.

Razões técnicas ou econômicas, alheias à vontade da empresa, podem impedi--la de acolher os pedidos ou forçá-la a acolhê-los apenas em parte. Aí, sim, ter-se-á como justa e aceitável a medida. Não poderá o agente queixar-se do comportamento restritivo do outro contratante, porque afinal ambos são parceiros num negócio comum, que terá encontrado vicissitudes ou empecilhos em seu caminho. Não poderá o agente querer que o prejuízo involuntário e inevitável seja imputado por inteiro ao representado. Não haverá lugar para reclamar perdas e danos entre as partes.

Se, porém, a recusa ou redução de acolhida das propostas por fruto de comportamento irregular da empresa representada pelo agente, a este não caberá sujei-

---

[44] A Diretiva nº 86/653/CEE dispõe, no mesmo sentido, que *"l'agent commercial doit, dans l'exercice de ses activités, veiller aux intérêts du commettant et agir loyalement et de bonne foi"* (art. 3º). Também, com relação ao preponente igual preceito se encontra estatuído: *"Dans ses rapports avec l'agent commercial le commettant doit agir loyalement et de bonne foi"* (art. 4º, *caput*).

[45] "Art. 715. O agente ou distribuidor tem direito à indenização se o proponente, sem justa causa, cessar o atendimento das propostas ou reduzi-lo tanto que se torna antieconômica a continuação do contrato". Direito comparado – Código de Comércio francês, art. L.134-13, inc. 2º.

Seção IV: Da Agência e Distribuição · Cap. IV – Direitos e Obrigações das Partes | 249

tar-se a prejuízo algum; o contratante culpado terá de indenizar o prejuízo da parte inocente; e o agente terá, então, direito de promover a rescisão do contrato com perdas e danos, amplamente calculadas[46].

O representante comercial não age como dono do negócio, já que é, na verdade, apenas um cooperador do preponente na condução de sua empresa e na ampliação de sua clientela. Nessa ordem de ideias, o representado tem o direito de recusar as propostas ou pedidos colhidos pelo agente, dentro de prazos fixados na lei ou no contrato[47]. Não pode, entretanto, fazê-lo de maneira discricionária e abusiva. Há de ter alguma explicação para a total e completa cessação de acolhida aos negócios agenciados, ou pela sua grande redução. A lealdade contratual e a boa-fé que ambos os contratantes estão obrigados a guardar é que tornam rescindível o contrato de agência, a pedido do agente, quando tais medidas antiéticas e antieconômicas vierem a ser adotadas pelo preponente.

133. A DEFESA DO PREPONENTE

Na sistemática do contrato de agência, respeita-se o direito do preponente de não acatar os negócios intermediados pelo agente, desde que não configurado o *abuso de direito*. Entende-se configurado o abuso quando a não conclusão dos contratos se dá mesmo tendo sido a missão do agente cumprida dentro dos limites de seus poderes e na conformidade das exigências fixadas na convenção existente entre as partes.

Será ilegítima uma recusa em tais condições porque o preponente, dificilmente, encontrará argumento para imputar alguma falta ao agente. A atitude será incorreta porque "o comitente não pode recusar de maneira não razoável os pedidos que lhe são transmitidos pelo agente". Assim, as recusas reiteradas de pedidos, feitas de má-fé (por exemplo, com o só propósito de prejudicar as atividades do agente), devem ser havidas como violação do contrato pelo comitente. Frequentemente, a ausência de proveito para este na recusa "é suficiente para comprovar o exercício abusivo do direito"[48].

O preponente, no entanto, poderá justificar sua decisão por meio do conhecimento que teve de elementos negativos referentes ao cliente, que eram ignora-

---

[46] ALVES, Jones Figueirêdo. In: FIÚZA, Ricardo (coord.). *Novo Código Civil Comentado*. São Paulo: Saraiva, 2002, p. 648.

[47] REQUIÃO, Rubens. *Do representante comercial*, cit., nº 151, p. 195. Nessa linha, Gustavo Tepedino assevera que "a liberdade para aceitar o recusar as propostas constitui, como ressalta a doutrina, traço fundamental do contrato de agência, pois permite ao proponente avaliar a conveniência de celebrar os negócios que lhe são apresentados, assegurando-lhe, desse modo, o controle sobre a distribuição dos produtos ou serviços que comercializa" (TEPEDINO, Gustavo. *Comentários ao novo Código Civil*, cit., v. X, p. 327).

[48] FOURNIER, Frédéric. *L'agence commerciale*, cit., p. 119.

dos pelo agente (casos, *v.g.*, de insolvabilidade, clientes duvidosos ou que tenham comportamento contrário à imagem, à reputação ou à destinação dos produtos, impedimentos ao direito de revenda etc.). Pode-se, também, invocar uma eventual mudança da política de venda da empresa por motivos razoáveis, previamente informados ao agente. Assim, para que a medida seja havida como injusta, será preciso que as informações pertinentes não tenham sido comunicadas ao agente, antes do negócio proposto, por impedimento plausível[49].

De qualquer maneira, faltando as necessárias justificações, o preponente terá abusado de seu direito de recusar os negócios angariados pelo agente. Tê-lo-á impedido de "executar eficazmente o contrato, privando-o assim das comissões", de maneira injusta[50]. Estará, pois, sujeito a indenizar-lhe os prejuízos.

134. RESCISÃO INDIRETA

A recusa sistemática, por parte do preponente, dos pedidos angariados pelo agente ou a redução drástica de sua acolhida representam, na verdade, uma ruptura branca, ou implícita, do contrato por parte do empresário representado.

Daí ter-se como direito do agente denunciar o contrato sempre que a outra parte tiver adotado uma postura de infidelidade ao ajuste, de molde a inviabilizar o prosseguimento da relação obrigacional[51].

Entre os principais motivos que podem acarretar essa rescisão indireta, por parte do representante e em razão de conduta abusiva do proponente, citam-se: além da recusa sistemática dos pedidos ou a redução deles a nível incompatível com a economia do contrato, a quebra da exclusividade; a redução, sem previsão contratual, da zona; a sonegação ou atraso no pagamento de comissões; a fixação abusiva dos preços, em relação à zona do representante, com o fim de inviabilizar suas atividades (Lei nº 4.886/1965, art. 36)[52].

---

[49] FOURNIER, Frédéric. *L'agence commerciale*, cit., p. 119. Rubens Edmundo Requião ressalta que o preponente deve comunicar o motivo da recusa ao agente, pois "a recusa pode basear-se em motivo facilmente contornável, a sua comunicação escrita permite que o representante, mais facilmente, renegocie o contrato com o cliente, com vantagem para todos" (REQUIÃO, Rubens Edmundo. *Nova regulamentação da representação comercial*, cit., p. 98).

[50] FOURNIER, Frédéric. *L'agence commerciale*, cit., p. 120.

[51] Nesse sentido, lição de Gustavo Tepedino: "Com efeito, revela-se contrária à boa-fé objetiva e, portanto, abusiva a recusa sistemática de pedidos encaminhados, ou a rejeição de um número tal que torne antieconômica a continuação do contrato. (...) Embora o dispositivo não aluda a tal possibilidade, faculta-se ao agente pleitear a rescisão do contrato, além da indenização correspondente" (TEPEDINO, Gustavo. *Comentários ao novo Código Civil*, cit., v. X, p. 330).

[52] MEDEIROS, Murilo Tadeu. *Direitos e obrigações do representante comercial*, cit., p. 72.

Capítulo V

A REMUNERAÇÃO DO AGENTE

Sumário: 135. Aquisição do direito à comissão: 135.1. Prescrição do direito de cobrar a comissão; 135.2. Aquisição do direito à comissão quando o negócio não se realiza por fato imputável ao preponente – 136. Insolvência do terceiro comprador ou recusa da mercadoria por parte deste – 137. Posição jurídica do comprador – 138. Abuso de direito – 139. Rescisão do contrato de agência – 140. Indenização pela clientela – 141. Perdas e danos – 142. Direito de retenção do preponente – 143. Direito de retenção do agente.

135. AQUISIÇÃO DO DIREITO À COMISSÃO

Em regra, o agente adquire o direito à comissão não quando o negócio é concluído por força de sua intermediação, mas com sua regular execução, vale dizer, "com a remessa da mercadoria (ou com a prestação do serviço) e o pagamento do preço pelo cliente ao proponente"[1]. Daí reconhecer Rubens Requião que o agente assume uma obrigação de resultado, ficando sua remuneração atrelada ao resultado positivo de sua atividade[2].

Se o contrato é de execução continuada (ou fracionada), o agente faz jus à remuneração a cada prestação, ainda que ela ocorra após a extinção do contrato de agência. Para Gustavo Tepedino, trata-se de "regra que decorre da autonomia jurídica do agente, que compartilha os riscos da atividade econômica, recebendo a remuneração somente pelos negócios que tenham efetivamente gerado receita ao proponente"[3].

Rubens Requião, ao abordar o tema, adverte que se o preponente ajuizar ação de cobrança contra o comprador, o agente somente receberá a comissão quando satisfeito o crédito pela via judicial. Da mesma forma, "se demandar o terceiro con-

---

[1] TEPEDINO, Gustavo. *Comentários ao novo Código Civil*, cit., p. 331.

[2] "O direito do representante fica dependendo do resultado efetivo do negócio, que deverá ser positivo, no sentido de que o pedido que agenciou foi aceito pelo representado, que o executou, completando-se o negócio com o pagamento do preço pelo cliente comprador" (REQUIÃO, Rubens. *Nova regulamentação da representação comercial*. 2. ed. São Paulo: Saraiva, 2003, p. 55).

[3] TEPEDINO, Gustavo. *Comentários ao novo Código Civil*, cit., p. 332. No mesmo sentido: GOMES, Orlando. *Contratos*, cit., p. 459.

tratante infrator do contrato estipulado, para dele haver perdas e danos, nestas deve incluir a comissão que passará a dever ao representante em decorrência dos resultados da liquidação e execução judicial"[4].

Por fim, se as partes não fixarem no contrato prazo para pagamento da comissão devida ao agente, deve-se aplicar o disposto no §1º, do art. 32, da Lei nº 4.886/1965: "o pagamento das comissões deverá ser efetuado até o dia 15 (quinze) do mês subsequente ao da liquidação da fatura, acompanhada das respectivas cópias das notas fiscais".

135.1. Prescrição do direito de cobrar a comissão

O parágrafo único do art. 44 da Lei nº 4.886/1965 dispõe que "prescreve em cinco anos a ação do representante comercial para pleitear a retribuição que lhe é devida e os demais direitos que lhe são garantidos por esta lei". A regra especial corresponde aproximadamente à regra geral do art. 206, § 5º, I, do Código Civil, ao estabelecer, também em cinco anos, a prescrição da pretensão de cobrança de dívidas líquidas constantes de instrumento público ou particular.

Sobre a prescrição, algumas questões merecem destaque:

I – Direito de cobrança nasce mês a mês: o STJ entende que o direito à cobrança das comissões "nasce mês a mês com o seu não pagamento no prazo legal", de forma que "a cada mês em que houve comissões pagas a menor e a cada venda feita por terceiro em sua área de exclusividade, nasce para o representante comercial o direito de obter a devida reparação". Assim, conclui ser "quinquenal a prescrição para cobrar comissões, verbas rescisórias e indenizações por quebra de exclusividade contratual, conforme dispõe o parágrafo único do art. 44 da Lei 4.886/95"[5].

II – Cobrança retroativa de diferença de valores sempre pagos a menor: por força do princípio da boa-fé objetiva, entende a referida Corte Superior não ser possível ao representante comercial, após a extinção do contrato, requerer retroativamente diferença de valores que sempre foram pagos a menor, frustrando expectativa legítima, construída ao longo da relação contratual:

"2. Diante das peculiaridades da hipótese, verifica-se que não houve uma redução da comissão da representante, em relação à média dos resultados auferidos nos últimos seis meses de vigência do contrato, o que, de fato, seria proibido nos termos do art. 32, § 7º, da Lei 4.886/65. Desde o início da relação contratual, a comissão foi paga no

---

4   REQUIÃO, Rubens. *Do representante comercial*, cit., p. 278.
5   STJ, 3ª T., REsp. 1.634.077/SC, Rel. Min. Nancy Andrighi, ac. 09.03.2017, *DJe* 21.03.2017. No mesmo sentido: STJ, 4a T., AgInt no AREsp. 443.147/RS, Rel. Min. Maria Isabel Gallotti, ac. 15.08.2017, *DJe* 22.08.2017.

Seção IV: Da Agência e Distribuição · Cap. V – A Remuneração do Agente | 253

patamar de 2,5%, o que leva à conclusão de que a cláusula que previu o pagamento da comissão de 4%, na realidade, nunca chegou a viger.

3. O princípio da boa-fé objetiva torna inviável a pretensão da recorrente, de exigir retroativamente valores a título da diferença, que sempre foram dispensados, frustrando uma expectativa legítima, construída e mantida ao longo de toda a relação contratual pela recorrida"[6].

III – Indenização do art. 27, j, da Lei 4.886/1965: o STJ entende não ser aplicável o prazo quinquenal de prescrição no cálculo referente à apuração e liquidação da indenização devida ao agente, em virtude de rescisão do contrato, (Lei nº 4.886, art. 27, alínea *j*), o qual deve levar em conta toda a duração da relação contratual. Para aquela Corte Superior,

> "na hipótese, nos termos do art. 27, 'j', da Lei 4.886/65, até o termo final do prazo prescricional, a base de cálculo da indenização para rescisão injustificada permanece a mesma, qual seja, a integralidade da retribuição auferida durante o tempo em que a recorrente exerceu a representação comercial em nome da recorrida"[7].

Não se trata de cobrar prestações antigas, mas de prestação nova, cujo nascimento se deu com o rompimento do contrato. As prestações antigas são apenas base de cálculo da obrigação nova, gerada pela cessação do vínculo negocial.

IV – Interrupção da prescrição pelo ajuizamento de ação trabalhista anterior à ação indenizatória cível: interessante questão foi analisada pelo STJ, referente à interrupção da prescrição pelo ajuizamento de ação trabalhista pelo agente, que concluiu pela inexistência de relação de trabalho. Segundo a Corte Superior, é comum a discussão sobre existência ou não de relação de emprego em contratos de agência – "até porque existem práticas de representação que nada mais são do que contratos de trabalho disfarçados" –, que é da competência da Justiça especializada. Assim, concluiu que havendo identificação entre as demandas trabalhista e cível e em razão do art. 219 do CPC/73 [art. 240, CPC/2015], ocorre "a interrupção da prescrição com a propositura da ação trabalhista na justiça especializada"[8], mesmo que a causa seja desviada para a justiça comum.

---

[6] STJ, 3ª T., REsp. 1.162.985/RS, Rel. Min. Nancy Andrighi, ac. 18.06.2013, *DJe* 25.06.2013.

[7] STJ, 3ª T., REsp. 1.469.119/MG, Rel. Min. Nancy Andrighi, ac. 23.05.2017, *DJe* 30.05.2017. No mesmo sentido: "a prescrição prevista no art. 44, parágrafo único, da Lei 4.886/65 refere-se apenas ao ajuizamento da ação, não abrangendo a base de cálculo da indenização por rescisão sem justa causa de contrato de representação comercial, que deve levar em conta os valores percebidos durante toda a vigência do contrato" (STJ, 4ª T., AgInt no AREsp. 904.814/SP, Rel. Min. Lázaro Guimarães, ac. 15.05.2018, *DJe* 21.05.2018).

[8] STJ, 4ª T., AgRg no REsp. 1.036.458/SP, voto do relator Min. Marco Buzzi, ac. 24.11.2015, *DJe* 10.02.2016.

135.2. Aquisição do direito à comissão quando o negócio não se realiza por fato imputável ao preponente

O preponente não se sujeita a acatar sempre os pedidos ou propostas que lhe encaminha o agente. O art. 33 da Lei nº 4.886/1965 assegura-lhe o direito de recusa, que, entretanto, haverá de ser exercitado, sem abuso, nos prazos fixados naquele dispositivo legal (isto é: 15 dias, para comprador da praça; 30 dias, para outra praça do mesmo Estado; 60 dias, para outros Estados; e 120 dias, para o estrangeiro). Se o preponente recebe os pedidos, com os requisitos exigíveis, e não participa, no prazo legal, a recusa ao agente, adquire este o direito à comissão, ainda que as mercadorias não venham a ser expedidas. Nesse sentido, o art. 716, do CC: "a remuneração será devida ao agente também quando o negócio deixar de ser realizado por fato imputável ao preponente"[9]. Trata-se, segundo Gustavo Tepedino, de norma inderrogável pelas partes, "que visa a tutelar o agente perante o proponente negligente, que falta ao dever de cooperação"[10].

Note-se que a recusa, para isentar o preponente do pagamento da comissão do agente, tem de ser feita, necessariamente, por escrito, não se admitindo presumi--la, ou tê-la como verificada de maneira tácita[11]. Esse é o sentido literal do art. 33, *caput*, da Lei nº 4.886/1965. A jurisprudência, contudo, embora seja rigorosa com a exigência de comunicação de recusa do pedido ao agente[12], é, às vezes, mais liberal quanto à forma de realizá-la. É que sendo admissível que o próprio contrato de agência se possa pactuar oralmente, seria excessivo rigor exigir que todo relacionamento entre as partes, durante a execução do ajuste, se perfaça obrigatoriamente por escrito. O STJ, por exemplo, já decidiu pela validade da recusa verbal de pedido, ao argumento de que a "inteligência do art. 33 da Lei nº 4.886/65 comporta temperamento". A hipótese enfrentada pelo STJ era de contrato "rotulado pelas instâncias ordinárias de *sui generis,* pois as relações entre representante e representado eram quase sempre verbais, inclusive o próprio contrato". Daí a aceitação da "validade da recusa verbal, pelas peculiaridades da espécie"[13].

---

[9] Direito comparado – Dec.-Lei português nº 178/86, art. 18º, nº 1, alínea *a;* Código Civil italiano, art. 1.749; Código de Comércio francês, art. L.134-10; Diretiva CEE nº 86/653, art. 11.

[10] TEPEDINO, Gustavo. *Comentários ao novo Código Civil cit.,* p. 334. O autor exemplifica com as seguintes situações: "quando o contrato se desfaz em virtude de descumprimento voluntário por parte do proponente ou pelo envio de mercadoria defeituosa, ou ainda quando o proponente não se manifesta sobre a proposta comercial dentro do prazo convencionado. Deve ainda o proponente a comissão quando deixar de cobrar o crédito frente ao comprador inadimplente, ou quando desfaz consensualmente o negócio celebrado" (Ob. cit., loc. cit.).

[11] MEDEIROS, Murilo Tadeu. *Direitos e obrigações do representante comercial,* cit., p. 51.

[12] "O agente adquire o direito à comissão logo que celebrado o contrato, mas ela só é exigível na medida em que terceiro cumpra as suas obrigações" (NETO, Abilio. *Contratos comerciais.* Lisboa: Ediforum, 2002, p. 114).

[13] STJ, 4ª T., REsp. nº 92.286-PR, Rel. Min. Cesar Asfor Rocha, ac. 29.10.1998, *DJU* 01.02.99, p. 196.

Seção IV: Da Agência e Distribuição • Cap. V – A Remuneração do Agente | 255

Para adquirir o direito à comissão, sem que o representado tenha concluído o negócio intermediado, é necessário que o agente tenha coletado e remetido os pedidos da clientela na conformidade com os termos do contrato e com as instruções traçadas. Esse é o significado da expressão "acompanhados (os pedidos) dos requisitos exigíveis", que se encontra no art. 33, *caput*, da Lei nº 4.886/1965.

136. INSOLVÊNCIA DO TERCEIRO COMPRADOR OU RECUSA DA MERCADORIA POR PARTE DESTE

Acatado o pedido, o direito à comissão está adquirido pelo agente, mas sua exigibilidade somente acontecerá quando do pagamento a cargo do comprador[14]. Se, portanto, este se torna insolvente, não tem o representante como reclamar do preponente a remuneração contratual. Nesse sentido, dispõe o § 1º do art. 33, da Lei nº 4.886/1965, que "nenhuma retribuição será devida ao representante comercial, se a falta de pagamento resultar de insolvência do comprador, bem como se o negócio vier a ser por ele desfeito ou for sustada a entrega de mercadorias devido à situação comercial do comprador, capaz de comprometer ou tornar duvidosa a liquidação".

Na técnica do contrato de agência, a aquisição, pelo agente, do direito à remuneração, vincula-se a uma *condição suspensiva*: o cumprimento da prestação a cargo do terceiro que contratou com o preponente em razão do agenciamento. Isto quer dizer que a exigibilidade da comissão não surge apenas da conclusão do contrato, mas nasce do fato posterior do seu cumprimento pelo terceiro comprador[15].

Por isso mesmo, quando o contrato for apenas em parte cumprido pelo terceiro, a comissão reduzir-se-á em proporção, e se anulará se as mercadorias forem totalmente rejeitadas pelo comprador, sem culpa do fornecedor[16].

Deve-se ponderar que, na atividade da representação comercial, estabelece-se, entre agente e proponente, uma obrigação de resultado, e não de meio. Por isso, se o resultado visado – o fornecimento e o respectivo pagamento pelo comprador – não é atingido, não existe o direito do agente de exigir a comissão.

---

[14] "O agente adquire o direito à comissão logo que, celebrado o contrato, mas ela só é exigível na medida em que o terceiro cumpra as suas obrigações" (NETO, Abilio. *Contratos comerciais*, cit., p. 114).

[15] Esta solução legislativa, ao fazer depender a exigibilidade da comissão da condição (suspensiva) do cumprimento, pelo terceiro, do contrato, visa, sobretudo, "acautelar o principal contra o risco de o agente, na mira de conseguir retribuições elevadas, promover (ou celebrar) contratos com pessoas insolventes ou de pouca confiança... Esse o motivo porque o direito à comissão não surge logo que celebrado o contrato – como sucedia anteriormente –, antes dependendo, nos termos do nº 1 (art. 18º do Dec.-Lei nº 178/86), do seu cumprimento" (MONTEIRO, António Pinto. *Contrato de agência*. 4. ed. Coimbra: Almedina, 2000, p. 83).

[16] MONTEIRO, António Pinto. *Contrato de agência*, cit., p. 83.

Segundo o dispositivo legal em análise, as hipóteses de inocorrência do direito do representante à remuneração são três:

a) insolvência do comprador;

b) cancelamento do pedido pelo comprador;

c) cancelamento da entrega da mercadoria devido à falta de crédito do comprador[17].

Em todos esses casos do art. 33, § 1º, da Lei nº 4.886/1965, o direito do proponente de não efetuar o pagamento da comissão pelo pedido não recusado tempestivamente somente será exercitável se a causa do cancelamento não tiver sido provocada pelo próprio representado. Se, *v.g.*, o comprador fez a devolução porque a remessa da mercadoria se deu, pelo preponente, em desconformidade com o pedido, não ficará afastada sua obrigação de remunerar o agente.

Se a rejeição da mercadoria derivou de circunstância que só diz respeito ao comprador, a frustração do negócio não pode ser, de forma alguma, imputada ao preponente, motivo pelo qual exonerado estará do pagamento da comissão do agente.

Quando, também, a recusa de fornecimento derivar da situação do comprador, que não tem crédito, ter-se-á como justa a medida tomada pelo fornecedor. Mas, para isentar-se da comissão, terá de comunicar a ocorrência, em tempo hábil, ao agente, na forma do *caput* do art. 33, da Lei nº 4.886/1965[18].

No direito português existe norma similar à do direito brasileiro no art. 19º do Dec.-Lei 178/86: "se o não cumprimento do contrato ficar a dever-se a causa imputável ao principal, o agente não perde o direito de exigir a comissão".

Lá como aqui, o agente não pode, em regra, reclamar a comissão se o terceiro comprador descumprir o negócio agenciado. Mas é outra a solução da lei para a hipótese de frustração contratual provocada pelo representado. "Se a falta de cumprimento, por parte do cliente, for imputável, nos termos gerais, ao principal, o agente pode exigir a comissão. Trata-se de um direito que não pode ser prejudicado por convenção em contrário. O principal que, nestas condições, viesse a escudar-se no não cumprimento do cliente, pretendendo furtar-se ao pagamento da comissão, poderia mesmo incorrer, em certos casos, num *venire contra factum proprium*"[19].

A repercussão do óbice criado pelo preponente à consecução dos negócios intermediados pelo agente pode, conforme suas proporções, ensejar, até mesmo, a possibilidade de a parte prejudicada pleitear, com motivo justo, a rescisão do contrato de agência[20].

---

[17] MEDEIROS, Murilo Tadeu. *Direitos e obrigações do representante comercial*, cit., p. 53.

[18] MEDEIROS, Murilo Tadeu. *Direitos e obrigações do representante comercial*, cit., p. 56.

[19] MONTEIRO, António Pinto. *Contrato de agência*, cit., p. 85.

[20] MONTEIRO, António Pinto. *Contrato de agência*, cit., p. 85.

137. POSIÇÃO JURÍDICA DO COMPRADOR

O terceiro que apresentar o pedido ao agente não torna o contrato obrigatório para o representado. O agente não tem, em regra, poder de representar e concluir contratos em nome e por conta do preponente. Por isso, a norma legal que torna este obrigado ao pagamento da comissão pelo negócio, cuja recusa não se comunicou ao agente no devido prazo, nenhuma repercussão terá sobre o relacionamento entre fornecedor e comprador. Em relação a este, aquele somente se obriga quando aceitar a proposta ou pedido. Não há entre eles contrato ou vínculo prévio que torne obrigatória a aceitação do pedido apenas pelo decurso do tempo. O fornecedor pode, destarte, recusar o pedido a qualquer tempo, sem que a demora acarrete direito ao autor da proposta de forçar a conclusão da compra e venda contra a vontade do oblato.

Pode, eventualmente, acrescer-se ao contrato de agência, mandato para que o agente conclua e execute o contrato intermediado (Código Civil, art. 710, parágrafo único). Em tal hipótese, o ato do representante assume a força do mandato e obriga o mandante, como é da natureza de tal contrato, que ampliou o conteúdo da representação comercial. Aí o preponente terá de cumprir o negócio formalizado pelo agente, porque este não terá apenas coletado proposta ou pedido, mas terá concluído contrato em nome e por conta do representado. Aplicar-se-á, por isso, a regulamentação do mandato, conforme determina o art. 721 do novo Código Civil.

138. ABUSO DE DIREITO

A recusa do pedido é direito do preponente, mas não pode ser arbitrariamente exercido, mormente quando atinja proporções que equivalham à cessação dos fornecimentos ou comprometam a economia do contrato. Sem justa causa, a recusa sistemática dos pedidos encaminhados corresponde a ilícito contratual, que sujeita o preponente a ver rescindida a representação comercial, por iniciativa do agente, com perdas e danos (art. 715 do CC).

De qualquer maneira, se o preponente não justifica o não acolhimento do pedido e nem sequer comunica ao agente sua recusa em tempo hábil, tem-se como verificada a não realização do negócio por causa exclusivamente imputável ao representado, que, assim, permanecerá obrigado a remunerar o representante, como se realizado fosse aquele negócio[21].

139. RESCISÃO DO CONTRATO DE AGÊNCIA

O contrato de agência pode ser rompido por ato do preponente, mas a ruptura gerará consequências diversas, conforme aja ele apoiado ou não em *justa causa*.

---

[21]   ALVES, Jones Figueirêdo. *Novo Código Civil Comentado*, cit., p. 649.

O art. 35 da Lei nº 4.886/65 enumera quais são os *motivos* justos sobre os quais se pode apoiar a ruptura contratual por iniciativa do preponente[22]. Correspondem a infrações graves cometidas pelo agente, que já foram analisadas nos itens 125 a 127, *supra*. Além dessas irregularidades de conduta do preposto, a lei prevê a *força maior* como *justa causa* para a resolução do contrato de agência. Força maior, ou caso fortuito, o Código Civil define como sendo o "fato necessário, cujos efeitos não era possível evitar ou impedir" (art. 393, parágrafo único)[23]. Para Mozart Victor Russomano, "a força maior violenta a vontade do devedor, levando-o, necessariamente, ao inadimplemento de suas obrigações. Só pode sofrer as consequências de seu ato quem toma determinada atitude por vontade própria"[24].

Qualquer que seja o motivo da dispensa do agente, justo ou injusto, não afetará o seu direito à remuneração pelos serviços já ultimados, como prevê o art. 717 do Código Civil: "ainda que dispensado por justa causa, terá o agente direito a ser remunerado pelos serviços úteis prestados ao proponente, sem embargo de haver este perdas e danos pelos prejuízos sofridos"[25].

Solução contrária representaria um prêmio à má-fé do representado, com verdadeira acolhida do seu locupletamento ilícito. A obrigação, portanto, de remunerar os serviços úteis, imposta ao preponente, corresponde à preocupação do Código com a garantia da *eticidade* no domínio dos contratos, onde devem imperar os princípios da boa-fé e da lealdade entre as partes[26].

---

[22] São eles: a desídia do representante no cumprimento das obrigações decorrentes do contrato; a prática de atos que importem em desídia comercial do representado; a falta de cumprimento de quaisquer obrigações inerentes ao contrato de representação comercial; a condenação definitiva por crime considerado infamante; e a força maior. Sobre a gravidade da infração, conferir TEPEDINO, Gustavo. Das várias espécies de contrato. Do mandato. Da comissão. Da agência e distribuição. Da corretagem. Do transporte. Arts. 653 a 756. In: TEIXEIRA, Sálvio de Figueiredo (coord.). *Comentários ao novo Código Civil.* Rio de Janeiro: Forense, 2008, v. X, p. 337-338.

[23] O Código Civil equipara a força maior e o caso fortuito, de sorte que o fato inevitável ou que não se pode impedir tanto pode provir da natureza como de conduta do homem. A jurisprudência, contudo, é rigorosa com a admissão da força maior para justificar a ruptura da representação comercial, negando-lhe reconhecimento nos meios de dificuldades empresariais, já que o risco econômico é inerente ao comércio. Elevação de custos, escassez de matéria-prima, restrições a importação etc. não têm sido consideradas razões suficientes para romper a representação comercial. Mesmo a paralisação temporária da atividade da empresa, motivada por incêndio ou outro acidente grave, não deve ser motivo para extinção da representação comercial, se o empresário estiver em vias de restaurar o estabelecimento (REQUIÃO, Rubens. *Do representante comercial.* 5. ed. Rio de Janeiro: Forense, 1994, nº 188, p. 224).

[24] RUSSOMANO, Mozart Victor. *Comentários à CLT.* Rio de Janeiro: Forense, 1990, v. 1, p. 610.

[25] Direito comparado – Código Civil italiano, art. 1.748, 3ª parte; Código de Comércio francês, art. L.134-7; Diretiva CEE nº 86/653, art. 8º.

[26] Para Rubens Edmundo Requião, "a falta grave cometida pelo agente, embora seja a base para a extinção do contrato, não fere direitos que já tenham sido incorporados ao patrimô-

Por *serviços úteis* deve-se entender "aqueles decorrentes de negócios que, uma vez celebrados, geram crédito em benefício do proponente"[27]. Com essa regra, valoriza-se o princípio de que todo serviço honesto deve ser remunerado e de que a ninguém é dado locupletar-se, injustamente, à custa do trabalho de outrem[28].

140. INDENIZAÇÃO PELA CLIENTELA

A legislação europeia diverge quanto ao direito do agente em receber indenização pela clientela angariada ao preponente durante a relação, quando da extinção do contrato de agência. A Diretiva 86/653/CEE escolheu dois modelos como norte ⊠ o alemão e o francês ⊠ relegando à legislação interna de cada país optar entre um deles (art. 17):

"1. Os Estados-membros tomarão as medidas necessárias para assegurar ao agente comercial, após a cessação do contrato, uma indenização, nos termos do nº 2, ou uma reparação por danos, nos termos do nº 3.

2. a) O agente comercial tem direito a uma indemnização se é na medida em que:

– tiver angariado novos clientes para o comitente ou tiver desenvolvido significativamente as operações com a clientela existente e ainda se resultarem vantagens substanciais para o comitente das operações com esses clientes, e

– o pagamento dessa indemnização for equitativo, tendo em conta todas as circunstâncias, nomeadamente as comissões que o agente comercial perca e que resultem das operações com esses clientes. Os Estados-membros podem prever que essas circunstâncias incluam também a aplicação ou não de uma cláusula de não concorrência na acepção do artigo 20º.

b) O montante da indemnização não pode exceder um valor equivalente a uma indemnização anual calculada a partir da média anual das remunerações recebidas pelo agente comercial durante os últimos cinco anos, e, se o contrato tiver menos de cinco anos, a indemnização é calculada com base na média do período.

c) A concessão desta indemnização não impede o agente comercial de reclamar uma indemnização por perdas e danos.

3. O agente comercial tem direito à reparação por danos causados pela cessação das suas relações com o comitente. Esses danos decorrem, nomeadamente, da cessação em condições:

---

nio do agente. Por exemplo, a comissão pelos pedidos angariados, pendentes ou em fase de atendimento, que forem úteis (isto é, *executados ou vierem a ser executados no futuro*), não é anulada pela falta grave" (REQUIÃO, Rubens Edmundo. *Nova regulamentação da representação comercial autônoma*. 2. ed. São Paulo: Saraiva, 2003, p. 130-131).

[27] TEPEDINO, Gustavo. *Comentários ao novo Código Civil*, cit., v. X, p. 342-343.

[28] Mesmo os pedidos acolhidos depois de já dispensado o agente, sujeitam o preponente ao pagamento da comissão (TJSP, 12ª CC., Ap. nº 143.238-2, Rel. Des. Carlos Ortiz, ac. 25.04.1989, *RJTJESP* 128/218).

260 | Contratos de Colaboração Empresarial • *Humberto Theodoro Jr. e Adriana Theodoro de Mello*

– que privem o agente comercial das comissões que receberia pela execução normal do contrato, e que simultaneamente proporcionem ao comitente vantagens substanciais ligadas à atividade do agente comercial;

– e/ou que não permitam ao agente comercial amortizar os custos e despesas que ele tenha suportado para a execução do contrato mediante recomendação do comitente.

4. O direito à indenização referido no nº 2 ou a reparação por danos referida no nº 3 existe igualmente quando a cessação do contrato ficar a dever-se à morte do agente comercial.

5. O agente comercial perde o direito à indenização nos casos referidos no nº 2 ou reparação por danos nos cursos referidos no nº 3, se, no prazo de um ano a contar da cessação do contrato, não notificar o comitente de que pretende receber a indenização.

6. A Comissão apresentará ao Conselho, no prazo de oito anos a contar da notificação da presente diretiva, um relatório sobre a aplicação do presente artigo, submetendo-lhe eventualmente propostas de alteração".

O modelo descrito no item 2 do art. 17 da Diretiva é o alemão, que foi seguido por quase todos os Estados-membros[29]. Aqueles que adotam referido modelo buscam "compensar ao agente as vantagens que, por intermédio de sua atividade, seguirão sendo auferidas pelo agenciado junto à clientela, de modo duradouro, mesmo após a extinção do contrato, e por não ter sido ele totalmente retribuído mediante o recebimento das comissões"[30].

Entretanto, consoante se depreende da alínea item "a" do referido item 2, a indenização não ocorrerá em toda e qualquer situação, mas apenas quando o agente comprovar que gerou ao agenciado uma vantagem relevante, consubstanciada na captação de novos clientes ou na ampliação de negócios celebrados com clientes já antigos[31]. Além disso, o valor deve ser equitativo, não podendo exceder o montante equivalente a uma indenização anual calculada a partir da média anual das remunerações recebidas pelo agente comercial durante os últimos cinco anos, ou a média do período, se a relação contratual durou menos tempo (item b).

O modelo alemão, adaptado pela Diretiva com destaque para a prefixação do período básico para o cálculo da indenização da clientela ampliada, consta do respectivo Código Comercial e consiste de duas previsões para o plano de indenização da clientela: (i) a comissão deveria ser paga conforme a equidade, nos termos do §89, item 3, *b* (1); e (ii) deverá ser estabelecido um limite à quantificação do valor da indenização, segundo o §89, item 3, *b* (2). Coube à jurisprudência estabelecer

---

[29] HAICAL, Gustavo. A extinção do contrato de agência e os modelos de proteção ao agente no âmbito do Direito Europeu. *Revista de Direito Privado*. São Paulo, nº 49, p. 141, jan.-mar./ 2012.

[30] HAICAL, Gustavo. A extinção do contrato de agência e os modelos de proteção ao agente no âmbito do Direito Europeu, cit., p. 116-117.

[31] HAICAL, Gustavo. Op. cit., p. 120.

Seção IV: Da Agência e Distribuição • Cap. V – A Remuneração do Agente | **261**

critério mais preciso para aplicação desse dispositivo. A propósito, convém registrar que o mesmo §89, no item 3, *b* (3) enumera os três casos em que o direito à indenização em favor do ex-agente se faz exigível: tanto quando o contrato for denunciado sem justa causa pelo agente; como pelo preponente, por justa causa imputada ao agente; ou, ainda, quando o agente e o preponente acordarem em que um terceiro assuma a posição contratual do agente[32].

Por sua vez, a jurisprudência alemã estabeleceu três critérios para a indenização da clientela na espécie: (i) em primeiro lugar, o cálculo das comissões segundo o efetivo aumento da clientela; (ii) em segundo lugar, será apurado quanto duraram as vantagens substanciais auferidas pelo empresário; e, (iii) em terceiro lugar, levar-se-á em conta a migração da clientela ao agenciado. Após isso, "baseado nos limites elencados, será fixado o valor da indenização da clientela conforme preceitua o §89, *b,* do Código Comercial"[33].

É certo, portanto, que, no direito alemão não se terá uma perpetuação do direito do ex-agente sobre comissões relativas ao aumento da clientela por ele proporcionado.

O direito italiano seguiu o modelo alemão, pois, o art. 1.751 do Código Civil, malgrado a existência de algumas deficiências redacionais, adotou exatamente o item 2 do art. 17 da Diretiva, estabelecendo um limite para a indenização[34].

O modelo francês, descrito no item 3 do art. 17 da Diretiva, confere ao agente uma indenização pelos prejuízos sofridos, não vinculada à perda da clientela, tendo como função "ressarcir ao agente os diversos danos sofridos em sua esfera jurídica, por exemplo, o prejuízo material e pessoal pela extinção do contrato"[35].

O Código Civil brasileiro e a Lei nº 4.886/1965 não preveem expressamente a indenização pela clientela angariada pelo agente. Não obstante, Gustavo Tepedino defende sua aplicação no país, uma vez que a finalidade dessa indenização não seria o ressarcimento de dano sofrido pelo agente, mas, sim, a compensação das vantagens decorrentes do trabalho desenvolvido na ampliação da clientela, durante a vigência do contrato. A não se compensar dito benefício, estar se-ia, segundo Tepedino, permitindo o enriquecimento ilícito do preponente[36]. Para fundamentar o seu posicionamento, o autor repete lição de António Pinto Monteiro, para quem essa

---

[32] HAICAL, Gustavo. *A extinção do contrato de agência e os modelos de proteção ao agente no âmbito do direito europeu*, cit., p. 121.

[33] HAICAL, Gustavo. *A extinção do contrato de agência e os modelos de proteção ao agente no âmbito do direito europeu*, cit., p. 121.

[34] SARACINI, Eugenio; TOFFOLETTO, Franco. *Il Codice Civile Commentario. Il contrato d'agenzia.* 4. ed. Milão: Giuffrè, 2014, p. 474 e ss.

[35] HAICAL, Gustavo. *A extinção do contrato de agência e os modelos de proteção ao agente no âmbito do direito europeu*, cit., p. 125.

[36] TEPEDINO, Gustavo. *Comentários ao novo Código Civil*, cit., v. X, p. 347-348. O autor corrobora seu entendimento citando Rubens Requião: "se a clientela fosse juridicamente tratada, como um bem incorpóreo acrescido ao patrimônio do representante comercial, este teria

indenização seria "como uma compensação pela 'mais-valia' que este lhe proporciona, graças à atividade por si desenvolvida, na medida em que o principal continua a aproveitar-se dos frutos desta atividade, após o termo do contrato de agência"[37].

A nosso ver, o direito positivo brasileiro mostra-se mais assemelhado ao francês, na medida em que o art. 717 do CC prevê, na ruptura do contrato de agência, apenas a remuneração "pelos serviços úteis prestados ao proponente", bem como "perdas e danos pelos prejuízos sofridos", ideia que, à primeira vista, não engloba o enriquecimento ilícito. Entretanto, ainda que se admita cabível a indenização pela clientela angariada pelo agente, ela deve ser razoavelmente limitada a um determinado período, sob pena de se admitir uma indenização irrestrita e perpétua para o agente em relação a todos os negócios futuros celebrados pelo preponente. Como, aliás, ressalva o direito alemão, precursor na instituição da compensação que Tepedino pretende fazer chegar até nosso sistema normativo. Sem tal barreira, o enriquecimento sem causa continuaria ocorrendo, só que em benefício do ex-agente. O locupletamento indevido que se veda a uma parte, não pode deixar de ser vedado à outra.

O direito argentino, seguindo o modelo alemão, prevê, no art. 1.497 do Código Civil uma compensação pela clientela ao final do contrato ao agente que "mediante seu trabalho tenha incrementado significativamente o giro das operações do empresário" e desde que "sua atividade anterior possa continuar produzindo vantagens substanciais a este". Não havendo acordo entre os contratantes, o juiz deverá fixar a compensação pela clientela, "não podendo exceder o montante equivalente a um ano de remunerações, líquido de despesas, calculado com base na média do valor daquelas recebidas pelo agente durante os últimos cinco anos, ou durante todo o período de duração do contrato, se for inferior". Segundo o art. 1.498, o agente não fará jus a essa indenização se: a) o empresário rescindir o contrato por descumprimento do agente; ou, b) se o agente extinguir o contrato, a menos que a rescisão se embase em inadimplemento do preponente ou por idade, invalidez ou enfermidade do agente.

Como se vê, tanto no sistema alemão como no argentino a indenização pelo aumento da clientela do preponente é bastante limitada, não podendo exceder, na melhor das hipóteses, ao montante de um ano das remunerações percebidas, calculado pela média dos últimos cinco anos.

141. PERDAS E DANOS

Sendo justa a ruptura do contrato promovida pelo preponente, terá ele direito à indenização dos prejuízos suportados em razão da atitude injurídica do agente[38].

---

direito à indenização da mesma independentemente dos motivos justos ou não da rescisão do contrato" (REQUIÃO, Rubens. *Do Representante comercial*, cit., p. 198).

[37] MONTEIRO, António Pinto. *Contrato de agência*. 4. ed. Coimbra: Almedina, 2000, p. 103.

[38] No caso de culpa grave do agente no cumprimento do contrato, não remanesce direito à indenização por cessação do contrato, porque sua falta demonstra seu desinteresse pelo valor

Esse direito, no entanto, não exclui o dever de remunerar os serviços concluídos pelo agente, de maneira útil para o preponente. As duas obrigações coexistirão, de parte a parte, conforme ressalva o art. 717, *in fine*.

Sendo *injusta* a rescisão, porque promovida pelo preponente fora das situações do art. 35 da Lei nº 4.886/65, ao agente se assegurará não só a percepção das comissões pelos serviços úteis concluídos, mas também as indenizações da legislação especial (Código Civil, art. 718).

Na Comunidade Europeia vigoram dois critérios para indenizar o agente injustamente dispensado: *a)* um valor fixo que não deve ultrapassar doze meses de comissões; ou *b)* uma apuração livre das perdas e danos, correspondentes a clientela perdida pelo agente e absorvida pelo comitente[39]. No sistema brasileiro a indenização é tarifada num limite mínimo pela lei, podendo o contrato ampliá-la[40].

142. DIREITO DE RETENÇÃO DO PREPONENTE

Verificada a falta grave do agente, o preponente, ao romper o contrato, poderá reter as comissões pendentes, até que se apure as perdas e danos que aquele lhe causou, para a devida compensação. Essa retenção está prevista no art. 37 da Lei nº 4.886/65 e impõe, nos termos da jurisprudência do STJ, a observância de dois requisitos: "(i) justa causa para a rescisão do contrato; (ii) prejuízo sofrido pelo representado demonstrado por ato praticado pelo representante, sendo que um requisito não se confunde com o outro"[41].

Como ensina Rubens Requião, "a dívida do representante comercial, resultante de rescisão culposa do contrato, fora das hipóteses do art. 35, consubstanciada nos danos causados ao representado, não necessita ser líquida, bastando para o exercício do direito de retenção a sua certeza e exigibilidade"[42].

Uma vez exercido o *jus retentionis* pelo preponente, incumbe-lhe tentar liquidar junto ao agente o valor dos seus prejuízos. Havendo consenso, prevalecerá o va-

---

comum conquistado através da clientela angariada em função do contrato, ou até mesmo comprova, por sua gravidade, a destruição do *interesse comum* (LELOUP, Jean-Marie. *Agents commerciaux*, cit., nº 348, p. 61).

[39] LELOUP, Jean-Marie. *Agents commerciaux*. 5. ed. Paris: Delmas, 2001, nº 1.763, p. 288.

[40] Contrato – Representação comercial autônoma – Prazo determinado – Rescisão unilateral e sem justa causa – Indenização – (Validade da cláusula estipulando mínimo de 1/20 avos das comissões pagas durante o contrato) – Sujeição à indenização por perdas e danos, conforme o direito comum, afastadas as verbas subsidiárias previstas no art. 27, *f*, e parágrafo único da Lei Federal nº 4.886/65 (TJSP, 18ª CC., Ap. nº 158.228-2, Rel. Des. Egas Galbiatti, ac. 13.08.1990, *RJTJESP*, 128/233).

[41] STJ, 4ª T., AgInt no AREsp. 1.309.230/PR, Rel. Min. Luis Felipe Salomão, ac. 04.10.2018, *DJe* 25.10.2018.

[42] REQUIÃO, Rubens. *Do representante comercial*. 5. ed. Rio de Janeiro: Forense, 1994, nº 198, p. 231.

lor apurado pelos próprios interessados. Na prática, porém, é muito raro o acordo em tais circunstâncias, motivo pelo qual não poderá o representante reter indefinidamente as comissões do representante. Terá, portanto, de promover a competente ação de apuração e cobrança das perdas e danos, contra o agente, oportunidade em que, mediante contraditório, se definirá o encontro de contas entre as partes.

O certo é que, a retenção não é, em si, meio de pagamento, mas apenas instrumento de garantia de realização do crédito. Não se pode, por isso, compensar, desde logo, as perdas e danos com as comissões retidas. De início, a retenção apenas suspende a exigibilidade do direito do agente. Após a liquidação da indenização por que responde o agente em face do preponente é que se terão duas obrigações líquidas e fungíveis entre as partes, tornando-se, então, possível a recíproca extinção delas, nos limites da compensação (Código Civil, arts. 368 e 369).

143. DIREITO DE RETENÇÃO DO AGENTE

A Lei nº 4.886/95 cuida apenas do direito de retenção em favor do preponente. Mas, é claro que é possível também o inverso, ou seja, o direito de o agente reter, na ruptura do contrato, valores recebidos em proveito do preponente, para compensar com as remunerações e ressarcimentos que este lhe deva.

Capítulo VI

EXTINÇÃO DO CONTRATO

Sumário: 144. Ruptura do contrato de agência sem culpa do preposto – 145. Condições a que se sujeita a indenização em favor do agente – 146. Encerramento do contrato de prazo certo – 147. Possibilidade de duas indenizações distintas – 148. Aviso prévio – 149. Cessação da representação por parte do agente, em razão de força maior – 150. Morte do agente – 151. Extinção normal dos contratos – 152. Extinções anômalas dos contratos – 153. A resilição como forma natural de pôr fim aos contratos de duração indeterminada – 154. A denúncia do contrato de agência – 155. Rescisão por justa causa.

144. RUPTURA DO CONTRATO DE AGÊNCIA SEM CULPA DO PREPOSTO

Sempre que a ruptura do contrato se der pelo preponente com base em justa causa, terá este de responder pelas comissões a que fizer jus o preposto, pelos serviços concluídos de forma útil para o fornecedor (art. 717). Não terá, porém, de indenizar o agente dispensado pela cessação do contrato de agência.

Quando, no entanto, a iniciativa unilateral do preponente não tiver falta do agente a servir-lhe de suporte, a dispensa será havida como injusta, causando a obrigação de responder pelas indenizações previstas na lei especial que disciplina a representação comercial (Lei nº 4.886/65). Nesse sentido, o art. 718 do CC: "se a dispensa se der sem culpa do agente, terá ele direito à remuneração até então devida, inclusive sobre os negócios pendentes, além das indenizações previstas em lei especial"[1].

Nos termos do art. 27, alínea *j*, é condição obrigatória do contrato de representação comercial (ou de agência) a estipulação da indenização devida ao representante fora dos casos previstos no art. 35 (justa causa), cujo montante não será inferior a 1/12 do total da retribuição, auferida durante o tempo em que exerceu a representação.

Às partes é lícito convencionar indenização maior do que a determinada pela lei especial, nunca porém menor do que ela. Logo, se faltar o ajuste expresso no contrato, prevalecerá a tarifação da lei, que, por seus próprios termos, é de natureza cogente[2].

---

[1] Direito comparado – Código Civil italiano, art. 1.748, 3ª parte; Dec.-Lei português nº 178/86, art. 19º; Código de Comércio francês, art. L.134-12; Diretiva CEE nº 86/653, art. 17.

[2] TJSP, 17ª CC., Ap. nº 164.617-2, Rel. Des. Nigro Conceição, ac. 28.04.1992, *RJTJESP* 138/246.

A base de cálculo da indenização, como deixa claro o dispositivo especial *sub examine*, é o "total da retribuição" auferida pelo agente durante a vigência do contrato. A apuração, portanto, levará em conta não apenas as comissões, mas tudo aquilo com que foi remunerado no exercício da representação, ou seja, deverão ser computadas também as bonificações, os prêmios e as gratificações[3].

O STJ, analisando a questão, já decidiu que não se aplica o prazo prescricional de 5 (cinco) anos para fins de apuração e liquidação da indenização devida ao agente, que deve levar em conta toda a relação contratual:

> "3. O propósito do recurso especial é determinar se, à luz do art. 27, "j", da Lei 4.886/65, a base de cálculo da indenização por rescisão sem justa causa deve incluir os valores percebidos durante toda a vigência do contrato de representação comercial ou se deve ser limitada ao quinquênio anterior à rescisão, devido à prescrição quinquenal (art. 44, parágrafo único, da Lei 4.886/65).
>
> 4. O direito e a pretensão de receber verbas rescisórias (arts. 27, "j", e 34 da Lei 4.886/65) nascem com a resolução injustificada do contrato de representação comercial.
>
> 5. É quinquenal a prescrição para cobrar comissões, verbas rescisórias e indenizações por quebra de exclusividade contratual, conforme dispõe o parágrafo único do art. 44 da Lei 4.886/65.
>
> 6. Conforme precedentes desta Corte, contudo, *essa regra prescricional não interfere na forma de cálculo da indenização estipulada no art. 27, 'j', da Lei 4.886/65* (REsp 1.085.903/RS, Terceira Turma, julgado em 20/08/2009, DJe 30/11/2009).
>
> 7. *Na hipótese, nos termos do art. 27, 'j', da Lei 4.886/65, até o termo final do prazo prescricional, a base de cálculo da indenização para rescisão injustificada permanece a mesma, qual seja, a integralidade da retribuição auferida durante o tempo em que a recorrente exerceu a representação comercial em nome da recorrida*" (g.n.)[4].

Ainda sobre o pagamento da indenização, o STJ entende que deve ser considerada como uma relação única e contínua a existência de diversos contratos sucessivos de representação comercial, de modo a que a indenização deve levar em consideração todo o período:

> "O acórdão recorrido foi categórico ao *reconhecer o direito da agravada ao pagamento das parcelas indenizatórias referentes aos contratos de representação comercial firmados com a agravante*, concluindo que, embora a autora tenha firmado contratos sucessivos, *a relação contratual foi única e contínua*, fazendo jus ao recebimento da indenização prevista na legislação específica (Lei nº 4.886/65)"[5].

---

[3] MEDEIROS, Murilo Tadeu. *Direitos e obrigações do representante comercial*. Curitiba: Juruá, 2002, p. 74.

[4] STJ, 3ª T., REsp. 1.469.119/MG, Rel. Min. Nancy Andrighi, ac. 23.05.2017, *DJe* 30.05.2017.

[5] STJ, 4ª T., AgInt no AREsp. 405.341/RS Rel. Min. Lázaro Guimarães, ac. 08.02.2018, *DJe* 16.02.2018. Sobre o tema, ver item 135.1, *supra*.

145. CONDIÇÕES A QUE SE SUJEITA A INDENIZAÇÃO EM FAVOR DO AGENTE

A indenização especial de que cogita o art. 27, alínea *j*, da Lei nº 4.886/95, pressupõe contrato vigendo por prazo indeterminado, cuja pactuação tanto pode ser regida por convenção escrita como oral. Quando o contrato for de prazo determinado, o preponente não poderá dispensar o agente antes do vencimento do ajuste, a não ser por justa causa. E, então, não deverá indenização alguma. Se, outrossim, houver ruptura unilateral do contrato por parte do preponente, o caso será de responsabilidade civil contratual, cabendo-lhe responder amplamente por todos os prejuízos do agente, segundo o direito comum, e nós não teremos que cuidar da tarifação da lei especial[6]. Na solução do caso concreto, o critério de indenização da Lei nº 4.886/65 poderá, no rompimento indevido do contrato de prazo certo, ser tomado como padrão de referência, mas não impedirá de ser pleiteada reparação maior se se conseguir demonstrar que os prejuízos efetivos do contratante lesado tenham alcançado patamares superiores.

Ajustado o negócio por prazo certo, extingue-se automaticamente a relação contratual a seu termo final. Não haverá, por isso, obrigação do preponente de proporcionar qualquer indenização ao agente. É bom lembrar que a lei assegura indenização pela "rescisão do contrato" (art. 27, alínea *j*)[7].

Na extinção do termo da duração ajustada para o contrato, não se verifica rescisão alguma. A relação contratual simplesmente se exaure. Por isso não tem

---

[6] REQUIÃO, Rubens. *Do representante comercial*, cit., nº 145, p. 180. No mesmo sentido: "deste modo, há de se considerar o preceito em exame [art. 718, do Código Civil] circunscrito aos contratos por prazo indeterminado, preservando-se o agente ou distribuidor – que firma contrato por prazo determinado e realiza investimentos necessários à sua execução – da rescisão antecipada levada a cabo arbitrariamente pelo proponente. Como em qualquer relação contratual com prazo determinado, a rescisão antecipada pelo proponente sem justa causa viola o termo expressamente convencionado e configura, por isso mesmo, inadimplemento contratual, sujeitando-o na falta de cláusula penal, ao pagamento daquilo que o agente razoavelmente deixou de auferir no lapso temporal entre a rescisão unilateral e o término da relação contratual" (TEPEDINO, Gustavo. *Comentários ao novo Código Civil*, cit., v. X, p. 354).

[7] Na Comunidade Econômica Europeia, a Diretiva nº 86/653, diversamente do direito brasileiro, prevê indenização em favor do agente comercial pela *cessação* do contrato, sem distinguir entre ajuste de prazo certo e de prazo indeterminado. Não se fala em *rescisão*, mas apenas em *cessação*. Logo, é cabível a indenização também nos casos de expiração do prazo nos contratos por tempo determinado (art. 17). Houve *"assimilation des contrats à durée déterminée et des contrats à durée indeterminée quant à l'indemnisation de l'agent"* (LELOUP, Jean-Marie. *Agents commerciaux*, cit., nº 1.003, p. 178). Adaptado o Código Francês à Diretiva Comunitária, apontam-se três casos em que, na sua regulamentação, ensejariam a indenização: a) termo do contrato de duração determinada; b) ruptura do contrato por fato do mandante; e c) fim do contrato por morte e incapacidade física do agente (LELOUP, Jean-Marie. *Agents commerciaux*, cit., nº 1.104, p. 189).

cabimento cogitar-se de indenização na espécie. Quem ajusta o contrato por prazo determinado não pode se considerar surpreendido pelo seu exaurimento e, por conseguinte, não terá razão alguma para exigir qualquer tipo de reparação pela natural cessação da relação negocial. Tudo já fora adrede preparado para tal desfecho.

Mas, se se liberasse a contratação por prazo certo, sem restrição alguma no caso do contrato de agência, o preponente, como parte mais forte na relação econômica, imporia ao agente o regime de sucessivos contratos de curta duração. E assim, por meio do regime de constantes renovações do contrato, manteria o agente sempre sob o risco de ser despedido, sem qualquer compensação, mesmo que por longos anos perdurasse a representação comercial.

Para evitar tal inconveniente, a lei especial anula os efeitos deletérios que o preponente poderia impor ao agente por via dos contratos de prazo curto reiteradamente prorrogados.

Dois são os expedientes legais adotados, *in casu:*

a) Qualquer que seja o prazo inicialmente pactuado – longo ou curto –, se a seu termo vier a ser prorrogado, sujeito ficará o contrato, daí em diante, ao regime da representação por prazo indeterminado (Lei nº 4.886/65, art. 27, § 2º).

b) Se, ao invés de prorrogar o contrato, o preponente lançar mão do expediente de encerrá-lo no respectivo vencimento, para posteriormente firmar outro com o mesmo agente, como se se tratasse de contrato novo. Também essa manobra para disfarçar a prorrogação não impedirá que, juridicamente, se considere como de prazo indeterminado o sucessivo ajuste. É o que decorre do § 3º, do art. 27, da Lei nº 4.886/ 65: "considera-se por prazo indeterminado todo contrato que suceder, dentro de seis meses, a outro contrato, com ou sem determinação de prazo"[8].

Pouco importa, outrossim, que, durante o período transcorrido entre o vencimento do primeiro contrato escrito e o novo ajuste, tenham transcorrido mais de seis meses. Se o agente, mesmo sem contrato escrito, continuou a prestar seus serviços de mediação ao preponente, permaneceu entre eles o contrato de agência, cuja forma escrita não é substancial. Logo, ao assinar muito tempo depois novo instrumento escrito, estariam as partes simplesmente prorrogando, ou renovando o contrato verbal, que passara a vigorar entre as partes desde o vencimento do primeiro ajuste negociado por prazo certo.

Somente não haverá conexão entre o primitivo contrato extinto ao final de prazo certo e outro que mais tarde se estabelecer entre as mesmas partes se, efetiva-

---

[8]   "Assim, de acordo com o comentado § 3º, se o contrato de representação comercial vigora por prazo determinado, outro não lhe poderá suceder antes de seis meses, sob pena de converter-se em contrato por prazo indeterminado" (SAAD, Ricardo Nacim. *Representação comercial.* 5. ed. São Paulo: Saraiva, 2014, p. 86).

mente, cessarem as relações comerciais entre os contratantes e o novo contrato de agência só vier a ser implantado depois de transcorridos mais de seis meses, sem qualquer agenciamento de negócios entre eles.

O segundo requisito para o representante comercial (ou agente) adquirir o direito à indenização da lei especial é o de que a rescisão do contrato de prazo indeterminado tenha se dado sem *justa causa*. Se o preponente agiu com apoio em algum dos motivos previstos no art. 35 da Lei nº 4.886/65, exercitou legítima e regularmente o direito de romper o contrato. Estará, portanto, fora do alcance da regra que lhe impõe a responsabilidade pela indenização do art. 27, *j*, da referida lei.

Nessa última situação, se a justa causa for fato imputável ao agente, a título de culpa, o representante, além de não ter de indenizá-lo, terá direito de exigir-lhe reparação pelas perdas e danos. Ou seja, quem terá de indenizar será o agente e não o preponente (Código Civil, art. 717, *in fine*).

146. ENCERRAMENTO DO CONTRATO DE PRAZO CERTO

O § 1º do art. 27 da Lei nº 4.886/65 prevê uma indenização que se aplica ao rompimento dos contratos de prazo certo, que é calculada de forma diversa da prevista para os contratos de duração indeterminada (alínea *j* do art. 27). Toma-se como ponto de partida a média mensal da retribuição auferida durante o tempo em que o contrato vigorou e multiplica-se pela metade dos meses resultantes do prazo contratual. Em termos mais claros, o representante será indenizado com um equivalente à metade da expectativa de rendimento relativa ao período faltante para completar o prazo previsto para a duração do contrato, observando-se a média mensal auferida durante o tempo em que vigorou a representação.

Há quem defenda a aplicação desse preceito tanto nos casos de rompimento prematuro do contrato de prazo certo como no de expiração pura e simples da duração do ajuste, de modo que ao agente caberia sempre, na falta de culpa, direito à indenização prevista na lei especial[9].

No entanto, o art. 27 disciplina a rescisão do contrato, e é, em função dela, que se estipula o direito a uma indenização (alínea *j* do art. 27). O § 1º contém apenas uma regra especial de cálculo da mesma indenização, cujo fundamento, porém, continua ser o mesmo, isto é, o rompimento do contrato, fora dos casos do art. 35. Ora, extinção do contrato a seu termo natural não é rompimento nem muito menos rescisão de negócio jurídico.

---

[9]   SAITOVITCH, Ghedale. *Comentários à lei do representante comercial.* Porto Alegre: Livraria do Advogado, 1999, p. 110-111.

Só o rompimento por meio de ato unilateral pode ser havido como rescisão e somente para rescisão a lei cogitou de indenização. Por isso, quando o legislador quis assegurar o direito à indenização em termo final de contrato ajustado por prazo certo o fez mediante descaracterização do ajuste das partes, invalidando o prazo convencional para transformar, *ex lege,* o ajuste em contrato por prazo indeterminado. É o que se passa nas prorrogações ou sucessões de contrato. Fora dessas hipóteses especiais, a lei não vedou nem invalidou o contrato de agência originariamente firmado com prazo certo de duração. Logo sendo válido e acolhido pela lei em toda inteireza o contrato de agência de prazo determinado, não há como aplicar à sua extinção natural uma indenização concebida expressamente para a *rescisão* de negócios de duração indeterminada. Sua incidência, portanto, aos contratos de prazo certo somente se pode admitir quando estes vierem a ser rompidos (ou rescindidos) antes do termo final. É que só então se terá configurado o pressuposto da indenização – a rescisão contratual.

Parece-nos fora de dúvida que o § 1º do art. 27 da Lei nº 4.886/65 foi redigido para regular os casos em que o contrato de prazo certo (aquele que ainda não caiu no regime de conversão em prazo indeterminado, na forma dos §§ 2º e 3º)[10]. Se não fosse assim, não teria sentido a lei cogitar das duas situações distintas, ou seja, do contrato de prazo certo e do contrato de prazo indeterminado. Bastaria simplesmente prescrever um regime único para a cessação do contrato, impondo a mesma indenização em todos os casos. Não foi isto, todavia, o que se fez, porque as indenizações foram destinadas às hipóteses de *rescisão* e não de cassação ou simples extinção do contrato, devendo, por isso mesmo, submeterem-se a critérios e cálculos diferentes na ruptura dos negócios de prazo certo e de prazo indeterminado.

Admitindo o contrato de prazo certo e prevista sua submissão ao regime do contrato de prazo indeterminado apenas depois de prorrogado pelas partes, a conclusão inevitável é a de Rubens Requião:

> "Neste caso, a fixação do prazo, sendo uma das condições do contrato, tornará a convenção por prazo determinado e o seu termo importará na extinção da relação jurídica sem indenização alguma; já o contrato que não determinar prazo de duração, será por prazo indeterminado, e qualquer das partes, em qualquer momento, poderá denunciá-lo, mas ficará sujeita, se não for fundamentada a rescisão em motivos justos, ao pagamento de aviso prévio (art. 34) e à indenização"[11].

A indenização é a contrapartida pelo exercício do direito potestativo de pôr fim a um contrato que ainda deveria perdurar. Isto, obviamente, não se passa ao termo do contrato de prazo certo. Ele se extingue por si só e não em virtude da vontade unilateral de um dos contratantes.

---

[10] MEDEIROS, Murilo Tadeu. *Direitos e obrigações do representante comercial*, cit., p. 82.

[11] REQUIÃO, Rubens. *Do representante comercial*, cit., nº 140, p. 170.

147. POSSIBILIDADE DE DUAS INDENIZAÇÕES DISTINTAS

A Lei nº 4.886/65 cogita de duas indenizações aplicáveis em favor do representante comercial, no caso de rescisão do contrato, sem justa causa: uma do art. 34, e outra do art. 27:

a) pela rescisão imotivada em si, o preponente pagará (se não houver previsão de ressarcimento maior no contrato) 1/12 do total da retribuição auferida pelo agente enquanto durou o contrato, se se tratar de negócio de prazo indeterminado (art. 27, *j*); ou no caso de contrato de prazo certo, rompido antes do vencimento, a média mensal da retribuição enquanto durou o contrato, multiplicada pela metade do número de meses estabelecido para completar a vigência do contrato (art. 27, § 1º);

b) como o preponente está obrigado a dar um pré-aviso de noventa dias, sujeitar-se-á a uma indenização de um terço das comissões dos últimos três meses, caso a rescisão ocorra sem a referida notificação premonitória (Lei nº 6.886/80, art. 34)[12].

As duas indenizações podem coexistir, visto que têm fundamentos distintos, de sorte que "o pagamento do pré-aviso, previsto no art. 34 da Lei nº 4.886, de 09.12.1965, no caso de denúncia do contrato por prazo indeterminado, sem justa causa, não isenta o representado da obrigação de indenizar o representante na forma do art. 27, *j*, da citada lei"[13].

Lembra Arnaldo Rizzardo que, na ruptura injusta do contrato de agência, a indenização tarifada pela lei ou pela convenção independe de prova acerca dos prejuízos concretos do representante. Se, todavia, tiver a parte sofrido prejuízo maior, poderá reivindicar a reparação completa do dano que lhe acarretou a violação do contrato, desde que se desincumba do ônus de prová-lo[14].

148. AVISO PRÉVIO

A extinção do contrato de prazo certo dá-se por força do próprio vencimento do prazo a que a convenção das partes o submeteu. Não depende de nova manifestação de vontade, nem do agente nem do preponente.

O aviso prévio é requisito legal a ser observado pela parte que quer denunciar o contrato de agência de duração indeterminada (deve-se lembrar que após a prorrogação ou renovação do primitivo contrato de prazo certo, todas as represen-

---

[12]   O prazo de trinta dias, estipulado pela Lei nº 4.886, art. 34, foi ampliado para noventa dias pelo art. 720 do Código Civil.

[13]   STF, 2ªT., RE 85.767/RJ, Rel. Min. Leitão de Abreu, ac. 17.03.78, *RTJ* 86/867; TJSP, 11ª CC., Ap. nº 128.890-2, ac. 07.04.88, *apud* RIZZARDO, Arnaldo. *Contratos*, cit., 2001, p. 975.

[14]   RIZZARDO, Arnaldo. *Contratos*. 6. ed. Rio de Janeiro: Forense, 2006, p. 975.

tações comerciais se tornam de prazo indeterminado). Consiste numa notificação em que um contratante avisa ao outro sua deliberação de pôr fim à relação contratual dentro de um prazo anunciado. No caso da agência de prazo indeterminado o pré-aviso deve ser de no mínimo noventa dias (o art. 34 da Lei nº 4.886/65 foi modificado pelo art. 720 do novo Código Civil)[15].

Trata-se de exigência da lei que, se inobservada, obriga o denunciante a indenizar o denunciado por um montante equivalente a 1/3 das comissões auferidas pelo agente nos três meses anteriores à denúncia[16]. Mas, para que a parte se veja obrigada a observar o pré-aviso de noventa dias, é necessário que a representação de prazo indeterminado tenha durado pelo menos seis meses. Os contratos de pequena vigência podem, pois, ser encerrados sem o requisito em questão, segundo se depreende da lei especial (Lei nº 4.886/1965, art. 34).

Quando, contudo, o prazo se tornou indeterminado em razão de prorrogação ou renovação de anterior negócio de prazo certo, o prazo mínimo do art. 34 (seis meses) não deve ser contado apenas do momento em que se iniciou o ajuste por tempo indeterminado (isto é, do vencimento do primitivo ajuste). Para exigir-se o pré-aviso deve-se contar toda a duração do relacionamento entre as partes, calculando-se a vigência aludida no art. 34 da Lei nº 4.886/65 desde o momento em que se firmou o primeiro ajuste. Se o preponente, por exemplo, resolve denunciar um contrato que vigorou por prazo certo durante um ano e se prorrogou por prazo indeterminado há apenas um mês não poderá deixar de dar ao agente o pré-aviso de noventa dias.

149. CESSAÇÃO DA REPRESENTAÇÃO POR PARTE DO AGENTE, EM RAZÃO DE FORÇA MAIOR

A força maior pode afetar tanto o preponente como o agente, e, uma vez verificada na esfera de um deles, este estará autorizado a rescindir a avença por justa causa (Lei nº 4.886/65, arts. 35, alínea *e*; e 36, alínea *e*).

Sendo justo o motivo de cessação do cumprimento do contrato, o contratante que se viu impossibilitado de dar sequência à relação de agência nenhuma indenização deverá à outra parte.

Conservará o agente, outrossim, o direito de receber, no devido momento, as comissões pelos serviços já concluídos; e se vier a falecer, tal direito passará aos

---

[15] O aviso prévio não pode ser menos do que previsto em lei, e não deve ser insuficiente para a representante procurar novos clientes. Art. 34 da Lei Fed. n.º 4.886, de 1965. Aviso prévio devido (TJSP, 18ª CC., Ap. nº 158.228-2, Rel. Des. Egas Galbiatti, ac. 13.08.1990, *RJTJESP*, 128/233).

[16] "Quanto ao aviso prévio, igualmente cabível. Reputo correta a decisão *a quo*, vez que a legislação aplicável à espécie prevê que se a relação entre as partes cessar sem justificativa, é garantido ao representante comercial o pré-aviso de trinta dias ou o pagamento de importância igual a 1/3 (um terço) das comissões auferidas pelo representante nos três meses anteriores" (STJ, 4ªT., REsp. 1.494.735, Rel. Min. Luis Felipe Salomão – decisão monocrática, *DJe* 05.12.2017).

Seção IV: Da Agência e Distribuição · Cap. VI – Extinção do Contrato | **273**

herdeiros, como crédito do respectivo espólio. Isso é o que dispõe o art. 719, do CC: "se o agente não puder continuar o trabalho por motivo de força maior, terá direito à remuneração correspondente aos serviços realizados, cabendo esse direito aos herdeiros no caso de morte"[17]. Muito embora a lei civil fale em "força maior", a doutrina entende que o termo abrangeria as situações de caso fortuito, uma vez serem "ambas as noções, na atualidade, equivalentes"[18].

A regra do art. 719 é de evidente lógica e de intuitiva justiça. A cessação do contrato não pode autorizar uma parte a locupletar-se com o trabalho útil que a outra lhe prestou. O enriquecimento ilícito ocorreria, se ao preponente assistisse a faculdade de não remunerar os serviços do preposto realizados utilmente antes de seu impedimento por motivo de força maior. Se até quando o agente provoca a rescisão do contrato por culpa, a lei lhe garante a remuneração do trabalho útil concluído (art. 717, do CC), com muito mais razão isto deverá acontecer quando o desfazimento do ajuste é decorrência de força maior (motivo justo, portanto)[19].

Para Gustavo Tepedino e Araken de Assis, a "remuneração correspondente aos serviços realizados" a que se refere o art. 719, do CC, abrange apenas "os serviços efetivamente prestados pelo agente, excluindo-se os negócios pendentes"[20].

Por fim, a doutrina afasta a incidência desse artigo quando o caso fortuito ou força maior não gerarem a impossibilidade absoluta da prestação, configurando-se em dificuldade momentânea. Para Araken de Assis, "a força maior não se confunde com a dificuldade momentânea. É preciso que se configure a impossibilidade definitiva, o impedimento absoluto e irremovível ao cumprimento dos valores contratuais"[21].

150. MORTE DO AGENTE

A qualidade de agente pode ser assumida tanto por pessoa física como por pessoa jurídica. Nesse último caso, é indiferente para a continuidade da relação

---

[17] Direito comparado – Código Civil italiano, art. 1.748, 3ª parte; Dec.-Lei português nº 178/86, art. 18º, I; Código de Comércio francês, art. L.134-12, *in fine*.

[18] TEPEDINO, Gustavo. *Comentários ao novo Código Civil cit.*, v. X, p. 368. No mesmo sentido: "a lei na alínea sob comentário, usa apenas a expressão 'força maior'. Não alude ao *caso fortuito*. Deve entender-se que nessa expressão está contido o conceito do caso fortuito" (REQUIÃO, Rubens. *Do representante comercial*, cit., p. 261).

[19] No direito francês, qualquer cessação do contrato que não seja por culpa grave do agente, lhe assegura até o direito à indenização legal, e não apenas às comissões pendentes (LELOUP, Jean-Marie. *Agents commerciaux*, cit., nº 1.104, p. 189).

[20] TEPEDINO, Gustavo. *Comentários ao novo Código Civil cit.*, v. X, p. 369; ASSIS, Araken de. *Contratos nominados: mandado, comissão, agência e distribuição, corretagem, transporte. Coordenação Miguel Reale, Judith Martins-Costa*. São Paulo: Revista dos Tribunais, 2005, v. 2, p. 237.

[21] ASSIS, Araken de. *Contratos nominados cit.*, p. 236-237. No mesmo sentido: TEPEDINO, Gustavo. *Comentários ao novo Código Civil*, cit., v. X, p. 368.

contratual a morte de algum sócio da sociedade contratante. Mas quando se trata de agente pessoa física, o contrato não passa a seus herdeiros. O vínculo tinha em conta qualidades pessoais do contratante, de maneira que sua morte será causa legítima de cessação do contrato de agência. O preponente não deverá as indenizações da legislação especial, pois não terá resilido o contrato sem justa causa. Terá, porém, de pagar aos herdeiros do agente falecido a remuneração correspondente aos serviços que este chegou a realizar, antes do óbito.

151. EXTINÇÃO NORMAL DOS CONTRATOS

As relações contratuais *são necessariamente temporárias* e já nascem com o destino de extinguir-se a seu termo natural. A extinção natural de um contrato deve ocorrer no momento em que se cumprem as obrigações dele oriundas. "Cumpridas as obrigações, o contrato está executado, seu conteúdo esgotado, seu fim alcançado". Assim, "a *execução* é, essencialmente, o *modo normal* de extinção dos contratos"[22]. "Como todo negócio jurídico", anota Caio Mário da Silva Pereira – "o contrato cumpre o seu ciclo existencial. Nasce do consentimento, sofre as vicissitudes de sua carreira, e termina. Normalmente, cessa com a prestação. A *solutio* é o seu fim natural, com a liberação do devedor e a satisfação do credor"[23].

A forma, porém, de executar o contrato nem sempre é igual, pois admite-se a possibilidade, conforme o caso, de execução *instantânea* (imediata) ou de execução *continuada* (periódica). Na primeira hipótese, tudo se resume numa única *prestação*, e na segunda, ocorre uma *sucessão de prestações*, de maneira que o contrato só estará executado quando todas as prestações previstas tiverem sido completamente realizadas. De qualquer modo, a extinção natural do contrato pressupõe cumprimento de todas as obrigações nele estipuladas.

152. EXTINÇÕES ANÔMALAS DOS CONTRATOS

A par da extinção do contrato pelo cumprimento exaustivo de todas as prestações previstas na convenção, há situações em que o fim do negócio jurídico acontece de maneira anômala, ou seja, antes que se realizem todas aquelas prestações que eram visadas pelos contratantes. Nessa conjuntura aparecem as figuras da *resolução*, da *resilição* e da *rescisão*.

A *resolução* é provocada por situação superveniente que impede a normal execução do contrato. A *resilição* é a dissolução do negócio pela vontade que o criou. E a *rescisão*, para o Código Civil, é uma forma voluntária de resolução, que consiste

---

[22]   GOMES, Orlando. *Contratos*. 25. ed. Rio de Janeiro: Forense, 2002, nº 131, p. 170.

[23]   PEREIRA, Caio Mário da Silva. *Instituições de Direito Civil: contratos*. 22. ed. rev. e atual. por Caittin Mulholland. Rio de Janeiro: Forense, 2018, v. III, nº 212, p. 129.

Seção IV: Da Agência e Distribuição · Cap. VI – Extinção do Contrato | **275**

na opção conferida a um dos contratantes, diante do inadimplemento do outro, de escolher entre a execução e a dissolução do negócio, com perdas e danos (Código Civil de 2002, art. 475). Para o caso de rescisão, motivado pelo descumprimento do contrato, o novo Código prefere o termo *resolução*.

153. A RESILIÇÃO COMO FORMA NATURAL DE PÔR FIM AOS CONTRATOS DE DURAÇÃO INDETERMINADA

A vontade que cria o contrato tem também a força de extingui-lo. Daí o fenômeno da *resilição*, que "consiste na dissolução do vínculo contratual, mediante atuação da vontade que o criara"[24]. Em outros termos, a *resilição* corresponde à "dissolução do contrato por simples declaração de vontade de uma ou de duas partes contratantes"[25]. Admite-se, portanto, seja a resilição *bilateral* ou *unilateral*.

Resilição *bilateral* é o mesmo que *distrato*, "é a declaração de vontade das partes contratantes, no sentido oposto do que havia gerado o vínculo. É o *contrarius consensus* dos romanos, gerando o contrato liberatório[26].

A resilição *unilateral*, ou *denúncia*, não é admitida como regra no direito obrigacional, visto que um dos princípios básicos do ordenamento jurídico é precisamente o da "obrigatoriedade do contrato", ou seja, a impotência da vontade unilateral de opor-se à força vinculante do negócio jurídico bilateral. Em casos excepcionais, no entanto, admite a lei que um contrato possa extinguir-se pela manifestação unilateral de vontade, como, por exemplo, ocorre no comodato, no mandato e no depósito.

Também nos contratos de *execução continuada*, desde que pactuados por *prazo indeterminado, a denúncia de qualquer dos contratantes apresenta-se como forma normal de extinção de relação obrigacional*. "Se não fosse assegurado o poder de resilir", em contratos da espécie, "seria impossível ao contratante libertar-se do vínculo se o outro não concordasse"[27].

Nesse sentido, tem-se a *denúncia* como denominação dada "ao exercício do direito *formativo – extintivo* de desfazimento das obrigações duradouras, contra a sua renovação ou continuação, *independentemente do inadimplemento da outra parte*"[28].

Trata-se de um *direito potestativo*, ou seja, de uma faculdade de criar, por ato de vontade de apenas uma das partes, uma nova situação jurídica. Sua fonte pode

---

[24] PEREIRA, Caio Mário da Silva. *Instituições*, cit., 2018, v. III, nº 213, p. 131.

[25] GOMES, Orlando. *Contratos*, cit., nº 142, p. 184.

[26] PEREIRA, Caio Mário da Silva. *Instituições*, cit., 2018, v. III, nº 213, p. 131.

[27] GOMES, Orlando. *Contratos*, cit., nº 145, p. 186.

[28] AGUIAR JÚNIOR, Rui Rosado de. *Extinção dos Contratos por Incumprimento do Devedor*. Rio de Janeiro: Aide, 1991, nº 30, p. 69-70.

estar na lei, em função da natureza de certos contratos, como pode localizar-se em cláusula do próprio contrato, onde as partes se reservam a faculdade de fazer cessar unilateralmente a relação obrigacional ou ainda ser o resultado de um princípio geral do direito, inarredável, o que se opera nos contratos de trato sucessivo em vigor por prazo indeterminado[29].

O caso de cabimento da resilição unilateral (*denúncia*) mais frequente é, sem dúvida, o dos contratos por *prazo indeterminado*. Ao contrário daqueles em que a cessação tem momento certo para ocorrer (o seu *vencimento* ou *termo final*) independentemente de nova manifestação volitiva dos contratantes, nos contratos de prazo indeterminado, a forma de extinção dos vínculos obrigacionais somente pode operar em virtude de nova declaração de vontade de ambas as partes, ou de apenas uma delas, independentemente de motivação.

Como a relação obrigacional não pode ser perpétua, fica sempre assegurada a qualquer das partes, e a qualquer tempo, a *denúncia*, como meio unilateral de libertar-se do contrato. Trata-se de um princípio indeclinável dos contratos que nem mesmo a lei expressa, no direito brasileiro, pode excluir sob pena de ferir de morte a liberdade contratual, escravizando as partes perpetuamente a uma relação negocial[30]. É de se lembrar que constituem objetivos da República Federativa do Brasil "construir uma sociedade livre" (art. 3º, inc. I, CF) e é exatamente por isso que a Constituição assegura a todos a garantia fundamental de que "ninguém será obrigado a fazer ou deixar de fazer alguma coisa senão em virtude de lei" (art. 5º, inc. II).

O que não se tolera, em tal deliberação, é que seja tomada de surpresa, havendo sempre necessidade de uma *notificação* à parte contrária, com uma certa antecedência (*aviso prévio*). Trata-se de uma faculdade que o contratante pode livremente exercitar, mas deve fazê-lo adequadamente e sem abuso. Quando se serve o contratante da resilição unilateral de forma abrupta e com propósitos caprichosos e marcadamente nocivos, ocorre a configuração do abuso de direito que tem como única consequência a obrigação de pagar perdas e danos ao outro contratante[31].

A característica principal da denúncia está nos seus efeitos extintivos que operam apenas *ex nunc*. Os efeitos contratuais já produzidos não são afetados pela resilição unilateral. Rompe-se o contrato no momento da denúncia, preservando-se, todavia, todos os efeitos até então realizados[32].

---

[29]   PEREIRA, Caio Mário da Silva. *Instituições*, cit., 2018, v. III, nº 213, p. 132.

[30]   Leis de ordem pública, excepcionalmente, podem impedir temporariamente a denúncia. É o caso, por exemplo, da Lei do Inquilinato que não permite a denúncia unilateral do locador se a locação residencial for prorrogada automática e obrigatoriamente, quando celebrada verbalmente ou por escrito e com prazo inferior a trinta meses (Lei nº 8.245/1991, art. 47).

[31]   GOMES, Orlando. *Contratos*, cit., nº 91, p. 132.

[32]   AGUIAR JÚNIOR, Rui Rosado de. *Extinção dos Contratos por Incumprimento do Devedor*, cit., nº 30, p. 70.

154. A DENÚNCIA DO CONTRATO DE AGÊNCIA

Dentro da sistemática geral das obrigações que não admite contrato de duração perpétua, o art. 720 do Código Civil, e como já fazia a Lei nº 4.886/65 (art. 34), prevê a denúncia (resilição unilateral), por qualquer das partes, como meio de resolver o contrato de agência de prazo indeterminado:

> "Art. 720. Se o contrato for por tempo indeterminado, qualquer das partes poderá resolvê-lo, mediante aviso prévio de noventa dias, desde que transcorrido prazo compatível com a natureza e o vulto do investimento exigido do agente.
>
> Parágrafo único. No caso de divergência entre as partes, o juiz decidirá da razoabilidade do prazo e do valor devido"[33].

A solução normativa não poderia ser outra. O contrato de agência é contrato de duração. Sendo esta por tempo indeterminado, o meio jurídico de definir-lhe o termo (que não pode faltar a contrato algum) é aquele determinado pela *resilição unilateral* ou *denúncia*. Nesse tipo de contrato, com efeito, cabe a cada uma das partes um *direito potestativo de recesso*, cujo exercício haverá de ser exercido mediante aviso ao outro contratante, com um prazo razoável para que a dissolução do vínculo se ultime[34].

A denúncia é, outrossim, uma faculdade discricionária, que, nos contratos de prazo indeterminado, qualquer das partes pode exercer *ad libitum,* sem necessidade, pois, de apresentar qualquer motivação, e apenas sujeitando-se a um pré-aviso[35].

É bom lembrar que no domínio do contrato de agência o exercício do direito da denúncia não se depara com um interesse social tão elevado que impeça a ruptura imotivada ou que justifique limitações tão graves como as verificáveis em matéria de contrato de trabalho ou de locação predial. Daí a manutenção do sistema geral de resilição dos contratos de prazo indeterminado[36]. Nota-se apenas um cuidado mais acentuado com o prazo do aviso prévio.

No regime da Lei nº 4.886/65, exigia-se, para denunciar o contrato de representação comercial de prazo indeterminado um aviso-prévio de pelo menos trinta dias (art. 34). O Código Civil, sem revogar totalmente a Lei nº 4.886/65, cuidou de disciplinar, também, a denúncia do referido contrato. Alterou, contudo, o aviso prévio, que fixou no mínimo de noventa dias (art. 720).

---

[33] Direito comparado – Código Civil italiano, art. 1.750; Dec.-Lei português nº 178/86, art. 28º; Código de Comércio francês, art. L.134-11; Diretiva CEE nº 86/653, art. 15, nº 1.

[34] TRABUCCHI, Alberto. *Istituzioni di diritto civile.* 38. ed. Milão: Cedam, 1998, nº 343, p. 777; RIZZARDO, Arnaldo. *Contratos.* 6. ed. Rio de Janeiro: Forense, 2006, p. 969; SARACINI, Eugenio; TOFFOLETTO, Franco. *Il Codice Civile Commentario. Il contrato d'agenzia.* 4. ed. Milão: Giuffrè, 2014, p. 378.

[35] MONTEIRO, António Pinto. *Contrato de agência.* 4. ed. Coimbra: Almedina, 2000, p. 103.

[36] MONTEIRO, António Pinto. *Contrato de agência,* cit., p. 103.

Além da maior amplitude do prazo mínimo, estatuiu ainda, o mesmo dispositivo, que o pré-aviso tem de ser "compatível com a natureza e o vulto do investimento exigido do agente".

A atitude de romper unilateralmente o contrato, pelo princípio da boa-fé e da lealdade a observar na pactuação e execução dos negócios jurídicos (art. 422), não pode representar uma surpresa para o outro contratante. Se foi levado a realizar investimentos de vulto para dar consecução às obrigações contratuais é porque o contratante lhe acenou com as possibilidades de recuperá-los ou amortizá-los durante o desenvolvimento do negócio. A ruptura unilateral do contrato, mesmo sendo direito de qualquer das partes do negócio de prazo indeterminado, haverá de respeitar um prazo mínimo que propicie a compensação dos referidos investimentos[37].

Se o prazo de amortização ainda não se completou, o denunciante deverá ampliar o pré-aviso para um lapso que permita tal desiderato. Se não o fizer, terá de responder pelo prejuízo provocado em detrimento do parceiro[38].

O cálculo do prazo de amortização dos investimentos ou o montante da verba que a compensará podem naturalmente ser definidos por acordo entre as partes. Não chegando elas a um consenso, caberá ao juiz, em processo instaurado por qualquer dos interessados, decidir "da razoabilidade do prazo e do valor devido" (art. 720, parágrafo único).

Em outros termos, o que o art. 720 do Código Civil deseja é que a parte somente use o direito potestativo de denunciar o contrato de agência de duração indeterminada depois de transcorrido um tempo razoável para a amortização dos investimentos feitos pela outra parte em função do negócio. O vulto e a natureza desses investimentos serão, destarte, os fatores decisivos para a razoável definição do pré-aviso e da eventual indenização.

---

[37]   A propósito do tema, Flávio Tartuce ensina que "o art. 720 do CC deve ser entendido com íntima relação com o art. 473, parágrafo único, do CC, pelo qual a *resilição unilateral* pode ser afastada se uma parte tiver feito investimentos consideráveis no contrato, hipótese em que o contrato deve ser prorrogado de acordo com a natureza e o vulto dos investimentos. Ambos os dispositivos trazem como conteúdo o princípio da conservação do contrato, que mantém íntima relação com a função social" (TARTUCE, Flávio. *Direito Civil. Teoria geral dos contratos e contratos em espécie*. 12. ed. Rio de Janeiro: Forense, 2017, v. 3, p. 596).

[38]   Nesse sentido, o entendimento de Gustavo Tepedino: "restringe-se, deste modo, o direito de resilição unilateral do ajuste pelo proponente, vinculando a extinção contratual ao aviso prévio de 90 dias e ao transcurso de prazo compatível com o valor dos investimentos. Vale dizer, o legislador subordina a legitimidade da resilição à concessão de aviso prévio e ao pressuposto de que já se deu a amortização do capital investido pelo agente ou distribuidor, segundo critérios flexíveis, a serem definidos no caso concreto". Nessas circunstâncias, o juiz poderá (i) suspender a eficácia da resilição, mantendo-se o contrato por período compatível com os investimentos; ou, (ii) "faltando legítimo interesse na manutenção do vínculo contratual, deverá o magistrado converter os valores relativos aos prazos alvitrados pelo legislador em perdas e danos" (TEPEDINO, Gustavo. *Comentários ao novo Código Civil*, cit., v. X, p. 376).

De qualquer maneira, o prazo mínimo não é mais de trinta dias, e sim noventa dias, que haverá de ser ampliado conforme o vulto do investimento feito em função do contrato, para evitar que o outro contratante suporte prejuízos graves e injustos.

A eventual indenização para substituir o pré-aviso não pode, como é óbvio, transformar-se numa fonte de enriquecimento injustificado para a parte denunciada. Não lhe cabe, porém, suportar prejuízos sérios provocados apenas pela vontade unilateral da parte que não se dispõe a manter o vínculo contratual. Daí a necessidade de uma prudente estimativa dos meios de compensar o prejuízo que acaso derive da prematura denúncia do contrato.

Nas pequenas representações e naquelas que, mesmo de vulto, não reclamaram investimentos consideráveis, o aviso prévio será o legal (90 dias) – art. 720 do Código Civil – e, na sua falta, a indenização prevista na lei especial (1/3 das comissões auferidas pelo representante nos últimos três meses) – art. 34 da Lei nº 4.886/65.

155. RESCISÃO POR JUSTA CAUSA

O aviso prévio de que cuida o art. 720, e a eventual indenização para compensar-lhe a falta ou insuficiência somente se aplicam aos casos de denúncia não motivada.

Se o denunciante tiver motivo para rescindir o contrato por culpa da outra parte, não terá de conceder-lhe prazo algum, nem de prestar-lhe qualquer tipo de indenização.

Muito menos caberá aviso prévio e indenização ao agente pelo simples fato de cessar o contrato de prazo determinado em seu devido termo, conforme já se demonstrou nos itens 146 a 148. Nessa hipótese não há denúncia, nem rescisão do contrato, mas simples extinção natural do contrato, por força de seus próprios termos[39].

---

[39] "A denúncia restringe-se, como acentua o nº 1 desta norma (art. 28º do Dec.-Lei nº 178/86, de Portugal), aos contratos celebrados por tempo indeterminado. Nos restantes, o contrato extingue-se, por caducidade, com o decurso do prazo" (MONTEIRO, António Pinto. *Contrato de agência*, cit., p. 103).

Capítulo VII

AGÊNCIA, MANDATO, COMISSÃO

Sumário: 156. Regras subsidiárias – 157. Aplicação subsidiária das regras do mandato e da comissão – 158. Caberia aplicação das regras do contrato de agência ao contrato de concessão comercial? – 159. Indenizações previstas na legislação especial sobre representação comercial.

156. REGRAS SUBSIDIÁRIAS

O art. 721, no fecho da disciplina específica do *contrato de agência e distribuição*, prevê que a esse *contrato típico* também se aplicam, "no que couber, as regras concernentes ao *mandato* e à *comissão*", e, ainda, "as constantes de *lei especial*"[1].

O mandato acha-se disciplinado pelo Código Civil, nos arts. 653 a 692, e a comissão, nos arts. 693 a 709. Ambos, portanto, são contratos nominados ou típicos, mas todos se situam em campo de atividades com vários traços comuns ou assemelhados. Tanto assim que à comissão o Código manda aplicar, subsidiariamente, as regras sobre o mandato (art. 709), e à agência as relativas ao mandato e a comissão (art. 721).

Sem embargo das múltiplas e íntimas afinidades entre as três figuras negociais, cada uma delas tem sua individualização caracterizada pelo objetivo substancial, nuclear ou principal, sem cuja presença o negócio se desnatura e não chega a ser o contrato típico nomeado pelo Código. A comunhão de elementos e de características se passa em planos secundários ou acessórios, de sorte a manter incólume o fim maior (principal) de cada um dos contratos afins.

As afinidades, similitudes e distinções entre eles já foram expostas no item 110.

Além de inserir na regulamentação do contrato de agência e distribuição, em caráter subsidiário, a disciplina do mandato e da comissão, o Código Civil preservou a legislação especial, constante da Lei nº 4.886, de 09.12.1965, com as alterações da Lei nº 8.420, de 08.05.1992, diplomas normativos que contêm o estatuto regulador das atividades dos representantes comerciais autônomos. Embora o *nomen*

---

[1] Direito comparado – Código Civil italiano, art. 1.752; Dec.-Lei português nº 178/86, art. 2º; Código Civil russo, art. 1.011.

282 | Contratos de Colaboração Empresarial • *Humberto Theodoro Jr. e Adriana Theodoro de Mello*

iuris tenha sido alterado de representante comercial para *agente*, a figura jurídica é a mesma[2].

Para Fran Martins, simplesmente "o contrato de representação comercial é também chamado contrato de *agência*, donde *representante* e *agente comercial* terem o mesmo significado"[3].

O Código Civil não teve o intento de regular toda a atividade do agente ou representante comercial, mas apenas a de traçar as normas básicas do relacionamento entre os figurantes do contrato de agência, que foram nomeados de *agente* e *proponente*. As normas da legislação especial foram, expressamente, conservadas em vigor pelo art. 721, e com elas, de maneira geral, o Código procurou integrar-se[4]. Poucos foram os casos em que este se desviou da lei pretérita e ditou regra diferente. É claro que quando isto se deu, a norma codificada derrogou o preceito diverso contido na lei especial antiga. Trata-se, no entanto, de aspectos pontuais que, a seu tempo, foram analisados e justificados. De modo genérico, contudo, o estatuto específico da Lei nº 4.886/65, com as inovações da Lei nº 8.420/92, foi preservado e prestigiado na sistematização do novo Código Civil.

157. APLICAÇÃO SUBSIDIÁRIA DAS REGRAS DO MANDATO E DA COMISSÃO

A Lei nº 4.886, quando disciplinou a figura típica da representação comercial, já previra que a essência do contrato seria "a mediação para a realização de negócios mercantis" a ser praticada por meio do *agenciamento* de "propostas ou pedidos, para transmiti-los aos representados" (art. 1º).

Supletiva ou complementarmente, o dispositivo admitia a eventualidade de o preponente confiar ao representante comercial outras funções acessórias como: a) a de praticar atos relacionados com "execução dos negócios" (*caput* do art. 1º, *in fine*); b) a de desempenhar funções atinentes ao "mandato mercantil" (parágrafo

---

[2] Já antes do advento do novo Código Civil, lembrava Waldirio Bulgarelli que "este contrato" – isto é, o contrato de representação comercial – "vem sendo estudado como sinônimo de contrato de *agência* (Fran Martins, Orlando Gomes, Rubens Requião) e é hoje contrato *típico*, devidamente regulado pela Lei nº 4.886, de 09 de dezembro de 1965" (BULGARELLI, Waldirio. *Contratos mercantis*. 5. ed. São Paulo: Atlas, 1990, nº 2.14.1, p. 470).

[3] MARTINS, Fran. *Contratos e obrigações comerciais*. 18. ed. rev., atual. e ampl. por DINIZ, Gustavo Saad, Rio de Janeiro: Forense, 2018, nº 206, p. 232. No mesmo sentido: WALD, Arnoldo. *Curso de direito civil brasileiro*. Obrigações e contratos. 10. ed. São Paulo: Revista dos Tribunais, 2000, p. 503; MONTEIRO, Washington de Barros. *Curso de direito civil*: direito das obrigações. 35. ed. São Paulo: Saraiva, 2007, v. 5, p. 311.

[4] "Examinando as disposições do Código Civil de 2002 e confronto com a Lei nº 4.886/65, modificada pela Lei nº 8.420/92, conclui-se que inexistem praticamente incompatibilidades entre esses diplomas" (SAAD, Ricardo Nacim. *Representação comercial*. 5. ed. São Paulo: Saraiva, 2014, p. 20-21).

único do art. 1º). É especialmente quando o contrato de agência atribui ao representante poderes para *concluir o contrato* com o cliente, em nome e por conta do fornecedor (preponente) – como agora prevê também o art. 710, parágrafo único do Código Civil –, que tem cabimento a aplicação subsidiária das normas do mandato ao relacionamento jurídico entre as partes da representação comercial ou agência.

Já as regras da comissão mercantil tornam-se aplicáveis supletivamente ao contrato de agência, sempre que, além da mediação ou agenciamento de negócios, o representante (ou agente) se encarrega, também, de entregar as mercadorias aos clientes do preponente. Nessa hipótese, a Lei nº 4.886/65 fala em "atos relacionados com a *execução* dos negócios", e o Código Civil prevê a figura do *agente-distribuidor*. A distribuição – que ocorre quando o proponente (ou preponente) põe à disposição do agente os produtos negociados (art. 710, *caput*), não o transforma em concessionário comercial, porque não age como revendedor, mas apenas como consignatário ou depositário da mercadoria pertencente ao fornecedor (preponente). Por isso, as regras subsidiárias recomendadas pelo art. 721 do Código Civil são as do contrato de comissão e não as do contrato de fornecimento, que pressupõe a prática da venda e revenda entre o fornecedor e o distribuidor. O agente, mesmo com o poder especial de distribuir os produtos do fornecedor, nunca age em nome próprio, como dono e revendedor da mercadoria. Ele é um simples depositário e, na qualidade de preposto, conclui contratos e os executa, mas sempre em nome e por conta do fornecedor[5]. Se há alguma proximidade jurídica é com o contrato de comissão, e nunca com o de concessão comercial ou de revenda exclusiva.

Eis por que o Código autoriza, na espécie, a aplicação supletiva das regras da comissão mercantil, porque também o comissário negocia com bens alheios. O agente-distribuidor, nada obstante, não se transforma num comissário, nem seu contrato com o proponente (ou preponente) se torna um contrato de comissão. Há bastante afinidade entre a situação contratual do agente-distribuidor e a do comissário para justificar a invocação supletiva das regras de um contrato no tratamento do outro, mas não ocorre uma completa absorção de figuras jurídicas.

A distribuição de que fala o art. 710 do Código Civil não anula a essência do contrato de agência; é um *plus*, um acessório que se acrescenta ao negócio típico da

---

[5] Em função do contrato de comissão, o comissário "executa o mandato mercantil, sem menção ou alusão alguma ao mandante, contratando por si e em seu nome, como principal e único contratante" (Código Comercial português, art. 266º). "Nos termos desta norma, o comissário, que é um mandatário sem representação, embora pratique os atos no interesse e por conta do mandante (tal como o agente, em relação ao principal) atua em seu próprio nome, diversamente do que sucede com o agente, o qual, tendo-lhe sido confiados poderes para celebrar negócios jurídicos, atua, como se viu, em nome do principal" (MONTEIRO, António Pinto. *Contrato de agência*. 4. ed. Coimbra: Almedina, 2000, p. 48).

agência mercantil. Ocorre, pois, quando o *agente* (e não o revendedor ou concessionário) "tenha à sua disposição a coisa a ser negociada"[6].

Em suma: aplicação das regras do mandato mercantil ao contrato de agência, além de eventual (só ocorre quando ao agente se conferirem também poderes de mandatário), "há de ser supletiva, naquilo em que se conciliar com as normas (específicas) da representação comercial, que é a relação absorvente e preponderante. O mandato mercantil aí constitui simples relação acessória"[7].

O mesmo é de se afirmar em face das normas do contrato de comissão: estas não podem ser aplicadas ao contrato de agência senão supletivamente e, portanto, sem anular as deste negócio típico, que, *in casu,* são as principais e dominantes. As próprias da comissão, além de eventualmente aplicáveis, são apenas secundárias ou acessórias, devendo ser observadas depois de já incididas as do contrato principal (as da agência).

158. CABERIA APLICAÇÃO DAS REGRAS DO CONTRATO DE AGÊNCIA AO CONTRATO DE CONCESSÃO COMERCIAL?

No campo dos negócios de colaboração interempresarial múltiplos são os negócios jurídicos de que os empresários se valem para incrementar a circulação de bens e serviços entre a produção e o consumo final. Dois deles, no entanto, absorvem, no momento, a maioria do volume de operações da espécie: o da *representação comercial* (ou agência) e o da *concessão comercial* (ou de revenda exclusiva).

O contrato de agência é *típico*, contando, pois, com estatuto amplo para definir-lhe o conteúdo e delimitar seus objetivos e elementos essenciais. Já o contrato de concessão comercial conserva-se *atípico*, regendo-se pelas normas do direito das obrigações e pelos princípios gerais dos contratos. Apenas para a revenda de veículos automotores terrestres e para a franquia empresarial é que a concessão comercial assumiu a categoria de contratos típicos, nos termos das Leis n°s 6.729/79 e 8.955/94.

Os principais problemas enfrentados pela doutrina e jurisprudência, a propósito das diversas formas de concessão comercial, situam-se no âmbito da responsabilidade civil manifestável quando da extinção do contrato. Para a agência e para a revenda de veículos, a legislação especial traça o sistema de indenizações cabíveis. Quanto às demais formas de concessão comercial, é na jurisprudência, sobretudo, que se têm definido os critérios norteadores dos ressarcimentos devidos pela cessação dos contratos atípicos.

---

[6]   BULGARELLI, Waldirio. *Contratos mercantis*, cit., p. 471.

[7]   REQUIÃO, Rubens. *Do representante comercial*. 5. ed. Rio de Janeiro: Forense, 1994, n° 35, p. 82.

Seção IV: Da Agência e Distribuição • Cap. VII – Agência, Mandato, Comissão | 285

A tomada de posição em face dessa problemática exige, antes de tudo, uma visão sistemática que possa conceituar a concessão comercial e distingui-la, adequadamente, das demais figuras típicas afins.

É o que se tentará nos tópicos seguintes.

159. INDENIZAÇÕES PREVISTAS NA LEGISLAÇÃO ESPECIAL SOBRE REPRESENTAÇÃO COMERCIAL

Há na Lei nº 4.886/65 uma tutela de caráter social ao representante comercial (agente), que lhe proporciona indenização tarifada, independentemente de comprovação de dano efetivo. A explicação é que o agente conquista uma clientela que é comum a ele e ao representado. Por isso, ao ser dispensado sem justa causa terá direito a ser compensado pela clientela perdida em favor do preponente[8].

Esse prejuízo é legalmente presumido e seu montante pode ser estipulado em cláusula contratual pelas próprias partes, mas não pode ser menor do que a tarifa legal, assim estabelecida:

a) contrato de *prazo indeterminado*: "um doze avos do total da retribuição auferida durante o tempo em que (o agente) exerceu a representação" (Lei nº 4.886/65, art. 27, alínea *j*);

b) contrato de prazo determinado, rompido antes do término de sua duração convencional: "importância equivalente à média mensal da retribuição auferida até a data da rescisão multiplicada pela metade dos meses resultantes do prazo contratual" (Lei nº 4.886/65, art. 27, § 1º). Quer isto dizer que apurada a média mensal de rendimentos do agente, esta será assegurada, como indenização, durante a metade dos meses que faltarem para completar o prazo de duração do contrato;

c) aviso prévio: a denúncia do contrato de prazo indeterminado é direito de qualquer das partes, mas se feita sem causa justificada, deve ser precedida de aviso prévio. A duração mínima desse pré-aviso era de *trinta dias*, segundo o art. 34 da

---

[8] É pela própria explicação do fundamento da indenização imposta pela lei brasileira (compensação objetiva e tarifada pela clientela apropriada pelo preponente) que é difícil aceitar a tese de Tepedino: defende ele a possibilidade de cumulação da indenização legal com uma compensação especial pelo crescimento da clientela do preponente conquistado pelo trabalho do agente despedido (TEPEDINO, Gustavo. Das várias espécies de contrato. Do mandato. Da comissão. Da agência e distribuição. Da corretagem. Do transporte. Arts. 653 a 756. In: TEIXEIRA, Sálvio de Figueiredo (coord.). *Comentários ao novo Código Civil*. Rio de Janeiro: Forense, 2008, v. X, p. 347-348). É o sistema do direito alemão, mas não o francês, já que este, tal como o brasileiro, só prevê uma única indenização. Se esta única indenização já se destina a reparar a clientela perdida pelo agente em favor do preponente, haveria um *bis in idem*, se a ela se somasse a compensação da clientela nova angariada durante a vigência do contrato de agência. A adoção, entre nós, do sistema do direito alemão, parece contradizer com o fundamento do direito positivo brasileiro aplicável à espécie.

Lei nº 4.886/65. O Código Civil a ampliou para *noventa dias* (art. 720). Se inobservado esse prazo legal, a parte prejudicada terá direito a uma indenização – além da prevista no art. 27 da Lei especial, cujo montante será equivalente a *um terço* das comissões auferidas pelo agente nos três meses que antecederam a denúncia (art. 34 da Lei nº 4.886/65). A indenização do aviso prévio é distinta da derivada da denúncia imotivada e, por isso, a ela se acresce[9].

Como a base de cálculo se compõe de rendimentos apurados durante longo período de tempo, corre-se o risco de grandes defasagens provocadas pela inflação crônica com que convive o mercado brasileiro. Assim, para que a reparação seja real e justa, haver-se-á de atualizar monetariamente os valores primitivamente auferidos pelo agente, de modo que o cálculo seja feito sobre a expressão contemporânea daquilo que no passado o agente percebeu junto ao preponente.

São estas reparações que, às vezes, se pretende impor também aos contratos de concessão comercial e franquia empresarial. A inadequação da extensão de regras especiais por analogia é que se demonstrará a seguir, depois de assentada a verdadeira natureza dos questionados contratos de distribuição[10].

---

[9] Sobre essas indenizações, consultem-se os itens 139 a 143.

[10] Não obstante, é importante lembrar a lição de Arnaldo Rizzardo, que entende ser perfeitamente possível a aplicação do Código Civil à concessão comercial, "posto que, exceto quanto ao objeto, confundem-se as estruturas dos contratos", justificando não se conceber "uma razão para isolar a última figura, porquanto destina-se o regramento da lei civil a todos os negócios nos quais o distribuidor tem a disposição da coisa a ser negociada" (RIZZARDO, Arnaldo. *Contratos*. 6. ed. Rio de Janeiro: Forense, 2006, p. 755). O autor defende, também, o inverso, ou seja, a aplicação da lei de concessão de veículos automotores terrestres à distribuição, especialmente no tocante aos parâmetros para a indenização em caso de extinção do vínculo pelo concedente, trazendo decisão do Tribunal de Justiça do Rio Grande do Sul para embasar seu posicionamento (ob. cit., p. 757-758). Em sentido contrário, ou seja, entendendo não se aplicar os dispositivos do Código Civil relativos à agência ao contrato de concessão comercial: FORGIONI, Paula A. *Contrato de distribuição*. 3. ed. São Paulo: Revista dos Tribunais, 2014, nº 1.22, p. 79.

Capítulo VIII

A DISTRIBUIÇÃO NA ATUAL ECONOMIA DE MERCADO

Sumário: 160. Os diversos contratos de distribuição – 161. Conceito e natureza jurídica dos contratos de distribuição – 162. O contrato de concessão comercial: 162.1. Proteção da rede de distribuição – 163. Contrato de franquia empresarial – 164. Características comuns aos principais contratos de distribuição: 164.1. Contrato entre profissionais (empresários); 164.2. Contrato de integração; 164.3. Controle e dependência econômica; 164.4. Autonomia jurídica; 164.5. Contrato de colaboração; 164.6. Contrato de duração; 164.7. Contrato de adesão; 164.8. Contrato relacional – 165. Extinção do contrato atípico de distribuição: 165.1. O inadimplemento recíproco no contrato atípico de distribuição – 166. Direito comparado – 167. A posição da jurisprudência: 167.1. A jurisprudência sobre abuso de direito – 168. Rescisão por violação do contrato de concessão comercial – 169. Inaplicabilidade das Leis nos 4.886/65 e 6.729/79 aos contratos de distribuição em geral – 170. A sistemática do Código Civil – 171. Liminares de natureza cautelar ou antecipatória – 172. Conclusões.

160. OS DIVERSOS CONTRATOS DE DISTRIBUIÇÃO

Em razão da colossal intensificação das relações mercantis em todo o planeta, a uma velocidade antes inimaginável, a atividade de distribuição de mercadorias e serviços passou a gozar de extrema relevância na cadeia que liga a produção ao mercado consumidor.

A distribuição eficiente, adequada às necessidades do público final, consentânea à capacidade dos consumidores, é fator decisivo para o sucesso da comercialização de bens e serviços, ainda quando, em princípio, estes tenham potencialmente qualidade, originalidade e outras características capazes de atrair o interesse de eventuais adquirentes.

Daí por que a distribuição hoje é encarada mais como uma etapa da produção de bens e prestação de serviços que como mero custo que se agrega ao produto final. É, ao contrário, atividade intermediária que liga a produção ao consumidor, é veículo de adequação da oferta à demanda, que obedece a sérios e vultosos projetos e políticas de profissionais e estrategistas.

No planejamento dessa atividade, empresários, administradores e economistas se valem de várias formas contratuais, que buscam a perfeição do atendimento à clientela e o equilíbrio entre o máximo que o produtor pode obter de redução em custos e otimização das vendas sem prejuízo da qualidade de seu produto e sem sacrifício dos valores prezados pelo público consumidor.

Às vezes, mas muito raramente, a distribuição da produção se faz diretamente do fabricante ao consumidor final, ou aos diversos comerciantes independentes que se dedicam à venda a varejo.

Mas o que se verifica com mais frequência, especialmente quando o fabricante consegue alargar seus horizontes ao mercado globalizado e atingir um estágio que se denomina produção e consumo em massa ou escala industrial, é a associação deste com terceiros, sob as mais variadas formas jurídicas, típicas ou atípicas, tais como atacadistas, cooperativas, centrais de compras, fusões sociais, concessão mercantil, representação comercial, franquia, distribuição exclusiva.

Surge, então, no Direito Comercial, um conjunto de relações jurídicas originadas do acordo de vontades (contratos mercantis), que se marcam por características comuns, tais como a união em torno de um objetivo comum ⊠ o lucro de ambos na comercialização de bens e serviços ⊠ , mas antagônico, na medida em que se repartem os ganhos. E que se caracterizam ainda pela cooperação, a natureza duradoura da relação e, principalmente, pela dominação econômica exercida pelo fabricante com o propósito de manter a integração da rede de distribuição.

Esse grupo de contratos que se destinam a instrumentalizar ou dar forma jurídica a tais relações econômicas de distribuição têm sido objeto de estudos sistemáticos e organizados, principalmente na França, onde já se identificam como "contratos de distribuição" ou "direito da distribuição"[1].

Na verdade, este capítulo do *direito dos negócios* (mais moderna denominação do direito comercial na Europa) assume feições multidisciplinares e penetra tanto o campo do direito privado como do direito público. Se, por um lado, dentro destes estudos cabem investigações científicas sobre as relações privadas firmadas entre os integrantes da cadeia de distribuição, por outro se vislumbram regras que regulam as relações entre estes e o livre mercado (proteção da concorrência) marcada pelo interesse público, e também, em face do consumidor. Essas regras eminentemente dirigidas pelo interesse público atingem os contratos de distribuição, limitando-os em face da ordem e do interesse públicos e dos anseios de equilíbrio nas relações desequilibradas pelo poder econômico.

Sob um outro ângulo, os contratos de distribuição podem ser divididos em dois grandes grupos, conforme os sujeitos que organizem tal atividade. Em um deles se inserem aqueles contratos em que a atividade de distribuição em rede é or-

---

[1] Cf. BEHAR-TOUCHAIS, Martine; VIRASSAMY, Georges. *Les contrats de la distribution* Paris: LGDJ, 1999, p. 1 e segs. Os autores relatam que o primeiro tratado de direito da distribuição foi editado em 1975, na França. Embora embrionário, foi o pontapé inicial ao desenvolvimento da atual concepção do direito da distribuição.

ganizada e dirigida pelo fornecedor de bens ou serviços. No outro grupo se encontram contratos destinados a organizar a distribuição por iniciativa dos distribuidores. É sobre o primeiro grupo de contratos que se desenvolverá a presente análise, que pretende, especialmente, investigar as regras aplicáveis à extinção da relação jurídica que se manteve por longo tempo e que criou liames jurídicos e econômicos profundos entre os contratantes.

Nos últimos anos, frequentes têm sido as demandas apaziguadas pelo Judiciário referentes aos efeitos da denúncia unilateral dos contratos de distribuição. Distribuidores que se sentem lesados com a extinção forçada do vínculo pleiteiam, perante a Justiça, ora a prorrogação compulsória do contrato, ora a indenização pelas perdas e danos decorrentes do fim da longa parceria.

A composição do conflito, sem dúvida, perpassa noções e princípios jurídicos vigentes em tema de contratos e responsabilidade civil. A identificação das regras aplicáveis à espécie depende do perfeito enquadramento da natureza jurídica deste grupo relativamente novo de contratos e do estudo adequado do instituto da responsabilidade civil. E, como não poderia deixar de acontecer em um estudo jurídico, analisar-se-ão, outrossim, os pronunciamentos predominantes da doutrina nacional e estrangeira, bem como das cortes estaduais e federais de justiça sobre o tema.

161. CONCEITO E NATUREZA JURÍDICA DOS CONTRATOS DE DISTRIBUIÇÃO

As diversas modalidades de contratos de distribuição amplamente utilizados na mercancia são prova de que a agilidade e o dinamismo da vida comercial, não raro, passam à frente do legislador, forjando técnicas contratuais novas e melhor adaptadas às necessidades do mercado. As omissões do legislador e as lacunas do ordenamento jurídico, no meio comercial, são rapidamente supridas e preenchidas pela capacidade inventiva dos seus agentes.

Foi assim que, sem prévia disciplina do direito positivo, as variadas espécies de contratos de distribuição foram se tornando praxes comerciais e instrumentos, mais ou menos uniformes, ou socialmente típicos, largamente difundidos nas relações entre a indústria e os comerciantes, tanto no Brasil como no resto do mundo.

Assim ocorreu, por exemplo, com os contratos de representação comercial ou agência, de franquia empresarial e de concessão mercantil, que foram fruto da mente inventiva de comerciantes e fabricantes perspicazes que puderam apreender com eficiência e sensibilidade as necessidades do mercado e a agilidade de novos métodos de comercialização.

Daí afirmar Jack Bussi que o direito da distribuição é um direito especial, essencialmente contratual, não codificado, e em constante evolução, que regula relações entre profissionais[2].

---

[2] BUSSI, Jack. *Droit des affaires* Dalloz: Presses de Sciences Po, 1998, p. 365.

Os contratos de distribuição *lato sensu* são aqueles que se destinam a dar forma a relações entre fabricante e distribuidor, regendo as obrigações existentes entre eles, destinados a organizar a atividade de intermediação e venda da produção, levando-a até o consumidor final.

São chamados contratos de distribuição aqueles que estabelecem a obrigação de uma das partes promover a venda dos produtos fornecidos pela outra parte, e cuja execução implica em estipulação de regras gerais e prévias destinadas a regulamentar o relacionamento duradouro que se estabelece entre os contratantes.

A distribuição modernamente concebida segundo as regras avançadas de marketing, planejamento e estratégia de vendas, surgida ou intensificada na segunda metade do século XX, se instrumentaliza, principalmente, por contratos de distribuição *stricto sensu*, também denominado contrato de concessão mercantil, ou por contratos de franquia ou *franchise* (ou ainda *franchising*).

Essas técnicas modernas de distribuição, muitas vezes denominadas *contratos novos*, sucederam aos contratos de agência ou representação comercial, de comissão e de corretagem, já amplamente difundidos e típicos. A motivação de tal evolução foi, sem dúvida, a necessidade de se adotar política e estratégia de distribuição uniforme e eficaz para toda a rede de distribuição do produtor. O sistema de distribuição baseado em intermediários independentes impedia que o fornecedor pudesse planejar a produção e a distribuição de seus bens e limitava a sua ingerência nas decisões e políticas adotadas por cada um dos agentes revendedores.

É essa nota que marca esse grupo de contratos novos que merece a atenção especial dessa análise.

Os contratos de distribuição que a partir desse momento serão focalizados e estudados são justamente esses *contratos novos*, que se transformaram em instrumento de política de distribuição do produtor, e se destinam a estruturar, planejar e gerir todo um sistema ou uma rede de distribuição da produção industrial.

Não se pretende, nessa apertada análise, apreciar cientificamente todas as formas contratuais utilizadas na distribuição moderna – que abrangeria, inclusive, os contratos típicos mais antigos como a venda, o mandato, o transporte, o depósito etc. Tampouco se pretende esgotar o exame de todas as formas de distribuição baseadas na cooperação comercial e no planejamento da rede de distribuição.

Premissa essencial às conclusões desta análise é tão-somente identificar as características, os princípios gerais e as regras comuns aplicáveis a toda espécie de acordo de distribuição destinado a organizar, perenizar e fidelizar as relações entre fornecedor e revendedor integrantes da rede de distribuição. Em resumo, o que se pretende é identificar um direito comum aplicável a um grupo de contratos, já denominado pelo direito europeu como direito da distribuição.

Não se pode fugir, entretanto, à individuação das duas figuras mais difundidas nesse ambiente: a concessão mercantil e a franquia, que já alçaram a condição de

Seção IV: Da Agência e Distribuição · Cap. VIII – A Distribuição na Economia de Mercado | 291

contratos nominados, e socialmente típicos. Aliás, a franquia, após a edição da Lei nº 8.955/94, tornou-se também um contrato juridicamente típico.

162. O CONTRATO DE CONCESSÃO COMERCIAL

A concessão comercial (contrato de distribuição *stricto senso*) é um contrato novo que se aperfeiçoa quando um fabricante obriga-se a vender, continuadamente, a um distribuidor, que, por sua vez, se obriga a comprar, com vantagens especiais, produtos de sua fabricação, para posterior revenda, em zona determinada[3].

Com esse tipo de contrato, cria-se uma "concessão" no plano comercial, que "implica a atribuição de um monopólio de exclusividade de venda a comerciantes escolhidos pelo produtor para fazê-los participar de um sistema de comercialização de seus produtos"[4]. Daí falar-se, não só em contrato de distribuição, mas também em *contrato de concessão comercial*[5].

A concessão comercial, modernamente, apresenta-se muito útil para a circulação dos produtos de massa, como cervejas, refrigerantes, derivados de petróleo, automóveis, motocicletas, material agrícola etc. "Permite aos fabricantes escoar sua produção em boas condições e sob controle dentro de uma rede de distribuição organizada. Garante o desenvolvimento das vendas, preserva a qualidade dos produtos e racionaliza a comercialização. Os fabricantes auferem grandes proveitos, porque a concessão comercial lhes cria a possibilidade de supervisionar seus pontos de venda, sem suportar o respectivo encargo econômico. Quanto aos concessionários, se beneficiam da imagem da marca do fabricante, aproveitam as facilidades de instalações que lhe são propiciadas e, às vezes, logram verdadeiros lucros de ocasião. Mas, é necessário também que aceitem pesadas obrigações que lhes são impostas: sua sujeição é a chave da concessão"[6].

---

[3] MELO, Claudineu de. *Contrato de distribuição*. São Paulo: Saraiva, 1987, nº 20, p. 29; GOMES, Orlando. *Contratos*. 25. ed. Rio de Janeiro: Forense, 2002, nº 306, p. 374. Para Paula A. Forgino, o contrato de distribuição é "contrato bilateral, sinalagmático, atípico e misto, de longa duração e de caráter estável, que encerra um acordo vertical, pelo qual um agente econômico (fornecedor) obriga-se ao fornecimento de certos bens ou serviços a outro agente econômico (distribuidor), para que este os revenda, tendo como proveito econômico a diferenciação entre o preço de aquisição e de revenda e assumindo obrigações voltadas à satisfação das exigências do sistema de distribuição do qual participa" (FORGIONI, Paula A. *Contrato de distribuição*. 3. ed. São Paulo: Revista dos Tribunais, 2014, nº 1.24, p. 82).

[4] GUYÉNOT, Jean. *Les Contrats de Concession Commerciale*. Paris: Librairie Sirey, 1968, nº 15, p. 25; FOURGOUX, Jean-Claude. *Droit du Marketing*. Paris: Dalloz, 1974, p. 61.

[5] GOMES, Orlando. *Contratos*. 25. ed., cit., nº 306, p. 375; CHAMPAUD, Claude. La Concession Commerciale. *Revue Trimestrielle de Droit Commercial*. Paris: Sirey, nº 24, p. 471, 1963.

[6] DUTILLEUL, François Collart; DELLEBECQUE, Philippe. *Contrats civils et commerciaux*. 2. ed. Paris: Dalloz, 1993, nº 934, p. 765.

Do ponto de vista estritamente jurídico, a melhor visão da concessão comercial é a que lhe atribui a natureza de um contrato *complexo* e *atípico*, de fundo monopolístico, para cuja formulação jurídica se lança mão de vários elementos tomados por empréstimo a outros contratos típicos.

Como entre nós não existe uma regulamentação legal para o contrato de distribuição ou concessão comercial, é de se qualificá-lo como *atípico*[7]. Nele o traço mais evidente de outro contrato é o da compra e venda, porque sua função primordial é fazer com que o produto do industrial chegue ao mercado consumidor. E isso haverá de se operar pelo mecanismo de sucessivas compras e vendas entre concedente e concessionário. Mas o negócio não se resume nisso. O concessionário se encarrega, também, de *assistência* e *garantia* ao funcionamento e qualidade dos produtos revendidos, o que envolve prestações de contratos outros como o de *fornecimento* e *prestação de serviços*, e às vezes, os de *mandato* e de *empreitada*[8].

Reclamam-se os seguintes requisitos para a configuração jurídica do contrato de distribuição:

a) um dos contratantes deve ser o *fabricante* e o outro o comerciante que se encarregará da revenda dos produtos do primeiro;

b) entre as duas partes contratuais estabelece-se uma obrigação de compra e venda continuada, não eventual nem periódica. O contrato não é de execução instantânea, mas de execução contínua, no que se confunde com o contrato de fornecimento;

c) o contrato de distribuição importa "vantagens especiais ao distribuidor", pois se isto não existir, a relação será de compra e venda simplesmente;

d) o produto comercializado deve ser efetivamente fabricado pelo concedente, pois, do contrário, haverá apenas revenda e não contrato de concessão;

e) o produto vendido pelo concedente ao concessionário tem de ser destinado à revenda. Se fosse destinado ao consumo do distribuidor, o contrato seria apenas de fornecimento e não de distribuição[9];

---

[7] REQUIÃO, Rubens. O Contrato de concessão de venda com exclusividade (Concessão Comercial). *Revista de Direito Mercantil*, São Paulo, nº 7, p. 23, 1972. Apenas para as revendas de veículos automotores existe regulamentação legal típica do contrato de concessão comercial (Lei nº 6.729/79).

[8] Arnaldo Rizzardo explica que a "atividade de distribuição ou de concessão, em proveito do concedente e da rede de distribuidores ou concessionários, é o objeto do contrato", que, em outras palavras, "é a comercialização dos bens produzidos e fornecidos pelo fabricante, e a prestação de serviços de assistência técnica e mecânica aos bens" (o autor trata especificamente da concessão de veículos automotores, mas a explicação aplica-se, também, aos outros contratos de concessão) (RIZZARDO, Arnaldo. *Contratos*. 6. ed. Rio de Janeiro: Forense, 2006, p. 758).

[9] O contrato de fornecimento é usualmente utilizado para assegurar o abastecimento de matéria prima e outros insumos necessários à produção industrial.

Seção IV: Da Agência e Distribuição • Cap. VIII – A Distribuição na Economia de Mercado | 293

f) o distribuidor deve ter uma área geográfica delimitada para atuação, exclusiva ou não[10];

g) a atividade econômica do distribuidor, embora seja de sua exclusiva responsabilidade, não pode fugir do sistema geral planejado pelo fabricante para padronizar e controlar a qualidade da rede de concessionários.

162.1. Proteção da rede de distribuição

O sistema de distribuição forma, em regra, uma rede que engendra, fundamentalmente, deveres, entre todos os participantes, de cooperação e lealdade, já que o objetivo último desse sistema é o desenvolvimento e o fortalecimento do empreendimento comum. Disso decorrem obrigações recíprocas, cuja observância é decisiva para o sucesso da distribuição ou concessão mercantil.

Credenciados os distribuidores, com garantia de exclusividade territorial, o fornecedor/concedente não pode – salvo eventual exceção prevista no próprio contrato de distribuição –, concorrer com os concessionários, dentro da zona convencionada, mediante venda direta a consumidores; nem pode fornecer a outros revendedores estranhos à rede os produtos objeto do contrato. Semelhante prática corresponde a uma violação contratual, dado que compete ao fornecedor, em primeiro lugar, respeitar as regras que ele mesmo cuidou de estabelecer para o relacionamento com seus distribuidores[11].

Por isso mesmo, a sujeição do fornecedor faltoso à responsabilidade civil pela prática de concorrência desleal com o distribuidor exclusivo é evidente, já que, na espécie, é obrigação essencial a cargo do fornecedor respeitar a exclusividade do concessionário dentro da zona definida contratualmente[12].

---

[10] MELO, Claudineu de. *Contrato de distribuição*. São Paulo: Saraiva, 1987, nᵒˢ 22 a 29, p. 30-39.

[11] "Vale dizer que o fornecedor deve ater-se às regras que ele editou. Com maior razão deve respeitá-las, se ele mesmo explora igualmente um ou diversos pontos de venda" ("C'est dire seulement que le fournisseur doit s'en tenir aux règle qu'il a édictées. À plus forte raison doit-il les respecter lui-même s'il exploite également un ou pluissieurs points de vente". DISSAUX, Nicolas; LOIR, Romain. *Droit de distribution*. Issy-les-Molineaux: LGDJ, 2017, p. 427).

[12] Essa obrigação do concedente "reveste-se de dupla dimensão: *negativa,* no que diz respeito a ser-lhe vedado estabelecer um outro ponto de venda dentro da zona concedida ao concessionário; *positiva,* no que se refere à obrigação de fornecer ao concessionário neste território, se necessário até de maneira forçada. Sem isto, não haverá concessão. De resto, é essencial que o concedente observe o dever de lealdade e coerência" ("Cette obligation revêt une double dimension: negative, en ce que le concédant s'interdit de livre un autre point de vente dans la zone concédée au concessionnaire; positive, en ce qu'il s'oblige à livrer le concessionnaire dans ce territoire, au beson de manière forcée. Sans cela, point de concession. Pour le reste, il est essentiel que le concédant observe un

Em contrapartida, também não pode o distribuidor vender fora de sua zona, e tampouco revender os produtos da concessão a outros revendedores, ensejando concorrência de estranhos, em prejuízo dos concessionários integrantes da rede de distribuição. Nesta hipótese, a responsabilidade pela violação contratual pode ultrapassar a esfera do concessionário faltoso para alcançar, eventualmente, o outro revendedor (estranho à rede) que também tenha concorrido para a prática abusiva[13]. Incidem aqui os chamados efeitos externos do contrato, que afetam não só os contratantes, mas que impedem também a conduta de terceiros quando esta contribua, de alguma forma consciente, pra a violação do contrato pela parte[14].

163. CONTRATO DE FRANQUIA EMPRESARIAL

O contrato de franquia empresarial, depois de difundir-se como praxe comercial, social e economicamente típica[15], com nome reconhecido, regulando um conjunto de obrigações e direitos mais ou menos constante, alcançou a tipicidade jurídica, no senso mais estrito que se admite em doutrina, com o advento da Lei nº 8.955/94.

O citado diploma legal tratou de definir o contrato de franquia, elencando seus elementos essenciais, identificando sua finalidade econômica e definindo as obrigações e direitos fundamentais de cada contratante. Sua eficácia, desde então, provém do padrão que a lei lhe outorga e não mais diretamente da vontade criadora das partes.

---

devoir de loyauté et de cohérence". DISSAUX, Nicolas; LOIR, Romain. *Droit de distribution*, cit., p. 419-420).

[13] Informam DISSAUX e LOIR que, atualmente, a matéria acha-se inserida no Código de Comércio francês (art. L.442-6, I, 6º), onde se prevê a responsabilidade de todo produtor, comerciante, industrial ou pessoa matriculada no registro profissional que participe, direta ou indiretamente, da "violação da interdição de revenda fora da rede feita ao distribuidor vinculado por um acordo de distribuição seletiva ou exclusiva" (salvo se, *in concreto*, a prática se der sob o abrigo de regras próprias do direito da concorrência (Op. cit., p. 429).

[14] THEODORO NETO, Humberto. *Efeitos externos do contrato: direitos e obrigações na relação entre contratantes e terceiros*. Rio de Janeiro: Forense, 2007. *Passim*; NEGREIROS, Teresa. *Teoria do contrato: novos paradigmas*. Rio de Janeiro: Renovar, 2002, p. 205 a 267; PENTEADO, Luciano de Camargo. *Efeitos contratuais perante terceiros*. São Paulo: Quartier Latin, 2007. *Passim;* FIGUEIREDO, Helena Lanna. *Responsabilidade civil do terceiro que interfere na relação contratual*. Belo Horizonte: Del Rey, 2009. *Passim*.

[15] Claudineu de Melo, em seu livro *Contrato de distribuição*, argumenta que "a tipicidade de um contrato não se adstringe à sua previsão legal, mas decorre da formulação que permita distingui-lo de quaisquer outros tipos contratuais. Na medida em que um contrato possa ser perfeitamente identificável, por requisitos próprios e específicos que o tornem distinto e inconfundível com qualquer outro tipo contratual, e ainda que não regulado em lei, mas garantido pelo direito, ele é típico. É a tipicidade de fato, e não de direito" (MELO, Claudineu de. *Contrato de distribuição*. São Paulo: Saraiva, 1987, nº 30, p. 39-41).

Seção IV: Da Agência e Distribuição · Cap. VIII – A Distribuição na Economia de Mercado | **295**

A despeito das falhas técnicas ou literais de que a lei reguladora do contrato padece, pode-se definir a franquia ou *franchise* como a relação jurídica contratual que, tal como a concessão mercantil, estabelece a obrigação do franqueado de promover, de forma autônoma, por sua própria conta e risco, e de forma exclusiva, a venda dos produtos fornecidos pelo franqueador, ou os serviços por este formatados, seguindo, na execução do contrato, as ordens e os padrões técnicos estipulados previamente.

As obrigações impostas ao franqueador distinguem substancialmente a franquia da concessão mercantil. Naquele contrato, há obrigatória transferência de tecnologia agregada à concessão do uso da marca notória que identifica o franqueador.

Não há verdadeiro contrato de franquia se não se transfere ao franqueado um conjunto de conhecimentos e experiências de natureza prática capaz de distinguir a atividade do franqueador ou de sua rede de distribuição em face de sua concorrência.

Leloup define *savoir faire*, ou tecnologia para nós, como um conhecimento prático transmissível, não imediatamente acessível ao público, não patenteado, que confere ao seu mentor uma vantagem concorrencial[16].

Em suma, na franquia, o distribuidor tem o direito e o dever de usar a marca e as insígnias do fornecedor. E como elemento essencial de caracterização do contrato, tem o franqueador a obrigação de transmitir ao franqueado "uma receita de sucesso"[17] e mantê-la atualizada, com assistência contínua.

Na estruturação da rede de franquias, o franqueador repartirá a área geográfica de distribuição em zonas onde atuarão os franqueados, em regime de exclusividade ou não, com ou sem direito de preferência sobre o território.

Quanto ao objeto da atividade (prestações devidas) do franqueador, o contrato pode se classificar em franquia de *distribuição*, de *serviços* ou de *produção*.

Se o franqueado se obriga a vender produtos fornecidos, fabricados ou apenas selecionados pelo franqueador, segundo as técnicas e regras padronizadas para a rede de franquias, sob os signos, imagem e marca do franqueador, tem-se a franquia de *distribuição*.

Na franquia de *serviços*, o franqueado presta serviços segundo métodos, qualidade e técnicas idealizados, testados e padronizados pelo franqueador, identificados por suas insígnias e marcas. No ramo de hotelaria, locação, lavanderias, revelações fotográficas etc. encontram-se bem difundidos os contratos de franquia de serviços.

Por fim, quando é o próprio franqueado que, servindo-se da tecnologia, fórmulas, produtos e equipamentos concedidos pelo franqueador, produz os bens destinados à venda ao consumidor, divulgando-os através da marca e dos sinais

---

[16]   LELOUP, Jean-Marie. *La franchise: droit et pratique*. 2. ed. Paris: Delmas, 1991, p. 27.

[17]   LELOUP, Jean-Marie. *La franchise: droit et pratique*, cit., p. 27.

distintivos deste, tem-se configurado o contrato de franquia de fabricação, também denominado de franquia *industrial ou de produção*.

O franqueado recupera seus investimentos através do desempenho dessas atividades, do lucro de sua atividade mercantil. Conforme cada contrato, pode-se obrigar a pagar *royalties* pelo uso da marca, bem como quantia determinada pela transferência da tecnologia, produtos, bens, equipamentos e projetos fornecidos pelo franqueador.

164. CARACTERÍSTICAS COMUNS AOS PRINCIPAIS CONTRATOS DE DISTRIBUIÇÃO

Apontam-se, para os contratos de distribuição, no plano da revenda ou concessão mercantil, as seguintes características:

a) contratos entre profissionais;

b) contratos de integração;

c) contratos com controle e dependência econômica;

d) contratos de colaboração;

e) contratos de duração;

f) contratos por adesão.

164.1. Contrato entre profissionais (empresários)

A franquia e a concessão mercantil são contratos que se travam entre *profissionais*, comerciantes e empresários, pessoas que, no discernimento, e quanto à capacidade de decisão, devem ser tratadas como iguais.

A desigualdade que merece amparo legal, para correção de eventuais desequilíbrios entre as partes, situa-se apenas no campo econômico e de acesso a informações administrativas e financeiras relativas à própria atividade do fornecedor ou de sua rede de distribuição. Também no curso da execução do contrato, quando o poder de controle do fabricante ou fornecedor pode determinar a sorte dos negócios do distribuidor, pode-se verificar o desequilíbrio entre as partes, através de práticas que poderão ser reconhecidas ora como legítimas, ora como abusivas e desleais e, portanto, configuradoras de inadimplemento das obrigações.

Porém, no momento de formação do contrato só haverá desigualdade capaz de viciar o livre arbítrio do distribuidor se o fornecedor sonegar alguma informação essencial e relevante para o exercício do pleno juízo de conveniência do negócio.

164.2. Contrato de integração

Já na execução das obrigações convencionadas, os contratos de distribuição, da espécie de que ora se trata – que organizam a distribuição em rede por iniciativa do fabricante ou fornecedor – geram um íntimo relacionamento, jurídico e

Seção IV: Da Agência e Distribuição • Cap. VIII – A Distribuição na Economia de Mercado | **297**

econômico, entre duas empresas, a que produz e a que se encarrega da revenda dos produtos. Fala-se, mesmo, em *integração de empresas*.

São chamados *contratos de integração* aqueles que viabilizam a organização de uma atividade econômica através de políticas comerciais sincronizadas, que combinam *eficácia e disciplina*, e que submetem a existência e a manutenção de uma das partes à própria duração do vínculo jurídico[18].

É essa, aliás, a característica que diferencia os novos contratos de distribuição daqueles antigos que tinham como nota marcante a *subordinação*, tais como a representação comercial e a corretagem.

Em princípio, ao aderirem aos contratos de representação comercial, os fornecedores de bens e serviços buscaram o rompimento das relações trabalhistas. A despeito da autonomia, da economia e da relativa independência alcançada com esse sistema de distribuição, os fabricantes enfrentaram dificuldades de impor à rede de distribuidores uma disciplina sobre as técnicas de venda.

Os contratos de integração vieram, então, preencher essa lacuna existente, e somaram ao atributo da rede juridicamente autônoma, as qualidades de eficácia e disciplina.

164.3. Controle e dependência econômica

Se, por um lado, os novos contratos de distribuição não eliminam a independência jurídica da empresa distribuidora, por outro, criam inexoravelmente a *dependência econômica*, com profunda justificativa na necessidade de uniformização e de eficiência da rede distribuidora. São as redes de distribuição modernas estruturas jurídicas multiformes sustentadas por contratos que permitem programar ações concertadas, normalmente limitadas no tempo.

A intervinculação das duas empresas, que alguns chamam de *quase-integração*, é, na espécie, "mais de natureza econômica do que jurídica". Com ela cria-se um sistema de "divisão de trabalho, lei econômica universal", traduzida na convenção de que "o concessionário se encarrega da comercialização dos produtos objeto da produção a cargo do concedente"[19].

Não se pode alcançar a identidade própria característica da rede de distribuição, bem como o padrão de qualidade de bens e serviços idealizado pelo fabricante, senão pela imposição de sistemas, métodos, comportamentos que confiram aos vários integrantes autônomos de uma rede uma imagem unitária[20].

---

[18] GUYON, Yves. *Droit des affaires – droit commercial géneral et societies*. 10. ed. Paris: Econômica, 1998, t. 1, nº 816, p. 850 segs.

[19] REQUIÃO, Rubens. O Contrato de concessão de venda com exclusividade (Concessão Comercial). *Revista de Direito Mercantil*. São Paulo, nº 7, p. 21-22, 1972.

[20] "Na maioria dos contratos de distribuição a dependência econômica não é inútil; ao contrário, ela permite a unidade e identidade da rede e do sistema de distribuição, trazendo resul-

Por outro ângulo, o poder de controle justifica-se em face da constatação de que a atividade desenvolvida pelos distribuidores, diretamente vinculada ao nome ou marca do fabricante e de seus produtos, segundo seja bem ou malconduzida, pode afetar diretamente a imagem deste, a sua clientela, e a rentabilidade do negócio.

Daí por que o direito considera legítimo, em princípio, o controle ou a dominação econômica que o fornecedor exerce sobre o distribuidor, já que destinados a uma finalidade economicamente útil e socialmente desejada.

Desempenhado lealmente, segundo os padrões comerciais adotados, e de forma a garantir a fiel execução do modelo de distribuição idealizado pelo franqueador ou concedente, que lhe assegurou o sucesso econômico, o controle do fornecedor encontra respaldo no fim legítimo e jurídico do contrato de distribuição, e será benéfico a ambos os contratantes, aos demais membros da rede de distribuição e aos consumidores[21].

164.4. Autonomia jurídica

Essa integração, na verdade, não anula a personalidade, nem elimina a autonomia jurídica das empresas intervinculadas. Cada uma delas, dentro da rede de distribuidoras, "mantém sua independência econômica e autonomia jurídica, pois com o sistema se visa apenas a comercialização da produção, excluindo a imposição de preços e o domínio monopolístico e anticompetitivo do mercado"[22].

O distribuidor contrata em seu próprio nome e no seu interesse. Responde pessoalmente pelos atos de seus prepostos. E, com exceção das normas específicas do Código de Defesa do Consumidor[23], que estabelecem as obrigações solidárias

---

tados vantajosos para a sociedade e para seus integrantes" (FORGIONI, Paula A. *Contrato de distribuição*, cit., p. 230).

[21] Para Paula A. Forgioni, uma vez que "apenas o abuso da dependência econômica é reprimido (e não a existência da situação de sujeição em si), o operador do direito deve identificar as situações em que o ato da empresa preponderante vai além da normal prática do mercado, propiciando-lhe vantagem excessiva ou injustificada". Isto porque, continua a autora, "por um lado, deve-se refrear o abuso; por outro, não se pode deixar que o regramento jurídico acabe por tornar o sistema ineficaz, desestimulando a adoção de uma forma vantajosa de distribuição de produtos ou serviços para toda a sociedade" (FORGIONI, Paula A. *Contrato de distribuição*, cit., p. 230).

[22] REQUIÃO, Rubens. O Contrato de concessão de venda com exclusividade (Concessão Comercial), cit., p. 21.

[23] CDC: "Art. 12. O fabricante, o produtor, o construtor, nacional ou estrangeiro, e o importador respondem, independentemente da existência de culpa, pela reparação dos danos causados aos consumidores por defeitos decorrentes de projeto, fabricação, construção, montagem, fórmulas, manipulação, apresentação ou acondicionamento de seus produtos, bem como por informações insuficientes ou inadequadas sobre sua utilização e riscos"; "Art. 13. O

Seção IV: Da Agência e Distribuição · Cap. VIII – A Distribuição na Economia de Mercado | 299

entre fornecedor e distribuidor, não se confundem obrigações e responsabilidades pessoais de fabricante e distribuidor.

As cláusulas que impõem uma normatização de condutas, métodos e procedimentos, destinadas a manter a unidade da rede de distribuição, são, enfim, perfeitamente compatíveis com a autonomia jurídica. Aliás, como adverte Leloup: "Não se pode aceitar a ideia de uma regressão das técnicas comerciais em nome de uma concepção ultrapassada de independência"[24]. E, por isso mesmo, apesar de vinculado a uma política de atuação no mercado de distribuição, o distribuidor terá sempre autonomia jurídica e administrativa para gerir sua empresa, seus atos, seus lucros, recursos financeiros, materiais, humanos, seus investimentos, seus estoques etc.

164.5. Contrato de colaboração

Ao contrário da ordinária comutatividade que existe entre as prestações devidas pelas partes nos tradicionais contratos de troca, na colaboração o fim econômico visado pelos contratantes se alcança através da união das prestações devidas por fornecedor e distribuidor.

Ou seja, tal como observa Leonardo Sperb de Paola: "não se pode afirmar que o interesse das partes limita-se aos sucessivos contratos de compra e venda firmados entre o fabricante e o distribuidor. O que se pretende é a formação de uma clientela em determinado território, no qual se planta a marca do produtor, com aumento das vendas em benefício comum. As partes envolvidas, unindo seus esforços, organizam a distribuição de um produto"[25].

Destarte, mais que prestações e contraprestações entre as partes, o proveito econômico de cada uma delas se obtém com o desempenho da atividade mercantil de comercialização de produtos e serviços reiterada diuturnamente. A prestação devida pelo distribuidor não se resume à aquisição de mercadorias, ao pagamento de *royalties* e taxas de ingresso e publicidade. Deve ele se dedicar de forma séria, leal e competente à atividade empresarial de distribuição de bens ou serviços, para que as partes lucrem com o incremento do consumo[26].

---

comerciante é igualmente responsável, nos termos do artigo anterior, quando: I – o fabricante, o construtor, o produtor ou o importador não puderem ser identificados; II – o produto for fornecido sem identificação clara do seu fabricante, produtor, construtor ou importador; III – não conservar adequadamente os produtos perecíveis"; "Art. 34. O fornecedor do produto ou serviço é solidariamente responsável pelos atos de seus prepostos ou representantes autônomos".

[24]   LELOUP, Jean-Marie. *La franchise: droit et pratique*, cit., 107.

[25]   PAOLA, Leonardo Sperb de. Sobre a denúncia dos contratos de distribuição, concessão comercial e franquia. *Revista Forense*, v. 94, nº 343, p. 124, jul.-set./1998.

[26]   Para Ana Carolina Devito Dearo Zanetti, no contrato de colaboração "as prestações das partes não têm relação de interdependência. Não são, portanto, razão de ser uma das outras,

164.6. Contrato de duração

Da própria natureza da atividade de distribuição, enquanto sistema organizado, conclui-se que o tempo é fator relevante para a execução do contrato que há de viger por um prazo suficientemente longo para que as partes possam alcançar os fins a que o contrato se dispõe. Daí por que se enquadra também no conceito de contrato de duração, uma vez que sua execução não se faz em um único ato, mas em atos sucessivos que se protraem no tempo[27].

A prestação não é, entretanto, divisível, mas a mesma, nos diferentes períodos de tempo. Nessa espécie de contrato de duração, "o adimplemento sempre se renova sem que se manifeste alteração no débito", de tal forma que as obrigações ajustadas "são adimplidas permanentemente e assim perduram sem que seja modificado o conteúdo do dever de prestação, até seu término pelo decurso do prazo ou pela denúncia"[28]. É, nessa ordem de ideias, um caso em que o contrato assume, com realce, o caráter processual, no plano de direito substancial, retratado numa constante e duradoura cadeia de atos prestacionais recíprocos, cada qual sendo causa e efeito um do outro, em busca de uma meta comum, justificadora da convenção e de sua manutenção por longo tempo. Importante, pois, a sujeição dos contratantes aos ditames dos princípios da cooperação e da boa-fé objetiva, durante toda a vigência do contrato, não só na sua formação, como em sua interpretação e execução, inclusive naquilo que a moderna teoria dos negócios jurídicos chama de direitos e deveres acessórios, os quais ultrapassam muito o terreno das cláusulas e ajustes literalmente avençados[29].

---

mas verdadeiros instrumentos para que a finalidade do negócio, de interesse de ambas as partes, seja atingida". Assim, a autora destaca que "nos contratos de distribuição, os interesses das partes, em última análise, convergem em busca do sucesso na colocação do produto no mercado de destino", embora a relação entre fornecedor e distribuidor seja marcada "por uma tensão, fruto da coexistência de interesses comuns e outros contrapostos" (ZANETTI, Ana Carolina Devito Dearo. *Contrato de distribuição. O inadimplemento recíproco*. São Paulo: Atlas, 2015, p. 58-59).

[27] GOMES, Orlando. *Contratos*, 25. ed., cit., nº 58, p. 80. Segundo Ana Carolina Zanetti, "a estabilidade do negócio no tempo é do interesse de ambas as partes. Para o fornecedor, a continuidade da relação possibilita construir uma rede eficiente de terceiros encarregados em comercializar suas mercadorias. Por outro lado, a garantia da duração representa um estímulo para que o distribuidor promova os investimentos necessários para o adequado desenvolvimento da atividade de revenda" (ZANETTI, Ana Carolina Devito Dearo. *Contrato de distribuição*, cit., p. 55).

[28] COUTO E SILVA, Clóvis Veríssimo do. *A obrigação como processo*. São Paulo: Bushatsky, 1976, p. 211.

[29] MARTINS-COSTA, Judith. In: TEIXEIRA, Sálvio de Figueiredo (coord.). *Comentários ao novo Código Civil*. 2. ed. Rio de Janeiro: Forense, 2009, v. V, tomo II, p. 45 e 48; THEODORO JÚNIOR, Humberto. O contrato de seguro e a regulação do sinistro. *Revista Síntese de direito civil e processual civil*. Porto Alegre, nº 30, p. 5-8, jul.-ago./2004.

164.7. Contrato de adesão

Tendo o fabricante necessidade de organizar sua rede de distribuição de forma homogênea, haverá, como é óbvio, de padronizar os ajustes de contratação dos distribuidores, não havendo, por isso mesmo, lugar para condições especiais ou privilegiadas para um ou outro concessionário.

Em virtude disso, há quem qualifique o contrato de distribuição como um *contrato de adesão*, já que o distribuidor não teria como negociar ou exigir cláusulas, limitando-se a aceitar o contrato padrão que lhe oferece o fabricante. Todavia, essa qualificação é equivocada, segundo a lição da melhor doutrina.

O *contrato de adesão*, em sentido próprio, provém de uma proposta formulada à coletividade, no dizer de Saleilles, proposta que o aderente, por imperiosa necessidade de contratar, não tem condições práticas de recusar. Sua adesão é inevitável[30]. Já em outros casos, o destinatário da proposta, embora não tenha como impor alterações ao seu teor, não está forçado a se vincular. Adere, apenas, se for de sua conveniência e interesse. Nessa última hipótese, fala-se em *contrato por adesão*, mas não propriamente em *contrato de adesão*.

A característica comum a esses dois tipos de contrato "é a aderência, por um contratante, a cláusulas e condições que são impostas pelo outro contratante". Diferenciam-se, no entanto, "pelo fato de que no contrato *por adesão* o aderente tem absoluta liberdade de contratar ou não, enquanto no autêntico contrato *de adesão* o aderente é compulsoriamente obrigado a contratar. Diferenciam-se, portanto, no consentir: no contrato por adesão o contratante consente ou não, e no contrato de adesão esta faculdade lhe é suprimida"[31].

No verdadeiro contrato de adesão um dos contratantes (parte mais fraca) além de não poder interferir nas condições do contrato, não pode sequer recusá-lo, "sob pena de ficar privado de serviços fundamentais para a vida moderna"[32]. É o caso dos contratos com os fornecedores de serviços de eletricidade, água, esgoto, telefonia etc. A vida moderna não permite às pessoas viverem sem o fornecimento de tais utilidades. A oferta feita sob condições de monopólio do explorador de tais serviços não tem como ser recusada por ninguém.

O genuíno contrato de adesão, diante desse quadro, exige o concurso das seguintes elementos:

a) "o negócio deve ser daqueles que envolvem necessidade de contratar por parte de todos, ou de um número considerável de pessoas";

b) "o contratante mais forte deve desfrutar de um monopólio de direito ou de fato, ou seja, é mister que a procura exceda em tal proporção a oferta, que uns precisem comprar e os outros possam recusar-se a vender";

---

30 SALEILLES. *De la déclaration de volonté*. Paris: LGDJ, 1929, p. 229.
31 MELO, Claudineu de. *Contrato de distribuição*, cit., nº 54, p. 62-63.
32 RODRIGUES, Silvio. *Direito Civil*. 28. ed. São Paulo: Saraiva, 2002, v. III, nº 20, p. 45.

c) "é mister que os interesses em jogo o permitam", como na oferta "dirigida a uma coletividade"[33].

Também, para Orlando Gomes, "é pressuposto do contrato de adesão o monopólio de fato ou de direito, de uma das partes, que elimina a concorrência para realizar o negócio jurídico. Se a situação não se configura desse modo, poderá haver contrato *por adesão*, jamais contrato *de adesão*"[34].

Nas relações entre fabricante e distribuidor não há monopólio algum, nem necessidade imperiosa de contratar. Por isso, ensina Rubens Requião: "Ora, no sistema de comercialização organizado através do contrato de concessão de venda com exclusividade, a *concedente não tem o monopólio de mercado*. A concorrência se estabelece entre várias empresas industriais concedentes, dentro da liberdade do mercado e segundo os termos da livre competição. Além do mais, a empresa concessionária *não é obrigada a contratar*; ela se dispõe ou se constitui para integrar a rede de revendedores exclusivos de certa empresa, com as quais discute as condições de concessão"[35].

Conclui, pois, o notável comercialista pátrio: "Descartamo-nos, energicamente, da possibilidade de enquadrar o contrato de concessão de venda com exclusividade como *contrato de adesão*"[36].

Claudineu de Melo expõe doutrina idêntica, ao ensinar que "a faculdade do distribuidor, de contratar ou não, segundo as cláusulas e condições previamente estabelecidas pelo fabricante, é, indubitavelmente, o indicador seguro de se estar diante de um contrato *por adesão*, e não *de adesão*"[37].

É certo que o Código de Defesa do Consumidor, em seu art. 54 e parágrafos, fundiu as duas noções de contrato *de* e *por* adesão, submetendo ambas a um regime jurídico único. O contrato de distribuição, todavia, não está sob o regime do aludido diploma legal, visto que as vendas realizadas entre o fabricante e o distribuidor não configuram operação de consumo. Ao contrário, conforme já se afirmou anteriormente, consubstancia contrato entre profissionais, em perfeitas condições de analisar a conveniência de cada uma das cláusulas, de negociá-las na medida do possível, de recusá-las ou de vir mesmo a não contratar. O contrato, portanto, permanece sendo operação puramente mercantil entre dois comerciantes, dos quais nenhum se apresenta como consumidor final e, por conseguinte, seu regime é o das leis mercantis ordinárias e não o do Código de Defesa do Consumidor.

---

[33] RODRIGUES, Silvio. *Direito Civil*, cit., nº 20, p. 45-46.

[34] GOMES, Orlando. *Contratos*. 25. ed., cit., nº 83, p. 120.

[35] REQUIÃO, Rubens. *O contrato de concessão*, cit., p. 25.

[36] REQUIÃO, Rubens. *O contrato de concessão*, cit., p. 24.

[37] MELO, Claudineu de. *Contrato de distribuição*, cit., nº 55, p. 64.

Seção IV: Da Agência e Distribuição · Cap. VIII – A Distribuição na Economia de Mercado | 303

Daí já ter decidido o Judiciário, especificamente nas hipóteses de contrato de distribuição, que:

"Indenização – Contrato de concessão comercial – Distribuidora de bebidas – Contrato por prazo determinado – Notificação efetuada no prazo previsto – Desobrigação de indenizar.

– É de se afastar dos chamados contratos 'de adesão', aqueles em que as partes tiveram ampla liberdade de contratar, com capacidade suficiente para deliberarem acerca de suas cláusulas e optarem livremente pela modalidade contratual, parte adversa e estipulações impostas.

– O contratante que exercita os atos inerentes à sua liberdade de desvinculação contratual, com notificação prévia de sua intenção, não pratica ilícito capaz de ensejar reparação, com fulcro na responsabilidade civil. Recurso a que se nega provimento"[38].

Além do mais, ainda que o contrato de distribuição viesse a ser qualificado como *de adesão*, as cláusulas que figuram usualmente nos negócios da espécie não seriam ilícitas nem ineficazes, porque não abusivas nem leoninas.

O contrato de adesão, por si só, não se reveste de ilicitude nem incorre em qualquer tipo de censura. O que se recrimina é o abuso cometido eventualmente dentro do contrato de adesão pela parte que dispõe da força de determinar o conteúdo de suas cláusulas. Se, porém, não se entrevê nenhum desvio ético na estipulação de tais condições, o contrato de adesão é tão jurídico e tão obrigatório para os contratantes como qualquer outro contrato.

O que mais se nota na jurisprudência, a respeito do tema, são critérios de interpretação da vontade negocial que procuram contrabalançar a supremacia de uma parte em relação à outra. Assim, por exemplo, "na dúvida" se recomenda interpretar a cláusula contra a parte que a redigiu (Código Civil, art. 423), e as cláusulas impressas, quando em conflito com as manuscritas, devem ceder a estas etc. A jurisprudência mais atual confirma a posição correta da doutrina contemporânea diante do contrato de adesão.

Assim, por exemplo, no caso de foro de eleição, que é a cláusula mais frequentemente debatida em juízo, os tribunais, reiteradamente, decidem que:

"A circunstância de tratar-se de contrato de adesão, só por si não basta para ter-se como inadmissível a cláusula de eleição de foro... O que caracteriza o contrato de adesão propriamente dito é a circunstância de que aquele a quem é proposto não pode deixar de contratar, porque tem necessidade de satisfazer a um interesse que, por outro modo, não pode ser atendido... está constrangido, por sua necessidade, a aderir às cláusulas fixadas por aquele que pode conduzi-lo. Esse constrangimento, porém, não

---

[38] TAMG, 3ª CC., Ap. nº 225.851-7, Rel. Juiz Duarte de Paula, ac. 11.12.96. Apte.: Distribuidora de Bebidas Patrocínio Ltda. e Apda.: Cia. Cervejaria Brahma.

304 | Contratos de Colaboração Empresarial • *Humberto Theodoro Jr. e Adriana Theodoro de Mello*

configura coação, de sorte que o contrato de adesão não pode ser anulado por esse vício de consentimento... Por todo o exposto, nega-se provimento ao recurso, para confirmar a r. decisão de primeiro grau, que julgou improcedente a exceção oposta, consolidando o foro da Comarca de São Paulo, eleito como o competente para apreciação da demanda"[39].

O Superior Tribunal de Justiça, reiteradamente, tem declarado, a propósito, que:

"Não se considera nula a cláusula de eleição de foro apenas por ter sido pactuada em contrato de adesão. Necessário concorram outras circunstâncias, notadamente a dificuldade para defesa. Admite- se como válida, pois, se o acórdão recorrido afirma que se trata de empresa de grande porte, cujos dirigentes tinham perfeita noção do que convencionavam (...)"[40].

Para que o contrato de adesão seja invalidado, quebrando a eficácia natural da cláusula de eleição de foro, é necessário que fique demonstrado o seguinte:

a) "no momento da celebração, a parte aderente não dispunha de intelecção suficiente para compreender o sentido e as consequências da estipulação contratual";

b) "da prevalência de tal estipulação resultar inviabilidade ou especial dificuldade de acesso ao judiciário";

c) "tratar-se de contrato de obrigatória adesão, assim entendido o que tenha por objeto produto ou serviço fornecido com exclusividade por determinada empresa"[41].

É, em conclusão, para a jurisprudência, a lesão injusta, o efeito leonino, que dentro do contrato de adesão levam à invalidação da cláusula nociva, nunca a natureza mesma daquele tipo de contrato. Por isso, "preserva-se a cláusula de opção de foro, quando não denotadora de abuso, ainda que de adesão o contrato"[42].

Sem abuso não há, enfim, vício algum a reconhecer no contrato de adesão, nem cláusula a invalidar.

---

[39] 1º TACivSP, AI nº 600.248-2, Rel. Juiz Carlos Alberto Hernandez, ac. 23.11.94, *RT*, 713/151-152.

[40] STJ, 3ª T., REsp. nº 54.023-2/RJ, Rel. Min. Eduardo Ribeiro, ac. 17.10.95, *DJU* 20.11.95, p. 39.587. No mesmo sentido: "A Segunda Seção desta Corte possui entendimento pacífico no sentido de que a cláusula de eleição de foro inserta em contrato de adesão é, em princípio, válida e eficaz, salvo se verificada a hipossuficiência do aderente, inviabilizando, por conseguinte, seu acesso ao Poder Judiciário. Precedentes. Incidência da Súmula 83/STJ" (STJ, 4ª T., AgInt no REsp. 1.628.949/PI, Rel. Min. Marco Buzzi, ac. 01.03.2018, *DJe* 07.03.2018).

[41] STJ, 4ª T., REsp. nº 56.711-4/SP, Rel. Min. Sálvio de Figueiredo, ac. 7.2.95, *DJU* 20.3.95, p. 6.128.

[42] STJ, 4ª T., REsp. nº 53.376-7/SP, Rel. Min. Fontes de Alencar, ac. 27.9.94, *DJU*31.10.94,p. 29.508.

Seção IV: Da Agência e Distribuição • Cap. VIII – A Distribuição na Economia de Mercado | 305

Merece ser lembrada, por oportuna, a lição de Ripert, em defesa do contrato de adesão, como um moderno instrumento de negociação jurídica:

"Parece-nos impossível, com efeito, quando se analisa o valor do consentimento no contrato, dizer que o contrato de adesão seria inferior a um contrato longamente discutido. Não se poderia igualmente dizer que uma longa discussão, seguida pela conclusão do contrato, indica que uma das partes teve que capitular, premida pela necessidade? Aquele que adere sem discutir está decidido, antes de tudo, a contratar. O viajante que compra uma passagem na bilheteria de uma estação não tem o direito de discutir as condições do transporte, ele as conhece e as aceita, e as aceita mesmo quando não as conhece. Muitas vezes ele poderia deixar de empreender a viagem e seguramente seu consentimento é mais livre do que o da dona-de-casa que, no açougue, compra a carne necessária à refeição familiar. De resto, o contrato de adesão tem, por sua repetição, um caráter de regularidade; as cláusulas são as mesmas em todos; não raro elas constam de documentos impressos, cujas fórmulas são de mais fácil compreensão do que as cláusulas de uma escritura pública. Enfim, em muitos contratos, as condições constituem objeto de uma aprovação administrativa anterior e os contratantes têm a certeza de que a Administração não deixaria vingar cláusulas abusivas. A bem dizer, o contrato de adesão me parece infinitamente menos perigoso, em face da moral, do que o contrato livremente discutido entre as partes"[43].

A posição do Código Civil em face do contrato de adesão não é diferente daquela já assentada pela doutrina e jurisprudência e que acima se expôs. Não condena nem reprime a prática do contrato de ou por adesão. Estatuem-se, apenas, regras de interpretação negocial e de coibição de cláusulas abusivas, ou seja:

a) "quando houver no contrato de adesão cláusulas ambíguas ou contraditórias, dever-se-á adotar a interpretação mais favorável ao aderente" (art. 423);

b) "nos contratos de adesão, são nulas as cláusulas que estipulem a renúncia antecipada do aderente a direito resultante da natureza do negócio" (art. 424).

Isso quer dizer que, nos contratos típicos, a contratação por adesão deve o estipulante respeitar os direitos que a lei atribui à natureza do negócio. Não se pode impor cláusula que desfigure ou desnature o contrato tipificado pelo direito positivo.

Nos contratos atípicos, porém, prevalece a liberdade negocial, de modo que o Código exige apenas que as partes observem as *normas gerais* traçadas para as obrigações e os contratos (art. 425).

Nos negócios pertinentes à concessão comercial é intuitiva e até imprescindível a regulação das revendas, para a rede de concessionários, dentro de uma padronização de métodos, objetivos e condições. O contrato por adesão é o único

---

[43] RIPERT, Georges. *Le Régime Democratique et le droit civil moderne*. 2. ed. Paris: Libr. Générale de Droit et de Jurisprudence, 1948, p. 175.

306 | Contratos de Colaboração Empresarial • *Humberto Theodoro Jr. e Adriana Theodoro de Mello*

instrumento que pode proporcionar essa uniformidade mercadológica. Os produtores não terão como deixar de usá-lo, e os concessionários não poderão abster-se de admiti-los. É claro que isto não importa aceitar que o contrato de concessão ditado pelo concedente seja sempre e invariavelmente válido em todas as suas estipulações. Naturalmente, se alguma delas apresentar-se com redação ambígua ou contraditória, ensejará, em juízo, a opção pela interpretação mais favorável ao concessionário (art. 423). Da mesma forma, se alguma cláusula ou condição impuser renúncia prévia a direito que decorra da natureza mesma do contrato de concessão, contaminar-se-á de nulidade (art. 424).

Fora dessas anomalias, portanto, os contratos de concessão comercial ajustados por adesão são válidos e obrigam ambas as partes, como a lei privada por elas estatuída para governar a distribuição, que é de comum interesse para todos os sujeitos da relação obrigacional.

Importante, por oportuno, ressaltar o entendimento de Ana Carolina Devito Deara Zanetti no sentido de ser possível a negociação das cláusulas em contratos de distribuição (contrato por negociação), especialmente quando se tratar do primeiro distribuidor. Nessa circunstância, não se caracterizando como contrato por adesão "tanto a interpretação quanto o controle de conteúdo do contrato de distribuição são disciplinados pelas regras aplicáveis aos negócios jurídicos em geral"[44].

164.8. Contrato relacional

O contrato de distribuição pode, ainda, ser considerado um contrato relacional. Isto porque as partes pretendem estabelecer uma relação duradoura, com o fim de alcançar o sucesso na colocação do produto ou serviço no mercado, para a qual será necessária uma maior colaboração no desenvolvimento da relação negocial.

Em razão da complexidade do negócio, que engloba várias obrigações entre as partes, levando em conta que haverá outros contratos posteriores com terceiros, o instrumento não consegue prever minuciosamente as suas vicissitudes. Daí porque "a estrutura do contrato, no momento de sua celebração, é incompleta de modo a autorizar constantes complementações ao longo da execução do negócio, adaptando-se às novas realidades". De tal sorte que esses contratos, em regra, "não disciplinam apenas as trocas a realizar-se entre as partes, mas todo o relacionamento delas ao longo do *iter* contratual"[45].

Paula A Forgioni enumera as seguintes características do contrato relacional: (i) se estende no tempo; (ii) disciplina as questões futuras entre as partes, utilizando termos mais amplos e "sem significado claramente definido no momento da cele-

---

[44] ZANETTI, Ana Carolina Devito Dearo. *Contrato de distribuição: o inadimplemento recíproco.* São Paulo: Atlas, 2015, p. 62.

[45] ZANETTI, Ana Carolina Devito Dearo. *Contrato de distribuição*, cit., p. 60.

Seção IV: Da Agência e Distribuição · Cap. VIII – A Distribuição na Economia de Mercado | **307**

bração", vale dizer, "o contrato não visa a estabelecer apenas regras sobre as trocas em si, mas disciplinar o relacionamento a ser fruído ao longo da vida do contrato"; e (iii) existência de uma interdependência entre os contratantes, na medida em que o sucesso de uma "se reverterá em benefício da outra"[46].

O contrato relacional exige, como já se ressaltou, uma maior colaboração dos contratantes na execução do contrato, donde salientar "o papel da lealdade e da confiança como base da relação contratual, posto que a preservação do vínculo por certo tempo depende intimamente do comportamento das partes"[47].

165. EXTINÇÃO DO CONTRATO ATÍPICO DE DISTRIBUIÇÃO

Não existe no ordenamento jurídico qualquer regra específica sobre a extinção do contrato de distribuição, que permanece legalmente atípico, embora já possua constância e uniformidade que lhe confira *status* de contrato economicamente típico[48]. Tampouco no contrato de franquia, apesar de regulado por lei, tratou o legislador pátrio de estipular norma específica sobre a extinção do vínculo.

Seja no caso de contrato atípico como o de concessão mercantil, ou de contrato típico cujas regras existentes não tratam especificamente do tema da extinção da relação contratual, as fontes do direito a serem investigadas para a solução de eventual lide serão as mesmas. De qualquer maneira, o que deve orientar a análise do contrato quando ausente regra específica sobre a questão são os princípios gerais do direito das obrigações e especialmente os princípios gerais da teoria dos contratos, mormente quando o tema for daqueles em que as regras do contrato donde o atípico extraiu algum elemento não se prestarem para a aplicação imediata à nova figura negocial ou se apresentarem, elas próprias, como lacunosas diante daquilo que se criou justamente pela configuração própria do contrato atípico ou misto.

Nesse sentido ensina Rubens Requião que o contrato de concessão comercial há de ser estudado "como um contrato atípico, cujos problemas dele decorrentes devem ser resolvidos segundo as regras gerais do direito obrigacional brasileiro"[49].

A mesma lição se aplica ao contrato de franquia, cuja lei regulamentadora não se preocupou em regrar de forma especial a extinção contratual, denotando a vontade do legislador de submetê-lo às regras e princípios gerais do direito contratual.

Assim, a extinção dos contratos de distribuição, tanto pode ocorrer por expiração do prazo convencional, como por resolução motivada por inadimplemento de qualquer das partes. Pode, ainda, haver resilição unilateral (denúncia) na hipó-

---

[46]   ZANETTI, Ana Carolina Devito Dearo. *Contrato de distribuição*, cit., p. 62.

[47]   FORGIONI, Paula A. *Contrato de distribuição*, cit., p. 47-48.

[48]   Apenas no caso específico das concessionárias de veículos automotores terrestres a lei disciplinou as consequências do contrato de distribuição (Lei nº 6.729/79).

[49]   REQUIÃO, Rubens. *Do representante comercial*, cit., p. 41.

tese de contrato por prazo indeterminado. Toda obrigação é, naturalmente, temporária, de sorte que ou as partes estipulam de antemão o momento de sua extinção (contrato de prazo certo) ou se submetem à eventualidade da denúncia unilateral (contrato de prazo indeterminado).

Entre os doutrinadores costuma-se afirmar que o vencimento da obrigação pode ser determinado de três modos diferentes: a) negocial; b) natural; e c) legal.

O vencimento *negocial* é aquele que vem previsto no acordo de vontade das partes que criaram o vínculo obrigacional. O *natural* é o que se impõe por força da natureza, como a exaustão da prestação devida. Finalmente, o *legal* se dá quando a lei interfere na liberdade de contratar e impõe um termo para a relação obrigacional por norma geralmente imperativa ou cogente.

Como os contratos não podem ser eternos, o momento natural de sua extinção é aquele determinado pelo acordo de vontades, que tem força não apenas para criar a obrigação como para extingui-la. A função do acordo sobre o termo final "consiste precipuamente em limitar no tempo a duração dos efeitos do contrato"[50].

Pode-se concluir, destarte, que a fixação de termos finais nos contratos de distribuição é forma legítima, lícita e útil de limitar no tempo o vínculo. Com efeito, além de limite, o termo assegura ao investidor e ao fabricante a manutenção do negócio por um mínimo de tempo que lhes torna economicamente vantajoso o negócio.

Por outro lado, a eternização do contrato instituiria em favor de um grupo econômico uma verdadeira reserva de mercado, em completa afronta ao sistema capitalista vigente.

Não é raro que ao final do período de vigência de um contrato de distribuição, todo o conceito da rede possa ter-se modernizado, o que exigiria novos e vultosos investimentos do distribuidor. Em outras hipóteses, mudanças de estratégias, incluindo-se o abandono do sistema de franquia ou concessão, são necessárias para adaptar a distribuição à nova realidade do mercado consumidor. Muitas vezes, pode ocorrer que até mesmo o perfil do distribuidor não tenha se mostrado devidamente adequado às exigências e necessidades do fornecedor. Não é raro que arestas e divergências surjam ao longo do relacionamento, vindo a retirar a confiança, o espírito de colaboração, cooperação e a união de esforços que marcam o contrato de integração. Esse juízo de conveniência sobre a manutenção de uma parceria é privativo das partes que hão de livremente optar em renovar ou não o contrato, mantê-lo vigente por prazo indeterminado ou encerrar o relacionamento duradouro. Não poderá o juiz pretender substituir a parte, mesmo porque as leis do Direito, na espécie, não são hábeis a dar-lhe a resposta correta.

Ademais, em um contrato firmado por profissionais iguais, presume-se que as partes, após pesar os *prós* e os *contras*, assumiram conscientemente os ônus e os

---

[50]   MESSINEO, Francesco. *Doutrina general del contrato*. Buenos Aires: EJEA, 1986, v. I, p. 210.

Seção IV: Da Agência e Distribuição · Cap. VIII – A Distribuição na Economia de Mercado | 309

riscos próprios do negócio, inclusive quanto ao prazo de duração. O fim do ajuste, no termo estipulado, é o resultado da convergência da vontade livre das partes.

Às vezes, a lei, em nome de interesse de ordem pública, prorroga por tempo determinado ou indeterminado o contrato, independentemente de novo acordo entre as partes, como ocorre nos casos de locação e outros ajustes sob especial proteção. Quando, porém, não há essa restrição legal à autonomia de vontade, o ajuste de vencimento do contrato corresponde à garantia de que o vínculo obrigacional por ele engendrado não durará indefinidamente, e, ao contrário, já se pode, desde logo, conhecer o momento em que a relação jurídica cessará entre os contratantes, recolocando-os na situação de liberdade existente antes do negócio jurídico.

A imposição de obrigações eternas ou vitalícias, sem fundamento na lei ou na vontade declarada, fere o senso de liberdade humano e se aproxima da noção de escravidão, tão repudiada pelo Direito e pela Justiça. É por isso que se tem como proibidos os pactos que levam à subordinação perpétua.

Ninguém está obrigado a se vincular eternamente a um contrato. No estado democrático de direito, o princípio da legalidade é pilar jurídico e ideológico que assegura a liberdade de contratar ou não contratar, bem como de estipular em que condições e por quanto tempo fazê-lo, a menos que norma legal específica imponha conduta diversa (Constituição Federal, art. 5º, inc. II).

Cumpridas as obrigações contratuais e atingido o seu termo convencional, tem-se o contrato como "executado" e, por via de consequência, "extintas as obrigações e direitos que originou"[51].

Há, outrossim, casos em que o contrato pode ser extinto independentemente do vencimento. São aquelas hipóteses que a doutrina chama de *resolução* ou *resilição*. A primeira (dita também *rescisão*) ocorre por motivo de prejuízo sofrido por um dos contratantes em virtude de inadimplemento do outro. A segunda, isto é, a resilição, é a forma de romper o contrato por força apenas da vontade, independentemente de violação ou descumprimento de suas cláusulas ou condições. É o verdadeiro *desfazimento* do vínculo, que às vezes se dá de maneira bilateral (*distrato*) e, outras vezes, ocorre unilateralmente (*denúncia*).

No distrato reúnem-se as mesmas vontades que criaram o contrato, mas com o propósito contrário, qual seja o de desfazer o vínculo contratual. Quanto à denúncia (resilição unilateral), trata-se do "meio próprio" de dissolver *contratos de duração* vigentes por *tempo indeterminado*. Explica Orlando Gomes, "se não fosse assegurado o poder de resilir, seria impossível ao contratante libertar-se do vínculo se o outro não concordasse"[52].

---

[51]   GOMES, Orlando. *Contratos*. 25. ed. cit., nº 131, p. 170.
[52]   GOMES, Orlando. *Contratos*. 25. ed. cit., nº 145, p. 186.

310 | Contratos de Colaboração Empresarial • *Humberto Theodoro Jr. e Adriana Theodoro de Mello*

Na denúncia unilateral dos contratos de distribuição vigentes indeterminadamente, entretanto, impõe-se a concessão de aviso prévio, com antecedência adequada e compatível com o vulto e com a duração do negócio de distribuição (Código Civil, art. 473, parágrafo único). Mas observados esses requisitos impostos pela boa-fé e a lealdade, a denúncia do contrato é direito fundado nas mesmas razões econômicas e morais que justificam a extinção do contrato no termo ajustado previamente pelas partes. Lembre-se que a provisoriedade do contrato de distribuição é da sua essência, e não coaduna com os princípios gerais do direito privado a sujeição eterna do indivíduo a uma relação contratual[53].

Nesse contexto, em que se reconhece legitimidade à cláusula contratual que estipula um termo de duração da relação obrigacional, e em que a ausência de lei limitadora da autonomia da vontade é inquestionável, não há como se acolher qualquer pretensão que busque, em face do Judiciário, a manutenção compulsória da franquia ou da concessão mercantil.

Luiz Gastão Paes de Barros Leães adverte que os casos em que se admite:

"Prorrogação e renovação *ex lege*, por configurarem restrições à liberdade de contratar, só prevalecem nas específicas hipóteses legais, e não comportam aplicação extensiva. (...) Fora dessas expressas hipóteses legais, a liberdade de contratar perdura, à margem das limitações autoritárias, que permanecem tópicas. Daí por que a intervenção de um juiz 'que venha a obrigar uma das partes a se vincular contratualmente, reduzindo a autonomia da vontade a um simples ato de obediência, inova totalmente o esquema legal vigente, e, por conseguinte, só pode ser introduzida por força de lei'"[54].

É o que ensina, outrossim, José Frederico Marques ao discorrer sobre os poderes do juiz:

"A formação, mudança ou desfazimento de uma relação jurídica, pelas vias jurisdicionais, é excepcional... O juiz não intervém, de regra, na formação de um negócio jurídico, para criar direitos, extingui-los ou modificá-los. E se, em determinadas situações, pode a composição da lide se resolver com essa modalidade de tutela jurisdicional, claro que, para refugir esta da normalidade, se torna imprescindível uma particular previsão de lei"[55].

---

[53] O contrato de franquia, uma vez submetido a prorrogação por prazo indeterminado, extingue-se "por ato unilateral, desde que comunicado ao franqueador, pois repousa na boa-fé e é de execução continuada" (GOMES, Luiz Roldão de Freitas. *Contrato*. 2. ed. Rio de Janeiro: Renovar, 2002, nº 211, p. 363).

[54] LEÃES, Luiz Gastão Paes de Barros. Denúncia de contrato de franquia por tempo indeterminado. *Revista dos Tribunais*. São Paulo, v. 719, p. 86, set./1995.

[55] MARQUES, José Frederico. *Manual de direito processual civil*. 9. ed. Rio de Janeiro: Forense, 1987, v. I, nº 116, p. 159.

Outras situações interessantes ocorrem quando as partes preveem um termo final certo, mas desde logo estipulam a possibilidade de prorrogação do contrato, dentro de determinadas condições, ao mesmo tempo em que se assegura a uma das partes a faculdade de não prorrogar o ajuste.

É claro que se o acordo de vontades pode não prever a prorrogação, pode também prevê-la sob condições. O que a boa doutrina adverte é para a possibilidade de o contratante se recusar a conceder a prorrogação de forma injustificável e, portanto, abusiva. Da mesma maneira, a resilição unilateral pode, em determinadas circunstâncias, ser vista como caprichosa e, por conseguinte, como lesiva ao outro contratante. Sempre que o uso do direito subjetivo se faz de forma antiética e com o fito predominante de lesar, o ato do respectivo titular escapa do terreno da licitude e cai no da ilicitude[56]. Surge, então, para o agente o dever de indenizar todos os prejuízos impostos abusivamente à vítima do exercício irregular do direito. Até mesmo nas negociações preliminares, que ainda não chegaram à formação do vínculo contratual, pode ocorrer responsabilidade indenizatória, se o proponente age de forma abusiva, induzindo o oblato a realizar gastos e assumir encargos onerosos fundados na justa expectativa criada por aquele que rompe as negociações caprichosamente[57].

Não há, porém, abuso de direito na fixação de termo final para o contrato de distribuição. O que pode ser abusivo é a manifestação da vontade de resilir unilateralmente o contrato sem prazo determinado, *sem um aviso prévio* que propicie ao distribuidor um tempo razoável para reorganizar sua empresa.

Quando, porém, o prazo inicial foi razoável para justificar o investimento do distribuidor, quando os bens imobilizados não lhe são inúteis, mesmo após a extinção do contrato de distribuição, e quando o aviso de rompimento ou de não prorrogação é feito com antecedência prevista no próprio contrato e com a concessão de prazo suficiente para a reorganização da empresa do concessionário, não se pode atribuir ao concedente nenhum tipo de ilicitude pelo só fato de não ter prosseguido na relação de distribuição. Tudo terá se passado dentro da normalidade do contrato e sob a observância dos princípios da lealdade e boa-fé. Logo, não haverá lugar para o concessionário exigir do concedente nenhum tipo de indenização.

É o que conclui o Professor Álvaro Villaça Azevedo em parecer emitido sobre a validade da cláusula de denúncia em contrato de distribuição:

---

[56] "O abuso de direito consiste em um ato jurídico de objeto lícito, mas cujo exercício, levado a efeito sem a devida regularidade, acarreta um resultado que se considera ilícito" (FRANÇA, R. Limongi. *Instituições de Direito Civil*. São Paulo: Saraiva, 1988, p. 883).

[57] Mesmo estando no exercício de um direito, o agente responderá pela reparação do dano "se o exercício desse direito teve por finalidade evidente a de prejudicar a outrem" (Cód. Civil Austríaco, art. 1.295, 2ª parte). Ou, o abuso de um direito não é protegido pela lei, porque "cada qual é obrigado a executar suas obrigações segundo as regras da boa-fé" (Cód. Civil Suíço, art. 2º).

"A justiça contratual, sendo o contrato a verdadeira *lex privata*, deve realizar-se, tanto quanto possível, nos moldes pactuados.

Por outro lado, a cláusula sob estudo está indene de abusividade.

Realmente, pois, a par da igualdade no exercício do direito de resilir, concedido a ambas as partes contratantes, nenhum desequilíbrio nela existe. Os contratantes estabelecem prazo longo de duração contratual (sessenta meses), concordam com o prazo para a denúncia bem razoável, de cento e oitenta dias do vencimento do contrato ou de qualquer de suas prorrogações. Ao lado do investimento está a certeza do êxito de revender produtos de alta qualidade, de marca consagrada no mercado. O distribuidor tem tempo suficiente para reaver seu investimento, com possibilidade de renovação contratual"[58].

Nesse contexto, pode-se concluir que, segundo as regras gerais do direito privado, aplicáveis aos contratos atípicos ou aos típicos que não tenham regra específica sobre a sua extinção, os contratos de distribuição em geral podem ser denunciados na forma prevista na avença, exigível apenas um pré-aviso razoável conforme os ditames da boa fé e dos usos e costumes comerciais, sem necessidade de declinar justa causa, e a qualquer tempo, depois de escoado o termo inicialmente fixado, ou depois de transcorrido o prazo em tese suficiente para o retorno dos investimentos exigidos, quando a sua duração for indeterminada.

E, "qualquer das parte contratantes, agindo desse modo, estará praticando ato lícito, não podendo ser responsabilizada a pagamentos de perdas e danos"[59].

165.1. O inadimplemento recíproco no contrato atípico de distribuição

A doutrina pátria destaca, ainda, situação em que ambas as partes não cumprem exatamente suas obrigações contratuais, não efetuando a prestação a que se obrigara. Para Ana Carolina Devito Dearo Zanetti, uma vez que as obrigações das partes no contrato de distribuição não são, em regra, interdependentes, já que o ajuste envolve prestações complexas de cada uma, deve-se "caracterizar cada descumprimento de maneira autônoma, ou seja, deve-se definir qual a modalidade do inadimplemento do fornecedor e também do distribuidor"[60]. Ocorrerá, nessas circunstâncias, dois inadimplementos unilaterais, não podendo nenhum dos contratantes utilizar-se da *exceção do contrato não cumprido* (art. 476 do CC).

Duas são as soluções preconizadas pela legislação pátria para as situações de inadimplemento unilateral, que podem ser utilizadas para o caso de descumpri-

---

[58] AZEVEDO, Álvaro Villaça. Validade de denúncia em contrato de distribuição sem pagamento indenizatório. *Revista dos Tribunais*, v. 737, p. 106, mar./1997.

[59] AZEVEDO, Álvaro Villaça. Validade de denúncia em contrato de distribuição sem pagamento indenizatório, cit., 107.

[60] ZANETTI, Ana Carolina Devito Dearo. *Contrato de distribuição*, cit., p. 72.

Seção IV: Da Agência e Distribuição · Cap. VIII – A Distribuição na Economia de Mercado | 313

mento recíproco: i) a caracterização de mora, com a preservação do contrato; e ii) o inadimplemento absoluto.

Em havendo a mora recíproca, cada contratante deverá purgá-la, cumprindo a obrigação em atraso, podendo a parte lesada exigir a reparação dos prejuízos suportados[61].

Se o descumprimento for absoluto, a solução será: i) a resolução do contrato ou, se possível, ii) a execução pelo equivalente, hipótese em que se "mantém o vínculo entre as partes e substitui a prestação que se tornou irrealizável por uma equivalente de natureza pecuniária"[62]. Porém, observa, corretamente, Ana Carolina Devido Dearo Zanetti, que a execução pelo equivalente ocorrerá quando: i) o inadimplemento definitivo for reputado de escassa importância, ii) estiver presente o adimplemento substancial, ou, iii) o contratante inocente tiver interesse na manutenção do negócio[63]. Em qualquer das hipóteses, entretanto, é dado ao lesado exigir, também, indenização pelos danos que houver suportado[64]. É interessante levar em conta, sempre que possível, o princípio da conservação do contrato, que recomenda a manutenção da relação contratual, nos casos de inadimplementos de menor monta em face dos ditames da boa-fé e da lealdade negocial. Há de se proceder, em tal conjuntura, a um juízo de ponderação e proporcionalidade para reconhecer, ou não, a relevância do inadimplemento para justificar a ruptura do contrato ou apenas a exigência de perdas e danos.

166. DIREITO COMPARADO

No direito francês, que como o brasileiro não dispõe de uma regulamentação geral para o contrato de distribuição, e, portanto, o submete à doutrina geral das obrigações, as soluções para a ruptura do vínculo contratual podem ser assim resumidas:

a) "se o contrato é de duração determinada, ele deve ser conduzido a seu termo, e no vencimento, nenhuma das partes tem a obrigação de renová-lo";

b) "os tribunais, de ordinário, não consideram a não renovação do contrato pelo concedente como *abuso de direito*, mas como exercício de um direito contratual";

---

[61] ZANETTI, Ana Carolina Devito Dearo. Op. cit., p. 164-165.
[62] ZANETTI, Ana Carolina Devito Dearo. Op. cit., p. 166.
[63] ZANETTI, Ana Carolina Devito Dearo. Op. cit., p. 166-167.
[64] Ressalta Ana Carolina Devito Dearo Zanetti, contudo, que a indenização será distinta, dependo da solução que a parte prejudicada requerer: "na execução, seja específica, seja pelo equivalente, o ressarcimento é pautado pelo interesse positivo e mira pôr a parte na posição em que estaria caso o contrato fosse regularmente cumprido. Na resolução, o ressarcimento é calculado com base no interesse negativo e mira pôr a parte na situação em que estaria se não tivesse concluído o contrato" (ZANETTI, Ana Carolina Devito Dearo. Op. cit., p. 189).

c) "se o contrato é de duração indeterminada, os contratantes podem resili-lo de maneira unilateral, salvo abuso de direito de sua parte"[65].

Doutrina e jurisprudência francesas são acordes em afirmar que é regra que o direito de resilir o contrato de distribuição por tempo indeterminado se exerce sem que seu autor tenha que justificar o motivo legítimo. Trata-se de direito inerente aos contratos de duração indeterminada, sem o qual o vínculo se tornaria perpétuo[66].

Há, porém, algumas exceções, impostas pela ordem pública ao exercício do direito de romper o contrato. Na França, o agente ou representante comercial, tal como entre nós, tem direito à indenização pela denúncia unilateral do contrato, salvo existência de falta grave. Trata-se de indenização objetiva, imposta por lei.

Os demais contratos de distribuição se sujeitam à regra geral que garante às partes o direito de libertar-se do vínculo contratual vigente por prazo indeterminado, sem que se obrigue ao pagamento de qualquer indenização. O exercício desse direito, porém, se submete ao controle do abuso, que permite se impor ao autor de uma ruptura abusiva o pagamento de perdas e danos[67].

De fato, a Corte de Cassação francesa frequentemente reconhece o exercício regular de um direito tanto na denúncia unilateral do contrato de prazo indeterminado quanto na recusa da renovação dos contratos de distribuição, quando do advento do termo fixado pelas partes, conforme farta citação encontrada nos textos sobre franquia e distribuição em geral[68].

Podem-se resumir as tendências do direito francês, que muito se aproximam daquelas seguidas também pela jurisprudência brasileira, na afirmação de que a não continuidade da concessão, por iniciativa do concedente, dentro do termo do contrato e da lei, não representa fonte do dever de indenizar, em favor do concessionário. Haverá tal reparação apenas quando a conduta do concedente estiver contaminada de ilegalidade ou ofensa às regras contratuais, ou, ainda, quando se caracterizar como *abuso de direito*.

No direito argentino, o contrato tem que ser celebrado por, no mínimo, quatro anos de vigência, e, quando ajustado por período inferior ou sem previsão de prazo, a lei presume ter sido celebrado por quatro anos (art. 1.506, 1ª parte)[69]. Findo esse

---

[65]   DUTILLEUL, François Collart; DELLEBECQUE, Philippe. *Contrats civils et commerciaux*. 2. ed. Paris: Dalloz, 1993, nos 946 e 947, p. 776-777.

[66]   BEHAR-TOUCHAIS, Martine; VIRASSAMY, Georges. *Les contrats de la distribution*. Paris: LGDJ, 1999, nº 338, p. 155-156.

[67]   BEHAR-TOUCHAIS, Martine; VIRASSAMY, Georges. *Les contrats de la distribution*, cit., nos 338 e 339, p. 155-157.

[68]   Mais de uma dezena de arestos são citados por BEHAR-TOUCHAIS, Martine; VIRASSAMY, Georges. *Les contrats de la distribution*, cit., nº 336, p. 153-154.

[69]   "Artículo 1506. Plazos: El plazo del contrato de concesión no puede ser inferior a cuatro años. Pactado un plazo menor o si el tiempo es indeterminado, se entiende convenido por cuatro años".

Seção IV: Da Agência e Distribuição • Cap. VIII – A Distribuição na Economia de Mercado | 315

prazo, a continuação da relação tornará o contrato por prazo indeterminado verdadeiramente (art. 1.506, parte final)[70]. A lei prevê, ainda, que a rescisão do contrato por prazo indeterminado exige o aviso prévio de um mês para cada ano de vigência do negócio, podendo as partes acordarem um pré-aviso superior ao estabelecido pela lei). Não havendo o aviso prévio, é devida indenização pelos lucros perdidos no período o (arts. 1.492[71], 1.493[72] e 1.508[73]). Parece-nos que a exigência de um período mínimo de contrato seja justamente para permitir a amortização dos gastos do agente, uma vez que, se o concedente fornecer ao concessionário o uso das instalações principais suficientes para o desempenho das atividades, o prazo pode ser menor, mas não inferior a dois anos (art. 1506)[74]. Os italianos também se perfilham, como os franceses, aos defensores da liberdade de denúncia unilateral dos contratos de distribuição. Mauro Bussani e Paolo Cendon alertam que, a despeito de ser preocupante o prejuízo que uma ruptura abusiva por parte do franqueador possa causar ao franqueado, há de se descartar, por ilógica, a viabilidade de uma solução jurídica que implique na supressão dessa liberdade, através da prorrogação *ope iuris* ou *ope iudicis* do contrato. *In verbis*:

> "Ora as razões que militam contra uma estabilização forçada da franquia – isto é, contra sua prorrogação *ope iuris* ou *ope iudicis* da mesma – *têm seguramente consigo tanto a lógica econômica quanto a jurídica. Do primeiro ponto de vista, é absurdo pensar em impor a um sistema de distribuição a presença obstinada de franqueados que sejam – hipoteticamente – pouco eficientes,* ou que operem em zonas onde o mercado se revela saturado, ou de qualquer modo não mais capaz de absorver uma certa gama de bens ou serviços. Sob o aspecto jurídico, pois, um princípio bem consolidado no direito dos contratos é exatamente aquele segundo o qual todas relações de duração,

---

[70] "La continuación de la relación después de vencido el plazo determinado por el contrato o por la ley, sin especificarse antes el nuevo plazo, lo transforma en contrato por tiempo indeterminado".

[71] "Artículo 1492. Preaviso: En los contratos de agencia por tiempo indeterminado, cualquiera de las partes puede ponerle fin con un preaviso. El plazo del preaviso debe ser de un mes por cada año de vigencia del contrato (...) Las partes pueden prever los plazos de preaviso superiores a los establecidos en este artículo".

[72] "Artículo 1493. Omisión de preaviso En los casos del artículo 1492, la omisión del preaviso, otorga a la otra parte derecho a la indemnización por las ganancias dejadas de percibir en el período".

[73] "Artículo 1508. Rescisión de contratos por tiempo indeterminado: Si el contrato de concesión es por tiempo indeterminado: a) son aplicables los artículos 1492 y 1493; b) el concedente debe readquirir los productos y repuestos nuevos que el concesionario haya adquirido conforme con las obligaciones pactadas en el contrato y que tenga en existencia al fin del período de preaviso, a los precios ordinarios de venta a los concesionarios al tiempo del pago".

[74] "Excepcionalmente, si el concedente provee al concesionario el uso de las instalaciones principales suficientes para su desempeño, puede preverse un plazo menor, no inferior a dos años".

por sua natureza, são destinadas, mais cedo ou mais tarde a extinguir-se, por iniciativa de um ou de outro contratante (art. 1.373, CC)"[75].

Nota-se alguma tendência no sentido de considerar abusiva toda e qualquer denúncia dos contratos de duração no direito norte americano. Baldi, porém, adverte:

"não pode senão despertar perplexidade uma certa tendência jurisprudencial e legislativa americana destinada a condicionar a recusa de renovação do contrato por tempo determinado expirado, à ocorrência de uma boa causa. Não vejo, de fato, como se possa sustentar que um contrato expirado, sem uma cláusula de renovação automática, continue em vigor depois de extinto o prazo de duração e sem o consentimento das partes"[76].

O autor conclui que, configurando violação aos princípios da boa-fé, a solução de direito deve ser encontrada no instituto da responsabilidade civil, segundo a teoria do abuso no exercício do direito. O que se tem exigido para afastar a abusividade da denúncia unilateral do contrato é a concessão de aviso prévio suficiente ao encerramento dos negócios ou a sua adaptação a uma nova atividade, que seja conforme à natureza do contrato, aos costumes e à boa-fé. É o que prevê, por exemplo, o anteprojeto do Código Europeu dos Contratos, em seu art. 57, item 2[77].

---

[75]   BUSSANI, Mauro; CENDON, Paolo. *I contratti nuovi: leasing, factoring, franchising*. Milão: Giuffrè, 1989, p. 467. "Orbene, le ragioni che militano contro una forzata 'stabilizzazione' del franchising – contro, cioè, le proroghe *ope iuris ou ope iudicis* dello stesso hanno sicuramente con sé tanto la logica economica quanto quella giuridica. Dal primo punto di vista, é assurdo pensare di imporre ad un sistema distributivo la presenza ostinata di franchisees che siano – per ipotesi poco efficienti, o che operino in zone dove il mercato si rivela saturo, o comunque non più adatto ad assorbire una gamma data di beni o servizi. Sotto il profilo giuridico, poi, un principio ben saldo nel diritto dei contratti è proprio quello secondo cui tutti i rapporti di durata, per loro natura, sono destinati prima o poi a estinguersi, su iniziativa dell'uno o dell'altro fra i contraenti (art. 1373 c.c.)".

[76]   BALDI, Roberto. *Il contratto di agenzia. La concessione di vendita – Il franchising*. 6. ed. Milano, 1997, *apud* MONTEIRO, António Pinto. *Contrato de agência*. 4. ed. Coimbra: Almedina, 2000, p. 139. "Non può non destare perplessità peraltro una certa tendenza giurisprudenziale e legislativa americana volta a condizionare il mancato rinnovo del contratto a tempo determinato scaduto, alla sussistenza di una 'good cause'. Non vedo infatti come si possa consentire ad un contratto scaduto, e senza una clausola di rinnovo automatico, di continuare a restare in vigore dopo la scadenza, senza il consenso delle parti".

[77]   "Se nos contratos de execução contínua ou periódica as partes não fixarem termo final, cada uma delas pode pôr fim ao contrato através de uma comunicação endereçada à outra parte, concedendo-lhe um aviso prévio que seja conforme à natureza do contrato ou aos costumes, ou à boa-fé" (*Code europeen des contrats: avant-projet*. Milão: Giuffrè, 1999, p. 24) (tradução livre dos autores).

Seção IV: Da Agência e Distribuição · Cap. VIII – A Distribuição na Economia de Mercado | **317**

A imposição de uma renovação contratual, ou mesmo o condicionamento de sua resilição a uma justa causa arrolada em lei, não é, nem mesmo, uma solução *de lege ferenda*. Tal sorte de intervenção do Estado não recomendam nem os fins sociais nem as peculiaridades econômico-jurídicas dos contratos de distribuição. A tendência que se pode observar nos ordenamentos jurídicos alienígenas repete-se no direito brasileiro: deve-se submeter as variadas espécies de contratos de duração, típicos ou não, inclusive os de distribuição, a cláusula geral que garanta à parte denunciada um aviso prévio e um prazo razoável para execução do próprio contrato, conforme dispõe o art. 473 do novo Código Civil brasileiro, *verbis*:

> "Art. 473. A resilição unilateral, nos casos em que a lei expressa ou implicitamente o permita, opera mediante denúncia notificada à outra parte.
>
> Parágrafo único. Se, porém, dada a natureza do contrato, uma das partes houver feito investimentos consideráveis para a sua execução, a denúncia unilateral só produzirá efeito depois de transcorrido prazo compatível com a natureza e o vulto dos investimentos"[78].

Pode-se dizer acertada a opção do legislador brasileiro por não interferir no equilíbrio dos contratos de duração, deixando as questões da duração e das indenizações de fim de contrato ao inteiro arbítrio das partes, sujeitando-as ao controle e análise concreta, que, em caso de abuso de direito, restabelecerá o equilíbrio das partes, através da apuração da responsabilidade civil segundo os princípios e regras da boa-fé e da lealdade.

167. A POSIÇÃO DA JURISPRUDÊNCIA

A respeito da liberdade de denunciar o contrato, especificamente, a jurisprudência pátria tem sido invariavelmente no sentido de se respeitar a força vinculante do contrato e o termo ajustado livremente pelas partes. Mantém intocável a liberdade da parte de contratar e de extinguir o contrato, seja no seu termo final, seja através da denúncia unilateral do contrato de tempo indeterminado, seja, finalmente, através da negativa de renovação contratual.

O Tribunal de Justiça do Paraná, por exemplo, teve oportunidade de apreciar um processo em que uma empresa distribuidora pleiteava, contra a fabricante, uma medida de antecipação de tutela que lhe garantisse, após o termo final do contrato, a prorrogação do vínculo por prazo indeterminado[79].

Tratava-se de um contrato de distribuição de bebidas, no qual se fixara prazo de vigência de cinco anos e cláusula de renovação automática por igual período,

---

[78] Projeto de Lei nº 118, de 1984 e nº 634/75, na Casa de origem.

[79] TJPR, 3ª CC., Ag. nº 53.387-9, Rel. Des. Luiz Perrotti, ac. de 25/2/1997 (Agravante: Dibebidas Distribuidora de Bebidas S.A. e Agravada: Companhia Cervejaria Brahma).

caso as partes não manifestassem com antecedência de 180 dias o seu propósito de extinguir a relação. No curso do segundo contrato, que se renovara automaticamente, a fabricante, tempestivamente, deu ciência à empresa distribuidora da sua intenção de não mais prorrogar a avença. Esta, porém, através de notificação, pretendeu prorrogar unilateralmente a relação obrigacional por prazo indeterminado. O descompasso de vontades deu origem a duas ações. Em uma das ações, a fabricante e fornecedora das bebidas pleiteou a declaração da extinção do vínculo no termo final fixado no contrato e a antecipação da tutela para compelir a distribuidora a abster-se da prática da distribuição de seus produtos e do uso da sua marca, sob pena de multa.

A distribuidora de bebidas, na outra ação, formulou a pretensão declaratória da nulidade da notificação e a manutenção forçada do contrato por prazo indeterminado.

As ações foram reunidas e o juiz de primeira instância concedeu antecipação de tutela à fabricante. Inconformada, a distribuidora ofereceu agravo de instrumento que foi julgado improcedente aos seguintes fundamentos:

> "Ora, os contratos livremente estipulados e aceitos pelas partes, não sofrendo nenhum vício capaz de lhe ser oposto, são para serem cumpridos. A agravante busca substituir a Brahma como parte, pelo Judiciário, e, assim, contra o princípio da liberdade de contratar, impor, segundo seu interesse, um verdadeiro contrato perpétuo, invertendo o direito livre das partes de contratar, por obrigação.
>
> Vencido o contrato livremente pactuado, não podendo uma das partes obrigar a outra a prosseguir com a avença, o conteúdo da relação jurídica se esvaiu e finda se apresenta a relação comercial até então existente".

Em outro aresto, a 4ª Câmara Cível do mesmo pretório paranaense consignou, *verbis*:

> "É descabida a decisão liminar, proferida em medida cautelar inominada, que obriga uma das partes a continuar cumprindo contrato já expirado e contra a sua vontade. A Constituição Federal expressamente consagra o princípio da legalidade, ao prescrever que 'ninguém será obrigado a fazer ou deixar de fazer alguma coisa senão em virtude de lei' (art. 5, inc. II)"[80].

Escorando-se na autonomia das partes para fixar o prazo contratual e na força obrigatória do pacto, concluiu, no mesmo sentido do pretório paranaense, o Tribunal de Justiça do Rio de Janeiro, afirmando que, nos contratos de distribuição

---

[80] TJPR, 4ª CC., AI nº 47.522-1, Rel. Des. Antônio Lopes de Noronha, ac. 29.05.96. No mesmo sentido: TJPR, 4ª CC., AgRg. nº 47.522-1/01, Rel. Des. Antônio Lopes de Noronha, ac. 29.05.96; TJPR, 5ª CC., Ap. nº 54.424-1, Rel. Des. Fleury Fernandes, ac. 24.06.97.

Seção IV: Da Agência e Distribuição • Cap. VIII – A Distribuição na Economia de Mercado | 319

exclusiva de bebidas com cláusula de resilição mediante prévio aviso, não tem o distribuidor direito à renovação compulsória: "Contrato de distribuição exclusiva de bebidas. Cláusula de resilição, com prévio aviso. Denúncia vazia regularmente efetivada. Não tem o distribuidor, em tal tipo de contrato, direito a renovação compulsória do ajuste. Pedido improcedente"[81].

O Tribunal de Alçada de Minas Gerais, apreciando um caso em que o contrato de distribuição previa, expressamente, a impossibilidade de renovação do contrato após o termo final, consignou que "a cláusula excludente de renovação tácita é clara, não exigindo esforço hermenêutico ampliativo ou explicativo, eis que apoiados nos arts. 130 e 131 do Código Comercial Brasileiro". Por tais motivos julgou improcedente a pretensão da distribuidora de obter, em liminar cautelar, a manutenção do contrato[82].

O TJSP, outrossim, já apreciou tema idêntico concluindo que "não se reveste de legalidade a liminar concedida com o fim precípuo de forçar a fornecedora a cumprir contrato verbal e por tempo indeterminado, já rompido"[83].

Por sua vez, o STJ já decidiu ser "princípio do direito contratual de relações continuativas que nenhum vínculo é eterno. Se uma das partes manifestou sua vontade de rescindir o contrato, não pode o Poder Judiciário impor a sua continuidade"[84].

Se, por um lado, a jurisprudência tem sido firme e uníssona acerca da impossibilidade de se impor a prorrogação compulsória de um vínculo contratual, por outro, têm sido fartos igualmente os julgados que vislumbram no ato da denúncia unilateral ou da simples recusa de prorrogar ou renovar o contrato de prazo certo o simples exercício regular de um direito. E, na ausência do ato ilícito, os pretórios têm se recusado firmemente a conceder indenizações aos distribuidores renitentes.

Obviamente que premissa inafastável da regularidade do exercício de direito de se desvincular do contrato é a observância da concessão de aviso prévio, no prazo ajustado no contrato ou, sendo esse omisso, no prazo razoável e compatível com o vulto, a duração e a complexidade da atividade de distribuição.

Nesse sentido, já decidiu inúmeras vezes o Tribunal de Alçada de Minas Gerais, em uma série de casos de uma mesma fabricante de cervejas, que para reorga-

---

[81] TJRJ, 5ª CC., Ap. nº 3.529/93, Rel. Des. Marcus Faver (Apte.: Canedo Petrópolis de Bebida Ltda. e Apda.: Cia. Cervejaria Brahma).

[82] TAMG, ac. unânime da 2ª Câmara Cível, Agr. Inst. nº 172.772-2, Rel. Juiz Carreira Machado, ac. 18.10.1994. (Agravante: Cervejarias Reunidas Skol Caracu S.A. e Agravado: Distribuidora Miranda Ltda.).

[83] TJSP, 7ª C., AI nº 96.551-4, Rel. Des. Oswaldo Breviglieri, ac. 11.11.98, *JUIS – Jurisprudência Informatizada Saraiva* nº 19.

[84] STJ, 4ª T., AgRg no AG. 988.736/SP, Rel. Min. Aldir Passarinho Júnior, ac. 23.09.2008, *DJe* 3.11.2008. No mesmo sentido: STJ, 3ª T., REsp. 1.517.201/RJ, Rel. Min. Ricardo Villas Bôas Cueva, ac. 12.05.2015, *DJe* 15.05.2015.

nizar sua rede de distribuição nacional, com critérios de eficiência e racionalidade, ao termo final previsto no contrato, e com a antecedência ali acordada, denunciou a sua intenção de não mais renová-lo. Em algumas hipóteses, tratava-se do primeiro contrato firmado por prazo certo de cinco anos. Em outras, o contrato já havia sofrido renovação por igual prazo. Em todas elas, porém, o contrato previa a possibilidade de qualquer das partes se opor à recondução do contrato por igual período, desde que promovesse a notificação da parte contrária com antecedência mínima de 180 dias do termo final ajustado.

Dentre os vários arestos proferidos, destaca-se o que se transcreve a seguir, capaz de reunir os fundamentos principais de todos eles:

"O contrato, em face da sua força vinculante, que liga as partes imperiosamente às suas cláusulas e condições, em paralelo à sua função econômica, aponta uma outra função, civilizadora em si, e, sobretudo, educativa. Aproxima ele os homens e abate as diferenças. Enquanto o indivíduo admitiu a possibilidade de obter o necessário pela violência, não pode apurar o senso ético, que somente veio a ganhar maior amplitude quando o contrato convenceu das excelências de observar normas de comportamento na consecução do desejado. Dois indivíduos que contratam, mesmo que se não estimem, respeitam-se. E enquanto as cláusulas são guardadas, vivem em harmonia satisfatória, ainda que pessoalmente não se conheçam.

Num outro sentido vinga a função social do contrato: na afirmação de maior individualidade humana. Aquele que contrata projeta na avença algo de sua personalidade. O contrato tem a consciência do seu e do direito como concepção abstrata. Por isso, realiza dentro das suas relações privadas um pouco da ordem jurídica total. Como fonte criadora de direito, o contrato assemelha-se à lei, embora de âmbito mais restrito. Os que contratam assumem, por momento, toda a força jurígena social. Percebendo o poder obrigatório do contrato, o contraente sente em si o impulso gerador da norma de comportamento social, e efetiva esse impulso.

(...)

Pretende ainda a apelante se ver ressarcida pela formação do fundo de comércio, sob alegação de que foi constituído, durante mais de 20 anos de dedicação e trabalho, e ainda pelos danos morais havidos pela repentina rescisão, de iniciativa da apelada.

Arrima-se tal pretensão basicamente, no art. 159 do Código Civil[85], que institui a responsabilidade civil indenizatória, decorrente de ato ilícito.

(...)

É inegável, pois, que se deve apurar a existência do ilícito, cometido com a intenção manifesta de violar o direito de outrem, pretendendo-lhe um resultado prejudicial, ou ainda, quando assume o agente a prática do ato ou omissão, que foge da norma de conduta comum, procedimento perigoso, que, por negligência ou imprudência, causa dano a terceiro.

(...)

---

[85]   Código Civil de 1916.

Seção IV: Da Agência e Distribuição · Cap. VIII – A Distribuição na Economia de Mercado | 321

Ademais, como os direitos existem em razão de uma finalidade social e como tal devem observar os seus objetivos, no seu exercício poder-se-ia argumentar que ocorrera, *in casu*, a extrapolação do limite do exercício do direito, de modo abusivo, em contravenção a um dever, ou além dos limites das prerrogativas que lhe são conferidas, pela prática do abuso de direito, inclusive do poder econômico.

(...)

Atribuir à apelada obrigação de reparar os possíveis prejuízos alegados na inicial, simplesmente por ter exercido seu direito de desvencilhar-se do compromisso assumido por contrato, contraria profundamente a noção de responsabilidade civil indenizatória agasalhada em nossa Lei Civil.

Ora, a caracterização de abuso de direito é delicada e difícil. Predomina o entendimento de que abusa de seu direito aquele que o exercita não para proveito próprio, mas, unicamente, para causar um prejuízo a outrem, não se verificando tais fatos dentro dos autos.

Qualquer das partes, em princípio, mediante prévia notificação, poderia extinguir a relação contratual por denúncia unilateral, conforme cláusula expressa inserta no contrato de f. 63/69-TA. Só em traduzindo manifesto abuso de direito, em excesso do exercício do direito, a denúncia do contrato de concessão por tempo indeterminado obrigaria ao pagamento da indenização, o que indubitavelmente não se estampa nos autos, no confronto do citado contrato que foi concebido por tempo determinado, fato que se erige sem qualquer dúvida, com a sua denúncia, que lhe põe termo, por resilição" (voto do juiz *Duarte de Paula*).

"Com efeito, a ruptura da avença tinha expressa previsão no contrato formalizado entre as partes e que, de forma sucessiva, vinha sendo renovado.

O prazo de notificação de 180 (cento e oitenta) dias foi fielmente observado pela apelada que, não mais interessada na manutenção do vínculo, manifestou de forma inequívoca a intenção de interrompê-lo.

Ora, não vislumbro nesse comportamento qualquer ilicitude que justificasse o acolhimento do pleito indenizatório deduzido pela autora nesta demanda, visto que o contrato é acordo de vontades e, inexistindo esta, desaparece o elemento essencial que rege o direito contratual.

Ademais, não há contrato eterno, e as suas disposições podem e devem ser alteradas pelas partes em razão da velocidade das transformações sociais que, inevitavelmente, geram repercussão no mundo dos negócios.

A apelante tinha plena consciência de que representava com exclusividade um produto de alcance e penetração nacional, quiçá mundial. Usufruiu dessa exclusividade com os lucros auferidos, o que também se dera em virtude de sua competência e zelo no cumprimento da representação a que se vinculara.

Sucede que, de forma legítima, a apelada não mais se interessou pela manutenção desses vínculos (*sic*), e tais motivos, que se confundem com sua própria vontade, não podem servir de sustentáculo para qualquer pretensão indenizatória, sobretudo ante a ausência de comportamento ilícito que pudesse conduzir a essa conclusão.

(...)

Ressalte-se que a atividade comercial pressupõe riscos.

Este risco foi assumido de forma deliberada e a ele não se opôs a apelante em nenhum momento do vínculo contratual, não podendo agora, ao ensejo de sua rescisão, requerer o pagamento de indenização, mormente por não evidenciado qualquer comportamento ilícito partindo da apelada" (voto do juiz *Dorival Guimarães Pereira*)[86].

No mesmo sentido encontram-se ainda vários acórdãos da respeitável Corte mineira, que unissonamente consignam:

"Se os atos reputados como prejudiciais ao patrimônio do autor de demanda indenizatória decorrem do regular cumprimento do contrato de distribuição e revenda de produtos industrializados, cujo instrumento prevê cláusula expressa no sentido de admitir que qualquer das partes, mediante prévia notificação, rescinda unilateralmente a relação negocial, há que se afastar a obrigação de reparar"[87].

No Paraná, o Tribunal de Justiça decidiu, consoante a tradição do direito brasileiro, que

"havendo o contrato de distribuição e revenda exclusiva de bebidas previsto expressamente a possibilidade de resolução por denúncia vazia de qualquer das partes, não está obrigada a indenizar a concessionária a concedente que a notifica com antecedência de seis meses, prevista na convenção. Trata-se de avença atípica, onde tem plena validade a referida cláusula que não é contrária à lei ou aos costumes comerciais"[88].

167.1. A jurisprudência sobre abuso de direito

Os Tribunais, porém, não afastam a possibilidade de se constatarem eventuais desvios e abusos no exercício desse direito subjetivo de denunciar o contrato. Mas nem sempre pode-se afirmar que a teoria do abuso do direito tenha sido aplicada com propriedade e adequação.

Reconhecendo abuso de direito na rescisão contratual da mesma espécie de contrato, encontram-se dois arestos[89] do mesmo Tribunal de Alçada mineiro, julgados

---

[86] TAMG, 3ª CC., Ap. nº 225.851-7, Rel. Juiz Duarte de Paula, ac. unânime de 11.12.1996.

[87] TAMG, 3ª CC., Ap. nº 279.384-2, Rel. Juíza Jurema Brasil, ac. unânime de 26.05.1999. No mesmo sentido: TAMG, 2ª CC., Ap. nº 234.807-8, Rel. Juiz Carreira Machado, ac. unânime de 30.09.1997; TAMG, 4ª CC., Ap. nº 205.547-2, Rel. Juíza Maria Elza, ac. unânime de 06.03.1996.

[88] TJPR, Ap. Cível nº 64.897-7, Comarca de Curitiba, Rel. Des. Fleury Fernandes, ac. unânime de 19.02.1998.

[89] TAMG, 6ª CC., Ap. nº 227.564-7, em conexão com Ap. nº 227.563-0, Rel. Juiz Maciel Pereira ac. não unânime de 03.04.1997.

Seção IV: Da Agência e Distribuição · Cap. VIII – A Distribuição na Economia de Mercado | 323

em conexão que, amparados na doutrina de Rubens Requião[90],afirmam que a simples falta de indicação de qualquer motivo para a rescisão, na denúncia previamente enviada à outra parte (denúncia vazia), enseja rescisão abusiva. É de se notar que nestes dois arestos, o único motivo arrolado foi a falta de motivo da recusa de renovar o contrato, depois de várias renovações. Houve aviso prévio de 180 dias, e o encerramento da relação se deu no dia previsto como termo final no instrumento contratual. Mesmo assim, consignou-se que "configura-se abuso de direito quando do seu exercício resultar prejuízo para outrem, tenha ou não o seu titular a intenção de prejudicar". Ora, não se analisou neste caso nenhuma conduta concreta que ferisse um dever de lealdade. Partiu-se da premissa – equivocada *data venia* – de que toda denúncia imotivada de contrato de distribuição de longa duração é abusiva. E mais, institui-se como único critério de identificação do abuso o seu efeito: causar prejuízo. A se sustentar tal ordem de ideias, a teoria subjetiva adotada pelo Código Civil estaria completamente derrogada, e instituída em nosso sistema ficaria a responsabilidade objetiva desgarrada por completo da ilicitude. Com efeito, a teoria do abuso do direito não encontrou nesse caso sua melhor aplicação, e serviu de exacerbado protecionismo ao distribuidor, contrariando o fim econômico da concessão comercial, os princípios da autonomia da vontade e da obrigatoriedade dos contratos e as normas legais que regulam a responsabilidade civil no Brasil[91]. Nada, é certo, apontou o acordo que identificasse, *in concreto,* anormalidade, deslealdade ou desvio ético de comportamento.

Com efeito, ainda que se possa ver, na legislação brasileira, a configuração objetiva do abuso do direito, não se contenta o regime legal vigente com o simples prejuízo para que essa causa de responsabilidade civil se verifique. Se não exige a *culpa,* o art. 187 do Código Civil deixa claro que o exercício abusivo do direito só se dá quando o respectivo titular, "ao exercê-lo, excede manifestamente os *limites impostos pelo seu fim econômico ou social, pela boa-fé ou pelos bons costumes*" (g.n.).

A *anormalidade* e a desatenção às exigências da *conduta leal* e à *boa-fé objetiva* é que, pelo direito positivo, permitem a invocação da *conduta ilícita* a que se refere o art. 187 do Código Civil, para caracterizar o abuso do direito. A jurisprudência já soube bem definir essa fonte de responsabilidade civil não subjetiva e que a doutrina costuma tratar como fundada em critério objetivo-finalístico[92]:

---

[90] REQUIÃO, Rubens. O Contrato de concessão de venda com exclusividade (Concessão Comercial). *Revista de Direito Mercantil.* São Paulo, nº 7, p. 17-45, 1972.

[91] O Código Civil define o ato ilícito como o que é praticado, em prejuízo de outrem, "por ação ou omissão voluntária, negligência ou imprudência" e com "violação de direito" (art. 186). O abuso de direito é, outrossim, visto como modalidade de ato ilícito, sujeitando-se, portanto, aos seus requisitos subjetivos e objetivos: "também comete *ato ilícito* o titular de um direito que, ao exercê-lo, excede manifestamente os limites impostos pelo seu fim econômico ou social, pelo boa-fé ou pelos bons costumes" (art. 187).

[92] "A responsabilidade civil decorrente do abuso do direito independe de culpa, e fundamenta-se somente no critério objetivo-finalístico" (Enunciado 37 da I Jornada de Direito Civil do CEJ).

"O que efetivamente caracteriza o abuso do direito é o anormal exercício, assim entendido aquele que se afasta da ética, da boa-fé, da finalidade social ou econômica do direito, enfim, o que é exercício sem motivo legítimo.

Também não basta para configurá-lo o fato de seu exercício causar dano a alguém, o que Às vezes é inevitável"[93].

Se no caso concreto havia alguma circunstância que denotava abuso da posição dominante, então o Tribunal deveria tê-la explicitado, para justificar o reconhecimento do ato ilícito, mas jamais poderia ter instituído a responsabilidade civil objetiva sem o pressuposto de lei que a estabelecesse. Trata-se, sem dúvida, de entendimento isolado, que não tem o condão de manifestar uma tendência jurisprudencial, nem mesmo uma divergência.

Diferente foi a decisão do Tribunal de Justiça do Rio Grande do Sul, que reconheceu abuso na rescisão de um contrato verbal de distribuição que perdurava por 45 (quarenta e cinco) anos[94]. Por aviso escrito, comunicava a fornecedora que iria reformular a organização do serviço de distribuição para melhor atender aos próprios interesses e da freguesia local e que, portanto, em 90 dias, as relações entre eles estariam encerradas. O Tribunal estadual julgou abusiva a ruptura por considerá-la abrupta e "notoriamente insuficiente, consideradas as características da concessão, o seu grau de integração na rede de concessionárias da apelada, o objeto da revenda e o longo tempo de sua duração".

A fornecedora tentou, no curso do processo, provar que o relacionamento entre as empresas não configurava contrato de distribuição, e que a denúncia tinha justos motivos na ineficiência e desinteresse de seus serviços. Mas o aresto reconheceu o dever de indenizar, porque o prazo exíguo não deu à autora chance alguma de adaptar a empresa à nova realidade, consignando que "essa ruptura a colocou fora do comércio de bebidas, com perda do ponto e do fundo de comércio que construiu nesses 45 anos de concessão, da clientela que se formou e, ao mesmo tempo, a ruptura não lhe proporcionou sequer oportunidade de discutir condições para vender o seu estoque à nova revendedora (...) e ceder o lugar conquistado com tantos anos de trabalho profícuo" e "forçou a apelante a encerrar suas atividades, abrindo mão, em favor da nova concessionária, inclusive da locação do prédio onde funcionava, e independente do pagamento do valor correspondente ao fundo de comércio". O Supremo Tribunal Federal, desafiado a se pronunciar sobre o feito, inadmitiu o recurso extraordinário, alegando que o julgado se baseara em abuso

---

[93] TJRJ, 2ª Câm. Cível, Ap. 26.519/2004, Rel. Des. Sérgio Cavalhieri Filho, ac. 27.10.2004, *Revista Forense*, 379/329.

[94] Os trechos do aresto do TJRS transcritos foram extraídos do acórdão do STF, quando da apreciação do recurso extraordinário interposto pela fornecedora contra a condenação sofrida em face do Tribunal estadual: 1ª T., RE n º 95.052/RS, Rel. Min. Néri da Silveira, ac. unânime de 26.10.1984. *Revista Trimestral de Jurisprudência*, v. 133, p. 326-340.

Seção IV: Da Agência e Distribuição · Cap. VIII – A Distribuição na Economia de Mercado | **325**

do direito em face das provas produzidas nos autos, as quais são insuscetíveis de reapreciação na instância rara.

Com efeito, nesse caso específico, não se pode fazer reparos de direito à adoção da teoria do abuso do direito. Desconsiderados os fatos, mesmo porque não investigados para o fim do presente estudo, o raciocínio adotado é irrepreensível. Se havia o dever de lealdade, respeito, e consideração para com os interesses legítimos da outra empresa que distribuíra produtos da fabricante por quase meio século, e o aviso prévio não correspondia às necessidades concretas do caso, a indenização decorrente da falta cometida pela contratante era de se impor. A indenização, no caso, foi arbitrada para devolver ao distribuidor aquilo que haveria de conseguir na hipótese de uma resilição com termo suficiente para a negociação de seu fundo de comércio.

A orientação jurisprudencial pode, enfim, retratar-se no segundo julgado, proferido no âmbito do Superior Tribunal de Justiça, em torno de concessão comercial atípica (distribuição de bebidas):

"O recurso especial ataca acórdão proferido pela Egrégia Primeira Câmara Civil do Tribunal de Alçada do Estado de Minas Gerais, assim ementado:

Rescisão contratual – Indenização – Danos materiais e morais – A rescisão contratual expressamente prevista em contrato não configura o ilícito, a culpa e o nexo de causalidade, elementos indispensáveis da obrigação de indenizar, quer seja por danos materiais ou morais (fl. 62).

(...)

O Tribunal *a quo* deixou assentado que 'a rescisão unilateral do contrato, após findo o prazo avençado, fora expressamente prevista na cláusula décima nona' (fl. 67).

Trata-se, portanto, de contrato de distribuição com prazo determinado, não havendo que se falar em indenização quando ele chega ao seu fim.

Por outro lado, a divergência jurisprudencial não restou demonstrada, posto que o acórdão paradigma refere-se a contrato de distribuição com prazo indeterminado. Nego, por isso, provimento ao agravo"[95].

168. RESCISÃO POR VIOLAÇÃO DO CONTRATO DE CONCESSÃO COMERCIAL

Entre o fabricante e o concessionário estabelecem-se obrigações e direitos recíprocos, de sorte que a concessão mercantil deve ser havida como bilateral, dentro da classificação tradicional dos contratos. Como ressalta Heriberto S. Hocsman, "o

---

[95] STJ, 3ª T., Ag. Inst. nº 450.165/MG, decisão do Relator Min. Ari Pargendler, ac. 17.10.2002, *DJU* 25.10.2002.

contrato de concessão comercial é um contrato bilateral, oneroso, consensual, comutativo, não forma, de trato sucessivo, principal, nominado, atípico, de empresa, de colaboração"[96].

A natureza sinalagmática do contrato de concessão comercial submete-o ao princípio do *pacto resolutório tácito* a que alude o artigo 475, do Código Civil, onde se prevê que: "A parte lesada pelo inadimplemento pode pedir a resolução do contrato, se não preferir exigir-lhe o cumprimento, cabendo, em qualquer dos casos, indenização por perdas e danos".

Mesmo que o contrato bilateral não cuide diretamente da cláusula resolutória, o princípio legal que dela se ocupa incide: "ainda no caso de ausência deste pacto (pacto comissório) se em definitivo se configura o inadimplemento do devedor, entrará em jogo (facultativamente), através de uma expressa declaração de vontade da contraparte, o pacto comissório tácito ou legal"[97].

Em se tratando de um direito potestativo que nasce de expressa previsão legal, não tem o contratante prejudicado de dar pré-aviso e de apresentar outras razões para justificar a rescisão além da infração contratual praticada pelo inadimplente. O efeito resolutório, na espécie, "deriva do conteúdo do contrato, condicionado pelo inadimplemento (e sua gravidade) do devedor"[98].

Não havendo dúvida de que o pacto comissório legal incide sobre o contrato de concessão comercial[99] é inegável a faculdade que tem o concedente de proceder à rescisão do vínculo contratual sem indenização e sem aviso prévio, quando o concessionário infringir, gravemente, suas obrigações convencionais. *In casu*, quem tem direito a perdas e danos é o concedente e não o concessionário (Código Civil, art. 475).

Nesse sentido é a jurisprudência do Superior Tribunal de Justiça: "Concessão Comercial – Rescisão do Contrato – Justa Causa. Demonstrado no processo que a concessionária dera causa à resilição do contrato, descabe o pedido de indenização"[100].

---

[96]   "El contrato de concesión comercial es un contrato bilateral, oneroso, consensual, comutativo, no formal, de tracto sucesivo, principal, nominado, atípico, de empresa, de colaboración" (HOCSMAN, Heriberto S. *Contrato de concesión comercial*. Buenos Aires: La Rocca, 1994, p. 47).

[97]   "aun en el caso de ausencia de ese pacto (ley comisoria) si en definitiva se configura el incumplimiento del deudor, entrará en juego (facultativamente), a través de una expresa, declaración de voluntad de la contraparte, el pacto comisorio tácito o legal"(MORELLO, Augusto M. *Ineficacia y Frustración del Contrato*. La Plata-Buenos Aires: Platense-Abeledo-Perrot, 1975, p. 124-125).

[98]   "Deriva del contenido del contrato, condicionado por el incumplimiento (y su gravedad) del deudor"(HOCSMAN, Heriberto S. *Contrato de concesión comercial*, cit., p. 223).

[99]   HOCSMAN, Heriberto S. *Contrato de concesión comercial*, cit., p. 224.

[100] STJ, 4ª T., REsp. nº 79.636/RS, Rel. Min. Ruy Rosado de Aguiar, ac. 27.02.96, *DJU* 22.04.96, p. 12.579. "A rescisão contratual expressamente prevista em contrato não configura o ilícito, a

Seção IV: Da Agência e Distribuição • Cap. VIII – A Distribuição na Economia de Mercado | 327

Justifica-se, por isso mesmo, a dispensa de pré-aviso pelo concedente sempre que "ocorrer um inadimplemento grave da outra parte"[101]. A resolução do contrato bilateral infringido pelo devedor somente depende da manifestação de vontade da parte prejudicada. Manifestada esta, seus efeitos operam de imediato, ou seja, desde que, com apoio nas regras contratuais, a resilição seja comunicada ao inadimplente[102].

No mesmo sentido se posiciona a doutrina francesa ao afirmar que "a exigência de um aviso prévio escrito não se aplica no caso de existir uma cláusula de resilição por inexecução", que denote falta grave ou possa gerar responsabilidade do fornecedor perante terceiros[103].

169. INAPLICABILIDADE DAS LEIS Nᵒˢ 4.886/65 E 6.729/79 AOS CONTRATOS DE DISTRIBUIÇÃO EM GERAL

A Lei nº 4.886/65, relativa ao contrato de representação comercial, e a Lei nº 6.729/79, referente à concessão mercantil de veículos automotores, às vezes são invocadas em demandas sobre contratos comuns de distribuição, concessão mercantil ou franquia empresarial, a pretexto de analogia[104].

Deve-se lembrar, porém, que a lei que cria regime jurídico excepcional para um só tipo de contrato não se presta a servir de padrão para generalizar a norma especial nela contida, pois isso importaria contrariar sua própria natureza, tornando regra geral aquilo que o legislador quis dispor apenas a título de exceção.

Nessa ordem de ideias, Orlando Gomes considera praxe "condenável" a de certas sentenças que procuram solucionar litígios acerca de contratos à luz do "esquema de contratos típicos, em vez de recorrerem aos princípios gerais do direito contratual"[105].

---

[101] culpa e o nexo de causalidade, elementos indispensáveis da obrigação de indenizar, quer seja por danos materiais ou morais (...). Trata-se, portanto, de contrato de distribuição com prazo determinado, não havendo que se falar em indenização quando ele chega ao seu fim" (STJ, 3ª T., AI nº 450.165-MG, decisão do Rel. Min. Ari Pargendler, de 17.10.2002, *DJU* 25.10.2002).

[101] HOCSMAN, Heriberto S. *Contrato de concesión comercial*, cit., p. 222.

[102] HOCSMAN, Heriberto S. *Contrato de concesión comercial*, cit., p. 222, nota 9.

[103] BEHAR-TOUCHAIS, Martine; VIRASSAMY, Georges. *Les contrats de la distribution*, cit., nº 348, p. 161-162. Os autores citam diversos acórdãos da Corte de Cassação francesa no sentido de que a resolução de pleno direito por inexecução contratual se admite como lícita, respeitada a boa-fé e a lealdade entre os contratantes.

[104] As leis especiais em questão preveem, no âmbito de sua regulamentação, indenizações aplicáveis objetivamente, sem o pressuposto da infração legal ou contratual, para a hipótese de extinção do contrato.

[105] GOMES, Orlando. *Contratos*. 25. ed. Rio de Janeiro: Forense, 2002, nº 74, p. 102.

A analogia, para contratos atípicos e genéricos, somente é possível com outros institutos que seguem regras gerais e não para aqueles que o legislador, intencionalmente, apartou do campo comum da regulamentação obrigacional. Merece ser lembrada, a propósito, a lição de Torrente, para quem: "os casos não previstos pelas normas de exceção são disciplinados pelas de caráter geral, não justificando, portanto, a analogia"[106]. A analogia, como meio de suprir lacunas do ordenamento jurídico, "consiste em aplicar a uma hipótese não prevista em lei a disposição relativa a um caso semelhante"[107].

Não é, todavia, toda e qualquer semelhança que justifica o emprego do critério analógico pelo aplicador da lei. Não basta existir, em duas situações, afinidades aparentes ou coincidência de forma. Para incidir a força da analogia, como fonte de direito, torna-se necessário que entre a situação regulada pela lei e a não regulada ocorra o elemento de identidade *real* ou *essencial*. Explica Maximiliano: "a hipótese nova e a que se compara a ela precisam assemelhar-se na essência e nos efeitos; é mister existir em ambas a mesma razão de decidir. Evitem-se as semelhanças aparentes, sobre pontos secundários"[108].

Fundamenta a analogia o ideal de igualdade. Aos casos que se assemelhem concreta e substancialmente há de corresponder igual tratamento jurídico. Daí conclui o grande mestre da hermenêutica jurídica que só se pode recorrer à analogia quando há coincidência entre os elementos essenciais na situação regulada pela lei e naquela não contemplada pelo texto legal, e também em seus efeitos, porquanto é um princípio fundamental o que determina: "não se aplica uma norma jurídica senão à ordem de coisas para a qual foi estabelecida"[109].

Limongi França, seguindo o mesmo princípio, também ressalta: "Nas leis de *ius singulare*, de caráter excepcional, conforme a doutrina, não pode comportar decisão de semelhante a semelhante"[110].

Dentro desse enfoque, a Lei nº 4.886, de 1965, é afastada do campo do contrato atípico de distribuição ou concessão comercial. Aquela lei teve a função de criar um contrato típico, qual seja, o de representação comercial onde o espírito do instituto gira em torno de um agente não autônomo, ou de escassa autonomia frente aos negócios agenciados, enquanto o que caracteriza a distribuição é justamente a completa autonomia jurídica do concessionário nas operações de revenda.

---

[106] TORRENTE, Andrea; SCHLENSINGER, Piero. *Manuale de diritto privato* 4. ed. Milão: Giuffrè, 1995, p. 25-26.
[107] MAXIMILIANO, Carlos. *Hermenêutica e Aplicação de Direito*. 18. ed. Rio de Janeiro: Forense, 1999, nº 238, p. 208.
[108] MAXIMILIANO, Carlos. *Hermenêutica e Aplicação de Direito*, cit., nº 243 p. 212.
[109] MAXIMILIANO, Carlos. *Hermenêutica e Aplicação de Direito*, cit., nº 244, p. 212.
[110] FRANÇA, R. Limongi. Analogia. *Enciclopédia Saraiva de Direito*. São Paulo: Saraiva, 1977, v. VI, p. 202.

Seção IV: Da Agência e Distribuição · Cap. VIII – A Distribuição na Economia de Mercado | 329

Com efeito, a Lei nº 4.886, além de ser norma excepcional, conceitua o representante comercial como o intermediário "que age em nome e por conta da empresa representada, não sendo atingido pelos negócios que agencia"[111]. Já o contrato de concessão comercial, figura atípica da praxe comercial moderna, pressupõe várias empresas atuando conjugadamente na fabricação e revenda de certo produto, mas todos mantendo "sua independência econômica e autonomia jurídica"[112]. O concessionário não agencia vendas para o fabricante. Compra produtos deste e os revende ao consumidor final, por sua conta e em nome próprio.

Do mesmo modo, o franqueado não exerce atividade de intermediação. Ele próprio contrata, por sua conta e risco, com o consumidor, a venda de bens ou a prestação de serviços. Tem inteira liberdade de gestão de estoques, de custos e de lucros. Não age, destarte, por conta do fornecedor, nem agencia negócios para este. É proprietário dos bens que aliena, e presta pessoalmente os serviços contratados. Por outro lado, o franqueado tem acesso a valiosos bens que integram o fundo de comércio do franqueador: a marca, o aviamento, ou parte dele, que se transmite com o *know how*, e uma clientela já cativa ou potencial.

Nos referidos contratos de distribuição, ademais, tanto os investimentos requeridos quanto a duração do contrato são elementos que integram a equação econômica estabelecida pela autonomia da vontade, que visa a atender todas as expectativas econômico-financeiras dos contratantes.

Ao contrário do que ocorre na representação comercial, nos contratos de distribuição há uma comutatividade equilibrada entre as prestações e os benefícios, que impedem a identidade essencial entre estes tipos contratuais e a representação comercial.

Os dados tipificadores do contrato de representação, destarte, jamais poderiam ser considerados "elementos preponderantes" para permitir a assimilação da concessão comercial ou da franquia pela representação comercial, como adverte Rubens Requião[113].

Precisamente, por representar o contrato de concessão um contrato de configuração própria e objetivos específicos, conclui Waldirio Bulgarelli que ele "não se ajusta ao contrato de representação comercial autônoma, conforme disciplinado pela Lei nº 4.886, de 9 de dezembro de 1965, pois o representante é um intermediário que age em nome e por conta da empresa mandante, consoante se deduz da definição do art. 1º da citada Lei nº 4.886"[114].

---

[111] REQUIÃO, Rubens. O Contrato de concessão de venda com exclusividade (Concessão Comercial). *Revista de Direito Mercantil*. São Paulo, nº 7, p. 23, 1972.

[112] REQUIÃO, Rubens. O Contrato de concessão de venda com exclusividade (Concessão Comercial), cit., p. 21.

[113] REQUIÃO, Rubens. O Contrato de concessão de venda com exclusividade (Concessão Comercial), cit., p. 23.

[114] BULGARELLI, Waldirio. *Contratos Mercantis*. 5. ed. São Paulo: Atlas, 1990, p. 453.

Lembra Bulgarelli que também na doutrina francesa, Jean Hemard ressalta que "os concessionários se apresentam como um comerciante, comprando a um fabricante seus produtos, que ele revende por sua própria conta, e a remuneração que lhe advém não é uma *comissão*, mas um lucro proveniente da diferença entre o preço de compra e o preço de revenda"[115].

Já o representante comercial, a que alude a Lei nº 4.886/65, é um típico intermediário, é aquele comerciante que "se obriga, mediante *remuneração*" (isto é, mediante *comissão*), "a realizar negócios mercantis em caráter não eventual" e em favor de outro comerciante[116]. Sem nenhuma subordinação ao fabricante, o concessionário revende mercadoria própria, ao contrário do representante comercial que apenas agencia venda para terceiro. No dizer de Rubens Requião, o concessionário ou distribuidor adquire por compra os produtos do concedente, com exclusividade, para negociá-los como seus, e nisso sua figura jurídica se distingue da representação comercial[117].

Diversamente da *agência*, a concessão comercial não estabelece um *mandato de interesse comum* que justifique a indenização obrigatória da clientela na cessação do vínculo negocial. Explica Leloup que inexiste a comunhão de interesse dentro da rede de distribuição, onde a marca da empresa organizadora da rede (*concedente ou franqueador*) é o fator comum de angariação da clientela, acontecendo, ao contrário, "um antagonismo latente entre vendedor e comprador em torno do preço, das condições anexas, das disputas em casos de impropriedade e defeito dos bens vendidos, do financiamento do estoque e seu destino ao final do contrato". Isto faz com que os contratantes se coloquem em situação de "oposição de interesses". Sem a presença de uma situação de mandato entre as partes, não se pode falar, na concessão comercial, no "*interesse comum*"[118], típico do contrato de agência ou representação comercial.

O agente, embora colabore no processo de circulação econômica, o faz fora da cadeia de produção e revenda. Sua participação é acessória e externa.

> "Não constitui uma parte do mercado, é um instrumento do operador, para o qual age como mandatário. O *concessionário*, ao contrário, é uma parte do mercado; mesmo ligado contratualmente ao concedente, e sujeito a seguir a política de beneficiar sua marca, ele é um *distribuidor* que opera em seu próprio nome. Resta, portanto, em face do concedente, um antagonismo que opõe necessariamente o comprador ao vendedor"[119].

---

[115] BULGARELLI, Waldirio. *Contratos Mercantis*, cit., p. 453.

[116] MARTINS, Fran. *Contratos e Obrigações Comerciais*. 18. ed. rev., atual. e ampl. por DINIZ, Gustavo Saad, Rio de Janeiro: Forense, 2018, nº 206, p. 232.

[117] REQUIÃO, Rubens. *Do Representante Comercial*, cit., p. 41.

[118] LELOUP, Jean-Marie. *Agents commerciaux*. 5. ed. Paris: Delmas, 2001, nº 349, p. 62.

[119] LELOUP, Jean-Marie. *Agents commerciaux*, cit., nº 352, p. 63.

Seção IV: Da Agência e Distribuição • Cap. VIII – A Distribuição na Economia de Mercado | 331

Enquanto o contrato de concessão é atípico e, por isso, sujeito à disciplina geral do direito das obrigações, o contrato de representação comercial, no ordenamento jurídico brasileiro, é *contrato típico*, sujeito à regulamentação de lei própria e especial (Lei nº 4.886/65, alterada pela Lei nº 8.420/92), lei esta que cria uma tutela particular para a parte havida como mais fraca na relação contratual, ou seja, o representante. Há na legislação reguladora da agência um reconhecido propósito de tutela social[120], que obviamente não se faz presente no contrato de concessão comercial ou de franquia empresarial.

A existência de lei especial, para proteger excepcionalmente o representante comercial, faz com que o intérprete tenha de agir sempre com maior atenção para, nos casos concretos, não desviar uma lei de exceção para relacionamentos jurídicos que não são especiais e que, por isso mesmo, não podem ser subtraídos ao comando das normas disciplinadoras dos contratos e obrigações em geral.

João Luiz Coelho da Rocha ressalta a necessidade de distinguir-se o contrato de concessão do contrato de representação comercial e justifica sua advertência justamente com o fato de ter a ordem jurídica brasileira optado por "emprestar à representação comercial esse caráter mais tutelar, provavelmente em apreço à dependência maior do comerciante representante para com aquele que o credencia"[121].

O principal elemento de tutela ao representante comercial, outorgado pela Lei nº 4.886/65, está na garantia de valores mínimos de ressarcimento a que o representado se sujeitará nos casos de rompimento do ajuste sem justa causa.

Daí a jurisprudência assentar que "não admitiu a Lei nº 4.886 a rescisão arbitrária, ou denúncia vazia, sendo, por essa razão, ineficaz nos contratos de representação comercial a cláusula que autorize o representado a rescindir o ajuste sem indenizar"[122].

Nos autênticos contratos de concessão ou distribuição, outro é o relacionamento entre o concedente e o concessionário. Inexistindo a subordinação negocial própria da representação, o vínculo obrigacional mantém-se flexível e o revendedor por conta própria não se acha amparado pelas diretrizes protetoras da Lei nº 4.886/65. O rompimento do contrato, portanto, seguirá os princípios comuns do direito das obrigações, cabendo às partes regularem, com maior liberdade, as cláusulas negociais a respeito da matéria.

---

[120] Na legislação atual, a agência assume uma qualificação bipartida entre "a) de uma parte, uma natureza que tende a se afastar do mandato, e a garantir uma mais ampla independência ao agente; e b) de outra parte, a definição de um regime muito protetivo, próximo ou mesmo assemelhável a um regime de *direito social*" (FOURNIER, Frédéric. *L'agence commerciale*. Paris: Litec, 1998, p. 29).

[121] ROCHA, João Luiz Coelho da. Representação Comercial e Distribuição Comercial – Importância dos Traços Distintivos. *Revista de Direito Mercantil*, v. 101, p. 116, jan.-mar./1996.

[122] *RT* 489/159.

No direito comparado encontra-se a mesma diferença de tratamento jurídico para os contratos mercantis *sub examine*. Na Argentina, por exemplo, Heriberto S. Hocsman ressalta essa sensível diversidade[123].

Com efeito, o art. 1.479 do Código Civil argentino atribui ao agente a qualidade de "intermediário independente", que não assume o risco das operações intermediadas em benefício do preponente e nem mesmo o representa. Já o concessionário comercializa, por conta própria, mercadorias que lhe são vendidas pelo concedente (art. 1.502). As obrigações legais do agente (art. 1.483), portanto, são muito diversas daquelas impostas ao concessionário (art. 1.505), o mesmo ocorrendo com as atribuídas ao preponente (art. 1.483) e ao concedente (art. 1.504). Não há lugar, pois, a tratamento analógico entre os dois contratos.

Yves Guyon ensina que, na França, outrossim, não se admite a aplicação analógica da lei protetiva dos representantes comerciais ou agentes (Lei de 25.06.1991) aos contratos de distribuição em geral. Aliás o autor advoga a inconveniência de uma tal sorte de intervenção legislativa, dizendo-a contrária às necessidades de adaptação célere das redes de distribuição às demandas do mercado consumidor. Por outro lado, continua o respeitável professor, o direito comum das obrigações é capaz de fornecer proteção suficiente e adequada aos concessionários e franqueados contra manobras desleais e abusivas do fornecedor[124].

A legislação francesa aplicável, pois, à extinção dos contratos de distribuição é a Lei de 1º de julho de 1996, que institui norma geral para os contratos de duração, assegurando aos partícipes um pré-aviso, quando da resilição unilateral, de duração a ser aferida conforme os usos e costumes e as peculiaridades do negócio[125].

Na Itália, Bussani e Cedon se opõem à aplicação analógica do regime jurídico da representação comercial aos contratos de distribuição em geral e ao de franquia em especial, registrando a impossibilidade de se assemelharem os institutos[126].

Enfim, não basta a ruptura de um contrato de distribuição pelo fabricante, para que ele se sujeite a uma indenização, tal como se dá no contrato de representação comercial. No relacionamento entre concessionário ou franqueado e fabricante, a indenização eventual não é tarifada em lei e somente acontecerá se houver conduta censurável, por parte do denunciante, tipificável como abuso no exercício de direitos. Nessa hipótese haverá inexecução contratual capaz de justificar a im-

---

[123] HOCSMAN, Heriberto S. *Contrato de concesión comercial*. Buenos Aires: La Rocca, 1994, p. 143-144.

[124] GUYON, Yves. *Droit des affaires – droit commercial géneral et sociétés*. 10. ed. Paris: Econômica, 1998, t. 1, nº 814, p. 849.

[125] GUYON, Yves. *Droit des affaires – droit commercial géneral et sociétés*, cit., t. 1, nº 830, p. 865 e nº 835, p. 873.

[126] BUSSANI, Mauro; CENDON, Paolo. *I contratti nuovi: leasing, factoring, franchising*. Milão: Giuffrè, 1989, p. 471.

Seção IV: Da Agência e Distribuição · Cap. VIII – A Distribuição na Economia de Mercado | **333**

posição do pagamento das perdas e danos suportados pelo distribuidor. Mas nessa hipótese, somente se ressarcirão prejuízos efetivos, vale dizer, danos concretos e comprovados em juízo e não uma quantia objetivamente imposta por lei aplicável a um tipo contratual diverso.

Ora, inexistindo lei específica que imponha dever objetivo de indenizar, qualquer obrigação de pagar há de respeitar os requisitos essenciais do nascimento da responsabilidade civil subjetiva. Ou seja, hão de restar provados o ato ilícito culposo, o dano e o nexo causal que ligue o primeiro ao segundo.

A resilição do contrato, por si só, não autorizará o ressarcimento, ainda que imotivada. O ônus da prova do dano é do distribuidor, dentro da regra do art. 373, I, do CPC/2015.

Tampouco pode pretender-se submeter o universo das concessões comerciais e demais contratos de distribuição ao regime estrito da Lei nº 6.729/79, concebido que foi como lei excepcional para disciplinar apenas um segmento da economia – a produção e revenda de veículos automotores – onde situações especialíssimas exigiram disciplina também especialíssima e muito peculiar ao volume de recursos e tipo de investimentos que se exigem do revendedor de automóveis.

A doutrina majoritária[127] que se deteve sobre o exame do contrato de distribuição chegou a uma só conclusão: a Lei nº 6.729 é especial e não pode ser aplicada, analogicamente, a situações que não correspondem ao seu objeto.

Destina-se a Lei em questão a regular somente a relação jurídica específica travada entre os produtores e distribuidores de veículos automotores de via terrestre como se vê do texto claríssimo de seu artigo 1º. Claudineu de Melo observa, ainda, que:

> "A distribuição nela regulada difere substancialmente da distribuição objeto deste estudo a partir da ideia político-ideológica que norteia uma e outra. Aquela dispõe cogentemente que toda e qualquer comercialização de veículos automotores de via terrestre realizar-se-á sob concessão comercial, sendo, em consequência, vedada qualquer outra forma de comercialização daqueles veículos, inclusive a venda direta pelo fabricante; enquanto a distribuição objeto deste estudo, observado o axioma da justiça concreta, é sempre livremente contratada por fabricante e distribuidores,

---

[127] Ressalta-se, porém, o entendimento de Arnaldo Rizzardo, já citado anteriormente, que defende a aplicação da lei de concessão de veículos automotores terrestres à distribuição, especialmente no tocante aos parâmetros para a indenização em caso de extinção do vínculo pelo concedente (RIZZARDO, Arnaldo. *Contratos*. 6 ed. Rio de Janeiro: Forense, 2006, p. 757-758). Ver item 158 supra. Com a devida vênia, o autor não atentou para a profunda diversidade dos regimes dos dois contratos, um deles sujeito à legislação comum e o outro regulado por lei especial. Não se pode fazer interpretação analógica para aplicar lei especial a hipótese disciplinada pela lei geral.

Contratos de Colaboração Empresarial • *Humberto Theodoro Jr. e Adriana Theodoro de Mello*

segundo suas respectivas conveniências, facultado ao primeiro utilizar-se de outras formas de comercialização, diretas ou indiretas.

Sem razão, portanto, uma certa doutrina que procurou estender, à distribuição em geral, as normas específicas da Lei nº 6.729/79. Pretender aplicá-las analogicamente, como salientou Miguel Reale (parecer de 23.1.83), 'equivaleria a converter o intérprete ou aplicador da lei em um *legislador supletivo*, tornando genérica uma lei expressa e explicitamente aplicável às concessões que tenham por objeto veículos automotores terrestres'"[128].

Outra lição importante contra o uso analógico da Lei nº 6.729, que a pudesse transformá-la em estatuto genérico de todas as concessões comerciais, é a ministrada por Waldirio Bulgarelli:

"Com uma regulamentação amplamente especificada não tardaram certas tentativas de aplicação analógica de seus dispositivos (Lei nº 6.729/79) a outros tipos de concessão para produtos diversos de veículos e tratores, como os de distribuição de bebidas, remédios etc., o que nos parece incabível. É que não há lacuna, como se pretendeu, pois que os demais tipos de concessão ou distribuição não regulamentados estão no *amplo campo da liberdade contratual e terão de ser regidos pelo sistema da teoria geral dos contratos que se encontra tanto no Código Comercial como no Código Civil*"[129].

É o que decidiu o Tribunal de Justiça do Paraná, *in verbis*:

"A analogia, para contratos atípicos e genéricos somente é possível com os outros institutos que seguem regras gerais e não para aqueles que o legislador, intencionalmente, apartou do campo comum da regulamentação obrigacional... Conclui-se, pois, que aos contratos de distribuição de bebidas e outros produtos em geral, não se aplicam as disposições da Lei nº 6.729/79, posto que são disposições especiais, de incidência restrita aos seus respectivos objetos, não sendo possível, por critério analógico, tornar regra geral o que o legislador houve por bem tratar apenas como regra especial"[130].

Não há notícia de discrepância jurisprudencial sobre o tema. Além de outras decisões de Cortes estaduais[131] sobre a matéria, o Colendo Superior Tribunal de Justiça, mais elevada autoridade na interpretação da lei federal, já se pronunciou acerca da questão, consignando de forma categórica que:

"Contrato de distribuição relativo a informática – Impossibilidade de aplicação analógica de disposições contidas na Lei 6.729/79, a estabelecer uma regulamentação

---

[128] MELO, Claudineu de. *Contrato de distribuição*. São Paulo: Saraiva, 1987, nº 30, p. 41; REALE, Miguel. *Temas de direito positivo*. São Paulo: RT, 1992, p. 86-88.

[129] BULGARELLI, Waldirio. *Contratos nominados – doutrina e jurisprudência*. São Paulo: Saraiva, 1995, p. 476.

[130] TJPR, 5ª CC., Ap. nº 64.897-7, Rel. Des. Fleury Fernandes, acórdão unânime de 19.02.1998.

[131] TAMG, 5ª CC., Ap. nº 228.699-9, Rel. Juiz Lopes de Albuquerque, acórdão unânime de 19.06.1997.

Seção IV: Da Agência e Distribuição • Cap. VIII – A Distribuição na Economia de Mercado | 335

especialíssima para as relações pertinentes 'a concessão comercial entre produtores e distribuidores de veículos automotores de via terrestre'. Trata-se de diploma que estatui conjunto normativo particularmente distinto do direito comum, criando significativas restrições à autonomia da vontade, que não se hão de estender a situações nele não previstas"[132].

Em suma: aos contratos de distribuição em geral não se aplicam as Leis n°s 4.886/65 e 6.729/79, porquanto ambas são leis especiais, de incidência restrita aos seus respectivos objetos, não sendo possível, por critério analógico, tornar regra geral o que o legislador houve por bem tratar apenas como regra especial.

Mesmo em países como Portugal e Alemanha, onde a jurisprudência, de alguma forma, estende ao concessionário comercial uma indenização pela clientela nos moldes previstos para agência mercantil, as decisões judiciais não reconhecem um benefício automático para o contratante despedido, tal como o de que desfruta o agente, a título de amparo de natureza social. Para um concessionário, a vantagem apresentar-se-ia como eventual, dependendo muito mais das circunstâncias concretas de cada caso, do que da natureza do contrato.

Explica Pinto Monteiro que na ótica da jurisprudência portuguesa e alemã, o concessionário, para obter uma indenização de clientela, terá de se submeter a dois requisitos cumulativos: a) a de comprovar que *in concreto* a "clientela foi angariada pelo agente" ou que "houve um aumento substancial do volume de negócios"; e b) importa ainda, "se é em que medida, *no futuro*, o principal irá *beneficiar dessa clientela* ou dessa *atividade do agente*"[133]. Nessa jurisprudência estrangeira, que, diga-se de passagem, não encontra ressonância nos tribunais brasileiros, a indenização excepcional em favor do concessionário não decorre apenas da cessação do contrato de concessão ou franquia, nem simplesmente de o concessionário ter formado ou ampliado a clientela. Torna-se indispensável a comprovação de que o concedente ou franqueador vieram a se beneficiar dessa clientela[134].

Ademais, a indenização que em Portugal se defere em certos casos não é como a do agente entre nós (tarifada pela lei), mas arbitrada caso a caso com equidade

---

[132]   STJ, 3ª T., Ag.Rg. nº 43.329-3/SP, Rel. Min. Eduardo Ribeiro, ac. 15.03.1994, *DJU* 16.05.1994. No mesmo sentido: "Consoante a jurisprudência desta Corte Superior, é impossível aplicar, por analogia, as disposições contidas na Lei nº 6.729/1979 à hipótese de contrato de distribuição de bebidas, haja vista o grau de particularidade da referida norma, que, como consabido, estipula exclusiva e minuciosamente as obrigações do cedente e das concessionárias de veículos automotores de via terrestre, além de restringir de forma bastante grave a liberdade das partes contratantes em casos tais" (STJ, 3ª T., REsp. 1.494.332/PE, Rel. p/ acórdão Min. Ricardo Villas Bôas Cueva, ac. 04.08.2016, *DJe* 13.09.2016); STJ, 4ª T., AgInt no REsp. 1.266.785/PR, Rel. Min. Maria Isabel Gallotti, ac. 01.06.2017, *DJe* 12.06.2017.

[133]   MONTEIRO, António Pinto. *Contrato de agência*. 4. ed. Coimbra: Almedina, 2000, nº 41-III, p. 165.

[134]   MONTEIRO, António Pinto. *Contrato de agência*, cit., nº 41-III, p. 165.

e apenas na medida em que se reconheça uma repercussão econômica concreta para beneficiar o concedente[135]. É preciso lembrar que o trabalho do agente proporciona ao preponente a incorporação direta e imediata da clientela por aquele conquistada pela própria sistemática do contrato de agência. Diferente é a situação do concessionário, que explora diretamente seus negócios, não havendo, muitas vezes, nem sequer conhecimento do concedente em torno da clientela do primeiro. Em princípio, nada assegura que venha a clientela do concessionário a ser absorvida pelo concedente, uma vez cessada a concessão comercial. Em face disso, é que a legislação especial tutela automaticamente o agente e não o faz em relação ao concessionário. Lembra Martinek, na Alemanha, que "o direito dos representantes comerciais regulado pelo HGB é hoje sobretudo direito de proteção social, aparentado ao direito do trabalho e ao direito da proteção dos consumidores"[136]. É evidente que esse quadro de carência de amparo social bem enquadrado na hipótese do contrato de agência não se repete em presença do contrato de concessão comercial.

Forçado e inadequado seria o uso da analogia entre situações heterogêneas para deslocar de um regime de exceção para a situação comum de outros contratantes, uma providência normativa que só se inspirou nas condições particulares do negócio para o qual foi concebida.

170. A SISTEMÁTICA DO CÓDIGO CIVIL

Há quem considere o contrato de concessão comercial sujeito à disciplina do contrato de agência (arts. 710 a 721), porque o Código Civil teria reunido num só regime o contrato de agência e de distribuição[137].

Dessa visão do novo direito positivo, as conclusões extraídas foram:

a) o art. 720 do Código Civil asseguraria ao distribuidor (concessionário), com contrato de prazo indeterminado, no caso de denúncia pelo concedente, um aviso prévio de noventa dias; mas a denúncia deveria, também, respeitar um prazo suficiente de duração contratual para amortizar os custos de seus investimentos;

b) o concessionário dispensado sem justa causa e com prazo exíguo de pré--aviso teria direito a uma indenização pelos prejuízos causados pela inobservância do prazo necessário à amortização dos investimentos feitos em função da distribuição comercial (art. 720 e parágrafo único);

c) a regulamentação, em termos claros, do Código Civil, a respeito dos ressarcimentos a que tem direito o distribuidor, "põe fim à indenização de clientela,

---

[135] MONTEIRO, António Pinto. *Contrato de agência*, cit., nº 41-III, p. 166 e 168.

[136] *Apud* MONTEIRO, António Pinto. *Contrato de agência*, cit., p. 160, nota 303.

[137] LILLA, Paulo Eduardo. O abuso de direito na denúncia dos contratos de distribuição: O entendimento dos Tribunais Brasileiros e as disposições do novo Código Civil. Disponível em: http://www.socejur.com.br/artigos/contratos.doc. Acesso em 29.07.2002.

Seção IV: Da Agência e Distribuição • Cap. VIII – A Distribuição na Economia de Mercado | 337

já que não condiz com a natureza dos contratos de distribuição, posto que o distribuidor é comerciante autônomo e obtém benefícios com a utilização da marca do fabricante, e, portanto, deve assumir os riscos de sua atividade" [138];

d) "a denúncia é meio lícito de pôr termo ao contrato por tempo indeterminado, desde que preenchidos alguns requisitos, como a boa-fé e concessão de prazo de aviso prévio suficiente, de acordo com a natureza do negócio e com o vulto dos investimentos do distribuidor" [139].

As conclusões são objetivamente corretas, mas a fundamentação nos dispositivos do contrato de *agência e distribuição* não procede. É que o Código, conforme já demonstrado nos comentários precedentes, não cuidou da *concessão* ou *revenda*, quando estatuiu as regras dos arts. 710 a 721. A distribuição ali mencionada é simples acessório do contrato de agência. O agente é que pode ser simples agente ou agente-distribuidor. O negócio principal regulamentado é a mediação ou agenciamento de negócio de interesse do preponente. O agente só pratica atos, quando excepcionalmente autorizado a concluir contratos, em nome e por conta do preponente. Nunca se torna um revendedor autônomo. Nunca, pois, será um concessionário comercial. Logo, não se pode estender regra própria e especial do *contrato de agência e distribuição* para com elas pretender a tipificação do contrato de *concessão ou revenda mercantil*. Este continua atípico, mesmo após o advento do Código Civil de 2002, a não ser no caso de *revenda de veículos*, mas não por força do Código, e sim da Lei nº 6.729/79, que como lei especial, entretanto, não pode ter seus preceitos estendidos a outros contratos de concessão ou revenda mercantil.

Não se podendo, então, confundir o contrato de *concessão comercial* com o de *agência e distribuição*, o regime de ruptura por denúncia do primeiro haverá de ser encontrado nas regras gerais dos contratos, e mais especificamente no art. 473 do novo Código Civil, assim concebido:

> "Art. 473. A resilição unilateral, nos casos em que a lei expressa ou implicitamente o permita, opera mediante denúncia notificada à outra parte.
>
> Parágrafo único. Se, porém, dada a natureza do contrato, uma das partes houver feito investimentos consideráveis para a sua execução, a denúncia unilateral só produzirá efeito depois de transcorrido prazo compatível com a natureza e o vulto dos investimentos".

O sistema do Código aplicável aos contratos de concessão comercial sem prazo certo de duração é, nos termos do art. 473, o que permite ao concedente fazer

---

[138] LILLA, Paulo Eduardo. O abuso de direito na denúncia dos contratos de distribuição: O entendimento dos Tribunais Brasileiros e as disposições do novo Código Civil. Disponível em: http://www.socejur.com.br/artigos/contratos.doc. Acesso em 29.07.2002.

[139] LILLA, Paulo Eduardo. O abuso de direito na denúncia dos contratos de distribuição: O entendimento dos Tribunais Brasileiros e as disposições do novo Código Civil. Disponível em: http://www.socejur.com.br/artigos/contratos.doc. Acesso em 29.07.2002.

extinguir a relação negocial mediante notificação, independente de motivação especial ou de imputação de falta ao concessionário.

Deverá, contudo, dar-lhe pré-aviso com a antecedência prevista no contrato, ou, em sua falta, estimado de forma razoável para permitir ao concessionário o encerramento de sua atividade e sua reorganização em outro mister, se for o caso.

Isso não quer dizer que o prazo de pré-aviso seja sempre o necessário para amortizar os investimentos do concessionário. O que a lei quer é que antes da denúncia já tenham sido amortizados os investimentos feitos em função da concessão. Se isto já ocorreu o pré-aviso será o que se apresentar razoável apenas para o encerramento da relação contratual. Como é óbvio, terá de guardar proporção com o vulto e a complexidade da empresa e do negócio.

Feita a denúncia antes do prazo de amortização dos investimentos, o concedente responderá pelos prejuízos equivalentes à prematura ruptura do vínculo. A denúncia, porém, não perderá sua natural eficácia, ou seja, o contrato estará definitivamente extinto. Entre as partes subsistirá apenas a relação obrigacional que resultará na indenização dos prejuízos acarretados ao concessionário pelo ato abusivo e ilícito praticado pelo concedente.

171. LIMINARES DE NATUREZA CAUTELAR OU ANTECIPATÓRIA

Na ruptura do contrato de distribuição, nas suas diversas modalidades, é frequente a disputa na justiça em torno de pretensão do concessionário de forçar a revisão da denúncia praticada pelo concedente com a consequente subsistência do vínculo contratual entre as partes. Nestes casos, é comum o pleito de medidas de urgência visando a assegurar, provisoriamente, a vigência da concessão comercial.

Trata-se de providências que ultrapassam o direito subjetivo do contratante e que, de maneira alguma, se comportam na tutela cautelar ou antecipatória.

É certo que os vínculos de dependência econômica estabelecidos entre concedente e concessionários dentro da rede de distribuição justificam certas medidas acautelatórias como a exigência de *pré-aviso* em caso de denúncia, bem como a imposição de *indenizações* em caso de abuso de direito nos moldes em que a cessação do contrato se concretizou. "Mas não podem ser invocadas para *obstar* a que o contrato cesse no termo do prazo acordado ou através da livre denúncia, consoante se trate de um contrato por tempo determinado ou por tempo indeterminado"[140]. Tudo se resolve, portanto, em definir a existência de direito a alguma indenização e na determinação do respectivo montante. De forma alguma, o efeito da sentença de mérito ultrapassará o campo ressarcitório, pelo que não tem sentido a intervenção do poder judicial de urgência para garantir precariamente à parte algo que definitivamente não conseguirá nem mesmo pelo julgamento final da causa.

---

[140] MONTEIRO, António Pinto. *Contrato de agência*, cit., nº 15-III, p. 48.

172. CONCLUSÕES

Mais que mero vínculo entre créditos e débitos, o contrato é a manifestação jurídica de uma operação econômica que promove a circulação de riquezas, o desenvolvimento econômico e o progresso da comunidade.

Os modernos contratos de distribuição desempenham relevante função de adequação da produção às necessidades do consumo; possibilitam a entrada de pequenos e médios empreendedores no livre mercado, ampliando a saudável concorrência, geram empregos e impostos, e garantem o acesso de consumidores a produtos e serviços de elevada e permanente qualidade, a custos racionalmente reduzidos. No desempenho coordenado e integrado da distribuição, os diversos integrantes da rede, assimilando tecnologia desenvolvida e testada pelo fornecedor ou obedecendo a um planejamento minucioso, em conjunto com o fornecedor auferem os lucros da atividade comercial, repartindo-a conforme a equação econômica eleita no instrumento firmado de livre vontade por ambos, e durante o tempo que convencionaram como justo e razoável para o retorno dos investimentos necessários.

Daí não se poder negar que, extinguindo-se o contrato ao atingir o termo convencional, qualquer dano ou lucro cessante que uma das partes experimente é reflexo lícito do exercício de um direito subjetivo, que não gera para o seu titular nenhum dever de indenizar, pois têm justa causa econômica e jurídica para se desvencilhar do relacionamento contratual exaurido.

Nem há fundamento de direito que justifique pretensão tendente a manter forçosamente a relação jurídica extinta naturalmente pelo decurso do prazo contratado. Nos contratos cuja vigência tenha se indeterminado, a denúncia, desde que exercida mediante razoável aviso prévio, previsto no instrumento contratual ou compatível com o vulto do empreendimento e a duração do relacionamento das partes, respeitando se destarte os princípios da boa-fé e da lealdade entre os contratantes, é meio lícito de extinção do vínculo que, tal como o decurso do prazo ajustado, afasta qualquer direito de indenização ou pretensão de perenizar o vínculo.

A responsabilidade civil do denunciante só nascerá se restar cabalmente comprovada a infringência aos deveres do contratante, segundo os ditames do contrato, da lei ou dos deveres laterais de conduta impostos pelo princípio da boa-fé. Tais inadimplementos podem ser aferidos pelo julgador no exame de práticas comerciais que se mostrem abusivas, desleais, incompatíveis com a conduta que se espera de um comerciante probo e honesto.

Nunca, porém, poderá ser imposta qualquer indenização objetiva, independente de culpa, ao fornecedor em prol do distribuidor, porque não há lei que assim o obrigue. A responsabilidade civil, no ordenamento jurídico pátrio, vem regulada em cláusula geral inscrita nos arts. 186 e 389 do Código Civil, que elencam como requisitos básicos o ato culposo contrário a dever preexistente, o dano e o nexo causal. Qualquer responsabilidade que prescinda de tais elementos há de vir prevista em lei, em face do princípio da legalidade consagrado na Carta Constitucional.

As previsões de indenizações pecuniárias tarifadas elencadas em leis especiais, reguladoras de contratos específicos tais como o de representação comercial e o de concessão de venda de veículos automotores de via terrestre, não incidem sobre os demais contratos de distribuição por força da regra de hermenêutica que impede que se aplique uma norma especial e de exceção a situações diversas por força de raciocínio analógico. Ademais, a analogia só permite aplicação de normas a hipóteses não previstas, quando essas se assemelhem na essência e nos efeitos. Essa semelhança não ocorre entre a representação comercial, a concessão específica de venda de veículos e a distribuição *lato sensu*.

Por fim, o fato de os contratos de distribuição conterem cláusulas padronizadas e formatadas para conferir unidade à rede de distribuição, e evitar o tratamento desigual e o favorecimento de uns em prejuízo de outros no livre mercado, não os torna contratos de ade- são, mas contratos por adesão. Em todo caso, porém, somente a constatação de exercício abusivo de direito, no momento da imposição de cláusulas que se considerem leoninas, poderá autorizar a desconsideração da vontade declarada e a imposição de indenização a eventuais danos comprovadamente acarretados. A solução de direito, nessa espécie, cai na vala geral da responsabilidade civil, mediante apuração do abuso de direito (Código Civil, art. 187), sendo certo que não constitui ato ilícito, nem induz responsabilidade civil, o ato praticado no exercício regular de um direito reconhecido (Código Civil, art. 188, I).

Não havendo vício de consentimento, nem ofensa aos bons costumes ou à lei, ou qualquer abuso cometido por uma parte contra a outra na estipulação de cláusula leonina, o contrato obriga a ambos os contratantes, com força de lei, em todas as suas estipulações. "As convenções legalmente formadas tomam o lugar da lei para aqueles que a fizeram"[141] (Código Civil Francês, art. 1.134. Do mesmo sentido é o art. 1.372 do Código Civil Italiano). Vale dizer: "as partes devem submeter-se à lei do contrato, da mesma maneira que estão obrigados a inclinar-se diante da lei propriamente dita"[142]. Escoado o termo previsto no ajuste, ou ainda, operada a denúncia pelo fabricante, com a antecedência prevista no contrato, ou a que as praxes e os costumes mercantis impõem, legalmente extinto estará o contrato, e o distribuidor não terá direito a impor sua renovação contra a vontade legitimamente manifestada pelo cocontratante. *Pacta sunt servanda*.

Em face da legitimidade da conduta do fornecedor, e da ausência de preceito de lei expresso que dê origem a uma obrigação indenizatória, o exercício regular da resilição do contrato de distribuição, precedido de aviso prévio, ou a recusa à

---

[141] "Les conventions légalement formées tiennent lieu de loi *à* ceux que les ont faites".

[142] JOSSERAND. *Derecho Civil*. Buenos Aires: EJEA, 1950, t. II, v. I, nº 246, p. 181.

Seção IV: Da Agência e Distribuição • Cap. VIII – A Distribuição na Economia de Mercado | 341

sua renovação, quando expirada a vigência inicialmente prevista, é fato jurídico que não enseja responsabilidade civil, porque sustentado em razões econômicas e sociais que o Direito ampara.

Realmente só se há de pensar em indenização, não pela simples extinção ou mera denúncia do contrato de concessão comercial, mas pelo abuso do direito eventualmente praticado por um contratante contra o outro, como nas rupturas abruptas e desleais, em que não se respeita o prazo necessário para compensação dos investimentos exigidos do contratante, ou não se dá um aviso prévio compatível com o vulto e a complexidade do negócio.

Capítulo IX

A CONCESSÃO COMERCIAL NA REVENDA DE VEÍCULOS AUTOMOTORES

Sumário: 173. A concessão comercial no ramo dos veículos automotores (Lei nº 6.729, de 28.11.79) – 174. A regulamentação da concessão comercial contida na Lei nº 6.729/79 – 175. A extinção do contrato de concessão comercial regulado pela Lei nº 6.729/79. Hipóteses do art. 22 – 176. A Lei nº 6.729/79 e a denúncia vazia da concessão de prazo indeterminado – 177. Efeitos da denúncia unilateral da concessão comercial.

173. A CONCESSÃO COMERCIAL NO RAMO DOS VEÍCULOS AUTOMOTORES (LEI Nº 6.729, DE 28.11.79)

A revenda mercantil envolve os mais diversificados produtos, desde os mais simples (como bebidas, remédios, alimentos etc.) até os mais complexos e sofisticados (como maquinaria industrial, produtos eletrônicos, veículos automotores etc.).

De maneira geral, o direito positivo não se tem ocupado de tipificar o contrato de concessão comercial, certamente porque, envolvendo tão diferentes ramos da produção industrial e da comercialização de massa, torna-se inconveniente a imposição de um estatuto único para a multifária tarefa da revenda mercantil. Por isso, não só entre nós, mas igualmente no exemplo do direito comparado, predomina o tratamento jurídico da concessão comercial no plano dos negócios atípicos, sujeitos, apenas, aos princípios gerais do direito das obrigações e, mais diretamente, aos princípios gerais do direito dos contratos.

A revenda de veículos automotores, nesse terreno, tem sido, todavia, uma exceção. Na maioria dos países, há legislação especial para regulá-la. Isto se explica pelo volume enorme, não só quantitativo, como principalmente econômico, do comércio que se ocupa da colocação dos automóveis no mercado consumidor. Os concessionários, nesse segmento, não se dedicam apenas a revender os veículos produzidos pelo concedente; encarregam-se, também, com ênfase à assistência técnica e à reposição de peças e equipamentos. Submetem-se, por isso, a vultosos investimentos que só têm utilidade para a revenda dos produtos da marca revendida. Torna-se evidente, de tal sorte, a relevância da adoção de estatuto legal espe-

Contratos de Colaboração Empresarial • Humberto Theodoro Jr. e Adriana Theodoro de Mello

cífico para tutelar os empreendimentos dedicados a esse importante segmento da atividade empresarial[1].

Entre nós, é a Lei nº 6.729, de 28.11.79 (conhecida como "Lei Ferrari") que traça as regras tipificadoras da concessão comercial voltada para a revenda de veículos automotores de via terrestre e, principalmente, das condições e consequências da ruptura do respectivo contrato.

174. A REGULAMENTAÇÃO DA CONCESSÃO COMERCIAL CONTIDA NA LEI Nº 6.729/79

A Lei nº 6.729 é uma lei de ordem pública, editada com o propósito de interferir no relacionamento estabelecido entre o fabricante de veículos automotores, de via terrestre, e seus revendedores, visando tutelar a parte economicamente mais fraca – o concessionário – quase sempre sujeito a grandes investimentos técnicos para desempenhar a concessão.

Por isso, a preocupação central da Lei nº 6.729 é com a *duração* do contrato e com a sua *ruptura*. Nesse sentido, o ajuste de *prazo certo* deve respeitar o mínimo de *cinco anos*. E, assim mesmo, a parte somente se desvinculará do contrato se, antes do vencimento, manifestar à outra, com antecedência mínima de 180 dias, o propósito de não prorrogá-lo (art. 21 e parágrafo).

Sem essa prévia declaração de intenção resilitória, a concessão comercial automaticamente será prorrogada ao fim do prazo certo convencionalmente estipulado, passando a viger por prazo *indeterminado*. Submetido ao regime de indeterminação de prazo, a concessão comercial não poderá cessar abruptamente, isto é, sem pré-aviso e sem que tenha decorrido um período de tempo razoável para que haja a amortização dos investimentos do concessionário.

O art. 23 da Lei nº 6.729/79 dispõe que se o concedente não prorrogar o contrato ajustado por prazo certo (art. 21, parágrafo único), terá de cumprir as seguintes obrigações, perante o concessionário:

> "I – readquirir-lhe o estoque de veículos automotores e componentes novos, estes em sua embalagem original, pelo preço de venda à rede de distribuição, vigente na data de reaquisição;

---

[1] A exposição de motivos da lei justifica a existência de norma específica para a atividade também em razão de a atividade envolver a atuação de vários concessionários: "as normas contratuais (...) extrapolam para todos os concessionários, que constituem verdadeira comunhão de interesses, de tal sorte que o procedimento de cada um não pode prejudicar aos demais; não é sem razão que se considera a rede de concessionários como uma unidade integrada de inúmeros componentes. Pelo que as normas de regência entre concedente e concessionário têm caráter de atuação coletiva em relação à rede" (*apud* FORGIONI, Paula A. *Contrato de distribuição*. 3. ed. São Paulo: Revista dos Tribunais, 2014, p. 64).

Seção IV: Da Agência e Distribuição · Cap. IX – A Concessão Comercial na Revenda de Veículos | 345

II – comprar-lhe os equipamentos, máquinas, ferramental e instalações à concessão, pelo preço de mercado correspondente ao estado em que se encontrarem e cuja aquisição o concedente determinara ou dela tivera ciência por escrito sem lhe fazer oposição imediata e documentada, excluídos desta obrigação os imóveis do concessionário".

Essas reparações do art. 23 são objetivas, independem de culpa do concedente, estando, porém, ligadas à ilicitude de sua conduta.

Em regra, a não prorrogação de um contrato firmado por tempo determinado constitui o exercício regular de um direito. Vale dizer, invocando decisão da Corte de Cassação Francesa, "a denunciação dentro do prazo contratual de um contrato concluído por prazo determinado não constitui uma rescisão desse contrato antes do termo"[2], ou seja, "A Corte de cassação, portanto, vê na não renovação do contrato o exercício de um direito pelo fornecedor"[3]. Exatamente por não configurar um ilícito é que "a não renovação não pode gerar a responsabilidade do fornecedor, o que, por sua vez, exclui todo o direito do distribuidor de obter qualquer indenização"[4].

Se assim o é, como explicar, no direito brasileiro, que a não prorrogação gera para o concedente o dever de indenizar? A resposta a esta questão apenas pode se dar à vista de uma leitura atenta do inciso II do art. 23 da Lei nº 6.729/79.

Verifica-se que o legislador criou para o concedente uma obrigação de indenizar os investimentos realizados pelo distribuidor. Mas não qualquer investimento, apenas aqueles "cuja aquisição o concedente determinara ou dela tivera ciência por escrito sem lhe fazer oposição imediata e documentada".

O dispositivo revela que a não renovação imporá ao concedente o dever de indenizar as verbas previstas no art. 23 apenas quando houve imposição de investimentos ou estes foram realizados sem oposição do fabricante. É que nesta hipótese a não renovação será considerada abusiva, porquanto teria criado para o concessionário a expectativa na sua renovação. Trata-se de idêntica opção existente no direito francês, e se explica o tratamento porquanto: "está claro, com as reservas anteriores, que em caso de investimentos impostos, o concedente que romper

---

[2] "La dénonciation dans le délai contractuel d'un contrat conclu pour une durée déterminée ne constitue pas une résiliation de ce contrat avant l'échéance du terme" (Cass. Com., 13 juin 1978, *apud* BEHAR-TOUCHAIS, Martine; VIRASSAMY, Georges. *Les contrats de la distribution*. Paris: LGDJ, 1999, p. 153).

[3] "La Cour de cassation voit donc dans le non-renouvellement du contrat l'exercice d'un droit par le fournisseur" (BEHAR-TOUCHAIS, Martine; VIRASSAMY, Georges. *Les contrats de la distribution cit.*, p. 153).

[4] "Le non-renouvellement ne peut engager la responsabilité du fournisseur, ce qui par suite exclut tout droit pour le distributeur d'obtenir une quelconque indemnisation" (BEHAR-TOUCHAIS, Martine; VIRASSAMY, Georges. *Les contrats de la distribution*, cit., p. 154).

prematuramente o contrato, rompe a legítima expectativa que despertou em seu cocontratante na sobrevivência do contrato e abusa do seu direito de ruptura"[5].

O fundamento do dever de indenizar previsto na lei brasileira, portanto, a exemplo do que se opera na França, está no abuso do direito de não renovação da concessão comercial, resultante da quebra da confiança e da boa-fé criada pela exigência direta de investimentos pelo fabricante ou pela não oposição àqueles realizados pelo concessionário e dos quais teve prévia ciência. Em verdade, para que se caracterize o abuso, necessário que haja uma relação de proximidade entre os investimentos e o período de término do contrato por prazo determinado.

Ora, fora desta hipótese de configuração do abuso – exigência de investimentos próximos ao término da relação contratual determinada – a não renovação sequer levará à imposição ao concedente do dever de reparação, seja na concessão de veículos, seja em qualquer outra modalidade de concessão. Assim, mesmo na sistemática da Lei nº 6.729/79, não estará o fabricante obrigado a reparar as verbas previstas no art. 23 se não configurado o abuso do direito à não renovação do contrato que pressupõe: a) exigência de investimentos pelo concedente ou de não oposição aos efetivados pelo concessionário comunicados previamente; b) a proximidade destes e o fim do ajuste por prazo determinado. Esta a única exegese do texto que permite preservar princípios elementares da Ciência do Direito, em especial o de que a responsabilização civil de alguém apenas se dá em configurado um ilícito. Sem ato ilícito, não há responsabilidade civil. Não justificam a incidência do art. 23, II, da Lei Ferrari, os investimentos feitos como preparativos iniciais para a contratação da revenda, pois estes deverão ser amortizados no prazo certo que as partes entenderam adequado para a amortização dos capitais investidos na concessão.

Já quando se trata de contrato por *prazo indeterminado*, a Lei nº 6.729, art. 24, prevê, para a *rescisão* provocada pelo concedente, as seguintes reparações em favor do concessionário, em princípio:

> "I – readquirir-lhe 'o estoque de veículos automotores, implementos e componentes novos, pelo preço de venda ao consumidor, vigente na data da rescisão contratual';
>
> II – efetuar-lhe 'a compra prevista no art. 23, II' (isto é, 'equipamentos, máquinas, ferramentas e instalações)';
>
> III – pagar-lhe 'perdas e danos' calculadas na forma de percentual sobre o faturamento projetado para um certo período, tomando-se por base as vendas dos dois anos anteriores à rescisão;

---

[5] "Il est clair, sous les réserves qui précèdent, qu'en cas d'investissements imposés, le concédant qui rompt prématurément le contrat trompe la croyance légitime qu'il a suscitée chez son cocontractant dans la survie du contrat et abuse de son droit de rupture " (BEHAR-TOUCHAIS, Martine; VIRASSAMY, Georges. *Les contrats de la distribution*, cit., p. 168).

Seção IV: Da Agência e Distribuição · Cap. IX – A Concessão Comercial na Revenda de Veículos | 347

IV – satisfazer-lhe 'outras reparações que forem eventualmente ajustadas entre o produtor e sua rede de distribuição'".

Se a *rescisão*, por infração do concedente, ocorrer em relação a contrato de *prazo determinado* o concessionário fará jus às mesmas reparações do art. 24, com as alterações previstas no art. 25.

Em todas as situações previstas nos arts. 23, 24 e 25 da Lei nº 6.729/79, o dever de indenizar decorre sempre de ato ilícito do concedente: abuso de direito na não renovação do contrato, ou rescisão indevida do contrato. Não se refere, portanto, à extinção natural do ajuste pelo vencimento do prazo certo estipulado entre as partes, nem à resilição legítima, precedida de pré-aviso adequado e compatível com a vigência contratual necessária para a amortização dos investimentos feitos pelo concessionário.

Apenas a recompra dos veículos e componentes novos se justifica, independentemente de abuso ou má-fé do concedente, porque cessada a concessão, não poderá o concessionário continuar explorando a marca do primeiro, o que inviabilizará a comercialização do estoque remanescente em condições satisfatórias. Assim, deverá o fabricante absorver ditas mercadorias, para não submeter o ex--comissionário a um prejuízo injusto (Lei nº 6.729/79, arts. 23, I, e 24, I). É uma consequência lógica e necessária do princípio da probidade e boa-fé que se impõe durante toda a vigência e execução do contrato, e, com maior razão, no momento de seu encerramento (Código Civil, art. 422).

175. A EXTINÇÃO DO CONTRATO DE CONCESSÃO COMERCIAL REGULA-DO PELA LEI Nº 6.729/79. HIPÓTESES DO ART. 22

Prevê o art. 22 da Lei nº 6.729/79 as hipóteses de extinção do contrato de concessão, que são as seguintes:

I – por *acordo* das partes ou *força maior*;

II – pela *expiração do prazo determinado*;

III – por *iniciativa da parte inocente*, em virtude de *infração* a dispositivo da Lei nº 6.729, das convenções ou do próprio contrato.

No primeiro inciso supra estão configuradas a *resilição bilateral (acordo) e a resolução por inexecução involuntária* (força maior). Em ambos os casos não se admite falar em ato ilícito (ofensa ao contrato), não havendo, em princípio, lugar para perdas e danos. Não se pode, por isso mesmo, cogitar de *rescisão*, em sentido técnico.

No inciso II – expiração de prazo certo – tem-se a cessação natural do contrato por verificação de seu termo final. Em regra, igualmente não existe ilícito para justificar perdas e danos. No entanto, ocorre a obrigação *ex vi legis*, para o concedente, de readquirir estoques e equipamentos do concessionário na forma do art. 23 da Lei nº 6.729/79, quando configurado o exercício abusivo da não renovação do contrato de concessão, consoante já explicitado no item 174, *retro*.

No terceiro inciso do art. 22 está prevista a *resolução por inexecução voluntária*, ou seja, a infração do dever contratual por um dos contratantes que cria para o outro (inocente) o *direito potestativo* de requerer a rescisão do contrato em juízo, com perdas e danos[6]. A situação, prevista pela Lei nº 6.729, *in casu*, é a mesma que se acha regulada pelo art. 475, do Código Civil: A parte lesada pelo inadimplemento pode pedir a resolução do contrato com *perdas e danos*, se não preferir exigir-lhe o cumprimento.

Nessa hipótese, reconhece-se à parte inocente uma alternativa: impor a execução forçada do contrato ou ingressar em juízo com a ação de rescisão. É que, malgrado a violação do contrato, este não se extingue, sem que o contratante prejudicado exerça o direito potestativo de *rescindi-lo* como dizia o art. 1.092, parágrafo único do Código Civil de 1916 (ou de *resolvê-lo* como prefere o Código de 2002, art. 475).

Optando pela extinção do contrato, duas pretensões poderão ser deduzidas em juízo: a de rescindir, por sentença, o contrato, impondo ao contratante culpado o dever de ressarcir as perdas e danos acarretados à parte inocente; ou então a execução específica da obrigação inadimplida.

De toda forma, nos termos do §1º do art. 22 da Lei Ferrari, a rescisão do contrato "deverá ser precedida da aplicação de penalidades gradativas". Assim já decidiu o STJ:

"(...) 4. Condicionamento da resolução do contrato por infração contratual à prévia aplicação de penalidades gradativas (art. 22, § 1º, da Lei 6.729/79).

5. Invalidade da cláusula contratual que prevê a resolução direta do contrato, sem prévia aplicação gradativa de penalidades"[7].

Na oportunidade, aquela Corte Superior entendeu que na ausência de estipulação de penalidades gradativas, pode o magistrado "emitir juízo sobre a gravidade da infração, ou conjunto de infrações, imputadas ao culpado", podendo, até mesmo "desconstituir a resolução do contrato".

Os arts. 24 e 25 da Lei nº 6.729 cuidam precisamente da primeira pretensão decorrente da *inexecução culposa* do contrato de concessão, ao prever expressa-

---

[6] Entre as infrações que autorizam a resolução do contrato, inclui-se a cessação das atividades de um dos contraentes (Lei nº 6.729/1979, art. 22, III, *in fine*).

[7] STJ, 3ª T., REsp. 1.338.292/SP, Rel. Min. Paulo de Tarso Sanseverino, ac. 02.09.2014, *DJe* 29.09.2014.

Seção IV: Da Agência e Distribuição • Cap. IX – A Concessão Comercial na Revenda de Veículos | **349**

mente tanto a *rescisão* do ajuste como a *responsabilidade* do concedente e do concessionário infrator pelas reparações legalmente arroladas.

Seja a concessão de prazo indeterminado (art. 24), seja de prazo certo (art. 25), as indenizações impostas pela lei por *rescisão* pressupõem tecnicamente a conjugação de dois elementos essenciais, a saber: a) violação do contrato, praticada pelo concedente; e b) requeri- mento, em juízo, de extinção do contrato, com perdas e danos, formulado pelo concessionário.

As sanções dos artigos 24 e 25 não foram instituídas para a hipótese de extinção por inexecução involuntária (força maior), nem por *termo final* (vencimento do prazo certo), nem tampouco por resilição *unilateral* (denúncia) ou *bilateral* (acordo).

Se se trata de execução tornada impossível por fato alheio à vontade do concedente, a configuração da obrigação de indenizar é impossível de ocorrer, diante da regra geral do art. 393 do Código Civil, segundo a qual "o devedor não responde pelos prejuízos resultantes de caso fortuito ou *força maior*".

Se o caso for de resilição bilateral, as consequências patrimoniais serão aquelas livremente estabelecidas no distrato, e não as impostas pela lei para ressarcimento de dano gerado por ato ilícito.

176. A LEI Nº 6.729/79 E A DENÚNCIA VAZIA DA CONCESSÃO DE PRAZO INDETERMINADO

O art. 22 da Lei nº 6.729/79 disciplina hipóteses de extinção do contrato de concessão comercial de veículos automotores de via terrestre, não fazendo alusão à denúncia vazia do ajuste em vigor por prazo indeterminado. Exatamente porque não há previsão expressa na lei quanto à extinção do contrato em vigor por prazo indeterminado por simples notificação unilateral de um dos contratantes que, se poderia pensar que fosse inadmissível esta forma de cessação das relações negociais pelo fabricante.

A questão, portanto, que se coloca diante da lacuna da Lei nº 6.729/79, é a seguinte: o art. 22 enumera taxativamente as hipóteses de extinção do contrato?

A resposta, a nosso ver, não poderá ser pela afirmativa, pois interpretação que conduzisse à taxatividade seria absurda, ferindo um dos princípios gerais e fundamentais de direito, qual seja: o de que ninguém é obrigado a permanecer vinculado a um contrato de prazo indeterminado indefinidamente e contra a sua vontade. A tanto equivaleria sustentar a escravização de uma parte à outra, o que é inadmissível dentro dos princípios que norteiam, constitucionalmente, a República Federativa do Brasil, em especial o da liberdade.

É regra de hermenêutica aquela segundo a qual a interpretação do direito deve ser inteligente, "não de modo que a ordem legal envolva um absurdo, prescreva inconveniências, vá ter a conclusões inconsistentes ou impossíveis"[8]. Atento a esse critério interpretativo é de concluir-se que: o fato de o art. 22 da Lei nº 6.729/79 disciplinar hipóteses de extinção do contrato de concessão comercial de veículos automotores de via terrestre, não fazendo alusão à denúncia vazia do ajuste em vigor por prazo indeterminado, não autoriza a aceitação da tese de que as causas ali arroladas sejam taxativas e não admitam interpretação extensiva ou ampliativa, tornando, por isso mesmo, perpétuo o contrato de concessão, se as partes não conseguirem enquadramento num dos permissivos do referido dispositivo.

Por que não se haverão de ter como taxativas as hipóteses de extinção do contrato enunciadas no art. 22 da Lei nº 6.729/79? A razão é simples e de fácil compreensão: a interpretação que conduzisse à taxatividade seria simplesmente absurda, diante dos princípios gerais das obrigações. Sob este aspecto lembra, ainda, Carlos Maximiliano que:

> "Desde que a interpretação pelos processos tradicionais conduz a injustiça flagrante, incoerências do legislador, contradição consigo mesmo, impossibilidades ou absurdos, deve-se presumir que foram usadas expressões impróprias, inadequadas, e buscar um sentido equitativo, lógico e acorde com o sentir geral e o bem presente e futuro da comunidade"[9].

No caso do art. 22 da Lei nº 6.729/79, portanto, o que se vê é a mera exemplificação das hipóteses de extinção do contrato de concessão comercial e que o legislador, a seguir, teve o cuidado de explicitar as garantias e efeitos de cada uma delas para os contratantes, ou seja, daquelas que em verdade vislumbrou alguma ilicitude, considerando necessária uma disciplina especial.

Não esgotou todas as hipóteses, mesmo porque a tanto não estava obrigado e, na hipótese do contrato por prazo indeterminado, nem mesmo era necessária a previsão no sentido da possibilidade de sua denúncia por ato unilateral de cada parte. Tanto o concessionário quanto o concedente têm o legítimo direito de denunciar unilateralmente o contrato, não sendo necessária a ocorrência de justa causa. Ao não regulamentar expressamente a extinção unilateral do contrato por prazo indeterminado o legislador apenas revelou sua intenção: a de sujeitá-lo ao regime geral e não ao especial da lei quanto aos efeitos e às parcelas eventualmente indenizáveis. Não se pode olvidar que há um direito conferido a ambas as partes de romper o contrato. Por mais importante que seja para o distribuidor o contrato de distribuição, o certo é que "a relação contratual pode ser rompida pelo cocontratante mesmo que o concessionário não tenha sido culpado

---

[8] MAXIMILIANO, Carlos. *Hermenêutica e aplicação do direito.* 18. ed. Rio de Janeiro: Forense, 1999, nº 179, p. 166.

[9] MAXIMILIANO, Carlos. *Hermenêutica e aplicação do direito,* cit., nº 179, p. 166.

Seção IV: Da Agência e Distribuição · Cap. IX – A Concessão Comercial na Revenda de Veículos | 351

por qualquer violação às suas obrigações"[10]. E em se cuidando de contratos por prazo indeterminado o que explica esta liberdade de rompê-lo é "a proibição de relações perpétuas"[11].

Mas ao lado desta explicação comum para todos os contratos há outra que resulta própria do contrato de distribuição, apontada pela doutrina mais recente:

> "Com efeito, se a proibição de relações perpétuas se justifica no direito comum pela preocupação de se preservar a liberdade individual, ela pode ser fundada, em nosso caso, pela livre concorrência. A teoria da livre concorrência fornece atualmente uma justificativa suplementar à proibição de relações perpétuas: tal compromisso constitui, com efeito, uma formidável barreira à entrada no mercado que impede os agentes econômicos que poderiam se tornar concorrentes de serem candidatos a uma relação contratual em razão da indissolubilidade das relações preexistentes. A renda da qual os contratantes que penetraram anteriormente no mercado se beneficia *é um fator muito importante de ineficácia econômica*"[12].

Com efeito, negar o direito à denúncia seria impor à parte a perpetuidade do vínculo em detrimento da concorrência e, por conseguinte, da livre iniciativa garantida pela Constituição Federal. Nem mesmo a invocação de uma proteção ao concessionário – parte tida como vulnerável na relação – justifica a supressão do princípio e da liberdade de rompimento do contrato por prazo indeterminado. Preciso é lembrar que a proteção excessiva ao distribuidor em caso de ruptura cria para o fabricante um ônus exagerado, "portanto, uma carga antieconômica. Isso levaria os referidos fornecedores a dificuldades financeiras ou à reorganização dos seus

---

[10] "La relation contractuelle peut être rompue par son cocontractant alors même que le concessionnaire ou le franchisé (...) ne se seraient rendus coupables d'aucun manquement *à* leurs obligations" (BEHAR-TOUCHAIS, Martine; VIRASSAMY, Georges. *Les contrats de la distribution*, cit., p. 151).

[11] "Le droit de romper le contrat de distribuition à durée indéterminée s'explique par la prohibition des engagements perpétuels" (BEHAR-TOUCHAIS, Martine; VIRASSAMY, Georges. *Les contrats de la distribution* cit., p. 151). No mesmo sentido: GHESTIN, Jacques. *Traité de droit civil – les effets du contrat*. 2. ed. Paris: LGDJ, 1994.

[12] "En effet, si la prohibition des engagements perpétuels se justifie en droit commun par le souci de préserver la liberté individuelle, elle peut *être* fondée, en notre matière, sur la libre concurrence. La théorie de la concurrence fournit aujourd'hui une justification supplémentaire *à* la prohibition des engagements perpétuels: un tel engagement constitue en effet une formidable barrière *à* l'entrée sur le marché qui empêche les agents économiques qui seraient en mesure de devenir des concurrents de se porter candidats *à* une relation contractuelle en raison de l'indissolubilité des liens préexistants. La rente de situation dont bénéficient ainsi les contractans ayant pénétré antérieurement sur le marché est un facteur très important d'inefficacité *économique*" (VOGEL, Louis; VOGEL, Joseph. *Vers un retour des contrats perpétuels? Evolution récente du droit de la distribution*, p. 1, *apud* BEHAR-TOUCHAIS, Martine; VIRASSAMY, Georges. *Les contrats de la distribution*, cit., p. 152).

canais de distribuição para deixar de negociar com distribuidores independentes com vantagens excessivas"[13].

Em tal contexto, jamais se poderá considerar inteligente uma interpretação da lei que impeça a liberdade de denúncia do contrato por prazo indeterminado e que crie obstáculos à livre concorrência, com ônus excessivo para a parte, em especial o fabricante. Cumpre, ainda, atentar para as consequências igualmente absurdas da tese restritiva.

Impedir-se a denúncia unilateral seria obrigar à parte que não mais deseja permanecer vinculada ao contrato indeterminado a perpetrar uma infração, sujeitando-se a sanções mais graves, o que é absurdo. Imagine, p. ex., o concessionário que vinculado a um contrato por prazo indeterminado há mais de dez anos não mais deseje prosseguir com as suas atividades ou deseje tornar-se revendedor de outros produtos de marcas diversas. Segundo a tese do descabimento da denúncia da concessão comercial de prazo indeterminado, não poderia fazê-lo a não ser que o fabricante anuísse. Não havendo acordo com o fabricante, estaria obrigado a inadimplir o contrato e nem assim poderia lograr êxito na desvinculação. Isto porque o fabricante inocente poderia optar por exigir o adimplemento da prestação inadimplida (execução específica) ao invés de rescindir o vínculo. Vê-se, pois, que este concessionário estaria a mercê do fabricante, fosse taxativo o art. 22, suportando pesados ônus. Àquele a quem se busca proteger, em face da restrição, ficaria vulnerável e eternamente vinculado ao ajuste com o fabricante, sem possibilidade de dele se desvincular pela sua simples manifestação de vontade.

A taxatividade, neste quadro, conduz a uma consequência absurda e desastrosa dentro da sistemática dos contratos, em ofensa a um princípio que é natural nos ajustes de prazo indeterminado (Código Civil, art. 473). De outro lado, a lei, ao invés de tutelar o concessionário, estaria impondo um regime escravizante e repugnável, contrariando a própria *mens legis*.

Igualmente a se considerar *numerus clausus* o art. 22, sequer seria possível dar-se a extinção do contrato por *caso fortuito*. É que o art. 22 não contempla como hipótese de ruptura do vínculo contratual o caso fortuito, mas apenas a força maior que é instituto diverso, segundo a doutrina. Ninguém, em sã consciência, diria que o contrato estaria mantido em ocorrido o caso fortuito, pois tal conclusão atenta contra um princípio que igualmente é natural no direito.

Ora, a delimitação do sentido e alcance de uma norma jurídica requer que se tenham em conta os princípios jurídicos contemplados no sistema, pois "são eles que possibilitam uma interpretação que responda aos requisitos permanentes do

---

[13]   "Donc une charge anti- *économique. Celle-ci conduirait les dits fournisseurs, soit à des difficultés financières*, soit *à* une réorganisation de leurs circuits de distribution pour ne plus avoir affaire *à* des distributeurs indépendants bénéficiant d'avantages excessifs" (BEHAR-TOUCHAIS, Martine; VIRASSAMY, Georges. *Les contrats de la distribution*, cit., p. 151).

Seção IV: Da Agência e Distribuição · Cap. IX – A Concessão Comercial na Revenda de Veículos | **353**

justo natural e das exigências históricas do justo positivo"[14]. Os princípios, nunca se deve esquecer, "animam as normas e estão antes e por cima delas, de sorte que o intérprete nunca pode marginalizá-los totalmente"[15].

Sob este aspecto é que cuidando-se de contratos por prazo indeterminado, jamais poderá o intérprete adotar uma exegese que conduza à eliminação da possibilidade de sua extinção pelo seu modo normal e natural: a denúncia vazia.

Frise-se que nenhum contrato pode sujeitar o devedor eternamente, motivo pelo qual "nos contratos de duração indefinida, em que não se pactuou tempo de duração, está implicitamente reconhecido pelos contratantes um direito de denúncia unilateral do contrato"[16]. Ou nos dizeres de Hocsman:

> "No contrato de concessão, carecendo de prazo certo o vínculo existente entre as partes, por não haver um prazo final, há de entender-se que as mesmas quiseram que o contrato vigesse até que lhes convenha, como se o tivessem submetido a uma condição resolutória potestativa... Quando o contrato de concessão é de prazo indefinido, existe sempre implicitamente o direito de denúncia por qualquer das partes, uma vez transcorrido prazo razoável (...)"[17].

Assim é que, em caráter geral, nos contratos de prazo indeterminado, surge a possibilidade de denúncia que se encontra presente durante todo o contrato, como uma faculdade a ser exercida por qualquer das partes. E esta faculdade não está excluída naqueles contratos sujeitos ao regime da Lei nº 6.729/79, porquanto inexiste qualquer vedação expressa nesse sentido. Nem poderia existir, pois esta atentaria contra a liberdade dos contratantes e a livre concorrência, garantias constitucionais.

A jurisprudência considera perfeitamente admissível a denúncia imotivada do contrato de concessão em vigor por tempo indeterminado, sob o império da Lei nº 6.729/79: "Contrato. Rescisão. Concessão comercial de venda de veículos automotores. Vigência da avença *por prazo indeterminado*. Rescisão do contrato *sem culpa*. Cabimento. Viabilidade da rescisão pela vontade de qualquer das partes (...)"[18].

---

[14]   "Son ellos los que posibilitarán una interpretación que responda a los requisitos permanentes de lo justo natural y a las exigencias históricas de lo justo positivo" (VIGO, Rodolfo L. *Interpretación jurídica*. Buenos Aires: Rubinzal-Culzoni, 1999, p. 126).

[15]   "[Os princípios] animan las normas y están antes y por encima de las mismas, de ahí que el intérprete nunca pueda marginarlos totalmente" (VIGO, Rodolfo L. *Interpretación jurídica*, cit., p. 126).

[16]   MUÑOZ, Teresa Puente. *El Contrato de Concesión Mercantil*. Madrid: Montecorvo, 1976, p. 172, *apud* AZEVEDO, Álvaro Villaça. Validade de denúncia em contrato de distribuição sem pagamento indenizatório. *Revista dos Tribunais*, v. 737, p. 104, mar./1997.

[17]   HOCSMAN, Heriberto S. *Contrato de concesión comercial*. Buenos Aires: La Rocca, 1994, p. 226.

[18]   1º TACivSP, 4ª CC., Ap. nº 0806366-3, Rel. Juiz Rizzatto Nunes, ac. 15.12.1999, *JUIS – Jurisprudência Informatizada Saraiva* nº 29.

É, aliás, um *princípio* do direito obrigacional, universalmente acolhido, o de que o contrato firmado sem indicação de prazo determinado de duração "pode ser denunciado a qualquer momento por qualquer dos contratantes, sem abusar dessa faculdade na intenção de prejudicar a outra parte"[19].

O problema da justa causa para se extinguir o contrato de duração indeterminada, na espécie, já foi objeto de amplo debate em diversos países que dispõem ou não de regulamentação do contrato de concessão. Interessante notar que a discussão sempre tem por objetivo apenas traçar o regime respectivo, isto é, a sujeição ou não do denunciante ao pagamento de indenização ao outro contratante. Vale dizer: seria abusiva ou não a denúncia do contrato sem justa causa? Hocsman responde à questão:

"Mas pode acontecer que não exista justa causa e, sem embargo o exercício da faculdade de rescisão tenha sido de boa-fé, sem vulnerar a ordem pública e os bons costumes, com um pré-aviso suficiente e depois de um prazo razoável para que o concessionário pudesse amortizar seu investimento e, supostamente, lucrar com ele"[20].

Igualmente em França, a Corte de Cassação já deliberou que "é regra que o direito de resilir se exerce sem que seu autor tenha que justificar com um motivo legítimo"[21]. Também no direito brasileiro já assentou a jurisprudência: "É inerente ao contrato de distribuição por prazo indeterminado a possibilidade de sua extinção sem causa justificada, por vontade de uma das partes, bastando seja a outra cientificada"[22].

Nesse sentido, o entendimento do STJ:

"2. O princípio da boa-fé objetiva impõe aos contratantes um padrão de conduta pautada na probidade, 'assim na conclusão do contrato, como em sua execução', dispõe o art. 422 do Código Civil de 2002. Nessa linha, muito embora o comportamento exigido dos contratantes deva pautar-se pela boa-fé contratual, tal diretriz não obriga as partes a manterem-se vinculadas contratualmente *ad aeternum*, mas indica que as con-

---

[19] BUISSON, Bernard; LACGER, Michel de; MARSAC, Xavier Tandeau de. *Étude sur le contrat de concessión exclusive*. Paris: Sirey, 1968, p. 52-53.

[20] "Pero puede suceder que no exista justa causa, y sin embargo el ejercicio de la facultad de rescisión haya sido de buena fe, sin vulnerar el orden público y las buenas costumbres, con un preaviso suficiente y luego de un plazo razonable para que el concesionario haya podido amortizar su inversión y, supuestamente, lucrar con ella" (BUISSON, Bernard; LACGER, Michel de; MARSAC, Xavier Tandeau de. *Étude sur le contrat de concessión exclusive*, cit., p. 228).

[21] "Est-il de règle que le droit de résilier s'exerce sans que son auteur ait *à* justifier d'un motif légitime" (Cass. Com., 15 dezembro 1969, *Bull. Civ.*, IV, nº 384, p. 335; Cass. Com., 5 abril, 1994, *Bull. Civ.*, IV, nº 149, p. 118, *Apud* BEHAR-TOUCHAIS, Martine; VIRASSAMY, Georges. *Les contrats de la distribution*, cit., p. 155).

[22] TAMG, 4ª CC., Ap. nº 205.547-2, Rel. Maria Elza, ac. 06.03.1996, *JUIS – Jurisprudência Informatizada Saraiva* nº 29.

Seção IV: Da Agência e Distribuição · Cap. IX – A Concessão Comercial na Revenda de Veículos | **355**

trovérsias nas quais o direito ao rompimento contratual tenha sido exercido de forma desmotivada, imoderada ou anormal, resolvem-se, se for o caso, em perdas e danos. 3. Ademais, a própria Lei nº 6.729/79, no seu art. 24, permite o rompimento do contrato de concessão automobilística, pois não haveria razão para a lei pré-conceber uma indenização mínima a ser paga pela concedente, se esta não pudesse rescindir imotivadamente o contrato"[23].

Não se nega ser sempre possível a denúncia unilateral e vazia do contrato por prazo indeterminado. Apenas se investiga a sua abusividade ou não diante das circunstâncias em que se deu para traçar-lhe os efeitos. Nos contratos de concessão de duração indeterminada, a denúncia unilateral imotivada jamais será considerada ilícita ou abusiva se: a) transcorreu prazo razoável para a recuperação de eventuais investimentos; e, b) foi concedido aviso prévio com prazo igualmente razoável para que as partes se adaptassem à extinção.

Em precedente jurisprudencial envolvendo a Automóveis Saavedra S.A. e a Fiat Argentina S.A., julgado pela CSJN (Argentina), decidiu-se que:

"constitui um fato fundamental a ser levado em conta para avaliar se o direito de rescindir foi exercido de forma abusiva, que o contrato de concessão, ao final de sua denúncia, já havia sido executado por um período de dez anos, ao cabo do qual se mostra absolutamente razoável a decisão de uma das partes de querer desligar-se do compromisso... Uma vez que o concessionário teve a oportunidade de amortizar seu investimento e de supostamente lucrar com ele, a rescisão requerida pelo concedente não pode ser reputada abusiva (...). O contrário importaria em prêmio excessivo para o concessionário, que esperaria indefinidamente a rescisão para, desta forma, ser indenizado sem intenção de melhorar sua atividade comercial, especialmente quando não ignorasse o risco de que isso acontecesse e que dita cláusula também poderia ser exercida por ele se tivesse preferido ser concessionário de outra marca"[24].

A Corte Suprema da Argentina, no caso supra, considerou que a ruptura uni lateral não seria abusiva porque: 1) após o prazo de dez anos é razoável a decisão

---

[23] STJ, 4ª T., REsp. 966.163/RS, Rel. Min. Luis Felipe Salomão, ac. 26.10.02010, *DJe* 04.11.2010.

[24] "... constituye un hecho fundamental a tener en cuenta para evaluar si el derecho de rescindir fue ejercido en forma abusiva, el que el contrato de concesión, a la fecha de su denuncia, ya había sido ejecutado por un período de diez años, al cabo del cual se muestra absolutamente razonable la decisión de una de las partes de querer desligarse del compromiso... Una vez que el concesionario tuvo la oportunidad de amortizar su inversión y de supuestamente lucrar con ella, la rescisión dispuesta por el concedente no puede reputarse abusiva... Lo contrario importaría un premio excesivo para el concesionario, quien esperaría indefinidamente la rescisión para de esa forma resultar indemnizado sin *ánimo* de mejorar su actividad comercial máxime cuando no ignoraba el riesgo de que ello sucedería y que dicha cláusula también podría ser ejercida por él mismo si hubiera preferido ser concesionario de la otra marca" (*Apud* HOCSMAN, Heriberto S. *Contrato de concesión comercial*. Buenos Aires: La Rocca, 1994, p. 228).

de uma das partes de desligar-se do contrato; 2) esse prazo foi mais que suficiente para que o concessionário pudesse amortizar seu investimento e lucrar com ele, do contrário estar-se-ia premiando o concessionário; 3) a concessão não pode ser indefinida, pois isso implicaria uma delegação *ad eternum* do concedente; 4) houve aviso prévio.

Enfim: o que se decidiu é que "é admissível a faculdade de resilir unilateralmente o contrato sem prazo determinado, mas as consequências do seu exercício são diversas, de acordo com as relações de fato que se tenham gerado entre as partes e certas expectativas, produto de uma relação nascida para durar"[25].

Sob este aspecto é que hodiernamente, nos contratos de concessão há uma regra segundo a qual "seria desejável e razoável que a duração dos contratos concluídos pelos distribuidores representantes de uma marca sejam modelados de forma a que seja possível amortizar seus investimentos"[26].

Donde se sugerir que o prazo de duração do contrato torne possível a amortização dos investimentos impostos ao distribuidor, razão pela qual considera-se abusivo o exercício da denúncia imotivada quando tal não se operou. A exigência do decurso de um prazo razoável de amortização tornou-se, assim, requisito para a legitimidade da denúncia. E não se trata de enunciado estranho ao direito brasileiro, sendo certo que o Código Civil, ao regular o contrato de *agência e distribuição* em que há um vínculo de dependência maior do agente e do distribuidor, expressamente o agasalhou: "Se o contrato for por tempo indeterminado, qualquer das partes poderá resolvê-lo, mediante aviso prévio de noventa dias, desde que transcorrido prazo compatível com a natureza e o vulto do investimento exigido do agente" (art. 720).

O enunciado supra nada mais representa que a consagração normativa de um princípio geral que já vinha sendo agasalhado na doutrina e na jurisprudência.

Vê-se que, ao lado do decurso de um prazo razoável de vigência da relação (requisito inserido no Código Civil, art. 720), é indispensável igualmente que haja um pré-aviso para que o outro contratante se adapte às alterações. O pré-aviso deverá ser em prazo razoável para poder cumprir seus objetivos, o que, segundo a Lei brasileira para as concessões de veículos automotores de via terrestre, dá-se em 120 dias. O Código Civil considerou suficiente 90 dias para a agência e distribuição.

---

[25] "Es admisible la facultad de alejarse unilateralmente del contrato sin plazo determinado, pero las consecuencias de su ejercicio son diversas de acuerdo con las relaciones de hecho que se han generado entre las partes y las expectativas ciertas, producto de una relación nacida para durar" (HOCSMAN, Heriberto S. *Contrato de concesión comercial*, cit., p. 231).

[26] "Qu'il serait souhaitable et raisonnable que la durée des contras conclus par les distributeurs représentant une marque soit modelée de façon à ce qu'ils pussent amortir leurs investissements" (HASSLER. L'intérêt commun. *Rev. Trim. Droit Commerciale*, 1984, p. 626).

Seção IV: Da Agência e Distribuição · Cap. IX – A Concessão Comercial na Revenda de Veículos | 357

Transcorrido prazo razoável de vigência da relação de concessão e concedido aviso prévio razoável, jamais poderá ser considerada abusiva a denúncia unilateral sem explicitação de causa de um contrato por prazo indeterminado.

Quanto aos efeitos da denúncia imotivada de um contrato por prazo indeterminado tem-se:

a) se a ruptura respeitou o aviso prévio e se deu quando decorrido prazo razoável para a recuperação de investimentos impostos ao concessionário pelo fabricante, nenhum efeito advirá senão a extinção do ajuste;

b) se a ruptura, por outro lado, for abusiva a consequência será o nascimento para o denunciante do *dever de indenizar*.

Não é, portanto, a *denúncia* (resilição unilateral) que gera, por si, o dever de indenizar. O ato ilícito, *in casu*, somente se configurará se o exercício do direito de denúncia for usado de maneira desleal, de má-fé, enfim, de forma abusiva, caracterizada pelo único propósito de lesar o outro contratante.

Sem dolo ou culpa do contratante que denuncia o contrato de prazo indeterminado, estará ele "exercendo um direito", pelo que não se sujeitará a qualquer indenização, salvo se a lei especial lhe impuser, *in concreto* e expressamente, a obrigação de forma objetiva[27], o que, efetivamente, não se deduz do texto dos arts. 23, 24 e 25 da Lei nº 6.729, para o caso da concessão comercial nela disciplinada.

177. EFEITOS DA DENÚNCIA UNILATERAL DA CONCESSÃO COMERCIAL

É de se ressaltar que a consequência ligada ao rompimento abusivo do contrato por prazo indeterminado será a responsabilização civil do contratante denunciante. Jamais a invalidade do ato de denúncia. Com efeito, a ilicitude da resolução será sancionada "não pela nulidade, mas pela responsabilidade do autor do abuso"[28]. Ou seja, nos contratos a tempo indeterminado, configurada a abusividade do ato de extinção do ajuste "entende a doutrina e a jurisprudência ter o concessionário direito a uma indenização pela extinção abusiva"[29].

Ainda que abusivo o efeito da extinção se opera, em respeito ao princípio da liberdade de desvinculação de uma parte dos contratos indeterminados pela tão só manifestação de sua vontade. Todavia estará sujeita ao pagamento de uma

---

[27] AZEVEDO, Álvaro Villaça. Validade de denúncia em contrato de distribuição sem pagamento indenizatório. *Revista dos Tribunais*, v. 737, p. 104, 105 e 107, mar./1997.

[28] "Non par la nullité, mais par la responsabilité de l'auteur de l'abus" (BEHAR-TOUCHAIS, Martine; VIRASSAMY, Georges. *Les contrats de la distribution*, cit., p. 158.

[29] "Viene preso in considerazione dalla dottrina e dalla giurisprudenza il diritto del concessionario ad un'indennità per il receso abusivo" (BALDI, Roberto. *Il contratto di agenzia. La concessione di vendita – Il franchising*. 6. ed. Milano, 1997, *apud* MONTEIRO, António Pinto. *Contrato de agência*. 4. ed. Coimbra: Almedina, 2000, p. 110).

indenização que, na hipótese do contrato de concessão de veículos, não está sujeita à tarifação legal, porquanto neste aspecto a lei é especial merecendo interpretação restritiva. Não é, nestas hipóteses, juridicamente possível buscar o contratante que se reputa prejudicado a subsistência do vínculo contra a vontade da outra parte, porquanto tal atenta contra a liberdade, assegurada constitucionalmente. Muito menos há que se falar em invalidade, ou nulidade do ato de denúncia. A noção é incompatível com a ilicitude, pressupondo para sua declaração se esteja diante de ato jurídico lícito. Ou nas palavras de Marcos Bernardes de Mello:

> "Porque a vontade constitui o elemento cerne do suporte fático, somente os atos jurídicos (= atos jurídicos *stricto sensu* e negócios jurídicos) passam pelo plano da validade.
>
> (...)
>
> Quanto ao ato ilícito *lato sensu*, (...), apesar de apenas se tratar de conduta, também seria um contrassenso considerá-lo nulo, porque apenas beneficiaria o agente infrator. A invalidade é, na verdade, uma sanção, uma punição que visa a privar das vantagens que possa obter do ato jurídico aquele que o pratica contrariando as normas jurídicas. Ora, o ato ilícito traz consigo, já como efeito específico, uma penalidade, e, por isso, tê-lo como nulo implicaria negar a punição ao infrator, uma vez que, de ordinário, a invalidade acarreta a ineficácia do ato.
>
> (...)
>
> Por isso, somente *atos jurídicos lícitos passam pelo plano da validade*, onde o direito faz a triagem entre os válidos e os não válidos (= inválidos)"[30].

A sanção para o abuso da extinção do contrato de concessão (ilícito) é a responsabilização civil, criando para o autor do ato o dever de indenizar, nunca a invalidação para restabelecimento do *statu quo*: subsistência do vínculo.

Exatamente à vista da impossibilidade de se manter em vigor um contrato denunciado contra a vontade do outro contratante, que a jurisprudência brasileira tem repelido tentativas no sentido de bloquear a extinção e impor judicialmente a subsistência do vínculo:

> (i) "É descabida a decisão liminar, proferida em medida cautelar inominada, que obriga uma das partes a continuar cumprindo contrato já expirado e contra a sua vontade. A Constituição Federal expressamente consagra o princípio da legalidade, ao prescrever que 'ninguém será obrigado a fazer ou deixar de fazer alguma coisa senão em virtude de lei' (art. 5º, inc. II)... A questão da prorrogação do contrato de revenda e distribuição pactuada entre as partes (ao deferir a liminar o magistrado garantiu a

---

[30] MELLO, Marcos Bernardes de. *Teoria do fato jurídico, plano da validade*. 2. ed. São Paulo: Saraiva, 1997, p. 15-16.

continuidade das atividades contratadas) não pode afrontar o princípio da autonomia contratual e da liberdade de contratar"[31].

(ii) "Se a cláusula contratual previu apenas uma prorrogação por igual período, obviamente que chegado a seu termo tal prazo, houve prorrogação da vigência do contrato por prazo indeterminado. Não pode prosperar pretensão deduzida em juízo de prorrogar avença privada, procurando invalidar e impossibilitar direito decorrente do direito de qualquer das partes romper o contrato, por denúncia vazia, mediante notificação..."[32].

Em suma: havendo lesão injusta na denúncia do contrato de concessão mercantil, não há direito para qualquer das partes de forçar o seu restabelecimento por meio de tutela de urgência cautelar ou antecipatória. O que se admite é apenas o exercício da pretensão à competente indenização de perdas e danos, que, a nenhum título, justifica antecipação de um efeito (a prorrogação do contrato) que nem mesmo a sentença final de mérito lhe poderá proporcionar.

---

[31]   TJPR, 4ª CC., AI nº 12.425, Rel. Des. Antônio Lopes de Noronha, ac. 11.08.1997, *JUIS – Jurisprudência Informatizada Saraiva* nº 29.

[32]   TJPR, 3ª CC., Ap. nº 16.519, Rel. Des. Rosene Arão de Cristo, ac. 21.02.2000, *JUIS – Jurisprudência Informatizada Saraiva* nº 29. No mesmo sentido: 1º TACivSP, 9ª CC., MS nº 0667380-1, Rel. Juiz Roberto Caldeira Barioni, ac. 16.04.1996, *JUIS – Jurisprudência Informatizada Saraiva* nº 29.

Seção V: Franquia

Capítulo I

NOÇÕES GERAIS

Sumário: 178. Evolução histórica do comércio: do artesanato à distribuição: 178.1. A explosão do comércio; 178.2. A função da distribuição; 178.3. A motivação econômica do contrato de franquia – 179. Tipicidade ou atipicidade do contrato de franquia – 180. Definição legal.

178. EVOLUÇÃO HISTÓRICA DO COMÉRCIO: DO ARTESANATO À DISTRI-BUIÇÃO

Durante muitos e muitos anos, o comércio e as relações jurídicas em geral foram bem singelos e estruturalmente estáveis. As comunidades existentes eram reduzidas e não experimentavam grandes intercâmbios nem no âmbito cultural, tampouco econômico.

O comércio, então, era realizado na base da troca, devido à ausência da moeda. Não havia, outrossim, meios de transporte nem de conservação adequados. E a produção era reduzida, já que rudimentar.

Até princípios do século XIX, o comércio, mesmo na Europa, baseava-se, predominantemente, na venda de produtos artesanais. O comerciante reunia os encargos da produção e da comercialização de seus produtos.

Só mais recentemente, com o progresso da Revolução Industrial é que o incremento da produção e a intensificação do comércio internacional passaram a provocar a multiplicação quantitativa e qualitativa das relações jurídicas. É o que registra Maria Helena Brito:

> "Antes da revolução industrial, o fabricante produzia, geralmente de forma artesanal, bens de primeira necessidade que vendia diretamente a uma clientela com a qual mantinha relações constantes. A atividade comercial independente de qualquer função produtiva respeitava quase sempre a bens não essenciais provenientes de regiões longínquas"[1].

O primeiro passo da Revolução Industrial foi, justamente, dissociar as funções de fabricar e de comercializar bens[2]. Verificou-se, a partir daí, uma redução

---

[1]   BRITO, Maria Helena. *O contrato de concessão comercial*. Coimbra: Almedina, 1990, p. 1.

[2]   BRUDEY, Nathalie; DUCROCQ, Cédric. *La distribution*. 2. ed. Paris:Vuibert, 1998, p. 2.

progressiva das funções do comerciante, que levou Edward Leclerc a inventar o termo *distributeur* (distribuidor) para designar aqueles comerciantes que não participavam da cadeia de fabricação dos bens, e que, portanto, não dominavam mais as técnicas de produção[3].

A produção crescente, decorrente das facilidades trazidas com a Revolução Industrial, necessitava de um bom canal de comercialização. O modelo do comerciante local não era capaz de dar vazão à produção. O fabricante, agora capaz de produzir em larga escala, precisava colocar à venda seus produtos e fazê-los chegar a uma clientela igualmente ávida de consumo.

A grande loja de departamentos foi a primeira experiência de distribuição de produtos em massa. Segundo Brudey e Duc-Rocq, a *grand magasin* (grande loja de departamentos), inventada por Aristide Boucicaut, em 1852, representou a segunda grande etapa da evolução do comércio moderno, e introduziu a loja de grande superfície, com enorme estoque, alta rotatividade de produtos, margens baixas de lucros, preços baixos, sistema de etiquetas de preços, livre acesso do consumidor aos produtos e a vitrine como instrumento de *marketing*, entre outros mecanismos de comercialização em massa presentes até os nossos dias[4].

E, também, os fabricantes se lançaram na formação de redes de distribuição, através da abertura de filiais ou sucursais. A distribuição direta pelo fabricante, destarte, teve seu lugar paralelamente às grandes lojas independentes. Outras vezes, diversos produtores se associaram, criando filiais comuns, centros de compras ou cooperativas, que formavam uma rede integrada.

Os pequenos e médios comerciantes, por sua vez, na tentativa de sobreviverem à nova concorrência, buscaram soluções eficazes para o seu mercado. Criaram-se, então, grupamentos de comerciantes independentes, destinados a eliminar os intermediários, atacadistas, e a conseguir melhores condições de compra, em bloco. Surgiram as chamadas centrais de compras por associação de comerciantes.

Os atacadistas, outrossim, em resposta à nova concorrência, investiram na criação de novas filiais, desenvolveram o seu negócio e se associaram entre si.

Até a metade do século XX, portanto, predominavam no comércio as grandes lojas, resultantes da reunião de comerciantes, produtores e atacadistas. Ofertavam elas, às vezes, sofisticação, outras vezes, bons preços. Mas todas elas tinham em comum um custo elevado de fundação e de manutenção, e um pesado sistema de gestão.

Esse foi o primeiro cenário após o grande incremento da produção e o surgimento do consumo em massa. Mas o século XX ainda estava por assistir a uma revolução muito maior em todas as áreas: científica e tecnológica, cultural, social e comercial.

---

[3]   Ibidem, p. 3.
[4]   BRUDEY, Nathalie; DUCROCQ, Cédric. *La distribuition*, cit., p. 4.

Atualmente, com o desenvolvimento da tecnologia e a ampliação do acesso da população à *internet*, a distribuição de produtos e serviços *on-line* aumentou exponencialmente. Segundo estudo feito por Paula Narita Ebert e Lurdes Marlene Seide Froemming, em 2014 o setor de comércio eletrônico movimentou trinta e cinco bilhões de reais[5]. Em razão disso, há uma forte tendência ao aumento do comércio eletrônico.

178.1. A explosão do comércio

Não se pode olvidar que os fenômenos econômicos e sociais são o resultado da convergência da vontade de alguns homens em uma época que apresenta condições peculiares e favoráveis. O grande desenvolvimento do comércio na segunda metade deste século foi propulsionado, segundo análise de Paul-Louis Halley[6], pelo desenvolvimento dos meios de transporte e dos equipamentos de conservação e armazenagem dos produtos perecíveis, que possibilitaram o deslocamento da produção até os mercados consumidores; pela elevação do poder aquisitivo da população mundial; pela entrada da mulher no mercado de trabalho que, consequentemente, originou a necessidade de consumirem-se produtos prontos e estocados. A estes fatores, podem-se somar, outrossim, o crescimento da natalidade e o aumento da expectativa média de vida, graças ao avanço da Medicina e da indústria química.

Se por um lado houve crescimento da produção, por outro, proliferaram não só os consumidores, mas igualmente seus hábitos de consumo. O homem moderno consome cada dia mais, na busca de seu bem-estar físico e mental.

Do encontro dos anseios do mercado consumidor e da alta produtividade da indústria surgiu o ambiente propício para o gigantesco desenvolvimento do comércio. E sua principal atividade de distribuição de bens e serviços, em face da alta competitividade, das exigências do novo consumidor, e também da escolha seletiva dos produtores, sofreu uma verdadeira revolução de costumes, técnicas, qualidade e variedade, sempre na busca da perfeição e da conquista do consumidor cativo, sinônimo de lucros ou, pelo menos, de premissa indispensável para alcançá-los.

Na busca incessante da acumulação de riquezas, empresários, produtores, atacadistas e varejistas criaram as mais variadas formas de desenvolver seus negócios, buscando, quando necessário, auxílio técnico e financeiro de terceiros.

As empresas capitalizadas investiram na expansão de filiais e sucursais. Os demais procuraram na reunião de capitais, nas associações, cooperativas, centrais

---

[5]   EBERT, Paula Narita; FROEMMING, Lurdes Marlene Seide. *Franquia virtual um novo canal de distribuição no varejo brasileiro: o caso da magazine você. Revista Espacios*. vol. 37, ano 2016, p. 20 (http://www.revistaespacios.com/a16v37n11/16371121.html). Acesso em: 03.12.2018.

[6]   HALLEY, Paul Louis. Prefácio. *In*: BRUDEY, Nathalie; DUCROCQ, Cédric. *La distribution*. 2. ed. Paris: Vuibert, 1998, p. VI-VII.

366 | Contratos de Colaboração Empresarial • *Humberto Theodoro Jr. e Adriana Theodoro de Mello*

de compras, fusões sociais e nos contratos de cooperação e integração as soluções mais viáveis e vantajosas para a expansão dos negócios e conquista dos consumidores.

Com efeito, a reunião de capital e tecnologia é a marca do sucesso econômico. Desenvolveram-se não só as sociedades personificadas juridicamente, como os próprios grupos societários. Essa associação de esforços técnicos e financeiros se verificou, e ainda hoje ocorre, sob diversas formas.

Ao lado da noção dos grupos de empresas, ligados por gestão comum, ou pela participação recíproca no capital social, o comércio moderno se caracteriza por grupos decorrentes de liames ou vínculos contratuais.

Tais grupos são multiformes e variados, já que no terreno contratual tudo, *a priori*, é possível[7].

Marca, pois, a atividade comercial da segunda metade do século XX a união de empresas, através de contratos de duração, de união ou cooperação, de integração, de dominação econômica, formando-se enormes e poderosos grupos.

As redes de comercialização de bens e serviços se constituem, atualmente, em sua grande maioria, por relações multilaterais, decorrentes de uma política de distribuição uniforme estabelecida pelo fornecedor, em face de numerosos contratantes[8].

178.2. A função da distribuição

Como já visto, o *boom* do comércio foi resultante da evolução socioeconômica ocorrida nos últimos dois séculos, e também resposta a uma demanda da massa consumidora, que já não se podia satisfazer com o pequeno e incipiente comércio local.

Dessa necessidade de ligar a produção de larga escala ao consumo de massa surgiu um novo modelo de atividade econômica: a distribuição.

Porém, o papel do distribuidor no fim do século XX não corresponde ao modelo que se ensaiou no princípio da Revolução Industrial. Até algum tempo atrás, a função primeira da distribuição era simplesmente interligar produção e consumidores: transportar, estocar, ofertar etc.

Em aguçado enfoque da distribuição como fenômeno econômico e empresarial, concluem Brudey e Ducrocq que antes era ela tida apenas como um custo. Mas, progressivamente, esta concepção cedeu lugar ao enquadramento da ativi-

---

[7]   GUYON, Yves. *Droit des affaires*: droit commercial général et sociétés. 10. ed. Paris: Economica, 1998, t. I, nº 589, p. 617.

[8]   BEHAR-TOUCHAIS, Martine; VIRASSAMY, Georges. *Les contrats de la distribution*. Paris: LGDJ, 1999, nº 871, p. 455.

dade no setor produtivo. Reconhece-se, atualmente, que sua função é essencial na ligação adequada entre a produção e o consumo. Nesta função, exerce a distribuição o papel de adequar a oferta à demanda: é fator de difusão, mas também de adaptação e regulação[9].

A concepção moderna da distribuição decorre diretamente de grandes estratégias comerciais empreendidas por excelentes comerciantes atentos às necessidades do consumidor e das falhas dos concorrentes. A logística, ciência originalmente voltada a solver complexos problemas com grandes variáveis na área militar, se desenvolve no pós-guerra já dedicada a expansão das empresas. Na distribuição da produção, auxilia no gerenciamento do fluxo de produtos, desde os pontos de fornecimento até os pontos de consumo, buscando satisfazer a demanda dos clientes ao menor custo possível, determinando inclusive a localização dos pontos de venda, adequando os níveis de produção ao consumo e às necessidades locais. Distribuir não é mais a simples soma de atos materiais de ligação da produção à clientela. A atividade de distribuir é concebida hoje como uma organização e uma ferramenta útil e determinante de adequação da produção ao mercado[10].

178.3. A motivação econômica do contrato de franquia

No contexto socioeconômico do século XX, que favoreceu a expansão do comércio e da indústria através da implantação de megarredes de distribuição, experimentou a franquia especial incremento nas últimas décadas, tomando franca e rapidamente espaços antes dedicados a representantes ou agentes, concessionários e distribuidores[11].

A razão do sucesso encontra-se na eficiência do sistema, que beneficia igualmente franqueador e franqueados. Favorece, ainda, a própria sociedade, na medida em que "possibilita o acesso a produtos e serviços de qualidade em regiões remotas distantes de centos urbanos, algo que não seria possível por iniciativas regionais isoladas, especialmente por causa dos custos gerados pela sua falta de escala"[12].

---

[9]   BRUDEY, Nathalie; DUCROCQ, Cédric.*La distribuition*, cit., p. 28.

[10] DISSAUX, Nicolas; LOIR, Romain. *Droit de la distribution*. Yssy-les-Moulineaux: LGDJ, 2017, p. 15.

[11] Historicamente, a franquia surgiu nos Estados Unidos, depois da Segunda Grande Guerra mundial e de lá se espalhou para todo o mundo (DISSAUX, Nicolas; LOIR, Romain. *Droit de la distribution*, cit., p. 367).

[12] GIGLIOTTI, Batista Salgado. O funcionamento do sistema de franchising. In: MELO, Pedro Lucas de Resende; ANDREASSI, Tales (orgs.). *Franquias Brasileiras. Estratégia, empreendorismo, inovação e internacionalização*. São Paulo: Cengage Learning, 2017, p. 10. Explica, ainda, o autor, a importância da franquia, pois, « pelas suas características de transferência disciplinada de conhecimento, profissionaliza jovens ingressantes no mercado de trabalho, bem como as firmas que, antes da implantação das franquias, trabalhavam sem processos e metodologias" (loc. cit.).

Com efeito, o sistema de franquia empresarial permite ao comerciante individual, às vezes inexperiente, o acesso rápido e a baixo custo a uma tecnologia (*know-how* ou *savoir-faire*), de sucesso experimentado, que colocado à prova sobreviveu às exigências do mercado consumidor. Desta forma, o investidor, comerciante que se sujeita a inúmeros riscos próprios da atividade, reduz sensivelmente sua margem de insucesso e de perdas de capital[13].

Ademais, o novo comerciante, ao aderir a uma marca notória, evita o investimento maciço, e tantas vezes inviável economicamente, na divulgação publicitária de seu nome e de seus produtos e serviços. Com a reunião dos investimentos dos franqueados e do franqueador, a publicidade torna-se muito menos onerosa e imune à rejeição do volúvel mercado consumidor. O franqueado também tem acesso a conhecimentos de marketing, logística, planejamento e organização, que agregam segurança e maior previsibilidade ao negócio incipiente.

Em suma, une-se o útil ao agradável: reduzem-se os custos e os riscos de não fixação ou aceitação da marca.

Por outro lado, a par da inarredável subordinação econômica a que o franqueado se sujeita, com o fim de manter a imagem e a qualidade dos produtos e serviços do franqueador, o franqueado mantém sua autonomia jurídica e administrativa, sem resquícios de subordinação ao franqueador. A gestão administrativa e financeira da empresa será livre, acompanhando as viabilidades e conveniências da empresa e as peculiaridades do mercado local. A função do franqueador será de fiscalizar a manutenção do padrão de qualidade e o respeito às características de seus produtos e serviços, de forma a integrar a rede de franqueados.

O peso da dominação econômica, entretanto, torna-se menos notado à medida que a cooperação de esforços produz resultados satisfatórios para ambos. O sucesso dos negócios resultante da eficiente gestão da rede de franqueados determina o êxito financeiro das franquias individualmente e, ao mesmo tempo, valoriza o fundo de comércio e incrementa o faturamento do franqueador.

A despeito de algumas modalidades de franquia exigirem um aporte de capital inicial vultoso por parte do franqueado, a notoriedade da marca e o sucesso já consagrado de seus serviços e produtos asseguram ao franqueado um retorno de capital muito mais célere e volumoso do que o que poderia auferir se se lançasse com o mesmo capital em uma aventura comercial independente e de alto risco. Necessariamente, o comerciante enfrentaria uma acirrada concorrência de comer-

---

[13]   Para Claudia Regina Rodrigues e Tales Andreas si, "o modelo de franquia tem se mostrado a alternativa menos arriscada para os micro e pequenos empreendedores" (RODRIGUES, Claudia Regina; ANDREASSI, Tales. Competitividade das franquias no segmento de perfumaria e cosméticos: o caso 'Água de Cheiro, Antídoto, Contém 1g, Mahogany e O Boticário'. In: MELO, Pedro Lucas de Resende; ANDREASSI, Tales (orgs.). *Franquias Brasileiras. Estratégia, empreendorismo, inovação e internacionalização*. São Paulo: Cengage Learning, 2017, p. 155).

ciantes já consolidados, teria um lento retorno de capital, até que seu negócio se tornasse conhecido e que houvesse formado sua própria clientela.

Para o franqueador, a franquia empresarial, outrossim, apresenta vantagens excelentes. Possibilita atingir um vasto território, em curto espaço de tempo, sem investimento de capital. Evita-se, assim, o agigantamento da estrutura burocrática da empresa e dos quadros de pessoal, facilitando o aumento de faturamento sem onerar os custos de distribuição. Dispensa-se o sempre problemático controle das relações de subordinação. Atrai-se o capital de terceiros, sem se recorrer a instituições financeiras. Transferem-se os riscos do investimento aos franqueados[14].

Ao se captarem parceiros interessados na franquia, já habituados aos costumes locais, aumenta-se a margem de êxito do negócio. O comerciante local que investe numa franquia é bom conhecedor das normas vigentes, dos costumes do consumidor, dos hábitos regionais e propicia uma exitosa implantação ou adaptação da franquia ao ambiente que poderia ser, em princípio, hostil aos produtos e serviços do franqueador.

Por isso, conclui Nelson Abrão existir na franquia uma comunhão econômica de interesses entre franqueador e franqueado. Para o autor,

> "enquanto o primeiro deseja vender os produtos ou serviços protegidos por sua marca, o último procura tirar proveito de uma designação distintiva que já desfruta de prestígio perante o público. Em certo sentido, pode falar-se, pois, que há uma interdependência de franqueador e franqueado. O êxito deste último está em função da boa aceitação que a marca poderá encontrar, e o daquele, da habilidade e operosidade com que o franqueado se haverá ao nível da distribuição"[15].

---

[14] Duas teorias da Administração tentam explicar a existência da franquia: a) para a *Teoria da Escassez de Recursos,* os empresários procuram essa modalidade de contratação "quando há necessidade de obter economias de escala e existe uma pressão para expandir a uma taxa além do que é possível utilizando apenas os recursos gerados internamente". Essa circunstância justifica a empresa abrir mão de uma parcela considerável de sua rentabilidade para um terceiro; b) a *Teoria da Agência,* analisando os potenciais conflitos de interesses entre acionistas e gestores das empresas, "percebe o franchising como um mecanismo para melhorar o alinhamento entre os incentivos da empresa e dos diferentes pontos de venda" (BARBOSA, Jaércio Alex Silva; MARIOTTO, Fabio Luiz. Aspectos determinantes para a internacionalização no *franchising*: um estudo com franquias brasileiras. *In* MELO, Pedro Lucas de Resende; ANDREASSI, Tales (orgs.). *Franquias Brasileiras. Estratégia, empreendorismo, inovação e internacionalização.* São Paulo: Cengage Learning, 2017, p. 90).

[15] ABRÃO, Nelson. A Lei de Franquia Empresarial (nº 8.955, de 15.12.1994). In: WALD, Arnoldo (org.). *Doutrinas Essenciais: Direito empresarial.* São Paulo: Editora Revista dos Tribunais, 2011, v. IV, p. 632. Na Itália, Aldo Frignani ressalta, com base em posicionamento da Corte de Cassação, os pontos positivos para cada uma das partes: "a causa (...) de tal contrato é localizada na possibilidade, para o *franqueador,* de ampliar o próprio giro comercial e de aumentar a própria capacidade de penetração no mercado, criando uma verdadeira e própria rede autônoma de distribuição de seus bens e serviços, sem intervenção direta na realidade local;

370 | Contratos de Colaboração Empresarial • *Humberto Theodoro Jr. e Adriana Theodoro de Mello*

No âmbito dos interesses sociais, a franquia se apresenta como eficiente instrumento de implantação das redes de distribuição de produtos ou de prestação de serviços, favorecendo, no contexto mundial, a multiplicação da concorrência entre marcas, promovidas pelo capital de pequenas e médias empresas. Estes novos comerciantes adquirem a possibilidade de competir num mercado de gigantes. Os consumidores se veem, assim, beneficiados pela constante e crescente qualidade de bens e serviços de grandes empresas experimentadas e preocupadas com a sua imagem e a satisfação da clientela. Por outro lado, são favorecidos pela atividade de comerciantes pessoalmente interessados no funcionamento eficaz da empresa. A cooperação permanente e eficaz entre franqueados e franqueadores assegura a qualidade constante dos produtos e serviços.

Aliás, estas vantagens, propiciadas pelo sistema de franquia ao mercado consumidor, à economia de médios e pequenos empreendedores e à concorrência entre marcas, levaram a Comissão da CEE, em 30/11/1988, através do Regulamento nº 4.087, a excepcionar as cláusulas que caracterizam a franquia empresarial da vedação constante do art. 85, § 1º do Tratado da CEE, que, de modo geral, eram consideradas práticas anticoncorrenciais[16]. Com efeito, essas disposições normativas do Mercado Comum Europeu interditam todas as práticas de associação e acordo concertados entre empresas destinadas a restringir ou falsear a livre concorrência.

As regras que presidem as relações entre franqueador e franqueados e concedente e concessionários não foram consideradas atentatórias à concorrência justamente porque se enquadram, em abstrato, nas hipóteses de exceção previstas no art. 85, § 3º, do Tratado da CEE[17]. Com efeito, a distribuição organizada de produtos e serviços, através de uma rede de franqueados autônomos, contribui

---

para o *franqueado*, a possibilidade de empreender uma atividade comercial com riscos reduzidos, valendo-se da marca do *franqueador*, e, assim, desfrutando da posição de confiança e prestígio adquirida por ele e, consequentemente, de inserir-se no mercado" ("la causa... di un simile contratto è ravvisabile nella possibilità, per il franchisor, di allargare il proprio giro commerciale e di aumentare le proprie capacità di penetrazione nel mercato, creando una vera e propria rete autonoma di distribuzione del proprio bene o servizio, senza dover intervenire direttamente nella realtà locale; per il franchisee, la possibilità di intraprendere un'attività commerciale dai rischi ridotti, facendo affidamento sul marchio del franchisor, e, quindi, giovandosi della posizione di affidabilità e prestigio acquista dallo stesso e, conseguentemente, di inserirsi sul mercato" (FRIGNANI, Aldo. *Il contratto di franchising. Orientamenti giurisprudenziali prima e dopo la legge 129 del 2004.* Milão: Giuffrè, 2012, p. 25).

[16] BESSIS, Philippe. *Le contrat de franchisage.* Paris: LGDJ, 1992, p. 47 ss.

[17] O Regulamento de Exceção nº 4.087/88 da Comissão das Comunidades Europeias concernente à aplicação do parágrafo 3º do Tratado de Roma, a algumas categorias de acordos de franquia, dispõe o seguinte: "Art. 1º 1. Nos termos do art. 85, parágrafo 3º, do Tratado e das condições previstas no presente regulamento, o art. 85, parágrafo 1º do mesmo Tratado é declarado inaplicável aos acordos de franquia estipulados entre duas empresas e que comportem uma ou mais restrições previstas no art. 2º".

Seção V: Franquia • Cap. I – Noções Gerais | **371**

para a melhoria da produção e da distribuição e promove o progresso técnico e econômico, beneficiando, em nível geral, contratantes e consumidores, através do incremento da produtividade e da qualidade dos produtos e da redução dos preços, e da supressão de uma multiplicidade de intermediários[18].

Em última análise, os fins legítimos perseguidos pelo produtor com o contrato de franquia são: a) a racionalização e a padronização de uma eficiente rede de distribuição de produtos e serviços; b) a diminuição do custo final de seus produtos; c) a adequação da oferta ao consumo, de modo a programar a produção; d) a manutenção de um padrão de qualidade dos serviços e produtos quando da oferta ao consumidor final; para finalmente, e) alcançar a ampliação da sua clientela e, consequentemente, de sua rentabilidade.

A motivação do produtor, em suma, é a melhoria da rentabilidade de sua empresa, através da oferta mais adequada às necessidades do consumidor, enquanto o comerciante independente, que se une ao franqueador, busca o melhor retorno do capital investido em determinado espaço de tempo, acrescido de lucros razoáveis, é claro, através de uma atividade comercial que se marca pela redução dos riscos.

Não se eliminam os riscos, eles apenas se apresentam amenizados por uma série de fatores que influem determinantemente no seu cômputo, tal como a notoriedade de uma marca, a qualidade dos bens e serviços produzidos, a existência de uma tecnologia eficiente de gestão ou de produção e de *marketing*.

Haverá, destarte, um objetivo comum: a conquista de uma clientela que favoreça o lucro de ambos. Mas os interesses individuais são, como em qualquer contrato, contrapostos, pois o fornecedor quer uma rede de distribuição ao menor custo possível, enquanto o franqueado deseja a maior margem de lucro possível. O equilíbrio será encontrado na equação econômica que ambos fixarem no contrato[19].

Um acordo de vontades que respeite esses interesses econômicos diversos e contrapostos que movem as partes, estabelecendo regras de cooperação para alcançar o objetivo comum (a captação da clientela e o aumento da rentabilidade), estará cumprindo sua função econômica, que é aceita e legitimada pela vontade social.

---

[18] BESSIS, Philippe. *Le contrat de franchisage cit.*, p. 49-50. Segundo o autor, são, outrossim, requisitos que o Regulamento (CEE) nº 4.087/88 impõe para que a prática não constitua ofensa à economia de livre concorrência: a limitação das restrições impostas ao franqueado ao estritamente necessário para se atingirem os objetivos/benefícios enumerados; e a manutenção da concorrência, de modo que a franquia não pode cobrir a integralidade ou quase a totalidade do mercado concertado.

[19] É assim que se verifica, p. ex., na compra e venda, na locação, etc... O vendedor quer o maior preço que o mercado pagar, enquanto o comprador almeja pagar o menor preço possível. As expectativas se reduzem até um ponto de equilíbrio que se encontra no consenso das partes sobre o menor preço aceito pelo vendedor e o maior, pago pelo comprador.

372 | Contratos de Colaboração Empresarial • *Humberto Theodoro Jr. e Adriana Theodoro de Mello*

Deve-se, ainda, destacar o fenômeno atual de internacionalização de franquias, ocorrido em razão da globalização, que fez surgir amplas oportunidades, no mercado externo, para as empresas. Segundo estudo feito por Felipe Mendes Borini, Thelma Valéria Rocha e Eduardo Eugênio Spers, "no Brasil, existem 68 redes nacionais que operam em todos os cinco continentes com mais de setecentas unidades no exterior", especialmente em Portugal, México e Argentina[20].

Além disso, há forte tendência de instalação de franquias virtuais, em razão do incremento do comércio eletrônico. Para Paula Narita Evert e Lurdes Marlene Seide Froemming, as franquias virtuais têm se tornado uma tendência no Brasil, por ser "uma estratégia empresarial para expansão rápida, confiável, e menos onerosa, para as localidades distantes da sede, que utiliza da internet como seu principal canal de negócios"[21]. Segundo as autoras, citando dados da Associação Brasileira de Franquia, o atrativo da franquia virtual é o baixo valor de investimento inicial, se comparado à franquia comum[22].

179. TIPICIDADE OU ATIPICIDADE DO CONTRATO DE FRANQUIA

Tal como sói acontecer com os fenômenos econômicos em geral, o contrato de franquia tornou-se, primeiro, uma praxe comercial para depois ser tratado pelo direito, especificamente, por lei própria.

A despeito de sua definição na Lei nº 8.955, de 15/12/1994, há quem negue a qualidade de contrato típico à franquia no direito brasileiro.

É o que defende, por exemplo, Leonardo Sperb de Paola. Segundo o autor, o contrato de franquia continuaria atípico porque a nova lei não instituiu um "modelo regulativo" deste contrato, mas, apenas, algumas normas restritas "às informa-

---

[20] BORINI, Felipe Mendes; ROCHA, Thelma Valéria; SPERS, Eduardo Eugênio. Desafios para a internacionalização das franquias brasileiras: um *survey* com franquias internacionalizadas. In: MELO, Pedro Lucas de Resende; ANDREASSI, Tales (orgs.). *Franquias Brasileiras. Estratégia, empreendorismo, inovação e internacionalização*. São Paulo: Cengage Learning, 2017, p. 73. Para os autores, "as franquias brasileiras tem vivenciado nos últimos cinco anos uma busca por internacionalização. As operações no exterior ainda são pequenas, mas representam um bom desafio para os gestores em relação a lucratividade e crescimento" (op. cit., p. 85).

[21] EBERT, Paula Narita; FROEMMING, Lurdes Marlene Seide. *Franquia virtual um novo canal de distribuição no varejo brasileiro: o caso da magazine você cit.*

[22] Entretanto, as autoras ressaltam que o risco do negócio é igual ao da franquia comum. Assim, o futuro franqueador deve dispor "de todos os detalhes necessários sobre os negócios, para auxiliar na tomada de decisões mercadológicas". Além disso, deve apresentar formas de treinamento e transferência de *know-how*, "para que os novos empreendedores disponham de conhecimento necessário para o funcionamento do novo negócio" (EBERT, Paula Narita; FROEMMING, Lurdes Marlene Seide. Franquia virtual um novo canal de distribuição no varejo brasileiro: o caso da magazine você, cit.).

Seção V: Franquia • Cap. I – Noções Gerais | **373**

ções prévias indispensáveis à contratação, à mingua das quais poderá o franqueado arguir a anulabilidade do contrato"[23].

A realidade, porém, conduz a outra conclusão. Não é o maior ou o menor volume de regras legais que torna um contrato típico ou atípico. O que importa é, no ordenamento jurídico, ocorrer o reconhecimento de que a um certo *nomen iuris* corresponde um negócio jurídico identificado por um *objeto determinado* e por uma *finalidade específica*. Disso resulta uma identificação de direitos e obrigações entre os contratantes que se fazem presentes como efeitos naturais do contrato típico ou nominado.

São, pois, contratos típicos, as relações econômicas instrumentalizadas por formas jurídicas, que adquirem *tipicidade* em razão da sua *frequência* e *uniformidade*. Explica Orlando Gomes que essas relações típicas se identificam por "traços inconfundíveis" e "denominação privativa" e, regularmente, correspondem a uma espécie contratual que satisfaz "às necessidades mais instantes da vida social" em determinada fase da evolução econômica[24].

Para alguns autores, a tipicidade de um contrato independe até mesmo de regulamentação legal específica. Basta que o contrato, no tráfego negocial, adquira nome e se identifique por meio de um complexo de direitos e obrigações constantes. Assim, alcançando, nos usos e costumes, uma "personalidade" própria, o contrato obtém *tipicidade*, mesmo à margem do texto da lei[25].

O contrato de franquia empresarial, tal como o concebe a Lei nº 8.955/94, tem definição para as *obrigações* e *direitos* fundamentais de ambos os contratantes, um *objeto* claro e uma *finalidade* econômica a ser alcançada pelas duas partes. Logo, sua eficácia natural provém do padrão que a lei lhe outorga e não diretamente da vontade criadora das partes.

Correta, portanto, a sua classificação entre os contratos *típicos* e não entre os atípicos[26].

---

[23] PAOLA, Leonardo Sperb de. Sobre a denúncia dos contratos de distribuição, concessão comercial e franquia. *Revista Forense*, Rio de Janeiro: Forense, v. 343, ano 94, p. 128-129, jul.-ago.-set./1998. No mesmo sentido: COELHO, Fábio Ulhoa. Considerações sobre a lei da franquia. *Revista da ABPI*, nº 16, p. 15, mai.-jun./1995.

[24] GOMES, Orlando. *Contratos*. 26. ed. Rio de Janeiro: Forense, 2007, nº 75, p. 119.

[25] MELO, Claudineu de. *Contrato de distribuição*. São Paulo: Saraiva, 1987, nº 30, p. 39-41. O autor argumenta que a "tipicidade de um contrato não se adstringe à sua previsão legal, mas decorre da formulação que permita distingui-lo de quaisquer outros tipos contratuais. À medida que um contrato possa ser perfeitamente identificável, por requisitos próprios e específicos, que o tornem distinto e inconfundível com qualquer outro tipo contratual, e ainda que não regulado em lei, mas garantido pelo direito, ele é típico. É a tipicidade de fato, e não de direito".

[26] ABRÃO, Nelson. A lei da franquia empresarial (n.º 8.955, de 15/12/1994), cit., p. 628. O autor afirma que "a promulgação da lei específica veio estabelecer maior certeza nas relações

180. DEFINIÇÃO LEGAL

Optou o legislador brasileiro por definir o contrato de franquia empresarial no art. 2º, da Lei nº 8.955/94, como

"(...) sistema pelo qual um franqueador cede ao franqueado o direito de uso de *marca* ou *patente*, associado ao direito de *distribuição exclusiva* ou *semi-exclusiva* de produtos ou serviços, e eventualmente, também ao direito de uso de *tecnologia* de implantação e administração de negócio ou sistema operacional desenvolvidos ou detidos pelo franqueador, mediante *remuneração* direta ou indireta, *sem* que, no entanto, fique caracterizado *vínculo empregatício*" (grifamos).

Da leitura do referido dispositivo legal já se vislumbra o enfoque econômico que o legislador quis imprimir ao conceito de franquia. Não se limitou a definir o contrato (vinculo jurídico que liga franqueado e franqueador). Foi além, para por em relevo todo o sistema de distribuição de bens, produtos e serviços que a franquia é capaz de colocar no mercado de consumo.

Com efeito, ao ingressar em um sistema de franquia empresarial, o contratante franqueado passa a integrar um feixe de relações bilaterais e multilaterais predeterminado pelo franqueador, bastante peculiares aos modelos de relação típicos do século XXI, alavancadas pelas relações de massa propiciadas pelos avanços tecnológicos, pelos meios de comunicação instantânea e pela internet. A franquia, ressalta Baldassari, é uma relação de intensa colaboração e integração entre as partes, que se estabelece normalmente por um contrato em série e de adesão. Trata-se de uma

"técnica comercial consistente em realizar uma parcial integração entre uma empresa principal e uma rede de empresas administradas, cada uma dotada de autonomia jurídica própria, mas contratualmente ligadas à primeira de modo a formar uma estrutura organizacional descentralizada e ao mesmo tempo unitária"[27].

Nelson Abrão, em doutrina, conceitua a franquia empresarial como o

"contrato pelo qual o titular de uma marca de indústria, comércio ou serviço (franqueador), concede seu uso a outro empresário (franqueado), posicionado ao nível da distribuição, prestando-lhe assistência no que concerne aos meios e métodos para viabilizar a exploração dessa concessão, mediante o pagamento de uma entrada e um

---

entre as partes, bem como sacramentar a tipicidade do contrato de franquia". No mesmo sentido: BULGARELLI, Waldírio. *Contratos mercantis*. 11. ed. São Paulo: Atlas, 1999, p. 531.

[27] "Tecnica commerciale consistente nel realizzare una parziale integrazione tra un'impresa principale e una rete di imprese satelliti, dotate ciascuna di una propria autonomia giuridica ma contrattualmente legate alla prima in modo da formare una struttura organizativa decentrata e al tempo stesso unitaria"(BALDASSARI, Augusto. In: ALPA, Guido; BESSONE, Mario (cords). *I contratti in generale: i contratti atipici*. Torino: UTET, 1991, v. II, t. 1, p. 204-207).

percentual sobre o volume de negócios. Não é simples cessão de uso de marca, porque o franqueador, no sentido de implantar e desenvolver o negócio, presta serviço. Não se confunde, também, com a concessão de venda com exclusividade, porquanto esta, além de objetivar apenas a comercialização de produtos prontos com marca, não implicando na sua fabricação pelo próprio concessionário, não compreende a marca de serviços, nem o pagamento de um direito de entrada e de retribuições percentuais periódicas sobre o volume dos negócios"[28].

Em jurisprudência, a Corte de Apelação de Toulouse construiu definição, acatada pela doutrina francesa como excelente:

> "o contrato de franquia é um contrato sinalagmático de execução sucessiva, pelo qual uma empresa denominada franqueadora confere a uma ou diversas outras empresas denominadas franqueadas o direito de reproduzir, sob o signo da franqueadora, com a ajuda dos seus sinais de atração da clientela e sob sua assistência contínua, o sistema de gestão previamente experimentado pela franqueadora e em seguida, graças às vantagens competitivas que procura, razoavelmente permite a uma franqueada diligente realizar negócios lucrativos"[29].

No sistema de franquia, o que vende o franqueador, no primeiro passo, é esse valioso patrimônio imaterial: imagem, conhecimento tecnológico e assistência constante. Mas o contrato não se esgota nessa cessão de direitos porque o franqueado e franqueador assumem, reciprocamente, uma série de obrigações muito estreitas e duradouras, que os manterá ligados durante longo tempo, comprometendo-os com uma conduta de colaboração e de recíproca lealdade já que ao mercado estarão sempre aparecendo como uma unidade: uma rede e um sistema.

Nesse sentido, a doutrina arrola como elementos tipificadores do contrato de franquia distribuição, colaboração recíproca, preço, concessão de autorizações e licenças, independência, métodos e assistência técnica permanente, exclusividade e contratação mercantil[30].

---

[28] ABRÃO, Nelson. A lei da franquia empresarial (n.º 8.955, de 15/12/1994), cit., p. 632. Alexandre Freire Guerra resume a franquia como "acordo comercial que faz a união de duas partes com objetivos complementares. É um acordo justo e saudável em que franqueado e franqueador obtêm benefícios com a relação". De fato, continua o autor, é um contrato celebrado entre "franqueado e franqueador, em que um transfere ao outro o direito e o conhecimento sobre o uso da marca em troca de uma remuneração, sendo, portanto, uma típica relação de agência" (GUERRA, Alexandre Freire. Relacionamentos, incentivos e conflitos em franquias. *In* MELO, Pedro Lucas de Resende; ANDREASSI, Tales (orgs.). *Franquias Brasileiras. Estratégia, empreendorismo, inovação e internacionalização*. São Paulo: Cengage Learning, 2017, p. 66-67).

[29] DISSAUX, Nicolas; LOIR, Romain. *Droit de la distribution*. Yssy-les-Moulineaux: LGDJ, 2017, p. 366.

[30] SIMÃO FILHO, Adalberto. *Franchising. Aspectos jurídicos e contratuais*. 3. ed. São Paulo: Atlas, 1998, p. 33-34. Na Itália, onde a franquia encontra regulamentação legal semelhante ao Bra-

A definição da lei brasileira buscou reunir todos os elementos que a doutrina pátria e a estrangeira já haviam destacado como característicos do instituto, mas pecou em alguns aspectos que merecerão nota ao longo deste capítulo. Em especial, cabe destacar que a descrição de seus elementos essenciais, de forma alternativa, e não cumulativa, levou a uma ampliação do conceito que uma interpretação literal e premeditada o descaracterizaria por completo. Felizmente, as técnicas de hermenêutica possibilitarão à doutrina e à jurisprudência delimitar esse instituto jurídico de relevância econômica notável com maior precisão.

Críticas a parte, impende aceitar que o conceito da franquia adotado pelo ordenamento jurídico consagra as características mais relevantes desta forma jurídica, que encerra uma das mais típicas figuras das relações econômicas de nosso tempo.

Por fim, cumpre ressaltar a existência da Associação Brasileira de *Franchising* (ABF), entidade sem fins lucrativos, criada em julho de 1987, que tem como missão "divulgar, defender e promover o desenvolvimento técnico e institucional deste moderno sistema de negócios"[31]. A Associação criou sua Câmara de Arbitragem para resolver possíveis questões contratuais entre as partes, como forma de solução alternativa de conflitos.

---

sil, a doutrina arrola como elementos desse tipo contratual: "A modalidade de cálculo e de pagamento dos *royalties*, o *know how* fornecido pelo franqueador ao franqueado, as características dos serviços oferecidos pelo franqueador em termos de assistência técnica e comercial, projeto de instalações e formatação" ("Le modalità di calcolo e di pagamento delle royalties..., la specifica del know-how fornito dall'affiliante all'affiliato; le caratteristiche dei servizi offerti dall'affiliante in termini di assistenza tecnica e commerciale, progettazione ed allestimento, formazione". CARINGELLA, Francesco; MARZO, Giuseppe de. *Manuale di diritto civile*. Milano: Giuffè, 2008, v. III, p. 1.491-1.492).

[31] Informações tiradas do site da ABF. Disponível em: https://www.abf.com.br/a-abf/, acesso em: 26.11.2018.

Capítulo II

CARACTERÍSTICAS E ELEMENTOS DO CONTRATO DE FRANQUIA

> **Sumário**: 181. Características do contrato de franquia: 181.1. Sistema ou contrato?; 181.2. Contrato de distribuição; 181.3. Contrato de integração e dominação econômica; 181.4. Controle e autonomia jurídica; 181.5. Contrato de colaboração: interesse comum; 181.6. Contrato de duração; 181.7. Direito de uso de marca ou patente; 181.8. Tecnologia (*know-how* ou *savoir-faire*); 181.9. Dever de assistência; 181.10. A remuneração direta ou indireta; 181.11. A distribuição exclusiva ou semiexclusiva de produtos ou serviços; 181.12. Atividade profissional – 182. Classificação – 183. Objeto – 184. Forma: 184.1. Documentos de vínculo entre as partes.

181. CARACTERÍSTICAS DO CONTRATO DE FRANQUIA

181.1. Sistema ou contrato?

Antes da apreciação jurídica do contrato de franquia, foi sua função econômica que predominou na determinação de sua definição. Consequentemente o seu estudo jurídico, em regra, também se inicia com a inserção do instituto no processo de produção e comercialização de bens e serviços.

Na lei, o primeiro aspecto que se ressalta da franquia empresarial, é, outrossim, sua função de organizar a produção e a distribuição, adequando-as ao consumo. *Sistema*, nomenclatura adotada pela lei brasileira, é "conjunto de partes *coordenadas* entre si; (...) conjunto de leis ou princípios que regulam certa ordem de fenômenos"[1].

Ao empregar a expressão "sistema", denota o legislador brasileiro pouca técnica jurídica, já que a natureza da franquia, para a ciência do direito, é de um *contrato*, e assim deveria ter sido denominada[2]. O sistema por ela instituído é nada mais

---

[1] BUENO, Francisco da Silveira. *Minidicionário da língua portuguesa.* ed. s/n rev. e atual. por PEREIRA, Helena Bonito C.; SIGNER, Rena. São Paulo: FTD, 1996, p. 609.

[2] ABRÃO, Nelson. A Lei da franquia empresarial (n. 8.955, de 15.12.1994). In: WALD, Arnoldo (org.). *Doutrinas Essenciais: Direito empresarial.* São Paulo: Editora Revista dos Tribunais, 2011, v. IV, p. 630. Entretanto, Cláudio Vieira da Silveira aplaude a definição da lei como sendo a franquia um *sistema*, por entender errônea a sua qualificação como contrato, já que "o

378 | Contratos de Colaboração Empresarial • *Humberto Theodoro Jr. e Adriana Theodoro de Mello*

que seu objeto, o conteúdo econômico que a relação obrigacional instrumentaliza. Por outro lado, o fato não deixa de ser um reflexo daquilo que antes já tivemos oportunidade de realçar: o contrato não é apenas um vínculo entre créditos e débitos esvaziado de conteúdo, mas veículo de uma operação econômica[3], que forma um processo composto de atos ordenados e destinados a um fim[4].

Assim, a franquia, no aspecto jurídico, é o *contrato* por meio do qual se põe em prática o sistema econômico de distribuição com as características de um processo específico, justificadora de seus *nomem iuris*.

181.2. Contrato de distribuição

A franquia se insere em uma classe de contratos mais ampla, qual seja, a dos contratos de distribuição, em face de seu escopo e de suas peculiaridades.

São chamados contratos de distribuição aqueles que estabelecem a obrigação de uma das partes promover a venda dos produtos fornecidos pela outra, e cuja execução implica em estipulação de regras gerais e prévias destinadas a regulamentar o relacionamento duradouro que se estabelece entre os contratantes, na vigência do contrato.

Embora a finalidade da franquia e do contrato de distribuição seja, em última análise, o incremento do escoamento de bens, "a franquia é mais abrangente do que a distribuição, mesmo porque, geralmente, implica transferência de tecnologia, *know-how* da franqueadora para a franqueada". Na franquia, o fundamental é o uso da marca pelo franqueado e a assistência prestada pelo franqueador. Assim, enquanto o distribuidor é "mero intermediário entre o concedente e o adquirente", na franquia "o franqueado pode ser ele próprio produtor de bens ou de serviços"[5].

---

   legislador fez associar na transação da operação comercial vários componentes entre si, de características próprias e específicas do *franchising*, apresentando, agora de forma correta, o instituto como um sistema de distribuição de bens e serviços" (SILVEIRA, Cláudio Vieira da. *Franchising. Guia Prático*. 2. ed. Curitiba: Juruá, 2012, p. 269).

[3]   ROPPO, Enzo. *O contrato*. Coimbra: Almedina, 1988, p. 7 ss.

[4]   Como processo, anota Couto e Silva, a obrigação compõe-se, em sentido lato, do "conjunto de atividades necessárias à satisfação do interesse do credor". Explica mais o civilista: "os atos praticados pelo devedor, bem assim como os realizados pelo credor, repercutem no mundo jurídico, nele ingressam e são dispostos e classificados segundo uma ordem, atendendo-se aos conceitos elaborados pela teoria do direito. Esses atos, evidentemente, tendem a um fim. É precisamente a finalidade que determina a concepção da obrigação como processo" (SILVA, Clovis Veríssimo do Couto e. *A obrigação como processo*. São Paulo: José Bushatsky, 1976, n⁰ 2, p. 10); A obrigação é vista, pois, como uma relação dinâmica e complexa, similar àquela que se estabelece com a instauração do processo judicial, em busca de um objetivo final (o provimento pacificador do litígio) (LARENZ, Karl. *Derecho de obrigaciones*. Tradução espanhola de Jaime Santos Briz. Madri: Revista de Derecho Privado, 1958, tomo I, p. 39).

[5]   FORGIONI, Paula A. *Contrato de distribuição*. 3. ed. São Paulo: Revista dos Tribunais, 2014, p. 73.

Seção V: Franquia · Cap. II – Características e Elementos do Contrato de Franquia | **379**

Os contratos de distribuição têm sido objeto de estudos sistemáticos, na tentativa de se revelarem os elementos marcantes que unem variadas espécies contratuais e se nomearem os princípios que devem reger tais relações, em complementação aos princípios gerais dos contratos.

Os contratos de tal espécie, dentre os quais se encontram, a título de exemplo, a representação comercial e a concessão de venda, têm, em graus de intensidade diversos, as marcas do *interesse comum* e da *dependência econômica*[6.]

181.3. Contrato de integração e dominação econômica

Em razão da irrecusável instrumentalidade do contrato em relação à atividade desenvolvida pelo produtor, o sistema de distribuição organizado pelo contrato de franquia confere a este instituto jurídico a tônica da *integração* e da *dominação econômica*.

São chamados contratos de integração aqueles que viabilizam a organização de uma atividade econômica através de políticas comerciais sincronizadas, que combinam *eficácia* e *disciplina*, e que submetem a existência e a manutenção de uma das partes à própria duração do vínculo jurídico[7.]

Em razão da necessidade crescente de aprimoramento da distribuição para a conquista rápida e fiel da clientela, em um mercado, onde o elevado nível da concorrência é marcante, as empresas migraram do sistema de contratos de *subordinação*, tais como os de representantes assalariados, ou ainda de representantes comerciais autônomos, para os contratos de *integração*, capazes de viabilizar o desenvolvimento de macroestratégias de política econômica[8].

Ao aderirem aos contratos de representação comercial, os fabricantes buscaram o rompimento das relações trabalhistas, a diminuição, consequentemente, de tais encargos, esperando beneficiar-se também com a maior produtividade que o profissional liberal ou a empresa independente pudessem alcançar em razão do mecanismo de funcionamento desta espécie de distribuição (com o investimento que os últimos fazem nas próprias instalações físicas, nos recursos materiais e pessoais próprios). Porém, com a autonomia e a relativa independência alcançadas, o

---

6   BEHAR-TOUCHAIS, Martine; VIRASSAMY, Georges. *Les contrats de la distribution*. Paris: LGDJ, 1999, nº 3, p. 3.
7   GUYON, Yves. *Droit des affaires – droit commercial géneral et societes*. 10. ed. Paris: Econômica, 1998, t. 1, nº 816, p. 850 ss.
8   Para Ana Carolina Devito Dearo Zanetti, "o contrato de franquia, dentre os contratos da distribuição, é aquele em que a integração entre as partes se dá no grau máximo e no qual a cooperação entre empresas independentes assume os contornos mais estreitos, a ponto de a identidade dos sinais e da apresentação exterior gerar, aos olhos do público, a convicção de se tratar do próprio produtor ou de uma filial" (ZANETTI, Ana Carolina Devito Dearo. *Contrato de distribuição*. O inadimplemento recíproco. São Paulo: Atlas, 2015, p. 44).

que se verificou na prática foi a dificuldade de os fabricantes imporem à rede de representantes uma disciplina das técnicas de venda.

Passou-se, portanto, à busca de um método capaz de viabilizar a conjugação de dois atributos indispensáveis ao sucesso da atividade distributiva: a *eficácia* e a *disciplina*. O escopo do contrato não seria alcançado sem essas duas características: *independência jurídica* e *dependência econômica*.

Os empreendedores, fabricantes e distribuidores de bens e serviços passaram a formar estruturas multiformes sustentadas por contratos que permitem programar ações concertadas, normalmente limitadas no tempo.

A padronização de condutas, a utilização das marcas e insígnias do fornecedor e a dominação econômica, porém, levaram a conflitos de três ordens, relacionados por Yves Guyon da seguinte forma:

> "1) *entre as sociedades contratantes*, primordialmente no campo da determinação das condições de resolução do contrato, pois a perenização das relações favorece a rotina e, por outro lado, a possibilidade de se romper o contrato a qualquer tempo, ou de rompê-lo bruscamente pode levar a empresa à ruína;
>
> 2) *em face de terceiros*, já que nessa espécie de grupo não há confusão das personalidades jurídicas nem da respectiva responsabilidade patrimonial;
>
> 3) *em face dos contratos de trabalho*, já que as empresas se unirão para realizar um empreendimento através de subordinados e empregados diversos, alguns até mesmo contratados em razão da nova empreitada comum"[9].

O desequilíbrio de poder existente no contrato, entretanto, não é arbitrário, nem desprovido de justificação. O controle sobre o sistema organizado de distribuição através de franquias é, com efeito, a essência dos contratos de distribuição integrada[10], e se justifica pela necessidade de o fornecedor manter o padrão de qualidade de serviços e bens, nos diversos estabelecimentos que integram a rede, de modo a proteger seu conceito e sua marca. Do mesmo modo, é esse sistema de práticas comerciais, gerenciais e de produção que integra o *savoir-faire*, indispensável ao sucesso da rede como um todo. Ao direito caberá impor, apenas, o limite ao exercício desse direito de controle, que possui uma finalidade econômica e social, e distinguir a tênue linha que separa o exercício regular de um direito e o abuso.

A preponderância de uma parte sobre a outra, em princípio, não retira dessa espécie contratual a sua legitimidade. Com fincas em noções de boa-fé, de respeito aos fins sociais do contrato e de proporcionalidade entre restrições de liberdade e benefícios econômicos e sociais é que se poderá impor limites à autonomia privada e às práticas comerciais que têm por característica a dominação econômica.

---

9   GUYON, Yves. *Droit des affaires*, cit., n° 589, p. 618.

10   BEHAR-TOUCHAIS, Martine; VIRASSAMY, Georges. *Les contrats de la distribution*, cit., n° 407, p. 186.

181.4. Controle e autonomia jurídica

Da classificação do contrato de franquia como um contrato de integração decorre um dos principais direitos conferidos ao franqueador: o de controlar a sua rede integrada de distribuidores.

Não se pode alcançar a identidade própria característica da rede de distribuição, bem como o padrão de qualidade de bens e serviços, senão pela imposição de sistemas, métodos, comportamentos, que confiram a seus vários integrantes autônomos da rede uma imagem unitária.

Por outro lado, justifica-se o poder de controle pelas consequências diretas e imediatas que a atividade desenvolvida pelos franqueados acarreta sobre a marca, a imagem, a clientela e a rentabilidade do negócio do franqueador.

Eis a razão pela qual o direito considera legítimo o controle (ou a dominação econômica) que o fornecedor exerce sobre a empresa franqueada. Há nesse controle uma finalidade legítima, de utilidade econômica, e que traz benefícios à comunidade como um todo.

As normas que garantem a reiteração fiel do modelo de comercialização idealizado pelo franqueador, e que obtreve sucesso, serão objeto de um "estatuto" imposto pelo mesmo. Estas normas atendem ao escopo do contrato, e serão benéficas às duas partes e aos demais membros da rede de distribuição[11].

O controle, porém, restringe-se à atividade de distribuição, sendo-lhe vedado intervir na gestão social, sob pena de se desqualificar a autonomia jurídica indispensável à configuração do contrato de franquia.

Em suma, as empresas franqueadas se sujeitam a tal ordem de dominação, seja porque estampam a marca da franqueadora, seja porque desfrutam de uma tecnologia por esta desenvolvida, seja porque somente através da harmonia e cooperação entre os integrantes do conjunto podem todos, individualmente, usufruir do sucesso comum e se estabelecer com vantagem sobre os concorrentes.

Esse poder que se qualifica por sua finalidade não torna a empresa franqueada desprovida de *autonomia jurídica*, conforme assevera Leloup: "as cláusulas que cogitam dessa normatização são perfeitamente compatíveis com a independência. Não se pode conceber a ideia de uma regressão de técnicas comerciais em nome de uma concepção ultrapassada de independência"[12].

---

[11] LELOUP, Jean-Marie. *La franchise: droit et pratique.* 2. ed. Paris: Delmas, 1991, p. 105.

[12] "Les clauses qui traduisent cette normalisation sont parfaitement compatibles avec l'indépendance. On ne peut accepter l'idée d'une régression des techniques commerciales au nom d'une conception dépassée de l'indépendance (LELOUP, Jean-Marie. *La franchise: droit et pratique,* cit., p. 107).

Apesar de vinculado a uma política de atuação no mercado de distribuição, o franqueado terá autonomia jurídica e administrativa para gerir sua empresa, seus lucros, recursos financeiros, materiais, humanos etc.

Leciona Fran Martins que na franquia,

"a autonomia, na verdade, é relativa. Ela aparece como absoluta no sentido de franqueador e franqueado serem pessoas distintas, cada uma respondendo pelos atos que pratica. No entanto, as relações que ligam o franqueador ao franqueado são tão íntimas que muitas regras são impostas a esse pelo franqueador, restringindo seu campo de ação. Assim, existem contratos de franquia que fazem com que o franqueado só pratique determinados atos com autorização expressa do franqueador – propaganda local ou regional, apresentação dos produtos, disposição dos mesmos nos estabelecimentos, escrita especial, fornecimento diário, semanal ou mensal de informes sobre o movimento financeiro do franqueado, até mesmo o uso de uniformes padronizados pelos vendedores do franqueado ou o depósito do apurado das vendas em um determinado estabelecimento bancário, aprovado pelo franqueador. Há, assim, um sem número de obrigações oriundas do contrato de franquia que tolhem a ação do franqueado, apesar de ser ele uma empresa independente da franqueadora"[13].

Esse predomínio econômico do franqueador sobre o franqueado, todavia, não é ilícito, pois propicia ganhos a todas as partes e cumpre relevante função social, já que leva ao crescimento em escala e à eficiência da atividade produtiva. De qualquer forma, o franqueado tem autonomia, pois contrata em seu próprio nome e no seu interesse e responde pessoalmente pelos atos de seus prepostos. E, com exceção das normas específicas do Código de Defesa do Consumidor, que estabelecem as obrigações solidárias entre fornecedor e distribuidor, não se confundem obrigações e responsabilidades pessoais de franqueado e franqueador[14].

Pode, todavia, a relação criada entre franqueador e franqueado sofrer desvios e abusos de várias ordens, tal como acontece também na constituição de pessoas jurídicas. Leloup enumera algumas práticas que podem descaracterizar a autonomia jurídica que deveria existir entre as empresas, e viciar o exercício do poder de controle: a participação no capital social, a intervenção na direção da sociedade franqueada, a interdição da prática de qualquer outra atividade mercantil[15].

Mas, então, não se estará diante de uma verdadeira relação de franquia, mas de uma relação jurídica que se mascara atrás de seu *nomen iuris*.

---

[13] MARTINS, Fran. *Contratos e obrigações comerciais*. 18. ed. Rio de Janeiro: Forense, 2018, nº 438, p. 406.

[14] Cf. CARLUCCI, Aída Kemelmajer de. Aproximación al franchising – especial referencia al régimen de la responsabilidad civil. *Revista de Direito Civil*, São Paulo: Revista dos Tribunais, v. 60, passim.

[15] LELOUP, Jean-Marie. *La franchise*, cit., p. 107 ss.

181.5. Contrato de colaboração: interesse comum

A colaboração reside no fato de estarem, franqueado e franqueador, associados, na consecução de um fim comum, com *divisão de resultados*. Ao contrário da comutatividade que existe entre as prestações devidas por cada uma das partes nos tradicionais contratos de troca, nos contratos de cooperação associativa, pela *união das prestações dos contratantes*, é que se alcança o resultado ou o fim econômico visado por todos[16].

Destacando a similitude que aproxima os contratos de distribuição com os contratos de natureza societária, Leonardo Sperb de Paola conclui:

"Não se pode afirmar que o interesse das partes limita-se aos sucessivos contratos de compra e venda firmados entre o fabricante e o distribuidor. O que se pretende é a formação de uma clientela em determinado território, no qual se planta a marca do produtor, com aumento das vendas em benefício comum. As partes envolvidas, unindo seus esforços, organizam a distribuição de um produto"[17].

São características dos contratos chamados de colaboração: (i) levar as mercadorias produzidas até o consumidor final de forma mais rápida, eficiente e econômica; (ii) ser contrato mercantil, pois vincula duas empresas, produtor e intermediário; (iii) o consumidor aparece somente depois, quando celebra contrato com o intermediário; e, (iv) tem como função garantir o suprimento de mercadorias no mercado consumidor[18].

Nessa espécie de contrato, ao lado das prestações principais devidas de parte a parte, as obrigações acessórias, laterais, decorrentes da lealdade e da boa-fé, assumem preponderante relevo e seu descumprimento, conforme as circunstâncias, pode ser tão ou mais grave que a impontualidade no pagamento dos royalties, por exemplo. A colaboração é dever das partes, pois é essencial para que as partes alcancem suas legítimas expectativas depositadas no negócio.

181.6. Contrato de duração

Da própria natureza da atividade de distribuição, enquanto sistema organizado, conclui-se que o tempo é fator relevante para a execução do contrato que há de viger por um prazo suficientemente longo para que as partes possam alcançar os

---

[16] BRITO, Maria Helena. *O contrato de concessão comercial*. Coimbra: Almedina, 1990, p. 205-206.

[17] PAOLA, Leonardo Sperb de. Sobre a denúncia dos contratos de distribuição, concessão comercial e franquia. *Revista Forense*, v. 94, nº 343, jul.-ago.-set./1998, p. 124.

[18] ROQUE, Sebastião José. *Do contrato de franquia empresarial*. São Paulo: Ícone Editora, 2012, p. 25-26.

fins a que ele se dispõe. A franquia enquadra-se, portanto, no conceito de contrato de duração, uma vez que sua execução não se faz em um único ato, mas em atos sucessivos que se protraem no tempo[19]. A prestação não é, entretanto, divisível, mas a mesma, nos diferentes períodos de tempo. Nessa espécie de contrato de duração, "o adimplemento sempre se renova sem que se manifeste alteração no débito", de tal forma que as obrigações ajustadas "são adimplidas permanentemente e assim perduram sem que seja modificado o conteúdo do dever de prestação, até seu término pelo decurso do prazo ou pela denúncia"[20].

181.7. Direito de uso de marca ou patente

Um dos elementos que distingue o contrato de franquia dos demais contratos de distribuição é a concessão de uso de uma marca notória. É ela que permite ao franqueado beneficiar-se da clientela potencial que se liga aos produtos e serviços do fabricante e identifica o franqueado como integrante de uma rede de distribuição.

O uso da marca e/ou insígnias do fornecedor é não apenas um direito, mas também um dever do franqueado, pois permite identificar a rede de distribuição instalada e gerida pelo franqueador, e contribui para a fixação da sua imagem. A marca é o símbolo de uma tecnologia, da qualidade e da natureza dos produtos ou serviços distribuídos.

A cessão do direito de uso de uma marca, e dos demais signos distintivos da rede eventualmente existentes, é, destarte, essencial no contrato de franquia empresarial, e não se substitui pela cessão de uma patente.

É essa a primeira crítica que se faz ao texto legal, como bem assevera Nelson Abrão: "sendo a patente garantidora de um privilégio de invenção ou transformação, se não for conhecida no mundo exterior, de um modo geral, por intermédio de uma marca, insígnia ou título de estabelecimento, como tal, torna-se inviável no campo da franquia."[21]

181.8. Tecnologia (*know-how* ou *savoir-faire*)

Na Lei nº 8.955/94, a transmissão de uma tecnologia de implantação e administração do negócio ou sistema operacional, desenvolvidos ou detidos pelo fran-

---

[19] GOMES, Orlando. *Contratos*. 26. ed. Rio de Janeiro: Forense, 2007, nº 60, p. 94.

[20] SILVA, Clovis Veríssimo do Couto e. *A obrigação como processo*. São Paulo: José Bushatsky, 1976, p. 211.

[21] ABRÃO, Nelson. A lei da franquia empresarial, cit., p. 633. Nesse sentido é uníssona a doutrina. Cf. BESSIS, Philippe. *Le contrat de franchisage*. Paris: LGDJ, 1992, nº 17, p. 23 ss.; BUSSY, Jack. *Droit des affaires*. Paris: Dalloz, 1998, p. 379; BENSOUSSAN, Hubert. *Le droit de la franchise*. 2. ed. s. l. França: Apogée, 1999, p. 262.

Seção V: Franquia · Cap. II – Características e Elementos do Contrato de Franquia | **385**

queador, é tratada como elemento *eventual*. Todavia, esse dever de instrução e assistência é a marca que distingue a franquia da concessão de venda. É justamente essa prestação que possibilita ao franqueador tornar o contrato em instrumento de organização e integração da atividade de distribuição do fornecedor, e que a esta confere as características da eficácia e disciplina[22].

Aqui, igualmente, aplicam-se as advertências feitas à licença de uso da marca: trata-se não só de um direito do franqueado, mas um dever de conduta e postura que se lhe impõe, sob pena de frustrar os fins do contrato e justificar a rescisão.

A despeito da ausência de disposição legal no direito francês, doutrina e jurisprudência lá ligam o conceito de *savoir-faire* à ideia de *originalidade, especificidade, seriedade e substancialidade*[23].

A tecnologia que se comunica ao franqueado é, em suma, um conjunto de conhecimentos e experiências de natureza prática, que distingue a atividade do franqueador (ou de sua rede de distribuição) da de sua concorrência[24]. De tal forma, pode dizer respeito a todas as etapas ou níveis da atividade empresarial, desde a produção, passando pela gestão e organização, até a distribuição e venda final[25]. Na franquia, a tecnologia está associada, particularmente, aos sinais que atraem a clientela, como, por exemplo, a marca, os sinais distintivos, a padronização dos estabelecimentos e a organização administrativa. Na franquia de distribuição, a tecnologia transmitida há de ser capaz de evitar a banalização dos produtos, e na franquia de serviços e de fabricação, há de diferenciá-los dos que ordinariamente se apresentam ao consumidor.

Adverte Sebastião José Roque, com precisão, que na franquia "o franqueador não 'cede', mas licencia, ou seja transfere temporariamente seus direitos de proprie-

---

[22] Batista Salgado Gigliotti entende que "o sistema de franquia é um interessante ambiente para pesquisas no campo da transferência de conhecimentos por sua própria característica de interdependência de firmas com proprietários distintos, mas sob mesma marca e conceito de negócio". Mas, ressalta que "por serem ambos, franqueador e franqueado, empresários e empreendedores, porém com um mesmo objetivo sob uma mesma marca, o processo de transferência de conhecimento é, ao mesmo tempo, vital para manutenção do padrão de qualidade perante a percepção do cliente e complexa no processo de apropriação do conhecimento" (GIGLIOTTI, Batista Salgado. Transferência de conhecimento em franquias de produtos naturais, educação e acessórios: o caso "Mundo Verde, Seven e Morana". In: MELO, Pedro Lucas de Resende; ANDREASSI, Tales (orgs.). *Franquias Brasileiras. Estratégia, empreendorismo, inovação e internacionalização*. São Paulo: Cengage Learning, 2017, p. 189).

[23] BENSOUSSAN, Hubert. *Le droit de la franchise*, cit., p. 121 ss.

[24] LELOUP, Jean-Marie. *La francise*, cit., p. 27. O autor define *savoir-faire* "como um conhecimento prático, trasnmissível e não imediatamente acessível ou público, não patenteado e que confere àquele que a comina uma vantagem competitiva» («comme une connaissance pratique, transmissible, non immédiatement accessible au public, non brevetée et conférant à celui qui la maîtrise un avantage concurrentiel").

[25] BENSOUSSAN, Hubert. *Le droit de la franchise*, cit., p. 122.

dade intelectual ao franqueado", pois, segundo o autor, na cessão a transferência dos direitos desses direitos é definitiva[26].

Não há justificativa, pois, para o fato de ter a Lei nº 8.955/94 inserido no texto do art. 2º o termo "eventualmente", já que a tecnologia de implantação e administração de negócio ou sistema operacional desenvolvidos ou detidos pelo franqueador é, sem sombra de dúvida, elemento essencial do contrato. Conjuntamente, a licença de uso da marca e a transmissão do *know-how* formam a prestação devida pelo franqueador. Daí chegar Leloup a definir: "franquear é permitir a outrem obter êxito tal qual já se obteve. Franquear é reiterar um êxito". Por isso, é obrigação do franqueador transmitir ao franqueado "os elementos que o conduziram ao sucesso" (tradução livre dos autores)[27].

É, em suma, esse o alcance do contrato de franquia, que foi menosprezado pela noção legal.

181.9. Dever de assistência

Em decorrência do enquadramento da franquia na classe dos contratos de integração, bem como de sua natureza duradoura, ao franqueador se imputa um direito/dever de manter atualizado o conceito da rede, ou seja, de promover a modernização e renovação de sua tecnologia de gestão ou seu sistema operacional. Há o franqueador de fornecer assistência permanente.

Se o franqueador se investe do poder de dirigir a rede de franquias, estabelecendo as regras padronizadas e obrigatórias que em tese vão abrir acesso à clientela de sua marca, por outro, cumpre-lhe o dever de atuar positiva e concretamente na orientação dos negócios do franqueado, auxiliando-o sempre que não estiverem seguindo o trilho esperado.

Cabe ao franqueador empenhar-se em fornecer ao franqueado constantemente um suporte técnico gerencial, comercial e treinamento da equipe, fazendo com que seus conhecimentos e todo o seu patrimônio imaterial sejam efetivamente disponibilizados ao franqueado, que por ele e pela assistência pagou.

O conteúdo desses deveres de cooperação, assistência e direção vão variar muito de rede para rede. Por isso, para que a contratação seja clara e cada parte tenha ciência exata do que está sendo oferecido em determinado sistema de franquias, está obrigado o franqueador a informar ao franqueado, antes mesmo da assinatura do contrato, dentre outras coisas, tudo o que é efetivamente oferecido ao franqueado pelo franqueador, no que se refere a:

"a) supervisão de rede;

b) serviços de orientação e outros prestados ao franqueado;

---

[26] ROQUE, Sebastião José. *Do contrato de franquia empresarial*, cit., p. 21.
[27] LELOUP, Jean-Marie. *La franchise*, cit., p. 27.

Seção V: Franquia • Cap. II – Características e Elementos do Contrato de Franquia | **387**

c) treinamento do franqueado, especificando duração, conteúdo e custos;

d) treinamento dos funcionários do franqueado;

e) manuais de franquia;

f) auxílio na análise e escolha do ponto onde será instalada a franquia; e

g) *layout* e padrões arquitetônicos nas instalações do franqueado"[28].

De fato, "o franqueador tem que colaborar para que se produza a efetiva comunicação dos conhecimentos. É uma obrigação de meio que não se esgota no ato mesmo da entrega do patrimônio empresarial. O dever de assistência técnica e comercial constitui o conteúdo fundamental do mesmo"[29].

O rol da lei não é taxativo, podendo ser incluídos outros serviços que o franqueador entenda convenientes para o bom desenvolvimento da atividade do franqueado[30].

181.10. A remuneração direta ou indireta

Na franquia, o direito de uso da marca e o de acesso à tecnologia proporcionam ao franqueado o benefício de compartilhar da clientela do franqueador e de um conjunto de conhecimentos experimentados e extremamente úteis para a atividade empresarial desenvolvida. Como retribuição, incumbe-lhe pagar ao franqueador não só os produtos que adquire para revender, mas, também, e eventualmente, uma "taxa inicial de filiação"[31] e outras "taxas periódicas" ou *royalties*[32], que podem ser fixadas sobre o volume dos negócios, ou não, e que se referem ao direito de uso da marca, aluguel do ponto comercial, publicidade[33] etc.[34]. Será através dessa

---

28 Art. 3º, XII, da Lei 8.955/94, Lei de Franquia.

29 LAMY, Marcelo. *Franquia pública*. São Paulo: Ed. Juarez de Oliveira, 2002, p. 87-88.

30 SILVEIRA, Cláudio Vieira da. *Franchising. Guia Prático*. 2. ed. Curitiba: Juruá, 2012, p. 288.

31 Para Nelson Abrão, o franqueado se obriga ao "pagamento de um direito de entrada, quantia inicial que paga para ser admitido ao sistema" (ABRÃO, Nelson. A Lei da franquia empresarial, cit., p. 638). Essa taxa é o valor inicial cobrado pelo franqueador para que ele ingresse na rede. "Consiste num valor único inicial, normalmente pago pelo franqueado ao franqueador na assinatura do contrato de franquia" (MACHADO, Tiziane (org.). *Manual Jurídico para franqueadores e franqueados*. São Paulo: Aleph, 2006, p. 59).

32 *Royalties* são "uma retribuição periódica pelo uso da marca ou serviços efetivamente prestados pelo franqueador, tais como cessão de fórmulas e métodos de fabricação, uso do título do estabelecimento ou insígnia" (ABRÃO, Nelson. A Lei da franquia empresarial, cit., p. 638).

33 A taxa de publicidade é verba cobrada pelo franqueador para que o franqueado "em nome da rede, divulgue a marca, os produtos e conceitos, servindo assim como fomento comercial. Para tanto, o franqueado utiliza-se de campanhas publicitárias, propagandas e quaisquer outros meios de divulgação" (MACHADO, Tiziane (org.). *Manual Jurídico para franqueadores e franqueados*. São Paulo: Aleph, 2006, p. 60).

34 Cf. art. 3º, incisos VII e VIII, da Lei nº 8.955/94.

388 | Contratos de Colaboração Empresarial • *Humberto Theodoro Jr. e Adriana Theodoro de Mello*

fórmula que se estabelecerá a participação de cada um dos contratantes nos resultados positivos da parceria empresarial que se estabelece com a franquia.

181.11. A distribuição exclusiva ou semiexclusiva de produtos ou serviços

A atividade de distribuição na franquia se submete a uma série de regras disciplinares tendentes a padronizar e integrar a rede instalada e administrada pelo franqueador. Conforme as obrigações assumidas pelo franqueado e a espécie de bem ou serviço que este se disponha a comercializar, a franquia se classifica em:

a) franquia de distribuição;

b) franquia de serviços; e

c) franquia de produção ou fabricação.

Essa classificação tem por critério a natureza das prestações devidas pelo franqueado. Se em sua atividade empresarial, a ser desempenhada sob a imagem e segundo as regras padronizadas da rede de distribuição integrada, ele se obriga, tão somente, a vender produtos, fornecidos, fabricados ou selecionados ou indicados pelo franqueador, ter-se-á uma *franquia de distribuição*[35].

Na *franquia de serviços*, a atividade comercial desenvolvida pelo franqueado presta serviços ao público consumidor, tais como nos ramos de hotelaria, locações de automóveis e outros bens, lavanderias, revelações fotográficas etc. A marca e os sinais distintivos da rede de prestação de serviços são de extrema utilidade para a identificação dos métodos, da qualidade e da tecnologia dos serviços prestados[36].

Por fim, quando é o próprio franqueado que, servindo-se da tecnologia transmitida, produz os bens para vender sob a marca licenciada, é de franquia de fabricação que se trata. Este tipo de franquia recebe também a denominação de *franquia industrial*, ou *de produção*[37].

Na estruturação da rede de franquias, o franqueador *repartirá o mercado* em *zonas* geográficas onde atuarão os franqueados, em regime de exclusividade, ou

---

[35] Na franquia de distribuição, o franqueador pode indicar uma empresa para fabricar os produtos e licenciá-la para a venda diretamente aos franqueados. O importante, ressalta Adalberto Simão Filho, é que "todos os componentes da rede possuam idênticas mercadorias para oferecer ao público, preservando assim a imagem do distribuidor" (SIMÃO FILHO, Adalberto. *Franchising. Aspectos jurídicos e contratuais*. 3. ed. São Paulo: Atlas, 1998, p. 46). É exemplo de franquia de distribuição os de postos de gasolina de distribuidores de petróleo.

[36] Nessa modalidade de franquia, o franqueado poderá "oferecer ao consumidor final os mesmos serviços devidamente formatados, obedecendo aos mesmos padrões que o tornaram famoso aos olhos do consumidor" (SIMÃO FILHO, Adalberto. *Franchising*, cit., p. 45).

[37] Os produtos podem, também, ser produzidos por terceiros fabricantes licenciados, mas sempre com a supervisão e sob o controle de qualidade do franqueador (LEITE, Roberto Cintra. *Franchising. Na criação de novos negócios*. São Paulo: Atlas, 1990, p. 31).

Seção V: Franquia • Cap. II – Características e Elementos do Contrato de Franquia | **389**

não, com ou sem direito de preferência sobre determinado território. Poderá, ainda, autorizar vendas ou serviços para fora da área demarcada, e também exportações.

181.12. Atividade profissional

No momento da aplicação do direito nas relações de franquia, é de suma importância que se tenha consciência que o contrato trata de um relacionamento *profissional* entre pessoas que devem ser tratadas como iguais, no que concerne ao discernimento e capacidade de decisão. A dessemelhança que existe entre elas, que se analisou como *domínio econômico* do franqueador, só se manifesta nos seguintes aspectos:

a) no acesso às informações administrativas, financeiras, econômicas da própria franqueadora e da rede de distribuição integrada; e

b) ao longo da execução do contrato, quando o poder de controle do franqueador pode determinar a sorte dos negócios do franqueado, através de práticas mais, ou menos, legítimas ou leais.

No momento da formação do contrato, portanto, só haverá desigualdade das partes se o franqueador sonegar ao futuro franqueado algum tipo de informação sobre fatos ou circunstâncias relevantes para o exercício do pleno juízo de conveniência do negócio.

De fato, esse aspecto da relação contratual denota uma situação de desigualdade entre as partes que o legislador brasileiro julgou merecedora da intervenção do Estado, através de normas imperativas. Para alcançar o almejado equilíbrio, a Lei nº 8.955/94 estabeleceu o que se pode chamar de dever de informação a cargo do franqueador, e enumerou, em um enorme rol, tudo o que julgou essencial ao discernimento claro e consciente do franqueado sobre as vantagens, as desvantagens e os riscos que poderá assumir ao celebrar determinado contrato de franquia. Note-se que o dever de informação se refere a dados, e não a juízos.

Leloup informa que, na França, metade das pessoas sem habilitação profissional para o comércio que se aventuraram a exercer a atividade de distribuição pelo sistema de franquia empresarial fechou as portas em até quatro anos. E adverte, é o comerciante habilitado que sabe as exigências da profissão e os riscos do comércio[38].

182. CLASSIFICAÇÃO

A franquia é um contrato *bilateral, oneroso, comutativo, misto, intuitu personae, de adesão, de duração, consensual* e *solene*[39].

---

[38] LELOUP, Jean-Marie. *La franchise*, cit., p. 250-251.

[39] Na Itália, FRIGNANI, Aldo. *Il contrato di franchising. Orientamenti giurisprudenziali prima e dopo la legge 129 del 2004*. Milão: Giuffrè, 2012, p. 28.

Diz-se ser a franquia *bilateral* porque prevê obrigações para ambas as partes. Enquanto o franqueador, entre outras coisas, tem que transferir ao franqueado seu *know how* e expertise, bem como prestar-lhe toda a assistência necessária para desenvolver o negócio, este deve pagar àquele os *royalties* e a taxa inicial, assim como cumprir a risca as orientações recebidas.

É um contrato *oneroso*, na medida em que o franqueador recebe remuneração do franqueado em troca dos conhecimentos e expertises transferidas e assistência técnica prestada. É, também, *comutativo*, pois as obrigações são certas e determinadas, não havendo incerteza quanto ao direito à prestação. *Misto*, porque nele encontram-se inseridas diversas obrigações típicas de outras modalidades contratuais. "Para a formatação da operação de *franchising*, poderiam ser celebrados três distintos instrumentos, com distintos objetos: licença de uso de marca do franqueador ao franqueado, assistência técnica, e promessa e condições de fornecimento"[40].

A franquia é um contrato *personalíssimo* ou *intuitu personae*, na medida em que as características pessoais do franqueador e do franqueado são essenciais para o negócio.

É, ainda, de *adesão*, na medida em que os termos do contrato são previamente estipulados pelo franqueador, que detém todo o conhecimento sobre o negócio. Ao franqueado cabe apenas aceitar as condições ditadas, sem possibilidade de discutir as cláusulas. "O concessionário não é o senhor de sua política de venda. Os métodos de venda, as promoções, tudo é decidido e previsto por seu fornecedor, que decide acerca da apresentação de sua insígnia ao público, da aparência de seu pessoal, de seus preços"[41].

A franquia é contrato *de duração*, pois estabelece várias obrigações sucessivas, cuja execução se protrai no tempo. Pode ser por prazo determinado ou indeterminado.

Por fim, o contrato de franquia é *consensual* e *solene*, pois deve ser feito por escrito.

183. OBJETO

O objeto do contrato de franquia não se limita à cessão do direito do uso de marca e transferência de tecnologia. O que lhe confere especificidade são os poderes de controle e direção que o franqueador possui sobre toda a rede de franquia e o dever de assistência e cooperação, que são a contraprestação ao preço pago pelo franqueado. Trata-se de um contrato de integração através do qual o franqueador instala e dirige uma atividade econômica através de rede de unidades autônomas.

---

[40] MILMAN, Fabio. *Franchising*. Porto Alegre: Livraria do Advogado, 1996, p. 45.
[41] ABRÃO, Nelson. *Da franquia comercial. Apud* LOBO, Jorge. *Contrato de franchising*. Rio de Janeiro: Forense, 1997, p. 32.

Para Fran Martins, os objetos que podem ser comercializados na franquia são os mais variados. Entretanto, é necessário "que esses objetos estejam garantidos por uma marca devidamente registrada e que o franqueador, produtor ou intermediário na venda dos produtos, tenha poderes para conceder a comercialização dos mesmos por outras pessoas"[42].

Em doutrina, encontra-se uma variedade enorme de classificação das franquias pelas especificidades de seu objeto ou pelos limites territoriais que se impõem à atividade do franqueado, ou ainda pela exclusividade ou não concedida pelo franqueador ao franqueado, ou dele exigida.

Fala-se, por exemplo, em franquia pura e franquia mista. Pura seria aquela em que o franqueador se compromete a fornecer a marca e do modelo de negócios, cobrando apenas os *royalties* e as taxas de franquia. O franqueador não atua como fornecedor[43]. Na franquia mista, o franqueador fornece os produtos, cobrando por eles, além dos *royalties* e das taxas de franquia[44].

Mas há muitas outras classificações das franquias que consideram as peculiaridades das prestações avençadas ou o modo de sua execução:

Individual: a mais comum no Brasil. O franqueado se dedica exclusivamente à produção e/ou venda dos produtos do franqueador, não dividindo espaço com outras franquias. "Trabalha exclusivamente com as marcas do franqueador e seu estabelecimento funciona num ponto de venda escolhido para essa atividade"[45].

Industrial: trata-se de franquia especial, contratada entre indústrias. Assim, "o franqueador é uma empresa industrial, detentora de tecnologia patenteada, incluindo-se nessa tecnologia a manufatura de um produto com desenho e *know-how* de produção, marcas, métodos de trabalho, fórmulas, manuais de produção e outros elementos tecnológicos"[46]. Ele transfere a outra indústria essa tecnologia, autorizando-a a distribuir os produtos fabricados. O enfoque maior da franquia "não é o aspecto mercadológico dos produtos, mas as técnicas de fabricação"[47].

Comercial: o franqueado irá distribuir o produto no mercado, que nem sempre é fabricado pelo franqueador, mas por outras empresas por ele admitidas (tra-

---

[42] MARTINS, Fran. *Contratos e obrigações comerciais*. 18. ed. Revista, atualizada e ampliada por DINIZ, Gustavo Saad, Rio de Janeiro: Forense, 2018, nº 437, p. 405.

[43] ROQUE, Sebastião José. *Do contrato de franquia empresarial*, cit., p. 40.

[44] Disponível em: https://centraldofranqueado.com.br/blog/2017/02/21/modelos-franquias/. Acesso em: 26.11.2018.

[45] ROQUE, Sebastião José. *Do contrato de franquia empresarial*. São Paulo: Ícone Editora, 2012, p. 32. É o caso das franquias de *fast food*.

[46] ROQUE, Sebastião José. *Do contrato de franquia empresarial*, cit., p. 32. O autor adverte que antigamente nem era considerada franquia, mas contrato de transferência de tecnologia, do tipo *know-how*.

[47] ROQUE, Sebastião José. Op. cit., p. 33.

ta-se de franquia de distribuição). O franqueador "encarrega-se da concepção e projeto dos produtos, pesquisa da preferência do público", exercendo o controle de qualidade dos produtos e do fornecimento[48].

De reversão ou conversão: uma empresa franqueada transfere sua unidade independente a um franqueador, com sua tecnologia, marca e seu nome. Sua função é aumentar a produtividade. "Ao transformar-se em franqueada, essa empresa recebe um método de trabalho modernizado e testado, um nome bem divulgado nacional ou até internacionalmente. E não perde o que possuíam principalmente o ponto de localização, que deve ser seu forte"[49].

Combinada: há a reunião de vários tipos de franquias em um mesmo ponto. Os produtos não são concorrentes, embora similares ou complementares. "O franqueado aproveitará seu local de venda e sua estrutura organizacional, como o quadro de pessoal e vitrines, aumentando seu faturamento e a eficácia de seu trabalho[50]. Obviamente deverá haver autorização dos franqueadores.

Shop in shop: uma loja permite a instalação de uma minifranquia em seu estabelecimento[51].

Minifranquia: muito similar à franquia *shop in shop,* "mas esta é mais uma unidade individual e não franquia"[52]. É formada por pequenas unidades como quiosques, carrinhos, barracas.

Há ainda a *master franquia* que tem por característica peculiar a possibilidade o poder que se confere ao franqueado de conceder franquias a terceiros, na região que lhe foi concedida, podendo ser-lhe transferidas algumas responsabilidades típicas do franqueador, como a fiscalização e o treinamento e assistência.

Quanto à atuação geográfica, a franquia pode ser[53]:

Unitária: é a usada pelos Correios[54] e casas lotéricas. O franqueador exige uma unidade num local determinado e com exclusividade.

---

[48] ROQUE, Sebastião José. Op. cit., p. 33-34. É o tipo de franquia utilizado pelo ramo de vestuário e cosméticos.

[49] ROQUE, Sebastião José. Op. cit., p. 35. No Brasil, esse tipo de franquia ocorreu muito com as escolas de idioma.

[50] ROQUE, Sebastião José. Op. cit., p. 36. É o que ocorre nos postos de gasolina, que combinam a distribuição de combustíveis com lojas de conveniência de outras marcas.

[51] ROQUE, Sebastião José. Op. cit., p. 37.

[52] ROQUE, Sebastião José. Op. cit., loc. cit.

[53] ROQUE, Sebastião José. Op. cit., p. 38.

[54] A franquia postal no Brasil é bastante interessante, pois foi criada pelo Governo, por meio de uma empresa estatal. É um tipo de parceria público privada. A ECT – Empresa Brasileira de Correios e Telégrafos, sob a supervisão do Ministério das Comunicações, franqueou os seus serviços a empresas privadas, em regime de concessão. As franqueadas recebem o nome de Agências de Correios Franqueadas – AGF, por força da Lei nº 11.668/2008, regulada pelo Decreto nº 6.639/08. Os serviços transferidos são os de atendimento ao público. AS fran-

Seção V: Franquia • Cap. II – Características e Elementos do Contrato de Franquia | 393

Múltipla: o franqueado opera com várias franquias unitárias, sem exclusividade.

Regional: o franqueado pratica sua atividade em determinada região, podendo montar mais de um estabelecimento dentro dela.

184. FORMA

O contrato de franquia deve ser celebrado por "escrito e assinado na presença de 2 (duas) testemunhas e terá validade independentemente de ser levado a registro perante cartório ou órgão público" (art. 6º da Lei de Franquia).

A franquia envolve uma série de obrigações para o franqueador e o franqueado, que devem estar devidamente fixadas no instrumento para conferir maior segurança às partes. Por isso a lei exige que o contrato seja celebrado por escrito[55].

Embora a lei dispense o registro perante cartório ou órgão público para a validade do contrato, esta diligência é necessária para que possa produzir efeitos perante terceiros. Nesse sentido, o art. 211 da Lei 9.279/1996: "o INPI fará o registro dos contratos que impliquem transferência de tecnologia, contratos de franquia e similares para produzirem efeitos em relação a terceiros". O registro, portanto, não interfere no plano de validade do negócio entre as partes, e apenas atua no plano da eficácia perante terceiros.

184.1. Documentos de vínculo entre as partes

Três são documentos básicos de vínculo entre franqueador e franqueado:

a) Circular de oferta de franquia (COF): que será tratada no item abaixo. Nessa fase, não há ainda uma relação entre as partes, que estão apenas se aproximando para verificar o interesse em contratar. Por meio desse documento, o franqueador fornece ao interessado todas as informações relevantes do negócio.

b) Pré-contrato: é uma espécie de carta de intenções, em que "o candidato se dispõe a cumprir todas as exigências e prazos do franqueador para a abertura de uma unidade franqueada". Normalmente, é durante o pré-contrato que o fran-

---

queadas recebem cartas e encomendas do público, cobrando o preço, e encaminham à ECT para entregar os produtos aos destinatários.

[55] Para Cláudio Vieira da Silveira, "com tamanha dimensão e importância, não seria possível comungar os interesses e as conveniências do franqueador com as do franqueado senão mediante a formalização de um instrumento contratual capaz de contemplar e unir a mútua vontade das partes de ajustarem a parceria operacional da franquia, mediante as condições previamente estabelecidas pelo franqueador, responsável pelo desenvolvimento e aperfeiçoamento do sistema e da atividade-fim do negócio franqueado, com a aceitação pelo franqueado das regras impostas por aquele" (SILVEIRA, Cláudio Vieira da. *Franchising*, cit., p. 304).

queador inicia o processo de treinamento dos franqueados e avalia a capacidade gerencial e administrativa do candidato. Não é documento obrigatório, na medida em que as partes podem celebrar o contrato diretamente[56].

c) Contrato de franquia: instrumento que deve conter todas as obrigações, responsabilidades e os direitos das partes. Deve integrar esse documento o manual de franquia, que funciona como uma espécie de guia da franquia, fornecendo todas as informações que o franqueado precisará para tocar o negócio de forma independente, mas seguindo os padrões da marca do franqueador.

---

[56] PLÁ, Daniel. *Tudo sobre franchising*. Rio de Janeiro: Senac, 2001, p. 92. Na doutrina estrangeira, ver DISSAUX, Nicolas; LOIR, Romain. *Droit de la distribution*. Issy-les-Molineaux: LGDJ, 2017, p. 373-377.

Capítulo III

A CIRCULAR DE OFERTA DE FRANQUIA

Sumário: 185. A circular de oferta de franquia (COF) – 186. Informações relevantes da circular de oferta de franquia – 187. Descumprimento do dever de entregar a circular de oferta de franquia ao franqueado – 188. Circular de oferta de franquia que veicula informações falsas.

185. A CIRCULAR DE OFERTA DE FRANQUIA (COF)

Dispõe o art. 3º da Lei de Franquia que o franqueador interessado na implantação de sistema de franquia empresarial, "deverá fornecer ao interessado em tornar-se franqueado uma circular de oferta de franquia, por escrito e em linguagem clara e acessível, contendo obrigatoriamente" um rol de informações elencadas nos incisos, consideradas necessárias e vinculantes ao desenvolvimento do contrato. Eis os termos do art. 3º:

"Sempre que o franqueador tiver interesse na implantação de sistema de franquia empresarial, deverá fornecer ao interessado em tornar-se franqueado uma circular de oferta de franquia, por escrito e em linguagem clara e acessível, contendo obrigatoriamente as seguintes informações:

I – histórico resumido, forma societária e nome completo ou razão social do franqueador e de todas as empresas a que esteja diretamente ligado, bem como os respectivos nomes de fantasia e endereços;

II – balanços e demonstrações financeiras da empresa franqueadora relativos aos dois últimos exercícios;

III – indicação precisa de todas as pendências judiciais em que estejam envolvidos o franqueador, as empresas controladoras e titulares de marcas, patentes e direitos autorais relativos à operação, e seus subfranqueadores, questionando especificamente o sistema da franquia ou que possam diretamente vir a impossibilitar o funcionamento da franquia;

IV – descrição detalhada da franquia, descrição geral do negócio e das atividades que serão desempenhadas pelo franqueado;

V – perfil do franqueado ideal no que se refere a experiência anterior, nível de escolaridade e outras características que deve ter, obrigatória ou preferencialmente;

VI – requisitos quanto ao envolvimento direto do franqueado na operação e na administração do negócio;

VII – especificações quanto ao:

a) total estimado do investimento inicial necessário à aquisição, implantação e entrada em operação da franquia;

b) valor da taxa inicial de filiação ou taxa de franquia e de caução; e

c) valor estimado das instalações, equipamentos e do estoque inicial e suas condições de pagamento;

VIII – informações claras quanto a taxas periódicas e outros valores a serem pagos pelo franqueado ao franqueador ou a terceiros por este indicados, detalhando as respectivas bases de cálculo e o que as mesmas remuneram ou o fim a que se destinam, indicando, especificamente, o seguinte:

a) remuneração periódica pelo uso do sistema, da marca ou em troca dos serviços efetivamente prestados pelo franqueador ao franqueado (*royalties*);

b) aluguel de equipamentos ou ponto comercial;

c) taxa de publicidade ou semelhante;

d) seguro mínimo; e

e) outros valores devidos ao franqueador ou a terceiros que a ele sejam ligados;

IX – relação completa de todos os franqueados, subfranqueados e subfranqueadores da rede, bem como dos que se desligaram nos últimos doze meses, com nome, endereço e telefone;

X – em relação ao território, deve ser especificado o seguinte:

a) se é garantida ao franqueado exclusividade ou preferência sobre determinado território de atuação e, caso positivo, em que condições o faz; e

b) possibilidade de o franqueado realizar vendas ou prestar serviços fora de seu território ou realizar exportações;

XI – informações claras e detalhadas quanto à obrigação do franqueado de adquirir quaisquer bens, serviços ou insumos necessários à implantação, operação ou administração de sua franquia, apenas de fornecedores indicados e aprovados pelo franqueador, oferecendo ao franqueado relação completa desses fornecedores;

XII – indicação do que é efetivamente oferecido ao franqueado pelo franqueador, no que se refere a:

a) supervisão de rede;

b) serviços de orientação e outros prestados ao franqueado;

c) treinamento do franqueado, especificando duração, conteúdo e custos;

d) treinamento dos funcionários do franqueado;

e) manuais de franquia;

f) auxílio na análise e escolha do ponto onde será instalada a franquia; e

g) *layout* e padrões arquitetônicos nas instalações do franqueado;

XIII – situação perante o Instituto Nacional de Propriedade Industrial – (INPI) das marcas ou patentes cujo uso estará sendo autorizado pelo franqueador;

XIV – situação do franqueado, após a expiração do contrato de franquia, em relação a:

a) *know how* ou segredo de indústria a que venha a ter acesso em função da franquia; e

b) implantação de atividade concorrente da atividade do franqueador;

XV – modelo do contrato-padrão e, se for o caso, também do pré-contrato-padrão de franquia adotado pelo franqueador, com texto completo, inclusive dos respectivos anexos e prazo de validade".

Essa circular de oferta de franquia é, na verdade, *a proposta* apresentada pelo franqueador ao interessado, na qual "ele revela sua identidade, situação econômico-financeira, o produto ou serviços que será objeto da franquia e as exigências quanto à pessoa do franqueado"[1].

A proposta, como se vê do dispositivo legal, tem *natureza informativa* e deve conter indicações claras, objetivas e acessíveis (de fácil entendimento) sobre a franquia ofertada, inclusive sobre sua organização e natureza jurídica, sua situação financeira, rol de franqueados e ex-franqueados, litígios existentes, situação registral da marca, perfil do franqueado, investimentos necessários, das taxas iniciais e periódicas exigidas etc. Embora não haja nessa fase a obrigação de contratar, se o contrato vier a se consumar, os termos da COF tornam-se *vinculantes*, em tutela à confiança gerada na contraparte de boa-fé (art. 113 do Código Civil).

O escopo do legislador não é outro senão permitir ao interessado na franquia uma análise concreta dos riscos envolvidos, e apuração da provável rentabilidade do investimento que será feito, com base em critérios de avaliação econômico-financeira reconhecidos e utilizados correntemente no mercado. A exigência, portanto, da apresentação da circular de oferta de franquia possibilita a transparência no negócio, reduzindo as possibilidades de o franqueado adquirir "gato por lebre".

Para Cláudio Vieira da Silveira, ao exigir a apresentação da circular de oferta de franquia o legislador contribuiu para o amadurecimento e crescimento do sistema de franquias, porque, além de "criar a obrigação do franqueador em melhor estruturar internamente o seu negócio antes de iniciar a abertura de franquias", permite ao candidato conhecer previamente "a estrutura formatada pelo franqueador, assegurando-lhe um maior grau de segurança e confiabilidade na escolha da franquia certa"[2].

186. INFORMAÇÕES RELEVANTES DA CIRCULAR DE OFERTA DE FRANQUIA

Como se viu, a circular de oferta de franquia é documento prévio essencial para a celebração do contrato, cujo conteúdo é expressamente fixado pela legisla-

---

[1] ABRÃO, Nelson. A lei de franquia empresarial (nº 8.955, de 15.12.1994). In: WALD, Arnoldo (org.). *Doutrinas Essenciais: Direito empresarial*. São Paulo:Revista dos Tribunais, 2011, v. IV, p. 635.

[2] SILVEIRA, Cláudio Vieira da. *Franchising. Guia Prático*. 2. ed. Curitiba: Juruá, 2012, p. 274.

ção pertinente. O *dever de informação* do franqueador é relevantíssimo e se coaduna com o princípio da boa-fé objetiva, que deve ser respeitado pelos contratantes na fase pré-contratual, na celebração do ajuste, na sua execução e após a sua extinção (Código Civil, art. 422). Somente depois de tomar conhecimento de todas as informações a respeito da franquia, tais como objeto, obrigações, valores de investimento, o franqueado poderá analisar os riscos do negócio e decidir, de forma informada, se quer ou não participar do empreendimento. Por isso a lei exige que as informações sejam prestadas "por escrito e em linguagem clara e acessível" (art. 3º, *caput,* da Lei de Franquia)[3].

O extenso rol enumerado nos incisos I a XV, do dispositivo em questão, determina a apresentação das seguintes informações:

a) *relativas ao franqueador:* ao contratar a franquia o franqueado passa a integrar a rede do franqueador, razão pela qual tem o direito de conhecer, de forma minuciosa, a identidade do proponente, das sociedades a ele ligadas, bem como sua situação financeira e judicial, para decidir se é vantajosa ou não a sua associação à marca de produtos ou serviços. Para isso, é essencial que o franqueador informe:

a.1) *histórico resumido, forma societária e nome completo ou razão social do franqueador e de todas as empresas a que esteja diretamente ligado, bem como os respectivos nomes de fantasia e endereços* (inciso I);

a.2) *balanços e demonstrações financeiras da empresa franqueadora relativos aos dois últimos exercícios* (inciso II). Essas informações são relevantes para que o franqueado possa avaliar a idoneidade financeira do franqueador e a viabilidade do empreendimento proposto para que possa decidir se irá ou não investir no negócio;

a.3) *indicação precisa de todas as pendências judiciais em que estejam envolvidos o franqueador, as empresas controladoras e titulares de marcas, patentes e direitos autorais relativos à operação, e seus subfranqueadores, questionando especificamente o sistema da franquia ou que possam diretamente vir a impossibilitar o funcionamento da franquia* (inciso III). Essas informações são relevantes, na medida em que oferecem ao franqueado um panorama a respeito de eventuais riscos judiciais que possam impossibilitar ou prejudicar o funcionamento da franquia. Como en-

---

[3] Na Itália, a lei também fixa o conteúdo do contrato de franquia, subdividindo-o em: (i) *conteúdo obrigatório:* o investimento que o franqueado deverá fazer antes de iniciar sua atividade; a forma de cálculo e de pagamento dos royalties; a especificação do *know-how* e a forma com que será transmitido, que pode ser por meio de um manual a ser entregue ao franqueado ou de instruções a serem dadas pessoalmente; as características dos serviços ofertados em termos de assistência técnica e comercial, de design e construção das instalações, se necessário, formatação; e, condições para renovação e rescisão do contrato; e, (ii) *conteúdo eventual:* taxas de ingresso; cobrança mínima do valor dos royalties, se existente; a área de exclusividade territorial, se fixada; eventual modalidade de reconhecimento do aporte de *know-how* pelo franqueado; eventual possibilidade de cessão do contrato (FRIGNANI, Aldo. *Il contratto di franchising,* cit., p. 64-76).

sina Nelson Abrão, "o negócio a ser proposto ao franqueado deve ser bom, firme e valioso, livre de qualquer pendência judicial que possa comprometer o funcionamento da franquia". Mas, caso exista alguma pendência, deve ela ser comunicada ao pretendente, "a fim de que este possa optar entre enfrentar o risco da demanda, ou simplesmente rejeitar a proposta"[4].

b) *relativas ao sistema de franquia proposto*: o franqueado deve conhecer todos os aspectos da franquia, tais como o tipo proposto, as obrigações que assumirá, a área em que atuará, o suporte que receberá do proponente e a relação de outros franqueados etc. Por isso, a circular de oferta de franquia deverá indicar:

b.1) *descrição detalhada da franquia, descrição geral do negócio e das atividades que serão desempenhadas pelo franqueado* (inciso IV). O franqueado deve conhecer a formatação da franquia, o grau de sua autonomia ou das restrições a que se submeterá na operação do negócio, a relação que será estabelecida com os fornecedores, as atividades que deverá desenvolver no seu dia a dia, de forma a não ser surpreendido durante a execução[5];

b.2) *perfil do franqueado ideal no que se refere a experiência anterior, nível de escolaridade e outras características que deve ter, obrigatória ou preferencialmente* (inciso V). O franqueado deve ter conhecimento do que se espera dele a respeito de suas qualificações profissionais e pessoais, experiências anteriores etc. Vale dizer, o franqueador deve definir o perfil do franqueado ideal para ingressar em sua rede, formar uma parceria comercial de longo prazo;

b.3) *requisitos quanto ao envolvimento direto do franqueado na operação e na administração do negócio* (inciso VI). A circular de oferta de franquia deve informar, ainda, qual o tipo de envolvimento que o franqueador espera do franqueado na operação, tais como disponibilidade de tempo e dedicação exclusiva ou não ao negócio, participação nos treinamentos etc.;

b.4) *relação completa de todos os franqueados, subfranqueados e subfranqueadores da rede, bem como dos que se desligaram nos últimos doze meses, com nome, endereço e telefone* (inciso IX). O franqueado tem o direito de conhecer toda a rede atual de franqueados e daqueles que se desligaram nos últimos doze meses, para se informar a respeito da concorrência. Esta relação permite "ao franqueado não somente uma visão completa do tamanho da rede na qual pretende ingressar, mas ainda a influência e a força que essa rede pode exercer no mercado competitivo". Além disso, oportuniza "o candidato fazer uma prévia análise investigativa por contra própria", para "obter dos demais franqueados determinadas informações complementares sobre o sistema operacional do franqueador"[6];

---

[4] ABRÃO, Nelson. A lei de franquia empresarial, cit., p. 637.
[5] SILVEIRA, Cláudio Vieira da. *Franchising*, cit., p. 281-282.
[6] SILVEIRA, Cláudio Vieira da. *Franchising*, cit., p. 285.

400 | Contratos de Colaboração Empresarial • *Humberto Theodoro Jr. e Adriana Theodoro de Mello*

b.5) em relação ao território, deve ser especificado o seguinte: a) se é garantida ao franqueado exclusividade ou preferência sobre determinado território de atuação e, caso positivo, em que condições o faz; e b) possibilidade de o franqueado realizar vendas ou prestar serviços fora de seu território ou realizar exportações (inciso X). O território de atuação do franqueado é informação relevante para o negócio. A circular de oferta de franquia, portanto, deve informar, de forma clara e objetiva, se haverá exclusividade ou não de atuação em determinada área – que pode ser um bairro, um quarteirão, uma região ou uma cidade –, se existirá preferência para que o franqueado abra novas franquias no mesmo território, ampliando sua rede de atuação. Da mesma forma, deve indicar Entretanto, ainda que haja exclusividade, "o franqueador costuma reservar-se o direito de, em caso de inoperância do franqueado, fazer invadir sua zona por um outro mais ativo"[7];

b.6) informações claras e detalhadas quanto à obrigação do franqueado de adquirir quaisquer bens, serviços ou insumos necessários à implantação, operação ou administração de sua franquia, apenas de fornecedores indicados e aprovados pelo franqueador, oferecendo ao franqueado relação completa desses fornecedores (inciso XI). É comum que o franqueador exija do franqueado a aquisição de bens e serviços de um mesmo fornecedor, para padronizar o comportamento de todos os franqueados e a própria formatação do negócio. Essas informações, então, devem restar devidamente indicadas e explicitadas na circular de oferta de franquia;

b.7) indicação do que é efetivamente oferecido ao franqueado pelo franqueador, no que se refere a: a) supervisão de rede; b) serviços de orientação e outros prestados ao franqueado; c) treinamento do franqueado, especificando duração, conteúdo e custos; d) treinamento dos funcionários do franqueado; e) manuais de franquia; f) auxílio na análise e escolha do ponto onde será instalada a franquia; e g) layout e padrões arquitetônicos nas instalações do franqueado (inciso XII). Como já se viu, o franqueador exerce um poder de controle sobre o franqueado, que se submete a regras padronizadas que regem o comportamento de todos os franqueados. Reverso desse poder de controle é o dever de assistência que o franqueador deve prestar ao franqueado. O conteúdo dessa assistência varia de rede para rede, razão pela qual a circular de oferta de franquia deve indicar, precisa e claramente, os deveres do franqueador;

b.8) situação perante o Instituto Nacional de Propriedade Industrial – (INPI) das marcas ou patentes cujo uso estará sendo autorizado pelo franqueador (inciso XIII). Uma vez que o franqueador cede o uso de sua marca ao franqueado, é essencial que ele detenha legalmente o registro junto ao INPI. Assim, deve informar a situação do registro para que o franqueado tenha conhecimento de eventuais entraves concorrenciais que possam existir;

---

[7] ABRÃO, Nelson. A lei de franquia empresarial, cit., p. 640.

Seção V: Franquia · Cap. III – A Circular de Oferta de Franquia | 401

b.9) *situação do franqueado, após a expiração do contrato de franquia, em relação a: a)* know how *ou segredo de indústria a que venha a ter acesso em função da franquia; b) implantação de atividade concorrente do franqueador* (inciso XIV). Ao desenvolver a franquia, o franqueado toma conhecimento sobre diversas informações sigilosas e relevantes para o negócio, que são propriedade do franqueador. Por isso, devem ser previstas regras para que não haja concorrência desleal ou utilização indevida de informações privilegiadas por parte do franqueado ao final do contrato. A circular de oferta de franquia, nessa esteira, deverá conter todas essas normas de proteção ao franqueador, que, por outro lado, não poderão ser abusivas em relação ao franqueado. Vale dizer, não pode prever proibições perpétuas, exageradas ou não relacionadas diretamente à atividade[8];

b.10) *modelo do contrato-padrão e, se for o caso, também do pré-contrato-padrão de franquia adotado pelo franqueador, com texto completo, inclusive dos respectivos anexos e prazo de validade* (inciso XV). Como se viu, o contrato de franquia é de adesão, de modo que o franqueado adere às regras já impostas pelo franqueador ou não se integra à rede. Em razão disso, é essencial que a circular de oferta de franquia contenha o modelo do contrato ou pré-contrato padrão, para que o interessado possa tomar conhecimento das cláusulas contratuais e verificar se irá ou não aderir a elas;

c) *relativas ao investimento:* a circular de oferta de franquia deve indicar de forma clara os investimentos que deverão ser feitos pelo franqueado e as verbas que deverá pagar ao longo do contrato ao franqueador, para que ele possa dimensionar os custos e o retorno que se pode esperar do investimento. Por isso, deve o franqueador informar, na circular:

c.1) *especificações quanto ao: a) total estimado do investimento inicial necessário à aquisição, implantação e entrada em operação da franquia; b) valor da taxa inicial de filiação ou taxa de franquia e de caução; e c) valor estimado das instalações, equipamentos e do estoque inicial e suas condições de pagamento* (inciso VII). O franqueador deve informar a respeito dos investimentos iniciais para o negócio, especificando-os de forma detalhada;

c.2) *informações claras quanto a taxas periódicas e outros valores a serem pagos pelo franqueado ao franqueador ou a terceiros por este indicados, detalhando as respectivas bases de cálculo e o que as mesmas remuneram ou o fim a que se destinam, indicando, especificamente, o seguinte: a) remuneração periódica pelo uso do sistema, da marca ou em troca dos serviços efetivamente prestados pelo franqueador ao franqueado (royalties); b) aluguel de equipamentos ou ponto comercial; c) taxa de publicidade ou semelhante; d) seguro mínimo; e e) outros valores devidos ao franqueador ou a terceiros que a ele sejam ligados* (inciso VIII). O franqueador deve informar ao

---

[8]   SILVEIRA, Cláudio Vieira da. *Franchising*, cit., p. 296.

402 | Contratos de Colaboração Empresarial • *Humberto Theodoro Jr. e Adriana Theodoro de Mello*

franqueado as taxas periódicas que incidirão sobre o negócio, detalhando as bases de cálculo, o que elas remuneram e a periodicidade da cobrança.

187. DESCUMPRIMENTO DO DEVER DE ENTREGAR A CIRCULAR DE OFERTA DE FRANQUIA AO FRANQUEADO

Ainda na fase não vinculante das negociações preliminares, a lei obriga o franqueador a apresentar ao interessado a circular de oferta da franquia, contendo informações claras e objetivas sobre a franquia ofertada. Embora não haja nessa fase a obrigação de contratar, se o contrato vier a se consumar, os termos da COF tornam-se vinculantes, em tutela à confiança gerada na contraparte de boa-fé (art. 113 do Código Civil).

O escopo do legislador não é outro senão permitir ao interessado na franquia uma análise concreta dos riscos envolvidos, e apuração da provável rentabilidade do investimento que será feito, com base em critérios de avaliação econômico-financeira reconhecidos e utilizados correntemente no mercado. Por isso a lei exige que esse *documento essencial e obrigatório* deva ser entregue ao interessado na franquia *no prazo mínimo de dez dias* antes da assinatura do contrato ou pré-contrato da franquia ou do pagamento de qualquer verba remuneratória ao franqueador (art. 4º, *caput*). Entende o legislador que esse prazo de dez dias é suficiente para que o interessado avalie as condições do negócio e decida de forma informada sobre a celebração ou não do contrato.

Caso o franqueador deixe de cumprir com a obrigação de entrega da circular de oferta de franquia, dispõe o parágrafo único do art. 4º da lei que "o franqueado poderá arguir a anulabilidade do contrato e exigir devolução de todas as quantias que já houver pago ao franqueador ou a terceiros por ele indicados, a título de taxa de filiação e royalties, devidamente corrigidas, pela variação da remuneração básica dos depósitos de poupança, mais perdas e danos".

Não se admite, destarte, que o contrato seja assinado ou qualquer remuneração seja paga ao franqueador sem que o interessado tenha tido tempo de analisar a circular de oferta de franquia e verificar se irá realmente integrar a rede. O descumprimento dessa obrigação pode gerar a anulação do negócio com o retorno das partes ao estado anterior, com a devolução de todos os valores pagos pelo franqueado, mais perdas e danos[9].

---

[9]   "1. Descumprimento do prazo mínimo de dez dias entre a entrega da COF (Circular de Oferta de Franquia) e a assinatura do instrumento contratual e o pagamento da taxa de franquia, previsto no art. 4º da Lei 8.955/94. 2. Ausência de demonstração, ainda, de que a COF continha todas as informações exigidas pela lei, essenciais a ponto de influenciar na decisão acerca da adesão ou não ao contrato de franquia. 3. *A violação desses requisitos legais autoriza o franqueado a arguir a nulidade do contrato e a exigir a restituição de todas as*

Entretanto, a doutrina e jurisprudência pátrias, de forma correta, vêm decidindo que a anulação não pode ser requerida se não for alegada oportunamente. Embora a lei não fixe um prazo para a alegação, o juiz deverá analisar o caso concreto para verificar se o pedido foi feito em tempo oportuno. Vale dizer, se a despeito da não entrega da circular no prazo fixado na lei, as partes celebram o negócio e o executam durante determinado lapso temporal, a ausência do documento estará sanada, razão pela qual não se anulará mais a franquia por esse motivo. Com efeito, a execução do contrato configura aceitação tácita das condições contratuais – mesmo porque, o franqueado já integrará a rede e saberá a sua formatação e forma de atuação –, de modo que a ausência de entrega da circular perde relevância para justificar o desfazimento do vínculo contratual. É evidente, portanto, que a faculdade de anular o contrato "não pode ser exercida *ad perpetuum* pelo franqueado, sendo lamentável que não tenha sido disciplinado pela lei"[10].

De fato, não se pode admitir que após um tempo de execução do contrato, tendo se beneficiado de todo o sistema do franqueador, o franqueado requeira a anulação do negócio, com a devolução de todas as parcelas já pagas, por ausência da entrega da circular de oferta de franquia. Seria evidente o enriquecimento sem causa, em detrimento do franqueador.

Nesse sentido, a lição de Cláudio Vieira da Silveira, para quem

"se o franqueado passa a operar a franquia por determinado lapso de tempo, sem manifestar interesse em denunciar o contrato em razão do não recebimento, em tempo hábil, da Circular de Oferta de Franquia, induz à conclusão de que o investimento realizado na aquisição, instalação e operação da franquia está lhe proporcionando plena satisfação, não gerando quaisquer prejuízos passíveis de questionamento. E a manutenção desse silêncio por parte do franqueado, ao longo dos meses, faz extinguir a sua faculdade legal de exercer o direito de arguir a anulabilidade do contrato, não exercida dentro de um prazo razoável, subtraindo-lhe, dessa forma, os benefícios e os efeitos legais do disposto no parágrafo único, do art. 4º, da lei em comento"[11].

---

quantias que já houver pago ao franqueador ou a terceiros por ele indicados, a título de taxa de filiação e royalties, mais perdas e danos (parágrafo único). 4. Nem mesmo a transferência do 'know how' ficou cabalmente demonstrada, restando controversa a eficácia do treinamento oferecido pela franqueadora, apesar da entrega de material contendo o 'passo a passo' do negócio. 5. Recurso desprovido" (g.n.) (TJSP, 14ª Câmara de Direito Privado, Ap. 0074520-65.2009.8.26.0114, Rel. Des. Melo Colombi, ac. 03.12.2014, *DJe* 03.12.2014).

[10] SILVEIRA, Cláudio Vieira da. *Franchising*, cit., p. 299.

[11] SILVEIRA, Cláudio Vieira da. *Franchising*, cit., p. 300. No mesmo sentido: "o fato de o franqueado deixar perpetuar no tempo a relação desenvolvida, sem acusar efetivamente seu prejuízo pela não concessão de exatos dez dias para refletir sobre a oferta, talvez poderá depor contra si em eventual ação futura motivada por esse fundamento porque não só teve contato com todo o sistema no passar dos meses, como também e efetivamente praticou ações que aparentemente demonstraram no comércio que a inobservância deste prazo não

Outro não é o entendimento dos tribunais pátrios:

(i) "Franquia. Ação anulatória de contrato de franquia com pedido alternativo de resolução da avença e perdas e danos. Autor que não se desincumbiu de demonstrar os fatos constitutivos do seu direito. Inteligência do art. 333, I, do Código de Processo Civil de 1973. *A anulação do contrato, com fundamento na lei de regência (L. 8.955/94), requer a demonstração de nexo entre a conduta omissiva do franqueador e o prejuízo alegado pelo franqueado.* Inexistência de prova a esse respeito. Franquia. Ação anulatória de contrato de franquia com pedido alternativo de resolução da avença e perdas e danos. Indeferimento do registro da marca que não implica, automaticamente, na impossibilidade da execução do contrato. Observância do princípio da continuidade dos contratos. Franquia. *Alegação de que a circular de oferta de franquia não foi apresentada ao franqueado, em violação ao disposto no art. 4º da lei especial.* Acionante que declarou expressamente o contrário no contrato. *Irresignação, aliás, que veio a destempo, pois deveria ser apresentada antes do início das atividades, já que não constituiu impedimento para a continuidade do negócio por mais de dois anos.* Recurso desprovido"[12] (g.n.).

(ii) "Alegação de atraso na entrega da Circular de Oferta de Franquia. *Impossibilidade de o franqueado invocar a seu favor a anulabilidade prevista no artigo 4º, paragrafo único da Lei nº 8.955/1994, depois de iniciado o contrato e sem demonstrar prejuízo. Convalidação tácita do negócio.* Ausência de comprovação de culpa da franqueadora pelo insucesso do negócio. Lucros cessantes devidos. Art. 402 do CC. Redução, entretanto, do período determinado pela sentença para o cálculo do valor. Acolhimento da pretensão da autora de recebimento da quantia a que faria jus pelo tempo integral previsto no contrato para a sua vigência, sem qualquer obrigação correspondente, que configuraria enriquecimento sem causa"[13].

(iii) "O Tribunal de origem, com base nas provas carreadas aos autos, concluiu *que o descumprimento por parte do franqueador da obrigação de entregar a circular de oferta de franquia – COF no prazo de dez dias, não foi a causa determinante para o insucesso do negócio jurídico, e que o descumprimento dessa formalidade não essencial não é passível de anular o contrato depois de passado quase dois anos de exploração da atividade empresarial,* de forma que a revisão do julgado demandaria inegável necessidade de reexame de provas, providência inviável de ser adotada em recurso especial, ante o óbice da Súmula 7/STJ"[14] (g.n.).

---

lhe foi prejudicial" (SIMÃO FILHO, Adalberto. *Franchising. Aspectos jurídicos e contratuais.* 3. ed. São Paulo: Atlas, 1998, p. 112).

[12] TJSP, 2ª Câmara Reservada de Direito Empresarial, Ap. 0024164-96.2013.8.26.0576, Rel. Des. Araldo Telles, ac. 19.09.2016, *DJe* 19.09.2016.

[13] TJSP, 1ª Câmara Reservada de Direito Empresarial, Ap. 1066036-76.2015.8.26.0100, Rel. Des. Azuma Nishi, ac. 19.09.2018, *DJe* 19.09.2018.

[14] STJ, 4ª T., AgRg no AREsp 572.553/DF, Rel. Min. Luis Felipe Salomão, ac. 12.02.2015, *DJe* 19.02.2015.

Ademais, é de se convir que o fato de o franqueado executar o contrato sem questionar a ausência de entrega da circular de oferta de franquia gera no franqueador a legítima expectativa de que ele aceitou os termos contratuais e irá respeitá-lo. Assim, a posterior conduta de requerer a anulação do contrato fere o princípio da boa-fé objetiva, em razão do comportamento contraditório (*venire contra factum proprium*), que não pode ser admitida.

Por fim, nos termos do art. 174 do Código Civil, a confirmação expressa de contrato anulável é dispensada "quando o negócio já foi cumprido em parte pelo devedor, ciente do vício que o inquinava". Trata-se de confirmação tácita, "o devedor está renunciando o direito de anular o negócio jurídico, unicamente, por tê-lo cumprido, mesmo de modo parcial"[15]. A execução parcial, destarte, sana eventuais vícios sobre o negócio jurídico, não podendo mais ser requerida a sua anulação tempos depois.

188. CIRCULAR DE OFERTA DE FRANQUIA QUE VEICULA INFORMAÇÕES FALSAS

A Lei de Franquia prevê, em seu art. 7º, ser aplicável a sanção do parágrafo único do art. 4º (anulação do contrato com devolução das parcelas pagas) ao franqueador "que veicular informações falsas na sua circular de oferta de franquia, sem prejuízo das sanções penais cabíveis". É salutar a intenção do legislador em coibir fraudes por parte do franqueador, que induz o franqueado a celebrar contrato por meio de informações inverídicas a respeito do negócio. Por isso, o franqueador deve ter muita cautela ao elaborar a circular de oferta de franquia para que todas as informações ali discriminadas sejam claras, corretas e verídicas.

O dispositivo encontra-se em consonância com o princípio da boa-fé objetiva, que exige dos contratantes, desde a fase pré-negocial até após a execução do contrato, agir de forma leal, transparente e proba (CC, art. 422). Quem pretende iniciar uma relação contratual com outrem deve prestar todas as informações relevantes do negócio, sem omitir ou falsear a verdade, para que o consentimento seja manifestado de forma correta, sem vícios.

Por isso, já decidiu o Tribunal de Justiça de Minas Gerais "havendo informações falsas na circular de oferta de contrato de franquia, que conduz a resultados diversos do esperado e prometido, a franqueadora é responsável pelo pagamento de indenização por danos materiais"[16].

---

[15] DELGADO, José Augusto. *In* ARRUDA ALVIM, José Manoel; ARRUDA ALVIM, Thereza (coords.). *Comentários ao Código Civil*. Rio de Janeiro: Forense, 2008, v. II, p. 770.

[16] TJMG, 13ª Câm. Cível, Ap. 1.0024.14.296079-8/001, Rel. Des. Newton Teixeira Carvalho, ac. 23.11.2017, *DJe* 01.12.2017.

Embora o legislador não tenha fixado prazo para a alegação da anulabilidade nesse caso, é certo que a incorreção da informação prestada pelo franqueador somente será descoberta pelo franqueado após o início da relação contratual, depois de conhecer todo o sistema operacional e participar da rede por algum tempo. Daí porque afirma Cláudio Vieira da Silveira não ser "juridicamente possível atribuir--se ao franqueado um determinado lapso de tempo para descobrir que foi vítima de um franqueador mal-intencionado. Essa descoberta poderá ocorrer tanto nos primeiros meses da operação da franquia, quanto depois de 1 ou 2 anos"[17].

Entretanto, como bem ressaltado por Adalberto Simão Filho, deve-se tomar cuidado para que insucessos operacionais do franqueado, decorrentes do risco normal do negócio ou de fatores externos, não sejam classificados como decorrentes de veiculação de informações falsas da circular de oferta de franquia. Por isso, o autor ressalta a importância de o franqueado tentar esclarecer os fatos com o franqueador antes do ajuizamento da ação, para "aclarar ao máximo qual o tipo de informação falsa que foi veiculada"[18].

Nesse sentido, julgado do Tribunal de Justiça de Minas Gerais:

"A intenção do legislador, ao editar a Lei nº 8.955/94, foi estabelecer a regra de absoluta transparência nas negociações que antecedem a adesão do franqueado à franquia, impondo o mencionado diploma legal o dever da franqueadora de fornecer aos interessados uma Circular de Oferta de Franquia que, em linguagem clara e acessível, preste as informações essenciais da operação (art. 3º), devendo a mesma ser entregue com antecedência mínima de 10 (dez) dias e não podendo conter informações falsas, sob pena de anulabilidade do contrato (arts. 4º e 7º). *Não havendo prova de que a ré-franqueadora apresentou para o autor-franqueado seus balanços e demonstrações financeiras, relativos aos dois últimos exercícios, conforme imperativo legal (artigo 3º, II da Lei nº 8.955/94), é de se impor a anulação do negócio jurídico entabulado entre as partes, com a restituição das quantias por este pagas em decorrência do contrato.* Mister se faz, também, aplicar a multa contratual, prevista na cláusula X.2, no valor de R$ 20.000,00, tendo em conta que a ré deu causa à anulação/rescisão do contrato"[19].

Entretanto, há julgados no sentido de que o desenvolvimento da atividade empresarial sem questionamentos sobre a veracidade das informações, extingue o direito de o franqueado requerer a anulação do negócio:

(i) "CONTRATO DE FRANQUIA – RESCISÃO CONTRATUAL – COF enviada fora do prazo legal – Inocorrência – Documento assinado pela autora que comprova o recebimento no prazo legal – *Omissões e irregularidades na COF – Apelante que de-*

---

[17] SILVEIRA, Cláudio Vieira da. *Franchising*, cit., p. 307.
[18] SIMÃO FILHO, Adalberto. *Franchising*, cit., p. 116.
[19] TJMG, 17ª Câm. Cível, Ap. 1.0024.02.868662-4/001, Rel. Des. Eduardo Mariné da Cunha, ac. 11.06.2015, *DJe* 23.06.2015.

senvolveu a atividade empresarial sem qualquer questionamento a esse respeito durante a vigência do contrato – Recurso não provido. REGISTRO DA MARCA – Franqueadora que é detentora da marca "PROJETA" com recurso junto ao INPI – Ausência de prova de prejuízos – Recurso não provido. MATERIAL DIDÁTICO – Alegação de plágio no material da franqueadora – Ausência de comprovação do plágio – Recurso não provido. CURSO DE AUXILIAR DE DENTISTA – Inovação – Inexistência de indicação dessa matéria na inicial – Vedação do artigo 128 do CPC – Recurso não conhecido neste capítulo recursal. MULTA CONTRATUAL – Reconvenção – Encerramento atividades – Descumprimento contratual – Comprovação – Multa legal – Recurso improvido. RESSARCIMENTO PELA NÃO INSTALAÇÃO DA FRANQUIA DE UMA UNIDADE ADQUIRIDA (CAJAZEIRAS) – Inexistência de cláusula nesse sentido – Ausência de prova de ajuste nesse sentido – *Desistência, um ano depois da assinatura, que não implica devolução da taxa inicial*"[20] (g.n.)

(ii) "Franquia. Rompimento do contrato por culpa exclusiva da franqueada. Pretensão da autora, franqueadora, à cobrança de multa contratual. Procedência do pedido. Ré que alega vícios da Circular de Oferta de Franquia (COF). *Não é possível declarar a invalidade do contrato por vício na COF se o ajuste foi celebrado e o negócio foi desenvolvido, ainda que por breve período. Todas as informações essenciais ao desenvolvimento do negócio foram prestadas na COF, cabendo à franqueada o desenvolvimento da atividade empresarial.* Não há indicativo nos autos de que o insucesso do negócio deve ser imputado à franqueadora. Ré que não possuía conhecimento técnico mínimo para o serviço que prestaria. Sentença de procedência do pedido mantida. Recurso desprovido"[21] (g. n.).

(iii) "Ação de anulação de contratos de franquia ajuizada por franqueados contra franqueadora. Sentença de parcial procedência da demanda principal e de improcedência da reconvenção. *Apelações dos autores e da ré. Improcedência do pedido de anulação dos contratos. Eventuais irregularidades e vícios das circulares de oferta de franquia convalidados em razão da regular exploração do negócio por relevante decurso de tempo.* Precedentes desta 1ª Câmara Reservada de Direito Empresarial. Obrigações de não concorrência e de exclusividade que, segundo a prova colhida, foram cumpridas. Evidências de que a franqueadora prestou atendimento adequado, deu o necessário

---

[20] TJSP, 2ª Câmara Reservada de Direito Empresarial, Ap. 0066436-42.2012.8.26.0576, Rel. Des. Ricardo Negrão, ac. 25.06.2018, *DJe* 26.06.2018.

[21] TJSP, 2ª Câmara Reservada de Direito Empresarial, Ap. 1090073-36.2016.8.26.0100, Rel. Des. Alexandre Marcondes, ac. 30.08.2018, *DJe* 30.08.2018. Cumpre destacar o voto do eminente Relator no sentido de que a execução do negócio afasta o direito de anulação: "A ré, na contestação, afirmou que o contrato deveria ser anulado, pois informações essenciais deixaram de ser veiculadas na circular de oferta de franquia (COF). Alegou, ainda, que o modelo de negócio não estava adequadamente desenvolvido, com informações inverídicas veiculadas na COF, o que impediu o sucesso do empreendimento. (...) Diante destas circunstâncias, pode-se afirmar que houve ratificação da circular, ainda que explorado o negócio por apenas seis meses. E, nestes casos, a pretendida anulação deve ser afastada".

acesso às suas marcas e aos sistemas de exploração do negócio. Autores que, ao contrário, deixaram de pagar "royalties" e conduziram seu negócio de forma irregular. Provas, ademais, de que os franqueados buscam a rescisão contratual para tornar possível a exploração de negócio similar, concorrendo com a franqueadora. Rescisão contratual que, desse modo, ocorreu por culpa dos autores que, por isso, devem pagar os "royalties" pendentes e arcar com a multa contratual. Reforma da sentença recorrida, julgada improcedente a ação principal e procedente a reconvenção. Apelação da ré provida, desprovida a dos autores"[22] (g.n.).

---

[22] TJSP, 1ª Câmara Reservada de Direito Empresarial, Ap. 1121883-29.2016.8.26.0100, Rel. Des. Cesar Ciampolini, ac. 07.02.2018, *DJe* 14.02.2018.

Capítulo IV

EXTINÇÃO DO CONTRATO E RESPONSABILIDADES

Sumário: 189. Extinção da franquia: 189.1. Extinção do contrato em razão do advento de seu termo final; 189.2. Extinção pela denúncia unilateral do contrato de prazo indeterminado; 189.3. Extinção do contrato em razão do inadimplemento; 189.4. Extinção pela inexecução involuntária decorrente da impossibilidade superveniente da prestação; 189.5. Extinção pela onerosidade excessiva – 190. A responsabilidade civil do franqueador pelos danos decorrentes da extinção do contrato: 190.1. Fontes da obrigação de indenizar; 190.2. Tipificação do exercício abusivo do direito de não renovar o contrato de prazo determinado ou de resilir o contrato de prazo indeterminado; 190.3. Amortização efetiva dos investimentos; 190.4. A ausência de motivação da denúncia; 190.5. Os danos indenizáveis; 190.6. A posição da jurisprudência; 190.7. Conclusões; 190.8. A existência de um dever objetivo de indenizar os danos advindos do fim do contrato.

189. EXTINÇÃO DA FRANQUIA

A franquia, a exemplo do que se passa com os contratos em geral, pode se encerrar por diversas razões previstas no ordenamento jurídico ou decorrentes do acordo de vontades das partes. Assim, a extinção do vínculo contratual entre franqueadores e franqueados poderá acontecer:

a) em razão do adimplemento integral ou do advento de seu termo final;

b) pela denúncia unilateral, nos contratos de prazo indeterminado e segundo as causas extintivas estipuladas livremente pelas partes (*resilição unilateral*);

c) através do distrato (art. 472, Código Civil) (*resilição bilateral*);

d) em razão de inexecução da prestação devida (art. 475, Código Civil) (*rescisão*);

e) por impossibilidade superveniente da prestação decorrente de caso fortuito ou força maior;

f) por onerosidade excessiva superveniente (art. 478)[1].

---

[1] Importante ressaltar que a falência de qualquer das partes não constitui motivo legal para a extinção do contrato de franquia, na medida em que a Lei nº 11.101/05, que trata da recuperação judicial, admite a manutenção do contrato, com a continuação da empresa falida, ficando o Administrador Judicial encarregado de decidir sobre a administração da sociedade.

410 | Contratos de Colaboração Empresarial • *Humberto Theodoro Jr. e Adriana Theodoro de Mello*

O encerramento da relação entre franqueador e franqueado, tal como em todas as espécies de contratos de distribuição, é uma das questões jurídicas mais polêmicas em torno do contrato de franquia.

No Brasil e no estrangeiro, tanto a doutrina quanto a jurisprudência já enfrentaram o tema, que acende calorosas discussões.[2] O assunto é instigante em decorrência das características próprias da relação estreita que se estabelece entre os contratantes.

Nos contratos de tempo determinado, como lícita estipulação admitida em qualquer espécie de ajuste, ao decair do termo fixado, pode o franqueador não renová-lo. Nos ajustes por tempo indeterminado, desde que precedido da adequada denúncia, habitualmente se reserva ao franqueador a possibilidade de resolver o contrato a qualquer tempo, pois não se concebe em direito um vínculo contratual eterno.

É prática corriqueira, ainda, no âmbito do contrato, fazer-se inserir que qualquer modalidade de inadimplência, sem distinção, é causa suficiente para a resolução imediata do ajuste.

A franquia não suprime a autonomia jurídica da empresa, que se propõe a funcionar em prol da divulgação e distribuição dos bens ou serviços de outra, fazendo estampar em seu estabelecimento e em tudo o que comercializa a marca que à franqueadora pertence. Mas é evidente que a relação entre estas se faz marcar pelo signo da dependência econômica, de tal forma que o objeto de mercancia da franqueada e toda a sua atividade empresarial se mantêm no pressuposto da permanência e da regular execução do contrato de franquia empresarial.

Todo o esforço do franqueado, durante a execução contratual, concentrou-se em uma política comercial voltada para uma linha de produtos ou serviços da marca do franqueador, e sua identidade, consequentemente, não se revelou aos olhos do consumidor, restando superada pela uniformidade imposta pela imagem cole-

---

[2] Na Itália: Bussani, Mauro; Cedon, Paolo. *I contratti nuovi: leasing, factoring, franchising*. Milão: Giuffrè, 1989, p. 455 ss. discorrem sobre o tema, citando opiniões de Pardolesi, Santini, Fauceglia, e outros. Tratam ainda do tema: Baldi, Roberto. *Il contratto di agenzia*. La concessione di vendita. Il franchising. 6. ed. Milão: Giuffrè, 1997, p. 139; Baldassari, Augusto. *I contratti di distribuzione: agenzia, mediazione, concessione di vendita, franchising*. Padova: CEDAM, 1989, p. 520; FRIGNANI, Aldo. *Il contrato di franchising. Orientamenti giurisprdenziali prima e dopo la legge 129 del 2004*. Milão: Griuffrè, 2012, p. 155 e ss. No Brasil: Paola, Leonardo Sperb de. Sobre a denúncia dos contratos de distribuição, concessão comercial e franquia. *Revista Forense*, Rio de Janeiro: Forense, v. 343, ano 94, jul.-ago.-set./1998, p. 115 ss; Abrão, Nelson. A Lei de Franquia Empresarial (n. 8.955, de 15.12.1994). In: WALD, Arnoldo (org.). *Doutrinas Essenciais: Direito empresarial*. São Paulo: Revista dos Tribunais, 2011, v. IV, p. 627 e ss; Melo, Claudineu de. *Contrato de distribuição*. São Paulo: Saraiva, 1987, nº 84, p. 94. Na França: BESSIS, Philippe. *Le contrat de franchisage*. Paris: LGDJ, 1992, nº 84, p. 94 *et seq.*; BENSOUSSAN, Hubert. *Le droit de la franchise*. 2. ed. s. l.. França: Apogée, 1999, p. 231 *et seq.*; BEHAR-TOUCHAIS, Martine; VIRASSAMY, Georges. *Les contrats de la distribution*. Paris: LGDJ, 1999, nº 332, p. 151 *et seq.*

Seção V: Franquia • Cap. IV – Extinção do Contrato e Responsabilidades | 411

tiva da rede de franquia. De tal sorte, o trabalho expendido resultou na valorização do fundo de comércio do franqueador.

Constata-se, pois, que, na maior parte das vezes, o encerramento da relação exitosa da franquia representa um peso econômico elevado para o franqueado, cujos interesses prejudicados são claros e transparentes. Ao fim da relação, é natural que se sinta o franqueado desfalcado de um patrimônio que, à vista da ideologia da sociedade capitalista, baseada na propriedade privada, parecia lhe pertencer, já que foi, em princípio, por ele edificado.

Daí surgirem questionamentos acerca da validade das cláusulas que conferem às partes, em especial ao franqueador, o direito de não renovar o contrato ao final do prazo estipulado, ou que permitem a denúncia vazia do contrato vigente por prazo indeterminado.

De uma parte se encontram os interesses da empresa franqueadora que necessita da liberdade de denunciar os contratos para não perder o controle de sua rede de distribuição, podendo modernizá-la e torná-la eficiente e competitiva diante da concorrência. De outra parte estão as compreensíveis expectativas de um franqueado de não se ver desfalcado de toda clientela angariada ao longo dos anos, e de não comprometer todos os investimentos efetuados em matéria-prima, estoques, equipamentos, e mesmo com a contratação de mão de obra especializada.

Quanto mais a empresa franqueada se empenha e obtém êxito na tarefa contratual de integrar-se na cadeia dirigida pelo produtor, mais provável é que a clientela se distancie ao encerrar o contrato. Estaria o comerciante, em tal situação, a merecer uma especial proteção em razão da riqueza que agrega ao fundo de comércio do outro? Nos tópicos seguintes serão abordadas as diversas formas de extinção do contrato e suas consequências para as partes.

189.1. Extinção do contrato em razão do advento de seu termo final

A ideia de prazo, termo, ou tempo, é inerente à própria noção da obrigação contratual. Se os efeitos de alguns contratos se eternizam no tempo, o mesmo não se pode dizer das prestações que incumbem a cada uma das partes, que hão de ser cumpridas dentro de, ou durante, um determinado lapso temporal.

A imposição de obrigações eternas ou vitalícias, sem fundamento na lei ou na vontade declarada, fere o senso de liberdade humano, e se aproxima da noção de escravidão, tão repudiada pelo direito e pela Justiça. É por isso que se tem como proibidos os pactos que levam à subordinação perpétua[3].

---

[3]   A respeito, ver BEHAR-TOUCHAIS, Martine; VIRASSAMY, Georges. *Les contrats de la distribution*, cit., nº 332, p. 151; GHESTIN, Jacques *et al. Traité de droit civil: les effets du contrat*. 2. ed. Paris: LGDJ, 1994, nº 182 ss. e nº 239 ss.

Contratos de Colaboração Empresarial • *Humberto Theodoro Jr. e Adriana Theodoro de Mello*

Ninguém está obrigado a se vincular eternamente a um contrato. No Estado Democrático de Direito, o princípio da legalidade é pilar jurídico e ideológico que assegura a liberdade de contratar ou não contratar, bem como de estipular em que condições e por quanto tempo fazê-lo, a menos que norma legal específica imponha conduta diversa[4].

189.1.1. A cláusula de duração do contrato

Se ninguém é obrigado a fazer ou deixar de fazer algo senão em virtude de lei (CF, art. 5º, II), em princípio, a estipulação de um prazo de duração contratual é plenamente legítima.

Especificamente nos contratos de distribuição, a proteção legal à liberdade individual se justifica pelo princípio da livre iniciativa e da livre concorrência. Explica Vogel que:

> "a teoria da concorrência fornece atualmente uma justificação suplementar à proibição dos vínculos perpétuos: um tal engajamento constitui efetivamente uma formidável barreira à entrada no mercado que impede agentes econômicos, aptos a se tornarem concorrentes, de se candidatarem a uma relação contratual em razão da indissolubilidade dos liames preexistentes. Tal situação que beneficia os contratantes que hajam penetrado anteriormente no mercado é um fator muito importante de ineficácia econômica"[5].

Com efeito, a fixação de prazos finais nos contratos é de extrema utilidade tanto para a segurança das partes quanto para possibilitar a constante atualização das técnicas comerciais, notadamente em face das novas exigências da clientela, e dos avanços da concorrência.

Em última análise, assegurar a eternização dos contratos de franquia significaria instituir em favor de um grupo econômico uma verdadeira reserva de mercado, em completa afronta ao sistema capitalista vigente.

---

[4] É o que ocorre, por exemplo, no âmbito das locações comerciais e residenciais, em que a *lei* impõe a renovação ou prorrogação do contrato, a par da vontade do locador (Lei nº 8.245, de 18/10/1991).

[5] "La théorie de la concurrence fournit aujourd'hui une justification supplémentaire à la prohibition des engagements perpétuels: Un tel engagement constitue en effet une formidable barrière à l'entrée sur le marché qui empêche les agents économiques qui seraient en mesure de devenir des concurrents de se porter candidats à une relation contractuelle en raison de l'indissolubilité des liens préexistants. La rente de situation dont bénéficient ainsi les contractants ayant pénétré antérieurement sur le marché est un facteur très important d'inefficacité économique" (VOGEL, L. e J. Vers un retour des contrats perpétuels? Evolution récente du droit de la distribution. *Cont. Conc. Cons.*, p. 1, ago.-set./1991. *Apud* BEHAR-TOUCHAIS, Martine; VIRASSAMY, Georges. *Les contrats de la distribution*. Paris: LGDJ, 1999, nº 332, p. 152).

Seção V: Franquia • Cap. IV – Extinção do Contrato e Responsabilidades | **413**

É basilar que, ao final do período de vigência de uma franquia, todo o conceito da rede já se terá atualizado e novos investimentos devam ser feitos. Talvez, mudanças de estratégias sejam indispensáveis e impliquem até mesmo no abandono do sistema de franquias e a assunção da função de distribuição pelo próprio fabricante. Ou, é mesmo possível, que o perfil do franqueado, a despeito da completa ausência de falta (culpa) a ele imputável, não seja o que melhor atende aos padrões de exigência do franqueador e à sua política empresarial. É esta uma liberdade de ação que não se pode sonegar ao controlador de uma rede de franquias. Esse juízo de conveniência sobre a manutenção de uma parceria (lembre-se: a franquia empresarial é um contrato de cooperação e de integração) não poderá ser objeto de apreciação judicial, mesmo porque as leis do direito não são hábeis a dar ao juiz a resposta correta.

Em suma, a fixação de um prazo de vigência contratual insere-se no âmbito da liberdade de contratar, e representa, por isso mesmo, um direito assegurado tanto ao franqueado quanto ao franqueador.

Nenhuma norma restritiva de direito dispõe a respeito, seja para impor um prazo mínimo, seja para tornar obrigatória a renovação, seja para condicionar seu exercício a uma causa legal ou justa. Ao contrário, a lei que regulamentou a espécie nada dispôs a tal respeito. Pode-se afirmar, pois, que não houve vontade legislativa de impor restrições a essa liberdade, através de leis de ordem pública ou de normas impositivas.

O direito dos contratos, como instrumento de política econômica, optou por manter soberana nesta área a autonomia da vontade, por julgar mais benéfica aos interesses sociais, à livre concorrência e à mobilidade do fabricante ou fornecedor.

Ademais, em tais hipóteses em que o próprio contrato fixa um prazo de vigência da relação, não parece estar presente uma desigualdade de partes que reclame a intervenção equitativa do Estado legislador. Ao celebrarem o contrato, as partes não se encontravam em situação de dessemelhança. Na formação do contrato, é livre o franqueado para optar por investir ou não seus recursos materiais, humanos e financeiros naquele negócio que lhe fora proposto, e naquelas exatas condições informadas pelo franqueador. Aderiu ao negócio consciente da sua temporariedade (provisoriedade), de seus riscos e de suas vantagens. Nunca lhe assegurou o contrato, nem o direito, qualquer garantia de perpetuar-se na condição de franqueado e impor ao franqueador a renovação compulsória da relação.

Em uma transação que envolve comerciantes profissionais, presume-se que tenham as partes, depois de sopesar *os prós e os contras*, assumido, conscientemente, tanto os benefícios quanto os ônus e os riscos próprios do negócio. E, ao fazê-lo, formularam uma equação econômica que corresponde às expectativas das partes e ao fim econômico e social do contrato. Seria um contrassenso conferir validade parcial a um contrato que representa em si uma equação econômica, de repartição de encargos e resultados, para retirar-lhe um dos elementos vitais.

414 | Contratos de Colaboração Empresarial • *Humberto Theodoro Jr. e Adriana Theodoro de Mello*

A fixação do prazo de vigência é, nestas circunstâncias, o resultado da vontade de ambas as partes. A mesma vontade que tem o poder de criar obrigações é suficiente para extingui-las. O termo fixado no contrato, antes de configurar *denúncia unilateral* por parte do franqueador, é o resultado da convergência da vontade das partes sobre as condições sob as quais lhes interessa a autolimitação. Em outras palavras: "antes de tudo, como em todos os contratos, a extinção do contrato de distribuição de duração determinada pelo advento do termo não é mais que o respeito à vontade das partes"[6].

Em suma, enquanto resultado da declaração livre da vontade das partes, o pacto sobre a duração do contrato é obrigatório em razão dos princípios da autonomia privada e da obrigatoriedade, e da ausência de normas legais restritivas.

De tal sorte, a delimitação do contrato no tempo, além de ser fruto da vontade de ambas as partes, tem seu exercício fundado nas necessidades econômicas e sociais próprias do tipo contratual, pelo quê não convém ser objeto de norma restritiva de direito.

189.1.2. Critérios econômicos de fixação do prazo

Cada parte deve mensurar o período de tempo necessário para a amortização conveniente dos investimentos e despesas requeridos pelo negócio, valendo-se, para tanto, das leis da estatística e dos índices e critérios financeiros. As peculiaridades de cada franquia, segundo seu objeto e do mercado consumidor, deverão também influenciar nos cálculos[7].

O contratante que se aventure no mundo dos negócios, em especial no ramo da distribuição, há de fazê-lo profissionalmente, conhecendo as leis que regem o comércio, os seus riscos inerentes. Deve, inclusive, valer-se de pareceres de especialistas e consultores, quando não for capaz de aferir, por si só, o real significado dos dados que a empresa franqueadora lhe informar. Do contrário, sua conduta poderá configurar negligência ou imprudência.

Para a fixação do prazo, podem as partes se valer da cláusula de termo fixo. Nestas hipóteses, a chegada da data convencionada, na ausência de um novo acordo, e independente de qualquer manifestação de vontade, extingue a relação

---

[6] "Tout d'abord, comme pour tout contrat, l'extinction du contrat de distribution à durée déterminée par l'arrivée du terme n'est que le respect de la volonté des parties" (BEHAR-TOUCHAIS, Martine; VIRASSAMY, Georges. *Les contrats de la distribution*, cit., nº 332, p. 151). No mesmo sentido: "A aposição de um termo a um contrato representa, por conseguinte, a expressão a mais dídima do exercício da autonomia de vontade, na autorregulação dos interesses dos particulares" (LEÃES, Luiz Gastão Paes de Barros. Denúncia de contrato de franquia por tempo indeterminado. In: WALD, Arnoldo (org.). *Doutrinas Essenciais: Direito empresarial*. São Paulo: Revista dos Tribunais, 2011, v. IV, p. 607).

[7] LELOUP, Jean-Marie. *La franchise: droit et pratique*. 2. ed. Paris: Delmas, 1991, p. 233.

Seção V: Franquia • Cap. IV – Extinção do Contrato e Responsabilidades | **415**

contratual automaticamente. Mas é de todo conveniente, e conforme a boa-fé e a lealdade que devem presidir as relações comerciais, que se manifestem as partes antecipadamente sobre a proximidade do fim do contrato e os procedimentos que o momento reclama.

Porém, se, posto ter-se verificado o termo, as partes dão continuidade à relação, ocorre a prorrogação tácita do *contrato por prazo indeterminado*. Com efeito, em situações como a descrita, entende-se que a continuidade da execução do contrato por ambas as partes gera em cada qual a expectativa legítima de sua prorrogação, vedando o princípio geral da boa-fé o comportamento contraditório e a quebra da confiança.

Se é da vontade das partes continuarem o sistema de franquia, o melhor a fazer é tornarem o mais expressa possível a condição em que o fazem, seja prorrogando por escrito a duração do contrato e fixando novo termo, seja celebrando um novo contrato. Se não o fazem, presume-se prorrogado o contrato por prazo indeterminado.

Pode, ainda, o contrato estabelecer determinadas condições que darão ensejo à renovação tácita, através do silêncio das partes, por igual período, ou por outro prazo que se tenha fixado.

Com as cláusulas de renovação automática se asseguram o prazo mínimo necessário à amortização dos investimentos e, ainda, a liberdade de cada uma das partes de não renová-lo. Mas o silêncio, ou seja, a ausência de manifestação expressa das partes, no sentido de pôr fim ao contrato, até uma data preestabelecida, tem o poder de prorrogar ou renovar a vigência do contrato nas mesmas condições originalmente contratadas[8].

189.1.3. Efeitos do implemento do termo final

Ao implemento do termo extintivo, pode-se dizer que a relação contratual cumpriu a sua função. Seus atos foram polarizados pelo escopo definido explicitamente desde o início. As partes adimpliram as prestações acordadas. E, tal qual se dá com o *pagamento* nas obrigações de execução instantânea, é a chegada do *termo* nas obrigações duradouras a forma de extinção da obrigação pelo seu cumprimento. Em tal hipótese, não é a vontade de uma das partes que dá fim à relação contratual. É a própria lei que, recepcionando a liberdade de contratar, confere ao termo final o poder de extinguir o contrato.

Nos contratos firmados por prazo certo, rezam os arts. 128 e 135 do Código Civil que o simples implemento do termo final é causa suficiente para extinguir a relação obrigacional.

---

8   STJ, Ag. REsp 1.336.153-RJ, Rel. Min. Marco Aurélio Bellizze, decisão monocrática publicada em 05.09.2018.

Ou seja, em regra, nenhum ato ou declaração de vontade é necessária para a extinção do vínculo. Porém, se houver cláusula de renovação tácita, que imponha a manifestação prévia e expressa da vontade de não renovar, a denúncia do contrato é indispensável, conforme previsto no ajuste. Todavia, a manifestação de vontade, apesar de unilateral, corresponde, em seus efeitos e na sua origem, ao distrato. É o que ensina Caio Mário da Silva Pereira. Compreende-se na resilição voluntária a declaração unilateral de vontade, "manifestada em consequência de cláusula ajustada em *contrato bilateral, e* produz as consequências do distrato. A notificação é unilateral, mas a cessação do contrato é efeito da vontade bilateralmente manifestada" (grifado no original)[9].

Com efeito, não se trata de resilição unilateral. Seja em uma ou noutra hipótese, o contrato nasceu, produziu seus efeitos, as prestações devidas foram prestadas e o termo encerra, naturalmente, a relação obrigacional, tudo de conformidade com a conjunção de vontades que o criara. O advento do termo final, nestas circunstâncias, constitui a maneira de "extinção normal do contrato"[10], já que integralmente adimplidas as prestações convencionadas.

Nesse contexto, em que se reconhece legitimidade à cláusula contratual que estipula um termo de duração da relação obrigacional, e em que a ausência de lei limitadora da autonomia da vontade é inquestionável, não há como se acolher qualquer pretensão que busque, em face do Judiciário, a manutenção compulsória da franquia.[11]

É praticamente uníssona[12] a mais renomada doutrina pátria e alienígena, que encontra eco na lição de Dutilleul e Delebcque:

"Se o contrato é de duração *determinada*, deve ele ser conduzido a seu termo e no advento do termo convencionado, nenhuma das partes tem obrigação de renová-lo.

---

[9] PEREIRA, Caio Mário da Silva. *Instituições de Direito Civil*: contratos. 22. ed. rev. e atual. por Caittin Mulholland. Rio de Janeiro: Forense, 2018, v. III, p. 134.

[10] GOMES, Orlando. *Contratos*. 25. ed. Rio de Janeiro: Forense, 2002, nº 131, p. 170.

[11] O Tribunal de Alçada de Minas Gerais, apreciando um caso em que o contrato de distribuição previa, expressamente, a impossibilidade de renovação do contrato após o termo final, consignou que "a cláusula excludente de renovação tácita é clara, não exigindo esforço hermenêutico ampliativo ou explicativo, eis que apoiados nos arts. 130 e 131 do Código Comercial Brasileiro". Por tais motivos julgou improcedente a pretensão da distribuidora de obter em liminar cautelar a manutenção do contrato (TAMG, Agr. Inst. nº 172.772-2, da Comarca de Belo Horizonte, ac. unânime da 2ª Câmara Cível em 18/10/1994. Rel. Juiz Carreira Machado. Agravante: Cervejarias Reunidas Skol Caracu S.A. Agravado: Distribuidora Miranda Ltda.).

[12] O ponto sobre o qual divergem os doutrinadores se refere ao eventual abuso no direito de resilir o contrato e não quanto aos efeitos da própria resilição. Destarte, comunicada a vontade de não prorrogar, estará extinto o contrato. Quanto às consequências patrimoniais do exercício de tal direito, ver o item 190.

Seção V: Franquia • Cap. IV – Extinção do Contrato e Responsabilidades | **417**

Para os tribunais, a não renovação do contrato pelo concedente não constitui abuso de direito, mas o exercício de um direito contratual"[13].

De fato, a Corte de Cassação francesa frequentemente reconhece o exercício regular de um direito na recusa da renovação dos contratos de distribuição, quando do advento do termo fixado no contrato, conforme farta citação encontrada nos textos sobre franquia e distribuição em geral[14].

Luiz Gastão Paes de Barros Leães adverte que os casos em que se admite "prorrogação e renovação *ex lege*, por configurarem restrições à liberdade de contratar, só prevalecem nas específicas hipóteses legais, e não comportam aplicação extensiva". Assim, continua o autor, "fora dessas expressas hipóteses legais, a liberdade de contratar perdura, à margem das limitações autoritárias, que permanecem tópicas". Daí por que a intervenção de um juiz "que venha a obrigar uma das partes a se vincular contratualmente, reduzindo a autonomia da vontade a um simples ato de obediência, inova totalmente o esquema legal vigente, e, por conseguinte, só pode ser introduzida por força de lei"[15].

É o que ensina, outrossim, José Frederico Marques ao discorrer sobre os poderes do juiz:

> "A formação, mudança ou desfazimento de uma relação jurídica, pelas vias jurisdicionais, é excepcional... O juiz não intervém, de regra, na formação de um negócio jurídico, para criar direitos, extingui-los ou modificá-los. E se, em determinadas situações, pode a composição da lide se resolver com essa modalidade de tutela jurisdicional, claro que, para refugir esta da normalidade, se torna imprescindível uma particular previsão de lei"[16].

Mauro Bussani e Paolo Cendon alertam que, a despeito de ser preocupante o prejuízo que uma ruptura abusiva por parte do franqueador possa causar ao franqueado, há de se descartar, por ilógica, a viabilidade de uma solução jurídica que implique na supressão dessa liberdade, através da prorrogação *ope iuris* ou *ope iudicis* do contrato:

> "Ora, as razões que militam contra uma estabilidade forçada da franquia – contra, isto é, a prorrogação *ope iuris od ope iudicis* da mesma – têm seguramente consigo tanto

---

[13] DUTILLEUL, François Collart; DELEBECQUE, Philippe. *Contrats civils et commerciaux.* 2. ed. Paris: Dalloz, 1993, p. 776.

[14] Mais de uma dezena de arestos são citados por BEHAR-TOUCHAIS, Martine; VIRASSAMY, Georges. *Les contrats de la distribution cit.*, nº 336, p. 153-154.

[15] LEÃES, Luiz Gastão Paes de Barros. Denúncia de contrato de franquia por tempo indeterminado, cit., p. 609.

[16] MARQUES, José Frederico. *Manual de direito processual civil.* Campinas: Bookseller, 1997, v. I, nº 117, p. 216.

a lógica econômica quanto a jurídica. Do primeiro ponto de vista, é absurdo pensar em impor a um sistema de distribuição a presença obstinada de franqueados que sejam – hipoteticamente – pouco eficientes, ou que operem em zonas onde o mercado se revela saturado, ou de qualquer modo não mais capaz de absorver uma certa gama de bens ou serviços. Sob o aspecto jurídico, pois, um princípio bem consolidado no direito dos contratos é exatamente aquele segundo o qual todas as relações de duração, por sua natureza, são destinadas, mais cedo ou mais tarde, a extinguir-se por iniciativa de um ou de outro contratante (art. 1.373 C.C.)..."[17].

A imposição de uma renovação contratual, ou mesmo o condicionamento de sua resilição a uma justa causa arrolada em lei, não é, nem mesmo, uma solução *de lege ferenda*. Tal sorte de intervenção do Estado não se recomenda nem pelos fins sociais nem pelas peculiaridades econômico-jurídicas do contrato de franquia.

Bem andou o legislador brasileiro quando, na lei da franquia empresarial, seguiu a tendência europeia[18], deixando a solução dos problemas surgidos com o fim do contrato a cargo da análise concreta do Judiciário, que, se for o caso, restabelecerá o equilíbrio das partes, através da apuração da responsabilidade civil e segundo os princípios e regras da boa-fé e do abuso do direito[19].

189.2. Extinção pela denúncia unilateral do contrato de prazo indeterminado

A *resilição* opera a extinção do vínculo por força de simples declaração de vontade de ambas as partes (*bilateral ou distrato*) ou de apenas uma (*unilateral ou*

---

[17] "Orbene, le ragioni che militano contro una forzata 'stabilizzazione' del franchising – contro, cioè, le proroghe ope iuris od ope iudicis dello stesso – hanno sicuramente con sé tanto la logica economica quanto quella giuridica. Dal primo punto di vista, è assurdo pensare di imporre ad un sistema distributivo la presenza ostinata di franchisees che siano – per ipotesi – poco efficienti, o che operino in zone dove il mercato si rivela saturo, o comunque non più adatto ad assorbire una gamma data di beni o servizi. Sotto il profilo giuridico, poi, un principio bem saldo nel diritto dei contratti è proprio quello secondo cui tutti i rapporti di durata, per loro natura, sono destinati prima o poi a estinguersi, su iniziativa dell'uno o dell'altro fra i contraenti (art. 1373 c.c.)..." (BUSSANI, Mauro; CENDON, Paolo. *I contratti nuovi: leasing, factoring, franchising*. Milão: Giuffrè, 1989, p. 467).

[18] PAOLA, Leonardo Sperb de. Sobre a denúncia dos contratos de distribuição, concessão comercial e franquia. *Revista Forense*, v. 94, nº 343, jul.-ago.-set./1998, p. 127.

[19] *Roberto Baldi*, criticando a tendência jurisprudencial e legislativa norte-americana de condicionar a extinção do contrato a uma justa causa, afirma: "Non può non destare perplessità peraltro una certa tendenza giurisprudenziale e legislativa americana volta a condizionare il mancato rinnovo del contrato a tempo determinato scaduto, alla sussistenza di una 'good cause'. Non vedo infatti come si possa consentire ad un contratto scaduto, e senza una clausola di rinnovo automatico, di continuare a restare in vigore dopo la scadenza, senza il consenso delle parti" (BALDI, Roberto. *Il contratto di agenzia. La concessione di vendita – Il franchising*. 6. ed. Milão, 1997, p. 139). O autor conclui que, configurando violação aos princípios da boa-fé, a solução de direito deve ser encontrada no instituto da responsabilidade civil. Este tema será desenvolvido a seguir, como solução plausível para o reequilíbrio das relações de franqueador e franqueado.

Seção V: Franquia · Cap. IV – Extinção do Contrato e Responsabilidades | **419**

denúncia). No distrato, a mesma força capaz de criar o vínculo é capaz de extingui-lo. A única exigência que a lei faz é no sentido de que o distrato seja feito pela mesma forma exigida para o contrato (CC, art. 472).

A resilição unilateral, porém, é exceção admitida em casos estritos, já que, em razão da obrigatoriedade do contrato, não pode uma das partes, isoladamente, opor-se a sua força vinculante (CC, art. 473). Somente nos casos expressos na lei, como o mandato e o depósito, e nos contratos de duração firmados por prazo indeterminado, a denúncia se afigura como forma legítima de extinção do vínculo obrigacional.

A duração do contrato de franquia pode ser indeterminada em duas hipóteses: quando as partes celebram o contrato sem firmar o termo final (o que é bem improvável de se verificar entre partes precavidas e profissionais), ou na prorrogação tácita de um contrato vigente por prazo certo[20].

Nem mesmo quando os cocontratantes se omitem, deixando de fixar um termo final para o encerramento do contrato, ou deliberadamente estipulam a vigência indeterminada, cogitou o direito de presumir a intenção dos mesmos de se vincularem para sempre. Ao contrário, quando se defronta com uma obrigação estipulada sem prazo e insuscetível de extinção pelo simples adimplemento das prestações (contrato de duração), o sistema jurídico, baseado na liberdade humana, entende que as partes "se reservaram a faculdade de, a todo tempo, resilir o contrato"[21].

A resilição unilateral é admitida nos contratos de vigência indeterminada no tempo, não como uma derrogação do princípio da obrigatoriedade do contrato, mas, sim, como consectário lógico do princípio que veda a vinculação perpétua das partes.

Nesse sentido, a lição de Darcy Bessone:

"Em geral, nos contratos por tempo indeterminado, e de execução continuada, qualquer dos contratantes pode unilateralmente desvincular-se dissolvendo-os. A indeterminação do tempo de duração do contrato ocasionaria a permanência infinita do vínculo, se não fosse facultado a qualquer das partes, através do *ius poenitendi*, desligar-se, quando lhe aprouvesse. Assiste, assim, a cada um dos contratantes o direito potestativo de desvincular-se"[22].

---

[20] As próprias partes podem convencionar que, ao final do termo contratual, se não comunicada a intenção de não renovar o contrato, a relação se renova pelo mesmo período do contrato original ou por outro prazo. Nestas hipóteses, ter-se-á novamente contrato de prazo certo. Porém, podem as partes estipular que, após o termo final, o contrato vigorará por prazo indeterminado. E, finalmente, pode dar-se a hipótese de as partes, findo o termo, continuarem normalmente a relação contratual, sem ânimo de encerrá-la. Nessas duas últimas circunstâncias, o contrato continua regulando as relações entre as partes, porém, sem prazo determinado para seu encerramento.

[21] GOMES, Orlando. *Contratos*, cit., nº 144, p. 185.

[22] BESSONE, Darcy. *Do contrato. Teoria geral*. 4. ed. São Paulo: Saraiva, 1997, p. 250.

No mesmo sentido, a jurisprudência:

"O contrato por prazo indeterminado não é sinônimo de contrato eterno ou infinito, trata-se de uma opção dos contratantes que não acertaram previamente como e quando haverá sua extinção. *Qualquer das partes poderá denunciar o contrato diante do princípio constitucional da liberdade de associação. A resilição unilateral do contrato por prazo indeterminado, não constitui ato ilícito, mas exercício regular do direito"*[23] (g.n.).

Assim, tal como a resilição bilateral ou o distrato, a resilição unilateral é meio lícito de extinção das obrigações de prazo indeterminado, por ato posterior à sua formação. Não se trata de inadimplemento contratual, nem de arrependimento, mas de exercício da "liberdade de desvincular-se com a dissolução do contrato", pois "a indeterminação do tempo de duração do contrato ocasionaria a permanência infinita no vínculo, se não fosse facultado a qualquer das partes, através do *ius poenitendi*[24], desligar-se, quando lhe aprouvesse"[25].

A resilição unilateral, nos casos em que a lei admita, opera-se mediante "denúncia notificada à outra parte" (CC, art. 473, *caput*). A denúncia, ou resilição unilateral, é a manifestação unilateral de vontade receptícia, que através da notificação ou interpelação feita ao outro contratante, põe fim a uma relação contratual.

A denúncia é, nas palavras de Ruy Rosado de Aguiar Júnior, "exercício do direito formativo-extintivo de desfazimento das obrigações duradouras, contra a sua renovação ou continuação, independentemente do inadimplemento da outra parte, nos casos permitidos na lei e no contrato"[26]. É, pois, uma faculdade de criar uma nova situação jurídica por ato de vontade de uma das partes, que tem na lei ou no contrato a sua fonte. Para extinguir o contrato de prazo indeterminado, nenhuma motivação se exige, já que tal direito se funda na liberdade de desvincular-se.

189.2.1. O aviso prévio

Nos contratos de franquia, assim como em todos os contratos de distribuição e de duração, em geral, por sua natureza, cumpre ao denunciante do contrato vigente por prazo indeterminado respeitar um prazo razoável para que a explora-

---

[23] Trecho do voto do Relator no acórdão proferido pelo TJMG, 16ª Câm. Cível, Ap. 1.0702.05.241781-4/002, Rel. Des. Pedro Aleixo, ac. 03.06.2015, *DJe* 10.06.2015.

[24] *Orlando Gomes* define *jus poenitendi* como poder de resilição do contrato por declaração unilateral de vontade que tem origem no próprio contrato, e não na lei (*Contrato cit.*, 25. ed., nº 146, p. 187).

[25] Trecho do voto do juiz *Guimarães Pereira*, no acórdão proferido na Ap. 225.851-7, TAMG, 3ª Câm. Civ. Rel. Juiz Duarte de Paula, Ac. unânime de 11.12.96.

[26] AGUIAR JÚNIOR, Ruy Rosado. *Extinção dos contratos por incumprimento do devedor*. Rio de Janeiro: AIDE, 1991, nº 30, p. 69-70.

ção da franquia, em tese, seja capaz de alcançar os seus legítimos fins[27]. Impõe-se ao denunciante a obrigação de conceder *aviso prévio*[28]. Não se tolera a resilição abrupta, havendo sempre necessidade de notificação à parte contrária com certa antecedência.

É também o princípio da boa-fé que impõe a concessão de tal aviso, já que o encerramento do contrato implica a necessidade de implementar uma série de atos, procedimentos e providências complexas destinadas a organizar a vida econômica e financeira do franqueado.

O aviso prévio é indispensável para evitar a surpresa da parte contrária, que poderá buscar outras alternativas para seu negócio, sem solução de continuidade. Deve, outrossim, ser concedido um prazo que permita à parte, em face do vulto dos investimentos, da complexidade, dos estoques e das peculiaridades do negócio, dar solução satisfatória às pendências normais do encerramento de uma atividade de distribuição[29].

Nesse sentido é o parágrafo único do art. 473, do Código Civil que dispõe: "se, porém, dada a natureza do contrato, uma das partes houver feito investimentos consideráveis para a sua execução, a denúncia unilateral só produzirá efeitos depois de transcorrido prazo compatível com a natureza e o vulto dos investimentos".

189.2.2. Consequências da inobservância ou insuficiência do aviso prévio

Para Ruy Rosado de Aguiar, ocorrendo a resilição abrupta, por falta de manutenção do contrato por tempo razoável para o retorno do investimento, a parte prejudicada "poderá requerer ao juiz a fixação do prazo compatível com a natureza e o vulto dos investimentos, para a continuidade da execução do contrato, assim permitindo a sua recuperação". Poderá, ainda, "optar pela indenização pelos danos emergentes e os lucros cessantes que auferiria se o contrato continuasse por um

---

[27] O anteprojeto do Código Europeu dos Contratos prevê, em seu art. 57, item 2: "se nos contratos com prestação continuada ou periódica as partes não tiverem fixado prazo final, qualquer uma delas poderá colocar fim ao contrato através de uma comunicação endereçada à outra e dando um aviso prévio que seja conforme a natureza do contrato, ao costume ou à boa-fé" (*"si dans les contrats à exécution continue ou périodique les parties n'ont pas fixé de terme final, chacune d'entre elles peut mettre terme au contrat à travers une communication adressée à l'autre partie en donnant un préavis qui soit conforme à la nature du contrat ou à la coutume, ou à la bonne foi". Code Europeen des Contrats:* avant-projet. Milão: Giuffrè, 1999, p. 24).

[28] É o que ocorre nos contratos de trabalho (CF, art. 7º, inciso XXI e CLT, art. 487 ss), de representação comercial (Lei nº 4.886/65, art. 34) e na concessão de venda de veículos automotores (Lei nº 6.729/79, art. 21, parágrafo único).

[29] Em sede de jurisprudência, tem-se admitido como suficiente um prazo de 90 a 180 dias como razoável a cumprir o escopo do aviso prévio nos contratos de distribuição.

prazo razoável, não fora a indevida interrupção da sua execução. Indeniza-se o interesse positivo"[30].

O Tribunal de Justiça de Minas Gerais já reconheceu que não haverá indenização, caso o prazo do contrato tenha sido suficiente para o retorno no capital investido:

"Tendo o contrato passado a vigorar por prazo indeterminado, com o transcurso de aproximadamente 03 anos desta renovação tácita, *tem-se que todo capital investido foi devidamente recuperado pela empresa autora, não havendo o que se falar em prazo exíguo para a tomada de medias para por fim ao contrato celebrado entre as partes*"[31] (g.n.).

Do mesmo modo, o Tribunal de Justiça de São Paulo reconheceu a licitude da resilição se não tiver sido abrupta nem abusiva[32].

O STJ, por sua vez, admite a resilição, determinando a indenização por perdas e danos, se estiver caracterizado o abuso:

"É princípio básico do direito contratual de relações continuativas que nenhum vínculo é eterno, não podendo nem mesmo o Poder Judiciário impor a sua continuidade quando uma das partes já manifestou a sua vontade de nela não mais prosseguir, *sendo certo que, eventualmente caracterizado o abuso da rescisão, por isso responderá quem o tiver praticado, mas tudo será resolvido no plano indenizatório*"[33] (g.n.).

Mas, excepcionados tais deveres que caracterizam o exercício da liberdade de desvincular-se no contrato de duração indeterminada, ele se faz pelos mesmos fundamentos e com iguais efeitos do exercício do direito de extinguir o contrato de prazo certo. Ambos correspondem a direitos potestativos, amparados pelo direito, que não podem ser obstados nem por qualquer das partes, nem pelo Estado-juiz.

Só a lei, que no caso é inexistente, poderia impor uma renovação compulsória, uma prorrogação indefinida, ou um prazo contratual mínimo. Na ausência de tal disposição legal, é o princípio da liberdade de iniciativa que prevalece.

Em suma, o que difere o exercício do direito de não renovar o contrato, quando da verificação de seu termo final, do exercício do direito de denunciar o contrato por prazo indeterminado é que, neste último:

---

[30] AGUIAR JÚNIOR, Ruy Rosado de. In: TEIXEIRA, Sálvio de Figueiredo (coord.). *Comentários ao novo Código Civil*. Rio de Janeiro: Forense, 2011, v. VI, tomo II, p. 249.

[31] TJMG, 16ª Câm. Cível, Ap. 1.0702.05.241781-4/002, Rel. Des. Pedro Aleixo, ac. 03.06.2015, *DJe* 10.06.2015.

[32] TJSP, 22ª Câm. De Direito Privado, Ap. 00009901420028260586, Rel. Des. Sérgio Rui, ac. 26.09.2013, *DJe* 30.09.2013.

[33] STJ, 4ªT., REsp. 534.105/MT, Rel. Min. Cesar Asfor Rocha, ac. 16.09.2003, *DJU* 19.12.2003, p. 487. No mesmo sentido: STJ, 3ª T., REsp. 200.856/SE, Rel. Min. Waldemar Zveiter, ac. 15.02.2001, *DJU* 04.06.2001, p. 169.

Seção V: Franquia • Cap. IV – Extinção do Contrato e Responsabilidades | 423

a) há necessidade de aviso prévio suficiente para que o encerramento da atividade de distribuição se faça de modo normal, sem gerar danos próprios de uma ruptura abrupta;

b) a denúncia há de se fazer após um prazo que seja compatível com a natureza e a monta das obrigações e dos investimentos assumidos pelo franqueado, de tal modo que possa o contrato de franquia, objetivamente, alcançar o seu fim socioeconômico.

Mas, observados esses dois deveres que a boa-fé e a lealdade impõem aos contratantes, a denúncia do contrato de prazo indeterminado é um direito fundado nas mesmas razões econômicas e morais que justificam a extinção do contrato pelo advento do prazo, já que a provisoriedade do contrato de franquia é de sua essência, e não coaduna com os princípios gerais do direito privado a sujeição eterna do indivíduo a um contrato. É, pois, no dizer de Orlando Gomes, a resilição unilateral um poder que não sofre contestação, ou seja, trata-se de "um *direito potestativo*"[34].

189.2.3. Prorrogação do contrato por intervenção do Judiciário

Há, entretanto, uma hipótese em que Leonardo Sperb de Paola admite possa o Judiciário intervir para impor uma prorrogação temporária do contrato. Havendo abuso na brusca rescisão do contrato vigente por prazo indeterminado, ou naqueles em que a avença por prazo certo se prorrogou várias vezes, gerando uma expectativa de nova prorrogação no franqueado, afirma o autor: "entendemos possível reclamar-se a própria continuação do contrato pelo período exigido pela boa-fé"[35].

A solução que, à primeira vista, pode parecer uma violação a um dos mais caros princípios constitucionais, o princípio da legalidade, é, no entanto, plausível, se inserida no âmbito do poder geral de cautela que o Código de Processo Civil brasileiro de 2015 confere ao juiz (arts. 297 e 300). Mas a intervenção judicial drástica há de ser admitida apenas e tão somente em caráter excepcionalíssimo.

Com efeito, não se trata, de modo algum, de se prorrogar indefinidamente uma relação, tampouco de renovar compulsoriamente um contrato. Pura e simplesmente, conceder-se-á tutela preventiva, a fim de evitar um dano grave e irreparável, ou a completa iniquidade de uma solução final favorável, porém tardia. É inclusive, o que se verifica do parágrafo único do art. 472 do Código Civil. Se verificar o juiz, concretamente, *ausência do aviso prévio nos contratos vigentes por prazo indeterminado ou o desrespeito ao prazo fixado no contrato*, poderá fixar um termo proporcional ao tempo por que durou o contrato resilido, variável entre 30 (trinta) e 180 (cento e oitenta) dias, por exemplo, ou aquele ajustado pelas partes,

---

[34] GOMES, Orlando. *Contratos*, cit., nº 144, p. 185.

[35] PAOLA, Leonardo Sperb de. *Sobre a denúncia dos contratos de distribuição, concessão comercial e franquia*, cit., p. 142.

424 | Contratos de Colaboração Empresarial • *Humberto Theodoro Jr. e Adriana Theodoro de Mello*

que equivaleria ao direito que lhe foi suprimido. Destarte, não estaria o juiz a criar ou inovar na ordem jurídica, e, sim, a cumprir a lei. Este prazo serve para que o representado, ainda auferindo os frutos de sua atividade, encerre com tranquilidade as relações comerciais, fiscais e trabalhistas pendentes, salde as suas obrigações, dê fim aos estoques, reorganize a empresa para uma nova atividade etc...Convém destacar que, por imposição legal, "na ação que tenha por objeto o cumprimento de obrigação de fazer ou não fazer, o juiz, se procedente o pedido, concederá a tutela específica ou determinará providências que assegurem a obtenção de tutela pelo resultado prático equivalente"[36].

A concessão de prévio aviso na resilição unilateral é uma obrigação de fazer que se impõe à parte que se vincula em um contrato de duração indeterminada, e, por isso mesmo, há de ser deferida, pelo juiz, *in natura*, e somente será substituída pelo equivalente se se impossibilitar ou se tornar imprestável a prestação. Ao forçar o réu a continuar a relação contratual pelo prazo equivalente ao aviso prévio, o magistrado estará, pois, fazendo cumprir um direito previsto e garantido no sistema jurídico.

Cabe, todavia, reafirmar que, sem amparo na lei ou na convenção das partes, não tem o Judiciário, em princípio, o poder de impor prorrogações indeterminadas de relações contratuais, seja como solução definitiva de mérito, seja como providências provisórias de natureza cautelar ou antecipatória[37].

O STJ, nos contratos em geral, já decidiu pela continuidade do contrato, por prazo razoável, ou pela condenação em justa indenização quando a resilição é abrupta:

(i) "2. Tendo uma das partes agido em flagrante comportamento contraditório, ao exigir, por um lado, investimentos necessários à prestação dos serviços, condizentes com a envergadura da empresa que a outra parte representaria, e, por outro, após apenas 11 (onze) meses, sem qualquer justificativa juridicamente relevante, a rescisão unilateral do contrato, configura-se abalada a boa-fé objetiva, a reclamar a proteção do dano causado injustamente.

3. *Se, na análise do caso concreto, percebe-se a inexistência de qualquer conduta desabonadora de uma das partes, seja na conclusão ou na execução do contrato, somada à*

---

[36] Art. 497 do Código de Processo Civil de 2015.

[37] *Aldo Frignani* afirma que, mesmo na hipótese de violação das obrigações de agir, segundo a boa-fé, por parte do franqueador, não restará ao franqueado nenhum outro direito além do ressarcimento dos danos. E adverte que tal ressarcimento não pode equiparar-se a uma coação à renovação do contrato, sob pena de colidir com o princípio da autonomia privada, devendo o franqueador permanecer livre para autodeterminar as linhas de exercício da própria atividade comercial e principalmente para decidir prosseguir ou não um contrato quando este alcançar o termo previsto se pode sofrer temperamento, todavia, a autonomia jamais poderá ser obliterada. (FRIGNANI, Aldo. *Il contratto di franchising*. Milão: Giuffrè 1999, p. 184. Coleção Diritto Privato: casi e questioni).

Seção V: Franquia • Cap. IV – Extinção do Contrato e Responsabilidades | **425**

legítima impressão de que a avença perduraria por tempo razoável, a resilição unilateral imotivada deve ser considerada comportamento contraditório e antijurídico, que se agrava pela recusa na concessão de prazo razoável para a reestruturação econômica da contratada. (...)

6. O mandamento constante no parágrafo único do art. 473 do diploma material civil brasileiro se legitima e se justifica no princípio do equilíbrio econômico. Com efeito, deve-se considerar que, muito embora a celebração de um contrato seja, em regra, livre, o distrato é um ônus, que pode, por vezes, configurar abuso de direito.

7. Estando claro, nos autos, que o comportamento das recorridas, consistente na exigência de investimentos certos e determinados como condição para a realização da avença, somado ao excelente desempenho das obrigações pelas recorrentes, *gerou legítima expectativa de que a cláusula contratual que permitia a qualquer dos contratantes a resilição imotivada do contrato, mediante denúncia, não seria acionada naquele momento, configurado está o abuso do direito e a necessidade de recomposição de perdas e danos, calculadas por perito habilitado para tanto. Lucros cessantes não devidos"[38]* (g.n.).

(ii) *"Não se deve admitir que a função social do contrato, princípio aberto que é, seja utilizada como pretexto para manter duas sociedades empresárias ligadas por vínculo contratual durante um longo e indefinido período.* Na hipótese vertente a medida liminar foi deferida aos 18.08.2003, e, por isto, há mais de 5 anos as partes estão obrigadas a estarem contratadas.

– A regra do art. 473, par. único, do CC/02, tomada por analogia, pode solucionar litígios como o presente, onde uma das partes do contrato afirma, com plausibilidade, ter feito grande investimento e o Poder Judiciário não constata, em cognição sumária, prova de sua culpa a justificar a resolução imediata do negócio jurídico. *Pode-se permitir a continuidade do negócio durante prazo razoável, para que as partes organizem o término de sua relação negocial. O prazo dá às partes a possibilidade de ampliar sua base de clientes, de fornecedores e de realizar as rescisões trabalhistas eventualmente necessárias"[39]* (g.n.).

189.3. Extinção do contrato em razão do inadimplemento

Por força do disposto no art. 475 do Código Civil, em todo contrato bilateral a parte prejudicada pela inexecução do outro contratante terá a faculdade de pleitear a resolução do contrato, se não preferir a sua execução forçada. Esse poder resolutório deriva da quebra da equivalência das prestações recíprocas e interdependen-

---

[38]　STJ, 4ª T., REsp. 1.555.202/SP, Rel. Min. Luis Felipe Salomão, ac. 13.12.2016, *DJe* 16.03.2017. No mesmo sentido: "Rompimento unilateral do contrato antes do término do respectivo prazo; indenização dos lucros cessantes" (STJ, 3ª T., REsp. 704.384/MG, Rel. Min. Ari Pargendler, ac. 18.12.2007, *DJe* 01.04.2008).

[39]　STJ, 3ª T., REsp. 972.436/BA, Rel. Min. Nancy Andrighi, ac. 17.03.2009, *DJe* 12.06.2009.

tes, que justificou a criação de obrigações pelo exercício da autonomia da vontade e independe da apuração da culpa.

O poder resolutório do contratante também pode ser objeto de estipulação expressa no próprio contrato. A cláusula resolutiva expressa, ou pacto comissório expresso, é a estipulação contratual derivada da vontade das partes que confere ao contratante, em determinadas circunstâncias definidas pelas partes (termo, condição, faltas graves etc.), o poder de resolver o contrato de pleno direito, independente da desconstituição do contrato em juízo (CC, art. 474). Trata-se de uma disposição que complementa e/ou especifica as causas legais de resolução, tais como o inadimplemento e a impossibilidade da prestação.

O inadimplemento imputável, pondera Araken de Assis, "frustra o programa contratual e exige a reposição dos parceiros ao estado em que se encontrariam se não tivessem contratado". Portanto a resolução autorizada pelo art. 475 "representa um direito posto a disposição do parceiro fiel e uma alternativa ao inadimplemento"[40].

Ao contratante prejudicado cabe a escolha entre pleitear a execução forçada da prestação, se isso for possível e ainda lhe parecer útil, ou demandar a resolução do vinculo, com a restituição das partes ao estado anterior.

189.3.1. Inexecução de múltiplas prestações pelas partes

Havendo inadimplemento de prestações de ambas as partes e pretensões resolutórias contrapostas, caberá ao julgador determinar qual delas é procedente, conforme a imputabilidade do inadimplemento que deu causa ao rompimento do vínculo contratual.

Na verdade, concordes as partes quanto à necessidade da resolução do ajuste, a lide versará sobre eventual resistência à obrigação de restituir ou sobre a imputabilidade das inexecuções e sobre a responsabilidade civil. Seu verdadeiro escopo será a determinação do dever de ressarcir perdas e danos, ou a exigibilidade da cláusula penal e não propriamente a desconstituição do vínculo. Todavia, cabe ao juiz proferir a sentença que desconstituirá o vínculo retroativamente, reconhecendo qual das pretensões de imputabilidade é a procedente bem como determinar os seus efeitos. Ou seja, a responsabilidade civil pelos danos decorrentes do inadimplemento dependerá da apuração dos elementos que determinam o dever de indenizar.

Para a solução da pretensão resolutória contraposta, Araken de Assis propõe três critérios:

> "em primeiro lugar, o cronológico, pois há contratos em que os figurantes não convencionaram a simultaneidade das prestações recíprocas; ademais, o da causalidade,

---

40   ASSIS, Araken de. *Comentários ao Código Civil Brasileiro*: do direito das obrigações. Rio de Janeiro: Forense, 2007, v. 5, p. 600-601.

Seção V: Franquia • Cap. IV – Extinção do Contrato e Responsabilidades | **427**

apurando-se que um dos descumprimentos ensejou o outro; por fim, o da proporcionalidade, ensejando a resolução o inadimplemento mais relevante no contexto do programa contratual"[41].

189.4. Extinção pela inexecução involuntária decorrente da impossibilidade superveniente da prestação

Mesmo quando a inexecução não seja imputável ao devedor, e estranha a sua vontade, a resolução poderá ser exigida pelas partes, se a prestação devida se tornar impossível.

A impossibilidade que determina a "resolução do contrato é a que decorre de impossibilidade superveniente, objetiva, total e definitiva". A ele se equipara a impossibilidade econômica que impede a execução da prestação excessivamente onerosa "sempre que para cumprir, tenha o devedor de fazer sacrifícios consideráveis"[42].

Em tal conjuntura, não há, é óbvio, que se cogitar de indenização de perdas e danos ou de aplicação de multa contratual.

189.5. Extinção pela onerosidade excessiva

No art. 478, prevê o Código Civil que nos contratos de duração ou de execução diferida, eventos supervenientes extraordinários e imprevisíveis que retirem o equilíbrio originário das prestações autorizam o devedor a pedir a resolução do contrato.

Diferentemente do inadimplemento involuntário, na onerosidade excessiva, a prestação devida pelo contratante não se impossibilita, apenas perde-se o equilíbrio razoável que objetivamente se esperava da execução do contrato, de forma que uma parte passa a suportar ônus desproporcional em favor do enriquecimento indevido da outra parte.

Requisitos da resolução por onerosidade excessiva são, ademais, (i) a superveniência do fato gerador do desequilíbrio ao momento da celebração do contrato e antes de seu fim, e (ii) o enriquecimento indevido do credor.

O evento desequilibrante deve ainda ser extraordinário, o que significa uma anomalia, que escapa às regras de previsibilidade para a espécie de contrato que se celebrou. A eventualidade pode decorrer de causas diversas: eventos da natureza, atos humanos, atinentes à tecnologia, à economia, política, ato normativo etc.

Convém ressalvar que "a imprevisibilidade não abrange somente fatos inusitados, inconcebíveis e raramente verificados... se relaciona à anormalidade, esten-

---

[41]   ASSIS, Araken de. *Comentários ao Código Civil Brasileiro*, cit., p. 615-616.

[42]   GOMES, Orlando. *Contratos*, cit., nº 140, p. 212.

dendo o instituto, aliado ao princípio da boa-fé, à mudança inusual das circunstâncias, posto que previsível, idônea a afetar o equilíbrio do contrato"[43]. Ademais, a anormalidade pode referir-se não ao fato em si, mas às consequências anormais de um fato previsto ou previsível.

A resolução do contrato deve ser pleiteada em juízo se a contraparte a ela resistir. Seus efeitos são os próprios da resolução do vínculo contratual já tratados acima. Todavia, a resolução retroage à data da citação, nos termos do art. 478, e não à data da contratação. A restituição ao estado anterior é diverso se há prestações instantâneas ou se são de execução periódica e se foram ou não exauridas. Não ha lugar a perdas e danos, pois o contratante inadimplente exonerou-se de suas obrigações tal como no caso em que a prestação se tornou impossível.

190. A RESPONSABILIDADE CIVIL DO FRANQUEADOR PELOS DANOS DECORRENTES DA EXTINÇÃO DO CONTRATO

190.1. Fontes da obrigação de indenizar

Partindo-se da premissa de que o encerramento da relação contratual, nas condições antes expostas, configura um direito assegurado ao franqueador, é claro que não se poderá falar em obrigação de indenizar os danos decorrentes do exercício regular desse direito. Ora, o direito brasileiro se filia à teoria subjetiva da responsabilidade civil, que elegeu a *culpa* como o critério de distribuição dos ônus decorrentes do infortúnio (Código Civil, art. 927). Por outro lado, reconhece-se que, em determinadas situações ou relações em que se verifica a necessidade social de tornar isonômico o tratamento dos desiguais, o ordenamento jurídico, através de normas legais de exceção ao princípio geral da culpa, estabelece obrigação objetiva de indenizar, a despeito da conduta irrepreensível do agente.

O que determina a legitimidade da intervenção do Juiz nos negócios privados não é a existência de um poder econômico, mas o desvio teleológico de sua manifestação. Com toda ponderação que lhe é peculiar, assevera Fábio Konder Comparato que

> "... é tão enganoso para o Direito pretender suprimir completamente o poder econômico, como fazer de conta que não existe. Condenar a franquia ou a concessão de venda com exclusividade, porque tais contratos constituem o veículo para uma manifestação de poder, representaria uma atitude tão extravagante quanto estoutra – frequentemente adotada pelo nosso Conselho Administrativo de Defesa Econômica – que nega a evidência do poder, para não ter que aplicar o texto rigoroso da lei"[44].

---

[43] ASSIS, Araken de. *Comentários ao Código Civil Brasileiro*, cit., p. 718, fazendo referencia a ALMEIDA COSTA, *Direito das obrigações*, nº 30.1.2, p. 226.

[44] COMPARATO, Fábio Konder. Franquia e concessão de venda no Brasil: da consagração ao repúdio? *Revista de Direito Mercantil*. São Paulo: Revista dos Tribunais, 1975, v. 18, ano XIV, p. 65.

Seção V: Franquia • Cap. IV – Extinção do Contrato e Responsabilidades | 429

Daí se pode concluir que a busca da justa repartição da responsabilidade civil não pode ter por critério, pura e simplesmente, a constatação de um poder econômico, uma vez que essa realidade traz também benefícios a uma sociedade que se baseia na democracia, na livre iniciativa e no patrimônio privado.

É o interesse e a paz social que nortearão o legislador, e não o juiz, na distribuição equânime dos riscos eventuais decorrentes de atividades que são admitidas como lícitas, porque, em última análise, promovem o progresso de toda a comunidade. Através de opções políticas, poderá o Estado estabelecer a igualdade, atribuindo encargos desiguais aos diferentes entre si.

Em face de tal ordem de ideias, impende concluir que só haveria dever de indenizar o franqueado, que se viu prejudicado pela denúncia do contrato por parte do franqueador, nas seguintes hipóteses:

a) *exercício abusivo* do direito, ou *contrário aos deveres e limites que impõem a boa-fé*, pois, nesse caso, configurada restaria a *culpa* e, consequentemente, nascida estaria a obrigação de indenizar; e

b) existência de uma *norma legal* aplicável ao contrato de franquia que atribuísse ao franqueador a *obrigação de indenizar*, como um dever *objetivo*.

190.2. Tipificação do exercício abusivo do direito de não renovar o contrato de prazo determinado ou de resilir o contrato de prazo indeterminado

Em um campo onde a desigualdade das partes e a dominação econômica são uma realidade irrefutável, há de se conduzir o aplicador da lei com base no conceito de liberdade vigiada, no sentido de investigar se não há abuso de direito ou afronta aos deveres que decorrem do princípio da boa-fé. Onde o exercício do direito de rescindir o contrato deixar de se conter nas raias da regularidade para configurar um desvio de conduta repudiado pelo Direito, haverá fundamento para se impor o dever de ressarcir os prejuízos acarretados. Mas quando se pode dizer que o titular de um direito avançou os limites legítimos de seu exercício a ponto de se tornar civilmente responsável?

O exercício dos direitos subjetivos encontra limite em sua função social, ou seja, na destinação normal que a ordem social aceita e legitima. Se, porém, o exercício de um direito não se justificar pelos seus próprios fins econômicos e sociais, e for danoso a outrem, será fonte da obrigação ressarcitória.

Raramente, poder-se-á constatar na extinção de um contrato de prazo determinado uma conduta abusiva, em razão de ser esta decorrência do ajuste de vontades. Se o franqueador cumpriu todos os seus deveres de informação, sem sonegar fatos ou circunstâncias relevantes, conduziu-se no controle da rede dentro dos limites normais, exercendo-o lealmente, no interesse da rede de franqueados e com o propósito de tornar mais eficiente, disciplinado e rentável o sistema de distribuição, o advento do termo é forma natural de extinção da obrigação.

O escopo social e econômico do contrato foi alcançado. Os investimentos foram proporcionais ao prazo de duração, o lucro, maior ou menor, conforme a conjugação de numerosos fatores, foram repartidos pelas partes. Ao franqueador verteram os benefícios legítimos de ampliação da clientela e da rentabilidade de seu negócio. Ao franqueado, garantiu-se o acesso à clientela preexistente, à tecnologia experimentada, aos benefícios gerais da atividade da distribuição integrada. A sociedade se satisfez com a circulação de riquezas que a operação econômica proporcionou. Não se pode falar, pois, em nenhuma espécie de utilização abusiva ou contrária aos fins próprios da franquia.

Só uma conduta culposa externa à própria negativa de renovação teria o condão de originar uma responsabilidade por danos sofridos pelo franqueador, como, por exemplo, a exigência de um investimento vultoso não previsto no ajuste inicial, a imposição da aquisição de grandes estoques já no encerrar do termo contratual, ou qualquer outra conduta que, além de não encontrar respaldo nos termos da avença, analisada em concreto, pudesse ser incompatível com o encerramento do negócio no prazo convencionado.

Com efeito, tal sorte de comportamentos fere as obrigações laterais impostas pela boa-fé, e são capazes de gerar na contraparte a confiança da prorrogação ou renovação do contrato. Ainda assim, há de se ressaltar, o dever de indenizar não teria origem na extinção do contrato em si, mas na exigência de prestações incompatíveis com o escopo e a equação econômica objetivamente estipulada na sua formação.

Se o franqueador assume uma postura explícita no sentido de assegurar ao franqueado uma prorrogação contratual, o contrato de prazo certo passa a reger-se pelas normas do contrato de duração indeterminada, porque, como decorrência do princípio da boa-fé, no direito dos contratos impera o dever de conduta

> "fundada na honestidade, na retidão, na lealdade e, principalmente, *na consideração para com os interesses do 'alter', visto como um membro do conjunto social que é juridicamente tutelado*. Aí se insere a consideração para com as expectativas legitimamente geradas, pela própria conduta, nos demais membros da comunidade, especialmente no outro polo da relação obrigacional"[45].

A vinculação do contratante pelos próprios atos foi, ainda que implicitamente, recepcionada pelo ordenamento jurídico brasileiro. Com efeito, na interpretação da vontade contratual, é regra ditada pelo art. 113 do Código Civil que "os negó-

---

[45] MARTINS-COSTA, Judith. *A boa-fé no direito privado*: sistema e tópica no processo obrigacional. São Paulo: Revista dos Tribunais, 1999, p. 412.

cios jurídicos devem ser interpretados conforme a boa-fé e os usos do lugar de sua celebração".

No direito inglês o instituto do *estoppel by representation* se baseia na ocorrência de contradição entre duas condutas sucessivas de uma parte e na confiança que a conduta anterior provocou na outra e pode ser tido como correlato ao princípio de direito romano de *non concedit venire contra factum proprium*. Esse princípio, que se desenvolveu no direito contemporâneo como teoria do ato próprio, recebe guarida nos sistemas jurídicos alemão e suíço[46]. E, sem consagrá-lo em cláusula geral, adota-o também o direito francês[47].

Leonardo Sperb de Paola exemplifica tal modalidade de abuso, em contratos de prazo determinado, da seguinte forma:

> "age em desacordo com a boa-fé a parte que, não pretendendo renovar o contrato, queda silente perante o comportamento ostensivo da outra, que realiza investimentos com o objetivo de aprimorar a distribuição. Esse silêncio gera legítima confiança em quem investe que não pode ser defraudada logo em seguida"[48].

Esse mesmo exemplo é arrolado pela doutrina italiana[49], francesa[50] e portuguesa[51].

Igualmente, e com mais razão, tem-se como incompatível com a negativa da renovação contratual a exigência, por parte do franqueador, de investimentos pesados na atualização da franquia, no último ano do prazo contratual.

Porém, não se vislumbra abuso em semelhante conduta, quando o franqueador reclame investimentos necessários à própria manutenção do conceito da rede de franqueados, que se fazem necessários durante a execução do contrato, se com-

---

[46] Ver BEHAR-TOUCHAIS, Martine; VIRASSAMY, Georges. *Les contrats de la distribution.* Paris: LGDJ, 1999, nº 349, p. 162.

[47] BEHAR-TOUCHAIS, Martine; VIRASSAMY, Georges. Op. cit., loc. cit.

[48] PAOLA, Leonardo Sperb de. Sobre a denúncia nos contratos de distribuição, concessão comercial e franquia. *Revista Forense*, v. 94, nº 343, jul.-ago.-set./1998, p. 143. Para o autor, tal sorte de conduta acarretaria a imposição da prorrogação do contrato pelo prazo necessário à amortização do investimento, nos moldes da solução aventada pelo parágrafo único do art. 473 do Código Civil.

[49] BUSSANI, Mauro; CENDON, Paolo. *I contratti nuovi: leasing, factoring, franchising.* Milão: Giuffrè, 1989, pp. 468-469. No mesmo sentido BALDASSARI, Augusto. *I contratti di distribuzione: agenzia, mediazione, concessione di vendita, franchising.* Padova: CEDAM, 1989, p. 520.

[50] TOURNEAU, Philippe Le. *Le franchisage.* Paris: Economica, 1994, p. 51. O autor vislumbra abuso na atitude do franqueador, que faz crer ao franqueado que o contrato será renovado, ou que não o adverte de que as condições do novo contrato serão substancialmente modificadas. No mesmo sentido: BEHAR-TOUCHAIS, Martine; VIRASSAMY, Georges. *Les contrats de la distribution...*, cit., nº 349 ss, p. 162 ss.

[51] BRITO, Maria Helena. *O contrato de concessão comercial.* Coimbra: Almedina, 1990, p. 241.

patíveis com a equação econômica que a autonomia da vontade estabeleceu originariamente.

Também não há abuso na extinção do contrato que se segue aos investimentos que o próprio franqueado resolve verter no negócio ao longo da duração do contrato, movido pela subjetiva expectativa de retorno dentro do mesmo período. Eventuais prejuízos advindos dessa conduta correspondem à álea normal do comércio.

Seria, por outro lado, comportamento desleal, e inadimplemento de dever lateral, a ausência de concessão de prévio aviso acerca da intenção de não renovar um contrato de tempo determinado, que já se renovara no passado por diversas vezes[52]. Também aqui, em virtude da situação concreta, o franqueado possui legítima expectativa de manutenção do vínculo por prazo indeterminado.

Nos contratos de duração indeterminada, em face do dever imposto à contraparte de conceder aviso prévio e prazo suficiente para que o contrato de franquia cumpra a sua função econômica e social, o abuso do direito de resilir o contrato pode ocorrer com maior frequência. Será, em regra, abusiva a resilição que se fizer abruptamente, assim entendida aquela em que não for concedido o aviso prévio, ou que não conceder, através deste, o prazo suficiente reclamado pelo caso concreto ou previsto no ajuste, para o encerramento normal das atividades de distribuição.

Nesse sentido caminha o direito italiano. Asseveram Bussani e Cendon que

> "na franquia, como em todos os contratos de duração, é admissível o recesso *ad nutum* se o prazo do contrato é indeterminado. Em linha teórica, o efeito da declaração receptícia de recesso poderia ser imediato (salvo disposição diversa das partes); todavia, para os contratos de empresa vai-se impondo um princípio diverso, isto é, a necessidade de um certo lapso de tempo entre a declaração e os seus efeitos, na proteção de uma só, ou, mais frequentemente, de ambas as partes"[53].

A constatação de que as rupturas abusivas se tornavam cada vez mais frequentes, e configuravam verdadeiro instrumento de tirania, levou o legislador francês a editar uma lei (Lei de 1º de julho de 1996, que alterou a redação do art. 36.5 da Lei de 1º de dezembro de 1986), relativa à lealdade e ao equilíbrio das relações comerciais, estabelecendo a responsabilidade daquele que rompe abruptamente, ainda que parcialmente, uma relação comercial em vigor, *sem pré-aviso escrito*, nos moldes das relações comerciais anteriores, ou conforme os usos e costumes reconhecidos pelos acordos interprofissionais[54].

---

52   BRITO, Maria Helena. Op. cit., p. 51.
53   BUSSANI, Mauro; CENDOM, Paolo. *I contratti nuovi*, cit., p. 470.
54   Segundo *Martine Behar-Touchais* e *Georges Virassamy* (*Les contrats de la distribuition*, cit., nº 346, p. 159-160), o art. 36 da citada lei *"dispose désormais qu'engage la responsabilité de son auteur, le fait 'de rompre brutalement, même partiellement, une relation commerciale établie,*

Em face dessa nova regra de caráter geral, entende a doutrina francesa que, mesmo em contratos de duração determinada, nunca antes renovados, há necessidade de um pré-aviso[55].

Mas em todos estes exemplos, a conduta abusiva depende do exame concreto e profundo do comportamento das partes, sem a mínima chance de transformar-se em regra geral válida para todas as hipóteses configuradoras de responsabilidade civil pelo simples advento da ruptura do contrato. Necessário será tipificar condutas externas à própria denúncia, que esbarram nas obrigações laterais do contrato e que são variáveis conforme a natureza do negócio, o vulto dos investimentos, a rentabilidade concreta da atividade, e o comportamento das partes ao longo da execução contratual. Do contrário, estar-se-ia a proteger com excesso o franqueado, a tal ponto de se estatuir uma responsabilidade objetiva sem expressa previsão legal.

190.3. Amortização efetiva dos investimentos

Outro fator relevante para a solução dos conflitos é a questão da efetiva amortização dos investimentos. A ruptura, ainda que em prazo menor ao que, em tese, seria necessário ao retorno do investimento, não será abusiva, à medida que se verifique em concreto que os investimentos elevados já se converteram em lucros líquidos. Essa é a tônica do parágrafo único do art. 473, do Código Civil. É lógico que não há abuso sem o pressuposto do dano.

Por outro lado, a eventualidade de não obter o franqueado resultados positivos no curso da execução do contrato, no que se refere ao investimento inicial acordado entre as partes, não lhe confere o direito a indenização. Ora, não se pode olvidar a álea que envolve a atividade de distribuição. Conferir-se tal amplitude ao abuso de direito equivaleria a transferir, pura e simplesmente, todo o risco peculiar do comércio para o patrimônio do franqueador e suprimir-lhe os benefícios legítimos que o sistema de franquia lhe proporciona. É em razão justamente da redução de seus custos e riscos que ele se propõe a transferir a terceiros o seu *know-how*, e parte dos proveitos que a comercialização de seus produtos e a utilização de sua marca são capazes de oferecer.

190.4. A ausência de motivação da denúncia

Tampouco se pode pensar em uma regra genérica de conduta que imponha ao franqueador declinar os motivos que o levaram a rescindir o ajuste ou a não renová-lo. Se o direito de se desvincular é potestativo e se funda na liberdade da

---

sans préavis écrit *tenant compte des relations commerciales antérieures ou des usages reconnus par des accords interprofessionels'* (art. 36.5)".

[55] BEHAR-TOUCHAIS, Martine; VIRASSAMY, Georges. Op. cit., nº 346, p. 160.

parte de se desligar do contrato, em princípio será sempre legítimo, independente da motivação interna do agente.

Não se trata, porém, de entendimento que conquiste a unanimidade das opiniões. Na realidade, já se defendeu a existência de abuso decorrente do simples fato de a rescisão ser imotivada, ou pelo fato de o motivo ser apenas econômico e particular. Neste caso, as características do contrato de franquia (assim como de todos os contratos que estabelecem uma rede de distribuição autônoma e integrada: cooperação, investimentos elevados, dependência econômica, interesse comum etc.) levariam, forçosamente, à conclusão de que há de ter o fornecedor um motivo relevante para justificar a denúncia do contrato, sob pena de se configurar um ato abusivo, simplesmente por ser capaz de *provocar danos substanciais ao franqueado*. Com espeque em tal raciocínio, chegou-se a cogitar de indenização, mesmo quando a denúncia se faça por motivos econômicos,

> "como, por exemplo, o desejo do denunciante de reformular a rede de distribuição, eliminando um certo número de distribuidores para obter ganhos de economia de escala. (...) O que não se pode admitir é que o controlador da rede, em casos tais, atue com vistas exclusivas ao seu interesse econômico, desconsiderando os prejuízos que trará para o distribuidor excluído, e, mais, apropriando-se da mais valia que este agregou à rede"[56].

A base principal do pensamento dos defensores de tal ponto de vista encontra-se na boa-fé objetiva, como imperativo de conduta que veda o exercício de direitos que possam acarretar prejuízos desproporcionais à parte contrária.

Não se vislumbra, porém, prejuízo desproporcional no rompimento de uma franquia por prazo certo, ou mesmo de duração indeterminada, que tenha assegurado ao franqueado a amortização dos investimentos e lucros razoáveis durante a sua execução. O escopo da franquia é possibilitar ao franqueado o acesso à participação em um sistema integrado de distribuição para auferir, durante certo período, os frutos de tal atividade comercial. A formação e enriquecimento da clientela do franqueador não configura enriquecimento indevido que justifique uma indenização, mas, é sim, o próprio fim do contrato. As consequências eventualmente danosas do exercício do direito do franqueador recaem sobre vantagens que extrapolam o âmbito das expectativas legítimas do franqueado.

Por outro lado, a natureza do contrato de franquia justifica a liberdade de rompimento do contrato conferida pelo direito. Não se pode tolher um *juízo subjetivo de conveniência* que se mostra indispensável ao empresário por um *juízo de direito* próprio do magistrado. Tal como se dá com os atos administrativos, a oportunidade e a conveniência do ato de gestão empresarial são objetos de exame priva-

---

[56] PAOLA, Leonardo Sperb de. Sobre a denúncia dos contratos de distribuição, cit., p. 145.

Seção V: Franquia · Cap. IV – Extinção do Contrato e Responsabilidades | 435

tivo do produtor que organiza a rede de distribuição integrada e, por isso mesmo, insuscetíveis de um controle judicial.

O que, eventualmente, se poderá demonstrar é que, no exercício de tal direito, o franqueador se portou de má-fé, no intuito deliberado de provocar danos, difamar, arruinar o negócio de terceiro. Ou, então, descuidou do dever de dar aviso prévio, ou de aguardar o prazo mínimo compatível com os investimentos exigidos. Terá então direito o franqueado à recomposição dos danos que uma ruptura legítima não teria provocado. Mas, a prova concreta do dolo ou do abuso será, então, indispensável, específica e cabal.

A regra é, portanto, a de que a liberdade de denunciar o contrato é ampla e não reclama comprovação de justa causa econômica ou social, sujeita ao crivo judicial. Toda alegação de abuso ou dolo há de ser provada pelo prejudicado.

O abuso de direito pode ser cometido no rompimento de qualquer contrato, mas para configurar ato ilícito motivador da responsabilidade indenizatória é necessária a comprovação dos requisitos do art. 187, do Código Civil, ou seja, que a conduta extrapole manifestamente os limites impostos pelo fim econômico ou social, pela boa-fé ou pelos bons costumes.

190.5. Os danos indenizáveis

A indenização resultante de um rompimento abusivo da relação contratual há de recompor o patrimônio do ofendido ao estado em que se encontraria, caso não fosse perpetrado o ato contrário ao direito. Admissível, em tese, são duas formas de apuração. Uma opção seria recompor as perdas patrimoniais que os investimentos irrecuperáveis acarretaram ao franqueado, na modalidade de danos emergentes provocados pelo comportamento do franqueador, que gerou falsa expectativa em torno da continuidade do contrato.

Há de excluir-se da indenização, porém, eventual investimento que não tenha realmente desfalcado o patrimônio do franqueado, como, por exemplo, a compra de imóveis, veículos, equipamentos e bens que lhe continuam integrando o acervo, e são passíveis de comercialização no mercado.

Outra forma possível de ressarcimento consistiria em assegurar ao franqueado o rendimento obstruído pela denúncia prematura, durante aquele prazo que seria exigível para a amortização dos investimentos e para o encerramento normal da atividade de distribuição. Esse cálculo poderia levar em conta o faturamento médio da empresa durante a execução dos contratos, ou nos últimos anos anteriores à resilição unilateral. Observe-se, porém que a indenização cobrirá o lucro do período e não o bruto do faturamento.

As duas hipóteses não podem ser cumuladas, sob pena de se conceder mais do que obteria a parte com a manutenção do contrato, e converter o ilícito em fonte de rendas ao franqueado.

436 | Contratos de Colaboração Empresarial • *Humberto Theodoro Jr. e Adriana Theodoro de Mello*

Em qualquer caso, a essa verba principal se acrescentariam todos os danos emergentes que não configurassem despesas ou gastos normais com a execução do contrato ou que o encerramento a termo da relação não causaria, tais como multas devidas por contratos rompidos, eventual desvalorização patrimonial decorrente da necessidade de liquidez imediata, estoques inaproveitáveis, desde que, evidentemente, presente o indispensável nexo causal.

190.6. A posição da jurisprudência

O Tribunal de Justiça de Minas Gerais já decidiu que "a empresa franqueadora, uma vez prevista em cláusula contratual a possibilidade de não renovação do contrato referente a concessão do uso de sua marca ou patente, poderá, ao final do pacto, não sendo do seu interesse, pôr fim à relação contratual"[57].

Também sobre o tema de abuso do direito de romper o contrato se pode socorrer às decisões proferidas em litígios envolvendo fornecedores e distribuidores em geral.

É clara a tendência dos pretórios pátrios de vislumbrar na manifestação de vontade de não renovar o contrato de concessão comercial exclusiva de duração determinada o exercício regular de um direito, quando precedida de aviso prévio, no prazo ajustado no contrato.

Nesse sentido, já decidiu inúmeras vezes o antigo Tribunal de Alçada de Minas Gerais, em uma série de casos de uma mesma fabricante de cervejas, que para reorganizar sua rede de distribuição nacional, com critérios de eficiência e racionalidade, ao termo final previsto no contrato, e com a antecedência ali acordada, denunciou a sua intenção de não mais renová-lo. Em algumas hipóteses, tratava-se do primeiro contrato firmado por prazo certo de cinco anos. Em outras, o contrato já havia sofrido renovação por igual prazo. Em todas elas, porém, o contrato previa a possibilidade de qualquer das partes se opor à recondução do contrato por igual período, desde que promovesse a notificação da parte contrária com antecedência mínima de 180 dias do termo final ajustado[58].

---

[57]   TJMG, 7ª Câm. Cível, Ap. 4228982-38.2000.8.13.0000, Rel. Des. Luciano Baeta Nunes, ac. 25.03.2004, *DJ* 21.04.2004.

[58]   TAMG, 3ª Câmara Cível, Ap. 225.851-7, Rel. Juiz *Duarte de Paula*, ac. unânime de 11/12/1996. Ver o teor do acórdão no item 167 do Capítulo VII, da Seção IV deste livro. No mesmo sentido: TAMG, 2ª Câmara Cível, Ap. nº 234.807-8, da Comarca de Mateus Leme, Rel. Juiz *Carreira Machado*, ac. unânime de 30/9/1997; TAMG, 5ª Câm. Cível, Ap. Civ. nº 225.846-6, Comarca de Mateus Leme, ac. unânime de 15/5/97, Rel. Juiz *Lopes de Albuquerque*. TAMG, 5ª Câmara Cível, Ap. Civ. nº 228.699-9, Comarca de Mateus Leme, ac. unânime de 19/6/1997, Rel. Juiz *Brandão Teixeira*; TAMG, 4ª Câmara Cível, Ap. 205.547-2, Comarca de Belo Horizonte, ac. unânime de 6/3/1996, Rel. Juíza *Maria Elza*; TAMG, 4ª Câmara Cível, Ap. 225.620-2, Comarca de

Seção V: Franquia · Cap. IV – Extinção do Contrato e Responsabilidades | 437

Reconhecendo abuso de direito na rescisão contratual da mesma espécie de contrato, encontram-se dois arestos[59] do mesmo Tribunal de Alçada mineiro, julgados em conexão, que, amparados na doutrina de Rubens Requião[60], afirmam que a simples falta de indicação de qualquer motivo para a rescisão, na denúncia previamente enviada à outra parte (denúncia vazia), enseja rescisão abusiva. É de se notar que, nestes dois arestos, a única razão arrolada foi a falta de motivo da recusa de renovar o contrato, depois de várias renovações. Houve aviso prévio de 180 dias, e o encerramento da relação se deu no dia previsto como termo final no instrumento contratual. Mesmo assim, consignou-se que "configura-se abuso de direito quando do seu exercício resultar prejuízo para outrem, tenha ou não o seu titular a intenção de prejudicar". Ora, não se analisou neste caso nenhuma conduta concreta que ferisse um dever de lealdade. Partiu-se da premissa – equivocada *data venia* – de que toda denúncia imotivada de contrato de distribuição de longa duração é abusiva. E mais, institui-se como único critério de identificação do abuso o seu efeito: causar prejuízo. A se sustentar tal ordem de ideias, a teoria subjetiva adotada pelo Código Civil estaria completamente derrogada, e instituída em nosso sistema ficaria a responsabilidade objetiva como regra geral. Com efeito, a teoria do abuso do direito não encontrou nesse caso sua melhor aplicação, e serviu de exacerbado protecionismo ao distribuidor, contrariando o fim econômico da concessão comercial, os princípios da autonomia da vontade e da obrigatoriedade dos contratos e as normas legais que regulam a responsabilidade civil no Brasil.

Se no caso concreto havia alguma circunstância que denotava abuso da posição dominante, então o Tribunal deveria tê-la explicitado, para justificar o reconhecimento do ato ilícito, mas jamais poderia ter instituído a responsabilidade civil objetiva à margem de lei que a estabeleça. Trata-se, sem dúvida, de entendimento isolado, que não tem o condão de manifestar uma tendência jurisprudencial, nem mesmo uma divergência.

No Paraná, o Tribunal de Justiça decidiu, consoante a tradição do direito brasileiro, que

> "havendo o contrato de distribuição e revenda exclusiva de bebidas previsto expressamente a possibilidade de resolução por denúncia vazia de qualquer das partes, não está obrigada a indenizar a concessionária a concedente que a notifica com antecedência de seis meses, prevista na convenção. Trata-se de avença atípica, onde tem plena validade a referida cláusula que não é contrária à lei ou aos costumes comerciais"[61].

Mateus Leme, ac. unânime de 5/3/1997, Rel. Juiz *Ferreira Esteves*; TAMG, 3ª Câmara Cível, Ap. 279.384-2, Comarca de Mateus Leme, ac. unânime de 26/5/1999, Rel. Juíza *Jurema Brasil*.

[59] TAMG, 6ª Câmara Cível, Ap. Cível nº 227.564-7, em conexão com Ap. Cível nº 227.563-0, da Comarca de Mateus Leme, ac. não unânime de 3/4/1997, Rel. Juiz Maciel Pereira.

[60] REQUIÃO, Rubens. O contrato de concessão de venda com exclusividade. *Revista Forense*. Rio de Janeiro: Forense, v. 239, ano 68, p. 5-23, jul.-ago.-set./1972.

[61] TJPR, Ap. Cível nº 64.897-7, Comarca de Curitiba, Rel. Des. *Fleury Fernandes*, ac. unânime de 19.2.1998.

438 | Contratos de Colaboração Empresarial • *Humberto Theodoro Jr. e Adriana Theodoro de Mello*

Diferente foi a decisão do Tribunal de Justiça do Rio Grande do Sul, que reconheceu abuso na rescisão de um contrato verbal de distribuição que perdurava por 45 (quarenta e cinco) anos[62]. Por aviso escrito, comunicava a fornecedora que iria reformular a organização do serviço de distribuição para melhor atender aos próprios interesses e da freguesia local e que, portanto, em 90 dias, as relações entre eles estariam encerradas. O Tribunal estadual julgou abusiva a ruptura por considerá-la abrupta e "notoriamente insuficiente, consideradas as características da concessão, o seu grau de integração na rede de concessionárias da apelada, o objeto da revenda e o longo tempo de sua duração".

A fornecedora tentou, no curso do processo, provar que o relacionamento entre as empresas não configurava contrato de distribuição, e que a denúncia tinha justos motivos na ineficiência e desinteresse de seus serviços. Mas o aresto reconheceu o dever de indenizar o equivalente ao fundo de comércio da empresa, mais as despesas que o encerramento da atividade proporcionaram, porque o prazo exíguo não deu à autora chance alguma de negociá-lo, consignando que "essa ruptura a colocou fora do comércio de bebidas, com perda do ponto e do fundo de comércio que construiu nesses 45 anos de concessão, da clientela que se formou e, ao mesmo tempo, a ruptura não lhe proporcionou sequer oportunidade de discutir condições para vender o seu estoque à nova revendedora (...) e ceder o lugar conquistado com tantos anos de trabalho profícuo" e "forçou a apelante a encerrar suas atividades, abrindo mão, em favor da nova concessionária, inclusive da locação do prédio onde funcionava, e independente do pagamento do valor correspondente ao fundo de comércio". O Supremo Tribunal Federal, desafiado a se pronunciar sobre o feito, inadmitiu o recurso extraordinário, alegando que o julgado se baseara em abuso do direito em face das provas produzidas nos autos, as quais são insuscetíveis de reapreciação na instância rara.

Com efeito, nesse caso específico, não se pode fazer reparos de direito à adoção da teoria do abuso do direito. Desconsiderados os fatos, mesmo porque não investigados para o fim do presente estudo, o raciocínio adotado é irrepreensível. Se havia o dever de lealdade, respeito, e consideração para com os interesses legítimos da outra empresa que distribuíra produtos da fabricante por quase meio século, e o aviso prévio não correspondia às necessidades concretas do caso, a indenização decorrente da falta cometida pela contratante era de se impor. A indenização, no caso, foi arbitrada para devolver ao distribuidor aquilo que haveria de conseguir na hipótese de uma resilição com termo suficiente para a negociação de seu fundo de comércio[63].

---

[62] Os trechos do aresto do TJRS transcritos foram extraídos do acórdão do STF, quando da apreciação do recurso extraordinário interposto pela fornecedora contra a condenação sofrida em face do Tribunal estadual: RE nº 95.052-RS, 1ª Turma, Rel. Min. Néri da Silveira, ac. unânime de 26/10/1984. *Revista Trimestral de Jurisprudência*. Brasília: STF, v. 133, p. 326-340.

[63] O que integra o fundo de comércio de um franqueador e a forma de se avaliá-lo, porém, é uma discussão tão complexa e profunda que daria margem ao desenvolvimento de outro livro.

190.7. Conclusões

Considerando-se apenas e tão somente o prazo fixado no contrato, e a execução lícita do mesmo, jamais se poderá vislumbrar na extinção do vínculo um fato dotado de poder jurígeno de criar a obrigação indenizatória. Os prejuízos eventualmente suportados pelo franqueado, decorrentes de tal fato, tais como queda de faturamento, perda da clientela[64], desvalorização do ponto comercial, inutilização dos bens servíveis apenas para a franquia etc. serão de causa justa, decorrentes da álea normal do contrato assumida pela vontade livre do contratante. Em suma, qualquer retribuição de fim de contrato, ausente a culpa, só pode ter fonte em previsão contratual ou norma legal específica.

Se a equação econômica objetivamente estabelecida pela vontade das partes não assegurava qualquer indenização ao fim do contrato, nem permitia ao franqueado formar expectativas legítimas quanto a uma eventual retribuição pelos *serviços prestados e benefícios gerados*, então não se pode pensar em um prejuízo concreto ou objetivo, pois foi no lucro obtido ao longo da execução da franquia que encontrou o franqueado a sua retribuição legítima, embora aleatória.

Nesse sentido, a jurisprudência do Tribunal de Justiça de Minas Gerais: "a existência de fundo de comércio e a divulgação da marca em contrato de franquia, não geram direito à indenização porque são oriundos da própria natureza do contrato e da essência da atividade empresarial"[65].

Bem destacam Martine Behar-Touchais e Georges Virassamy que, ao contrário de um assalariado, o distribuidor goza de independência jurídica, condição essa que, a despeito de ser revendedor, assegura-lhe certa liberdade comercial, como, por exemplo, de fixar preços e gerir custos, e, principalmente, auferir lucros de sua atividade. E, principalmente, no seio das relações econômicas, que se marcam pela repartição de custos e benefícios, conferir proteção excessiva ao distribuidor seria colocar sobre os ombros do fornecedor uma carga muito pesada e antieconômica, que, em última análise, levaria à inviabilidade financeira do fornecedor ou à reorganização do sistema distributivo, em prejuízo dos próprios distribuidores[66].

Em suma, sendo ato lícito, a não renovação da franquia, ou mesmo sua resilição unilateral, não podem gerar a responsabilidade do fornecedor, o que, por consequência, exclui todo direito de o distribuidor obter qualquer indenização[67].

---

[64] A clientela e sua titularidade são objeto de estudo específico no item 191 deste capítulo.

[65] TJMG, 10ª Câm. Cível, Ap. 1.0024.02.881.601-5/002, Rel. Des. Ângela de Lourdes Rodrigues, ac. 10.03.2015, *DJe* 20.03.2015.

[66] BEHAR-TOUCHAIS, Martine; VIRASSAMY, Georges. *Les contrats de la distribution*, cit., nº 331, p. 151.

[67] BEHAR-TOUCHAIS, Martine; VIRASSAMY, Georges. *Les contrats de la distribution*, cit., nº 336, p. 154. Os autores afirmam que, tratando-se de um direito – consoante a jurisprudência francesa – a não renovação do contrato de tempo determinado permite ao fornecedor oferecer

O STJ já decidiu ser lícita a resilição unilateral de contratos de duração: "princípio do direito contratual de relações continuativas que nenhum vínculo é eterno. Se uma das partes manifestou sua vontade de rescindir o contrato, não pode o Poder Judiciário impor a sua continuidade"[68].

190.8. A existência de um dever objetivo de indenizar os danos advindos do fim do contrato

Abstraindo-se da hipótese do abuso de direito, alguns autores pátrios defendem a existência de norma jurídica que pudesse fundamentar, tanto na franquia, quanto na distribuição e na concessão comercial, um dever objetivo de indenizar as perdas e danos sofridos pelo distribuidor autônomo, ao encerramento da relação. Trata-se da defesa da aplicação analógica das leis que regulam a representação comercial (Lei nº 4.886, de 9/12/1965) e a concessão de venda de veículos automotores (Lei nº 6.729, de 28/11/1979) às demais espécies que integram o gênero dos contratos de distribuição integrada.

Antes da edição da Lei nº 8.955/94, afirmou textualmente Jorge Lobo que "na ausência de legislação específica", pode-se "aplicar ao *franchising*, por extensão analógica, os preceitos das Leis nºs 6.729, de 1979, e 4.886, de 1965" (*sic*)[69]. As regras a que o autor se refere dizem respeito exatamente à imposição do dever de indenização que decorre da denúncia unilateral imotivada por qualquer das partes, quando o contrato estiver vigendo por prazo indeterminado (art. 34, c/c art. 27, alínea j, da Lei nº 4.886/65, com a redação alterada pela Lei nº 8.420/92, e art. 24 da Lei nº 6.729/79) ou ainda quando se recusar a prorrogar o contrato de prazo certo (art. 23, da Lei nº 6.729/79)[70].

---

um novo contrato de distribuição em condições menos favoráveis, ou, ainda, assumir diretamente a distribuição, *in verbis*: *"Tirant les conséquences de ce droit, la jurisprudence reconaût au fournisseur la liberté de créer une filiale pour assurer la distribution de ses produits, pour autant toutefois qu'il ne se livre à aucun détournement de clientèle au préjudice de son ancien concessionaire. Dans le même esprit, faute d'être tenu de renouveler l'ancien contrat, le fournisseur peut se limiter à proposer à son distributeur un contrat moins favorable que le précédent. Dans toutes ces hypothèses, le non-renouvellement ne peut engager la responsabilité du fournisseur, ce qui par suite exclut tout droit pour le distributeur d'obtenir une quelconque indemnisation".*

[68] STJ, 4ª T., AgRg no AG. 988.736/SP, Rel. Min. Aldir Passarinho Júnior, ac. 23.09.2008, *DJe* 3.11.2008. No mesmo sentido: STJ, 3ª T., REsp. 1.517.201/RJ, Rel. Min. Ricardo Villas Bôas Cueva, ac. 12.05.2015, *DJe* 15.05.2015.

[69] LOBO, Jorge. *Contrato de franchising.* (complemento), Rio de Janeiro: Forense, 1997, p. 68.

[70] O art. 23 da Lei nº 6.729/79 reza que "o concedente que não prorrogar o contrato ajustado" por prazo certo "nos termos do art. 21, parágrafo único, ficará obrigado perante o concessionário a: I – readquirir-lhe o estoque de veículos automotores e componentes novos, estes em sua embalagem original, pelo preço de venda à rede de distribuição, vigente na data de reaquisição; II – comprar-lhe os equipamentos, máquinas, ferramental e instalações destinados à concessão, pelo preço de mercado correspondente ao estado em que se encontrarem

Em ambos os diplomas legais, vê-se, também, a indeterminação forçada do prazo contratual, após a renovação do primeiro contrato[71].

A solução adotada pelo direito pátrio para os casos específicos seguem a tendência de algumas legislações estrangeiras como, por exemplo, a Lei Belga, de 27/7/1961, modificada pela Lei de 13/4/1971, que prevê a indeterminação do contrato após duas renovações.

Defende-se, em sede de doutrina, que em tais diplomas de caráter protetivo, move o legislador o repúdio ao enriquecimento do fornecedor pela valorização de seu fundo de comércio, às custas do esvaziamento do fundo de comércio do distribuidor, principalmente através do desvio da clientela.

Duas ordens de problema despertam a atenção da doutrina em torno da clientela formada pela atividade de distribuição sob o sistema de franquia. A primeira delas se refere à sua titularidade. A determinação do domínio, nesse caso, influirá diretamente na constatação de um dano no encerramento do contrato, que poderá ou não ser indenizado, conforme advenha de uma causa lícita ou de um ato culposo.

O segundo tema se refere à tendência do direito contemporâneo a encontrar no desvio da clientela do distribuidor para benefício do fornecedor uma causa justa para imposição, de *iure condendo*, de um dever objetivo de indenizar. Ou, ainda, para fundamentar a pretensão de se aplicar analogicamente a todos os contratos do gênero distribuição outros diplomas legais específicos que estabeleceram tal espécie de indenização.

Qual a natureza jurídica da clientela? A quem pertence a clientela formada ao longo do contrato? Integra ela a equação econômica estipulada pelas partes? Quais

---

e cuja aquisição o concedente determinara ou dela tivera ciência por escrito sem fazer-lhe oposição imediata e documentada, excluídos desta obrigação os imóveis do concessionário". O art. 24, da mesma lei, dispõe: "se o concedente der causa à rescisão do contrato de prazo indeterminado, deverá reparar o concessionário: I – readquirindo-lhe o estoque de veículos automotores, implementos e componentes novos, pelo preço de venda ao consumidor, vigente na data da rescisão contratual; II – efetuando-lhe a compra prevista no art. 23, inciso II; III – pagando-lhe perdas e danos, à razão de 4% (quatro por cento) do faturamento projetado para um período correspondente à soma de uma parte fixa de dezoito meses e uma variável de três meses por quinquênio de vigência da concessão, devendo a projeção tomar por base o valor corrigido monetariamente do faturamento de bens e serviços concernentes à concessão, que o concessionário tiver realizado nos dois anos anteriores à rescisão; IV – satisfazendo-lhe outras reparações que forem eventualmente ajustadas entre o produtor e sua rede de distribuição". Na Lei do Representante Comercial Autônomo (Lei nº 4.886/65, com as alterações introduzidas pela Lei nº 8.420/92), garante-se ao representante indenização "pela rescisão do contrato fora dos casos no art. 35, cujo montante não poderá ser inferior a 1/12 (um doze avos) do total da retribuição auferida durante o tempo em que exerceu a representação".

[71] É o que dispõem os §§ 2º e 3º do art. 27 da Lei nº 4.886/65 e parágrafo único do art. 21 da Lei nº 6.729/79.

os motivos que levaram o legislador a estabelecer uma indenização objetiva na resilição unilateral dos contratos de franquia e de concessão de venda de veículos automotores? Os critérios de indenização fixados nessas leis levam em conta a clientela ou a desvalorização do fundo de comércio? Quais os elementos que assemelham ou distinguem tais espécies contratuais e a franquia empresarial? As respostas a tais indagações, sem dúvida, levarão a uma conclusão sólida sobre a responsabilidade civil objetiva do franqueador no encerramento do contrato.

Capítulo V

A CLIENTELA

Sumário: 191. A clientela no contrato de franquia: 191.1. Natureza jurídica da clientela; 191.2. A proteção da clientela; 191.3. Como se forma a clientela?; 191.4. A captação da clientela no contrato de franquia; 191.5. A clientela e a equação econômica do contrato de franquia.

191. A CLIENTELA NO CONTRATO DE FRANQUIA

191.1. Natureza jurídica da clientela

Uma empresa é um complexo de recursos financeiros, humanos, materiais e imateriais, reunidos organicamente para alcançar resultados econômicos através de sua atividade. A sua organização eficiente, apta a produzir lucros, gera uma valorização, maior que a soma dos valores contábeis de seus bens corpóreos e incorpóreos, tais como móveis e utensílios, equipamentos, contratos e créditos, ponto comercial, marca etc.

É de curial sabença que as transações que envolvem uma empresa, seja na sua alienação integral, na cessão de seu controle, ou mesmo na apuração de haveres quando da dissolução parcial, nunca se fazem estritamente pelo valor correspondente à soma dos bens que a integram. Sempre que há uma supervalorização, esse *plus* corresponde basicamente a duas qualidades da empresa: o *aviamento* e a *clientela*.

O aviamento é, nas palavras de Rubens Requião, "aptidão da empresa de produzir lucros, decorrente da qualidade e da melhor perfeição de sua organização"[1]. É, enfim, uma característica, um atributo ou uma qualidade da empresa, que tem por consequência econômica a sua valorização, ou a valorização de suas quotas ou ações.

A clientela, assim como o aviamento, a despeito de pequena divergência, tem sido considerada como *atributo da empresa* pela maioria dos estudiosos do direito comercial. Consiste em produto da boa organização da empresa, da boa gestão da marca e dos recursos humanos, já que só assim se atraem pessoas que se tornam consumidores habituais dos bens e serviços ofertados pelo estabelecimento.

---

[1] REQUIÃO, Rubens. *Curso de direito comercial*. 21. ed. São Paulo: Saraiva, 1993, nº 188, v. I, p. 243.

444 | Contratos de Colaboração Empresarial • *Humberto Theodoro Jr. e Adriana Theodoro de Mello*

Também agrega um valor ao estabelecimento, porque é somente através de um público cativo, constante, e fiel que se obtêm os lucros almejados pela atividade empresarial. Uma empresa que tenha assídua e vasta clientela tem grande potencial de gerar lucros, se competentemente administrada.

Embora tenham por consequência a valorização do estabelecimento, aviamento e clientela não são bens jurídicos suscetíveis de apropriação, domínio e transmissão, senão quando transmitida à própria empresa ou a alguns de seus elementos, tais como a marca, o ponto, a tecnologia, entre outros.

É essa a lição de Escara, invocada por João Eunápio Borges. A clientela é

"um simples subproduto, uma resultante dos outros direitos do comerciante: 'compreendido como tal o direito à clientela se revela como um produto do direito ao arrendamento, do direito ao nome, do direito à insígnia, do direito às patentes e às marcas etc., não se pode conceber um direito à clientela destacado por assim dizer dos outros elementos ou de um dos elementos componentes do fundo"[2].

191.2. A proteção da clientela

Como valor que se agrega à empresa, tanto a clientela como o aviamento são tidos como interesses juridicamente tuteláveis das empresas que a conquistam, através da repressão da concorrência desleal, da imposição da renovação compulsória da locação, da inclusão de seu valor nas indenizações decorrentes de atos ilícitos, tais como abalo de crédito, por exemplo.

Porém, o desvio da clientela pelo exercício regular de direito, através de estratégias competentes de *marketing*, da excelência dos serviços e produtos, pela boa gestão dos negócios, não configura conduta passível de repressão.

De outra sorte, a má gestão dos negócios, a perda da qualidade, o aumento de preços, o desabastecimento de produtos, a impontualidade dos serviços, o encerramento das atividades constituem, entre tantas outras, causas eficientes de dissipação da clientela e da desvalorização do estabelecimento.

A clientela é, pois, um atributo volúvel da empresa que só recebe proteção contra os atos ilícitos, abusivos e desleais.

191.3. Como se forma a clientela?

A clientela, enquanto conjunto de pessoas indeterminadas que se servem constantemente do estabelecimento, conquista-se com os instrumentos de gestão e *marketing* habilmente manejados pelo empresário.

---

[2]   ESCARA. *Apud* BORGES, João Eunápio. *Curso de direito comercial terrestre*. 5. ed. Rio de Janeiro: Forense, 1971, nº 189, p. 198.

Em especial, pode-se atrair a clientela e mantê-la cativa por três vias:

a) *a boa localização do estabelecimento, o ponto comercial*: onde transitam consumidores potenciais dos produtos e serviços ofertados, há sempre uma clientela que independe dos outros fatores e elementos do fundo comercial. Tais situações são características de lanchonete instalada no interior de cinema, teatro ou hospital, de loja de conveniência localizada em um hotel-fazenda, em rodoviárias, estradas ou centros comerciais etc.

Essa clientela, que se serve do estabelecimento comercial simplesmente em razão de sua localização, pode ser transmitida juntamente com a alienação ou pela perda do ponto, ou pelo estabelecimento de nova empresa nas vizinhanças e se sujeita às vicissitudes que venham a afetar o local (reformas, obras públicas, desvios de trânsito etc.). É uma clientela que não depende do bom desempenho da empresa;

b) *a eficiência da empresa que decorre de fatores múltiplos*. Nesse grupo, inúmeros são os fatores que atraem a clientela: uma marca notória, um conceito de qualidade, um padrão de atendimento, a constância dos produtos e serviços, a adequação dos preços, a variedade e a fartura do estoque, enfim, todos os fatores que ligam a atividade empresarial à satisfação das necessidades do público consumidor;

c) por fim, os *aspectos pessoais do gerente, administrador ou vendedor de um determinado estabelecimento*: o fato de ser uma pessoa notória, ou respeitada em uma determinada comunidade, a disponibilidade para atender às demandas de um cliente, a boa aparência, a gentileza, o adestramento, a boa qualificação profissional. Todos esses atributos pessoais são capazes de estabelecer uma cumplicidade entre a clientela e as pessoas que compõem o quadro pessoal do estabelecimento.

191.4. A captação da clientela no contrato de franquia

No contrato de franquia, muito se discute sobre a necessidade de se indenizar a clientela formada pelo franqueado ao longo do contrato, quando de seu termo final. As discussões fulcrais se desenvolvem basicamente em torno dos princípios do enriquecimento indevido do franqueador, que se apossaria da clientela do franqueado, quando da cessação da relação contratual.

É verdade que ao fim do contrato o distribuidor franqueado sucumbe a uma brusca redução no giro dos negócios, senão a um verdadeiro encerramento da empresa, se os gerenciadores da franqueada não forem eficientes e ágeis na continuação da mesma ou de diversa atividade comercial. Os consumidores que a ele recorriam pela marca vão buscar bens ou serviços em outro franqueado que haja assumido a função. Mas pode-se dizer que aquela clientela fiel à marca do franqueador de fato lhe pertencia e por ele havia sido conquistada? E se a marca é capaz de atrair e afastar tantos consumidores como se conceber, então, que a clientela seja fruto apenas do bom trabalho do franqueado?

Sobre o tema, distinguem-se três correntes de opiniões. Há aqueles que julgam haver o franqueado integral e exclusivo direito sobre a clientela local, que frequentava aquele estabelecimento comercial enquanto vigia o contrato de franquia. Outros, porém, respaldados por soberanas decisões pretorianas, defendem a titularidade exclusiva do franqueador sobre a clientela que se adere à marca, ao nome e à insígnia explorada pelo estabelecimento franqueado ou à qualidade dos produtos fornecidos pelo fabricante. No meio-termo, encontram-se outros defensores de uma clientela própria de cada uma das partes e uma compartilhada por franqueado e franqueador, resultante do desempenho conjunto da distribuição.

191.4.1. A clientela do franqueado

Adverte Hubert Bensoussan que os investimentos efetuados pelo franqueador para colocar em funcionamento uma franquia são, em geral, elevados, a despeito do prazo contratual não raro ser reduzido. Conclui, portanto, o autor francês, que lhe negar a titularidade da clientela o levaria a perder o direito sobre os próprios investimentos materiais vertidos na padronização da empresa para adequação ao modelo ou conceito da franquia, como, igualmente, impedir-lhe-ia o acesso ao direito de renovação compulsória da locação comercial, que se baseia na propriedade do fundo de comércio[3].

Conclui, portanto, que a despeito da marca atrair uma clientela, as qualidades do franqueado são mais relevantes e determinantes para a sua formação. Daí entender que o franqueado é sempre proprietário do seu fundo de comércio e também da clientela local[4].

Os elementos de convicção reunidos pelo autor são, basicamente, os seguintes:

a) a despeito da hegemonia da cadeia de franqueados, os consumidores submetem os diversos estabelecimentos a teste de qualidade de produtos e serviços prestados, escolhendo aqueles mais eficientes e de melhor qualidade;

b) um comerciante eficiente constitui uma clientela, ainda que sem a ajuda de uma marca famosa ou de um grupo, ainda que isso leve algum tempo. Ao passo que um comerciante incompetente jamais terá êxito, ainda que se associe a uma marca conhecida;

c) os franqueadores só podem conquistar a clientela através da boa escolha de seus parceiros, associada a uma grande exigência acerca da localização das unidades de venda, sendo de extrema relevância para o sucesso dos fatores locais que influenciam no comércio;

d) as redes de distribuição não sucursalistas não conquistam clientela sem os franqueados, já que é através deles que seus produtos chegam ao mercado;

---

3   BENSOUSSAN, Hubert. *Le droit de la franchise*. 2. ed. s. l.. França: Apoggé, 1999, p. 231.
4   BENSOUSSAN, Hubert. Op. cit., p. 233-234.

Seção V: Franquia • Cap. V – A Clientela | **447**

e) na tradição das leis francesas, que tratam da renovação compulsória, o fundo de comércio foi sempre protegido em favor de quem o *explora*;

f) o franqueado, a despeito de expor a marca franqueada, é obrigado a deixar aparente, em seu estabelecimento e em todos os seus documentos comerciais, a sua própria qualidade de comerciante independente; e, finalmente, deve respeitar pessoalmente as obrigações comerciais, fiscais e sociais inerentes à sua atividade[5].

Três decisões da Justiça francesa são invocadas por Hubert Bensoussan na defesa de sua tese[6].

A primeira delas, um aresto de 1982 da Corte de Cassação, reconheceu que a exploração da marca e das insígnias do franqueador, a detenção de um arquivo assimilado a uma clientela e o direito à locação asseguravam à franqueada que explorava uma agência de matrimônio a *propriedade comercial* (fundo de comércio)[7].

Em 24.11.1992, o Tribunal de Grande Instance de Paris[8], reconheceu a um franqueado Descamps a renovação compulsória da locação, em razão da sua qualidade de comerciante independente inscrito no registro do comércio, de sua autonomia jurídica e administrativa na direção dos negócios. Como fundamento da decisão alegou-se, outrossim, que as condições contratuais impostas pelo franqueador não eram incompatíveis com o exercício de um comércio independente e que a vedação da cessão do contrato e a cláusula de não renovação não impediam o franqueado de explorar no imóvel uma outra atividade permitida no contrato de locação[9].

Novamente em 26.9.1995, a mesma Corte de justiça, em outro processo que envolvia outra franquia Descamps, voltou a se pronunciar enunciando "o negócio do franqueado estabelece contato com a clientela, garante a existência do fundo"[10]. Declarando-se convencido de que a clientela, assim como o fundo de comércio, são sempre propriedade do franqueado, em qualquer modalidade de franquia, o autor relata, porém, que a doutrina francesa, assim como a jurisprudência não são unânimes, havendo quem defenda a propriedade única do franqueador, bem como aqueles que admitem um regime de compropriedade[11].

---

5   BENSOUSSAN, Hubert. Op. cit., p. 234-235.

6   BENSOUSSAN, Hubert. Op. cit., p. 232, notas de rodapé de 1 a 4.

7   Câmara Comercial da Corte de Cassação francesa, de 11/10/82, *Bulletin des arrêts de la Cour de cassation* (civ.), IV, nº 256, 1982. *Apud* BENSOUSSAN, Hubert. *Le droit de la franchise cit.*, p. 232, nota de rodapé 2.

8   *Gazette du Palais*, jurisprudence, p. 207, 1994. *Apud* BENSOUSSAN, Hubert. *Le droit de la franchise*, cit., p. 232, nota de rodapé 3.

9   BENSOUSSAN, Hubert. *Le droit de la franchise*, cit., p. 232.

10 "L'activité du franchisé établit le contact avec la clientèle, assure l'existence du fonds".

11 BENSOUSSAN, Hubert. *Le droit de la franchise*, cit., p. 233. O autor cita, como defensor da propriedade do franqueador, na nota de rodapé "1. J.D. Barbier, *Distribution intégrée, fonds de commerce désintegrée*, Rev. Administrer août/septembre 1994"; como adepto da copropriedade,

191.4.2. Crítica: a clientela não é atributo exclusivo da empresa franqueada

A despeito do esforço do autor, os critérios utilizados para determinação da titularidade da clientela são tanto pouco jurídicos quanto insustentáveis em face de uma análise econômica. Quase todos eles podem ser manejados igualmente para conduzir a uma conclusão diametralmente oposta.

Lembre-se que a clientela é conquistada por diversos meios e se adere ao elemento do fundo de comércio que foi capaz de atraí-la.

Se os consumidores escolhem dentro da cadeia de franqueados aqueles que melhor atendem às suas exigências de qualidade, pode-se ponderar que, em princípio, foi simplesmente a imagem, a marca do franqueador e os produtos e serviços por ele idealizados, criados e desenvolvidos com excelência e distinção, que os atraiu. E, ademais, aquela excelência de atendimento e qualidade de produtos oferecidos pelo franqueado só se tornou acessível ao competente distribuidor por força do contrato que lhe assegurou a transferência de conhecimentos técnicos, métodos e tecnologias (*know-how* ou *savoir-faire*) que o próprio franqueador desenvolveu com sucesso e que representa a alma do contrato de franquia.

Quanto às alegações relativas à importância que a competência do franqueado possui na cadeia de distribuição, representando o elemento de execução direta da distribuição, é inegável a sua importância. Porém, é evidente que a diligência do franqueado e o bom desempenho das técnicas repassadas pela transferência da tecnologia de implantação e administração do negócio não são mais do que um dever que se impõe em face do objeto do contrato de franquia.

Ao firmarem contrato de distribuição, produtor e distribuidor buscam, com a reunião de esforços, criar uma clientela para os bens e serviços do franqueador. É através da exploração direta de uma clientela, já conquistada ou potencialmente disponível, que o franqueado obterá seus lucros.

Destarte, se o exercício dos atos de comércio do franqueado são fundados não na titularidade da marca, da tecnologia, das patentes, mas no direito à exploração, é perfeitamente admissível a ideia de que apenas explora a clientela alheia em razão do contrato de franquia.

É lógico que os seus recursos humanos, financeiros e o próprio aviamento eventualmente existente à margem da tecnologia transferida pelo franqueador são instrumentos que ajudam a conquistar a clientela que se adere à marca do franque-

---

na nota "2. Cl. Champaud, *La concession commerciale*, Revue Trimestrielle de Droit Commercial et de Droit Économique 1963, p. 45"; e os que compartilham com ele a tese da propriedade exclusiva do franqueado na nota "3. A. Roland, *La situation juridique des concessionaires et des franchisés membres d'un réseau commercial*, thèse Rennes 1976; B. Boccara, *Le fonds de commerce, la clientèle et la distribution intégrée*, Gazette du Palais 1994, doctrine, p. 1021; D. Baschet, *La franchise est en deuil*, Gazette du Palais, 31 mai-1.er juin 1996, doctrine, p. 22."

ador, mas, indiscutivelmente, o direito sobre a clientela que se liga a essa imagem só ao franqueador pertence, pois os elementos que foram capazes de atraí-la e mantê--la integram o seu fundo de comércio. Essa conclusão se impõe em face mesmo da natureza jurídica da clientela. Se é ela um atributo dos elementos da empresa, com os quais pode ser cedida ou alienada, não há como dissociá-la da titularidade desses mesmos elementos: marca, patente, insígnia, ponto etc.

A bem da verdade, mister se faz ressaltar que o estudo de Hubert Bensoussan, a respeito da titularidade da clientela, destinou-se exatamente a determinar a possibilidade de renovação compulsória do contrato de locação comercial, bem como da cessão do fundo de comércio, inclusive durante um processo falimentar.

Todavia, a clientela que se adere aos elementos do fundo de comércio da empresa franqueadora não excluem a existência de um fundo de comércio próprio do franqueado passível de valorização, de autorizar a renovação locatícia e de comercialização (circulação), conforme o caso.

Há, sim, uma concorrência harmônica de interesses e de direitos de ambos os contratantes, mesmo porque, na franquia, a união de esforços para alcance de objetivos comuns é característica sempre presente. Se por um lado há uma clientela que se forma e se mantém em favor da marca do franqueador, por outro existe um direito contratual de valor elevado consistente nas prerrogativas de exploração econômica e direta dessa mesma marca e respectiva clientela, que enriquece a empresa franqueada.

Nessa ordem de ideias, pode-se vislumbrar, no exercício da atividade comercial do distribuidor, um fundo de comércio próprio e merecedor de tutela da lei de locação, sem que se impeça o reconhecimento da existência, concomitante, da formação de uma clientela que se adere à marca do franqueador e não ao fundo de comércio da empresa franqueada.

Aliás, não é pouco razoável se pensar que o objeto de mercancia do franqueado se consubstancia não apenas na distribuição daqueles exatos produtos e serviços da franquia em curso, mas na distribuição de bens e serviços de terceiros[12]. A empresa franqueada, enquanto apta a gerar lucros e beneficiária de uma clientela decorrente tanto do exercício do contrato de franquia quanto da eficiência de sua própria organização e do ponto comercial que valorizou, possui um fundo

---

[12] Assim acontece com o representante comercial autônomo que, a despeito de fechar contratos dos consumidores em nome do próprio fornecedor, engrossando-lhe indiscutivelmente a clientela, sempre foi tido como comerciante e detentor de fundo de comércio próprio. É o que ensina, por exemplo, *Guyon* (GUYON, Yves. *Droit des affaires: droit commercial général et sociétés*. 10. ed. Paris: Economica, 1998, t.1, nº 812, p. 847-848 e nº 814, p. 849) que o representante comercial é um mediador profissional e habitual de negócios, que conserva uma clientela própria, mesmo após a extinção do contrato, desde que continue a exercer sua profissão.

de comércio próprio, ainda que desfrute de uma clientela que se adere à marca de terceiro. Esse fundo de comércio é patrimônio valioso, que não se extingue com a simples ruptura do contrato de franquia em curso. Essa localização, que foi valorizada por sua atividade de exploração e formação de clientela em grande parte alheia, através de investimentos e serviços próprios, há de ser objeto, portanto, de proteção legal, pois será instrumento indispensável na execução do próprio contrato, na eventual conquista de outro franqueador e no desempenho com sucesso de uma outra atividade comercial autônoma que venha a escolher.

Por fim, há de se convir que se vários são os elementos da empresa que podem atrair a clientela, inarredável é a conclusão de que uma empresa franqueada possui, a par da clientela atraída pela marca do franqueador, uma freguesia que se formou em razão de sua própria atividade e características pessoais dos seus administradores e funcionários, e que lhe pertence exclusivamente.

Até mesmo as decisões judiciais francesas, que reconheceram o direito de renovação da locação aos franqueados, com efeito, não enfrentaram rigorosamente a questão da titularidade da clientela formada ao longo da execução do contrato de franquia. Apenas reconhecem a qualidade de comerciante aos franqueados e a existência de um fundo de comércio próprio.

Daí por que não vemos como se sustentar que a garantia dada pela lei do inquilinato possa ser considerada forte argumento para o convencimento de que a clientela pertence exclusivamente ao franqueado.

191.4.3. A clientela do franqueador

No extremo oposto, defendendo a existência de uma clientela exclusiva do franqueador, encontra-se um aresto de 16/2/1996, da Corte de Apelação de Paris, que recusou o direito à renovação compulsória da locação a uma franqueada Avis, que se ocupava de locação de automóveis, ao fundamento de que eram tão rígidos os termos da franquia e tão restrita a liberdade da franqueada que impediam a formação de um fundo de comércio próprio e autônomo, condição indispensável àquele direito de renovação.

O aresto fez consignar que

"para que um locatário franqueado (...) seja considerado titular de um fundo de comércio próprio, é necessário que comprove que tem uma clientela ligada à sua atividade pessoal independentemente da atraída em razão da marca ou do franqueador, ou ainda que ele demonstre que o elemento do fundo que ele detém, o direito à locação, atrai a clientela de maneira tal que prevaleça sobre a marca".[13]

---

[13] "Pour qu'un locataire franchisé (...) soit considéré comme ayant un fonds de commerce en propre, il faut qu'il apporte la preuve de ce qu'il a une clientèle liée à son activité personnelle

A par de todas as críticas que esta decisão francesa possa merecer no tocante aos fundamentos do direito de renovação compulsória do contrato de locação, e que não interessam ao escopo da presente obra, não deixa de interessar ao tema da titularidade dos direitos sobre a clientela.

A citada decisão, debitada à Corte de Apelação de Paris, adere à corrente que a clientela, em uma franquia altamente formatada e especializada, é propriedade do franqueador, não se sensibilizando com a contribuição concreta do franqueado, nem para os diversos elementos que compõem o fundo de comércio e que justificam o direito de renovação compulsória.

A análise da Corte sobre a titularidade da clientela, e não sobre o direito à renovação da locação, porém, sob o prisma jurídico, é bastante sustentável. É verdade que o franqueado contribui, e muito, para a formação da clientela, sendo, sob o ponto de vista econômico, financeiro e administrativo, impossível se pensar em formação de clientela da empresa franqueadora sem a participação da sua rede de franquias independentes, que está para a fornecedora como os braços e as mãos estão para o cérebro.

Já se consignou, anteriormente, que dentre os objetivos visados pelo franqueador se encontra a multiplicação dos pontos de venda de seus produtos para ampliar a notoriedade da marca e conquistar uma clientela maior, além de dinamizar o sistema de distribuição de seus produtos e acelerar os processos de venda. Ao contratar, pois, com um franqueador interessado, é claro e preciso o objetivo do contrato.

O distribuidor, por outro lado, adere à proposta em troca de outras inúmeras vantagens: boa rentabilidade do investimento, acesso a um aviamento experimentado, direito de explorar uma marca notória etc. Destarte, os esforços despendidos pelo franqueado não são infundados, têm origem em contrato economicamente equilibrado do ponto de vista das partes que aderiram livremente ao negócio. Sobre esse assunto, voltaremos a falar mais aprofundadamente no próximo tópico, quando enfrentaremos a exigibilidade de eventual indenização.

Enfim, ainda que haja contribuição econômica, pessoal e financeira por parte do franqueado, a clientela é conquistada em conjunto, mas em benefício do franqueador, seu único titular. É o que defende a corrente para a qual a clientela é propriedade exclusiva do franqueador.

No Brasil, Alberto Simão Filho adere a esta corrente:

> "Como o franqueado opera ou comercia sob marca de propriedade do franqueador que, anteriormente, já havia feito sua clientela de pessoas adeptas ao tipo de negócio ofertado, possibilitando a abertura de unidades nos mais diversos pontos de venda,

---

indépendamment de son attrait en raison de la marque ou du franchiseur (...) ou bien qu'il démontre que l'élément du fonds qu'il apporte, le droit au bail, attire la clientèle de manière telle qu'il prévaut sur la marque" (BENSOUSSAN, Hubert. *Le droit de la franchise cit.*, p. 233).

pode-se concluir que não deve haver indenização ao franqueado pela perda de clientela, mormente quando esta, em última análise, já tenha sido arrebanhada anteriormente pelo franqueador"[14].

Portanto, quanto mais autêntica a franquia, mais formatada e consolidada, menor a influência pessoal do franqueador na formação da clientela. Se a atração da freguesia se dá com os recursos humanos e financeiros do franqueado, a verdade é que tais esforços estão voltados a disseminar o nome, a imagem, os produtos, bens ou serviços do franqueador, e assim a engrossar-lhe a clientela. Tem-se, destarte, a formação da clientela em prol do franqueador como o próprio fim econômico do contrato.

Nesse sentido, a jurisprudência do STJ:

"3. Quanto à clientela, deve prevalecer o entendimento segundo o qual não deve ser indenizada ao final do contrato. Ainda que diligente o franqueado na exploração da atividade, a formação da clientela é resultado da utilização de marca já consolidada no mercado e do modelo de organização do estabelecimento empresarial proposto pelo franqueador. Não restou demonstrado o acréscimo substancial de clientes em favor da franqueadora"[15].

191.4.4. A posição intermediária

Partindo do pressuposto que a sorte da clientela varia conforme as diversas espécies e características de franquia, Lena Peters e Marina Schneider encontram nas diferentes participações que cada um dos contratantes e, até mesmo, um eventual ex-franqueador carreiam para a formação da clientela a justificativa para as divergências constatadas na jurisprudência, asseverando que a clientela pertence àquele que a conquista: ao franqueador que a atraiu por sua marca, ou ao antigo franqueado que, com as qualidades de bom comerciante e com bons serviços prestados, tornou-a fiel e cativa[16].

Com efeito, já tivemos a oportunidade de adiantar que se pode vislumbrar no exercício da atividade comercial do distribuidor um fundo de comércio próprio e merecedor de tutela da lei de locação, sem que se prejudique o reconhecimento da existência, concomitante, da formação de uma clientela que se adere à marca, e não ao franqueado. Não é porque o objeto da mercancia do franqueador se destina a favorecer a marca de outra empresa que fica o mesmo despojado de um fundo de comércio e deixa de ser reconhecido como unidade empresarial autônoma e

---

[14] SIMÃO FILHO, Adalberto. *Franchising. Aspectos jurídicos e contratuais*. 3. ed. São Paulo: Atlas, 1998, p. 79-80.

[15] STJ, 4ª T., AREsp. 1.355.609/SP, Rel. Min. Lázaro Guimarães, ac. 20.09.2018.

[16] PETERS, Lena; SCHNEIDER, Marina. Le contrat de franchisage. *Revue de Droit Uniforme*, Unidroit, p. 262-264, 1º semestre 1985.

Seção V: Franquia • Cap. V – A Clientela | **453**

independente. Note-se que negar-lhe o direito ao ponto comercial representará, no curso do contrato de franquia, na quase totalidade das vezes, um obstáculo intransponível até mesmo para a continuidade da própria distribuição, cujo contrato prevê, em geral, uma zona demarcada de exclusividade.

Após acirrado debate entre distribuidores e fornecedores, que teve como palco os tribunais estaduais no encerrar da década de 90, Leonardo Sperb de Paola se debruçou sobre a análise do tema, ponderando que

> "nos contratos de distribuição, de forma similar ao que ocorre em contratos de natureza societária, o objetivo das partes não se cinge a uma permuta de prestações, em que o ganho de cada uma é a prestação recebida da outra, mas, sim, é a soma de esforços para a consecução de um resultado comum, a partir do qual cada contratante obterá seus ganhos (...) O que se pretende é a formação de clientela em determinado território, no qual se planta a marca do produtor, com aumento das vendas em benefício comum. As partes envolvidas, unindo esforços, organizam a distribuição de um produto"[17].

Em razão desta característica do contrato, vislumbra-se a "possibilidade de formação de um fundo de comércio compartilhado pelos integrantes do grupo, que, sem embargo, continuam também sendo detentores de fundos particulares. Esse fundo é resultado da atividade comum no desenvolvimento da rede de distribuição"[18].

Sem dúvida, é esse o entendimento que está a merecer adesão. Não se pode recusar a uma unidade empresarial que se dedica à comercialização de bens e serviços, com êxito e eficiência, o domínio sobre um fundo de comércio valioso e alienável, capaz de atrair a clientela e gerar lucros, apenas e tão somente porque põe sua atividade a serviço de uma outra empresa fornecedora, em regime de exclusividade. Admitir-se tal situação de coisas seria anular completamente a autonomia que o direito confere à franqueada, e jungi-la à condição de subordinação que não condiz com o modelo econômico de distribuição integrada composto de franquias.

O franqueado não é um simples mandatário, mas um revendedor independente que tem sua própria clientela, e que pode explorá-la mesmo depois de findo o contrato de franquia[19].

A clientela que se dispersa com o fim do contrato, ligada à marca e à qualidade dos produtos do franqueador, apesar de angariada também com o esforço e a competência do franqueado, não se pode dizer que pertenceu algum dia a este. Apenas e tão somente podia ser por ele explorada por força do contrato em curso, e que, enquanto vigente, enriquecia o seu fundo de comércio como um elemento capaz de proporcionar lucros à empresa.

---

[17] PAOLA, Leonardo Sperb de. Sobre a denúncia dos contratos de distribuição, concessão comercial e franquia. *Revista Forense*, v. 94, nº 343, jul.-ago.-set./1998, p. 123-124.

[18] PAOLA, Leonardo Sperb de. Op. cit., p. 353.

[19] BEHAR-TOUCHAIS, Martine; VIRASSAMY, Georges. *Les contrats de la distribution*, cit., nº 3, p. 3

Aliás, a respeito do contrato de franquia, concluem Martine Behar-Touchais e Georges Virassamy que é ele "um valor do patrimônio do distribuidor", que pode, em princípio, circular, mas que não dá ensejo a uma indenização ao fim do contrato. As obrigações contratuais, fontes de crédito que são, constituem bens de valores, muitas vezes consideráveis, que integram o fundo de comércio. Por isso, o seu encerramento provoca naturalmente uma desvalorização patrimonial da empresa. Esse empobrecimento do franqueado, entretanto, não pode ser compreendido como injusto ou desprovido de causa jurídica.

A clientela que se *perde*, destarte, é a que jamais pertenceu de fato ao franqueado, mas sim aos produtos e à marca do franqueador. A ela, o franqueado tinha acesso apenas em razão do contrato extinto.

Correto é concluir que, extinto o contrato, franqueador e franqueado repartem proporcionalmente a clientela, segundo a titularidade dos elementos do fundo de comércio que foram eficientes na sua formação. Ao franqueador tocará a clientela que se mostra fiel à qualidade de seus produtos, aos padrões de atendimento, às técnicas de gestão por ele desenvolvidas, à marca notória. O franqueado conservará a clientela que cativou por suas qualidades próprias, a eficiência e a gentileza de seu pessoal, o seu ponto comercial, desde que continue a se arriscar na atividade comercial e se mostre capaz de manter, sozinho, um padrão de produtos e serviços à altura da exigência do consumidor.

Ressalte-se que no Brasil Adalberto Simão Filho destaca situação em que reconhece uma clientela ao franqueado. É a hipótese em que

"a marca franqueada não seja nem tão forte nem de conhecimento dos consumidores onde está instalada a unidade franqueada; tais consumidores simplesmente adquirem os produtos ou serviços nesses locais pelas facilidades, novidade, ou em função do trabalho gerencial desenvolvido pelo próprio franqueado em contato direto com o público; nesse caso, acredita-se que a clientela a este pertença, podendo ser indenizado por sua perda em caso de rescisão antecipada no negócio"[20].

Da mesma forma, há jurisprudência do Tribunal de Justiça de São Paulo reconhecendo a clientela em favor do franqueador e do franqueado:

"Franquia – Rescisão contratual – Disputa de fundo de comércio – Conjunto de bens materiais e imateriais, que formado pela colaboração recíproca entre franqueada e franqueadora, pertence a ambas em igual proporção – Recurso da franqueada provido em parte para esse fim, desprovido o de seus sócios e o da franqueadora"[21].

---

[20] SIMÃO FILHO, Adalberto. *Franchising*, cit., p. 80.
[21] TJSP, 13ª Câmara de Direito Privado, Ap. 991.09.023753-7, Rel. De. Luiz Sabbato, ac. 07.04.2010.

191.5. A clientela e a equação econômica do contrato de franquia

Em face da natureza jurídica da clientela, considerada como um atributo da empresa, insuscetível de comercialização autônoma, há de se concluir que é ela passível de alienação através da circulação dos bens a que se liga.

Será alienada integralmente quando o for todo o fundo de comércio. Nessa hipótese, o alienante será obrigado a não desenvolver atividade comercial concorrente. Sob pena de estar usurpando aquilo que cedera. Poderá ser cedida temporariamente, ser locada, doada ou até mesmo *renunciada*. É o que se dá quando a empresa simplesmente encerra as atividades sem comercializar seu ponto, sua marca, seus cadastros etc.

O contrato de franquia encerra uma operação que, sem dúvida, envolve esse atributo da empresa, já que permite que duas empresas desfrutem dos elementos do fundo de comércio que são capazes de atrair a clientela. Essencialmente, é a franquia empresarial um contrato de cooperação que permite a repartição dos frutos da exploração da clientela por um conjunto de empresas integrantes de uma rede organizada de distribuição.

Reúnem-se franqueados e franqueador em torno de uma política eficiente, de uma marca notória, de um conjunto de métodos, técnicas e recursos de sucesso, todos desenvolvidos e mantidos pelo controlador da rede de distribuição, para auferir rendimentos e reparti-los segundo a equação econômica que estabelecerem por livre declaração de vontade.

O franqueador carreará para a empreitada a sua marca, os métodos, as técnicas e a organização do negócio que lhe permitiram alcançar o sucesso, a produção de bens (quando for o caso), segundo um padrão de excelência e qualidade que satisfazem um cativo público consumidor e um compromisso de prestar assistência, assessoramento a toda a rede distribuidora, mantendo-a sempre atualizada e em sintonia com as vicissitudes do mercado consumidor. Em troca receberá parte dos lucros gerados pela comercialização desenvolvida pelos distribuidores, poderá adequar a sua produção à capacidade e necessidade do consumidor, e ampliará, ou manterá apenas, a clientela que se serve de sua produção.

O franqueado, através dos investimentos iniciais necessários, da disponibilização de recursos humanos e materiais, oferecerá a própria atividade da empresa para conquistar e manter o público consumidor. Por sua contribuição, usufruirá dos louros advindos dessa união, percebendo lucros rápidos, retorno de investimentos, redução dos riscos inerentes ao comércio e desfrutará de todos os elementos que compõem o valioso fundo de comércio do franqueador.

A expectativa legítima que tem de tal operação econômica é justamente receber em determinado espaço de tempo um ganho significativo, a baixos riscos, que recompense o empenho de toda a atividade de sua empresa.

Ao final da execução contratual, excluída a álea inerente à atividade comercial, a franqueadora seguirá sua atividade, comandando uma rede maior ou menor, buscando manter a clientela fiel a seus produtos.

O franqueado, por sua vez, continuará ou não sua atividade empresarial, conforme se disponha a manter sua organização e seus recursos na atividade de risco, buscando se guiar agora com a experiência, as técnicas e os métodos já dominados e valendo-se da clientela que conseguir manter com sua competência.

Há, logicamente, um equilíbrio intrínseco ao contrato de franquia que não justifica qualquer tentativa de enquadrá-lo dentre as operações abusivas ou causadoras de um enriquecimento ilícito. Só haverá abuso quando o fornecedor sonegar informações, ludibriar um pretendente a franqueado, induzindo-o a criar expectativas que não se mostram plausíveis ou viáveis de serem alcançadas com o sistema. Havendo proporção entre os investimentos e os lucros potenciais e prováveis, justifica-se o contrato como lícita e útil operação econômica, que atende aos anseios das partes e da comunidade.

Chega Pardolesi a afirmar que o franqueado, ao fim do contrato, não sucumbe em prejuízos, mas, ao invés, extrai vantagens, pois guarda a clientela que formou ao longo do contrato[22].

Em suma, não se justifica no contexto da franquia qualquer regra específica de restrição da autonomia da vontade e imposição de uma responsabilidade objetiva, porque as partes são capazes de estabelecer a equação econômica equilibrada do contrato.

---

[22] PARDOLESI, Roberto. *I contratti di distribuzione.* Napoli: Jovene, 1979, 339 ss. e 343 ss.

Capítulo VI

FRANQUIA, REPRESENTAÇÃO COMERCIAL E CONCESSÃO COMERCIAL

Sumário: 192. Impossibilidade de se aplicar analogicamente as leis de representação comercial e concessão comercial para a responsabilização do franqueador: 192.1. Analogia; 192.2. Analogia e contratos típicos e atípicos; 192.3. Representação comercial e franquia; 192.4. Aplicação analógica da Lei nº 6.729/79.

192. IMPOSSIBILIDADE DE SE APLICAR ANALOGICAMENTE AS LEIS DE REPRESENTAÇÃO COMERCIAL E CONCESSÃO COMERCIAL PARA A RESPONSABILIZAÇÃO DO FRANQUEADOR

Conforme dito anteriormente, há quem defenda[1] a possibilidade de se utilizar as regras da representação comercial (Lei nº 4.886/65) e de concessão de venda de veículos automotores (Lei nº 6.729/79) à franquia para fins de apuração da indenização cabível em caso de extinção do contrato. Entretanto, entendemos não ser possível a aplicação analógica dessas legislações à franquia, uma vez que a representação comercial e a concessão de venda de veículos automotores são, fundamental e substancialmente, diversas do contrato de franquia, de forma que este último não apresenta as mesmas peculiaridades e elementos daquelas espécies contratuais a autorizar a utilização das normas específicas daqueles contratos à franquia empresarial.

192.1. Analogia

O raciocínio analógico permite ao cientista investigar as semelhanças entre duas coisas, ou dois fenômenos, e concluir que determinados atributos de um deles, que se ligam a tais propriedades comuns, se aplicam também ao outro. No direito, é forma de suprir lacunas do texto legal, através da extensão de princípios determinados a hipóteses não previstas.

---

[1] LOBO, Jorge. *Contrato de franchising*. Rio de Janeiro; Forense, 1997, p. 68. Ver, também, item 190.8 desta Seção.

Em outras palavras, pode-se concluir que a analogia é meio de descobrir nas hipóteses expressas em preceitos legais os seus princípios gerais inspiradores, de forma a reger por essas *leis básicas implícitas* toda a sorte de fenômenos idênticos, na essência, ao que deu margem ao texto legal. Ou seja, conforme ensina Ferrara,

> "a ordem jurídica de fato não é massa inerte de princípios coexistentes, mas um corpo orgânico de normas intimamente conexas, e os princípios que lhe estão na base levam o germe de indeterminados desenvolvimentos. A analogia é, pois, uma aplicação correspondente dum princípio ou dum complexo de princípios a casos juridicamente semelhantes"[2].

Fundamenta a analogia o ideal de igualdade. Aos casos que se assemelhem concreta e substancialmente há de corresponder igual tratamento jurídico[3]. Para que a analogia seja admissível, "a hipótese nova e a que se compara a ela precisam assemelhar-se na essência e nos efeitos; é mister existir em ambas a mesma razão de decidir. Evitem-se as semelhanças aparentes, sobre pontos secundários"[4].

Trata-se de recurso exegético que pressupõe lacuna da lei escrita a ser preenchida por preceito novo decorrente de um princípio de direito. O aplicador do direito, entretanto, não estará criando novo direito, mas revelando o já existente e latente no sistema jurídico.

Porém, por suas próprias peculiaridades, a analogia encontra algumas restrições: "em matéria de *privilégios*, bem como em se tratando de dispositivos que limitam a *liberdade*, ou *restringem quaisquer outros direitos*, não se admite o uso da analogia" (grifado no original)[5]. Não pode, pois, a analogia ser manejada para estender o alcance do direito excepcional, pois, nessas hipóteses "os casos não incluídos entre elas consideram-se como sujeitos à *regra geral*" (grifado no original)[6].

Com efeito, dispõe o § 2º, do art. 2º, da Lei de Introdução às normas do Direito Brasileiro[7], que "a lei nova, que estabeleça disposições gerais ou especiais a par das já existentes, não revoga nem modifica a lei anterior".

No campo do direito dos contratos, a analogia só será eficaz instrumento de aplicação do direito quando manejada para extrair princípio geral aplicável aos contratos (normas gerais) ou a uma classe de contratos (normas especiais). Jamais se poderá apoiar a analogia em regras específicas de determinada espécie contra-

---

[2] FERRARA, Francesco. *Interpretação e aplicação das leis*. Trad. Manuel A. Domingases de Andrade. 3. ed. Coimbra: Arménio Amado, 1978, p. 158-159.

[3] MAXIMILIANO, Carlos. *Hermenêutica e aplicação do direito*. 18. ed. Rio de Janeiro: Forense, 1999, nº 240, p. 210.

[4] MAXIMILIANO, Carlos. Op. cit., nº 243, p. 212.

[5] MAXIMILIANO, Carlos. Op. cit., nº 246, p. 213.

[6] MAXIMILIANO, Carlos. Op. cit., nº 245, p. 213.

[7] Decreto-Lei nº 4.657, de 4.9.1942, alterado pela Lei nº 12.376, de 2010.

Seção V: Franquia · Cap. VI – Franquia, Representação Comercial e Concessão Comercial | **459**

tual, destinadas a apartar da vala comum das normas gerais um instituto em particular, pois, na lição de Torrente, "os casos não previstos pelas normas de exceção são disciplinados pelas de caráter geral, não justificando, portanto, a analogia"[8].

A lei de exceção, normalmente dirigida a equilibrar específicas situações de desigualdade, ou a implementar uma política econômica ou social visada pelo legislador, há de ser aplicada estritamente à ordem de coisas para a qual foi criada. "Nas leis de *ius singulare*, de caráter excepcional, conforme a doutrina, não pode comportar decisão de semelhante a semelhante"[9].

Daí por que Orlando Gomes manifesta repúdio às sentenças que buscam solucionar litígios entre contratantes segundo o "esquema de contratos típicos, em vez de recorrerem aos princípios gerais do direito contratual"[10].

Em suma, a analogia permite que se extraia de uma norma geral, ou mesmo especial (não excepcional), um princípio geral que expressa um valor juridicamente tutelado. Este, traduzido em enunciado geral para as hipóteses real e concretamente semelhantes, será a norma jurídica, latente, mas não expressa em preceito, que servirá para a solução de uma situação jurídica não prevista pelo legislador. Daí se concluir que a analogia se aplica, tão somente, a princípios, jamais ao direito excepcional, que não reúne a homogeneidade necessária à caracterização de uma norma geral.

192.2. Analogia e contratos típicos e atípicos

A classificação dos contratos como típicos ou atípicos tem relevância para a delimitação do alcance da analogia. Com efeito, existindo um conjunto de regras específicas sobre um tipo contratual, serão a essas que o aplicador do direito primeiro recorrerá para solucionar as situações não previstas na expressão da autonomia da vontade.

Em seguida, não havendo ali um preceito sobre a hipótese concreta, recorrer-se-á ao sistema de normas especiais, que regulamenta uma classe mais ampla de negócios, na qual o contrato questionado se insere, como, por exemplo, contratos de execução imediata, contratos de duração, de prazo certo ou incerto, aleatórios, condicionais etc.

Ao contrato de franquia, enquanto contrato típico, primeiro se aplicam as regras determinadas pelas vontades das partes, desde que não conflitantes com as limitações que impõem as normas impositivas que regulam o tipo contratual. Na

---

[8]   TORRENTE, Andrea; SCHLESINGER, Piero. *Manuale di diritto privato*. 4. ed. Milão: Giuffrè, 1995, p. 25-26.

[9]   FRANÇA, Rubens Limongi (Coord.) *Enciclopédia Saraiva de Direito*. São Paulo: Saraiva, 1978, verbete *analogia*, v. VI, p. 371-372.

[10] GOMES, Orlando. *Contratos*. 26. ed. Rio de Janeiro: Forense, 2007, nº 75, p. 119-120.

sua omissão, há de se buscar a solução em normas de caráter supletivo, aplicáveis ao próprio contrato de franquia ou a uma categoria mais ampla no qual se insira (no direito comercial e nas suas regras sobre contratos de duração, de prazo determinado ou indeterminado, de cooperação, integração, distribuição), para os contratos em geral (direito civil) ou para os negócios jurídicos e obrigações. Nesse âmbito, há de se recorrer à analogia e à interpretação extensiva. Por fim, buscar-se-ão normas impostas pela boa-fé e à vontade presumível dos contratantes[11].

Tratando-se de contrato que não receba regulamentação legal específica, mas que já alcance a tipicidade no âmbito social, havendo lacunas na declaração de vontades, as primeiras fontes do direito a serem investigadas são os costumes e praxes comerciais que se revelam na repetição de tal espécie contratual.

> "A regulamentação do contrato socialmente típico surge, assim, revelada pelo costume e a sua eficácia é a que corresponde a toda a regra costumeira. As lacunas desta regulamentação típica devem ser preenchidas por recurso às normas e princípios fixados na lei para categorias mais amplas que o tipo, nas quais o contrato socialmente típico se inclua (...) Se tal não bastar, deve atender-se às normas e princípios estabelecidos na lei para a generalidade dos contratos e, em geral, para os negócios jurídicos e obrigações"[12].

Uma coisa, porém, é certa: não se presta a analogia para justificar o afastamento das regras gerais aplicáveis a certo tipo de contrato quando se toma como paradigma contrato típico regido por lei excepcional (ver retro o item 192.1).

192.3. Representação comercial e franquia

Duas ordens de empecilhos se levantam contra a aplicação analógica das regras da Lei nº 4.886/65 às relações que se estabelecem entre franqueador e franqueado. O primeiro obstáculo se refere à natureza das normas insertas no preceito. Trata-se, sem dúvida, de normas excepcionais que estabelecem um dever objetivo de indenizar, desvinculado da noção de culpa.

Da combinação do art. 5º, inciso II, da Constituição Federal (princípio da legalidade), com os arts. 186 e 927, do Código Civil, extrai-se uma norma geral aplicável a todo dever ressarcitório: é somente a conduta antijurídica imputável e culposa que acarreta a obrigação de indenizar. É, em regra, o ato ilícito o fato jurídico capaz de obrigar o indivíduo a recolher sobre os próprios ombros o infortúnio alheio. Somente uma lei de exceção pode derrogar essa norma geral, em nome de um ideal de igualdade ou de justiça distributiva.

---

[11]   BRITO, Maria Helena. *O contrato de concessão comercial.* Coimbra: Almedina, 1990, nº 55, p. 217.

[12]   BRITO, Maria Helena. Op. cit., nº 56, p. 219-220.

Seção V: Franquia • Cap. VI – Franquia, Representação Comercial e Concessão Comercial | **461**

A lei que regula o contrato de representação comercial, perseguindo justamente esse ideal de distribuição equitativa de ônus econômicos decorrentes da atividade comercial típica, instituiu um privilégio em favor dos representantes, e somente em relação a essa categoria profissional específica. A indenização objetiva prevista no art. 27, alínea *j*, equivalente a 1/12 da retribuição auferida durante o tempo em que exerceu a representação, não contém ínsito um princípio geral de retribuição que obrigue toda uma classe de contratos que se assemelhem por sua destinação. Ao contrário, é norma especialíssima destinada a equilibrar economicamente uma espécie de contrato típico e proteger uma categoria econômica que em concreto se mostrou desprovida de condições de estabelecer equações econômicas equilibradas. Tal como nas relações de trabalho subordinado, a parte mais frágil não se via em condições de exercer a autonomia privada: contratar ou não contratar, bem como em que condições fazê-lo. O representante, figura que no contexto econômico social se mostrou muito próxima ao gerente assalariado, fez-se merecedor de uma tutela específica e extraordinária, inspirada nas indenizações previdenciárias e alimentícias do direito do trabalho, destinada principalmente a retribuir o representante comercial pelos *serviços prestados à empresa representada*. O privilégio instituído por lei jamais foi exigível antes da expressa vontade do legislador de regular excepcionalmente o tipo contratual.

Por outro lado, entre o contrato de franquia empresarial e a representação comercial existem diferenças elementares e essenciais, que impedem o recurso à analogia.

Com efeito, o representante comercial é um mandatário autônomo, que exerce habitualmente a mediação de negócios mercantis, agenciando propostas ou pedidos, para transmiti-los ao representado, mediante comissão[13].

No contrato de representação comercial, o representante apenas e tão somente aufere os louros da intermediação resultante do próprio esforço e investimento, sem receber substancial contribuição por parte do fornecedor.

O franqueado, porém, não exerce atividade de intermediação. Ele próprio contrata, por sua conta e risco, com o consumidor a venda ou a prestação de serviço. Tem inteira liberdade de gestão de estoques, de custos e de lucros. Não age por conta do fornecedor, nem agencia negócios para este. É proprietário dos bens que aliena, e presta pessoalmente os serviços contratados[14].

---

[13] BULGARELLI, Waldírio. *Contratos mercantis*. 11. ed. São Paulo: Atlas, 1999, p. 453; MARTINS, Fran. *Contratos e obrigações comerciais*. 18. ed. rev., atual. e ampl. por DINIZ, Gustavo Saad, Rio de Janeiro: Forense, 2018. nº 206, p. 232. Sobre a representação comercial, ver a Seção IV desta obra.

[14] Há alguns estudos sobre a distinção entre o contrato de representação comercial e a concessão comercial, que podem, perfeitamente, ser tomados de empréstimo para reforçar a tese que ora se defende, porque, no âmbito enfocado por esses autores, há traços que aproximam

462 | Contratos de Colaboração Empresarial • *Humberto Theodoro Jr. e Adriana Theodoro de Mello*

Por fim, o franqueado tem acesso a valiosos bens que integram o fundo de comércio do franqueador: a marca, o aviamento, ou parte dele, que se transmite com o *know-how*, e uma clientela já cativa ou potencial.

Tanto os investimentos requeridos quanto a duração do contrato são elementos da equação econômica estabelecida pela autonomia da vontade, que visa a atender todas as expectativas econômicas dos contratantes, na execução da franquia como um todo, ou seja, como um processo, delimitado no tempo, e com objetivos claros.

Destarte, ao contrário do que ocorre na representação comercial, há uma comutatividade equilibrada entre as prestações e os benefícios que o contrato de franquia estabelece, que não justificam o mesmo tratamento excepcional que o legislador estabeleceu para o agente.

O só fato de se assemelharem ambos os contratos cotejados nos aspectos da duração e do interesse comum não é suficiente para justificar a imposição de regras excepcionais criadas para a representação comercial especificamente, por fundamentos diversos e valores fundantes que não se repetem no contrato de franquia[15]. Irretorquível, pois, a conclusão de Rubens Requião, no sentido de que os "elementos preponderantes" tipificadores do contrato de representação comercial não se repetem na concessão comercial[16], tampouco na franquia empresarial.

192.3.1. Direito estrangeiro

Em vários países, a distinção de princípios e regras aplicáveis aos contratos de representação comercial e de distribuição (concessão comercial e franquia empresarial) se repete com certa constância. É já uniforme no sistema jurídico de inspiração romana a proteção conferida ao representante comercial.

Heriberto S. Hocsman informa que, na Argentina, o representante comercial, ou agente como é habitualmente chamado, tem direito a receber indenização ao fim do contrato que se extingue por resilição unilateral, ou antecipadamente nos casos de prazo certo. Já nos contratos de distribuição, em geral, indeniza-se o con-

---

a concessão à franquia. Graeff Júnior, Cristiano. Contrato de concessão comercial e a Lei nº 6.729, de 28/11/79. *Ajuris – Revista da Associação de Juízes do Rio Grande do Sul*, Porto Alegre, v. 20, ano VII, nov. 1980. Afirma o autor que "enquanto o agente comercial vende por conta do proprietário da mercadoria, o concessionário vende por conta própria. Não representa o concedente nem em nome deste age (...) Comprando a mercadoria, dela se torna proprietário, não sendo lícito ao concedente reivindicá-la ou sequer proibir o concessionário de revendê-la".

[15] ROCHA, João Luiz Coelho da. Representação comercial e distribuição comercial: importância dos traços distintivos. *Revista de Direito Mercantil*, v. 101, ano XXXV, p.114-118, jan.-mar. 1996. O autor pondera que "a ordem jurídica brasileira, houve por bem emprestar à representação comercial esse caráter tutelar, provavelmente em apreço à dependência maior do comerciante representante para com aquele que o credencia" (Op. cit., p. 116).

[16] REQUIÃO, Rubens. O contrato de concessão de venda com exclusividade: concessão comercial. *Revista de Direito Mercantil*, São Paulo: Revista dos Tribunais, v. 7, ano XI, p. 23, 1972.

Seção V: Franquia • Cap. VI – Franquia, Representação Comercial e Concessão Comercial | **463**

cessionário se a resilição é antecipada e arbitrária (sem pré-aviso, sem justa causa, intempestivamente). Mas se o contrato tem duração indeterminada, é possível prever a denúncia unilateral, ou, mesmo na sua omissão, qualquer das partes poderá desvincular-se da relação sem dever de indenizar, exercitando o direito de resilição unilateral de maneira razoável e não abusiva, através de aviso prévio que permita a amortização do capital investido[17].

Na França, a Lei de 25/6/1991, que regula o contrato de agência, assegura ao representante comercial o direto ao aviso prévio proporcional à antiguidade da relação, nos contratos de duração indeterminada (art. 11). Em todos os casos, seja o contrato de prazo certo ou indeterminado, uma indenização objetiva ao fim do contrato é devida ao agente, em caráter reparatório. Adverte Yves Guyon que tal indenização, porém, não se destina a retribuir a clientela do representado, pois, o mesmo manterá sua clientela se continuar a exercer sua profissão[18]. Até o momento não existe lei específica de franquia, razão pela qual continua sendo um contrato inominado no sentido estrito do termo[19].

Os contratos de concessão comercial e franquia, aliás, nunca foram objeto de regulamentação legal específica na França. A propósito, Guyon advoga a inconveniência de tal intervenção legislativa, dizendo-a contrária às necessidades de adaptação célere das redes de distribuição às demandas do mercado consumidor. Por outro lado, continua o respeitável Professor, "o direito comum das obrigações é capaz de fornecer proteção suficiente ao concessionário contra as manobras de má-fé ou contra os abusos do concedente".

Quanto à aplicação analógica da norma que estipula tal espécie de responsabilidade objetiva do representado ao concedente ou ao franqueador, é praticamente uníssona a doutrina francesa em afastá-la peremptoriamente. A responsabilidade civil pelos danos suportados, em tais contratos, tem origem somente na culpa ou no abuso de direito.

A extinção de tais contratos se regula por uma norma geral, qual seja, a Lei de 1º de julho de 1996, que assegura aos partícipes de contratos de duração um pré-aviso, quando da resilição unilateral, de duração a ser aferida conforme os usos e costumes e as peculiaridades do negócio. Com efeito, a norma geral assegura ao contratante o direito de desvincular-se dos contratos de duração indeterminada, condicionando-o apenas ao pré-aviso[20].

---

[17] HOCSMAN, Heriberto S. *Contrato de concesión comercial*. Buenos Aires: La Rocca, 1994, p. 143-144.

[18] GUYON, Yves. *Droit des affaires*: droit commercial général et sociétés. 10. ed. Paris: Econômica, 1998, t. 1, nº 814, p. 849.

[19] DISSAUX, Nicolas; LOIR, Romain. *Droit de la distribuition*. Issy-les-Molineaux: LGDJ, 2017, p. 369.

[20] GUYON, Yves. *Droit des affaires*: droit commercial général et sociétés, cit., nº 830, p. 865, e nº 835, p. 873.

Por outro lado, a Lei Doubin (nº 89-1008), de 31/12/1989[21], que trata dos contratos de distribuição exclusiva e de interesse comum de modo geral, a despeito da pressão que alguns setores econômicos fizeram para se incluir dentre as prerrogativas dos distribuidores uma indenização da clientela, recusou-se a instituí-la, limitando-se a impor ao concedente, franqueador, fornecedor etc., o *dever de informação*[22].

Na Alemanha, a doutrina se divide entre os que admitem a aplicação analógica, aos contratos de distribuição ou concessão comercial, da regra que institui uma indenização objetiva, a par da decorrente da culpa do fabricante ou fornecedor, estipulada para as hipóteses de denúncia de contrato de representação comercial ou agência. Esta indenização devida, independente de culpa, está prevista no art. 89-b, do Código Civil alemão, e alcança tanto os contratos por tempo determinado quanto indeterminado. A posição da jurisprudência, que já se pronunciou favorável à aplicação da regra ao caso de concessão comercial, entretanto, ainda não é conhecida acerca do contrato de franquia[23].

Já a lei belga de 27/7/1961, alterada pela lei de 13/4/1971, prevê, além do dever de conferir aviso prévio, substituível por uma indenização, um dever ressarcitório

---

[21]   A Lei nº 89-1008, de 31/12/1989, batizada Lei Doublin, relativa ao desenvolvimento das empresas comerciais e artesanais e ao melhoramento de seu ambiente econômico, jurídico e social, dispõe, *in verbis*: Art. 1er - *"Toute personne que met à la disposition d'une autre personne un nom commercial, une marque ou une enseigne, en exigeant d'elle un engagement d'exclusivité ou de quasi-exclusivité pour l'exercice de son activité, est tenue préalablement à la signature de tout contrat conclu dans l'intérêt commun des deux parties de fournir à l'autre partie un document donnat des informations sincères, qui lui permette de s'engager en connaissance de cause.*

Ce document, dont le contenu est fixé par décret, précise notamment l'ancienneté et l'expérience de l'enterprise, l'état et les perspective de développement du marché concerné, l'importance du réseau d'exploitants, la durée, les conditions de renouvellement, de résiliation et de cession du contrat ainsi que le champ des exclusivités.

Lorsque le versement d'une somme est exigé préalablement à la signature du contrat mentionné cidessus, notamment pour obtenir la réservation d'une zone, les presta- tions assurées en contrepartie de cette somme sont précisées par écrit, ainsi que les obligations réciproques des parties en cas de dédit.

Le document prévu au premier alinéa ainsi que le projet de contrat sont communiqués vingt jours au minimum avant la singnatire du contrat ou, le cas échéant, avant le versement de la somme mentionée à l´alinéa précédent." Texto extraído de BESSIS, Philippe. *Le contrat de franchisage.* Paris: LGDJ, 1992, anexo 5, p. 145.

[22]   BESSIS, Philippe. Op. cit., p. 97.

[23]   BALDI, Roberto. *Il contratto di agenzia*, cit., nota de rodapé nº 34, p. 141; BRITO, Maria Helena. *O contrato de concessão comercial*, cit., nº 9, p. 43-44. São citados, pelos autores supramencionados, como doutrinadores alemães favoráveis à aplicação analógica do preceito aos contratos de concessão comercial: *Brunn, Duden*; e ao contrato de franquia: *Skaupy, Martinek Erdmann, Küstner-Manteuffel* e *Westphal*. Defendem, porém, a impossibilidade da aplicação da lei especial: *Nipperdey, Schröder, Ulmer, Sturm, Gierke* e *Sandrock*.

Seção V: Franquia • Cap. VI – Franquia, Representação Comercial e Concessão Comercial | **465**

objetivo pelo encerramento da relação contratual entre concedente e concessionário, por prazo certo ou indeterminado. A doutrina se mostra favorável à aplicação analógica de tais regras ao contrato de franquia[24].

Na Itália, como em quase todos os países do Ocidente, o representante comercial recebe proteção expressa do texto legal, fazendo jus a uma indenização no fim do relacionamento, de prazo determinado ou não, que é paga por um fundo mantido por contribuições de ambas as partes, representante e representado. A jurisprudência italiana confere a esse direito uma feição previdenciária e alimentar, tal como ocorre no contrato de subordinação. Baldi, entretanto, ressalta a função ressarcitória deste direito, que se destinaria, também, a indenizar o desfalque que o agente sofre na própria clientela[25]. Mas em matéria de contratos de franquia, não há notícia de que a jurisprudência italiana tenha admitido a aplicação analógica da lei especial para fundamentar uma responsabilidade desvirtuada da culpa. É, tal como na França e no Brasil, com base no abuso do direito e na deslealdade que se pauta qualquer condenação a ressarcir os danos advindos do fim do contrato[26]. Em sede de doutrina, alertam Mauro Bussani e Paolo Cendon que à aplicação analógica do regime jurídico da representação comercial à franquia se opõe a impossibilidade de se assemelhar os dois institutos e a constatação econômica de que as vendas são induzidas pela marca ou pelos outros sinais distintivos do produtor, mais que pelo distribuidor[27].

Em 6 de maio de 2004 foi editada a Lei 129/2004 (chamada pela lei de *affiliazione commerciale,* ou filiação comercial), que disciplinou a franquia, cuja prática já estava sedimentada e desenvolvida no país. A lei, embora preveja um prazo mínimo de três anos para o contrato, para garantir uma duração mínima suficiente para o amortecimento do investimento (art. 3, 3), não insere qualquer menção à indenização objetiva pela extinção imotivada do contrato. Tampouco impõe condições especiais para a denúncia do ajuste, quando vigente por prazo indeterminado. Mas, não se pode deixar de observar que todo e qualquer inadimplemento, ainda que não seja importante para justificar a resolução do contrato, obriga o ressarcimento do dano causado (Código Civil italiano, art. 1.453)[28].

As prerrogativas conferidas aos franqueados, também na Itália, resumem-se à imposição ao franqueador do *dever de informar*, previamente, o franqueado, sobre

---

[24] BALDI, Roberto. *Il contrato di agenzia cit.*, nota de rodapé n° 34, p. 142; BRITO, Maria Helena. *O contrato de concessão comercial*, cit., n° 9, p. 47.

[25] BALDI, Roberto. *Il contrato di agenzia*, cit., p. 241-263.

[26] BALDASSARI, Augusto. *I contratti di distribuzione*, cit., p. 511-512.

[27] BUSSANI, Mauro; CENDON, Paolo. *I contratti nuovi cit.*, p. 471, *in verbis: "A ciò si oppone la impossibilità di assimilare il rapporto di agenzia con quello di franchising e l'osservazione economica che le vendite sono indotte dalla 'marca' o dagli altri segni distintivi del produttore più che dal distributore".*

[28] FRIGNANI, Aldo. *Il contratto di franchising. Orientamenti giurisprudenziali prima e dopo la legge 129 del 2004.* Milão: Giuffrè, 2012, p. 157-158.

Contratos de Colaboração Empresarial • *Humberto Theodoro Jr. e Adriana Theodoro de Mello*

as circunstâncias do negócio, e as condições jurídicas, econômicas e financeiras da empresa franqueadora, à fixação de prazo de duração mínima de três anos; e à vedação da extinção do vínculo em hipótese de inadimplemento de obrigação de menor relevância[29].

192.4. Aplicação analógica da Lei nº 6.729/79

No Brasil, a mesma sorte de argumentos levantados para afastar a aplicação analógica da Lei nº 4.886/65 aos contatos de franquia serve para inadmitir que os preceitos da Lei nº 6.729/79, sobre extinção, resolução e resilição da relação de concessão de venda de veículos automotores, regulem também os mesmos fenômenos na relação entre franqueados e franqueadores. Com efeito, aqui, também, se verifica, e com muito mais rigor, uma lei de caráter excepcionalíssimo, destinada a intervir profundamente na liberdade e na autonomia individual.

Daí concluírem abalizados doutrinadores que esta lei não se aplica às demais espécies de concessão comercial ou de distribuição *lato sensu*. Nesse sentido é o ministério de Waldírio Bulgarelli, para quem o expediente "parece inconcebível", já que o direito não apresenta lacuna: "Os demais tipos de concessão ou distribuição não regulamentados estão no amplo campo da liberdade contratual e terão de ser regidos pelo sistema da teoria geral dos contratos que se encontra tanto no Código Comercial como no Código Civil"[30]. É sempre bom lembrar que a Lei de Introdução às normas do Direito Brasileiro – LINDB (Decreto-Lei nº 4.657/1942) somente admite o recurso à analogia quando houver omissão na lei (art. 4º). Daí porque, sendo completa a disciplina legal do contrato de franquia, não se há se pensar em submetê-lo analogicamente à Lei nº 6.729/79. Ademais, as leis especialíssimas como esta não se prestam, como é sabido à aplicação extensiva ou analógica, por sua própria natureza.

Claudineu de Mello, em estudo dedicado ao contrato de distribuição, observa que a Lei nº 6.729/79 regula um contrato de concessão cujo objeto (operação econômica de distribuição de veículos automotores) difere substancialmente da distribuição em geral, "a partir da ideia político-ideológica que norteia uma e outra", pois:

> "Aquela dispõe cogentemente que toda e qualquer comercialização de veículos automotores de via terrestre realizar-se-á sob concessão comercial, sendo, em consequência, vedada qualquer outra forma de comercialização daqueles veículos, inclusive a

---

[29] Os cinco projetos de lei apresentados ao Senado e à Câmara dos Deputados, na Itália, anteriores à atual lei 129/2004, encontram-se transcritos na obra de *Aldo Frignani (Il contratto di franchising*. Milão: Giuffrè, 1999, p. 319 ss.).

[30] BULGARELLI, Waldírio. *Contratos nominados*: doutrina e jurisprudência. São Paulo: Saraiva, 1995, p. 476.

venda direta pelo fabricante; enquanto a distribuição objeto deste estudo, observado o axioma da justiça concreta, é sempre livremente contratada por fabricante e distribuidores, segundo suas respectivas conveniências, facultado ao primeiro utilizar-se de outras formas de distribuição, diretas ou indiretas.

Sem razão, portanto, uma certa doutrina que procurou estender, à distribuição em geral, as normas específicas da Lei nº 6.729/79. Pretender aplicá-las analogicamente, como salientou MIGUEL REALE (parecer datado de 23 de janeiro de 1983), 'equivaleria a converter o intérprete ou aplicador da lei em um legislador supletivo, tornando genérica uma lei expressa e explicitamente aplicável às concessões que tenham por objeto veículos automotores terrestres'"[31].

Com efeito, José Alexandre Tavares Guerreiro defende que a citada lei reguladora das relações de concessão de venda de veículos automotores não seria direito singular e excepcional, mas direito especial, que admite aplicação analógica aos casos semelhantes, porque "apresenta linhas sistemáticas, formando um sistema orgânico" e reflete princípios gerais a serem aplicados "a contratos de concessão comercial que tenham como objeto qualquer espécie de mercadorias ou produtos"[32].

Leonardo Sperb de Paola, colocando sob questionamento a regra de que o direito excepcional não pode ser interpretado analogicamente, defende que "o que importa saber é se as razões fundantes de uma dada disciplina jurídica se apresentam relativamente a um caso não legislado". E, por isso, conclui que "não se pode, portanto, excluir o procedimento analógico para integração de contratos legalmente atípicos a partir de contratos cujo modelo regulativo se encontra na lei, ainda que lei extravagante". Para o autor, os contratos de franquia, distribuição, concessão comercial e franquia formariam uma família de contratos regidos por um "microssistema" de princípios gerais, sujeitos à aplicação analógica entre eles[33].

A conclusão dos autores, porém, parte de um sofisma: a existência de regras gerais reguladoras dos chamados contratos de rede de distribuição de produtos e serviços. As regras sobre extinção dos contratos e indenização objetiva do concessionário não são princípios gerais aplicáveis à classe dos contratos de duração ou de distribuição. Ao contrário, representam solução excepcionalíssima a uma peculiar operação econômica, inteiramente regulada por lei que se aplica, por preceito expresso, somente aos contratos de concessão comercial entre "empresa industrial que realiza a fabricação ou montagem de veículos automotores" e "empresa comercial pertencente à respectiva categoria econômica que realiza a comercialização de

---

[31]   MELO, Claudineu de. *Contrato de distribuição*. São Paulo: Saraiva, 1987, p. 41.

[32]   GUERREIRO, José Alexandre Tavares. Aplicação analógica da lei dos revendedores. *Revista de Direito Mercantil*. São Paulo: Revista dos Tribunais, v. 49, ano XXII, p. 34-40, jan.-mar./1983.

[33]   PAOLA, Leonardo Sperb de. Sobre a denúncia dos contratos de distribuição, concessão comercial e franquia. *Revista Forense*, v. 94, nº 343, jul.-ago.-set./1998, p. 130 ss.

veículos automotores". E, ainda assim, somente quando se tratar de veículo automotor de via terrestre: "caminhão, ônibus, trator, motocicleta e similares"[34].

Ora, pretender-se estender as normas contratuais específicas de um determinado setor produtivo, regradas em evidente intuito de implementar uma política econômica restritiva que levou em conta todos os meandros e peculiaridades daquela atividade, a todos os demais ramos da atividade comercial que se utilizam do contrato de concessão comercial, é afrontar a vontade expressa da lei, que chega a definir o perfil de cada uma das classes econômicas a que a lei se dirige e a excetuar até mesmo os contratos que se façam com o mesmo objeto, simplesmente porque o fornecedor concedente não pertence ao ramo industrial da fabricação ou montagem de veículos.

Reclamar o caráter geral a uma espécie tal de legislação é pretender fazer valer uma noção de justiça social distributiva pessoal e subjetiva a todo um sistema organizado, lógico e estável de direito, que se assenta sobre sólidos princípios de direito. É, enfim, pura subversão da ordem para atender interesses privados, e não reflete a vontade de um Estado Democrático de Direito.

Se as normas restritivas da autonomia da vontade inseridas na citada legislação especial fossem inspiradas em princípios gerais de direito aplicáveis a todas as relações de distribuição que se marcassem por obrigações de duração, cooperação, integração, dependência econômica, e interesse comum, então não se justificaria a exceção inserida no § 2º do art. 2º da Lei nº 6.729, de 28/11/79, nem a exaustiva discrição das partes envolvidas, que restringem o âmbito de sua aplicação a venda de veículos automotores de via terrestre e a fabricantes destes mesmos bens.

Com efeito, as relações entre fornecedores e distribuidores, em geral, são satisfatoriamente resolvidas pelas partes que, a despeito do desequilíbrio econômico, são capazes de estipular equações justas e convenientes aos próprios interesses. São contratantes profissionais que têm liberdade de contratar e não contratar. E, as eventuais hipóteses de abuso encontram soluções justas, equânimes, e adequadas, no âmbito dos princípios gerais das obrigações ou dos contratos. Não havendo necessidade de regulá-las em separado, optou o legislador por equilibrar uma determinada operação econômica de extrema relevância para toda a comunidade e também para o País, que envolve, aliás, poderosos grupos internacionais. A solução ali encontrada não alcança o *status* de regra geral, e não pode ser objeto de aplicação analógica.

É bastante sintomático, por exemplo, que o legislador pátrio tenha se disposto a intervir na autonomia da vontade dos contratantes de franquia empresarial, em data bastante posterior à edição da Lei nº 6.729/79 e não tenha se preocupado em regular a extinção do contrato, nem estipulado qualquer dever objetivo de indenizar as perdas dela advindas. É que para o equilíbrio da relação de franquia empresa-

---

[34] Arts. 1º e 2º da Lei nº 6.729, de 28.11.1979.

Seção V: Franquia · Cap. VI – Franquia, Representação Comercial e Concessão Comercial | **469**

rial julgou-se bastante e suficiente a imposição do dever de informar ao pretendente a franqueador todas as condições fundamentais para que o mesmo exercesse um juízo de conveniência pleno e aderisse ao contrato através de uma livre e soberana declaração de vontade de autolimitar-se.

Nessa ordem de ideias, não se pode recusar o caráter excepcional da Lei nº 6.729/79, e a consequente impossibilidade de se lhe aplicar analogicamente aos demais contratos de distribuição, inclusive ao contrato de franquia empresarial. É o que decidiu, por exemplo, o Tribunal de Justiça do Paraná:

> "A analogia, para contratos atípicos e genéricos somente é possível com os outros institutos que seguem regras gerais e não para aqueles que o legislador, intencionalmente, apartou do campo comum da regulamentação obrigacional. (...) Conclui-se, pois, que aos contratos de distribuição de bebidas e outros produtos em geral não se aplicam as disposições da Lei nº 6.729/79, posto que são disposições especiais, de incidência restrita aos seus respectivos objetos, não sendo possível, por critério analógico, tornar regra geral o que o legislador houve por bem tratar apenas como regra especial"[35].

A impossibilidade de aplicação analógica da lei de concessão de venda de veículos automotores não é objeto de discrepâncias no âmbito da jurisprudência. Além de várias decisões das cortes estaduais[36], o próprio Superior Tribunal de Justiça, mais elevada autoridade em interpretação da lei federal no Brasil, já se pronunciou acerca do tema, consignando, *in verbis*:

> "Contrato de distribuição relativo a informática – Impossibilidade de aplicação analógica de disposições contidas na Lei nº 6.729/79, a estabelecer uma regulamentação especialíssima para as relações pertinentes 'a concessão comercial entre produtores e distribuidores de veículos automotores de via terrestre'. Trata-se de diploma que estatui conjunto normativo particularmente distinto do direito comum, criando significativas restrições à autonomia da vontade, que não se hão de estender a situações nele não previstas"[37].

A decisão do colendo Superior Tribunal de Justiça é fiel aos ensinamentos sólidos da doutrina, pois aplicação indiscriminada da analogia levaria facilmente a erros deploráveis. É por isso que precavê Maximiliano:

---

35   TJPR, Apelação Cível nº 64.897-7, Rel. Des. *Fleury Fernandes*. Acórdão unânime da 5ª Câmara Cível, de 19/2/1998.

36   Inadmite também a aplicação analógica da Lei nº 6.729/79, aos contratos de distribuição em geral, por ser preceito excepcional o seguinte aresto: TAMG, Apelação Cível nº 228.699-9, Rel. Juiz *Lopes de Albuquerque*, acórdão unânime da 5ª Câmara Cível de 19/6/97.

37   STJ, 3ª T., Ag. Reg. nº 43.329-3/SP (93.0026159-2), Rel. Min. *Eduardo Ribeiro*, ac. 15.3.1994, *DJU* 16.5.1994. No mesmo sentido: STJ, 3ª T., REsp. 1.494.332/PE, Rel. p/ acórdão Min. Ricardo Villas Bôas Cueva, ac. 04.08.2016, *DJe* 13.09.2016; STJ, 4ª R., REsp. 680.329/RS, Rel. Min. Raul Araújo, ac. 22.04.2014, *DJe* 29.04.2014.

"Cumpre também fazer prevalecer, quanto à analogia, o preceito clássico, impreterível: não se aplica uma norma jurídica senão à ordem de coisas para a qual foi estabelecida. Não é lícito pôr de lado a natureza da lei, nem o ramo do Direito a que pertence a regra tomada por base do processo analógico (...) O recurso à analogia tem cabimento quanto a prescrições de Direito *comum*; não do *excepcional*, nem do *penal*. No campo destes dois a lei só se aplica aos casos que especifica"[38].

Ademais, o contrato de franquia empresarial, desde a edição da Lei nº 8.955, de 15.12.1994, alçou a condição de legalmente típico, deixando de engrossar a vala dos contratos que se sujeitam apenas às regras gerais do direito contratual para receber expressa definição legal e submeter o franqueador às limitações impostas, especialmente, no âmbito da obrigação de informar.

192.4.1. Distinção essencial entre a franquia empresarial e a concessão comercial

Não bastasse a natureza excepcional do regime jurídico instituído pela Lei nº 6.729/79, impõe-se reconhecer que profundas diferenças separaram as operações econômicas nela reguladas do contrato de franquia empresarial.

Além da política instituída por aquele diploma legal, que regula inteiramente um segmento da atividade econômica do País, vedando até a comercialização direta de veículos pelos próprios fabricantes, há de se destacarem, ainda, outras peculiaridades atinentes à franquia que não estão presentes nas relações de concessão comercial.

O que distingue a franquia da concessão comercial é a existência da transmissão de uma tecnologia ou de técnicas formatadas associadas à marca do franqueador. Com efeito, no contrato de *franquia*, o *franqueador* não concede apenas a marca e seus sinais distintivos, estado comprometido também com as obrigações de assistência e transferência de tecnologia, técnicas comerciais e gerenciais, tais como os conhecimentos adequados para a comercialização dos produtos ou dos serviços, ou para a produção dos bens que constituem o objeto dessas espécies de contrato. Trata-se, na verdade, de verdadeiro sistema de distribuição organizado, planejado, e mantido pela política eficiente do franqueador, que provê os vários integrantes da rede com estudos e métodos capazes de auxiliá-los desde a escolha do ponto e do projeto do estabelecimento até as técnicas de vendas, organização empresarial, administração de estoques e tecnologia de produção de bens ou prestação de serviços, passando por técnicas de *marketing*, de utilização da marca, e por completa e permanente assistência destinada a manter sempre em dia e moderna a rede de franquias, conforme os anseios do público consumidor.

---

[38] MAXIMILIANO, Carlos. *Hermenêutica e aplicação do direito*. 18. ed. Rio de Janeiro: Forense, 1999, nos 244-245, p. 212-213.

Seção V: Franquia • Cap. VI – Franquia, Representação Comercial e Concessão Comercial | **471**

Não havendo dever para o concedente de prover o concessionário de *know--how*, nem prestar-lhe assistência, normalmente não há pagamentos adicionais ou taxas iniciais, relativas ao "direito de entrada".

Na franquia, pode ocorrer até mesmo de o organizador da rede nem mesmo produzir os bens comercializados na rede de distribuição, passando a desempenhar um papel de selecionador de produtos e licenciador de fabricantes, e de estrategista, como um mentor que cria, projeta, planeja, mas não executa, delega. Somente *rege a orquestra.*

Na franquia, o uso ostensivo da marca licenciada é essencial. Já na concessão comercial pode ser, inclusive, ausente, sem que desnaturado fique o contrato. Por outro lado, a exclusividade marcante na concessão é menos relevante no sistema de franquias.

Certamente, a franquia tem origem comum com a concessão, mas é uma operação extremamente mais complexa, sofisticada e evoluída. É o aperfeiçoamento das técnicas de distribuição que traz vantagens a franqueados e franqueadores. Não se confundem os dois institutos. Mas para os fins da aplicação analógica da Lei nº 6.729/79 a distinção tem pouca importância, porque nem mesmo aos contratos de concessão comercial em geral ela se aplica.

Capítulo VII

JURISPRUDÊNCIA SOBRE O CONTRATO DE FRANQUIA

Sumário: 193. Jurisprudência sobre franquia: 193.1. Responsabilidade do franqueador, por inadimplemento contratual; 193.2. Responsabilidade solidária entre franqueadora e franqueada; 193.3. Ausência de responsabilidade da franqueadora por dívidas da franqueada; 193.4. Indenização pelo fundo de comércio; 193.5. Descumprimento da cláusula de exclusividade e de territorialidade; 193.6. Questões envolvendo o uso de marca; 193.7. Inadimplemento do pagamento dos *royalties*; 193.8. Possibilidade de rescisão ou resilição unilateral do contrato de franquia; 193.9. Impossibilidade de rescisão do contrato pelo franqueado em razão do insucesso da franquia; 193.10. Validade da cláusula de eleição de foro; 193.11. Legalidade de cláusula que estipula aquisição mínima de material didático pela franqueada e determina uma "quarentena" para após a extinção do contrato; 193.12. Questões trabalhistas.

193. JURISPRUDÊNCIA SOBRE FRANQUIA

193.1. Responsabilidade do franqueador, por inadimplemento contratual

A culpa pela frustração do contrato de franquia tem sido objeto de apreciação e julgamento pelos tribunais pátrios com relativa frequência. O TJSP, que possui a mais volumosa jurisprudência sobre o tema, já teve oportunidade de reconhecer a responsabilidade de franqueador por afronta aos deveres de assistência ao franqueado em situações bastante semelhantes à relatada na consulta.

A título exemplificativo, vejam-se os seguintes julgados que reconhecem o inadimplemento do franqueador:

a) Política de preços desleal. O franqueador privilegiava supermercados, com preços e promoções favorecidos, tornando a franquia inviável:

"Quebra de contrato. Franquia. Culpa bem provada da franqueadora, ao não manter os preços acordados, levando à inviabilização da franqueada. Indenização fixada corretamente. Honorários moderados. Apelo improvido"[1].

---

[1] TJSP, 11ª Câmara de Direito Privado, Rel. Des. Soares Levada, ac. 05.03.2009, *DJe* 31.03.2009.

b) Falta da franqueadora que não prestou assistência técnica adequada na prospecção e contratação de ponto comercial, impondo-se a devolução das quantias pagas:

(i) "AÇÃO DE RESOLUÇÃO CONTRATUAL. CONTRATO PRELIMINAR FRANCHISING CLÁUSULA PENAL INDENIZAÇÃO POR DANOS PATRIMONIAIS E EXTRAPATRIMONIAIS.

I. O contrato preliminar de franquia deve atender aos requisitos da Lei nº 8.955/94 e conter os elementos essenciais do contrato definitivo, como a cessão onerosa da marca, do know-how, da assistência comercial, do acesso à rede de distribuição e propaganda. Ademais, o franqueador deve prover assistência técnica, comercial e jurídica ao franqueado, auxiliando tanto na abertura do ponto de venda quanto durante a execução das atividades comerciais, sem descaracterizar a independência empresarial do franqueado. *In casu*, o contrato preliminar contém todos os elementos essenciais, combinando obrigações de eficácia imediata e de eficácia pendente.

II. O contrato preliminar de franquia tem por objeto a concretização do definitivo. Se o adimplemento das obrigações do contrato preliminar for condição da obrigação de conclusão do contrato definitivo, tem-se que o inadimplemento de tais obrigações acarreta a resolução do contrato preliminar por conta de inadimplemento absoluto.

III. A obrigação de prospecção e determinação de ponto comercial é, no caso concreto, condição para a conclusão do contrato definitivo. Ela assume natureza de obrigação de resultado para a promitente-franqueadora por meio da interpretação do negócio jurídico à luz da sua causa concreta (finalidade buscada pelas partes) e da sua causa de atribuição patrimonial (correspectividade sinalagmática). A finalidade é a efetiva realização do contrato definitivo. Por sua vez, o investimento exigido no contrato preliminar e o pagamento suplementar demandado durante a sua execução para a contratação de profissionais do ramo acarretam em contrapartida a eficácia da obrigação de resultado.

IV. A engenharia contratual do *franchising* deve seguir a lógica da operação econômica. O contrato preliminar de franquia empresarial deve ter como características a provisoriedade e a celeridade na execução das obrigações. A mora de 2 (dois) anos para o cumprimento da obrigação de determinar o ponto comercial acarreta o seu inadimplemento pela inutilidade da prestação para a promissária-franqueada.

V. A franqueadora tem obrigação de conselho e de estratégia comercial, podendo ser responsabilizada pelo prejuízo causado ao franqueado. Tal obrigação se estende desde a fase pré-contratual até a fase pós-contratual. A má engenharia contratual que acarreta prejuízo injusto à promissária-franqueada consiste em inadimplemento dessa obrigação.

VI. O contrato preliminar de franquia empresarial tem a função de regular as relações obrigacionais durante a fase do investimento inicial na operação econômica, aplicando multas e restituições, de modo a assegurar a conclusão do contrato definitivo. Tal função deve ser aplicada de acordo com os princípios do equilíbrio contratual e da proporcionalidade. Violam tais princípios cláusulas que estabeleçam a perda total de quantia cobrada no contrato preliminar, mas destinada a investimentos pertinentes ao contrato definitivo.

Seção V: Franquia • Cap. VII – Jurisprudência sobre o Contrato de Franquia | 475

VII. O inadimplemento absoluto do contrato preliminar acarreta a restituição das quantias pagas, inclusive das suplementares, na proporção do investimento realizado. Na espécie, as duas ex-sócias investiram em partes iguais, de modo que a restituição deve ser de 50% do valor total da obrigação"[2].

(ii) "APELAÇÃO. FRANQUIA. CONTRATO PRELIMINAR. RESOLUÇÃO. INADIM-PLEMENTO ABSOLUTO.

Ré que indicou o local onde a franquia seria desenvolvida, encampou as negociações com terceiro, mas não conseguiu assegurar a exploração da atividade por fato alheio. Exploração da atividade franqueada que dependia de espaço apropriado. Inviabilização que obstou a celebração do contrato de franquia almejado desde o início pelas partes. Resolução do contrato. Retorno das partes ao estado anterior em que se encontravam antes de sua celebração. Restituição das quantias pagas pelas autoras. CLÁUSULA PENAL COMPENSATÓRIA. Despesas inseridas no conceito de perdas e danos definido pela cláusula penal compensatória. Precedentes. Cobrança de multa por resilição de seguro. Redução da quantia estimada (CC, art. 413). SUCUMBÊN-CIA INALTERADA. Sentença reformada. Recurso provido em parte"[3].

c) Ausência de transferência de modelo de negócio, cooperação deficiente, sem treinamento, orientação contínua e supervisão permanente:

"DECLARATÓRIA – Inadimplemento Contratual, Inexigibilidade de Título, Perdas e Danos – Contrato de franquia – Hipótese em que a requerida não transferiu o 'KnowHow' a franquiada, e não prestou a assistência necessária para implementação do negócio – Caracterizada a infração contratual com inadimplemento por parte da franqueadora – Devida multa contratual e a declaração de inexigibilidade dos títulos levados a protesto – Dano moral configurado pelo protesto indevido de título – Reconhecimento da sucumbência da ré no tocante as medidas cautelares e na ação principal – Recurso da requerida não provido e dos autores parcialmente provido"[4].

d) Falta de assistência: ausência de "visitas regulares", de "atendimento aos pleitos naturais do franqueado", "Relatórios de atendimento", "calendário de visitas", "histórico dos franqueados", "assessoria e suporte":

(i) "Franquia. Resolução do contrato. Culpa da franqueadora reconhecida por permitir a instalação de outra loja nos limites do território garantido, bem como por não

---

[2] TJSP, 22ª Câmara de Direito Privado, Apelação 7191606200, Rel. Des. Andrade Marques, ac. 13.12.2012.

[3] TJSP, 1ª Câmara Reservada de Direito Empresarial, Apelação 0077573-94.2012.8.26.002, Rel. Des. Hamid Bdine; ac. 13.07.2016.

[4] TJSP, 13ª Câmara de Direito Privado, Apelação 0222485-26.2008.8.26.0100, Rel. Des. Heraldo de Oliveira, ac. 29.07.2015.

prestar o suporte operacional adequado e necessário. Indenização fixada conforme cláusula do contrato, feita a proporcionalização. Juros de mora de 0,5% ao mês até a entrada em vigor do novo Código Civil e depois de 1% ao mês. Recurso parcialmente provido. Incorre a franqueadora em culpa se falha no policiamento da franquia, permitindo a instalação de outra loja dentro dos limites do território garantido pelo contrato, e também não presta o suporte operacional adequado e necessário ao desenvolvimento do negócio"[5].

(ii) "APELAÇÃO. FRANQUIA EMPRESARIAL. Contrato de outorga de máster franquia. Ação de rescisão contratual c.c. reparação de danos. Pretensão inicial de rescisão do contrato, por descumprimento do dever de fornecimento de treinamento e assessoria, pela franqueadora. Sentença que reconheceu que a rescisão se deu por culpa de ambas as partes, determinando a devolução de todos os valores pagos pelo autor, mas afastando a pretensão de recebimento de penalidade contratual e lucros cessantes. Sentença de procedência parcial. Inconformismo da ré. Descabimento. Elementos presentes nos autos que indicam que houve, realmente, falha na prestação de deveres de assessoramento e treinamento, assumidos em contrato. Precedentes deste Tribunal envolvendo a mesma franqueadora. Ausência de inconformismo por parte do autor. Sentença confirmada. Sucumbência recíproca"[6].

(iii) "Ação de rescisão contratual c/c indenização por danos materiais e morais. Demonstração da efetiva falta de suporte e assessoria por parte da franqueadora. Infração contratual comprovada. Indenização por danos materiais. Descabimento. Danos morais. Ausência de constrangimento, ofensa à honra e/ou exposição dos autores a situação vexatória ou humilhante. 'Pirâmide financeira'. Anulação do contrato em sentença. Manutenção. Indenização por danos materiais e morais. Impossibilidade. Sucumbência recíproca mantida. Recursos desprovidos"[7].

(iv) "RESCISÃO CONTRATUAL. Contrato de franquia. Alegação de descumprimento contratual por deficiência na assessoria. Sentença de improcedência. Deficiência comprovada. Descumprimento contratual reconhecido. Reconvenção. Multa contratual. Culpa da franqueadora. Multa contratual (R$ 10.000,00.) Recurso da autora provido em parte. Recurso da franqueadora provido em parte. Recurso da SMZTO improvido. Dispositivo: deram parcial provimento aos recursos da franqueada e da franqueadora e negaram provimento ao recurso da segunda apelante (Smzto & Sek Participações em Negócios Ltda.)"[8].

---

5   TJSP, 11ª Câmara de Direito Privado, Apelação 7058335200, Rel. Des. Gilberto dos Santos, ac. 12.04.2006.

6   TJSP, 3ª Câmara de Direito Privado, Apelação 1055537-33.2015.8.26.0100; Rel. Des. Viviani Nicolau, ac. 02.08.2018, *DJe* 02.08.2018.

7   TJSP, 2ª Câmara Reservada de Direito Empresarial, Apelação 1127967-80.2015.8.26.0100; Rel. Des. Maurício Pessoa, ac. 25.06.2018.

8   TJSP, 2ª Câmara Reservada de Direito Empresarial, Apelação 1043142-72.2016.8.26.0100; Rel. Des. Ricardo Negrão, ac. 12.03.2018.

Seção V: Franquia • Cap. VII – Jurisprudência sobre o Contrato de Franquia | **477**

(v) "A rescisão do contrato não pode ser imputada ao apelado, tendo decorrido da ausência de assistência necessária por parte da ré-franqueadora. Registre-se que, nos termos da cláusula terceira do 'Pré-contrato de franquia empresarial', a requerida se obrigou a fornecer toda a assistência necessária para a instalação da 'unidade franqueada' pelo requerente.

Tendo a recorrente enviado correspondência ao recorrido, informando que restituiria a integralidade dos valores pagos, não é possível que, agora, alegue que o autor não tenha direito à referida quantia. Evidente, portanto, que deve ser aplicado o princípio de que *nemo potest venire contra factum proprium* (ninguém pode se opor a fato a que ele próprio deu causa). Através da presente demanda, o requerente não postula o adimplemento das obrigações avençadas, mas, apenas, a devolução da quantia paga, a título de 'taxa inicial', além do ressarcimento pelos prejuízos suportados. Portanto, não tendo o autor requerido o implemento das obrigações do réu, não se mostra cabível a aplicação do preceito constante do art. 476, do CPC"[9].

e) Franqueador que "não fez o esforço necessário para viabilizar a inauguração da unidade franqueada de maneira rápida, tampouco forneceu informações claras e objetivas para instruir o apelado para a consecução do negócio" e "encaminhou diversas cobranças relativas a *royalties* e taxa de publicidade, antes do início das operações de sua unidade franqueada":

"Franquia. Pedido de resolução de contrato de franquia e de devolução dos valores adimplidos. Inadimplemento contratual da franqueadora demonstrado. Falhas de suporte técnico e supervisão para a viabilização do negócio. Franqueado que não conseguiu dar início às atividades após cinco meses da contratação. Resolução do contrato. Restituição integral da quantia paga pelo franqueado. Impossibilidade de aplicação invertida da multa. Ausência de previsão contratual. Franqueado que se qualifica como empresário. Recurso parcialmente provido"[10].

193.2. Responsabilidade solidária entre franqueadora e franqueada

a) A jurisprudência entende não haver responsabilidade solidária entre franqueadora e franqueada:

(i) "1- O franqueado é responsável pelos atos praticados, inexistindo solidariedade entre ele e o franqueador.

2- O valor da indenização por danos morais deve ser fixado em atenção ao grau da responsabilidade atribuída ao réu, a extensão dos danos sofridos pela vítima, bem

---

9   TJMG, 17ª Câmara Cível, Apelação 10106.09.042568-2/001; Rel. Des. Eduardo Mariné da Cunha, ac. 25.11.2010, *DJe* 15.12.2010.

10   TJSP, 1ª Câmara Reservada de Direito Empresarial, Apelação 103512609201482660001, Rel. Des. Hamid Bdine; ac. 19.10.2016.

478 | Contratos de Colaboração Empresarial • *Humberto Theodoro Jr. e Adriana Theodoro de Mello*

como as condições social e econômica do ofendido e do autor da ofensa, atentando-se, também, aos princípios constitucionais da razoabilidade e da proporcionalidade"[11].

(ii) "O Código de Defesa do Consumidor é inaplicável aos casos em que o serviço é contratado como etapa intermediária da atividade empresarial do contratante. No contrato de franquia, o franqueado é responsável pelos atos que pratica, inexistindo solidariedade entre ele e o franqueador à luz do Código Civil e do próprio contrato celebrado entre eles. Assim, o franqueador é parte ilegítima para figurar no polo passivo de ação que tem como causa de pedir atos praticados pelo franqueado. Constatando-se o vício"[12].

(iii) "No contrato de franquia ou 'franchising', o franqueador transfere todo o seu know-how, mas não está obrigado por lei a estimar o prazo para retorno do investimento, assumindo o próprio franqueado os riscos inerentes ao negócio implementado. - *A responsabilidade solidária do franqueador não tem previsão legal e, no caso de não ter também previsão contratual, não poderá ser presumida*"[13] (g.n.).

b) Entretanto, o STJ já decidiu que existindo relação de consumo, haverá responsabilidade solidária da franqueadora perante o consumidor:

"1. Os contratos de franquia caracterizam-se por um vínculo associativo em que empresas distintas acordam quanto à exploração de bens intelectuais do franqueador e têm pertinência estritamente *inter partes.*

2. *Aos olhos do consumidor, trata-se de mera intermediação ou revenda de bens ou serviços do franqueador – fornecedor no mercado de consumo, ainda que de bens imateriais.*

3. Extrai-se dos arts. 14 e 18 do CDC a responsabilização solidária de todos que participem da introdução do produto ou serviço no mercado, inclusive daqueles que organizem a cadeia de fornecimento, pelos eventuais defeitos ou vícios apresentados. Precedentes.

4. *Cabe às franqueadoras a organização da cadeia de franqueados do serviço, atraindo para si a responsabilidade solidária pelos danos decorrentes da inadequação dos serviços prestados em razão da franquia*"[14] (g.n.).

193.3. Ausência de responsabilidade da franqueadora por dívidas da franqueada

Uma vez que franqueada e franqueadora são pessoas jurídicas distintas, sem solidariedade entre elas, a segunda não pode ser obrigada a arcar com dívidas contraídas pela franqueada:

---

11 TJMG, 15ª Câmara Cível, Apelação 1.0439.16.012274-3/001; Rel. Des. Carlos Henrique Perpétuo Braga, ac. 23.08.2018, *DJe* 31.08.2018.

12 TJMG, 10ª Câmara Cível, Apelação 1.0024.09.743475-5/001; Rel. Des. Veiga de Oliveira, ac. 08.09.2015, *DJe* 30.09.2015.

13 TAMG, 1ª Câmara Cível, Apelação 2.0000.00.472603-8/000, Rel. Des. Fernando Caldeira Brant, ac. 30.11.2004, *DJ* 28.12.2004.

14 STJ, 3ª T., REsp. 1.426.578/SP, Rel. Min. Marco Aurélio Bellizze, ac. 23.06.2015, *DJe* 22.09.2015.

Seção V: Franquia • Cap. VII – Jurisprudência sobre o Contrato de Franquia | 479

"– A empresa franqueada, pessoa jurídica de direito privado diversa da pessoa jurídica franqueadora, não transfere suas dívidas contraídas à empresa de Franchising, devendo arcar com o pagamento dos débitos existentes e contraídos por ela própria. – Realizado contrato de publicidade entre a franqueada e o fornecedor dos serviços, deve a própria contratante arcar com o pagamento do estipulado, não podendo ser transferida dívida à franqueadora, que não realizou qualquer negócio jurídico com o fornecedor/credor. – A teoria finalista deve ser aplicada para identificar a existência ou não da relação de consumo, a fim de aplicar as normas contidas no Código de Defesa do Consumidor. – Ausente qualquer razão jurídica, contratual ou legalmente determinada, que leve a responsabilização solidária ou subsidiária da franqueadora no pagamento das dívidas realizadas pela franqueada, devem ser julgados improcedentes os pedidos formulados nesse sentido"[15].

193.4. Indenização pelo fundo de comércio

O Tribunal de Justiça de Minas Gerais já decidiu que a franqueada não faz jus à indenização pelo fundo de comércio, uma vez que "as questões relativas à criação de um fundo de comércio e divulgação da marca fazem parte da essência do contrato, da natureza da atividade empresarial, configurando exercício regular de direito, não sendo passíveis de indenização":

"A existência de fundo de comércio e a divulgação da marca em contrato de franquia, não geram direito à indenização porque são oriundos da própria natureza do contrato e da essência da atividade empresarial. Ausentes os requisitos comprovadores do direito do Autor, mister se faz o desprovimento do recurso, de acordo com o disposto no artigo 333, inciso I, do Código de Processo Civil"[16].

193.5. Descumprimento da cláusula de exclusividade e de territorialidade

O contrato de franquia pode prever a exclusividade, oportunidade em que as partes demarcam o território de atuação da franqueada. Havendo descumprimento desta cláusula pela franqueadora, que cadastra outras franqueadas no território de atuação de outra, deve indenizar os prejuízos causados:

(i) "AÇÃO DE COBRANÇA – CONTRATO PARTICULAR DE FRANQUIA EMPRESARIAL – CLÁUSULA DE EXCLUSIVIDADE – DESCUMPRIMENTO UNILATERAL PELA FRANQUEADORA – MULTA CONTRATUAL – VALIDADE. É devida multa contratual em caso de descumprimento do contrato por uma das partes,

---

[15] TJMG, 9ª Câmara Cível, Apelação 1.0525.14.018557-6/001; Rel. Des. Luiz Artur Hilário, ac. 26.07.2017, *DJe* 08.08.2017.

[16] TJMG, 10ª Câmara Cível, Apelação 1.0024.02.881601-5/002; Rel. Des. Ângela de Lourdes Rodrigues, ac. 10.03.2015, *DJe* 20.03.2015.

se estipulada, em respeito ao princípio do pacta sunt servanda, mormente quando não se constata nenhuma abusividade em seu teor"[17].

(ii) "(...) Desrespeito da franqueadora, ademais, de obrigação fundamental do contrato celebrado, relativa ao território em que a franqueada teria exclusividade para exploração do negócio. Abertura de outra loja, em distância que viola o pacto em questão. Conduta que prejudicou, sensivelmente, o desenvolvimento da atividade. Apelação da franqueada. Condenação da ré ao pagamento de danos morais que, de fato, não era devida. Ressarcimento dos valores pagos à franqueadora que será suficiente para que a situação da autora seja recomposta. Precedente da 2ª Câmara de Direito Empresarial, em disputa envolvendo a mesma franquia. Manutenção da sentença recorrida, nos termos do art. 252 do RITJSP. Apelações desprovidas"[18].

193.6. Questões envolvendo o uso de marca

a) O Tribunal de Justiça de Minas Gerais já decidiu existir litisconsórcio passivo necessário entre a franqueadora e a franqueada em demandas envolvendo o uso da marca:

"Se os efeitos da sentença a ser proferida nesta ação, caso julgada procedente – determinando-se a abstenção do uso da marca – serão sofridos diretamente não só pela agravante, que utiliza a marca em razão do contrato de franquia feito com a denunciada, mas também pela própria franqueadora, titular do domínio da marca, concedido pelo INPI, existe litisconsórcio passivo necessário, devendo a franqueadora ser citada para defender o seu direito de propriedade"[19].

b) O Tribunal de Justiça de São Paulo concedeu tutela provisória para impedir o uso da marca pela franqueada, em razão da evidência de graves infrações contratuais:

"Medida excepcional. Hipótese de urgência configurada. Provas que evidenciam a probabilidade do direito à resolução do contrato com base na gravidade das infrações contratuais. Perigo de dano manifesto à marca Bob's e aos consumidores dos alimentos comercializados a partir do sistema de franquia celebrado entre as partes. Tutela provisória deferida para cessar o uso da marca franqueada e a comercialização dos produtos da agravante nos estabelecimentos Bob's Burguers e Bob's Shakes, restituir os manuais comerciais recebidos e manter o segredo industrial da franquia Bob's"[20].

---

[17] TJMG, 12ª Câmara Cível, Apelação 1.0702.07.400485-5/001; Rel. Des. Alvimar de Ávila, ac. 06.07.2011, *DJe* 18.07.2011.

[18] TJSP, 1ª Câmara Reservada de Direito Empresarial, Apelação 1009248-81.2016.8.26.0011; Rel. Des. Cesar Ciampolini, ac. 30.07.2018.

[19] TJMG, 16ª Câmara Cível, Agravo 1.0637.09.074052-2/003; Rel. Des. José Marcos Vieira, ac. 15.12.2010, *DJe* 14.01.2011.

[20] TJSP, 1ª Câmara Reservada de Direito Empresarial, Agravo 2140175-20.2017.8.26.0000, Rel. Des. Hamid Bdine, ac. 16.08.2017.

193.7. Inadimplemento do pagamento dos *royalties*

O pagamento das taxas de *royalties* configura obrigação essencial do franqueado, sob pena de rescisão do contrato:

(i) "– Não havendo sido pagas as taxas de *royalties*, obrigação que competia ao franqueado, afigura-se o descumprimento de tal obrigação, acarretando, via de consequência, de pleno direito, a resolução contratual, por haver cláusula resolutiva expressa. (...) – O pagamento dos *royalties* deve ser feito a tempo e modo pelo franqueado, por se tratar de despesas indispensáveis à manutenção e ao desenvolvimento da atividade empresarial da empresa franqueadora, caso contrário, enseja-se a condenação do franqueado ao pagamento das parcelas atrasadas, acrescidas de correção monetária, juros moratórios e multa contratual"[21].

(ii) "O pagamento dos royalties deve ser feito a tempo e modo pela franqueada, por se tratar de despesas indispensáveis à manutenção e ao desenvolvimento da atividade empresarial da empresa franqueada. Não obstante a inadimplência contratual, os franqueados interromperam suas atividades, sem justo motivo, ocasionando a ruptura do contrato de franquia"[22].

193.8. Possibilidade de rescisão ou resilição unilateral do contrato de franquia

O Tribunal de Justiça de São Paulo já decidiu ser legítima a denúncia unilateral do contrato de franquia, se não houver sido abrupta ou abusiva, não se indenizando o fundo de comércio:

"Indenização. Preliminar. Princípio da congruência. Decisão da lide dentre dos limites propostos. Artigo 406 do CPC. Rejeição. Mérito. Resilição unilateral. Licitude. Permissivo legal. Exercício regular de direito. Denúncia nada abrupta ou abusiva. Fundo de comércio não indenizável. Notoriedade da marca de renome internacional. Sentença mantida. Recurso improvido"[23].

193.9. Impossibilidade de rescisão do contrato pelo franqueado em razão do insucesso da franquia

Em todo contrato de franquia há um risco intrínseco de qualquer negócio, razão pela qual não há garantia de sucesso e de obtenção de lucro. Assim, a juris-

---

[21] TJMG, 13ª Câmara Cível, Apelação 2.0000.00.500296-6/000; Rel. Des. Elpídio Donizetti, ac. 23.02.2006, *DJe* 08.04.2006.

[22] TJMG, 7ª Câmara Cível, Apelação 2.0000.00.433550-4/000; Rel. Des. José Affonso da Costa Côrtes, ac. 16.09.2004, *DJ* 29.09.2004.

[23] TJSP, 22ª Câmara de Direito Privado, Apelação 0000990-14.2002.8.26.0586; Rel. Des. Sérgio Rui, ac. 29.09.2013, *DJe* 30.09.2013.

prudência entende ilícito o pedido de rescisão do contrato pelo simples fato de não ter o franqueado alcançado o lucro esperado:

(i) "Ação anulatória de contrato de franquia, ajuizada por franqueados contra franqueadora. Sentença de improcedência. Apelação dos autores. Provas documentais de que os franqueados, na verdade, arrependeram-se do negócio e buscaram sua resolução por conveniências estritamente pessoais. Franqueadora que prestou a assistência necessária e cumpriu suas obrigações contratuais. Irrazoabilidade da pretensão autoral, de restituição de todas as quantias pagas, tratando-se de contrato empresarial, celebrado por prazo determinado e sem garantia de lucro, sob pena de retirar todo o risco da avença, elemento central das contratações entre empresários. Impedimento de alienação da unidade franqueada a terceiros que tampouco é causa para a ruptura do vínculo contratual. Validade de cláusula que condiciona a venda do negócio ou a transferência do contrato à anuência da franqueadora, a qual, por certo, em sua discrição, poderia dá-la ou não. Manutenção da sentença recorrida, nos termos do art. 252 do RITJSP. Apelação a que se nega provimento"[24].

(ii) "Franquia. Ação de nulidade contratual, cumulada com pedidos de índole indenizatória, ajuizada por franqueadas contra franqueadora. Pedido de tutela provisória para afastar exigibilidade de "royalties", taxa de publicidade e, ainda, para descaracterizar seu estabelecimento, não mais utilizando a marca da franqueadora. Decisão de indeferimento. Agravo de instrumento. Alegação de não disponibilização de circular de oferta de franquia que pode vir a ser considerada, no curso do processo, menos relevante, por ter havido convalidação tácita do negócio, decorrente da exploração da franquia, pelas autoras, por longo lapso temporal. O risco é intrínseco à atividade empresarial. Inexistência de garantia de sucesso, sendo insuficiente a mera existência de prejuízo das franqueadas para anulação do contrato de franquia. Alegação de que a franqueadora não seria titular da marca em tela. Prova, todavia, de que adquiriu sua titularidade de terceiro, tornando-se desde logo sua proprietária, nos termos do art. 211 da Lei de Propriedade Industrial. Manutenção da decisão agravada. Agravo de instrumento desprovido"[25].

(iii) "Ação de rescisão de contrato de franquia, com pedidos de índole indenizatória, ajuizada por franqueadora. Sentença de parcial procedência. Apelação da ré, franqueada. Alegações da franqueada, de abusividade de cláusulas do contrato celebrado, que não prosperam. Tentativa de eximir-se de riscos e ônus que livremente assumiu, usuais em contratos do tipo. Comportamento da franqueada que também infirma seus argumentos, na medida em que, ao longo de mais de cinco anos de execução contratual, nunca buscou a rescisão da avença, nem alegou abusividade dos dispositivos contratuais ou aventou a onerosidade excessiva da avença. Alegações surgidas apenas quando demandada por obrigações que assumiu, no regular exercício de sua autono-

---

[24] TJSP, 1ª Câmara Reservada de Direito Empresarial, Apelação 1017385-32.2017.8.26.0071; Rel. Des. Cesar Ciampolini, ac. 30.07.2018.

[25] TJSP, 1ª Câmara Reservada de Direito Empresarial, Agravo2096912-98.2018.8.26.0000; Rel. Des. Cesar Ciampolini, ac. 30.04.2018.

Seção V: Franquia • Cap. VII – Jurisprudência sobre o Contrato de Franquia | 483

mia da vontade. Nos contratos empresariais busca-se reciprocamente lucro. Isto os caracteriza, diferenciando-os daqueles celebrados com consumidores, com o Estado ou com empregados. O empresário presume-se agente econômico racional, acostumado ao giro mercantil, razão pela qual supõe-se que, celebrando contrato entendeu que, naquele momento, este lhe seria vantajoso. Na frustração dessa expectativa reside o risco do negócio (PAULA FORGIONI). Manutenção da sentença recorrida, nos termos do art. 252 do RITJSP. Apelação a que se nega provimento"[26].

193.10. Validade da cláusula de eleição de foro

A jurisprudência entende que sendo um contrato de natureza empresarial, é admissível a eleição de foro pelas partes, ainda que o contrato seja de adesão:

(i) "Tutela de urgência. Deferimento após o contraditório, em ação de rescisão de contratos de franquia com pedidos cominatórios e de cobrança de verbas ordinárias e rescisórias. Confissão da cessão de uma das unidades e do não pagamento de royalties. Determinação de descaracterização das lojas mantidas, pois evidente a possibilidade de diluição da marca e de prejuízos aos consumidores. Medida, ademais, que não impede a continuação das atividades sob outra identificação. Competência. Cláusula de eleição de foro. Validade. Contrato de natureza empresarial que não se submete às normas do CDC. Recurso desprovido"[27].

(ii) "Agravo de instrumento – Cláusula de eleição de foro em contrato de franquia – Decisão agravada que declarou a validade da cláusula de eleição de foro e determinou a remessa dos autos ao foro contratualmente eleito – Inconformismo – Não acolhimento – Relação de natureza empresarial – Contrato ao qual o agravante voluntariamente anuiu – Alegações de hipossuficiência e vulnerabilidade que não são suficientes para esquivar-se do contratado – Elementos do caso que não demonstram a existência de prejuízo ao direito de ação ou de defesa do agravante em litigar no foro contratualmente eleito – Decisão agravada mantida – Recurso desprovido"[28].

193.11. Legalidade de cláusula que estipula aquisição mínima de material didático pela franqueada e determina uma "quarentena" para após a extinção do contrato

O Tribunal de Justiça de São Paulo entendeu válidas as cláusulas que estipulam a aquisição mínima de material didático, bem como determinam a não concorrência por um período logo após a extinção do contrato:

---

[26] TJSP, 1ª Câmara Reservada de Direito Empresarial, Apelação 1020136-91.2016.8.23.0144; Rel. Des. Cesar Ciampolini, ac. 09.05.2018.

[27] TJSP, 2ª Câmara Reservada de Direito Empresarial, Agravo 2034485-65.2018.8.26.0000; Rel. Des. Araldo Telles, ac. 16.06.2018.

[28] TJSP, 2ª Câmara Reservada de Direito Empresarial, Agravo 2036041-05.2018.8.26.0000; Rel. Des. Grava Brazil, ac. 21.05.2018.

"MATERIAIS DIDÁTICOS adquiridos no valor de R$13.429,34 e não pagos. Não há abusividade na cláusula que impõe a aquisição de número mínimo de material didático. Exigência razoável que visa manter estoque e atender prontamente o aluno que se matricular, mantendo a boa imagem da franqueadora.

QUARENTENA. LEGALIDADE. Não há ofensa ao livre exercício da profissão ou da livre iniciativa. Proteção da franqueadora que realizou investimento financeiro para obtenção do *know how* contra concorrência desleal.

ROYALTIES. Legalidade da cobrança pelo uso da marca EURODATA. Previsão contratual (10% do valor da receita bruta de caixa mensal, no caso R$155.889,96). Ausência de qualquer comprovante de pagamento.

TAXA DE PUBLICIDADE prevista no contrato (2% da receita bruta de caixa mensal – R$48.812,99). Alegação de que o dinheiro arrecadado nunca foi investido na região da requerida (Dourados MS). Previsão contratual de que as propagandas seriam veiculadas em nível nacional. Rechaçada a alegação de ausência de propaganda local"[29].

193.12. Questões trabalhistas

a) Inexistência de relação de trabalho: em regra, não haverá qualquer responsabilidade trabalhista do franqueador com relação aos funcionários do franqueado, uma vez que não há vínculo de emprego entre as partes, conforme art. 2º da Lei de Franquia. Assim, não se aplica a Súmula 331, IV do TST, no sentido de que "o inadimplemento das obrigações trabalhistas, por parte do empregador, implica a responsabilidade subsidiária do tomador dos serviços quanto àquelas obrigações, desde que haja participado da relação processual e conste também do título executivo judicial":

(i) "CONTRATO DE FRANQUIA. LOJA DE CELULARES. COMERCIALIZAÇÃO DE PRODUTOS E SERVIÇOS. RESPONSABILIDADE SUBSIDIÁRIA DA FRANQUEADORA INEXISTENTE. *Se da prova coligida emerge que o vínculo existente entre as empresas que ocupam a polaridade passiva da lide, para a revenda/representação de produtos da segunda ré, se deu nos moldes de um contrato de franquia, regido pela Lei nº 8.955/94, com fiscalização mínima da franqueadora, e ainda assim visando à preservação da marca e qualidade dos serviços, e não de fornecimento de mão-de--obra, tem-se por inaplicável ao caso o entendimento da Súmula nº 331 do TST.* Recurso da autora não provido"[30] (g.n.).

(ii) "(...) Consoante se constata, o Regional enfatiza que as reclamadas firmaram contrato de franquia para a comercialização de anúncios publicitários, assinaturas de jornal e divulgação, e que o próprio reclamante admitiu que apenas a reclamada

---

[29] TJSP, 1ª Câmara Reservada de Direito Empresarial, Apelação 00238735620118260224; Rel. Des. Enio Zuliani, ac. 16.08.2017, *DJe* 17.08.2017.

[30] TRT, 23ª Região, 2ª T., RO 0000633.93.2014.5.23.0021, Rel. Des. Maria Beatriz Theodoro, ac. 16.09.2015.

franqueada (Orion Silva de Oliveira) que o contratou, organizava, dirigia e fiscalizava o seu labor, sem nenhuma interferência da reclamada franqueadora (S.A. Correio Braziliense). *A relação jurídica se identifica como de cessão de direito de uso de marca ou patente, associada ao direito de distribuição de produtos ou serviços, mediante remuneração direta ou indireta, como disposto no art. 2º da referida Lei nº 8.955/94. Não há, assim, que se falar em responsabilidade subsidiária da franqueadora, uma vez que a relação jurídica entre as reclamadas decorre das peculiaridades inerentes ao próprio contrato de franquia.* A franqueadora não se constitui como empresa tomadora de serviços e, por isso, não há que se aplicar o Enunciado nº 331, IV, do TST. Recurso de revista não provido"[31] (g.n.).

(iii) "RECURSO ORDINÁRIO. CONTRATO DE FRANQUIA. LEI Nº 8.955/94. TERCEIRIZAÇÃO NÃO CARACTERIZADA. RESPONSABILIZAÇÃO SUBSIDIÁRIA AFASTADA. *Sendo exclusivamente comercial o contrato formal de franquia celebrado entre duas empresas, com o objetivo de comercialização de produtos e serviços de marcas da franqueadora, e não havendo prova bastante de desvirtuamento do contrato ou fraude aos preceitos da legislação trabalhista, descabe falar em terceirização e, por conseguinte, em responsabilidade da franqueadora pelos créditos trabalhistas reconhecidos*"[32] (g.n.).

b) Haverá, no entanto, risco trabalhista quando o contrato de franquia for utilizado para mascarar outro tipo de relação jurídica. Isso ocorre porque no direito do trabalho aplica-se o *princípio da primazia da realidade*, assim, pouco importa o rótulo dado às relações jurídicas, sempre prevalecerá a verdade real apurada. Destarte, a utilização de um contrato denominado como de "franquia" por si só não anula os riscos trabalhistas de reconhecimento de responsabilidade solidária, ou subsidiária, ou mesmo o reconhecimento de vínculo de emprego com o "franqueador", pois, se ficar constatado que o objeto e as características do contrato não eram de fato os de um contrato de franquia, prevalecerá a realidade apurada no caso concreto.

Nesses casos, poderá ser reconhecida: (i) a responsabilidade solidária entre "franqueador" e "franqueado" – quando na realidade se tratar de grupo um econômico e não de franquia; (ii) a responsabilidade subsidiária – quando o contrato nomeado como de franquia, for na realidade de prestação de serviços, sendo reconhecida como ilícita a terceirização; ou (iii) vínculo de emprego, direto entre o "prestador de serviços/franqueado" com o "tomador de serviços/franqueador":

"Grupo econômico – Responsabilidade solidária : "Assim, diante do entrelaçamento das duas empresas que figuram como devedoras na execução de crédito trabalhista e

---

[31] TST, 4ª T., RR 133100-10.2001.5.10.0003, Rel. Min. Milton de Moura França, ac. 02.06.2004, *DJ* 25.06.2004.

[32] TRT, 3ª Região, 10ª T., RO 0011816-93.2016.5.03.0103, Rel. Des. Rosemary de O. Pires, ac. 27.08.2018.

da inexistência de elementos nos autos que autorizem a limitação da responsabilidade da agravante, enquanto integrante do grupo econômico, mantenho a responsabilidade solidária decretada na origem, de rigor o reconhecimento de grupo econômico, bem como da responsabilidade solidária das empresas reclamadas, com base no artigo 2º, § 2º da CLT"[33].

Importante destacar trecho de acórdão proferido pelo TST, reconhecendo a relação de emprego escondida por um contrato de franquia:

"Tenho defendido a legalidade da terceirização, através de contratações de natureza autônoma nos moldes de prestação civil, como necessidade para o acompanhamento do progresso das relações comerciais, desde que não se busque a contratação de determinado trabalhador de forma indireta, burlando norma jurídica unicamente para se eximir de obrigações trabalhistas.

No presente caso encontra-se evidente a existência de uma relação empregatícia, mascarada por um contrato de natureza autônoma.

Pelos termos da defesa e do depoimento do preposto, combinados com o contrato social da empresa, verifica-se ser a reclamada nada mais que uma escola de idiomas que contrata professores para ministrar aulas a seus alunos, sob o disfarce de subfranquia.

O preposto se refere várias vezes à reclamada como escola e à reclamante como professora, esclarecendo que era a empresa quem 'encaixava os professores' na grade horária. Disse, ainda, que não havia participação da reclamante nos lucros ou prejuízos da empresa e se refere à contraprestação devida aos professores como 'salário'.

Restou patente que a reclamada oferecia treinamento aos contratados e que os horários das reuniões em que a autora deveria comparecer eram remunerados (fls. 67/68).

Ora, se fosse realmente uma franquia ou subfranquia, não haveria necessidade de pagar os horários das reuniões, pois o comparecimento seria de interesse exclusivo do franqueado.

De resto, claro está que a escola era que tratava com os alunos, não havendo qualquer relacionamento da reclamante com os clientes, exceto no horário em que ministrava as aulas.

Portanto, por todos os ângulos que se analisar, verifica-se realmente presente uma relação de emprego entre as partes.

Ademais, a alegação de subfranquia com os professores é querer 'forçar' demais a burla às leis de proteção ao trabalho. É que na condição de escola de idiomas, a reclamada necessitava de professores para cumprir sua atividade-fim, contratando profissionais para tal mister sob o disfarce de um contrato autônomo.

Admitir a postura e atitudes da reclamada seria abrir precedente perigosos, tendo em vista que todas as escolas particulares do país deixariam de ter empregados para con-

---

[33] TST, 6ª T., ED-AIRR 744.78.2010.5.02.0255, Rel. Min. Augusto César Leite de Carvalho, ac. 05.09.2018, *DJe* 14.09.2018.

Seção V: Franquia • Cap. VII – Jurisprudência sobre o Contrato de Franquia | 487

tratar apenas profissionais autônomos, eximindo-se das obrigações trabalhistas que ainda protegem a parte economicamente mais fraca"[34].

Entretanto, reconhecendo-se a relação de franquia, o TRT RO afastou a responsabilidade solidária, *in verbis*:

"No que concerne ao requerimento de reconhecimento da responsabilidade solidária da litisconsorte, também concluo de modo negativo à pretensão da recorrente. É que os autos evidenciam uma relação de franquia, onde não havia qualquer ingerência da franqueadora na rotina de trabalho dos empregados da reclamada, mesmo considerando os depoimentos transcritos em parte pela recorrente, inclusive o dela mesma, que não se configura como prova, por refletir seus próprios interesses, evidenciando que os contratos entre as empresas eram de natureza comercial e que a prestação do labor se dava diretamente com a reclamada, não restando demonstrada a subordinação jurídica necessária à configuração do liame empregatício. Assim, *faltando a prova de elementos fáticos que corroborem a existência de grupo econômico e levando-se em consideração o contrato de franquia entre a reclamada e o litisconsorte, não há nada para reformar*"[35] (g.n.).

Esta, a nosso ver, é a tese que melhor se adapta às relações entre franqueador e franqueado, pelo menos como regra geral, de modo que somente em casos especiais, como o decidido pelo TST (*DJe* 14.09.2018) é que se poderia aceitar configurada relação de trabalho dissimulada em contrato de franquia.

---

[34] TST, 5ª T., AIRR 585.730-74.1999.5.10.555, Rel. Min. Walmir Oliveira da Costa, ac. 22.11.2000, *DJe* 07.12.2000.

[35] TRT/8ª Região, RO 1889/2002, ac. 22.04.2002. In: MACHADO, Tiziane (org.). *Manual Jurídico para franqueadores e franqueados*. São Paulo: Aleph, 2006, p. 45.

Seção VI: Da Corretagem

Capítulo I

NOÇÕES GERAIS

Sumário: 194. Corretagem – 195. Contrato de corretagem e negócios afins: 195.1. Mediação; 195.2. Mandato; 195.3. Prestação de serviços; 195.4. Comissão e agência e distribuição.

194. CORRETAGEM

A corretagem é a atividade de intermediar pessoas que desejam celebrar negócios jurídicos, aproximando-as para que atinjam o seu objetivo. Ou, como ensina Pontes de Miranda, a corretagem configura-se na "atividade intermediatriz entre pessoas que desejam contratar, ou praticar para outrem algum ato"[1].

Esse contrato possui relevante função econômica, na medida em que auxilia na aproximação de pessoas interessadas em contratar. Essa atividade de aproximação dos futuros contratantes é, para a doutrina, "inestimável incremento ao comércio jurídico"[2], uma vez que poupa o tempo e o desgaste do comitente de procurar interessados no negócio[3].

Gustavo Tepedino conceitua a corretagem como sendo o "negócio por meio do qual o corretor, sem vínculo de dependência, e mediante a expectativa de remuneração, procura aproximar pessoas interessadas na celebração de negócio jurídico de qualquer espécie, sem, no entanto, se comprometer com o desfecho positivo da negociação"[4].

O contrato de corretagem foi tipificado pelo Código Civil de 2002, em seu art. 722: "pelo contrato de corretagem, uma pessoa, não ligada a outra em virtude de

---

[1] PONTES DE MIRANDA, Francisco Cavalcanti. *Tratado de Direito Privado*. São Paulo: Revista dos Tribunais, 2012, v. XLIII, § 4.732, nº 1, p. 417.

[2] ASSIS, Araken de. *Contratos nominados: mandado, comissão, agência e distribuição, corretagem, transporte. Coordenação Miguel Reale, Judith Martins-Costa*. São Paulo: Revista dos Tribunais, 2005, v. 2, p. 249.

[3] VENOSA, Sílvio de Salvo. *Código Civil Interpretado*. 2. ed. São Paulo: Atlas, 2011, p. 759.

[4] TEPEDINO, Gustavo. Das várias espécies de contrato. Do mandato. Da comissão. Da agência e distribuição. Da corretagem. Do transporte. Arts. 653 a 756. In: TEIXEIRA, Sálvio de Figueiredo (coord.). *Comentários ao Comentários ao novo Código Civil*. (coord.). Rio de Janeiro: Forense, 2008, v. X, p. 386.

mandato, de prestação de serviços ou por qualquer relação de dependência, obriga-se a obter para a segunda um ou mais negócios, conforme as instruções recebidas" (CC, art. 722)[5]. Anteriormente, a atividade do corretor encontrava previsão no Código Comercial de 1850, nos arts. 36 a 67.

Da conceituação legal, verifica-se que a atividade do corretor é a obtenção de um ou mais negócios para o cliente, conforme as suas instruções. A redação do dispositivo é um pouco imprecisa, o que poderia resultar, sem se levar em consideração a atividade própria do corretor, na caracterização de sua obrigação como sendo de resultado, comprometendo-se a que o negócio fosse entabulado pelas partes aproximadas. Entretanto, o corretor não promete a contratação, mas se obriga a envidar todos os esforços para que da aproximação resulte o negócio pretendido pelas partes.

Daí por que a doutrina entende que a obrigação assumida pelo corretor é de *meio*. Vale dizer: "em princípio, cabe-lhe envidar esforços e dedicar sua atividade na angariação do negócio ou do contrato, a que visa o comitente, podendo investigar, anunciar etc."[6].

Não obstante, há entendimento do STJ no sentido de que a obrigação seria de resultado, uma vez que a remuneração do corretor depende da celebração do contrato pelas partes aproximadas: "o contrato de corretagem não impõe simples obrigação de meio, mas de resultado, de maneira que somente é cabível o pagamento da comissão se houver aperfeiçoamento do negócio imobiliário, com a concretização, por exemplo, do contrato de locação ou de compra e venda"[7].

O posicionamento da Corte Superior não nos parece o mais correto, com a devida vênia, pois, se se considerar a obrigação do corretor como sendo de resultado, estaria ele inadimplente toda vez que as partes não concluíssem o negócio jurídico buscado[8]. Mas não é isso o que ocorre. A obrigação assumida pelo corretor

---

[5]   Direito comparado – Código Civil italiano, art. 1.754; Código Civil argentino, art. 1.345.

[6]   PEREIRA, Caio Mário da Silva. *Instituições de Direito Civil: contratos*. 22. ed. rev. e atual. por Caittin Mulholland. Rio de Janeiro: Forense, 2018, v. III, nº 251, p. 364. No mesmo sentido: "No entanto, o art. 722 também prevê, significativamente, a obrigação de uma pessoa para com outra para buscar a conclusão de certo negócio. Ora, obrigando-se alguém a envidar esforços em prol de determinado resultado – não se promete o resultado, frise-se bem, nem a declaração de vontade do terceiro, embora, sendo ele conhecido, a tarefa consista em persuadi-lo a concluir o negócio" (ASSIS, Araken de. *Contratos nominados*, cit., p. 246). Ainda, NADER, Paulo. *Curso de Direito Civil*. Rio de Janeiro: Forense, 2005, v. III, p. 442.

[7]   STJ, 4ª T., AgRg no Ag. 1.248.570/MG, Rel. Min. Raul Araújo, ac. 17.12.2015, *DJe* 03.02.2016. No mesmo sentido: STJ, 4ª T., EDcl no REsp. 126.587/SP, Rel. Min. Cesar Asfor Rocha, ac. 08.05.20021, *DJU* 10.09.2001, p. 392.

[8]   "Em particular, tem-se afirmado, tanto na jurisprudência como na doutrina, que a remuneração somente se torna devida com a celebração do negócio porque a obrigação do corretor é tipicamente de resultado. O raciocínio, contudo, mostra-se censurável porque, levado às últimas consequências, importaria responsabilizar o corretor pelo desfecho negativo da sua

Seção VI: Da Corretagem · Cap. I – Noções Gerais | 493

é de intermediar pessoas que pretendem celebrar negócios jurídicos. Se de sua atividade ocorrer a aproximação das partes, com negociações para contratação futura, sua obrigação foi devidamente cumprida, ainda que os contratantes não cheguem a um consenso a respeito do ajuste final.

Com efeito, a celebração do contrato é considerada pela legislação material *fato gerador* da obrigação de remunerar o corretor, que será devida ainda que o contrato "não se efetive em virtude de arrependimento das partes" (Código Civil, art. 725). A corretagem é, portanto, negócio jurídico *aleatório*, em que o corretor assume o risco de realizar a sua obrigação sem receber qualquer contraprestação se, apesar de seus esforços, não se concluir o contrato almejado pelas partes.

195. CONTRATO DE CORRETAGEM E NEGÓCIOS AFINS

O próprio Código Civil, em seu art. 722, distingue a corretagem de outros institutos afins, ao ressaltar que o corretor não está ligado ao dono do negócio em virtude "de mandato, de prestação de serviços ou por qualquer relação de dependência".

195.1. Mediação

Alguns doutrinadores, e até mesmo tribunais, entendem que corretagem e mediação são figuras sinônimas, não havendo distinção entre elas[9].

Pontes de Miranda, entretanto, distingue os dois institutos. Para o autor, a atividade do mediador antecede à celebração do contrato de mediação, uma vez que "o mediador põe em contato pessoas que querem ou talvez queiram contratar, sem estar vinculado a qualquer delas como colaborador, ou como dependente, ou como outorgado de poder de representação ou de outro poder"[10]. Em razão da ausência de vínculo inicial com as partes, verifica-se a imparcialidade do mediador, o que não é tão evidente na corretagem, já que o corretor possui ligação com uma ou algumas das partes envolvidas na negociação. Para o autor, "na mediação, o que verdadeiramente se passa é que os interessados admitem, ainda e só no mundo fático, a atividade do mediador"[11].

---

mediação, tornando-o inadimplente toda vez que não se chegue a concluir o negócio almejado (...). Há, portanto, adimplemento do contrato de corretagem independentemente do resultado útil obtido e mesmo que, em consequência do malogro da intermediação, não venha a ser paga a remuneração do corretor" (TEPEDINO, Gustavo. *Comentários ao novo Código Civil*, cit., p. 390-391). No mesmo sentido: NADER, Paulo. *Curso de Direito Civil*, cit., p. 438.

[9]   Arnaldo, Rizzardo, por exemplo, afirma que, "em verdade, não repercutem, na prática, as distinções, eis que a tendência é considerar as figuras no mesmo sentido" (RIZZARDO, Arnaldo. *Contratos*. 6. ed. Rio de Janeiro: Forense, 2006, p. 778).

[10]   PONTES DE MIRANDA, Francisco Cavalcanti. *Tratado de Direito Privado*, cit., § 4.714, nº 1, p. 317.

[11]   Idem, p. 318.

A corretagem, por sua vez, importa "comercialidade dos atos", pela natureza dos negócios visados. O corretor pratica os atos de corretagem dentro do mundo jurídico, na medida em que "não representa, nem medeia; intermedeia", de modo que "as vontades passam *através* do corretor, sem que ele figure, presente, ou represente, ou medeie"[12]. Assim, para Pontes de Miranda, "a corretagem implica relação jurídica inicial com os interessados no negócio jurídico, ou com algum, ou com alguns deles"[13]. Vale dizer, as vontades declaradas pelos interessados são manifestadas para o corretor, que as transmite ao outro contratante. Sua função é, pois, "mais *declaratória* do que *constitutiva*". Por isso diz Pontes de Miranda que o corretor "é instrumento social para se abstrair e dispensar a corporalidade dos contatos"[14].

Da mesma forma, Araken de Assis entende haver significativa diferença entre essas figuras, especialmente porque, "a atividade do mediador antecede a relação contratual, desenvolvendo-se no mundo dos fatos, e caracteriza-se, sobretudo, pela imparcialidade bilateral e absoluta"[15].

195.2. Mandato

A corretagem se distingue do mandato, porque o corretor não representa o comitente, ao contrário do que ocorre com o mandatário. O corretor não conclui qualquer negócio em nome e por conta do dono do negócio, limitando-se a aproximar os interessados na celebração do contrato. "Na corretagem, o corretor atua em nome próprio, sendo antes hipótese de interposição que de representação"[16]. Antes mesmo do Código Civil de 2002, que instituiu a corretagem como contrato típico, o STJ já estabelecia a autonomia deste negócio em relação ao mandato[17].

195.3. Prestação de serviços

A corretagem também não se confunde com a prestação de serviços, especialmente em razão da remuneração. Enquanto o corretor somente fará jus à retribuição se da sua atividade de aproximação resultar a celebração do negócio jurídico pelas partes (contrato aleatório, portanto), o prestador do serviço recebe a remuneração pactuada independentemente do resultado final[18].

---

[12] PONTES DE MIRANDA, Francisco Cavalcanti. *Tratado de Direito Privado*, cit., § 4.732, nº 1, p. 419.

[13] Idem, ibidem.

[14] Idem, § 4.732, nº 3, p. 422.

[15] ASSIS, Araken de. *Contratos nominados*, cit., p. 247.

[16] TEPEDINO, Gustavo. In: *Comentários ao novo Código Civil*, cit., v. X, p. 405.

[17] "Embora apresente pontos de aproximação com o mandato, a corretagem deve ser tratada com autonomia" (STJ, 4ª T., REsp. 29.738/BA, Rel. Min. Antônio Torreão Braz, ac. 24.05.1994, *DJU* 15.08.1994, p. 20.337).

[18] "Outro critério geralmente apontado pela doutrina diz respeito à remuneração devida pelo cliente, a qual seria tipicamente aleatória na corretagem e comutativa na prestação de serviços" (TEPEDINO, Gustavo. In: *Comentários ao novo Código Civil*, cit., v. X, p. 405).

195.4. Comissão e agência e distribuição

Há que se distinguir, ainda, a comissão da corretagem. Enquanto na comissão o comissário contrata em seu próprio nome, embora à conta do comitente, a atividade do corretor limita-se a aproximar interessados na celebração de futuro negócio futuro. Vale dizer: o corretor não celebra contratos, apenas intermedeia. Se, pois, as pessoas aproximadas decidem concluir o negócio agenciado pelo corretor, quem contratará será o dono do bem negociado e não o corretor.

Embora as atividades do corretor e do agente ou representante comercial sejam semelhantes, uma vez que ambas aproximam interessados e angariam negócios para o comitente, não se pode confundir a corretagem com o contrato de agência e distribuição. Enquanto o agente e representante comercial age por conta e em nome do comitente, angariando contratos de forma habitual, o corretor apenas promove negócios específicos, de forma pontual, sem concluí-los[19]. Assim, para Araken de Assis, a atuação do agente "a favor do agenciado revela-se estável, permanente, duradoura e habitual (art. 710, *caput* [CC]), ao passo que a colaboração do corretor, sem pejo da imparcialidade, é basicamente ocasional"[20].

---

[19] "Diferentemente do comissário e do agente, o corretor não realiza o negócio, mas apenas aproxima as partes contratantes, a fim de que elas o concluam em seu próprio nome" (NEGRÃO, Theotonio, GOUVÊA, José Roberto F.; BONDIOLI, Luis Guilherme A.; FONSECA, João Francisco N. da. *Código Civil e legislação civil em vigor*. 36. ed. São Paulo: Saraiva, 2018, nota 1, do art. 722, p. 303).

[20] ASSIS, Araken de. *Contratos nominados*, cit., p. 251.

Capítulo II

ELEMENTOS IDENTIFICADORES DO CONTRATO DE CORRETAGEM

Sumário: 196. Classificação – 197. Corretor – 198. Objeto – 199. Forma.

196. CLASSIFICAÇÃO

A corretagem é um contrato *bilateral, consensual, oneroso, aleatório* e, para alguns, *acessório*.

Diz-se que o mandato é *bilateral*, porque da obrigação do corretor de aproximar pessoas interessadas na celebração de determinado negócio jurídico, decorre o dever do comitente de remunerá-lo caso o contrato seja efetivamente celebrado. Assim, da corretagem decorrem obrigações para ambas as partes.

É *consensual*, pois a manifestação de vontade do corretor e do comitente é o suficiente para que o contrato seja considerado celebrado. Não se exige qualquer outra solenidade para o seu aperfeiçoamento.

A corretagem é, ainda, contrato *oneroso*, pois "a efetivação do negócio em decorrência da mediação implica o direito do corretor ao recebimento da remuneração"[1].

Diz-se que a corretagem é contrato *aleatório*, porque o corretor assume o risco de não receber qualquer remuneração, uma vez que esta se vincula ao resultado positivo de sua atividade de aproximação. Em outras palavras, o corretor somente fará jus à sua remuneração se as partes por ele aproximadas celebrarem o negócio jurídico buscado por ambas. Assim, "é uma atividade de risco, uma vez que o corretor não tem certeza de que encontrará alguém que aceite concluir o negócio proposto pelo comitente"[2].

Por fim, alguns autores classificam o contrato de corretagem como *acessório*, visto que "sua existência somente se justifica quando atrelado a um outro contrato (prin-

---

[1] SOUZA, Valéria Bononi Gonçalves de. *In*: ARRUDA ALVIM, José Manoel; ALVIM, Thereza (coords.). *Comentários ao Código Civil Brasileiro*. Rio de Janeiro: Forense, 2004, v. VII, p. 6.

[2] SOUZA, Valéria Bononi Gonçalves de. *In: Comentários ao Código Civil* cit., p. 10. No mesmo sentido: "esclarecido, portanto, que é o caráter aleatório do contrato de corretagem que explica a vinculação da remuneração do corretor à formação de consenso entre as partes interessadas" (TEPEDINO, Gustavo. In: *Comentários ao novo Código Civil*, cit., v. X, p. 394).

cipal), que necessita ser concluído, a fim de propiciar o resultado útil da obrigação"[3]. Entretanto, outros entendem, com melhor razão, que a corretagem é contrato *autônomo*, uma vez que é a remuneração do corretor que depende da celebração de outro contrato, não a existência mesma da corretagem. Assim, para Gustavo Tepedino, "a corretagem subsiste, em sua função prático-jurídica, mesmo que o negócio almejado não se conclua. Aquele não depende deste, portanto, para existir"[4]. Além disso, o direito do corretor à remuneração, em alguns casos é adquirido independentemente do aperfeiçoamento do negócio agenciado. É o que ocorre quando o interessado desiste de sua conclusão, sem justa causa, depois de ter o corretor conseguido pretendente[5]. Justifica-se essa orientação pelo fato de ter o comitente impedido de acontecer a condição a que se subordinava a aquisição do direito do corretor (CC, art. 725).

197. CORRETOR

Corretor é a pessoa física ou jurídica que exerce a atividade de aproximação entre indivíduos que pretendem celebrar negócios jurídicos. Para Antônio Carvalho Neto, a tarefa do corretor "é pôr em contato a oferta e a procura, de modo a satisfazer as suas recíprocas necessidades de colocação e aquisição"[6].

Em regra, qualquer pessoa capaz pode praticar a corretagem, independentemente de investidura oficial, devendo, apenas, submeter-se à legislação especial que regulamenta a atividade, habilitando-se para o exercício profissional[7].

Quando a atividade dos corretores era regulada pelo Código Comercial (arts. 36 a 67), eram considerados "agentes auxiliares do comércio, sujeito às leis comerciais com relação às operações que nessa qualidade lhes respeitam" (CCom., art. 35). Se a corretagem fosse mercantil, o corretor era obrigado a matricular-se no Tribunal do Comércio do seu domicílio, e, antes de entrar no exercício do seu ofício, deveria prestar juramento de bem cumprir os seus deveres (CCom., art. 38).

Corretores oficiais são aqueles profissionais investidos de ofício público e, portanto, gozam de fé pública. São investidos em seus cargos em razão de nomeação

---

3   SOUZA, Valéria Bononi Gonçalves de. *In: Comentários ao Código Civil*, cit., p. 8.
4   TEPEDINO, Gustavo. *In: Comentários ao novo Código Civil*, cit., p. 388.
5   "O art. 725 do CC, ao estabelecer que a remuneração é devida ao corretor uma vez que tenha conseguido o resultado previsto no contrato de mediação, ou ainda que este não se efetive em virtude de arrependimento das partes, demanda harmonização com os arts. 723 do Diploma civilista; 6º, III, IV e VI, do CDC; e 20, I e VIII, da Lei nº 6.530/1978. Com efeito, em caso de desistência do negócio antes da assinatura da escritura, é possível fazer recair sobre aquele que voluntariamente rompeu o compromisso de compra e venda a obrigação de *pagar a comissão*, não incidindo, todavia, nas hipóteses em que o arrependimento é motivado" (g.n.) (STJ, 4ª T., REsp. 1.364.574/RS, Rel. Min. Luis Felipe Salomão, ac. 24.10.2017, *DJe* 30.11.2017).
6   CARVALHO NETO, Antônio. *Contrato de mediação*. São Paulo: Saraiva, 1956, nº 27, p. 95.
7   TEPEDINO, Gustavo. In: *Comentários ao novo Código Civil*, cit., p. 399.

Seção VI: Da Corretagem • Cap. II – Elementos Identificadores do Contrato de Corretagem | **499**

governamental e devem ter matrícula na Junta Comercial[8]. São eles os corretores de fundos públicos, de navios, de mercadorias, de operações de câmbio, de seguros e de valores e títulos em bolsa[9].

Corretores livres, por sua vez, são aqueles profissionais cuja atividade não depende de designação oficial. Submetem-se, destarte, às regras comuns da intermediação. Várias são as atividades que podem ser desenvolvidas pelo corretor livre, tais como: a venda de imóveis, automóveis, espetáculos, publicidade, mercadorias, obras de arte, pedras preciosas, artistas, profissionais etc.[10].

Ainda que a atividade tenha legislação específica, que determine a inscrição do corretor em algum conselho profissional, a jurisprudência do STJ já sedimentou o entendimento de ser devida a remuneração ainda que a aproximação não tenha sido feita por pessoa regularmente inscrita, a fim de evitar-se o enriquecimento indevido do comitente: "1. É possível a cobrança de valores decorrentes de intermediação exitosa para a venda de imóvel, *sendo prescindível a inscrição do autor no CRECI,* pois é livre o exercício do trabalho e vedado o enriquecimento ilícito do vendedor"[11] (g.n.).

Além disso, já decidiu o STF, em relação à corretagem de imóveis, que a determinação legal para a inscrição profissional visa apenas à fiscalização e ao controle dos corretores, não padecendo de qualquer inconstitucionalidade:

> "Regulamentação profissional. Corretagem e locação de imóveis. Conselho Regional de Corretores de Imóveis da 1 Região. Não viola o par. 3 do art. 153 da Constituição Federal a exigência, prevista em lei, para que se registrem nos conselhos regionais de imóveis as empresas que se dedicam a intermediação na compra e venda, permuta e locações de imóveis, tendo em vista o disposto na Lei 6.530, de 12.05.78, mesmo para aquelas que já vinham, antes da lei, exercendo tais atividades. A Lei nº 6.530-78 é de ordem pública e, pois, de aplicação imediata, e não há como dizer-se que o registro

---

[8]   CASES, José Maria Trepat. In: AZEVEDO, Álvaro Villaça (coord.). *Código Civil comentado.* São Paulo: Atlas, 2003, v. VIII, p. 105.

[9]   ASSIS, Araken de. *Contratos nominados,* cit., p. 252.

[10]   SOUZA, Valéria Bononi Gonçalves de. In: *Comentários ao Código Civil,* cit., p. 14. Gustavo Tepedino, entretanto, entende que atualmente não existem corretores oficiais, razão pela qual o exercício da corretagem independe de qualquer investidura oficial, pressupondo, apenas, a capacidade civil e a submissão à legislação especial que regulamenta a atividade. Exemplifica o autor as seguintes atividades: corretores de seguros privados (Lei nº 4.594/64), corretores de valores imobiliários (Lei nº 4.728/65) e corretores de imóveis (Lei nº 6.530/78, regulada pelo Decreto 81.871/78) (TEPEDINO, Gustavo. In: *Comentários ao novo Código Civil,* cit., p. 399).

[11]   STJ, 4ª T., REsp. 185.823/MG, Rel. Min. Luis Felipe Salomão, ac. 14.10.2008, *DJe* 03.11.2008. No mesmo sentido: "A despeito de não inscrito no 'Conselho Regional de Corretores de Imóveis', o intermediador faz jus ao recebimento da comissão de corretagem" (STJ, 3ª T., AgRg no Ag. 747.023/SP, Rel. Min. Humberto Gomes de Barros, ac. 14.11.2007, *DJU* 26.11.2007, p. 166).

Contratos de Colaboração Empresarial • *Humberto Theodoro Jr. e Adriana Theodoro de Mello*

fere o direito ao exercício da atividade: *as normas visam a fiscalização e controle dos corretores de imóveis*. Agravo regimental a que se nega provimento"[12].

198. OBJETO

Pode ser objeto do contrato de corretagem qualquer coisa do comércio ou não, lícita, avaliável em dinheiro ou que represente um real valor pecuniário[13]. Para Antônio Carvalho Neto, "podem ser objeto da mediação todos os negócios que não incidam nas sanções da lei e não ofendam a moral e os bons costumes. Por outras palavras, todos os negócios lícitos"[14].

199. FORMA

O Código Civil não estabelece uma forma específica para o contrato de corretagem, razão pela qual se diz ser *não solene* ou *informal*. Assim, o contrato pode ser celebrado por escrito ou até mesmo de forma verbal. Neste caso, a comprovação do trabalho de corretagem pode ser feita por meio de prova exclusivamente oral: "É possível prova exclusivamente testemunhal para comprovar a intermediação para venda de imóvel e demonstrar os efeitos dos fatos em que as partes estiveram envolvidas e as obrigações daí decorrentes"[15].

---

[12] STF, 2ª T., AI 109.272 AgR/RJ, Rel. Min. Aldir Passarinho, ac. 06.06.1986, *DJU* 08.08.1986, p. 13.474.

[13] FRANÇA, Pedro Arruda. *Contratos atípicos*. 3. ed. Rio de Janeiro: Forense, 2000, p. 135.

[14] CARVALHO NETO, Antônio. *Contrato de mediação cit.*, p. 24.

[15] STJ, 3ª T., AgRg no REsp. 1.342.118/GO, Rel. Min. João Otávio de Noronha, ac. 17.09.2015, *DJe* 22.09.2015. No mesmo sentido: "A prova testemunhal é suficiente para confirmar os efeitos oriundos de contrato de corretagem não escrito, ainda que o seu valor seja superior ao décuplo do salário mínimo. Precedentes" (STJ, 4ª T., AgRg no AREsp. 408.659/DF, Rel. Min. Antônio Carlos Ferreira, ac. 17.11.2015, *DJe* 26.11.2015); STJ, 4ª T., AgRg no AG. 1.106.104/RO, Rel. Min. João Otávio de Noronha, ac. 10.05.2011, *DJe* 18.05.2011; STJ, 4ª T., REsp. 214.410/PR, Rel. para acórdão Min. Aldir Passarinho Júnior, ac. 06.11.2007, *DJe* 14.04.2008.

Capítulo III

OBRIGAÇÕES E REMUNERAÇÃO DO CORRETOR

Sumário: 200. Obrigações do corretor – 201. Remuneração – 202. Valor da remuneração – 203. Remuneração quando o negócio é iniciado e concluído diretamente pelas partes – 204. Remuneração quando o negócio é realizado após a extinção do contrato de corretagem – 205. Negócio concluído por mais de um corretor.

200. OBRIGAÇÕES DO CORRETOR

A principal obrigação do corretor é aproximar as partes interessadas na realização de determinado negócio jurídico e, nos termos do Código Civil, deve "executar a mediação com diligência e prudência", bem como "prestar ao cliente, espontaneamente, todas as informações sobre o andamento do negócio" (CC, art. 723, *caput*)[1].

Como se depreende da leitura do dispositivo legal, o corretor não se obriga apenas a intermediar as partes, mas, também, a auxiliar o comitente durante toda a negociação, prestando-lhe as informações relevantes e os esclarecimentos necessários "acerca da segurança ou do risco do negócio, das alterações de valores e de outros fatores que possam influir nos resultados da incumbência", sob pena de responder por perdas e danos (CC, art. 723, parágrafo único).

A obrigação assumida pelo corretor é, portanto, de fazer, cabendo a ele "colocar o contratante em contato com pessoas que estejam interessadas na celebração de negócio, aconselhando sobre sua conclusão e buscando conciliar os interesses das partes"[2].

Espera-se que o corretor tenha conhecimentos técnicos a respeito do negócio que se busca celebrar, razão pela qual o cliente procura não apenas a aproximação com eventuais interessados, mas, também, o auxílio para alcançar o melhor resultado possível. Por isso, Carlos Alberto Bittar explica que o corretor deve conduzir as negociações de forma leal, utilizando "seu conhecimento e sua habilidade para o convencimento das partes, uma vez aproximadas, quanto à oportunidade e conveniência do negócio"[3].

---

[1] Direito comparado – Código Civil italiano, arts. 1.759 e 1.760; Código Civil argentino, art. 1.347.

[2] CASES, José Maria Trepat. *Código Civil comentado*, cit., p. 109.

[3] BITTAR, Carlos Alberto. *Contratos civis*. Rio de Janeiro: Forense, 1990, p. 232.

Na busca pelo melhor negócio para o seu cliente, o corretor deve informá-lo a respeito de todos os riscos da contratação e de eventuais alterações nas circunstâncias que possam influir no contrato almejado. Incumbe-lhe, assim, "informar toda circunstância influente na apreciação da conveniência da realização do contrato, como, dentre outras, a situação econômica e financeira do outro contratante e a alteração no valor dos bens que serão objeto do contrato a se realizar"[4].

Em caso de corretagem imobiliária, por exemplo, o STJ entende caber ao corretor se inteirar e prestar todas as informações "usuais e notórias acerca do título de domínio exibido pelo vendedor, da regularidade da cadeia dominial, da existência, ou não, de gravames reais e de ações que envolvam o vendedor e que, em tese, poderiam conduzir à ineficácia, nulidade ou anulabilidade do contrato de compra e venda"[5].

Qualquer falha na prestação de informações a respeito do negócio obrigará o corretor a indenizar o comitente pelos prejuízos suportados. Nesse sentido, a jurisprudência do STJ:

> "É inequívoco que o corretor de imóveis deve atuar com diligência, prestando às partes do negócio que intermedeia as informações relevantes, de modo a evitar a celebração de contratos nulos ou anuláveis, podendo, nesses casos, constatada a sua negligência quanto às cautelas que razoavelmente são esperadas de sua parte, responder por perdas e danos (REsp. 1266937/MG, Rel. Ministro Luis Felipe Salomão, Quarta Turma, julgado em 06/12/2011, *DJe* 01/02/2012)"[6].

Para a doutrina, a obrigação de indenizar do corretor não se limita aos danos provocados ao comitente, abrangendo, também, aqueles sofridos por terceiros, em razão da ausência de informações corretas prestadas pelo profissional[7].

201. REMUNERAÇÃO

A remuneração do corretor é denominada de *comissão*. Conforme já ressaltado anteriormente, o contrato de corretagem é *aleatório*, pois a comissão do corretor está vinculada ao resultado positivo de sua atividade de aproximação. Nesse

---

4   GOMES, Orlando. *Contratos*. 26. ed. Rio de Janeiro: Forense, 2007, p. 475.

5   STJ, 4ª T., REsp. 1.364.574/RS, Rel. Min. Luis Felipe Salomão, ac. 24.10.2017, *DJe* 30.11.2017.

6   STJ, 4ª T., AgRg. no REsp. 1.309.646/SP, Rel. Min. Luis Felipe Salomão, ac. 25.02.2014, *DJe* 07.03.2014.

7   "Não será menor a responsabilidade do corretor perante aqueles que, em virtude de sua intermediação, vierem a celebrar negócios com o cliente. Assim, caso o corretor atue displicentemente perante terceiros, omitindo informações, por exemplo, poderá também incorrer no pagamento de perdas e danos em favor destes" (TEPEDINO, Gustavo; BARBOZA, Heloisa Helena; MORAES, Maria Celina Bodin de. *Código Civil Interpretado: conforme a Constituição da República*. Rio de Janeiro: Renovar, 2006, v. II, p. 510).

Seção VI: Da Corretagem • Cap. III – Obrigações e Remuneração do Corretor | **503**

sentido, o art. 725, do CC: "a remuneração é devida ao corretor uma vez que tenha conseguido o resultado previsto no contrato de mediação, ou ainda que este não se efetive em virtude de arrependimento das partes"[8].

Note-se que o dispositivo admite a remuneração do corretor ainda que o negócio não se efetive por *arrependimento das partes*. O que se remunera, destarte, é a utilidade da atuação do corretor de aproximar pessoas interessadas num mesmo negócio jurídico. Entretanto, a jurisprudência do STJ não é pacífica a respeito da questão:

a) Remuneração não é devida se houver arrependimento: Há julgados do STJ no sentido de que "a comissão de corretagem só é devida se ocorre a conclusão efetiva do negócio e não há desistência por parte dos contratantes"[9].

b) Remuneração devida se o arrependimento se der por justa causa: a Corte Superior decidiu, recentemente, que a parte que se arrependeu do negócio deve arcar com o pagamento da comissão do corretor, salvo se o arrependimento for motivado:

> "5. Em se tratando de prestação de serviços vinculadas à compra e venda de imóvel, em linha de princípio, a completa formação do contrato de corretagem depende de três etapas: a) a aproximação das partes; b) o fechamento do negócio (assinatura da proposta de compra e venda); e c) a execução do contrato (compra e venda), por meio da assinatura da escritura para transcrição no registro de imóveis.
>
> 6. O art. 725 do CC, ao estabelecer que a remuneração é devida ao corretor uma vez que tenha conseguido o resultado previsto no contrato de mediação, ou ainda que este não se efetive em virtude de arrependimento das partes, demanda harmonização com os arts. 723 do Diploma civilista; 6º, III, IV e VI, do CDC; e 20, I e VIII, da Lei nº 6.530/1978. Com efeito, *em caso de desistência do negócio antes da assinatura da escritura, é possível fazer recair sobre aquele que voluntariosamente rompeu o compromisso de compra e venda a obrigação de pagar a comissão, não incidindo, todavia, nas hipóteses em que o arrependimento é motivado*"[10] (g.n.).

c) Negócio não celebrado por desistência: O STJ distingue o arrependimento da desistência na celebração do contrato. Se o negócio sequer chega a ser concluído, por desistência das partes, não haverá que se falar em comissão, porque o resultado útil não foi alcançado:

---

[8] Direito comparado – Código Civil italiano, art. 1.755; Código Civil argentino, art. 1.350.

[9] STJ, 3ª T., REsp. 753.566/RJ, Rel. Min. Nancy Andrighi, ac. 17.10.2006, *DJU* 05.03.2007, p. 280. No mesmo sentido: STJ, 3a T., AgRg no Ag 867.805/SP, Rel. Min. Humberto Gomes de Barros, ac. 18.10.2007, *DJU* 31.10.2007, p. 327. No mesmo rumo, Sílvio de Salva Venosa entende que "o que se tem em vista nesse contrato é a aproximação ou resultado útil, tanto que a remuneração será devida na hipótese de arrependimento injustificado das partes e quando estas realizam o negócio diretamente, após a atividade útil do corretor" (VENOSA, Sílvio de Salvo. *Código Civil interpretado*. 2. ed. São Paulo: Atlas, 2011, p. 762).

[10] STJ, 4ª T., REsp. 1.364.574/RS, Rel. Min. Luis Felipe Salomão, ac. 24.10.2017, *DJe* 30.11.2017.

(i) "É incabível comissão de corretagem no contrato de compra e venda de imóveis, quando o negócio não foi concluído por desistência das partes, não atingindo assim o seu o resultado útil. Precedentes"[11].

(ii) "3. Pelo novo regime, deve-se refletir sobre o que pode ser considerado resultado útil, a partir do trabalho de mediação do corretor. A mera aproximação das partes, para que se inicie o processo de negociação no sentido da compra de determinado bem, não justifica o pagamento de comissão. *A desistência, portanto, antes de concretizado o negócio, permanece possível.*

4. Num contrato de compra e venda de imóveis é natural que, após o pagamento de pequeno sinal, as partes requisitem certidões umas das outras a fim de verificar a conveniência de efetivamente levarem a efeito o negócio jurídico, tendo em vista os riscos de inadimplemento, de inadequação do imóvel ou mesmo de evicção. *Essas providências se encontram no campo das tratativas, e a não realização do negócio por força do conteúdo de uma dessas certidões implica mera desistência, não arrependimento, sendo, assim, inexigível a comissão por corretagem*"[12] (g.n.).

d) Negociação precária e incompleta em relação aos documentos: O STJ já decidiu não fazer jus à remuneração o corretor quando, o negócio celebrado se mostra precário e incompleto:

"Recurso Especial. Direito civil. Contrato de corretagem. Celebração de negócio jurídico precário. Resultado útil. Inexistência. Desfazimento do pacto. Posterior análise de documentos. Descoberta de ação de desapropriação. Hipótese diversa de arrependimento. (...)

6. Não cabe o pagamento de comissão de corretagem quando, apesar da celebração de compromisso de compra e venda, a negociação se revele precária e incompleta em relação à análise dos documentos concernentes ao imóvel e ao vendedor, subordinando o pagamento do sinal à higidez das certidões cartorárias"[13].

e) Negócio desfeito por posterior desistência ou inadimplemento de uma das partes: quando a rescisão do negócio se der por posterior desistência ou inadimplemento das partes, a comissão é devida ao corretor:

(i) "1. Discute-se se é devida a comissão de corretagem quando, após a assinatura da promessa de compra e venda e o pagamento de sinal, o negócio não se concretiza em razão do inadimplemento do comprador.

---

[11] STJ, 3ª T., AgRg no AREsp. 390.656/PR, Rel. Min. Sidnei Beneti, ac. 22.10.2013, *DJe* 13.11.2013.

[12] STJ, 3ª T., REsp. 1.183.324/SP, Rel. Min. Nancy Andrighi, ac. 10.10.2011, *DJe* 10.11.2011. no mesmo sentido: "Não se tendo aperfeiçoado o negócio jurídico em face da desistência, à derradeira hora, manifestada pelo interessado comprador, não faz jus a corretora à comissão pleiteada" (STJ, 4ª T., REsp. 238.305/MS, Rel. Min. Sálvio de Figueiredo Teixeira, ac. 17.08.2000, *DJU* 18.12.2000, p, 202).

[13] STJ, 3ª T., REsp. 1.272.932/MG, Rel. Min. Ricardo Villas Bôas Cueva, ac. 26.09.2017, *DJe* 02.09.2017.

Seção VI: Da Corretagem • Cap. III – Obrigações e Remuneração do Corretor | 505

2. No regime anterior ao do CC/02, a jurisprudência do STJ se consolidou em reputar de resultado a obrigação assumida pelos corretores, de modo que a não concretização do negócio jurídico iniciado com sua participação não lhe dá direito a remuneração.

3. Após o CC/02, a disposição contida em seu art. 725, segunda parte, dá novos contornos à discussão, visto que, nas hipóteses de arrependimento das partes, a comissão por corretagem permanece devida.

4. Pelo novo regime, deve-se refletir sobre o que pode ser considerado resultado útil, a partir do trabalho de mediação do corretor.

5. *A assinatura da promessa de compra e venda e o pagamento do sinal demonstram que o resultado útil foi alcançado e, por conseguinte, apesar de ter o comprador desistido do negócio posteriormente, é devida a comissão por corretagem*"[14].

(ii) "4. Embora o serviço de corretagem somente se aperfeiçoe quando o negócio é concretizado, dado o risco inerente à atividade, não se pode perder de vista que, nos negócios imobiliários – os quais dependem de registro do ato negocial no Cartório de Registro de Imóveis para fins de transferência e aquisição da propriedade e de outros direitos reais (CC/2002, arts. 1.227, 1245-1246) –, a intermediação da corretora pode encerra-se antes da conclusão da fase de registro imobiliário. Por certo, quando as partes firmam, de algum modo, atos, com mediação da corretora, que geram obrigatoriedade legal de proceder-se ao registro imobiliário, tal como ocorre no caso de celebração de promessa de compra e venda ou de pagamento de sinal, torna-se devida a percepção de comissão de corretagem, mormente quando eventual desfazimento do negócio não decorrer de ato praticado pela corretora.

5. No caso em exame, conforme salientado pelas instâncias ordinárias, houve uma fase preliminar de negociações, seguida de uma fase intermediária de celebração do contrato de cessão e transferência dos direitos e obrigações constantes de promessa de compra e venda, com o pagamento do valor de R$ 62.000,00 a título de sinal, sendo certo que essas duas etapas foram intermediadas pela corretora de imóveis. Com a celebração desse contrato encerrou-se o ofício da corretora, a qual deu por concretizada a venda, recebendo, naquela data, o cheque pós-datado referente à comissão de corretagem. A partir daí, o ora recorrente munido do contrato, providenciou, como lhe competia, o financiamento do restante do valor do imóvel junto a uma instituição financeira. Contudo, durante o trâmite do processo de financiamento imobiliário, o contratante discordou do valor das prestações a serem pagas, rescindindo o contrato e sustando o cheque em apreço.

6. Se havia documento válido a corroborar o negócio jurídico – suficiente para a exigência do registro imobiliário –, não obstante seu posterior desfazimento, é salutar reconhecer que a corretora alcançou o 'resultado útil' da avença. Destarte, formalizado o contrato particular de cessão e transferência de imóvel entre as partes interessadas, o direito à percepção de comissão de corretagem é incontestável, ainda que, por posterior rescisão contratual, mas não por culpa da corretora, o negócio jurídico não alcance a fase de registro imobiliário.

---

[14] STJ, 3ª T., REsp. 1.339.642/RJ, Rel. Min. Nancy Andrighi, ac. 12.03.2013, *DJe* 18.03.2013.

506 | Contratos de Colaboração Empresarial • *Humberto Theodoro Jr. e Adriana Theodoro de Mello*

7. As instâncias ordinárias, soberanas na análise e interpretação do acervo fático-probatório dos autos, concluíram que não há cogitar na responsabilidade da corretora pela rescisão contratual, sobretudo porque ela apresentou as devidas informações quanto aos valores das parcelas do financiamento imobiliário, não podendo ser a ela imputada a culpa pela não concretização do negócio jurídico. Tem-se, nos termos das conclusões da c. Corte local, que a rescisão contratual decorreu de vontade externada pelo próprio contratante e sua esposa – provavelmente por insatisfação com o valor das prestações mensais do financiamento bancário"[15].

Por fim, impende destacar entendimento jurisprudencial no sentido de ser válida a cláusula que, em contrato de compra e venda, transfere ao comprador a obrigação de pagar a comissão do corretor:

(i) "I – TESE PARA OS FINS DO ART. 1.040 DO CPC/2015: 1.1. *Validade da cláusula contratual que transfere ao promitente-comprador a obrigação de pagar a comissão de corretagem nos contratos de promessa de compra e venda de unidade autônoma* em regime de incorporação imobiliária, desde que previamente informado o preço total da aquisição da unidade autônoma, com o destaque do valor da comissão de corretagem"[16] (g.n.).

(ii) "2. A orientação jurisprudencial do Superior Tribunal de Justiça, consolidada no julgamento do REsp 1.599.511/SP, submetido ao rito dos recursos repetitivos, é no sentido de ser válida a cláusula contratual que transfere ao comprador a obrigação de pagar a comissão de corretagem nos contratos de promessa de compra e venda de imóvel, desde que previamente informado ao comprador, como na hipótese. Precedentes[17].

202. VALOR DA REMUNERAÇÃO

Em regra, a comissão a ser paga ao corretor é de livre fixação pelas partes, salvo se houver lei a estipulando. No silêncio da lei ou do contrato, o juiz arbitrará segundo a natureza do negócio e os usos locais (Código Civil, art. 724)[18].

A comissão pode ser um percentual sobre o negócio, um valor fixo ou pode ter natureza mista, combinando um percentual e uma verba fixa[19].

---

[15] STJ, 4ª T., REsp. 1.228.180/RS, Rel. Min. Raul Araújo, ac. 17.03.2011, *DJe* 28.03.2011.

[16] STJ, 2ª Seção, REsp. 1.599.511/SP, Rel. Min. Paulo de Tarso Sanseverino, ac. 24.08.2016, *DJe* 06.09.2016.

[17] STJ, 4ª T, AgInt nos EDcl no AREsp. 1.273.581/DF, Rel. Min. Lázaro Guimarães, ac. 23.08.2018, *DJe* 29.08.2018.

[18] Direito comparado – Código Civil italiano, art. 1.755; Código Civil argentino, art. 1.350.

[19] VENOSA, Sílvio de Salvo. *Código Civil interpretado cit.*, p. 761. No mesmo sentido: CASES, José Maria Trepat. *In* AZEVEDO, Álvaro Villaça de (coord.). *Código Civil comentado*. São Paulo: Atlas, 2003, v. VIII, p. 113.

Seção VI: Da Corretagem · Cap. III – Obrigações e Remuneração do Corretor | **507**

Normalmente, a remuneração é paga por quem contratou o corretor[20]. Nesse sentido, a jurisprudência do STJ: "em princípio, quem responde pelo pagamento da comissão é aquele que contratou o corretor, ou seja, o comitente"[21]. O STF já decidiu que "a comissão constitui obrigação a cargo de quem incumbe a realização da corretagem. Via de regra, a comissão do corretor é devida pelo vendedor"[22].

A doutrina e a jurisprudência divergem acerca da possibilidade de a comissão ser paga sobre a diferença obtida pelo corretor entre o preço final do negócio e aquele pretendido pelo comitente. É o que se costuma chamar de *over price*. A remuneração, nesse caso, "dá-se pela quantia que ele conseguiu lograr além daquele preço almejado pelo comitente"[23].

Gustavo Tepedino entende ser perfeitamente lícita a estipulação dessa remuneração[24]. Sílvio de Salvo Venosa também aceita essa remuneração, "desde que a forma seja ajustada claramente pelas partes"[25]. Entretanto, o Tribunal de Justiça de São Paulo já entendeu ser "imoral a cláusula constante de contrato de opção, segundo a qual ganharia o corretor tudo quanto excedesse ao preço pedido pelo vendedor. Conseguintemente, deve dita cláusula ser considerada não escrita"[26].

203. REMUNERAÇÃO QUANDO O NEGÓCIO É INICIADO E CONCLUÍDO DIRETAMENTE PELAS PARTES

A comissão é devida ao corretor quando negócio entre as partes é fruto de sua atividade de aproximação. Por isso, "iniciado e concluído o negócio diretamente entre as partes, nenhuma remuneração será devida ao corretor" (CC, art. 726, 1ª parte). Ainda que o comitente tenha contratado um profissional para auxiliá-lo na celebração do negócio jurídico pretendido, não está ele proibido de realizá-lo diretamente. Desde que o faça sem a participação do corretor, estará dispensado de pagar qualquer remuneração.

---

20 "Entre nós, prevalece o entendimento de que habitualmente a comissão é paga pelo comitente ao corretor, haja vista ser aquele quem procura pelos serviços deste" (CASES, José Maria Trepat. *Código Civil comentado*, cit., p. 113).

21 STJ, 4ª T., REsp. 188.324/BA, Rel. Min. Barros Monteiro, ac. 07.03.2002, *DJU* 24.06.2002, p. 307. No mesmo sentido: "2. A obrigação de pagar a comissão de corretagem é daquele que efetivamente contrata o corretor. 3. É o comitente que busca o auxílio do corretor, visando à aproximação com outrem cuja pretensão, naquele momento, esteja em conformidade com seus interesses, seja como comprador ou como vendedor" (STJ, 3ª T., REsp. 1.288.450/AM, Rel. Min. João Otávio de Noronha, ac. 24.02.2015, *DJe* 27.02.2015).

22 STF, 1ª T., RE. 77.800/RS, Rel. Min. Djaci Falcão, ac. 26.11.1973, *DJU* 17.05.1974, p. 3.252.

23 CASES, José Maria Trepat. In: *Código Civil comentado*, cit., p. 113.

24 TEPEDINO, Gustavo. *In: Comentários ao novo Código Civil*, cit., v. X, p. 416. No mesmo sentido: DINIZ, Maria Helena. *Curso de Direito Civil Brasileiro*. 20. ed. São Paulo: Saraiva, 2004, v. III, p. 435.

25 VENOSA, Sílvio de Salvo. *Código Civil interpretado*. 2. ed. São Paulo: Atlas, 2011, p. 762.

26 Acórdão citado por TEPEDINO, Gustavo. *In: Comentários ao novo Código Civil*, cit., p. 416.

508 | Contratos de Colaboração Empresarial • *Humberto Theodoro Jr. e Adriana Theodoro de Mello*

Mas, se o contrato de corretagem possuir cláusula de exclusividade, "terá o corretor direito á remuneração integral, ainda que realizado o negócio sem a sua mediação, salvo se comprovada sua inércia ou ociosidade" (CC, art. 726, parte final).

Nos termos da legislação material, havendo cláusula de exclusividade – denominada de *opção* –, prevista por escrito, ainda que o negócio tenha se iniciado e sido concluído diretamente pelas partes, sem a participação do corretor, terá ele direito à comissão, salvo se comprovada a sua inércia ou ociosidade. Nesse caso, "o simples fato de o negócio ter-se realizado durante o prazo de vigência de contrato que contenha referida cláusula gerará, por consequência, o direito ao corretor de receber a remuneração correspondente"[27]. Apenas a inércia e ociosidade do corretor, ou seja, sua total e completa inação, afasta o direito à remuneração.

O Superior Tribunal de Justiça já assentou o entendimento no sentido de ser devida a comissão, ainda que o negócio tenha sido concluído posteriormente por outro corretor:

> "1. No caso em apreço, a eg. Corte Estadual afirma que: a) a referida compra e venda do imóvel se perfectibilizou; e, b) o próprio agravante admite que houve participação da corretora agravada nas negociações realizadas entre ele, como comprador, e o vendedor do bem, ainda que alegue que tal participação se limitou à apresentação das partes. Assim, não tem relevância o fato de as negociações terem sido posteriormente conduzidas e finalizadas por outro corretor, sendo devido o pagamento da comissão pactuada entre a primeira corretora e o agravante, mesmo porque havia cláusula de exclusividade firmada, por escrito, estipulando o cabimento da comissão ainda que o imóvel fosse adquirido por intermédio de outro corretor ou diretamente do proprietário"[28].

Da mesma forma, aquela Corte Superior entende devida a remuneração se o negócio tiver sido concluído após o prazo de exclusividade: "consoante entendimento desta Corte Superior, a comissão de corretagem é devida se o negócio resultou da atuação do corretor, ainda que efetivado após o término do prazo de exclusividade pactuado"[29].

Com efeito, o que importa é o negócio ter sido realizado em razão da aproximação feita pelo corretor, ainda que as negociações tenham sido dilatadas no tempo. Entretanto, Araken de Assis, trazendo lição de Carvalho de Mendonça, ensina que "se a parte abandona o negócio, depois, com a superveniência de circunstâncias novas e em condições modificadas, a ele volta e o conclui, diretamente ou por meio

---

[27] CASES, José Maria Trepat. *In: Código Civil comentado*, cit., p. 119.

[28] STJ, 4ª T., AgRg no REsp. 1.101.611/SP, Rel. Min. Raul Araújo, ac. 09.08.2011, *DJe* 07.10.2011.

[29] STJ, 4ª T., AgInt. no REsp. 1.331.108/SP, Rel. Min. Lázaro Guimarães, ac. 27.02.2018, *DJe* 06.03.2018.

Seção VI: Da Corretagem • Cap. III – Obrigações e Remuneração do Corretor | 509

de outro corretor, o primeiro corretor procurado não terá direito à comissão"[30]. Para o autor, a análise da alteração das condições do negócio é bastante objetiva e de fácil constatação, para o fim de afastar a remuneração do corretor.

Por fim, é de se destacar que a cláusula de exclusividade deve ser prevista por prazo determinado, "do contrário, imaginar que a exclusividade pudesse prevalecer indefinidamente significaria, por via transversa, admitir limitação abusiva ao direito do proprietário de dispor do que é seu"[31].

204. REMUNERAÇÃO QUANDO O NEGÓCIO É REALIZADO APÓS A EXTINÇÃO DO CONTRATO DE CORRETAGEM

O Código Civil também protege o corretor quando o negócio é celebrado após a extinção do contrato de corretagem, seja pelo decurso do prazo contratual, seja pela dispensa do profissional pelo comitente (resilição unilateral), mas em razão de sua atividade de aproximação. Nesse sentido, o art. 727:

> "Se, por não haver prazo determinado, o dono do negócio dispensar o corretor, e o negócio se realizar posteriormente, como fruto da sua mediação, a corretagem lhe será devida; igual solução se adotará se o negócio se realizar após a decorrência do prazo contratual, mas por efeito dos trabalhos do corretor".

Visa o legislador evitar a má-fé do comitente que, na eminência da celebração do negócio, dispensa o corretor (ou espera o decurso do prazo) para finalizar sozinho o ajuste e não pagar a remuneração devida. Segundo a jurisprudência do STJ, a concessão de prazo ao corretor "destina-se, em realidade, à obtenção de interessados e aproximação entre estes e o comitente"[32].

Assim, basta a aproximação das partes e a conclusão bem-sucedida do negócio jurídico, de tal sorte que, para o STJ, "a participação efetiva do corretor na negociação do contrato é circunstância que não desempenha, via de regra, papel essencial no adimplemento de sua prestação". Nessa esteira, a participação do profissional posterior à aproximação e até a celebração do contrato, não pode ser colocada "como condição para o pagamento da comissão devida pelo comitente"[33].

---

[30] ASSIS, Araken de. *Contratos nominados*, cit., p. 279.

[31] TEPEDINO, Gustavo; BARBOZA, Heloisa Helena; MORAES, Maria Celina Bodin de. *Código Civil interpretado: conforme a Constituição da República*. Rio de Janeiro: Renovar, 2006, v. II, p. 513.

[32] STJ, 4ª T., REsp. EDcl no REsp. 29.286/RJ, Rel. Min. Sálvio de Figueiredo Teixeira, ac. 28.06.1993, *DJU* 11.10.1993, p. 21.323.

[33] STJ, 3ª T., REsp. 1.072.397/RS, Rel. Min. Nancy Andrighi, ac. 15.09.2009, *DJe* 09.10.2009. No mesmo sentido: "O corretor faz jus à remuneração se o negócio agenciado for concluído mesmo após o vencimento do período estabelecido na autorização, desde que com pessoa por ele indicada ainda quando em curso o prazo do credenciamento e nas mesmas bases e condições propostas. O que não se admite é que o mediador, sem concordância do comiten-

205. NEGÓCIO CONCLUÍDO POR MAIS DE UM CORRETOR

Dispõe o art. 728[34], do Código Civil que "se o negócio se concluir com a intermediação de mais de um corretor, a remuneração será paga a todos em partes iguais, salvo ajuste em contrário". Pretende a lei que todos os corretores que participaram na aproximação das partes recebam remuneração que, na ausência de ajuste, será repartida por igual entre eles.

José Maria Trepat Cases, entretanto, entende que cada um dos corretores terá direito a quota proporcional ao valor do serviço prestado. Segundo a autora, não seria justo "que um corretor que despendeu apenas algumas horas de labor em benefício do comitente recebesse a mesma remuneração daquele que perdeu uma semana na busca da efetivação de um negócio entre comitente e terceiro, apenas por terem ambos feito parte da intermediação"[35].

---

te, arregimente pretendentes quando já expirado o lapso temporal ajustado. Se, porém, indicou interessados no prazo da opção, é-lhe devida a comissão, uma vez alcançado o resultado útil como decorrência da atividade de intermediação pelo mesmo desenvolvida" (STJ, 4ª T., REsp. 29.286/RJ, Rel. Min. Sálvio de Figueiredo Teixeira, ac. 27.04.1993, *DJU* 31.05.1993, p. 10.672).

[34] Direito comparado – Código Civil italiano, art. 1.758; Código Civil argentino, art. 1.351.

[35] CASES, José Maria Trepat. In: *Código Civil comentado*, cit., p. 123.

BIBLIOGRAFIA

ABRÃO, Nelson. *Da franquia comercial*. São Paulo: RT, 1984.

_____. A Lei de Franquia Empresarial (n. 8.955, de 15.12.1994). In: WALD, Arnoldo (org.). *Doutrinas Essenciais*: Direito empresarial. São Paulo: Revista dos Tribunais, 2011. v. IV.

AGUIAR JÚNIOR, Rui Rosado de. *Extinção dos contratos por incumprimento do devedor*. Rio de Janeiro: Aide, 1991.

AGUIAR JÚNIOR, Ruy Rosado de. In: TEIXEIRA, Sálvio de Figueiredo (coord.). *Comentários ao novo Código Civil*. Rio de Janeiro: Forense, 2011, v. VI, t. II.

ALPA, Guido; BESSONE, Mario (coords.). *I contratti in generale*: i contratti atipici. Torino: UTET, 1991, v. II, t. 1.

ALVAREZ, Rodolfo Mezzera; RIPPE, Siegbert. *Curso de Derecho Comercial* – Contratos Comerciales. 8. ed. Montevideo: FCV, 2001, t. III.

ALVES, João Luiz. *Código Civil da República dos Estados Unidos do Brasil Anotado*. Rio de Janeiro: F. Briguiet & Cia Editores e Livreiros, 1917.

ALVES, Jones Figueirêdo. In: FIÚZA, Ricardo (coord.). *Novo Código Civil Comentado*. São Paulo: Saraiva, 2002.

AMARAL SANTOS, Moacyr. *Primeiras Linhas*. 5. ed. São Paulo: Saraiva, 1977. v. I.

ARRUDA ALVIM; ASSIS, Araken de; ARRUDA ALVIM, Eduardo. *Comentários ao Código de Processo Civil*. Rio de Janeiro: GZ, 2012.

ASCENSÃO, José de Oliveira. *Direito civil*. Teoria geral. Coimbra: Coimbra Editora, 2001, v. II.

ASSIS, Araken de. In: Miguel Reale, Judith Martins-Costa (coords.). *Contratos nominados*: mandado, comissão, agência e distribuição, corretagem, transporte. São Paulo: Revista dos Tribunais, 2005. v. 2.

_____. *Comentários ao Código Civil Brasileiro*: do direito das obrigações. Rio de Janeiro: Forense, 2007. v. 5.

AZEVEDO, Álvaro Villaça. Validade de denúncia em contrato de distribuição sem pagamento indenizatório. *Revista dos Tribunais*, v. 737, mar./1997.

_____ (coord.). *Código Civil Comentado*. São Paulo: Atlas, 2003. v. II.

AZEVEDO, Antônio Junqueira de. Princípios do novo direito contratual e desregulamentação do mercado (parecer). *Revista dos Tribunais*, v. 750, p. 117.

BALDI, Roberto. *Il contratto di agenzia*. La concessione di vendita – Il franchising. 6. ed. Milão, 1997.

BALDASSARI, Augusto. *Il contratto di agenzia*. Padova: Cedam, 2000.

_____. *I contratti di distribuzione*: agenzia, mediazione, concessione di vendita, franchising. Padova: CEDAM, 1989.

BALDASSARI, Augusto. In: ALPA, Guido; BESSONE, Mario (coords). *I contratti in generale:* i contratti atipici. Torino: UTET, 1991. v. II, t. 1.

BARBOSA, Jaércio Alex Silva; MARIOTTO, Fabio Luiz. Aspectos determinantes para a internacionalização no *franchising*: um estudo com franquias brasileiras. In: MELO, Pedro Lucas de Resende; ANDREASSI, Tales (orgs.). *Franquias Brasileiras*. Estratégia, empreendorismo, inovação e internacionalização. São Paulo: Cengage Learning, 2017.

BEHAR-TOUCHAIS, Martine; VIRASSAMY, Georges. *Les contrats de la distribution*. Paris: LGDJ, 1999.

BENSOUSSAN, Hubert. *Le droit de la franchise*. 2. ed. s. l. França: Apogée, 1999.

BESSIS, Philippe. *Le contrat de franchisage*. Paris: LGDJ, 1992.

BESSONE, Darcy. *Do contrato*. Teoria geral. 4. ed. São Paulo: Saraiva, 1997.

BEVILAQUA, Clóvis. Comissão mercantil. *Revista Forense*, v. 44, jan.-jun./1925.

_____. *Código Civil dos Estados Unidos do Brasil Comentado*. Rio de Janeiro: Paulo de Azevedo, 1957, v. V

BITTAR, Carlos Alberto. *Contratos comerciais*. Rio de Janeiro: Forense Universitária, 1990.

_____. *Contratos comerciais*. 2. ed. Rio de Janeiro: Forense Universitária, 1994.

BORGES, João Eunápio. *Curso de direito comercial terrestre*. 5. ed. Rio de Janeiro: Forense, 1971.

BORINI, Felipe Mendes; ROCHA, Thelma Valéria; SPERS, Eduardo Eugênio. Desafios para a internacionalização das franquias brasileiras: um *survey* com franquias internacionalizadas. In: MELO, Pedro Lucas de Resende; ANDREASSI, Tales (orgs.). *Franquias Brasileiras*. Estratégia, empreendedorismo, inovação e internacionalização. São Paulo: Cengage Learning, 2017.

BORTOLOTTI, Fabio. Caratteristiche e funzione dei contratti di distribuzione. In: BORTOLOTTI, Fabio (coord.). *Contratti di distribuzione*. Milanofiori Assago: Wolters Kluwer, 2016.

BRITO, Maria Helena. *O contrato de concessão comercial*. Coimbra: Almedina, 1990.

BRUDEY, Nathalie; DUCROCQ, Cédric. *La distribution*. 2. ed. Paris: Vuibert, 1998.

BUENO, Francisco da Silveira. *Minidicionário da língua portuguesa*. Ed. s/n rev. e atual. por PEREIRA, Helena Bonito C.; SIGNER, Rena. São Paulo: FTD, 1996.

BUISSON, Bernard; LACGER, Michel de; MARSAC, Xavier Tandeau de. *Étude sur le contrat de concessión exclusive*. Paris: Sirey, 1968.

BULGARELLI, Waldirio. *Contratos mercantis*. 5. ed. São Paulo: Atlas, 1990.

_____. *Contratos mercantis*. 11. ed. São Paulo: Atlas, 1999.

_____. *Contratos nominados* – doutrina e jurisprudência. São Paulo: Saraiva, 1995.

_____. Comissão Mercantil. *Enciclopédia Saraiva de Direito*. São Paulo: Saraiva, 1977, v. 16.

BUSSANI, Mauro; CENDON, Paolo. *I contratti nuovi*: leasing, factoring, franchising. Milão: Giuffrè, 1989.

BUSSI, Jack. *Droit des affaires* Paris: Dalloz-Presses de Sciences Po, 1998.

CAGNASSO, Oreste; COTTINO, Gastone. Contratti Commerciali. *Trattato di Diritto Commerciale*. Padova: CEDAM, 2000, v. IX.

CAHALI, Yussef Said. Mandato judicial. In: CAHALI, Yussef Said (coord.). *Contratos nominados* – doutrina e jurisprudência. São Paulo: Saraiva, 1995.

CALÁBRIA, Marco Antônio Rocha. *Representação comercial no Mercosul:* harmonização legislativa e solução de controvérsias. Campinas: Editora Alínea, 2002.

CAMPOBASSO, Franco. *Diritto Commerciale* – Contratti Titoli di Credito. Procedure Concorsuali. 3. ed. Torino: UTET, 2001.

CARINGELLA, Francesco; MARZO, Giuseppe de. *Manuale di diritto civile*. Milão: Giuffè, 2008. v. III.

_____; _____. *Manuale di Diritto Civile*. Le obbligazioni. 2. ed. Milão: Giuffrè Editore, 2008. v. II.

CARLUCCI, Aída Kemelmajer de. Aproximación al franchising – especial referencia al régimen de la responsabilidad civil. *Revista de Direito Civil*, São Paulo: Revista dos Tribunais, v. 60.

CARRIGUES, Joaquím. *Curso de Derecho Mercantil*. 7. ed. Bogotá: Temis, 1987. t. IV.

CARVALHO DE MENDONÇA, José Xavier. *Tratado de direito comercial brasileiro*. 4. ed. Rio de Janeiro: Freitas Bastos, 1947. v. 2.

CARVALHO NETO, Antônio. *Contrato de mediação*. São Paulo: Saraiva, 1956.

CARVALHO SANTOS, J. M. de. *Código Civil Brasileiro Interpretado*. 7. ed. Rio de Janeiro: Freitas Bastos, 1958. v. XVIII.

CASES, José Maria Trepat. In: AZEVEDO, Álvaro Villaça de (coord.). *Código Civil comentado*. São Paulo: Atlas, 2003. v. VIII.

CHAMPAUD, Claude. La Concession Commerciale. *Revue Trimestrielle de Droit Commercial*. Paris: Sirey, 1963.

CIAN, Giorgio; TRABUCCHI, Alberto. *Commentario breve al Codice Civile*. 4. ed. Padova: CEDAM, 1996.

COELHO, Fábio Ulhoa. Considerações sobre a lei da franquia. *Revista da ABPI*, nº 16, mai.-jun./1995.

COELHO, Fábio Ulhoa. *Curso de direito comercial e legislação complementar anotados*. São Paulo: Saraiva, 2000. v. III.

COMPARATO, Fábio Konder. Franquia e concessão de venda no Brasil: da consagração ao repúdio? *Revista de Direito Mercantil*. São Paulo: Revista dos Tribunais, 1975. v. 18, ano XIV.

COUTO E SILVA, Clóvis Veríssimo do. *A obrigação como processo*. São Paulo: Bushatsky, 1976.

DANTAS, San Tiago. *Programa de direito civil*. Rio de Janeiro: Ed. Rio, 1999. v. II.

DELGADO, José Augusto. In: ALVIM, Arruda; ALVIM, Thereza. *Comentários ao Código Civil Brasileiro*. Rio de Janeiro: Forense, 2008. v. II.

DE PLÁCIDO E SILVA. *Noções práticas de direito comercial*. 11. ed. Rio de Janeiro: Forense, 1960. v. I.

_____. *Tratado de Mandato e prática das procurações*. 3. ed. Rio de Janeiro: Forense, 1959. v. II.

_____. *Vocabulário jurídico*. 9. ed. Rio de Janeiro: Forense, 1986. v. I.

DINIZ, Maria Helena. *Curso de direito civil brasileiro*. 5. ed. São Paulo: Saraiva, 1988. v. III.

_____. *Tratado Teórico e Prático dos Contratos*. 4. ed. São Paulo: Saraiva, 2002. v. III.

_____. *Curso de Direito Civil Brasileiro*. 20. ed. São Paulo: Saraiva, 2004. v. III.

DISSAUX, Nicolas; LOIR, Romain. *Droit de la distribuition*. Issy-les-Molineaux: LGDJ, 2017.

DUTILLEUL, François Collart; DELLEBECQUE, Philippe. *Contrats civils et commerciaux*. 2. ed. Paris: Dalloz, 1993.

EBERT, Paula Narita; FROEMMING, Lurdes Marlene Seide. Franquia virtual um novo canal de distribuição no varejo brasileiro: o caso da magazine você. *Revista Espacios*, v. 37, ano 2016. Disponível em: http://www.revistaespacios.com/a16v37n11/16371121.html. Acesso em 03.12.2018.

FARIAS, Cristiano Chaves de; ROSENVALD, Nelson. *Curso de Direito Civil, parte geral e LINDB*. 13. ed. São Paulo: Atlas, 2015. v. 1.

FELIPE, Jorge Franklin Alves; ALVES, Geraldo Magela. *O novo Código Civil anotado*. Rio de Janeiro: Forense, 2002.

FERRARA, Francesco. *Interpretação e aplicação das leis*. Trad. Manuel A. Domingases de Andrade. 3. ed. Coimbra: Arménio Amado, 1978.

FERREIRA, Waldemar. *Tratado de Direito Comercial*. São Paulo: Saraiva, 1960. v. II.

_____. *Tratado de Direito Comercial*. São Paulo: Saraiva, 1963. v. XI.

_____. Aspectos econômicos e financeiros do contrato de comissão mercantil. *Revista de Direito Mercantil*, t. III, nº 2, (1ª série).

FERRI, Giuseppe. *Manuale di Diritto Commerciale*. 9. ed. Torino: UTET, 1994.

FERRIER, Didier. *Droit de la distribution*. 3. ed. Paris: Litec, 2002.

FIGUEIREDO, Helena Lanna. *Responsabilidade civil do terceiro que interfere na relação contratual*. Belo Horizonte: Del Rey, 2009.

FONSECA, Arnoldo Medeiros da. *Direito de Retenção*. Rio de Janeiro: Forense, 1957.

FORGIONI, Paula A. *Contrato de distribuição*. 3. ed. São Paulo: Revista dos Tribunais, 2014.

FORMIGGINI, Aldo. *Il contratto di agenzia*. 2. ed. Torino: UTET, 1958.

FOURGOUX, Jean-Claude. *Droit du Marketing*. Paris: Dalloz, 1974.

FOURNIER, Frédéric. *L'agence commerciale*. Paris: Litec, 1998.

FRANÇA, Pedro Arruda. *Contratos atípicos*. 2. ed. Rio de Janeiro, Forense, 1989.

_____. *Contratos atípicos*. 3. ed. Rio de Janeiro: Forense, 2000.

FRANÇA, Rubens Limongi. *Enciclopédia Saraiva do Direito*. São Paulo: Saraiva, 1979. v. 21.

_____. *Instituições de Direito Civil*. São Paulo: Saraiva, 1988.

_____. Analogia. *Enciclopédia Saraiva de Direito*. São Paulo: Saraiva, 1977, v. VI.

_____ (coord.). *Enciclopédia Saraiva de Direito*. São Paulo: Saraiva, 1978, verbete *analogia*, v. VI.

FRIGNANI, Aldo. *Il contratto di franchising. Orientamenti giurisprudenziali prima e dopo la legge 129 del 2004*. Milão: Giuffrè, 2012.

_____. *Il contratto di franchising*. Milão: Giuffrè, 1999.

FROMONT, Michel. *Droit allemand des affaires. Droit des biens et des obligations. Droit commercial et du travail*. Paris: Montchrestien, 2001.

GAGLIANO, Pablo Stolze; PAMPLONA FILHO, Rodolfo. Mandato, procuração e representação no Novo Código Civil brasileiro. *Revista Magister de Direito Civil e Processual Civil*, nº 50, set.-out./2012.

GERI, Lina Bigliazzzi; BRECCIA, Umberto; BUSNELLI, Francesco; NATOLI, Ugo. *Diritto Civile* – Obbligazioni e Contratti. 3. ed. Torino: UTET, 1995. v. III.

GHESTIN, Jacques, *et al. Traité de droit civil* – les effets du contrat. 2. ed. Paris: LGDJ, 1994.

GHESTIN, Jacques. "Avant propos". In: JAMIN, Christophe, MAZEAUD, Denis. *La Nouvelle Crise du Contrat*. Paris: Dalloz, 2003.

GHEZZI, Giorgio. *Del contratto di agenzia. Commentario del codice civile* – Libro Quarto, Delle Obbligazioni. Bologna: Roma, Zanichelli, 1970.

GIERKE, Julius Von. *Derecho comercial y de la navegación*. Trad. Juan M. Semon. Buenos Aires: Editora Argentina, 1957. v. I.

GIGLIOTTI, Batista Salgado. O funcionamento do sistema de *franchising*. In: MELO, Pedro Lucas de Resende; ANDREASSI, Tales (orgs.). *Franquias Brasileiras*. Estratégia, empreendedorismo, inovação e internacionalização. São Paulo: Cengage Learning, 2017.

GIORCELLI, Mariaelena. La nozione di agente di commercio. In: BORTOLOTTI, Fabio (coord.). *Contratti di distribuzione*. Milanofiori Assago: Wolters Kluwer, 2016.

GOMES, Luiz Roldão de Freitas. *Contrato*. 2. ed. Rio de Janeiro: Renovar, 2002.

GOMES, Orlando. *Contratos*. 25. ed. Rio de Janeiro: Forense, 2002.

_____. *Contratos*. 26. ed. Rio de Janeiro: Forense, 2007.

_____. *Introdução ao direito civil*. 18. ed. Rio de Janeiro: Forense, 2002.

GONÇALVES, Carlos Roberto. *Direito Civil brasileiro*. 10. ed. São Paulo: Saraiva, 2012. v. 1.

GONÇALVES, Marcus Vinícius Rios. Arts. 653 a 692. In: ARRUDA ALVIM; ALVIM, Thereza; CLÁPIS, Alexandre Laizo (coords.). *Comentários ao Código Civil Brasileiro*. Rio de Janeiro: Forense, 2009. v. VI.

GONÇALVES NETO, Alfredo de Assis. *Direito de empresa*. Comentários aos artigos 966 a 1.195 do Código Civil. 2. ed. São Paulo: Revista dos Tribunais, 2008.

GRAEFF JÚNIOR, Cristiano. Contrato de concessão comercial e a Lei nº 6.729, de 28/11/79. *Ajuris – Revista da Associação de Juízes do Rio Grande do Sul*, Porto Alegre, v. 20, ano VII, nov./1980.

GRAZIADEI, Michele. verbete "Mandato". *Digesto*. 4. ed. ristampa, Torino: UTET, 1996. v. XI.

GUERRA, Alexandre Freire. Relacionamentos, incentivos e conflitos em franquias. In: MELO, Pedro Lucas de Resende; ANDREASSI, Tales (orgs.). *Franquias Brasileiras. Estratégia, empreendedorismo, inovação e internacionalização*. São Paulo: Cengage Learning, 2017.

GUERREIRO, José Alexandre Tavares. Aplicação analógica da lei dos revendedores. *Revista de Direito Mercantil*. São Paulo: Revista dos Tribunais, v. 49, ano XXII, jan.-mar./1983.

GUYÉNOT, Jean. *Les Contrats de Concession Commerciale* Paris: Librairie Sirey, 1968.

GUYON, Yves. *Droit des affaires* – droit commercial géneral et societies. 10. ed. Paris: Econômica, 1998. t. 1.

HAICAL, Gustavo Luís da Cruz. O contrato de agência e seus elementos caracterizadores. *Revista dos Tribunais*, v. 877, ano 97, p. 61, nov./2008.

_____. A extinção do contrato de agência e os modelos de proteção ao agente no âmbito do Direito Europeu. *Revista de Direito Privado*. São Paulo, nº 49, jan.-mar./2012.

HALLEY, Paul Louis. Prefácio. In: BRUDEY, Nathalie; DUCROCQ, Cédric. *La distribution*. 2. ed. Paris:Vuibert, 1998.

HASSLER. L'intérêt commun. *Rev. Trim. Droit Commerciale*, 1984.

HOCSMAN, Heriberto S. *Contrato de concesión comercial*. Buenos Aires: La Rocca, 1994.

HOUAISS, Antonio. *Dicionário Houaiss da Língua Portuguesa*. Rio de Janeiro: Objetiva, 2001, verbetes preponente e proponente.

JOSSERAND. *Derecho Civil*. Buenos Aires: EJEA, 1950. t. II, v. I.

LAMY, Marcelo. *Franquia pública*. São Paulo: Juarez de Oliveira, 2002.

LANGLE Y RUBIO, Emilio. *Manual de Derecho Mercantil Español*. Barcelona: Bosch, 1959. v. III.

LARENZ, Karl. *Derecho de obrigaciones*. Tradução espanhola de Jaime Santos Briz. Madri: Revista de Derecho Privado, 1958. t. I.

LEÃES, Luiz Gastão Paes de Barros. Denúncia de contrato de franquia por tempo indeterminado. *Revista dos Tribunais*. São Paulo, v. 719, set./1995.

_____. Denúncia de contrato de franquia por tempo indeterminado. In: WALD, Arnoldo (org.). *Doutrinas Essenciais*: Direito empresarial. São Paulo: Revista dos Tribunais, 2011. v. IV.

LEBRETON, Sylvie. *L'exclusivité contractuelle et les comportements opportunistes*. Paris: Litec, 2002.

LEITE, Roberto Cintra. *Franchising. Na criação de novos negócios*. São Paulo: Atlas, 1990.

LELOUP, Jean-Marie. *La franchise*: droit et pratique. 2. ed. Paris: Delmas, 1991.

_____. *Agents commerciaux*. 5. ed. Paris: Delmas, 2001.

LILLA, Paulo Eduardo. *O abuso de direito na denúncia dos contratos de distribuição: O entendimento dos Tribunais Brasileiros e as disposições do novo Código Civil*. Disponível em: http://www.socejur.com.br/artigos/contratos.doc. Acesso em 29.07.2002.

LISBOA, Roberto Senise. *Manual de Direito Civil*. 5. ed. São Paulo: Saraiva, 2010. v. 3.

LOBO, Jorge. *Contrato de* franchising. Rio de Janeiro: Forense, 1997.

LÔBO, Paulo. *Comentários ao Estatuto da Advocacia e da OAB*. 4. ed. São Paulo: Saraiva, 2007.

LOPES, Miguel Maria de Serpa. *Curso de Direito Civil*: fonte das obrigações. Contratos. 5. ed. Rio de Janeiro: Freitas Bastos, 1999. v. IV.

LOTUFO, Renan. *Questões relativas a mandato, representação e procuração*. São Paulo: Saraiva, 2001.

_____. *Código Civil comentado*. São Paulo: Saraiva, 2003. v. 1.

MACHADO, Tiziane (org.). *Manual Jurídico para franqueadores e franqueados.* São Paulo: Aleph, 2006.

MAIA JÚNIOR, Mairan Gonçalves. *A representação no negócio jurídico.* São Paulo: Revista dos Tribunais, 2001.

MAMEDE, Gladston. *Direito empresarial brasileiro:* Empresa e atuação empresarial. 3. ed. São Paulo: Atlas, 2009. v. I.

MARMITT, Arnaldo. *Mandato.* Rio de Janeiro: Aide, 1992.

MARQUES, José Frederico. *Manual de direito processual civil.* 9. ed. Rio de Janeiro: Forense, 1987. v. I.

_____. *Manual de direito processual civil.* Campinas: Bookseller, 1997. v. I.

MARTINS-COSTA, Judith. In: TEIXEIRA, Sálvio de Figueiredo (coord.). *Comentários ao novo Código Civil.* 2. ed. Rio de Janeiro: Forense, 2009. v. V, t. II.

_____. *A boa-fé no direito privado*: sistema e tópica no processo obrigacional. São Paulo: Revista dos Tribunais, 1999.

MARTINS, Fran. *Curso de direito comercial.* 20. ed. Rio de Janeiro: Forense, 1994.

_____. *Contratos e obrigações comerciais.* 18. ed. rev., atual. e ampl. por DINIZ, Gustavo Saad, Rio de Janeiro: Forense, 2018.

MARTINS, Sérgio Pinto. *Direito do trabalho.* 12. ed. São Paulo: Atlas, 2000.

MATTIA, Fábio Maria de. *Aparência de representação.* São Paulo: Livraria Editora Jurídica Gaetano Didenetto Ltda., 1999.

MAXIMILIANO, Carlos. *Hermenêutica e Aplicação de Direito.* 18. ed. Rio de Janeiro: Forense, 1999.

MEDEIROS, Murilo Tadeu. *Direitos e obrigações do representante comercial.* Curitiba: Juruá, 2002.

MELLO, Adriana Mandim Theodoro de. *Franquia empresarial.* Rio de Janeiro: Forense, 2001.

MELLO, Marcos Bernardes de. *Teoria do fato jurídico, plano da validade.* 2. ed. São Paulo: Saraiva, 1997.

MELO, Claudineu de. *Contrato de distribuição.* São Paulo: Saraiva, 1987.

MELO, Pedro Lucas de Resende; ANDREASSI, Tales (orgs.). *Franquias Brasileiras.* Estratégia, empreendedorismo, inovação e internacionalização. São Paulo: Cengage Learning, 2017.

MENDONÇA, José Xavier Carvalho de. *Tratado de direito comercial brasileiro.* 5. ed. Rio de Janeiro: Freitas Bastos, 1956. v. VI, 2ª parte.

_____. *Tratado de direito comercial brasileiro*. 5. ed. Rio de Janeiro: Freitas Bastos, 1953. v. I.

_____. *Tratado de direito comercial brasileiro*. Rio de Janeiro: Freitas Bastos, 1945. v. 2, Livro I.

MESSINEO, Francesco. *Doutrina general del contrato*. Buenos Aires: EJEA, 1986. v. I.

MILMAN, Fabio. *Franchising*. Porto Alegre: Livraria do Advogado, 1996.

MONTEIRO, António Pinto. *Contrato de agência*. 4. ed. Coimbra: Almedina, 2000.

MONTEIRO, Washington de Barros. *Curso de Direito Civil*: direito das obrigações. 34. ed. São Paulo: Saraiva, 2003. v. V, 2ª parte.

_____. *Curso de direito civil*: direito das obrigações. 35. ed. São Paulo: Saraiva, 2007. v. 5.

MORELLO, Augusto M. *Ineficacia y Frustración del Contrato*. La Plata-Buenos Aires: Platense-Abeledo-Perrot, 1975.

MUÑOZ, Luis. *Derecho Comercial*. Contratos. Buenos Aires: Tipográfica Editora Argentina, 1960. v. II.

MUÑOZ, Teresa Puente. *El Contrato de Concesión Mercantil*. Madrid: Montecorvo, 1976, *apud* AZEVEDO, Álvaro Villaça. Validade de denúncia em contrato de distribuição sem pagamento indenizatório. *Revista dos Tribunais*, v. 737, mar./1997.

NADER, Paulo. *Curso de Direito Civil*. Rio de Janeiro: Forense, 2005. v. III.

_____. *Curso de Direito Civil*. 5. ed. Rio de Janeiro: Forense, 2008. v. 1.

NEGRÃO, Theotonio, GOUVÊA, José Roberto F.; BONDIOLI, Luis Guilherme A.; FONSECA, João Francisco N. da. *Código Civil e legislação civil em vigor*. 36. ed. São Paulo: Saraiva, 2018.

NEGREIROS, Teresa. *Teoria do contrato: novos paradigmas*. Rio de Janeiro: Renovar, 2002.

NETO, Abilio. *Contratos comerciais*. Lisboa: Ediforum, 2002.

OLIVEIRA, Carlos Alberto Hauer. Contrato de distribuição. In: COELHO, Fábio Ulhoa. *Tratado de direito comercial*. São Paulo: Saraiva, 2015. v. 5.

OLIVEIRA, Eduardo Ribeiro de. In: TEIXEIRA, Sálvio de Figueiredo (coord.). *Comentários ao novo Código Civil*. Rio de Janeiro: Forense, 2008. v. II.

PAOLA, Leonardo Sperb de. Sobre a denúncia dos contratos de distribuição, concessão comercial e franquia. *Revista Forense*, v. 94, nº 343, jul.-ago.-set./1998.

PARDOLESI, Roberto. *I contratti di distribuzione*. Napoli: Jovene, 1979.

PENTEADO, Luciano de Camargo. *Efeitos contratuais perante terceiros*. São Paulo: Quartier Latin, 2007.

PEREIRA, Caio Mário da Silva. *Instituições de Direito Civil*. 10. ed. Rio de Janeiro: Forense, 1997. v. III.

_____. *Instituições de Direito Civil*: contratos. 11. ed. Rio de Janeiro: Forense, 2003. v. III.

_____. *Instituições de Direito Civil*: contratos. 22. ed. rev. e atual. por Caittin Mulholland. Rio de Janeiro: Forense, 2018. v. III.

PEREIRA, Paulo Sérgio Veltem. *Contratos: Tutela judicial e novos modelos decisórios*. Porto Alegre: Juruá, 2018.

PERLINGIERI, Pietro. *Manuale di diritto civile*. Napoli: Edizioni Scientifiche Italiane, 1997.

PETERS, Lena; SCHNEIDER, Marina. Le contrat de franchisage. *Revue de Droit Uniforme*, Unidroit, 1º semestre 1985.

PLÁ, Daniel. *Tudo sobre franchising*. Rio de Janeiro: Senac, 2001.

PONTAVICE, Emmanuel; DUPICHOT, Jacques. Théorie générale du droit des affaires, actes de commerce et entreprises, commerçants, fonds de commerce, droit comptable, concurrence, baux commerciaux. In: JUGLART, Michel de; IPPOLITO, Benjamin (coords.). *Traité de droit comercial*. 4. ed. Paris: Montchrestien, 1988.

PONTES DE MIRANDA, Francisco Cavalcanti. *Tratado de direito privado*. 2. ed. Rio de Janeiro: Borsoi, 1963. t. XLIV.

_____. *Tratado de Direito Privado*. São Paulo: Revista dos Tribunais, 2012. v. XLIII.

PRIOTTI, Margherita. Diritti ed obblighi dele parti. In: BORTOLOTTI, Fabio (coord.). *Contratti di distribuzione*. Minalanofiori Assago: Wolters Kluwer, 2016.

REALE, Miguel. *Temas de direito positivo*. São Paulo: Revista dos Tribunais, 1992.

_____. *O Projeto do Novo Código Civil*. 2. ed. São Paulo: Saraiva, 1999.

REQUIÃO, Rubens. O Contrato de concessão de venda com exclusividade (Concessão Comercial). *Revista de Direito Mercantil*. São Paulo, nº 7, 1972.

_____. Projeto de Código Civil. Apreciação crítica sobre a Parte Geral e o Livro I (Das Obrigações). *Revista dos Tribunais*, v. 477, jul./1975.

_____. O contrato de concessão de venda com exclusividade. *Revista Forense.* Rio de Janeiro: Forense, v. 239, ano 68, jul.-ago.-set./1972.

_____. *Nova regulamentação da representação comercial.* 2. ed. São Paulo: Saraiva, 2003.

_____. *Do representante comercial.* 5. ed. Rio de Janeiro: Forense, 1994.

_____. *Curso de direito comercial.* 21. ed. São Paulo: Saraiva, 1993. v. I.

RIBEIRO, Márcia Pereira. Teoria geral dos contratos empresariais. In: COELHO, Fábio Ulhoa (coord.). *Tratado de direito comercial.* São Paulo: Saraiva, 2015.

RIPERT, Georges. *Le Régime Democratique et le droit civil moderne.* 2. ed. Paris: Libr. Générale de Droit et de Jurisprudence, 1948.

_____. *Traité Élémentaire de Droit Comercial.* Paris: LGDJ, 1960. v. II.

RIVAROLA, Mario A. *Tratado de derecho comercial argentino.* Buenos Aires: Compañia Argentina de Editores, 1939. t. III.

RIZZARDO, Arnaldo. *Contratos.* 6. ed. Rio de Janeiro: Forense, 2006.

ROCHA, João Luiz Coelho da. Representação Comercial e Distribuição Comercial – Importância dos Traços Distintivos. *Revista de Direito Mercantil,* v. 101, jan.-mar./1996.

RODRIGUES, Claudia Regina; ANDREASSI, Tales. Competitividade das franquias no segmento de perfumaria e cosméticos: o caso "Água de Cheiro, Antídoto, Contém 1g, Mahogany e O Boticário". In: MELO, Pedro Lucas de Resende; ANDREASSI, Tales (orgs.). *Franquias Brasileiras.* Estratégia, empreendedorismo, inovação e internacionalização. São Paulo: Cengage Learning, 2017.

RODRIGUES, Silvio. *Direito Civil.* 28. ed. São Paulo: Saraiva, 2002. v. III.

_____. *Direito civil: parte geral.* 32. ed. São Paulo: Saraiva, 2002. v. 1.

ROPPO, Enzo. *O contrato.* Coimbra: Almedina, 1988.

ROQUE, Sebastião José. *Do contrato de franquia empresarial.* São Paulo: Ícone, 2012.

ROTONDI, Mario. *Istituzioni di Diritto Privato.* Milão: Casa Editrice Ambrosiana, 1945.

RUGGIERI, Arianna. Il quadro normativo generale. In: BORTOLOTTI, Fabio (coord.). *Contratti di distribuzione.* Milanofiori Assago: Wolters Kluwer, 2016.

RUSSOMANO, Mozart Victor. *Comentários à CLT.* Rio de Janeiro: Forense, 1990. v. 1.

SAAD, Ricardo Nacim. *Representação comercial.* 5. ed. São Paulo: Saraiva, 2014.

SAITOVITCH, Ghedale. *Comentários à lei do representante comercial.* Porto Alegre: Livraria do Advogado, 1999.

SALEILLES. *De la déclaration de volonté.* Paris: LGDJ, 1929.

SANTOS, Marília Lourido dos. Políticas públicas (econômicas) e controle. *Revista Cidadania e Justiça,* AMB, Brasília, nº 12, 2º semestre/2002.

SARACINI, Eugenio. *Il contratto d'agenzia.* Código civile. Milão: Giuffrè, 1987.

SARACINI, Eugenio; TOFFOLETTO, Franco. *Il Codice Civile Commentario.* Il contrato d'agenzia. 4. ed. Milão: Giuffrè, 2014.

SAVATIER, René. *Droit civil et droit public.* Paris: LGDJ, 1950.

SCHERKERKEWITZ, Iso Chaitz. *Contratos de distribuição.* São Paulo: Revista dos Tribunais, 2011.

SCHLENSINGER, Andrea Torrente e Piero. *Manuale di diritto privato.* 17. ed. Milão: Giuffrè, 1999.

SILVA, Clovis Veríssimo do Couto e. *A obrigação como processo.* São Paulo: José Bushatsky, 1976.

SILVEIRA, Cláudio Vieira da. Franchising. Guia Prático. 2. ed. Curitiba: Juruá, 2012.

SILVEIRA, Newton. In: BITTAR, Carlos Alberto (coord.). *Novos Contratos Empresariais.* São Paulo: Revista dos Tribunais, 1990.

SIMÃO FILHO, Adalberto. Franchising. *Aspectos jurídicos e contratuais.* 3. ed. São Paulo: Atlas, 1998.

SOUZA, Valéria Bononi Gonçalves de. In: ARRUDA ALVIM, José Manoel; ALVIM, Thereza (coords.). *Comentários ao Código Civil Brasileiro.* Rio de Janeiro: Forense, 2004. v. VII.

SZTAJN, Rachel. In: AZEVEDO, Álvaro Villaça (coord.). *Código Civil Comentado:* direito de empresa. São Paulo: Atlas, 2008. v. XI.

TARTUCE, Flávio. *Direito Civil. Teoria geral dos contratos e contratos em espécie.* 12. ed. Rio de Janeiro: Forense, 2017. v. 3.

_____. *Direito Civil.* 12. ed. Rio de Janeiro: Forense, 2017. v. 2.

_____. *Direito Civil.* Lei de introdução e parte geral. 13. ed. Rio de Janeiro: Forense, 2017. v. 1.

TEPEDINO, Gustavo. Das várias espécies de contrato. Do mandato. Da comissão. Da agência e distribuição. Da corretagem. Do transporte. Arts. 653 a 756. In:

TEIXEIRA, Sálvio de Figueiredo (coord.). *Comentários ao novo Código Civil*. Rio de Janeiro: Forense, 2008. v. X.

_____; BARBOZA, Heloisa Helena; MORAES, Maria Celina Bodin de. *Código Civil interpretado*: conforme a Constituição da República. Rio de Janeiro: Renovar, 2004. v. I.

_____; BARBOZA, Heloisa Helena; MORAIS, Maria Celida Bodin. *Código Civil interpretado*: conforme a Constituição da República. Rio de Janeiro: Renovar, 2006. v. II.

_____; OLIVA, Milena Donato. Autonomia da representação voluntária no direito brasileiro e determinação da disciplina que lhe é aplicável. *Revista Magister de Direito Civil e Processual Civil*, nº 72, maio-jun./2016.

_____. A técnica da representação e os novos princípios contratuais. *Revista Forense*, v. 386, jul.-ago./2006.

THEODORO JÚNIOR, Humberto. O contrato de seguro e a regulação do sinistro. *Revista Síntese de direito civil e processual civil*. Porto Alegre, nº 30, jul.-ago./2004.

_____. *O contrato e sua função social*. 4. ed. Rio de Janeiro: Forense, 2014.

THEODORO NETO, Humberto. *Efeitos externos do contrato*: direitos e obrigações na relação entre contratantes e terceiros. Rio de Janeiro: Forense, 2007.

TORRENTE, Andrea; SCHLENSINGER, Piero. *Manuale di diritto privato* 4. ed. Milão: Giuffrè, 1995.

TRABUCCHI, Alberto. *Istituzioni di diritto civile*. 38. ed. Milão: Cedam, 1998.

VENOSA, Silvio de Salvo. *Direito civil*. Parte geral. 8. ed. São Paulo: Atlas, 2008. v. 1.

_____. *Direito Civil*: contratos em espécie. 8. ed. São Paulo: Atlas, 2008. v. III.

_____. *Código Civil Interpretado*. 2. ed. São Paulo: Atlas, 2011.

VIGO, Rodolfo L. *Interpretación jurídica*. Buenos Aires: Rubinzal-Culzoni, 1999.

VINCENZO, Cuffaro. *Modulo Contratti*. Milão: IPSOA, 2001.

VIVANTE, Cesare. *Trattato di diritto commercialle*. Milão: F. Vallardi, 1928. v. I.

WALD, Arnoldo. *Curso de Direito Civil Brasileiro*. Obrigações e contratos. 5. ed. São Paulo: RT, 1979.

_____. *Curso de direito civil brasileiro*. Obrigações e contratos. 10. ed. São Paulo: Revista dos Tribunais, 2000.

_____ (org.). *Doutrinas essenciais*: direito empresarial. São Paulo: Revista dos Tribunais, 2011. v. IV.

_____; CAVALCANTI, Ana Elizabeth L. W.; PAESANI, Liliana Minardi. *Direito civil:* contratos em espécie. 20. ed. São Paulo: Saraiva, 2015. v. 3.

_____; CAVALCANTI, Ana Elizabeth L. W.; PAESANI, Liliana Minardi. *Direito Civil.* 14. ed. São Paulo: Saraiva, 2015. v. 1.

_____. A evolução do contrato no terceiro milênio e o novo Código Civil. In: ALVIM, Arruda; CERQUEIRA, Joaquim Portes; ROSAS, Roberto (coord.). *Aspectos controvertidos do novo Código Civil.* São Paulo: RT, 2003.

WAMBIER, Teresa Arruda Alvim; CONCEIÇÃO, Maria Lúcia Lins; RIBEIRO, Leonardo Ferres da Silva; MELLO, Rogerio Licastro Torres de. *Primeiros comentários ao Novo Código de Processo Civil*: artigo por artigo. 2. ed. São Paulo: Revista dos Tribunais, 2016.

ZANETTI, Ana Carolina Devito Dearo. *Contrato de distribuição:* o inadimplemento recíproco. São Paulo: Atlas, 2015.

ÍNDICE ALFABÉTICO DE ASSUNTOS
(Os números referem-se aos itens)

Abuso de direito
- v. "concessão comercial na revenda de veículos"
- v. "contratos de distribuição"
- v. "deveres do agente e do preponente"
- v. "franquia"

Agência
- v. "contrato de agência e distribuição"

Agente
- v. "contrato de agência e distribuição"
- v. "deveres do agente e do preponente"
- v. "representante"

Aviamento
- v. "clientela"

Boa-fé
- v. "deveres do agente e do preponente"
- v. "princípios"

Circular de Oferta de Franquia
- v. "franquia"
- anulabilidade: 187
- circular de oferta de franquia: 185
- descumprimento do dever de entregar a circular de oferta de franquia: 187
- informações falsas: 188
- informações relevantes: 186
- obrigatoriedade: 187
- proposta: 185

Clientela
- v. "contrato de agência e distribuição"
- v. "franquia"
- aviamento: 191.1

- captação: 191.4
- do franqueado: 191.4.1, 191.4.2
- do franqueador: 191.4.3
- equação econômica do contrato: 191.5
- formação: 191.3
- natureza jurídica: 191.1
- posição intermediária: 191.4.4
- proteção: 191.2

Concessão comercial
- v. "contratos de distribuição"

Concessão comercial na revenda de veículos
- abuso de direito: 174
- contrato atípico: 173
- denúncia unilateral: 177
- denúncia vazia: 176
- extinção do contrato: 175
- indenização pela não prorrogação do contrato: 174
- prazo: 174
- regulamentação: 174
- rescisão do contrato por prazo indeterminado: 174

Conflito de interesses
- negócio concluído em conflito de interesse: 10, 12

Contabilista
- função: 20
- responsabilidade: 20

Contrato consigo mesmo
- v. "mandato"
- v. "representação"
- noção: 10, 64

Contrato de agência e distribuição
- v. "contratos de distribuição"
- v. "deveres do agente e do preponente"
- v. "exclusividade na agência"
- v. "extinção do contrato de agência e distribuição"
- v. "franquia"
- v. "regras subsidiárias do contrato de agência"
- v. "remuneração do agente"
- agente: 113, 113.1
- agente distribuidor: 110.8
- âmbito de atuação: 115
- aplicação subsidiária de regras do mandato e da comissão: 156
- características: 104, 106
- competência internacional: 108
- conceito: 106
- condições gerais: 117.1
- contrato civil: 107
- contrato comercial: 107
- contrato de comissão: 110.2
- contrato de concessão comercial: 110.7
- contrato de corretagem: 110.4
- contratos de distribuição: 103, 160
- contrato de franquia: 110.9
- contrato de locação de serviços: 110.6
- contrato de mandato: 110.1
- contrato de representação: 109
- contrato de trabalho: 110.5, 119
- contrato estimatório: 110.3
- definição: 102, 103
- direito brasileiro: 105
- direito comparado: 106.1
- direito estrangeiro: 104.1, 106.1
- direitos e deveres das partes: 125 a 134
- disciplina legal: 102
- elementos essenciais: 111
- empresário: 107
- exclusividade: 117.5, 120
- extinção: 144 a 155
- forma: 116
- foro de eleição: 108
- fraude para ocultar relação de emprego: 119
- histórico: 104.1
- impedidos de exercerem a representação comercial: 104
- jurisprudência: 117.8
- natureza jurídica: 112
- noções introdutórias: 103
- objeto: 114
- obrigações das partes: 117.8
- partes: 113, 113.1
- poderes de representação: 118
- pracista: 110.5
- prazo: 117.3
- preponente: 113, 113.1
- prestação de serviço: 114
- produtos: 117.2
- prova: 116
- registro profissional: 104, 113.2
- requisitos: 116, 117, 117.1
- remuneração: 117.6
- representação comercial: 104
- representante comercial: 106
- rescisão: 139
- responsabilidade das partes: 117.8
- sujeitos: 113
- zona de atuação: 115, 117.4, 117.7
- viajante: 110.5

Contrato de comissão
- v. "comissão *del credere*"
- v. "contratos de distribuição"
- ações do comitente no direito brasileiro: 66
- ações do comitente no direito comparado: 66

Índice Alfabético de Assuntos | **529**

- aplicação subsidiária das regras de mandato: 100, 100.1
- autonomia: 50, 51
- classificação: 56
- celebração de negócio jurídico mais vantajoso ao comitente: 67
- cessão de direitos: 65
- cessação do contrato pelo comitente: 95
- Código Comercial: 53
- comissão e agência: 60.1, 101, 110.2
- comissão e concessão comercial: 60.3
- comissão *del credere*: 73 a 78
- comissão facultativa: 56
- comissão imperativa: 56
- comissão indicativa: 56
- comissário: 54
- comitente: 54, 110.2
- conceito: 50
- contrato comercial: 57
- contrato consigo mesmo: 64
- contrato de franquia: 60.3
- contrato de mandato: 60.2, 64, 100
- contrato estimatório: 60.4
- deveres do comissário: 67
- direito anterior: 52
- direito comparado: 59
- efeitos: 62, 63, 64
- extinção do contrato: 61
- extravio de bens: 71
- empresário: 51, 54
- falta de instrução do comitente: 68
- faturamento da operação: 65
- força maior: 70
- forma: 58
- furto dos bens: 71
- instruções ilícitas: 67
- instruções indicativas: 67
- instruções facultativas: 67

- obediência às ordens e instruções do comitente: 67
- objeto: 55
- obrigações do comissário: 69
- origem histórica: 48
- perda de bens: 71
- prejuízos: 70
- prova: 58
- relacionamento entre comissário e terceiro: 62, 63
- relacionamento entre comitente e terceiro: 64
- remuneração do comissário: 76, 82 a 99
- responsabilidade: 70, 71, 72
- revogação prematura do contrato: 94
- solvência dos devedores: 72
- vantagens do instituto: 49

Contrato de concessão de revenda de veículos
- v. "contratos de distribuição"
- v. "concessão comercial na revenda de veículos"

Contrato de franquia
- v. "extinção do contrato de franquia"
- v. "franquia"

Contrato estimatório
- v. "contrato de comissão"

Contratos associativos
- v. "contratos de distribuição"
- conceito, 1

Contratos de colaboração
- v. "contratos de distribuição"
- conceito: 1

Contratos de distribuição
- abuso de direito: 167.1
- autonomia jurídica: 164.4
- características: 164
- conceito: 161

- conclusões: 172
- contrato atípico: 162
- contrato de adesão: 164.7
- contrato de colaboração: 164.5
- contrato de concessão comercial: 162
- contrato de duração: 164.6
- contrato de franquia: 163
- contrato de integração: 164.2
- contratos entre profissionais: 164.1
- controle e dependência econômica: 164.3
- contrato relacional: 164.8
- direito comparado: 166, 168
- diversos contratos de distribuição: 160
- exclusividade: 162.1
- extinção do contrato: 165
- histórico: 160
- inadimplemento: 165.1
- inadimplemento recíproco: 165.1
- inaplicabilidade da lei de representação comercial: 169
- inaplicabilidade da lei de concessão mercantil: 169
- introdução: 1
- jurisprudência: 167, 167.1
- liminares: 171
- mandato, 1, 24, 110.1
- natureza jurídica: 161
- pacto resolutório tácito: 168
- proteção da rede de distribuição: 162.1
- rede de distribuição: 162.1
- rescisão por violação do contrato: 168
- sistemática do Código Civil: 170
- zona: 162.1

Comissão
- v. "contrato de comissão"

Comissão *del credere*

- v. "contrato de agência e distribuição"
- v. "contrato de comissão"
- assunção do risco da insolvência: 73
- caução: 75
- conceito: 74
- concessão de prazo: 79
- fiança: 75
- forma: 77
- natureza do pacto: 75
- operações a prazo: 79, 80, 81
- perdas e danos: 80
- prestação de contas: 78
- remuneração do comissário: 76
- responsabilidade por operação a prazo: 81
- responsabilidade solidária: 75
- seguro: 75

Comissário
- v. "contrato de comissão"

Comitente
- v. "contrato de comissão"

Deveres do agente e do preponente
- v. "contrato de agência e distribuição"
- abuso de direito: 133, 138
- autonomia do agente: 125.1
- boa-fé: 132
- cooperação recíproca: 125.3, 132
- decréscimo de vendas: 126
- defesa do preponente: 133
- denúncia do contrato: 134
- desídia: 126
- despesas da agência: 129
- deveres do agente: 125.1
- deveres do preponente: 125.4
- direito à comissão: 130
- exclusividade: 130, 131
- falta grave: 126
- informações: 125.2, 125.3, 127

Índice Alfabético de Assuntos | 531

- operações diretas pelo preponente: 123, 131
- pagamento da comissão: 130
- prestação de contas: 125.3
- recusa em cumprir os pedidos do agente: 133
- rescisão indireta: 134
- respeito aos preços e às condições estabelecidas pelo preponente: 128
- respeito às instruções do preponente: 125.1
- violação dos deveres do agente: 126

Direito de retenção
- v. "remuneração do agente"
- do agente: 143
- do preponente: 142

Distribuição
- v. "contrato de agência e distribuição"

Empresa
- conceito: 16

Empresário
- conceito: 16
- responsabilidade: 21

Escrituração
- noção: 20

Estabelecimento
- conceito: 16

Exclusividade na agência
- v. "contrato de agência e distribuição"
- contrato verbal: 120, 145
- extensão: 123
- natureza: 121
- negócios celebrados diretamente pelo preponente: 123
- obrigação de não fazer: 121
- presunção: 120
- reciprocidade: 122

- resolução do contrato: 124
- violação da exclusividade: 124
- zona: 122

Extinção do contrato de agência e distribuição
- v. "contrato de agência e distribuição"
- v. "contratos de distribuição"
- aviso prévio: 148
- denúncia: 154
- encerramento do contrato de prazo certo: 146
- extinção anômala: 152
- extinção normal: 151
- força maior: 149
- indenização: 144, 145, 147
- morte do agente: 150
- rescisão imotivada: 147
- rescisão por justa causa: 155
- resilição: 152, 153
- resolução: 152
- ruptura sem culpa do preposto: 144

Extinção do contrato de franquia
- v. "franquia"
- abuso na resilição do contrato: 189.2.3
- advento do termo final: 189.1, 189.1.3
- aviso prévio: 189.2.1, 189.2.3
- cláusula de duração do contrato: 189.1.1
- critérios econômicos para fixação de prazo: 189.1.2
- denúncia unilateral: 189.2
- efeitos do advento do termo final: 189.1.3
- extinção da franquia: 189
- extinção por inadimplemento: 189.3
- impossibilidade superveniente da prestação: 189.4
- indenização: 189.2.2

- inexecução de múltiplas prestações: 189.3.1
- insuficiência do aviso prévio: 189.2.2
- onerosidade excessiva: 189.5
- prazo certo: 189.1.1
- prorrogação do contrato: 189.2.3
- renovação compulsória: 189.1.3

Foro de eleição
- v. "franquia"

Franquia
- v. "circular de oferta de franquia"
- v. "clientela"
- v. "contratos de distribuição"
- v. "extinção do contrato de franquia"
- analogia: 192, 192.1
- aplicação da lei de concessão comercial: 192.4
- atipicidade: 179
- atividade profissional: 181.12
- autonomia jurídica: 181.4, 189
- características: 181
- circular de oferta de franquia: 184.1
- classificação: 182
- clientela: 191
- conceito: 180
- concessão comercial: 192.4, 192.4.1
- contrato: 181.1
- contrato de colaboração: 181.5
- contrato de distribuição: 181.2
- contrato de dominação econômica: 181.3
- contrato de duração: 181.6
- contrato de integração: 181.3
- contratos atípicos: 192.2
- contratos típicos: 192.2
- controle: 181.4
- definição legal: 180
- dever de assistência: 181.9
- direito estrangeiro: 192.3.1
- distribuição exclusiva: 181.11

- distribuição semiexclusiva: 181.11
- documentos de vínculo: 184.1
- evolução histórica do comércio: 178
- explosão do comércio: 178.1
- extinção do contrato: 189
- forma: 184
- franquia combinada: 183
- franquia comercial: 183
- franquia de distribuição: 181.11
- franquia de produção: 181.11
- franquia de reversão ou conversão: 183
- franquia individual: 183
- franquia industrial: 181.11, 183
- franquia múltipla: 183
- franquia regional: 183
- franquia unitária: 183
- função da distribuição: 178.2
- jurisprudência: 193
- jurisprudência sobre ausência de responsabilidade da franqueadora por dívidas da franqueada: 193.3
- jurisprudência sobre descumprimento de cláusula de exclusividade e territorialidade: 193.5
- jurisprudência sobre impossibilidade de rescisão do contrato pelo franqueado em razão do insucesso da franquia: 193.9
- jurisprudência sobre inadimplemento do pagamento dos *royalties*: 193.7
- jurisprudência sobre indenização pelo fundo de comércio: 193.4
- jurisprudência sobre legalidade de cláusula de aquisição mínima de material didático: 193.11
- jurisprudência sobre marca: 193.6
- jurisprudência sobre possibilidade de rescisão ou resilição unilateral do contrato: 193.8
- jurisprudência sobre questões trabalhistas: 193.12

Índice Alfabético de Assuntos | 533

- jurisprudência sobre responsabilidade do franqueador: 193.1
- jurisprudência sobre responsabilidade solidária entre franqueadora e franqueada: 193.2
- jurisprudência sobre validade da eleição de foro: 193.10
- *know how*: 181.8
- master franquia: 183
- motivação econômica do contrato de franquia: 178.3
- objeto: 183
- pré-contrato: 184.1
- remuneração: 181.10
- representação comercial: 192.3
- responsabilidade: 190
- *savoir-faire*: 181.8
- *shop in shop*: 183
- sistema: 181.1
- tecnologia (*know how*): 181.8
- tipicidade: 179
- uso de marca ou patente: 181.7

Gerentes
- v. "mandato"
- v. "representação"
- função: 19

Gestão de negócios
- noção: 22
- efeitos: 23

Mandante
- v. "mandato"

Mandatário
- v. "mandato"

Mandato
- v. "contratos de distribuição"
- v. "representação"
- v. "substabelecimento"
- *ad judicia*: 32
- *ad negotia*: 32

- capacidade: 28, 29
- classificação: 25
- com poderes especiais: 32
- conceito: 24
- conjunto ou simultâneo: 32
- direito de retenção do mandatário: 35
- direitos do mandante: 37
- efeitos: 33
- em causa própria: 39
- em termos gerais: 32
- escrito: 32
- especial: 32
- excesso de mandato: 34
- expresso: 32
- extinção: 38
- fracionário: 32
- geral: 32
- gratuito: 32
- irrevogabilidade: 39
- interdição das partes: 38
- judicial: 40
- morte das partes: 38
- mudança de estado: 38
- nomeação de outro mandatário: 38
- objeto: 26
- obrigações do mandante: 36
- obrigações do mandatário: 34
- oneroso: 32
- plural: 32
- procuração: 8, 9, 27, 41
- ratificação: 33
- renúncia: 38, 45
- requisitos da procuração: 27
- responsabilidade: 33, 34
- revogação: 38, 45, 47
- singular: 32
- solidário: 32
- sucessivo ou substitutivo: 32
- substabelecimento: 30, 31, 41, 47
- tácito: 32

- término do prazo: 38
- verbal: 32

Mandato cambiário
- noção: 10.2

Mandato judicial
- Código de Defesa do Consumidor: 40, 46
- impedimento: 44
- incompatibilidade: 44
- jurisprudência: 47
- poderes do advogado: 43
- representação por advogado: 40
- renúncia: 45
- revogação: 45, 47

Núncio
- v. "representante"
- noção: 6

Pessoa jurídica
- noção: 15
- administração: 17
- contabilista: 20
- gerentes: 19
- prepostos: 18

Preponente
- v. "contrato de agência e distribuição"

Prepostos
- v. "representação"
- função: 18
- poderes: 21
- responsabilidade: 21

Presentação
- v. "pessoa jurídica"
- noção: 5, 15

Princípios
- da boa-fé objetiva: 2
- da função social do contrato: 2
- da liberdade contratual: 2

- da obrigatoriedade do contrato: 2
- da relatividade dos efeitos contratuais: 2

Procuração
- *ad judicia*: 41, 43
- advogado em causa própria: 42
- assistência judiciária: 42
- conceito: 8
- dispensa: 42
- efeitos da manifestação da vontade pelo representado: 9
- escrito: 41
- mandato: 27
- mandato judicial: 41
- poderes especiais: 43

Regras subsidiárias do contrato de agência
- v. "contrato de agência e distribuição"
- comissão: 156, 157
- concessão comercial: 158
- indenizações da lei de representação comercial: 159
- mandato: 156, 157

Remuneração do agente
- v. "contrato de agência e distribuição"
- abuso de direito: 138
- aquisição do direito: 135
- cancelamento do pedido pelo comprador: 136
- cobrança mês a mês: 135.1
- cobrança retroativa: 135.1
- condição suspensiva: 136
- contrato cumprido em parte: 136
- direito de retenção do agente: 143
- fato imputável ao preponente: 135.2
- indenização do art. 27, *j*: 135.1
- indenização pela clientela: 140

- insolvência do terceiro comprador: 136
- interrupção da prescrição: 135.1
- mandato: 137
- obrigação de resultado 135
- perdas e danos: 141
- prazo para pagamento: 135
- prescrição: 135.1
- recusa em cumprir os pedidos do agente: 135.2, 138
- Rescisão do contrato: 139

Remuneração do comissário
- v. "contrato de comissão"
- v. "comissão *del credere*"
- alteração das instruções: 93
- cessação do contrato pelo comitente: 95
- cláusula que anule a expressão econômica da comissão: 83
- concurso de credores: 97
- direito de preferência: 97
- direito de retenção: 98, 99
- dispensa do comissário: 88
- expiração do contrato de prazo certo: 89
- força maior: 86, 87
- forma da alteração das instruções: 93
- modificação das condições passadas pelo comitente: 92
- morte do comissário: 86
- pagamento de juros: 96
- perdas e danos: 91, 92, 94
- prova dos serviços prestados: 90
- redução: 83
- reembolso: 85
- remuneração: 76, 82
- responsabilidade pelo pagamento: 84
- revogação prematura do contrato: 94

Representação
- v. "mandato"

- v. "pessoa jurídica"
- v. "procuração"
- aparente: 14
- direta ou *contemplatio domini*: 4
- dupla representação: 10.1
- efeitos: 13
- gestão de negócios: 22
- imprópria ou indireta: 4
- introdução: 15
- judicial: 3
- legal: 3, 5, 7, 11
- mandato: 24
- noção: 3
- pessoa jurídica: 15
- requisitos: 13
- voluntária: 5, 7, 11

Representante
- v. "mandato"
- v. "representação"
- núncio: 6
- poderes: 7
- prova: 11
- excesso de poder: 11

Representante comercial
- v. "contrato de agência e distribuição"
- v. "franquia"

Rescisão do contrato de agência
- v. "contrato de agência e representação"
- direito à remuneração: 139
- direito de retenção do agente: 143
- direito de retenção do preponente: 142
- indenização pela clientela: 140
- perdas e danos: 141

Responsabilidade civil do franqueador
- v. "franquia"
- abuso de direito: 190.2, 190.4

- amortização dos investimentos: 190.3
- ausência de motivação da denúncia: 190.4
- conclusões: 190.7
- culpa: 190.2
- danos indenizáveis: 190.5
- dever objetivo de indenizar: 190.8
- exercício abusivo do direito de não renovar: 190.2
- fontes da obrigação de indenizar: 190.1
- indenização: 190.5
- jurisprudência: 190.6

Substabelecimento
- v. "mandato"

- com reservas: 30
- conceito: 30
- jurisprudência: 47
- mandato: 30
- mandato judicial: 41
- parcial: 30
- procuração: 41
- responsabilidade: 31
- sem reservas: 30
- substabelecimento no contrato consigo mesmo: 10.3
- total: 30

Viajante e pracista
- v. "contrato de agência e distribuição"